I0762695

Basilica Papale di Santa Maria Maggiore

Papal Basilica of Saint Mary Major

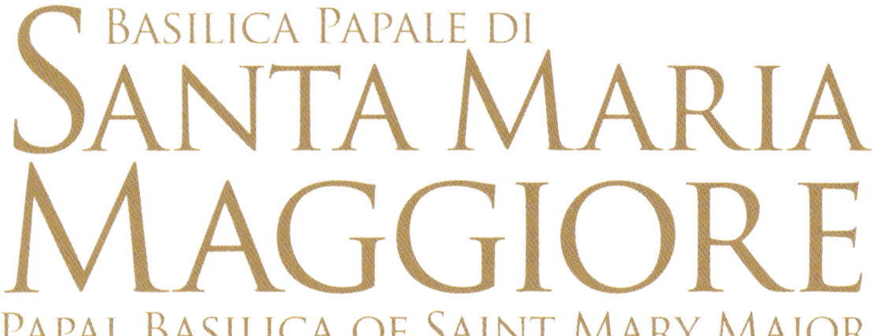

A cura di / *Edited by*
Andreas Raub
Responsabile Artistico-Scientifico, Basilica Papale di Santa Maria Maggiore - Polo Museale Liberiano / *Head of the Artistic-Scientific Department, Papal Basilica of Santa Maria Maggiore - Polo Museale Liberiano*

Prefazione di / *Foreword by*
S. Em. Cardinale Rolandas Makrickas, Arciprete Coadiutore della Basilica Papale di Santa Maria Maggiore / *H. Em. Cardinal Rolandas Makrickas, Coadjutor Archpriest of the Papal Basilica of Santa Maria Maggiore*

Con testi di / *With texts by*
Andreas Raub

Sible Lambertus de Blaauw
Professore emerito di Arte e Architettura Paleocristiana alla Radboud University di Nijmegen (Paesi Bassi) / *Professor Emeritus of Early Christian Art and Architecture, Faculty of Arts, Radboud University Nijmegen (Netherlands)*

Sante Guido
Docente di Principi di Conservazione e Restauro dell'Arte Sacra presso la Pontificia Università Gregoriana. Docente di Storia dell'Arte presso l'Università degli Studi Roma Tre / *Professor in Principles of Conservation and Restoration of Sacred Art at the Pontifical Gregorian University. Professor of Art History at Roma Tre University*

Arnold Nesselrath
Delegato per i Dipartimenti scientifici ed i Laboratori di Restauro dei Musei Vaticani (fino al 2017). Direttore del Census of Antique Works of Art and Architecture Known in the Renaissance (fino al 2019) / *Delegate of the Artistic-Scientific Department and the Restoration Laboratory of the Vatican Museums (until 2017). Director of the Census of Antique Works of Art and Architecture Known in the Renaissance (until 2019)*

Patrizia Tosini
Professoressa di Storia dell'Arte moderna presso l'Università Roma Tre / *Professor of Modern Art History at Roma Tre University*

Fabio Barry
Associate Fellow Warburg Institute e Università di Londra / *Associate Fellow Warburg Institute and University of London*

Vitale Zanchettin
Responsabile Sovrintendenza ai Beni Architettonici dei Musei Vaticani. Docente di Storia dell'Architettura all'Università IUAV di Venezia / *Architectural Superintendence at the Vatican Museum. Professor of History of Architecture at the IUAV University of Venice*

Elisabeth Kieven
Direttrice emerita Bibliotheca Hertziana, Istituto Max Planck per la Storia dell'Arte / *Director Emerita Bibliotheca Hertziana, Max Planck Insititue for Art History*

Olof Brandt
Professore di Architettura paleocristiana presso il Pontificio Istituto di Archeologia Cristiana / *Professor of Early Christian Architecture at the Pontifical Institute of Christian Archaeology*

SCRIPTA MANEANT EDITORI

Presidente / *President*
Giorgio Armaroli

Direttore editoriale / *Editorial director*
Federico Ferrari

Coordinamento campagna fotografica per Scripta Maneant e supporto di produzione / *Photographic Shoot coordination for Scripta Maneant and production support*
Gianni Grandi

Progetto grafico e impaginazione / *Graphic design and layout*
Gianni Grandi

Redazione / *Editing*
Laura Lopardo, Asia Graziano

Traduzione inglese dei testi di / *English translation of the essays by*
Fabio Barry

Traduzione inglese delle didascalie di / *English translation of the captions by*
Laura Lopardo, Asia Graziano

Coordinamento campagna fotografica per la Basilica Papale di Santa Maria Maggiore / *Coordination of photo campaign for the Papal Basilica of Santa Maria Maggiore*
Severija Laisvune Kubilius, Responsabile Archivio Storico, Biblioteca, Eventi Culturali, Immagini e Diritti / *Responsible of the Historical Archive, Library, Cultural Events, Images and Copyright*

La Campagna fotografica per il volume è stata eseguita da Scripta Maneant **BAMSphoto Rodella**, Italy, Gianni Grandi responsabile di produzione / *The photo campaign for the book was executed by Scripta Maneant BAMSphoto Rodella, Italy, Gianni Grandi as production manager.*

Altre immagini / *Other images*:
Carlo Vannini: 240-241, 244-245, 247, 248, 249, 252, 253, 254-255, 256-257, 258, 259, 260-261, 263, 264, 265, 270, 271.
Gianni Grandi: 152, 156-157, 158-159, 311, 368.
© Capitolo di Santa Maria Maggiore: 113, 224, 393, 427.
© Governatorato SCV, Direzione dei Musei e dei Beni Culturali: 18, 352.
© Capitolo di Santa Maria Maggiore, autore Mauro Coen: 283.

Scripta Maneant desidera ringraziare la Basilica Papale di Santa Maria Maggiore ed in particolare / *Scripta Maneant would like to thank the Papal Basilica of Santa Maria Maggiore and in particular:*
S. Em. Cardinale Rolandas Makrickas, Arciprete Coadiutore della Basilica Papale di Santa Maria Maggiore / *H. Em. Cardinal Rolandas Makrickas, Coadjutor Archpriest of the Papal Basilica of Santa Maria Maggiore;*
Roberto Romano, Delegato per l'Amministrazione / *Delegate for Administration;*
Mons. Ivan Ricupero, Delegato per la Pastorale / *Delegate for Pastoral Care;*
Sandro Necciari, Davide Zorzi, Amministrazione / *Administration;*
Jurgita Voldemaraite, Responsabile Bookshop / *Bookshop Manager;*
Giulia Di Marcantonio, Responsabile Accoglienza / *Reception Office Manager;*
Pantaleo Francavilla, Portineria / *Concierge Services.*

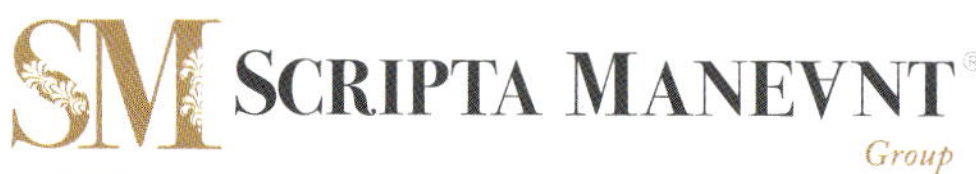

Via dell'Arcoveggio 74/2 - 40129 Bologna, Italy
Tel. +39 051 223535 - www.scriptamaneant.it

ISBN 979-12-80717-14-6

L'editore ringrazia / *The publisher thanks*

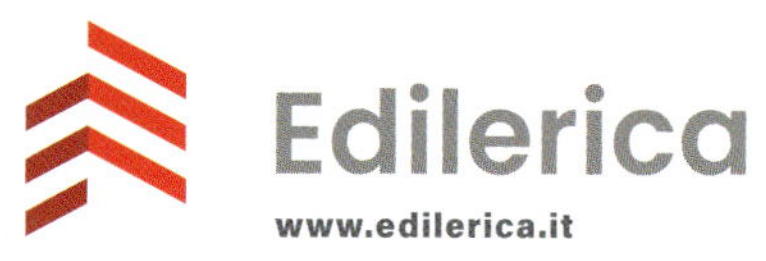

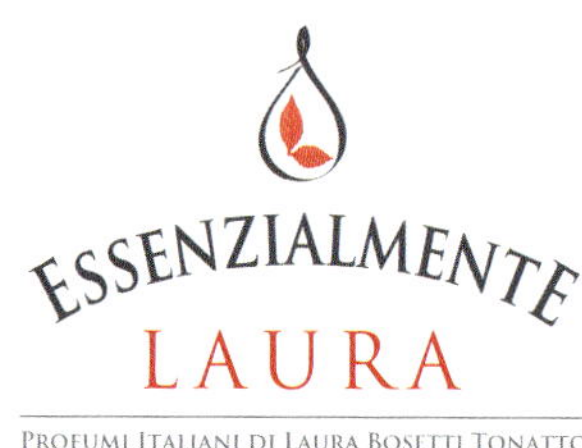

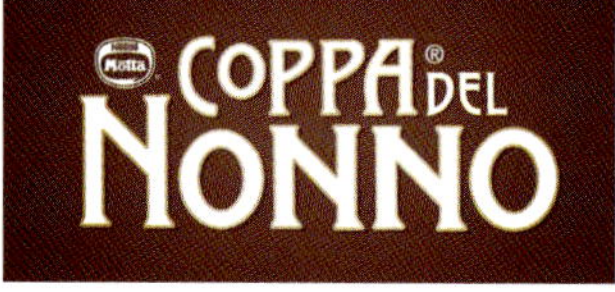

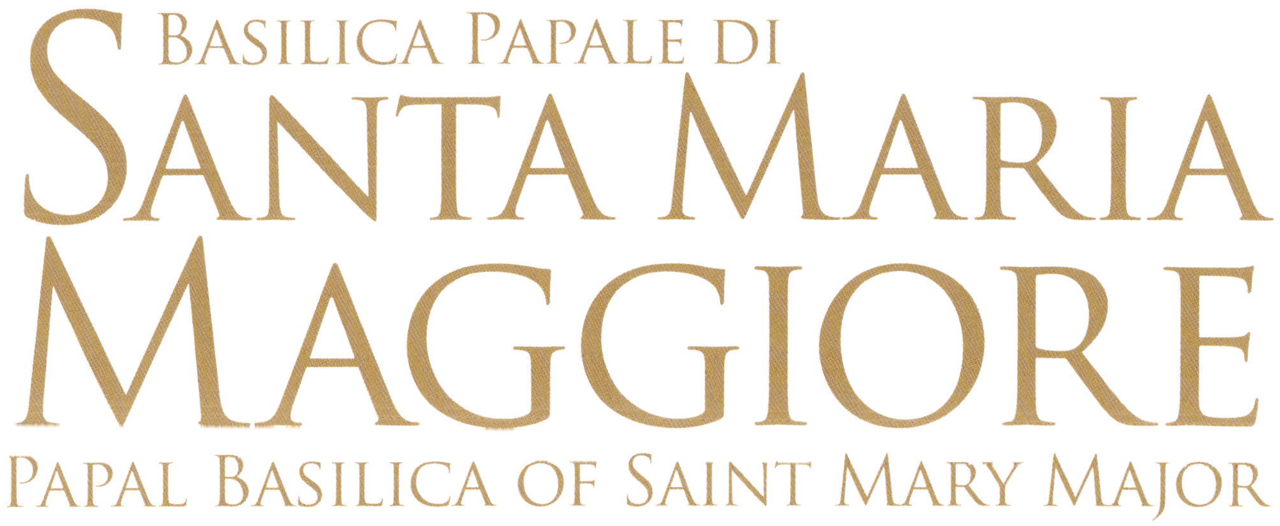

A cura di / Edited by

Andreas Raub

Testi / texts

Fabio Barry, Olof Brandt,
Sible de Blaauw, Sante Guido,
Elisabeth Kieven, Rolandas Makrickas,
Arnold Nesselrath, Andreas Raub,
Patrizia Tosini, Vitale Zanchettin

Fotografie di / Photography by

BAMSPhoto, Carlo Vannini,
Gianni Grandi

Scripta Maneant Editore

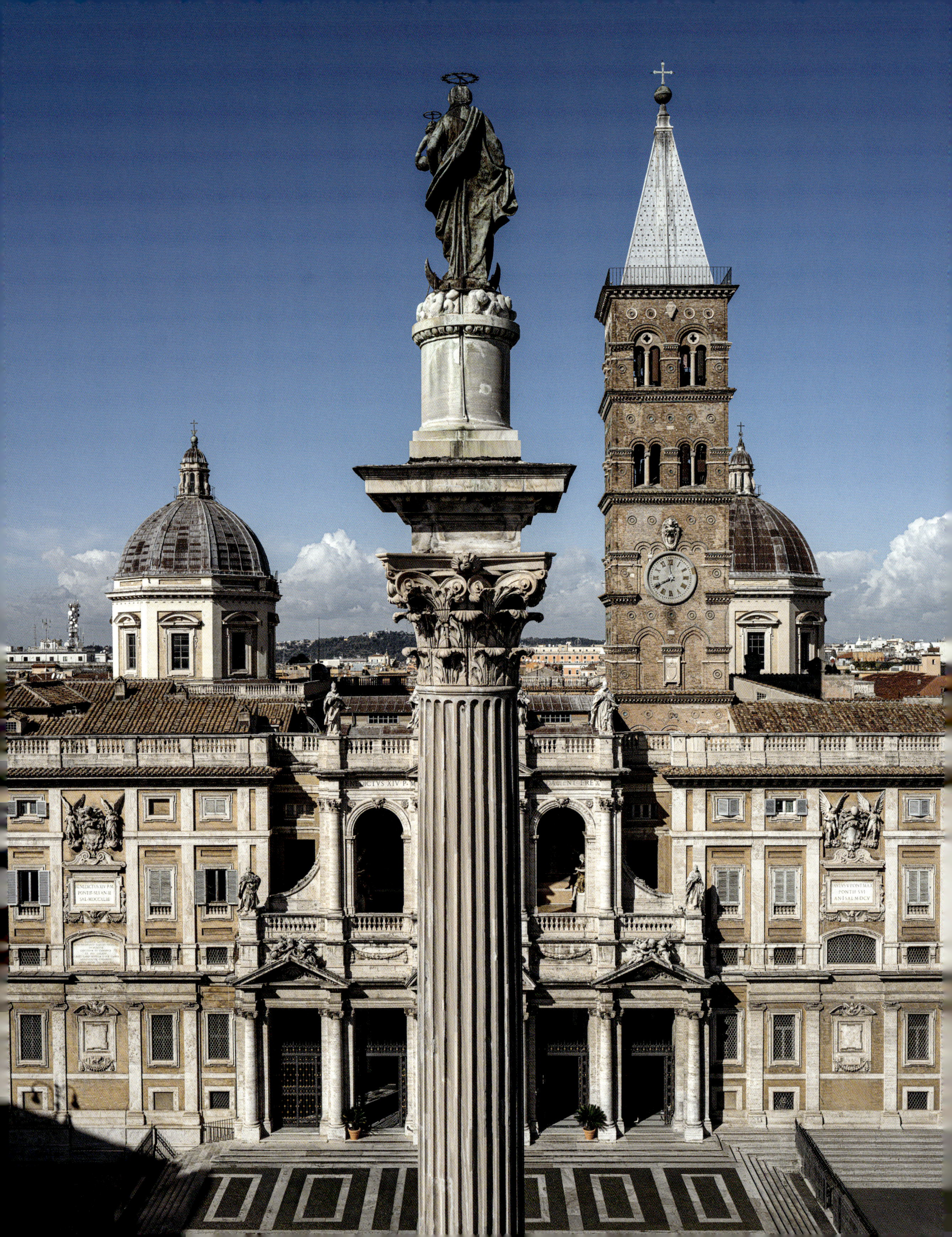

Nota editoriale

Per la prima volta un grande volume celebra i tesori e il ricchissimo patrimonio artistico della Basilica Papale di Santa Maria Maggiore a Roma supportato da una nuova e imponente campagna fotografica.

Queste pagine, per ricchezza di esposizione iconografica e di dettaglio, si propongono come suggestivo strumento per condividere e celebrare i capolavori e le decorazioni della Basilica, ma sono anche utili alla loro tutela. L'imponente apparato fotografico permette a tutti di perdersi dolcemente tra gli interventi artistici che da secoli rendono unica la Basilica, fornendo agli studiosi e ai conservatori elementi di osservazione da cui possono scaturire riflessioni, spunti d'indagine e di approfondimento.

La trasversalità di questo volume, in termini di eterogeneità dei potenziali lettori, rappresenta uno dei suoi punti di maggiore forza; la perizia degli autori, che raccontano e descrivono ogni parte della Basilica e della sua storia, ci guida abilmente tra queste pagine grazie a un linguaggio comprensibile a lettori di ogni preparazione senza tradire le necessità di precisione e rigore sul piano storico-scientifico. Essi ci guidano tra le immagini travolgenti, che ci avvolgono e ci lasciano senza fiato.

La completezza espositiva del volume, per qualità delle riproduzioni fotografiche, rappresenta un *unicum* nel panorama editoriale internazionale. Insieme alle emozioni che queste pagine garantiscono, si unisce la condivisione della consapevolezza dell'importanza del Santuario, riferimento prezioso per chi vive nella fede ma anche per chi si è perduto e tra questi capolavori, che l'uomo ha edificato ispirato dalla Madre di Dio, può trovare luce, speranza e salvezza.

Federico Ferrari
Direttore editoriale
Scripta Maneant

P. 6
Vista su Santa Maria Maggiore con la cosiddetta *Colonna della Pace*

PP. 8-9
Veduta a volo d'uccello di Santa Maria Maggiore

Editorial Note

For the first time, a large volume celebrates the treasures and the rich artistic heritage of the Papal Basilica of Santa Maria Maggiore in Rome supported by a new and impressive photographic campaign.

These pages, with their richness of iconographic exposition and detail, are an evocative tool to share and celebrate the Basilica's masterpieces and decorations, but are also useful for their preservation. The huge photographic apparatus allows everyone to gently lose themselves among the artistic interventions that have made the Basilica unique for centuries, providing scholars and conservators with elements of observation from which reflections, points of investigation and in-depth study can arise.

The transversal nature of this volume, in terms of the heterogeneity of its potential readers, is one of its greatest strengths. The authors' expertise, who recount and describe every part of the Basilica and its history, skilfully guides us through these pages thanks to a language that is comprehensible to readers of all backgrounds without betraying the need for precision and rigour on a historical-scientific level. They guide us through the overwhelming images, which envelop us and leave us breathless.

In terms of the quality of the photographic reproductions, the comprehensiveness of the volume is *unique* on the international publishing scene. Together with the emotions that these pages guarantee, there is the shared awareness of the importance of the Sanctuary, a precious reference for those who live in faith but also for those who are lost and among these masterpieces, which man has built inspired by the Mother of God, can find light, hope and salvation.

Federico Ferrari
Editorial director
Scripta Maneant

P. 6
View of Santa Maria Maggiore with the so-called *Column of Peace*

PP. 8-9
Bird's eye view of Santa Maria Maggiore

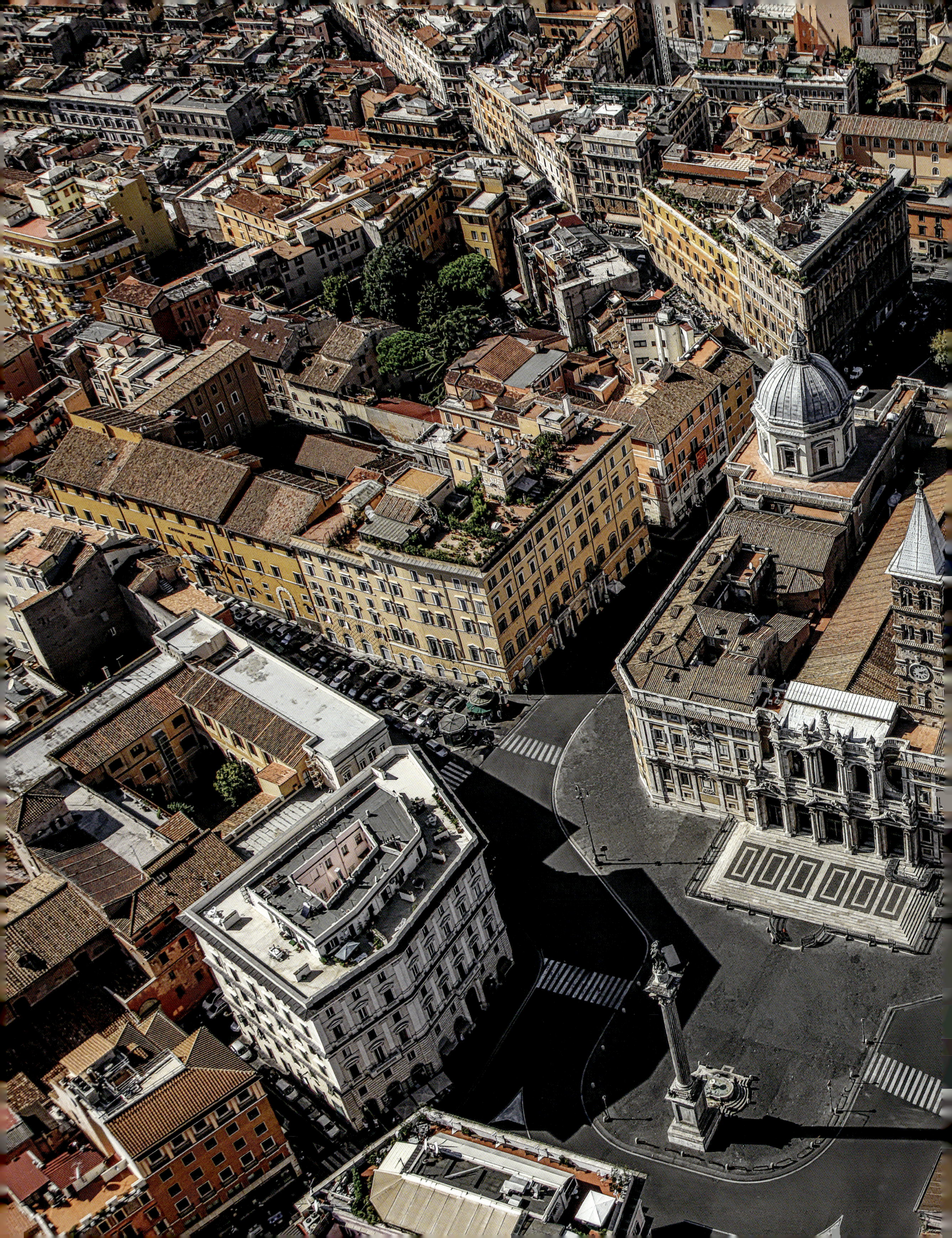

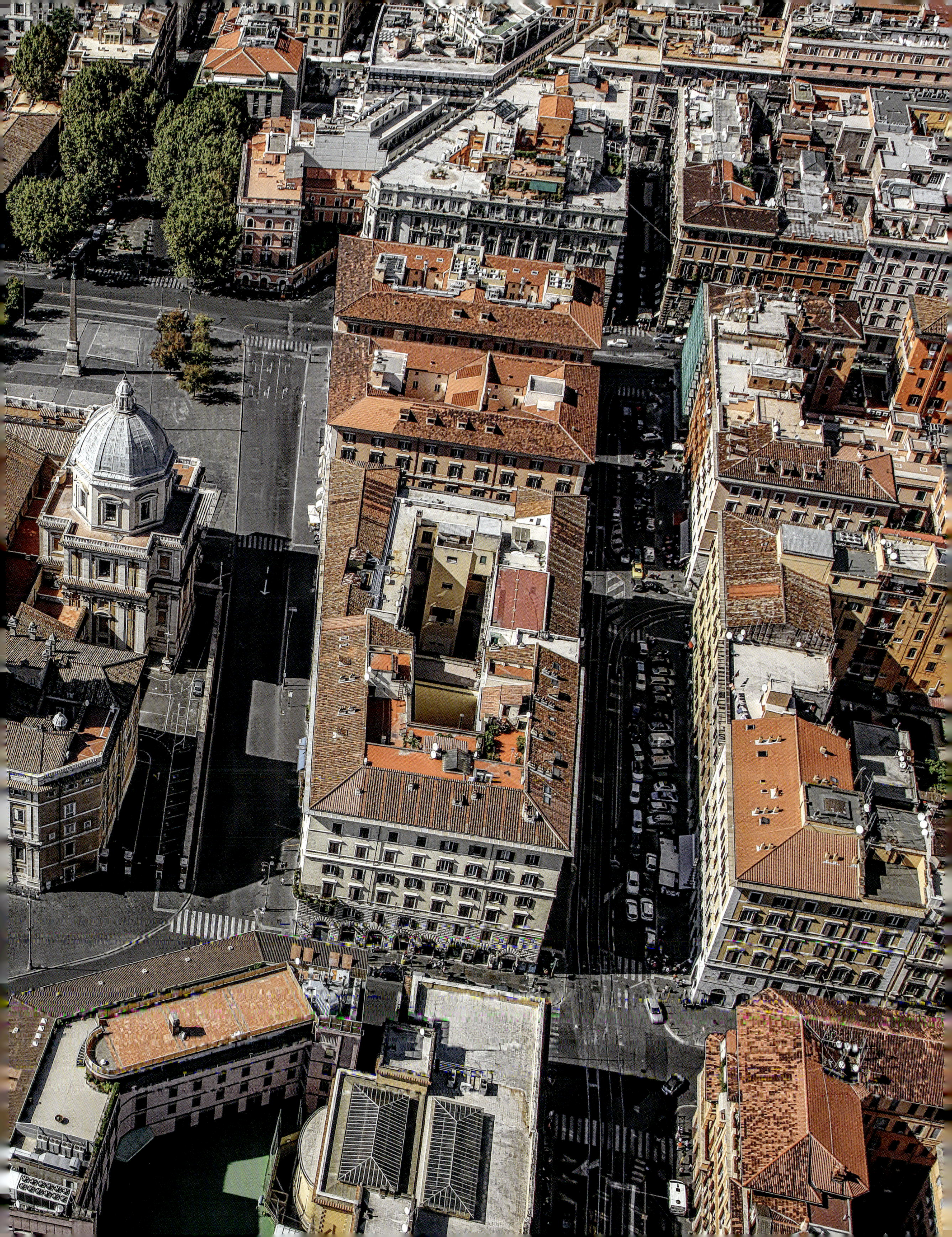

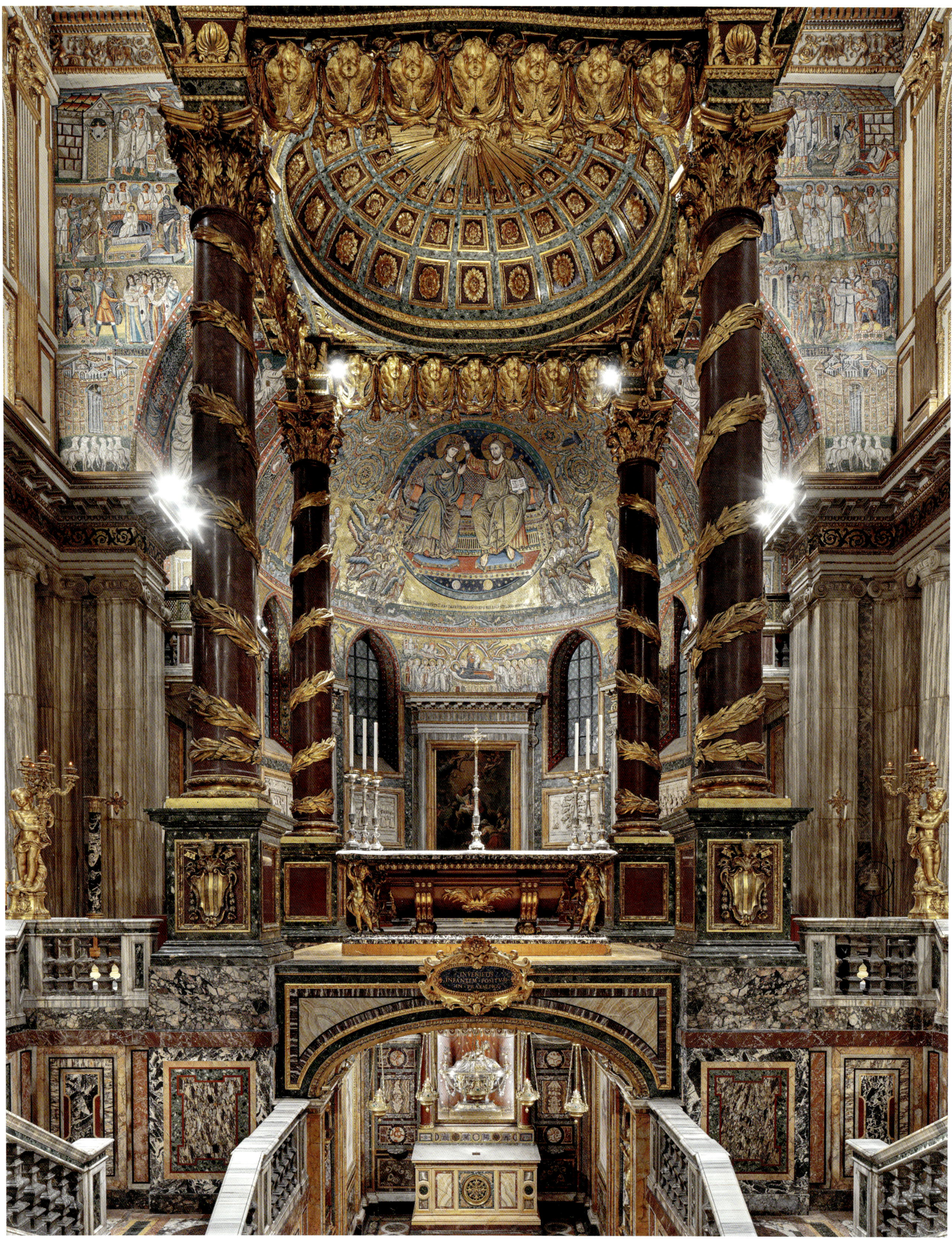
INVENIETIS
INFANTEM POSITVM
IN PRAESEPIO

Prefazione

Card. Rolandas Makrickas

Il primo santuario cristiano non era decorato né con pitture o mosaici né conteneva sculture o oreficeria. Coloro che per primi si recarono in questo luogo sacro non erano né battezzati né benestanti, ma spaventati, quando durante la loro veglia notturna apparve loro improvvisamente un angelo portando la più straordinaria e gioiosa notizia mai annunciata: *Oggi, nella città di Davide, è nato per voi un Salvatore, che è Cristo Signore. Questo per voi il segno: troverete un bambino avvolto in fasce, adagiato in una mangiatoia* (Lc 2:11-12). L'indicazione dell'Angelo, rivolta ai primi pellegrini del cristianesimo, i pastori in visita al Bambin Gesù, è immortalata su un cartiglio in lapislazzuli, al centro della Basilica Papale di Santa Maria Maggiore, tra l'Altare maggiore e la sottostante *Confessio*: "*Invenietis infantem, et positum in praesepio*". Partendo dai campi in direzione dell'umile stalla di Betlemme, i pastori, in quella santa notte, racchiudono l'essenza del cristianesimo: mettersi in cammino per incontrare il Signore, seguire la Sua stella.

Chi si avvicina a Santa Maria Maggiore dal centro di Roma a piedi, come hanno fatto pellegrini e visitatori da ormai milleseicento anni, percorre strade antiche, che confluiscono nel santuario mariano. Papa Sisto V (1585-1590), committente della sontuosa Cappella del Presepe, attribuì un messaggio profondo a questo accostarsi alla Basilica, iscrivendo un simbolo natalizio nella rete viaria della città. Grazie al suo intervento urbanistico, la Basilica si trova al centro di una struttura viaria a stella che evoca la Stella di Betlemme. Essa racchiude perfettamente la missione della Basilica Papale di Santa Maria Maggiore: essere una stella brillante, al servizio della Luce Vera, indicando il Salvatore, vero Dio e vero uomo, nato dalla Vergine Maria. Qui, arte, liturgia, musica e spiritualità si intendono come raggi della cometa, che condividono la stessa missione. Indicare la via per Gesù, invitare fedeli e pellegrini a lasciare il proprio spazio circoscritto e a mettersi in cammino verso la Sua Luce è il loro compito.

Mettersi in cammino verso qualcosa di inaspettato, ma meraviglioso è tema già del racconto della fondazione della Basilica. Lo splendido mosaico della facciata illustra come il popolo romano, guidato da papa Liberio e dal Patrizio Giovanni, quel prodigioso 5 agosto dell'anno 358, si recò in processione, cantando e pregando. La loro meta era il luogo miracolosamente indicato dalla Vergine con un manto di neve fuori stagione, il sito dove la Basilica in seguito

P. 10
Confessio contenente la Reliquia della Sacra Culla del Bambin Gesù, l'Altare maggiore e il cantino absidale con il mosaico raffigurante l'Incoronazione della Vergine
Veduta d'insieme

Foreword

Card. Rolandas Makrickas

The first Christian sanctuary was decorated with neither paintings nor mosaics, nor did it contain sculptures or jewel work. Those who first came to this holy place were neither baptised nor wealthy; they were frightened, because during their nightly vigil an angel had suddenly appeared to them bearing the most extraordinary and joyful news ever announced: *Today, in the city of David, is born to you a Saviour, who is Christ the Lord. This is the sign for you: you will find a babe wrapped in swaddling clothes, lying in a manger* (Lk 2:11-12). This direction was given by the Angel to the first pilgrims of Christianity, the shepherds who visited the Infant Jesus, and it is immortalised on a lapis lazuli plaque in the centre of the Papal Basilica of Santa Maria Maggiore, between the High Altar and the *Confessio*: "*Invenietis infantem, et positum in praesepio.*" Setting out from the fields for the humble stable in Bethlehem, the shepherds, on that holy night, embodied the very essence of Christianity: to set out to meet the Lord, to follow His star.

Those who approach Santa Maria Maggiore from the centre of Rome on foot, as pilgrims and visitors have done for the past sixteen hundred years, walk the ancient streets that converge on the Marian shrine. Pope Sixtus V (1585-1590), who commissioned the sumptuous Chapel of the Nativity, endowed these approaches to the Basilica with a profound message by inscribing a symbol of Christmas within the city's network of roads: thanks to his urban interventions, the Basilica lies at the centre of a star-shaped street system that evokes the Star of Bethlehem. This network encapsulates perfectly the mission of the Papal Basilica of Santa Maria Maggiore: to be a shining star, at the service of the True Light, pointing to the Saviour, true God and true man, born of the Virgin Mary. Here, art, liturgy, music, and spirituality are understood as rays of that comet, and sharing the same mission: pointing the way to Jesus, inviting the faithful and pilgrims to leave their circumscribed space and set out towards His Light is their task.

To set out towards something unexpected but marvellous is already a theme in the story of the Basilica's foundation. The splendid mosaic on the façade illustrates how the Roman populace, on that prodigious day of the 5 August 358, arrived in procession, led by Pope Liberius and John the Patrician, singing and praying. Their destination was the place miraculously indicated by the Virgin that

P. 10
Confessio containing the Relic of the Holy Crib of the Infant Jesus, the High Altar and the apsidal choir with the mosaic depicting the Coronation of the Virgin
Overall view

si sarebbe dovuta costruire. Probabilmente grazie a questo sacro *incipit*, che innalza il Santuario a opera concepita dalla Madre di Dio, la sua planimetria non è mai stata drasticamente alterata, e noi abbiamo ereditato un luogo che conserva – come nessun'altra Basilica così importante a Roma – la sua struttura paleocristiana. Ai lati del sacro perimetro nascono, attorno al 1600, due sontuose cappelle, santuari autonomi, dedicati alle due principali reliquie custodite a Santa Maria Maggiore: la *Sacra Culla del Bambin Gesù* e la venerabile effigie della *Salus Populi Romani*. Da secoli meta di pellegrini e visitatori, questi due tesori sono legati alla dinamica processionale della Stella di Betlemme. La Cappella Sistina nasce come Cappella del Presepe, perché qui viene custodito l'antico Oratorio del Presepe con la reliquia della *Sacra Culla*. Ogni pellegrino è invitato a chinare il capo di fronte ad essa riflettendo sul tempo e sugli anni che scorrono e che si sono iniziati a contare proprio da questo luogo che conserva il segno della nascita del Salvatore del mondo. La sontuosa Cappella Paolina fu concepita per custodire la Sacra effigie della *Salus Populi Romani*, icona che la tradizione attribuisce alla mano di San Luca. La sacra immagine è stata portata per secoli in processione per la città dai romani, per affidarsi alla intercessione di Maria. Eco visiva di questa tradizione è il motivo centrale della cappella: una processione di angeli, che portano da una sfera divina, caratterizzata dal sontuoso schermo blu in lapislazzuli, a noi uomini l'immagine della *Salus Populi Romani*.

Da milleseicento anni la Basilica Papale di Santa Maria Maggiore si propone di essere come la Stella di Betlemme che promulga l'annuncio angelico rivolto ai pastori: non abbiate paura, ma mettetevi in cammino per il Signore. Nella sua ricchezza artistica è una testimone singolare dell'energia vitale che scaturisce dalla povera stalla e continua a nutrire ancor 'oggi la realtà del Santuario mariano'.

L'intenzione di questo volume è accompagnare tutti i pellegrini e visitatori della Basilica. I suoi contributi illustrano i diversi raggi di questa stella; attraverso sguardi inediti offrono una possibile guida, anche spirituale, alla sua scoperta. Promuovendo quest'opera non vogliamo limitarci ad essere custodi del passato, bensì fornire uno strumento per riscoprire un modo più autentico di vivere nel profondo solco della tradizione cristiana; ereditata dal passato, questa ci guiderà nel continuare in modo creativo e fedele a realizzare nuove opere di fede, di civiltà, d'arte e di pace.

Desidero ringraziare Papa Francesco che con il Suo pontificato improntato alla fedeltà verso Maria Madre di Dio *Salus Populi Romani*, espressa con le frequenti visite in questa Basilica, ha mostrato a molti la strada di ritorno a Dio con l'ausilio della Madre di Dio, l'Arciprete, il Capitolo, gli autori, gli editori e quanti hanno collaborato alla realizzazione di quest'opera.

La Basilica, polo liturgico e spirituale, scrigno ricchissimo di arte e musica vuole essere per tutti coloro che si avvicinano dai più diversi contesti del mondo Stella di Betlemme, luce di orientamento e invito per farci stupire da un Dio, "che giace in una mangiatoia".

Santa Maria Maggiore, lì 8 dicembre 2024

would be covered by a blanket of snow out of season, the site on which the Basilica should subsequently be built. Probably thanks to this sacred *incipit*, which elevates the Sanctuary to a work conceived by the Mother of God, its layout has never been drastically altered, and we have inherited a place that preserves – like no other Basilica of such importance in Rome – its Early Christian structure. Around 1600, two sumptuous chapels were added to either side of this sacred footprint, autonomous sanctuaries dedicated to the two main relics kept in Santa Maria Maggiore: the *Holy Crib of the Infant Jesus* and the venerable image of the *Salus Populi Romani*. The destination of pilgrims and visitors for centuries, these two treasures are intimately bound up with the processional dynamic of the Star of Bethlehem. The Cappella Sistina is the Chapel of the Crib, because the ancient Oratory of the Crib with the relic of the *Holy Crib* is kept here. Every pilgrim is invited to bow their head before it and reflect on the time and years that pass and that began to be counted from this very place which preserves the sign of the birth of the Saviour of the world. The sumptuous Cappella Paolina was conceived to contain the sacred image of the *Salus Populi Romani*, an icon that tradition attributes to the hand of St. Luke. For centuries, the sacred image was carried in procession around the city by the Romans, entrusting themselves to Mary's intercession. A visual echo of this tradition is the central motif of the chapel: a procession of angels that carry from the divine realm, characterised by the sumptuous blue screen of lapis lazuli, the image of the *Salus Populi Romani* toward us humans.

For one sixteen hundred years the Papal Basilica of Santa Maria Maggiore has aimed to mirror the Star of Bethlehem that broadcast the angelic proclamation to the shepherds: have no fear, but set out in search of the Lord! In its artistic richness, it is a singular witness to the vital energy that sprang from the humble stable and continues to nourish 'the reality of the Marian shrine today.'

The aim of this volume is to be a companion of all the pilgrims and visitors to the Basilica. Its various chapters illumine the different rays of this star; the novel insights in each chapter offer a possible guide, also spiritual, to its discovery. By promoting this work, we do not wish to limit ourselves to being custodians of the past, but rather to provide a tool for rediscovering a more authentic way of living in the deep furrow of Christian tradition; this tradition, handed down to us over the ages, will guide us how to continue creatively and faithfully in realising new works of faith, civilisation, art, and peace.

I wish to thank Pope Francis, who throughout His pontificate has expressed devotion to Mary Mother of God *Salus Populi Romani* with frequent visits to this Basilica, and has shown many the road back to God with the help of the Mother of God; the Archpriest; the Chapter; the authors; the editors; and all those who have collaborated in the realisation of this work.

The Basilica, a liturgical and spiritual pole, a treasure house of art and music, wants to be for all those who approach it from the four quarters of the globe, the Star of Bethlehem, a lighthouse, and an invitation to be amazed by a God, "who lies in a manger."

Santa Maria Maggiore, 8 December 2024

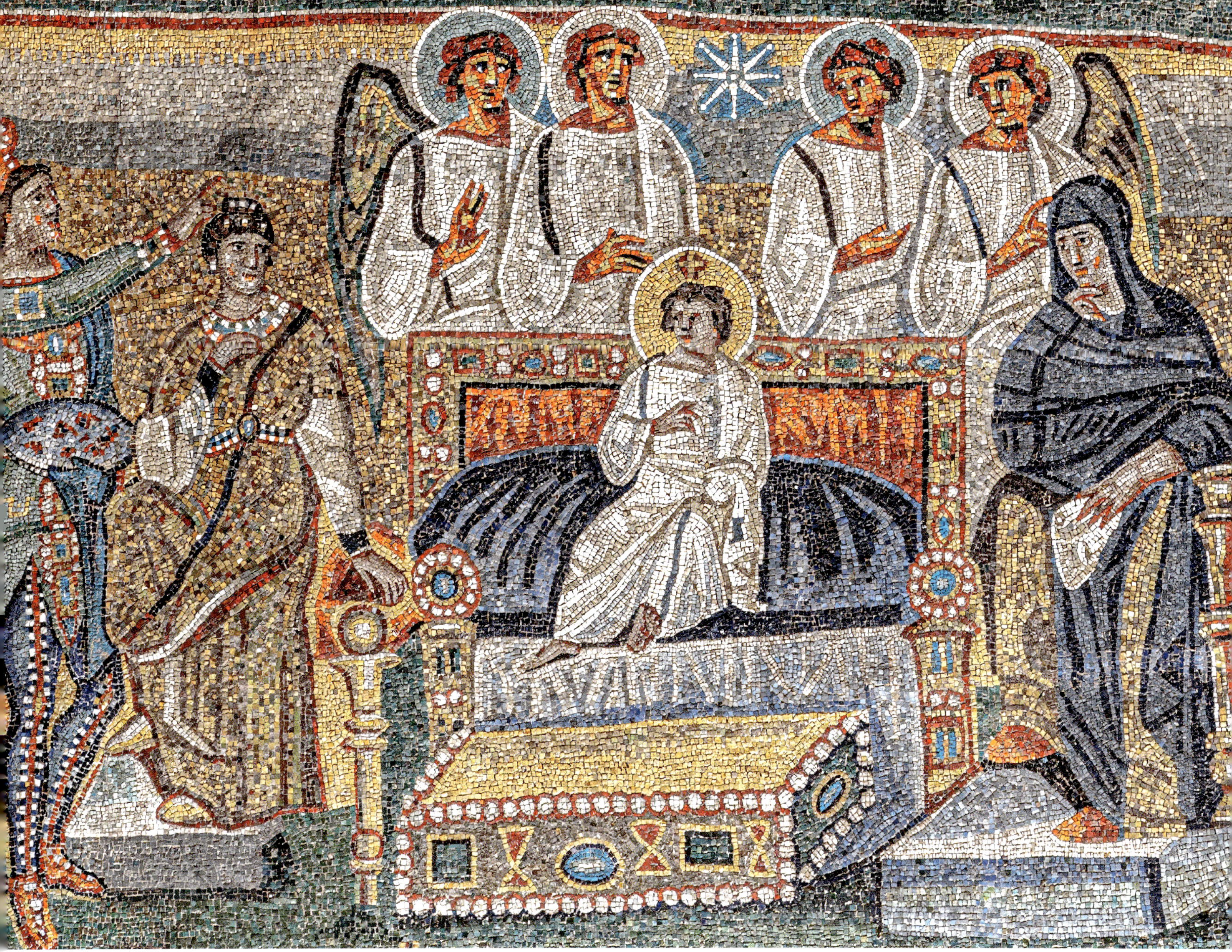

P. 13
Adorazione dei Magi
430 circa, mosaico
Arco trionfale (già arco absidale), secondo registro sulla sinistra

P. 13
Adoration of the Magi
ca. 430, mosaic
Triumphal arch (formerly apse arch), second register on the left

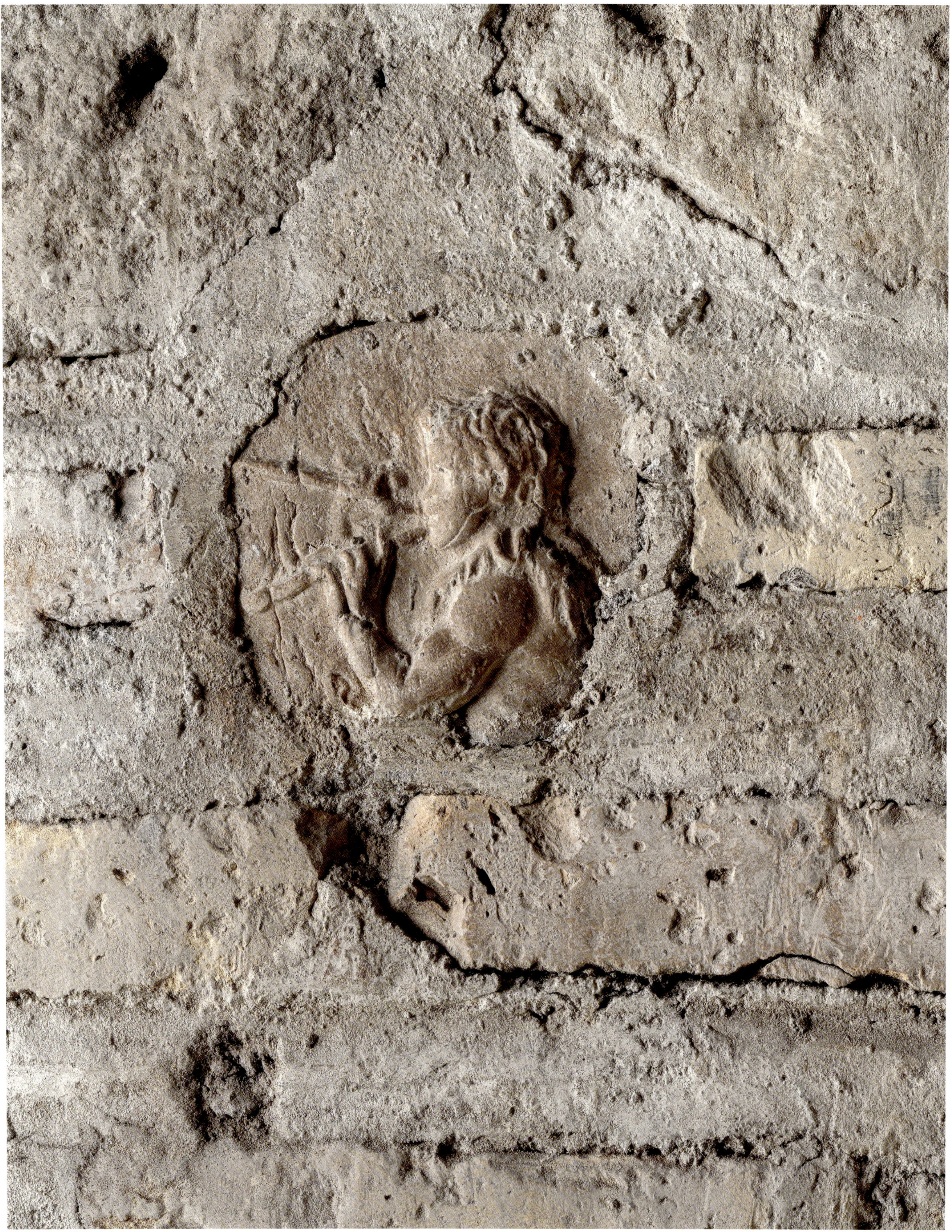

Introduzione

Andreas Raub

Non sappiamo chi, probabilmente attorno al 425, contribuì a creare la prima opera artistica della Basilica Papale di Santa Maria Maggiore. Forse faceva parte della squadra di muratori romani, il cui compito consisteva nel posare i muri di fondazione del nascente edificio, alternando due file di mattoni in argilla con una di tufo. A causa del forte dislivello del terreno che caratterizzava il sito scelto, gli operai dovevano prestare molta attenzione affinché l'imponente tratto di 80 metri circa, dalla facciata all'abside, si estendesse in maniera perfettamente rettilinea. Già ai tempi della repubblica romana, addirittura prima della nascita di Cristo, nei tempi *sub lege*, era stato costruito – così lo avrà verosimilmente spiegato l'ingegnere del cantiere – un massiccio muro di terrazzamento per conguagliare i dislivelli del colle più alto di Roma, il Cispio, sull'Esquilino. Le mura, tuttora visibili sotto la Basilica, davano sostegno alle sfarzose residenze nobiliari, che qui si estendevano dal tempo dei principi degli apostoli Pietro e Paolo.

È probabile che i lavoratori fossero cristiani e che si radunassero prima o dopo il lavoro per una preghiera. Parlavano a proposito della titolare della nuova chiesa, la Vergine Maria, intorno alla quale i presbiteri discutevano intensamente e per la quale sarebbe stato creato il primo santuario nell'*Urbs*. Forse si scambiavano opinioni di politica. Si stupivano del fatto che il committente dell'eccezionale impresa non fosse più l'imperatore, bensì l'autorità spirituale della città, il vescovo di Roma.

Poco prima di interrare le mura di fondazione, lo sconosciuto operario prese una piccola terracotta tascabile, raffigurante un suonatore di *aulos*, il flauto doppio antico, e la timbrò all'interno della malta ancora fresca. Non sappiamo se sia stata una semplice burla oppure se il gesto nascondesse un significato più profondo. Con l'apposizione di un suonatore voleva forse alludere a Cibele, la deità romana spesso associata ai satiri e che proprio sull'Esquilino aveva il suo sacro bosco? Il culto di Cibele, come quello di tutte le divinità pagane, con il diffondersi del cristianesimo era finalmente destinato ad essere sotterrato. L'anonimo esecutore di questo gesto segreto sapeva che il suo messaggio era destinato ad essere ricoperto da strati di terra, tufo e macerie – ma non ne aveva previsto la riscoperta oltre millecinquecento anni più tardi. Poneva le basi per un progetto destinato a superare ogni durata immaginabile. Stava nascendo il primo santuario dedicato alla Vergine nell'Occidente, fulcro eccelso di arte e fede lungo i secoli, santuario prediletto di molti papi, e meta devozionale di generazioni di pellegrini: una monumentale espressione

P. 14
Suonatore di aulos
ante 415-425 circa, terracotta, cm ø 7,5
Area archeologica, fondamenta esterne del colonnato destro

Introduction

Andreas Raub

We do not know who, probably around the year 425, created the first work of art for the Basilica of Santa Maria Maggiore. Perhaps he belonged to the team of Roman stonemasons whose task it was to lay the building's foundations, alternating two rows of clay bricks with one of tufa. Because of the steep slope of the chosen site, the workmen had to take great care to ensure that the imposing stretch of walls, about 80 metres in length from the façade to the apse, were perfectly straight. As early as the Roman Republic, even before Christ was born and still in the era *sub lege*, a massive retaining wall had been built – as the architect of the building site would probably have explained – to compensate for the variations in height of Rome's highest peak on the Esquiline, Monte Cispio. These walls, which are still visible under the Basilica, originally held up the opulent noble residences that extended here in the time of Peter and Paul, the "Princes of the Apostles."

It is probable that the workmen were Christians and that they gathered before or after work to pray. They talked about the patron saint of the new church, the Virgin Mary, whom the presbyters discussed intensely and for whom the first sanctuary in the *Urbs* was to be built. Perhaps they exchanged political views as well. They were certainly astonished that the patron of this extraordinary project was no longer the Emperor, but rather the spiritual authority of the city, the Bishop of Rome.

Just before burying the foundation walls, an unknown worker took a fragment of terracotta relief depicting an *aulos* player (the ancient double flute) and pressed it into the fresh mortar. We do not know if this was just a prank or if the gesture held some deeper meaning for him. With the addition of flute player did he perhaps wish an allusion to Cybele, the Roman goddess often associated with satyrs, and whose sacred grove was actually on the Esquiline Hill? The cult of Cybele, like that of all pagan deities, was destined to be submerged under the onslaught of Christianity. The anonymous author of this secret gesture also knew that his message was destined to be covered by layers of earth, tufa, and rubble – and could not have foreseen that it would be rediscovered more than a millenium and a half later. He was laying the basis for a project that was destined to outlive any imaginable duration. What was now rising was the first sanctuary dedicated to the Virgin Mary in the West, a sublime centre of art and faith for centuries, the favourite sanctuary of many popes, and the devotional destination of generations of pilgrims: a monumental expression of the new Faith

P. 14
Aulos player
before ca. 415-425, terracotta, ø 7.5 cm
Archaeological area, outer foundations of the right colonnade

della nuova fede a Roma, incentrata su un Dio, nato in una povera stalla in Giudea davanti ad un asino e ad un bue.

Il contrasto tra umili origini ed esito grandioso fu colto anche dal pittore fiorentino Jacopo Zucchi (c. 1542-1592) che dipinse per Santa Maria Maggiore la tavola raffigurante il *Miracolo della Neve*. Eseguita attorno al 1580, l'opera rappresenta il poetico racconto di fondazione, secondo il quale la Vergine indicò a papa Liberio (352-366) e alla coppia di patrizi cristiani, Giovanni e sua moglie, il luogo dove costruire la futura Basilica attraverso una nevicata fuori stagione. Zucchi raffigura il momento di quel prodigioso 5 agosto, quando il popolo romano, guidato dal pontefice e dal patrizio Giovanni, attesta lo straordinario fenomeno. La presenza dei cantori attorno alla futura abside ammanta l'evento meteorologico di sacralità e liturgia. A partire dalla rappresentazione musiva sulla facciata di Filippo Rusuti (si veda il capitolo *Il Mosaico della Facciata*), questo sacro *incipit* viene ripetutamente ripreso nei secoli: da Masaccio e Mino da Fiesole per l'Altare maggiore (si veda il capitolo *Neve, Marmo, Oro. La Trasformazione della Basilica nel Quattrocento*), da Jacopo Zucchi e da Stefano Maderno per l'antico e nuovo tabernacolo della *Salus Populi Romani* (si veda il capitolo *La Cappella di Paolo V (1605-1621). Sala del Trono della Vergine e Porta del Paradiso*), dai pittori Baldassare Croce (si veda il capitolo *Il Museo*) e Giuseppe Puglia per il palazzo della Canonica e per l'altare della famiglia Patrizi o dallo scultore Bernardino Ludovisi in un rilievo per il portico (si veda il capitolo Benedetto *XIV (1740-1758). "Tutto riuscito felicissimamente"*).

Il miracolo definisce la Basilica come frutto di un progetto divino, voluto dalla Madre di Dio. Il disegno della Vergine ha invitato tutte le generazioni future a dedicare cura speciale alla decorazione e tutela del santuario, scoraggiando successivi interventi architettonici troppo radicali. Inoltre, il sacro *incipit* contiene una drammaturgia comparabile agli inizi del cristianesimo nato in una fatiscente stalla: da origini umili apparentemente insignificanti – una mangiatoia e un manto di neve – scaturirono la storia della salvezza e la storia della Basilica, opera maestosa, ricettacolo per l'arte di munifiche commissioni e straordinari artisti. Come i pastori di Betlemme, il suonatore dell'*aulos* e i cantori radunati attorno al campo di neve assistono allo sbocciare di un progetto millenario eccezionale intitolato Santa Maria Maggiore.

Il volume invita a scorgere inediti sguardi, a trovare nuovi percorsi visivi, a farsi stupire dalla maestosità degli imponenti interventi e dalla minuziosità di ricercati dettagli. Da un trascurato timbro nei sotterranei alla veduta a volo d'uccello sul Campanile più alto della città, dalla Porta Santa che ha inaugurato il terzo millennio ai mosaici paleocristiani dell'originale arco absidale, dalle cesellate suppellettili alla rappresentazione innovativa e lungimirante dei crateri della luna negli affreschi della Cappella Paolina.

Oggi, la Basilica si presenta come monumento unico e uniforme, ma è in realtà un organismo complesso sviluppatosi attraverso milleseicento anni. Come la neve che, secondo i fisici, non è composta da singoli granelli che solamente si toccano e si sovrappongono, così ogni intervento che ha interessato il santua-

in Rome, centred on a God who had been born in a humble stable in Judea in front of an ox and a donkey.

The contrast between these humble origins and the majestic outcome was also captured by the Florentine painter Jacopo Zucchi (ca. 1542-1592), who painted the *Miracle of the Snow* for Santa Maria Maggiore. Executed around 1580, the panel depicts the poetic story of the foundation of the Basilica, according to which the Virgin Mary revealed to Pope Liberius (352-366) and a couple of Christian patricians, John and his wife, where to build the future church by means of an unseasonal snowfall. Zucchi represents the moment on that prodigious day, 5 August, when the Roman people, led by the Pope and the patrician John, witnessed this extraordinary phenomenon. The presence of cantors around the site of the future apse cloaks the meteorological event in sacrality and liturgy. Beginning with the mosaic on the façade by Filippo Rusuti (see chapter *The Façade Mosaics*), this *sacred incipit* was recurrently resumed over the centuries: by Masaccio and Mino da Fiesole on the High Altar (see chapter *Snow, Marble, Gold. The Transformation of the Basilica in the Fifteenth Century*); by Jacopo Zucchi and Stefano Maderno for the old and new tabernacle of the *Salus Populi Romani* (see chapter *The Chapel of Paul V. Throne Room of the Virgin and Gateway to Heaven*); by the painters Baldassare Croce (see chapter *The Museum*) for the Canonry and Giuseppe Puglia for the altar of the Patrizi family, and by the sculptor Bernardino Ludovisi in a relief for the portico (see chapter Benedict *XIV (1740-1758). "A most felicitous outcome"*).

The miracle designated the Basilica the fruit of a divine plan, willed by the Mother of God. The Virgin's design invited all future generations to dedicate especial care in the decoration and preservation of the sanctuary, and discouraged any subsequent architectural initiatives that might be too radical. Furthermore, the *sacred incipit* contains a dramaturgy comparable with the beginnings of Christianity, born in a dilapidated stable: from apparently humble beginnings – a manger and a blanket of snow – sprang the history of Salvation and the history of the Basilica, a majestic work and the vessel for future art by extraordinary artists on behalf of munificent patrons. Both the *aulos* player and the cantors, who gathered around the field of snow, like the shepherds at Bethlehem, bore witness to the beginning of a project lasting over a thousand years to embellish with art and faith the Basilica of Santa Maria Maggiore.

This volume invites readers to explore new insights and new visual paths to be amazed both by the majesty of the impressive initiatives and their refinement in all its minute details. From an overlooked terracotta relief in the basement to a bird's-eye view from the highest belltower in the city; from the Porta Santa that has inaugurated the third millennium to the Early Christian mosaics of the original apsidal arch; from the chased ecclesiastical furnishings to the innovative and far-sighted depiction of moon craters in the frescoes of the Cappella Paolina.

Today the Basilica seems a single and unified monument, but it is actually a complex organism that has evolved over sixteen hundred years. Just as snow, according to physicists, is not composed of individual grains that only touch and overlap, so does each intervention that has affected the Basilica today appear

rio appare oggi in dialogo coi precedenti e coi successivi. I fiocchi sono tutti collegati tra di loro, quello superiore è in contatto col più basso in una "matrice di ghiaccio", una struttura di grani sintetizzati, in cui ogni elemento è unito agli altri; la stratificazione delle committenze è intrecciata al passato e proiettata verso il futuro.

Ogni capitolo, sulla base di contributi di massimi esperti, ripercorre la storia della committenza papale e cardinalizia stratificata in epoche diverse.

Il saggio introduttivo di Sible de Blaauw fornisce le basi su cui poggiano tutti gli interventi successivi. Come nessun'altra Basilica Papale, Santa Maria Maggiore preserva fino ad oggi le sue strutture e il suo aspetto originale. La decorazione musiva, conservatasi dal pontificato di Sisto III (432-440), si dispiega nella navata centrale e sull'arco di trionfo e rappresenta una delle più significative opere del genere, sia per qualità stilistica sia per il suo stato di conservazione. De Blaauw mette in rilievo le peculiarità che caratterizzano la vasta impresa, inusuale per collocazione, commissione e impegno artistico.

Delle modifiche successive nell'alto medioevo rimangono pochissime tracce. Del sontuoso intervento di papa Pasquale I (817-824), che prevedeva la sistemazione liturgica del presbiterio, danno testimonianza le quattro colonne in porfido che oggi compongono il baldacchino. In quel tempo, la Basilica era già denominata *Sanctae Mariae in Praesepio*, titolo da riferirsi alla presenza dei legni della *Sacra Culla*. La venerazione di questa reliquia dall'Oriente fu uno dei motivi per cui Niccolò IV (1288-1292), primo papa francescano, volle dedicare a Santa Maria Maggiore un cantiere che ha avuto pochi paragoni. Al pontefice e ai suoi esecutori testamentari, i cardinali Giacomo e Pietro Colonna, si ascrivono la costruzione di una nuova abside e di un nuovo transetto, la decorazione musiva dell'abside e della facciata, la fusione di nuove campane e la risistemazione dell'Oratorio del Presepe, effettuata da Arnolfo di Cambio. Quella di Niccolò IV costituisce l'ultima vasta impresa artistica della corte papale, poco prima del quasi secolare abbandono di Roma.

Dopo il ritorno del papato da Avignone, la Basilica continuò ad essere luogo prediletto per l'alto mecenatismo. Testimonianza eloquente del perpetuo interesse è la costruzione del Campanile in laterizio che, con la sua altezza di 75 metri – vista l'ubicazione collinare della chiesa –, costituisce il punto più alto della città. La vera rifioritura della città e di Santa Maria Maggiore iniziò con papa Martino V (1417-1431). La commissione dell'esponente della famiglia Colonna apre il saggio sul Quattrocento di Arnold Nesselrath. Si tratta di una originalissima rielaborazione del Miracolo della Neve da parte di Masaccio e Masolino per il trittico dell'Altare maggiore. Nella seconda metà del secolo le vicende artistiche nella Basilica vennero dirette da due arcipreti, tra i più potenti e munifici principi della Chiesa dell'epoca: il cardinale francese Guillaume d'Estouteville e quello spagnolo Rodrigo Borgia, che col nome di Alessandro VI (1492-1503) divenne pontefice proprio in un anno chiave della storia mondiale. Gli interventi promossi dai due contribuirono ad una trasformazione della Basilica "in un mito globale", il cui soffitto dorato "risplende sul posto come un firmamento eterno".

in dialogue with its predecessors and successors. The flakes are all interconnected, the upper one touching the lower one in a "crystal lattice," a synthesised structure of grains in which each element is united with the others; so also is the stratification of the various commissions in the Basilica intertwined with the past, and projects into the future.

Each chapter of this book, each a contribution by leading experts, traces the patronage history of popes and cardinals, sorted into their respective eras.

The introductory essay by Sible de Blaauw provides the basis for all the subsequent contributions. More than any other Papal Basilica, Santa Maria Maggiore has preserved to this day its original structure and appearance. The mosaic decoration, surviving from the pontificate of Sixtus III (432-440), unfolds along the nave and over the triumphal arch and is one of the most important works of its kind, both in terms of its stylistic quality and state of preservation. De Blaauw highlights the peculiarities that characterised this huge project, unusual in location, circumstances of commission, and for its enormous artistic effort.

Very few traces survive of the subsequent modifications made in the Early Middle Ages. Only the four porphyry columns that today support the baldachin bear witness to the sumptuous interventions of Pope Paschal I (817-824), which involved the liturgical organization of the choir. At that time the Basilica was already called *Sanctae Maria in Praesepio*, a title that referred to the presence of the wooden *Holy Crib*. The veneration of this relic from the Holy Land was one of the reasons why Nicholas IV (1288-1292), the first Franciscan Pope, decided to inaugurate a campaign at Santa Maria Maggiore which has had few rivals. The Pope and the executors of his will, the cardinals Giacomo and Pietro Colonna, are credited with the construction of a new apse and transept, the mosaic decoration of the apse and its façade, the casting of new bells, and the reorganization of the Oratory of the Crib by Arnolfo di Cambio. The initiatives of Nicholas IV represent the last great artistic enterprise of the papal court before it abandoned Rome for almost a century.

After the return of the papacy from Avignon, the Basilica continued to be a favoured site for high patronage. An eloquent testimony to this enduring interest was the construction of the brick belltower, which at seventy-five metres is the highest point in the city, when one includes the hilltop location of the church. However, the real reflowering of the city and of Santa Maria Maggiore began with Pope Martin V (1417-1431). It is with the commission from a member of the Colonna family that Arnold Nesselrath opens his essay on the 15th-century history of the Basilica. The highlight was a most original re-elaboration of the *Miracle of the Snow* by Masaccio and Masolino as a triptych for the High Altar. In the second half of the century, artistic events in the Basilica were directed by two archpriests who were among the most powerful and generous princes of the Church at the time: the French Cardinal Guillaume d'Estouteville and the Spanish Rodrigo Borgia, who became Pope Alexander VI (1492-1503) in 1492, a key year in world history. Their initiatives helped to transform the Basilica "into a global myth," whose gilded ceiling "shines on the place like an eternal firmament."

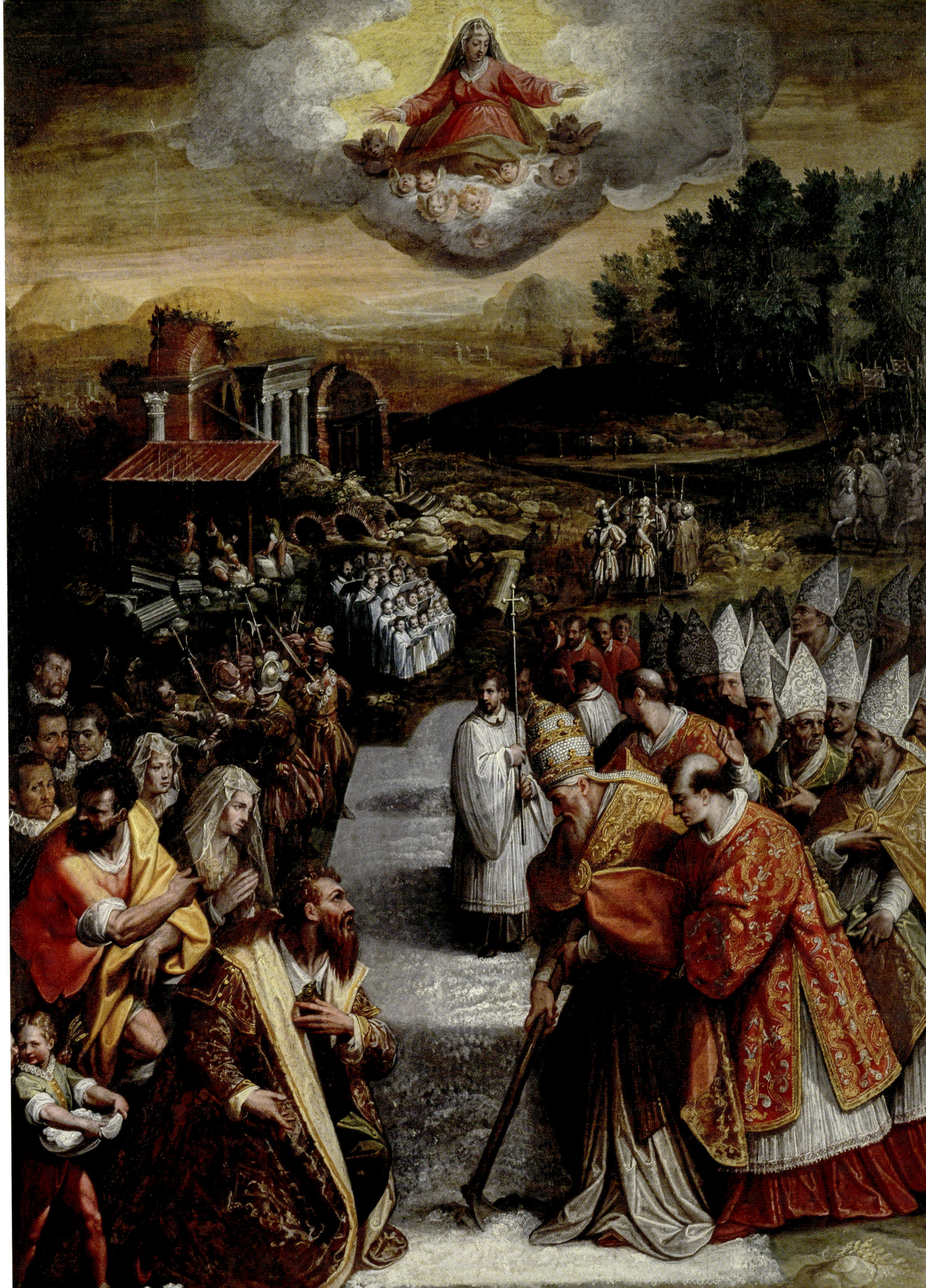

Nel Cinquecento, la Basilica mariana divenne un luogo in cui le idee della Riforma cattolica confluirono sul versante artistico. Le Cappelle Sforza e Cesi, collegate per la vicinanza e per la cronologia della loro costruzione, sono i primi edifici monumentali aggiunti alla navata sinistra. I committenti erano importanti rappresentanti di due famiglie nobili del tempo. Federico Cesi pianificò, nel 1560, una cappella sepolcrale dedicata a Santa Caterina, mentre nel 1562 il cardinale arciprete Guido Ascanio Sforza indicò nel proprio testamento la volontà di finanziarne la costruzione sulla base di un modello realizzato dal Buonarroti, che Vitale Zanchettin considera "uno dei pensieri più estremi di Michelangelo architetto".

Massima espressione di committenza papale attorno al 1600 e fulcro di innovative idee artistiche sono la Cappella Sistina e la Cappella Paolina, due monumentali costruzioni che affiancano la basilica paleocristiana in armonica simmetria. Progettate come mausolei papali e scrigni per le reliquie della *Sacra Culla* e dell'Icona *Salus Populi Romani*, i santuari gemelli esprimono due dei ruoli di Maria: Madre di Dio e Regina dei Cieli. Patrizia Tosini introduce ai significati spirituali della prima, "un *unicum*, per il modo in cui molte arti diverse si fondono armoniosamente a rappresentare una complessità di significati e messaggi destinati ai fedeli così come ai più colti accoliti del pontefice".

Il progetto di dedicare una cappella alla più importante icona mariana della città, la *Salus Populi Romani*, già ideato da Sisto V (1585-1590), fu effettivamente avviato da Camillo Borghese, eletto pontefice nel 1605 col nome di Paolo V (1605-1621). L'Icona, che la tradizione attribuisce alla mano di San Luca, è la protagonista della cappella, interamente decorata fino alla cupola con preziosi marmi policromi, la cui ricercatezza aumenta con l'avvicinarsi al tabernacolo-reliquiario. Fabio Barry introduce all'enorme creatività artistica dell'impresa paolina soffermandosi sulla scelta dei preziosi materiali, utilizzati per esaltare il profondo significato teologico del monumento.

L'aspetto attuale della Basilica è dovuto principalmente ai lavori di restauro e costruzione del Settecento, effettuati da Ferdinando Fuga. Benedetto XIV (1740-1758), appena eletto, promise al Capitolo di Santa Maria Maggiore il suo sostegno per la nuova costruzione della facciata e per un risanamento globale della chiesa in vista dell'Anno Santo 1750. Elisabeth Kieven sottolinea la devozione profonda del pontefice per la Madre di Dio, predilezione che si riflette nella scelta del programma scultoreo della nuova facciata. L'iconografia è in linea con i mosaici medievali, che furono integrati nel progetto, annunciando all'esterno le storie e i santi più importanti del santuario, come gli arcipreti San Carlo Borromeo e il Beato Nicola Albergati. La ristrutturazione dell'interno portò alla creazione di una versione idealizzata dell'antico edificio, secondo

In the sixteenth century, the Marian Basilica became the place in which the ideas of the Catholic Reformation found artistic expression. The Sforza and Cesi Chapels, inextricably linked by their adjoining and synchronous construction, were the first monumental buildings to be added to the left aisle. The patrons were important representatives of two noble families of the time. In 1560 Federico Cesi planned a sepulchral chapel dedicated to Saint Catherine, while in 1562 the Cardinal Archpriest Guido Ascanio Sforza stipulated a bequest in his will to finance the construction of a chapel based on a model by Michelangelo Buonarroti, which Vitale Zanchettin considers "one of Michelangelo's most advanced ideas as an architect."

The Cappella Sistina and Cappella Paolina, two monumental buildings that flank the early Christian Basilica in harmonious symmetry, are the highest expression of papal commissions around 1600 and the fulcrum of many innovative artistic ideas. Each was conceived as a papal mausoleum, one the repository for the relic of the *Holy Crib*, the other for the icon of the *Salus Populi Romani*, these twin shrines broadcast two of Mary's personalities: as Mother of God and Queen of Heaven. Patrizia Tosini explains the spiritual significance of the former as, "an *unicum*, for the way in which many different arts blend harmoniously to represent a complexity of meanings and messages intended as much for the faithful as for the more cultured acolytes of the pontiff."

The project to dedicate a chapel to the city's most important Marian icon, the *Salus Populi Romani*, had already been conceived by Sixtus V (1585-1590), but it was Camillo Borghese, elected pope in 1605 with the name Paul V (1605-1621), who actually initiated the project. The Icon, which tradition attributes to the hand of Saint Luke, is the protagonist of a chapel that is covered over with precious coloured marbles all the way to the dome, and whose refinement only increases as one approaches the tabernacle-reliquary of its high altar. Fabio Barry explains the immense artistic creativity of this Pauline enterprise, with a particular focus on how the precious materials were deployed to enhance the profound theological meaning of the monument.

The present appearance of the Basilica is mainly due to restoration and construction works carried out by Ferdinando Fuga in the eighteenth century. The newly elected Pope Benedict XIV (1740-1758) promised the Chapter of Santa Maria Maggiore his support not only to rebuild the façade but also to renew the church completely in time for the Holy Year of 1750. Elisabeth Kieven highlights the pope's deep devotion to the Mother of God, a predilection that shines through the sculptural program of the new façade. This iconography is also in keeping with the medieval mosaics that were incorporated into the design and that tell the most important stories and saints of the sanctuary, like the archpriests San Carlo Borromeo and the Blessed Nicola Albergati. The restructuring of the interior created an idealised version of

P. 18
Jacopo Zucchi (c. 1542-1592)
Miracolo della Neve
1580 circa, olio su tavola, 197 x 156,5 cm
Polo Museale Liberiano

P. 18
Jacopo Zucchi (ca. 1542-1592)
Miracle of the Snow
ca. 1580, oil on panel, 197 x 156.5 cm
Polo Museale Liberiano

i gusti dell'epoca. Il nuovo Altare maggiore, una risposta alle esigenze liturgiche formulate dal Concilio di Trento, segna fino ad oggi il centro liturgico della Basilica. Alla conclusione del grande intervento, il pontefice bolognese affermò che "il risarcimento ed ornamento che abbiamo fatto di quella Basilica" era "tutto riuscito felicissimamente".

Gli adeguamenti intercorsi dopo l'occupazione napoleonica della città e il depauperamento della Basilica in seguito al Trattato di Tolentino (1797) sono delineati nel saggio di Sante Guido. Per volere di Leone XII (1823-1829), il Coro invernale barocco, situato nella Canonica Paolina, fu trasformato in battistero neoclassico. L'architetto e orafo Giuseppe Valadier concepì, sulla scorta di modelli paleocristiani, un bacino rotondo, con un'immensa vasca in porfido rosso, decorata con preziosi artefatti di argenteria. Nella seconda metà dell'Ottocento, fu commissionata da papa Pio IX (1846-1878) a Virginio Vespignani la *confessio* posta di fronte all'Altare maggiore. Straordinario esempio della ricezione neoclassica dell'arte antica, la cripta, rivestita di settanta tipi di marmi diversi, funge da nuova grotta di Betlemme. Fulcro spirituale ne è la nicchia centrale che custodisce il reliquiario a forma di culla, elaborato dallo stesso Valadier, per contenere i sacri legni della mangiatoia del Bambin Gesù. Il contributo di Guido conclude il percorso storico rivolgendo uno sguardo fino alla contemporaneità.

In vista del Giubileo 2025 e per volere di Papa Francesco, è stato ampliato il Polo Museale Liberiano, l'area museale presso la Basilica, costituita dalla zona archeologica, dal Tesoro e dal Museo presso la Canonica Paolina, collegato alla Loggia delle Benedizioni. Francesco si è recato più di centoventi volte alla Basilica, ponendo i suoi viaggi apostolici sotto la protezione della *Salus Populi Romani*. Il suo profondo affetto verso la *Betlemme d'Occidente* fa rivivere l'antica devozione dei suoi predecessori, presentati in questo volume.

Betlemme può essere letteralmente tradotto dall'ebraico come "casa del pane". San Girolamo, il santo patrono dei traduttori, creò la versione latina della *Bibbia* proprio a Betlemme, contemplando la *Sacra Culla* del Bambin Gesù. Grazie alla diffusione della sua *Vulgata*, Girolamo divenne uno dei più influenti personaggi della cultura europea. Per ribadire il culto del Dottore della Chiesa verso le reliquie della Natività, nel XIII secolo il santo fu traslato nella *Betlemme d'Occidente*. Il pane spirituale offerto a Santa Maria Maggiore da milleseicento anni a innumerevoli visitatori di ogni nazione e generazione è fatto, oltre che di fede, anche di cultura, ingrediente basilare per ogni evangelizzazione.

the old building, following the tastes of the time. The new High Altar, a belated response to the new liturgical requirements that had been formulated by the Council of Trent, is still the liturgical lynchpin of the Basilica. At the end of his great interventions, the Bolognese Pope declared that "the repairs and decorations we have made to this Basilica (...) have all had the most felicitous outcome."

The adaptations made after the Napoleonic occupation of the city and the impoverishment of the Basilica following the Treaty of Tolentino (1797) are discussed in the essay by Sante Guido. At the behest of Leo XII (1823-1829), the baroque Winter Choir, situated in the Pauline Canonry, was transformed into a neoclassical baptistery. Based on early Christian models, the architect and goldsmith Giuseppe Valadier installed a huge basin of imperial porphyry decorated with precious silver reliefs. In the second half of the nineteenth century, Pope Pius IX (1846-1878) commissioned Virginio Vespignani to create the *confessio* in front of the High Altar. An extraordinary example of the neoclassical reception of ancient art, this crypt, covered with over seventy different types of marble, serves as a new grotto of Bethlehem. Its spiritual centre is the central niche which houses the cradle-shaped reliquary designed by Valadier himself to contain the sacred wood from the crib of the Infant Jesus. Sante Guido's contribution concludes the historical journey with a look at the present day.

In preparation for the Jubilee of 2025 and by the desire of Pope Francis, the Polo Museale Liberiano, or museum of the Basilica, has been extended. It includes the archaeological area, the Treasury, and the Museum in the Pauline Canonry, connected with the Benediction Loggia. Francis has visited the Basilica more than a hundred twenty times, placing his apostolic journeys under the protection of the *Salus Populi Romani*. His deep affection for the "*Bethlehem of the West*" revives the ancient devotion of his predecessors, who are presented throughout this volume.

Bethlehem can be literally translated from the Hebrew as "house of bread." It was in Bethlehem itself, while contemplating the *Holy Crib* of the Infant Jesus that Saint Jerome, the patron saint of translators, created the Latin version (*Vulgate*) of the Bible. Thanks to the spread of the *Vulgate*, the saint became one of the most influential figures in European culture. To reaffirm the devotion of the Doctor of the Church to the relics of the Nativity, in the thirteenth century the saint's remains were transferred to the *Bethlehem of the West*. The spiritual bread that Santa Maria Maggiore has offered to countless visitors from all nations and of every generation for sixteen hundred years is not only fashioned from faith, but also from culture, a basic ingredient in any attempt to preach the Gospels.

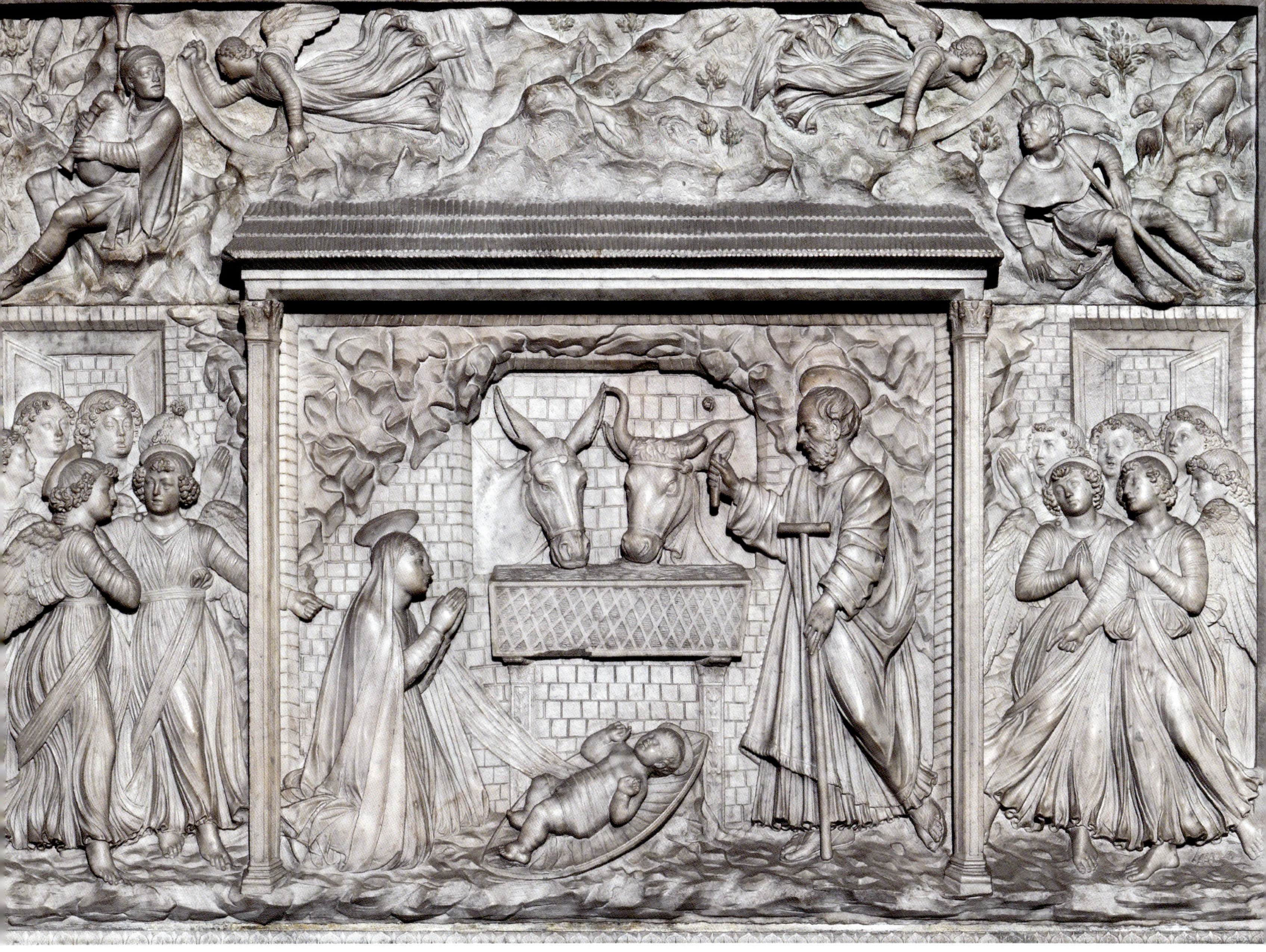

P. 21
Giovanni di Mino, detto Mino da Fiesole (1429-1484)
Nascita di Gesù
1461, marmo di Carrara
Abside (già Ciborio della neve)

P. 21
Giovanni di Mino, called Mino da Fiesole (1429-1484)
Birth of Jesus
1461, Carrara marble
Apse (formerly Ciborium of the Snow)

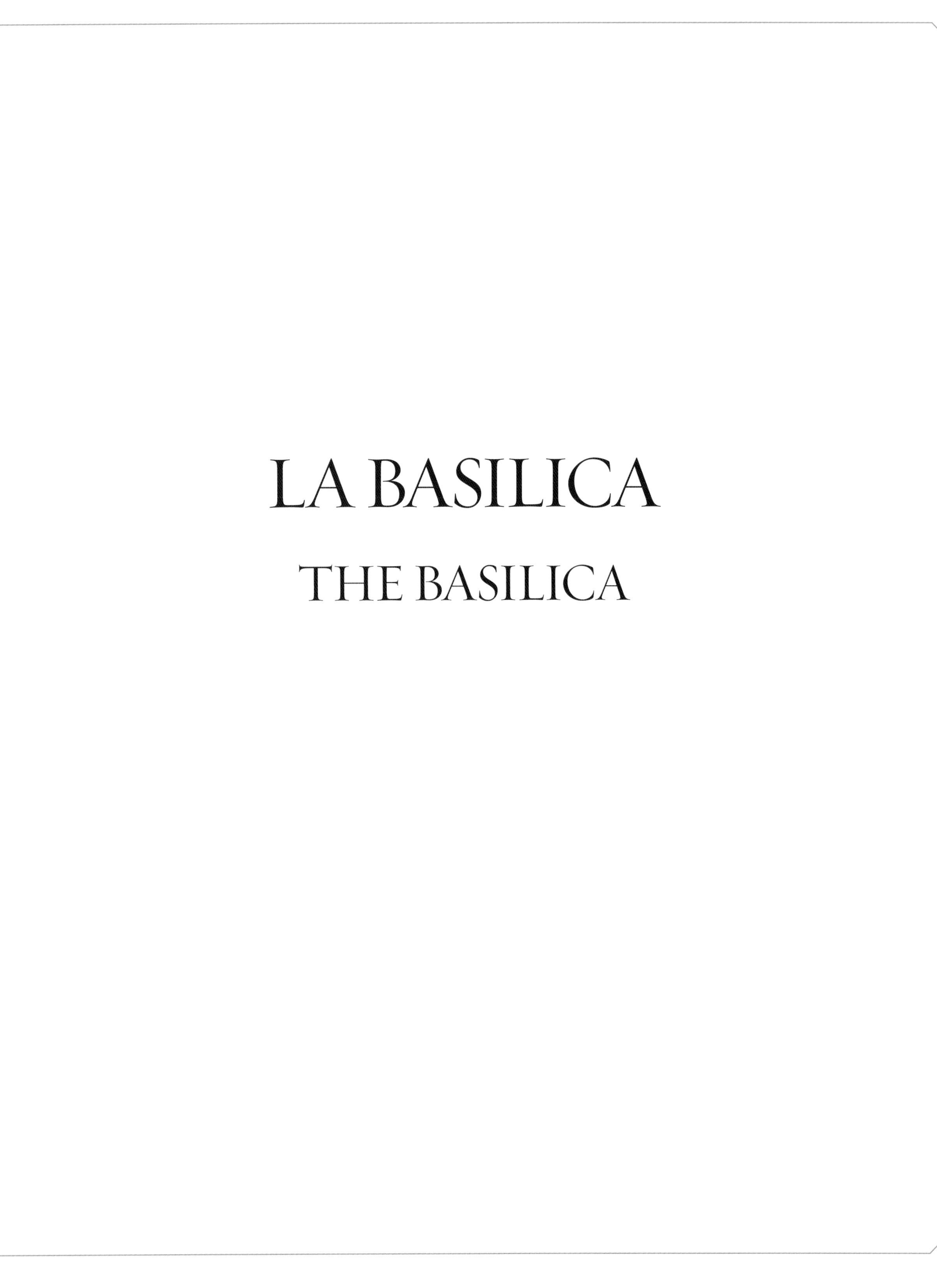

LA BASILICA

THE BASILICA

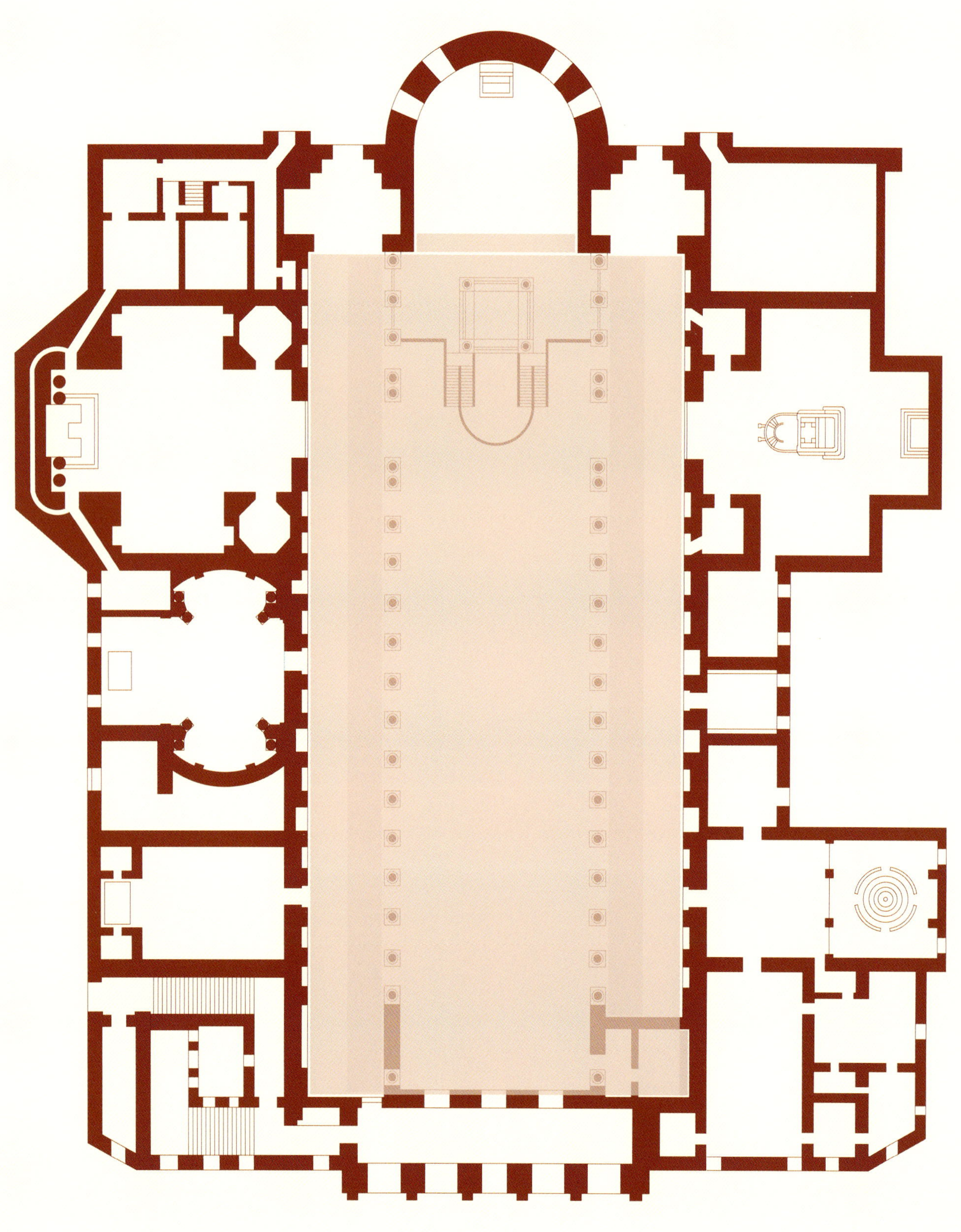

"Vergine Maria, a te io, Sisto". La Basilica di Sisto III

"Virgin Mary, to You I, Sixtus". The Basilica of Sixtus III (432-440)

Navata centrale e colonnato
Central nave and colonnade

Mosaici Paleocristiani
Early Christian mosaics

Arco trionfale
Triumphal arch

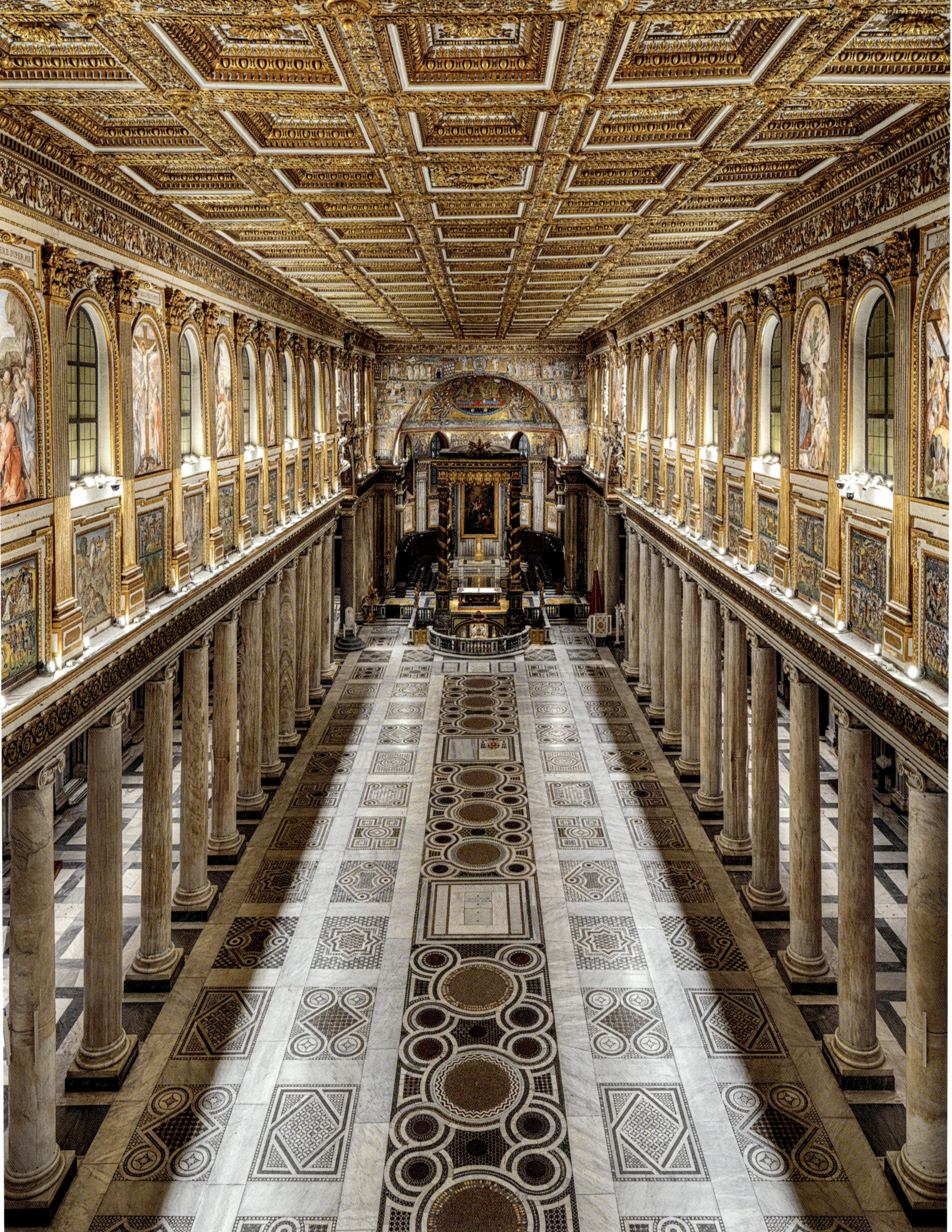

"Vergine Maria, a te io, Sisto". La Basilica di Sisto III (432-440)

Sible de Blaauw

La fondazione della Basilica

Fu papa Sisto III (432-440) ad avere l'onore di consacrare l'edificio ecclesiastico più prestigioso del V secolo a Roma. Il mosaico originale dell'arco trionfale, con l'iscrizione centrale "Sisto vescovo al popolo di Dio", non lascia dubbi a riguardo, così come altre fonti. La costruzione della Basilica deve essere iniziata già sotto il predecessore di Sisto, ma ciò che più colpisce è che il vescovo di Roma sta agendo da committente. Tutte le grandi basiliche del secolo precedente erano state costruite su ordine imperiale. Al 400, i tempi erano cambiati e il papa era la principale autorità nella capitale cristianizzata dell'impero romano.

La Basilica sorgeva in cima all'Esquilino, su un sito precedentemente occupato da residenze private. Una di queste *domus* nel secolo scorso sotto il pavimento della Basilica è stata in gran parte scavata (si veda il capitolo *L'area archeologica*). Questo complesso rimase probabilmente in uso fino all'invasione di Roma da parte dei Goti, sotto Alarico, nel 410.

I ritrovamenti archeologici escludono la possibilità che sul sito della Basilica sorgesse una chiesa precedente, come la Basilica Liberiana, citata nel resoconto di fondazione di Sisto III nel *Liber Pontificalis*. La formulazione è di per sé strana: Sisto fece costruire la chiesa mariana "che gli antichi chiamavano Basilica Liberiana". Ciò che risulta chiaramente è che la nuova chiesa era percepita in diretta connessione con la Basilica di papa Liberio (352-366), che doveva essere situata in un luogo vicino. In questo modo, la funzione pastorale e liturgica di questo edificio ecclesiastico più antico, apparentemente già fatiscente o inadeguato, passò alla nuova Basilica. Anche la Basilica Liberiana era una basilica patriarcale, sotto la diretta amministrazione del papa e utilizzata principalmente per la liturgia papale. Ancora oggi, il legame storico con la chiesa più antica è presente nel titolo "Liberiano" delle istituzioni di Santa Maria Maggiore.

Così, le intenzioni con cui Santa Maria Maggiore fu costruita si rivelano facilmente: c'era bisogno di una seconda cattedrale accanto alla Basilica Costantiniana del Laterano, più antica di un secolo e situata alla periferia della città. Ormai la popolazione cittadina si era in gran parte convertita al cristianesimo, per cui la

"Virgin Mary, to You I, Sixtus". The Basilica of Sixtus III (432-440)

Sible de Blaauw

The Foundation of the Basilica

It is Pope Sixtus III (432-440) who holds the honour of having consecrated the most prestigious ecclesiastical building of fifth-century Rome. The central inscription on the original mosaic of the Triumphal Arch, "Sixtus Bishop to the People of God," leaves no doubt on this score, nor do other sources. Although construction must actually have begun under Sixtus' predecessor, what is most striking is that it was the Bishop of Rome to commission it. All the great basilicas of the preceding century had been commissioned by the emperor. By the fifth century circumstances had so changed that the Pope was the main authority in the Christianised capital of the Roman Empire.

The Basilica rose on the peak of the Esquiline Hill in an area that had previously been occupied by private residences. One of these *domus* (mansions) was largely excavated under the floor of the Basilica in the last century (see chapter *The Archaeological Area*). This domestic complex probably remained in use until the Goths, under Alaric, invaded Rome in 410.

The archaeological findings rule out any possibility that the fifth-century Basilica was built on the site of an earlier church, such as the Basilica Liberiana mentioned in the foundation report of Sixtus III in the *Liber Pontificalis*. In fact, the wording itself is strange: Sixtus had built the church to Mary built "which the ancients called the Basilica Liberiana." However, what is clear is that the new church was perceived to be directly connected with the Basilica of Pope Liberius (352-366), which must have been situated nearby. In this way, the pastoral and liturgical function of this older ecclesiastical building, apparently already dilapidated or somehow inadequate, was transferred to the new Basilica. The Liberian Basilica had also been a patriarchal basilica, under the direct administration of the Pope and used mainly for the papal liturgy. Even today, the historical link with the older church survives in the title of "Liberian" given to the institutions of Santa Maria Maggiore.

Thus, the reasons for the construction of Santa Maria Maggiore become clear: a second cathedral was needed besides the Constantinian Basilica of San Giovanni in Laterano, which was a century older and located on the outskirts of the city. By now most of the city's population had converted to Christianity, so the new

nuova basilica patriarcale poteva essere costruita simbolicamente al centro dell'area urbana abitata, e ancor più nel punto più alto, in modo che fosse visibile da lontano.

La fondazione di una chiesa prevedeva una dotazione di utensili per la liturgia e l'illuminazione e di beni immobili per la manutenzione e il funzionamento. Il *Liber Pontificalis*, una raccolta di biografie dei vescovi di Roma succedutisi nel corso dei secoli, cita gli elenchi originali delle donazioni. Proprio come l'imperatore Costantino aveva fatto un secolo prima per le prime basiliche patriarcali, papa Sisto donò utensili liturgici e lampade di metallo prezioso, terreni e case. Tra i doni c'era anche l'altare: un tavolo di legno rivestito d'argento, davanti al quale era appesa una preziosa corona d'argento. Sisto dotò la Basilica pure di un battistero con colonne di porfido e un cervo d'argento che spruzzava l'acqua in una vasca.

La fondazione della Basilica sull'Esquilino fu notevole non solo per la sua posizione centrale e per l'incarico papale, ma anche per la sua dedica a un santo. Fino a quel momento, infatti, le chiese fuori dalle mura erano state dedicate a martiri, mentre quelle all'interno della città avevano ricevuto nomi di santi solo a partire dalla fine del IV secolo: anch'essi, senza eccezioni, martiri, sebbene non di rado leggendari. Tuttavia, alla "Basilica di Sisto" fu subito dato il nome di *Basilica Sanctae Mariae*. Lo dimostra in modo inequivocabile l'iscrizione di dedica che un tempo decorava la facciata interna e che è sopravvissuta in trascrizioni. I suoi primi versi recitano:

Vergine Maria, a te io, Sisto, dedico questa nuova dimora:
degno dono al tuo grembo salvifico.
Tu, o Madre, non conoscendo un uomo, sei diventata feconda,
hai fatto nascere dal tuo grembo intatto la salvezza di tutti.

Il seguito dell'iscrizione parla di martiri con i loro attributi, che portano corone d'onore a Maria e al suo bambino – apparentemente un riferimento a ciò che si poteva ammirare su questa parete. La dedicazione della Basilica e l'omaggio musivo si riferiscono esplicitamente a Maria e al suo bambino divino. Tradizionalmente, la consacrazione di Santa Maria Maggiore è vista come il riflesso romano al Concilio di Efeso (431). Tuttavia, la grande conquista di Efeso non fu l'elevazione di Maria a *Theotókos*, ma l'affermazione di una solida formula sulla persona e sulle nature di Cristo, che da allora in poi avrebbe guidato il mainstream del cristianesimo. In sostanza, il testo della consacrazione non contiene pensieri diversi su Maria da quelli già prevalenti in Occidente nei decenni precedenti. La sua verginità è il motivo principale, perché altrimenti non si spiegherebbe la divinità di Cristo dal grembo di una madre umana. L'equivalente della *Theotókos* greca, ad esempio *Dei genetrix*, è assente in questa iscrizione.

Subito dopo il Concilio di Efeso non si assistette a un'ondata di dedicazioni di chiese alla Madre di Dio. Essa si verificò vent'anni dopo, dopo che il Concilio ecumenico di Calcedonia (451) confermò la formula della *Theotókos*. In quell'occasione il contributo teologico di Roma acquistò per la prima volta un certo peso, sotto forma di una lettera di papa Leone Magno (440-461). Allo stesso tempo,

patriarchal basilica could be built symbolically not only in the centre of the inhabited urban area but also on its highest point, so that it could be seen from afar.

The foundation of a church included a donation of furnishings for liturgy and lighting, as well as real estate to fund maintenance and operation. The *Liber Pontificalis*, the volume of biographies of the bishops of Rome over the centuries, quotes the original lists of donations. Just as the emperor Constantine had done a century earlier for the first patriarchal basilicas, Pope Sixtus III donated liturgical utensils and precious metal lamps, land, and houses. Among the gifts was the altar: a wooden table covered with silver, in front of which hung a precious silver crown. Sixtus also endowed the Basilica with a baptistery with porphyry columns and a silver statue of a deer through which water sprayed into a basin.

The foundation of the Basilica on the Esquiline Hill was remarkable not only for its central location and papal patronage, but also for its dedication to a single saint. Until that moment the churches outside the city walls had been dedicated to martyrs, while those inside the city had only been given the names of saints from the end of the fourth century: without exception, these were martyrs too, even if they were frequently legendary. The "Basilica of Sixtus", however, was immediately given the name *Basilica Sanctae Mariae*. This is clear from the dedicatory inscription that once adorned the inside of the façade and which has survived in transcription. The first verses read:

Virgin Mary, to You I, Sixtus, dedicate this new dwelling:
worthy gift for your salvific womb.
You, O Mother, knowing no man, became fruitful,
From your virgin womb you have brought forth the salvation of all.

The rest of the inscription speaks of martyrs with their attributes, who bear crowns of honour to Mary and her Child – apparently a reference to a scene one could admire on this wall. The dedication of the Basilica and the homage mosaic explicitly refer to Mary and her divine child. Traditionally, the consecration of Santa Maria Maggiore is seen as a Roman echo of the Council of Ephesus (431). The great achievement of Ephesus, however, was not the elevation of Mary to *Theotókos*, but the affirmation of a conclusive formula on the person and natures of Christ, which would henceforth guide the mainstream of Christianity. In essence, the text of the consecration does not contain any ideas about Mary that are different from those already prevalent in the West in the preceding decades. Her virginity is the main motif, for otherwise the divinity of Christ could not be explained from the womb of a human mother. The equivalent of the Greek title *Theotókos*, *Dei genetrix*, is absent from this inscription.

Immediately after the Council of Ephesus, there was no wave of dedications of churches to the Mother of God. This only came twenty years later, after the Ecumenical Council of Chalcedon (451), which confirmed the formula of *Theotókos*. On that occasion, the theological contribution of Rome gained a certain weight for the first time, in the form of a letter from Pope Leo the Great (440-461).

chiese mariane sorsero in luoghi importanti del mondo cristiano. In quest'ottica, la dedicazione di Santa Maria Maggiore cade in una data notevolmente precoce. Nella stessa Roma, altre chiese mariane sono state fondate solo un secolo dopo, quando la città era sotto il dominio bizantino.

L'ARCHITETTURA

Una delle particolarità di Santa Maria Maggiore è che la sua struttura originaria del V secolo si è conservata quasi completamente. Per sedici secoli, l'edificio è rimasto in uso come luogo di culto, restaurato, rinnovato e dotato di edifici accessori, ma la grandiosa Basilica a tre navate di Sisto III è ancora in piedi, anche se non lo si nota immediatamente all'esterno. L'interno, tuttavia, accanto alla quasi contemporanea Basilica di Santa Sabina all'Aventino, offre l'immagine più originale della spazialità paleocristiana di tutte le chiese romane.

La Basilica sistina è una versione ampliata di quella che era diventata la basilica cristiana 'standard' a Roma nei decenni precedenti: tre navate separate da colonnati e un'abside semicircolare che chiude la navata centrale. Santa Sabina è un eloquente rappresentante di questo tipo. I costruttori mantennero l'assialità degli edifici precedenti e utilizzarono un muro esterno della *domus* come muro di fondazione della Basilica (quello a sinistra).

Le dimensioni di Santa Maria Maggiore sono di 79 m di lunghezza per una larghezza complessiva di 35 m, il che la rende più piccola della Basilica Lateranense, di San Pietro Vecchio e di San Paolo fuori le Mura – completata solo 30 anni prima della sistina –, ma nettamente più grande delle chiese titolari dentro le mura. Il progetto fu concepito secondo un preciso sistema proporzionale. La navata centrale ha una larghezza doppia rispetto alle navate laterali, mentre l'altezza (17,5 m) è pari alla sua larghezza. Questi rapporti dimensionali assicurano l'armonia delle proporzioni spaziali dell'interno. I colonnati su entrambi i lati erano costituiti da quaranta colonne, la maggior parte delle quali in marmo proconnesio, forse provenienti da un edificio più antico o da un magazzino. La situazione attuale è in gran parte il risultato di un'ampia ristrutturazione operata da Ferdinando Fuga alla metà del XVIII secolo, durante la quale furono tagliati i fusti e sostituiti i capitelli e le basi ioniche originali con altri stuccati (si veda il capitolo *Benedetto XIV (1740-1758). "Tutto riuscito felicissimamente"*). Anche i grandi archi che interrompono i colonnati come ingressi alle Cappelle Sistina e Paolina sono, ovviamente, frutto di interventi successivi. Ma l'impressione del colonnato ionico originale è ancora ben conservata. Il pavimento e il soffitto attuali risalgono a epoche successive, ma ricordano il pavimento in marmo multicolore e il soffitto a cassettoni dorati presenti in origine. In origine la Basilica godeva di un'illuminazione molto più intensa, con 21 grandi finestre ad arco a tutto sesto su ciascun lato della navata, metà delle quali sono state successivamente chiuse.

Tuttavia, alcune caratteristiche distinguono la basilica sistina dalla maggior parte delle basiliche standard. Innanzitutto, il fatto che le colonne non portino archi, ma architravi. Anche le grandi

At the same time, Marian churches began to appear in important places in the Christian world. In this perspective, the consecration of Santa Maria Maggiore comes at a remarkably early date. In Rome itself, other Marian churches were only founded a century later, when the city was under Byzantine rule.

THE ARCHITECTURE

One of the peculiarities of Santa Maria Maggiore is that its original structure from the fifth century has been almost completely preserved. For sixteen centuries the building has remained in use as a place of worship, restored, renovated, and extended with accessory buildings, but the majestic three-nave Basilica of Sixtus III remains more or less intact, even if one does not immediately notice it on the exterior. In any case, the interior, along with the almost contemporary Basilica of Santa Sabina on the Aventine, offers the most authentic image of an early Christian space in any Roman church.

The Sistine Basilica is an enlarged version of what had become the 'standard' Christian basilica in Rome in the preceding decades: a nave and two aisles separated by colonnades, and a semicircular apse closing the nave. Santa Sabina is an eloquent example of this type. The builders of Santa Maria Maggiore maintained the axiality of the pre-existing buildings on the site and used an external wall (on the left) of the *domus* as one of the foundation walls of the new Basilica.

The dimensions of Santa Maria Maggiore, 79 metres long and 35 metres wide, make it smaller than the Lateran Basilica, Old Saint Peter's, and San Paolo fuori le Mura (completed only thirty years before Santa Maria Maggiore), but considerably larger than the titular churches within the walls. The design was based on a precise system of proportions. The nave is twice as wide as the aisles, while its height (17.5 metres) is equal to its width. These correlations ensure the harmony of the interior spaces. The colonnades on either side were made up of forty columns, most of them in Proconnesian marble, perhaps coming from an older building or from a warehouse. The present state is largely the result of an extensive restoration carried out by Ferdinando Fuga in the mid-eighteenth century, during which the shafts were reworked and the original Ionic capitals and bases replaced by new and uniform stucco ones (see chapter *Benedict XIV (1740-1758). "A most felicitous outcome"*). The large arches that interrupt the nave colonnades to make entrances to the Cappella Sistina and Cappella Paolina are also, of course, the result of later interventions. Nonetheless, an impression of the original Ionic colonnade is still well preserved. The present floor and ceiling are also of later date but they do evoke the coloured marble floor and gilt coffered ceiling originally present. Initially the Basilica was also much more brightly illuminated, with twenty-one large round-arched windows on each side of the nave, half of which have since been blocked.

There are, however, several features that distinguish the Basilica of Sixtus III from most other standard basilicas. The first is that the columns do not bear arches but architraves. The great

basiliche costantiniane avevano architravi, ma San Paolo aveva già arcate. Uno dei motivi del progressivo cambiamento architettonico sarà stato che gli architravi richiedevano la disponibilità di una grande quantità di marmi adatti, che col tempo sono diventati sempre più rari. In Santa Maria Maggiore, a quanto pare, si è voluto adottare un architrave classico, ma non altrettanto si può dire per il materiale: travi di legno rifinito con stucco profilato e un fregio a mosaico con un motivo di viticci. Una seconda particolarità è la zona superiore delle pareti della navata: tra le grandi finestre ci sono delle lesene, corrispondenti alle colonne sottostanti, che scandiscono plasticamente la parete. Il disegno attuale risale alla fine del XVI secolo, ma ripete essenzialmente l'articolazione originale. Entrambi i tratti non sono consueti nell'edilizia paleocristiana e dimostrano l'ambizione dei costruttori di distinguere la basilica mariana dalle altre chiese con un progetto più ricco e ispirato alla tradizione classico-romana.

Le uniche parti della struttura originale che sono andate perdute nel tempo sono la facciata e l'abside, sui lati corti della Basilica. I costruttori scelsero di collocare la facciata sul lato sud-est, di fronte alla residenza del papa in Laterano. Davanti alla facciata si sarebbero trovati un nartece e un quadriportico. L'abside semicircolare, invece, è venuta a trovarsi sul versante in forte pendenza della collina. Tuttavia, i muri di fondazione potevano trovare sostegno negli edifici più antichi, che qui erano già terrazzati. L'abside originaria si trovava direttamente dietro l'attuale arco trionfale e molto probabilmente era aperta da un colonnato o da arcate verso un deambulatorio che circondava concentricamente l'abside dalle navate laterali. Alla fine del XIII secolo, l'abside originaria con i suoi mosaici fu demolita; al suo posto fu inserito uno stretto transetto e una nuova abside fu costruita sul sito del deambulatorio (si veda il capitolo *Locus mirabilis. Niccolò IV (1288-1292) e Santa Maria Maggiore*). Con un'abside aperta alla circumambulazione, Santa Maria Maggiore si distingueva maggiormente dalle 'basiliche standard' e sottolineava la sua posizione speciale nella gerarchia delle chiese della Roma cristiana.

LA DECORAZIONE

Non solo l'architettura originale, ma anche la decorazione interna del periodo di costruzione è eccezionalmente ben conservata a Santa Maria Maggiore. Fin dalla sua consacrazione, l'interno della Basilica risplendeva di un elaborato programma iconografico a mosaico. Diverse fonti testimoniano la decorazione complessiva degli interni delle chiese con rappresentazioni bibliche e iconiche già intorno al 400, ma la basilica sistina è l'esempio più antico che ha resistito ai secoli. Divenne consuetudine decorare a mosaico anche l'abside e talvolta la facciata. Le basiliche romane di Santa Pudenziana e Santa Sabina ne sono ancora testimonianza. Le alte pareti della navata centrale potevano ricevere elaborati cicli biblici, di solito eseguiti ad affresco, come avvenne a Roma poco dopo Santa Maria Maggiore, in San Pietro in Vaticano e San Paolo. Tuttavia, un ciclo della navata centrale realizzato a mosaico, come nella basilica mariana, rimase un'eccezione.

Constantinian basilicas also had architraves, but arcades had already appeared in San Paolo fuori le Mura. One of the reasons for this architectural development must have been that architraves required large blocks of suitable marbles, which became increasingly scarce over time. Although it was apparently decided to still use the classical lintel in Santa Maria Maggiore the material had changed: now wooden beams were used covered with moulded stucco and a mosaic frieze with a vine motif. Another peculiarity is that in the upper zone of the nave walls there are pilaster strips between the large windows, and corresponding with the columns below, which plastically divide up the wall. The design we see now dates from the end of the sixteenth century, but essentially repeats the original articulation. Both features are unusual in Early Christian architecture and demonstrate the builders' ambition to distinguish the Marian Basilica from other churches by recourse to a richer design inspired by the Classical Roman tradition.

The only parts of the original structure that have been lost over time are the façade and the apse. The builders chose to place the façade on the south-east side, facing the Pope's residence at the Lateran. In front of the façade there was once a narthex and quadriporticus. The semicircular apse instead found itself on the steeply sloping hillside. Nonetheless, the foundation walls could find support in the older buildings, which were already terraced at this point. The original apse was located immediately behind the surviving triumphal arch and probably had a colonnade or arcade open to an ambulatory, which was concentric with the apse and continued the aisles. At the end of the thirteenth century, this original apse and its mosaics was demolished; in its stead a narrow transept was inserted and a new and larger apse was built over the walls of the ambulatory (see chapter *Locus mirabilis. Nicholas IV (1288-1292) and Santa Maria Maggiore*). With an apse open to circumambulation, the Basilica of Santa Maria Maggiore was quite distinct from the 'standard basilicas' and emphasised its special position in the hierarchy of the churches of Christian Rome.

THE DECORATION

Not only the original architecture, but also the interior decoration from the original structure is exceptionally well preserved in Santa Maria Maggiore. From the moment it was consecrated, the interior of the Basilica was adorned with an elaborate iconographic programme in mosaic. Various sources record that church interiors were decorated with biblical and other iconographic representations as early as 400, but the Basilica of Sixtus III is the oldest example to have survived the centuries. It became customary to decorate also the apse and sometimes the counter-façade with mosaics. The Roman basilicas of Santa Pudenziana and Santa Sabina still bear witness to this. The high walls of the nave often received elaborate biblical cycles, but usually in fresco, as became common in Rome shortly after the construction of Santa Maria Maggiore, at Old Saint Peter's and San Paolo fuori le Mura. However, a nave cycle executed in mosaic, as in Santa Maria Maggiore, remains exceptional.

È chiaro che il programma iconografico della Basilica di Sisto fu il risultato di approfondite considerazioni teologiche. Il mosaico perduto della facciata interna presentava l'immagine della Madonna con il Bambino in mezzo ai martiri. Tra la trabeazione e le finestre, entrambe le pareti laterali della navata mostrano con uno stile narrativo agile episodi della storia del popolo eletto in cammino verso la Terra Promessa, come descritto nei libri di Mosè: a sinistra dalla *Genesi*, a destra principalmente dall'*Esodo* e da *Giosuè*. Dei 42 pannelli originali, due terzi sono sopravvissuti.

Entrambe le serie culminano nelle rappresentazioni dell'arco absidale originale (ora arco trionfale), che si concentrano sull'incarnazione e l'infanzia di Gesù, sulla base dei racconti dei *Vangeli*. Su uno sfondo dorato, le scene sono solenni e rappresentative. Maria è presente come madre di Gesù, ma non ha un ruolo teologicamente pronunciato. Tuttavia, come il suo figlio divino, anche lei possiede un fascino regale nell'abbigliamento e nel comportamento. Come le scene nella navata, anche quelle sulla parete dell'arco enunciano chiaramente un'idea e un messaggio. Le vignette delle città di Betlemme e Gerusalemme negli angoli inferiori, e il Trono vuoto al centro, collocano le scene in una prospettiva escatologica. In questo modo si completa il viaggio del popolo di Dio attraverso la storia della salvezza e si raggiunge il suo compimento nell'apparizione celeste di Cristo. Pertanto, la volta dell'abside originale doveva presentare una rappresentazione monumentale di Cristo.

Con il suo alto grado di conservazione dell'architettura e delle decorazioni interni, Santa Maria Maggiore è uno dei monumenti più eloquenti del primo periodo dell'architettura cristiana, che ancora oggi può essere non solo visto, ma anche vissuto nella sua funzione di casa di Dio.

It is clear that the iconographic programme of the Basilica of Sixtus III was the result of profound theological reflection. The lost mosaic of the counter-façade depicted the Madonna and Child surrounded by martyrs. Between the entablature and the windows, the two side walls of the nave depict in an agile narrative style episodes from the history of the Chosen People on their way to the Promised Land, as described in the Pentateuch: on the left are scenes from *Genesis*, and on the right episodes mainly from *Exodus* and *Joshua*. Two thirds of the original forty-two panels have survived.

Both series culminate in the representations of the original apsidal arch (now the triumphal arch), which focus on the Incarnation and childhood of Jesus, based on the accounts in the *Gospels*. Set against a golden background, the scenes are solemn and iconic. Mary is present as the mother of Jesus but has no pronounced theological role. Yet, like her divine son, she possesses a regal fascination in her dress and deportment. Like the scenes in the nave, those on the arch wall clearly express an idea and a message. The vignettes of the cities of Bethlehem and Jerusalem in the lower corners and the empty throne at the centre set the scenes in an eschatological perspective. In this way, the journey of the People of God through the history of Salvation is completed and culminates in the celestial apparition of Christ. This is why the vault of the original apse can only have presented a monumental representation of Christ.

With its well-preserved architecture and interior decorations, Santa Maria Maggiore is one of the most eloquent monuments of Early Christian architecture which can still be seen today, but also experienced in its function as the house of God.

P. 26
Interno della Basilica
Veduta d'insieme

PP. 32-33
Il colonnato destro con i mosaici paleocristiani che raffigurano la storia del popolo di Dio *ante e sub legem*, cioè prima e dopo la dettatura divina delle Tavole della Legge a Mosè. I racconti iniziano dalla zona del presbitero. Sul lato destro gli Israeliti vengono rappresentati sotto la guida di Mosè e Giosuè.

PP. 34-35
I mosaici paleocristiani sul lato sinistro rappresentano le vicende di Abramo e Giacobbe, quali precursori di Cristo, raffigurano la crescita e l'evoluzione del popolo di Dio.

P. 26
Interior of the Basilica
Overall view

PP. 32-33
The right colonnade with the early Christian mosaics depicting the history of God's people *ante* and *sub legem*, i.e. before and after the divine dictation of the Tablets of the Law to Moses. The stories begin in the presbytery area. On the right side, the Israelites are depicted under the leadership of Moses and Joshua.

PP. 34-35
The early Christian mosaics on the left side depict the events of Abraham and Jacob as forerunners of Christ, depicting the growth and evolution of God's people.

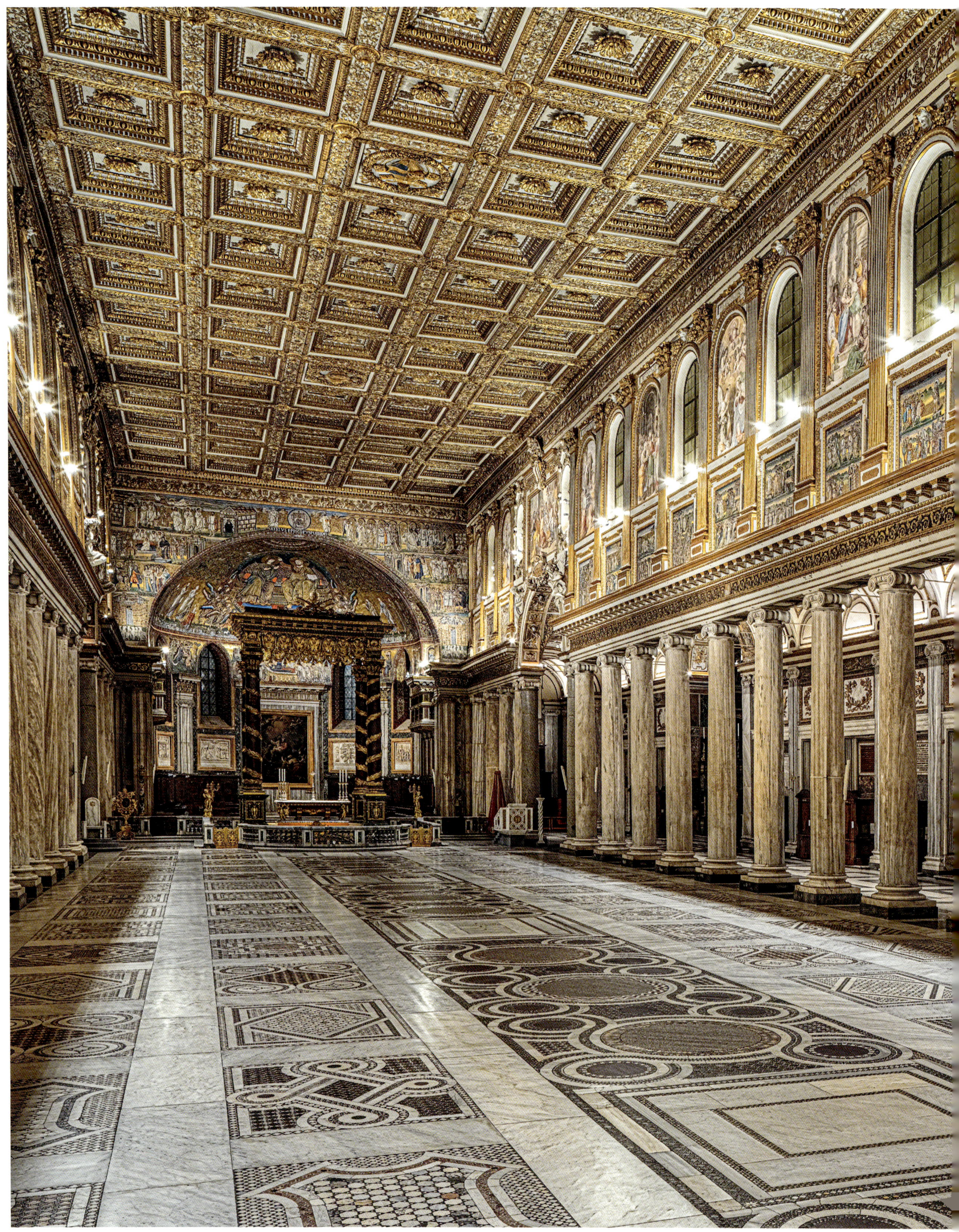

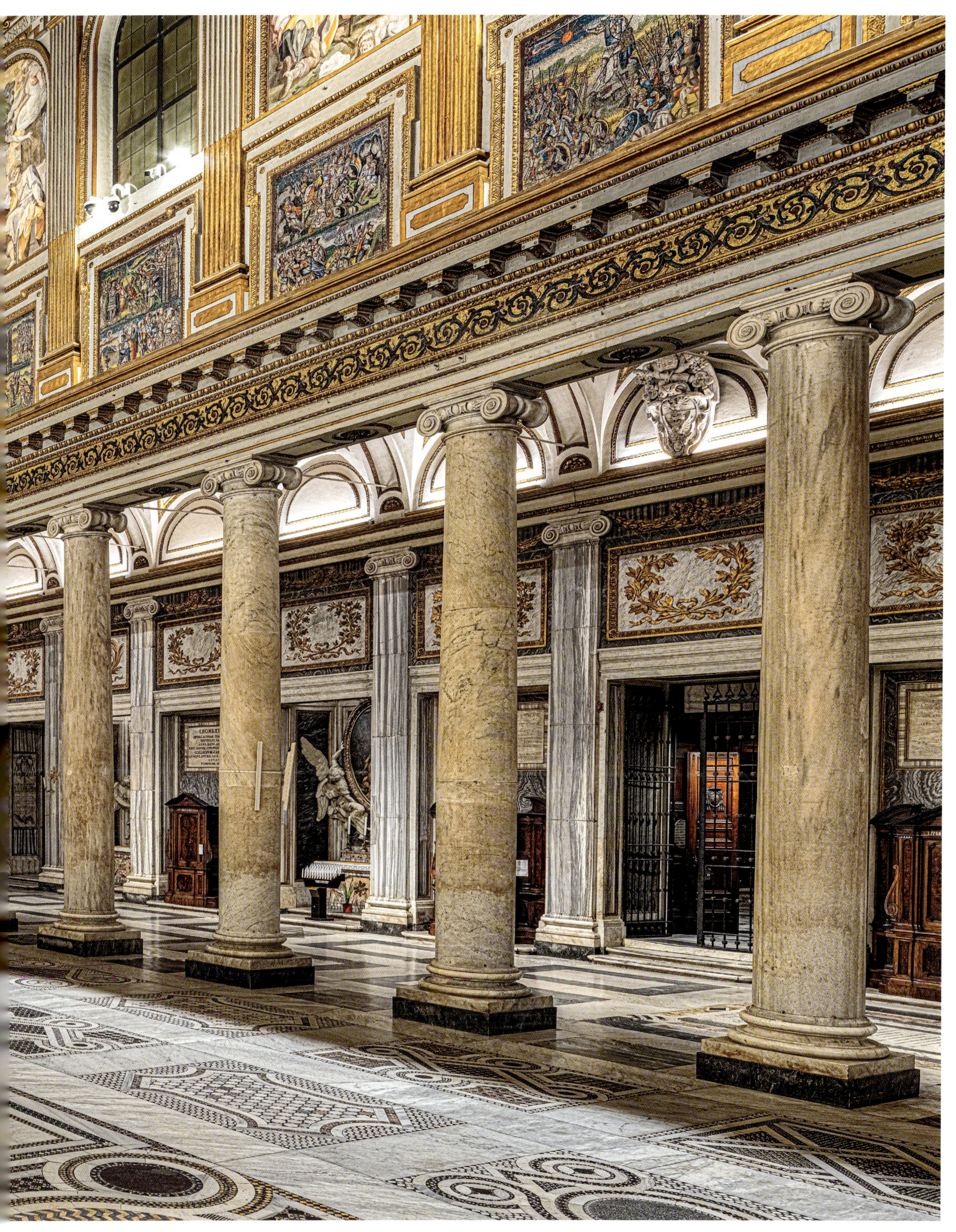

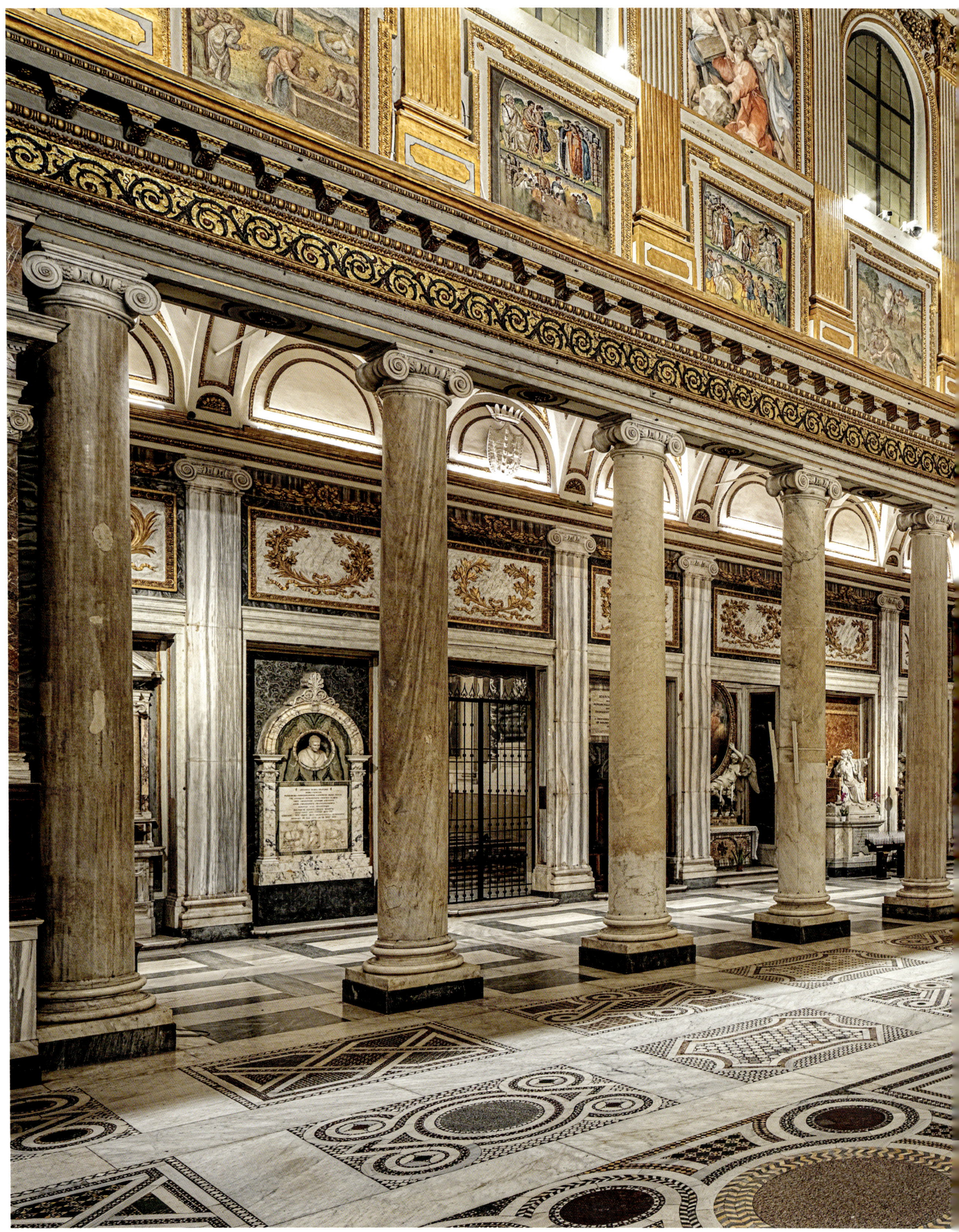

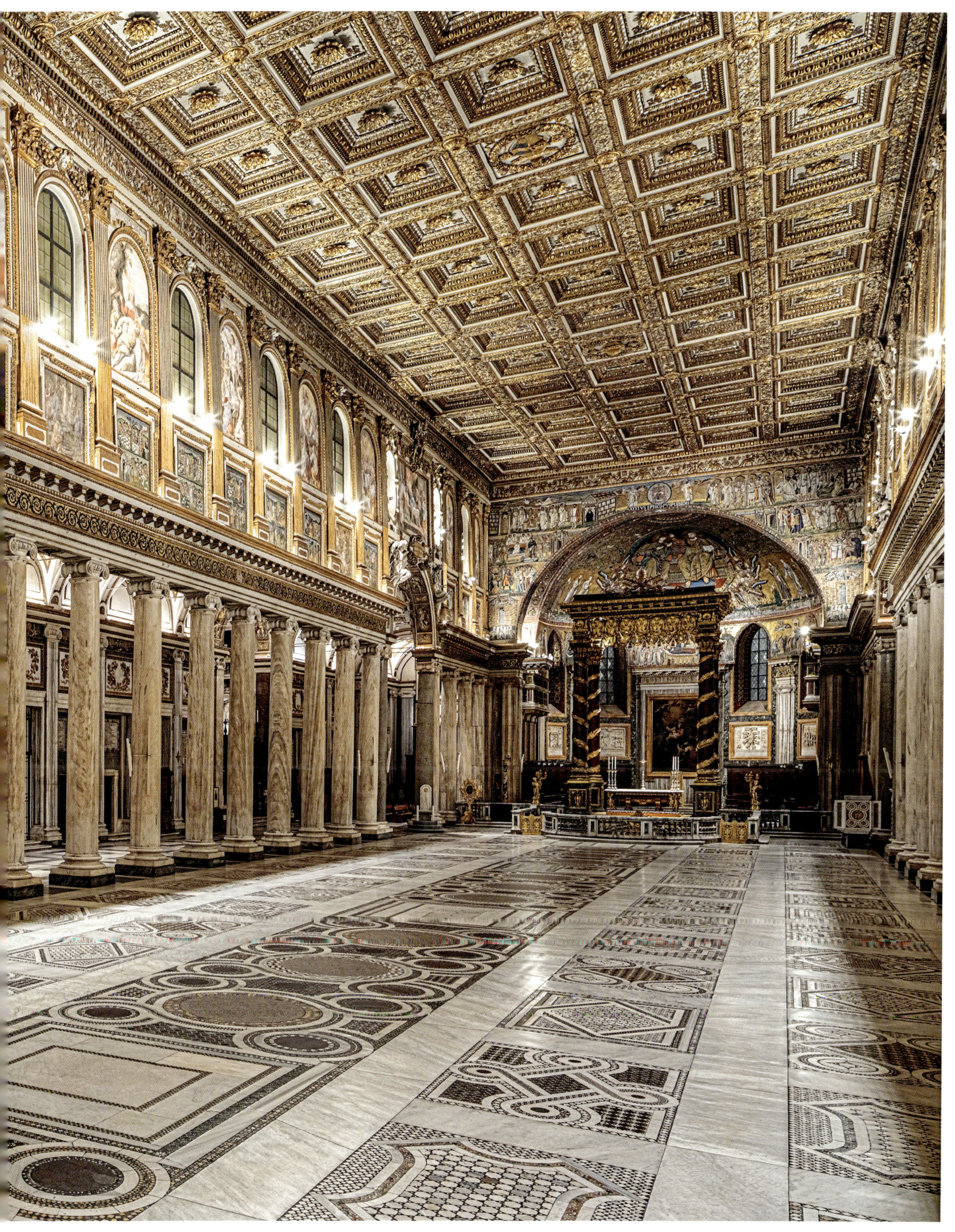

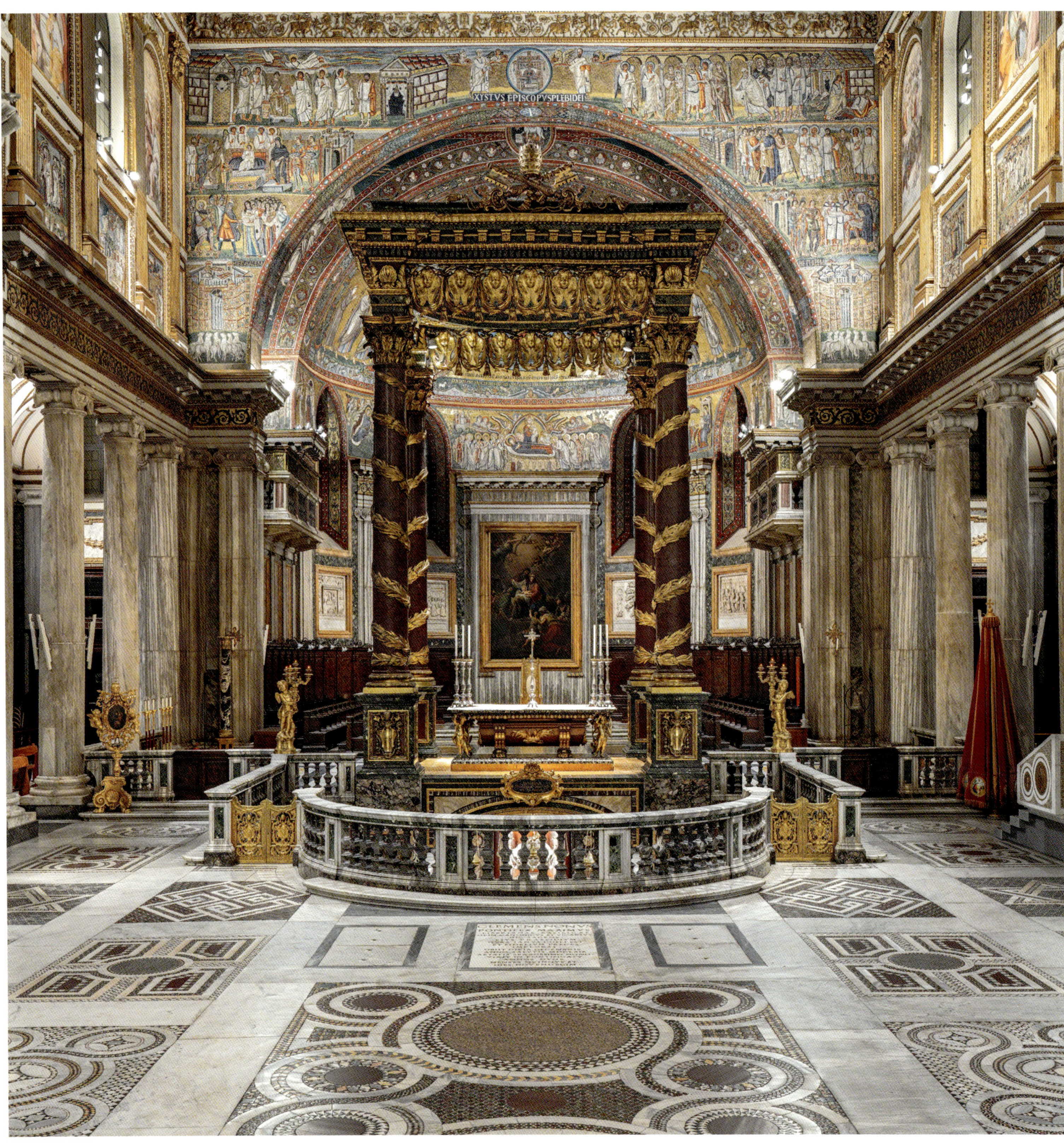

P. 36
Arco trionfale (già arco absidale)
430 circa, mosaico
Veduta d'insieme

P. 37
Vista dalla *Confessio* verso la navata centrale

P. 36
Triumphal arch (formerly apse arch)
ca. 430, mosaic
Overall view

P. 37
View from the *Confessio* towards the nave

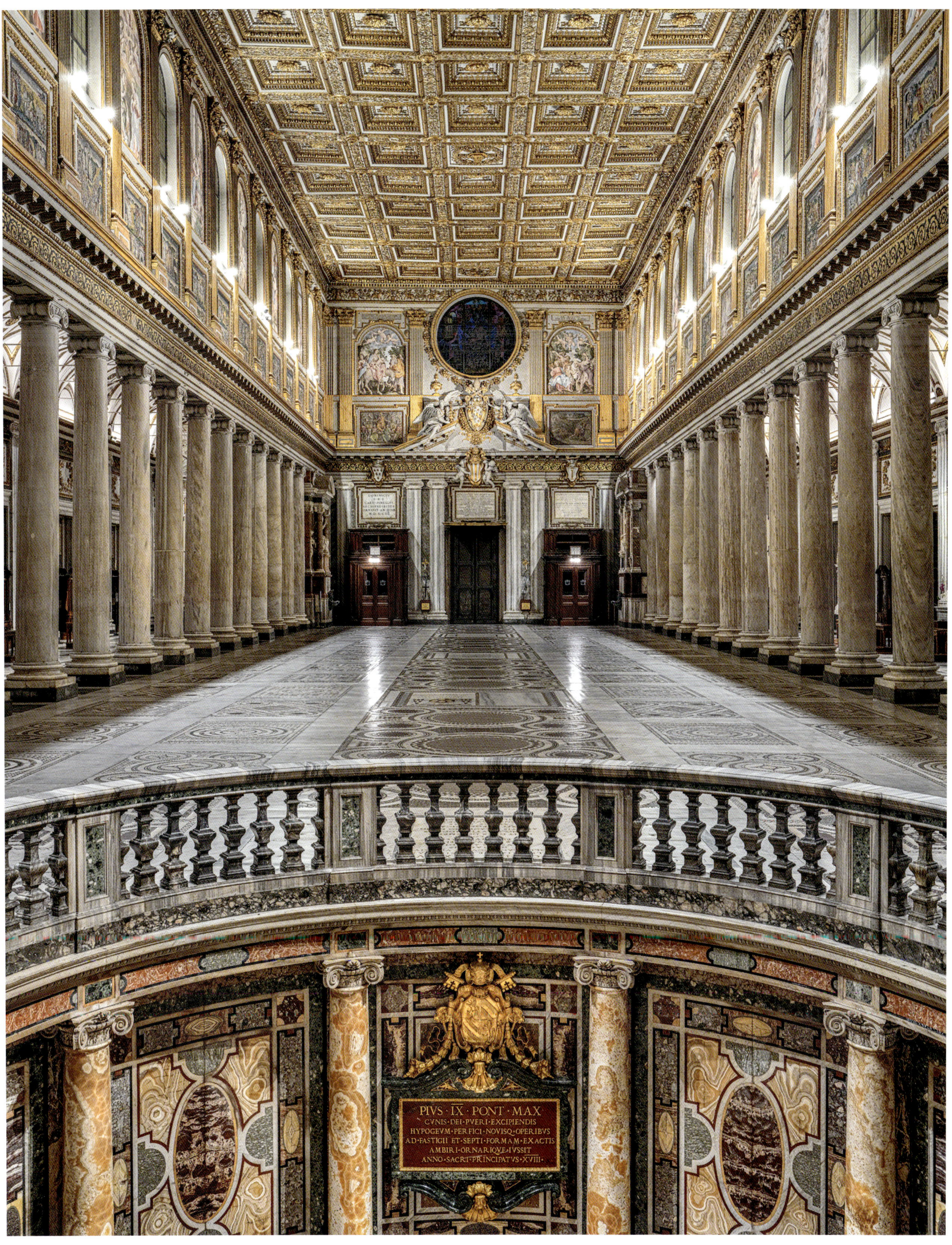
PIVS·IX·PONT·MAX
CVNIS·DEI·PVERI·EXCIPIENDIS
HYPOGEVM·PERFICI·NOVISQ·OPERIBVS
AD·FASTIGII ET·SEPTI·FORMAM·EXACTIS
AMBIRI·ORNARIQVE·IVSSIT
ANNO·SACRI·PRINCIPATVS·XVIII·

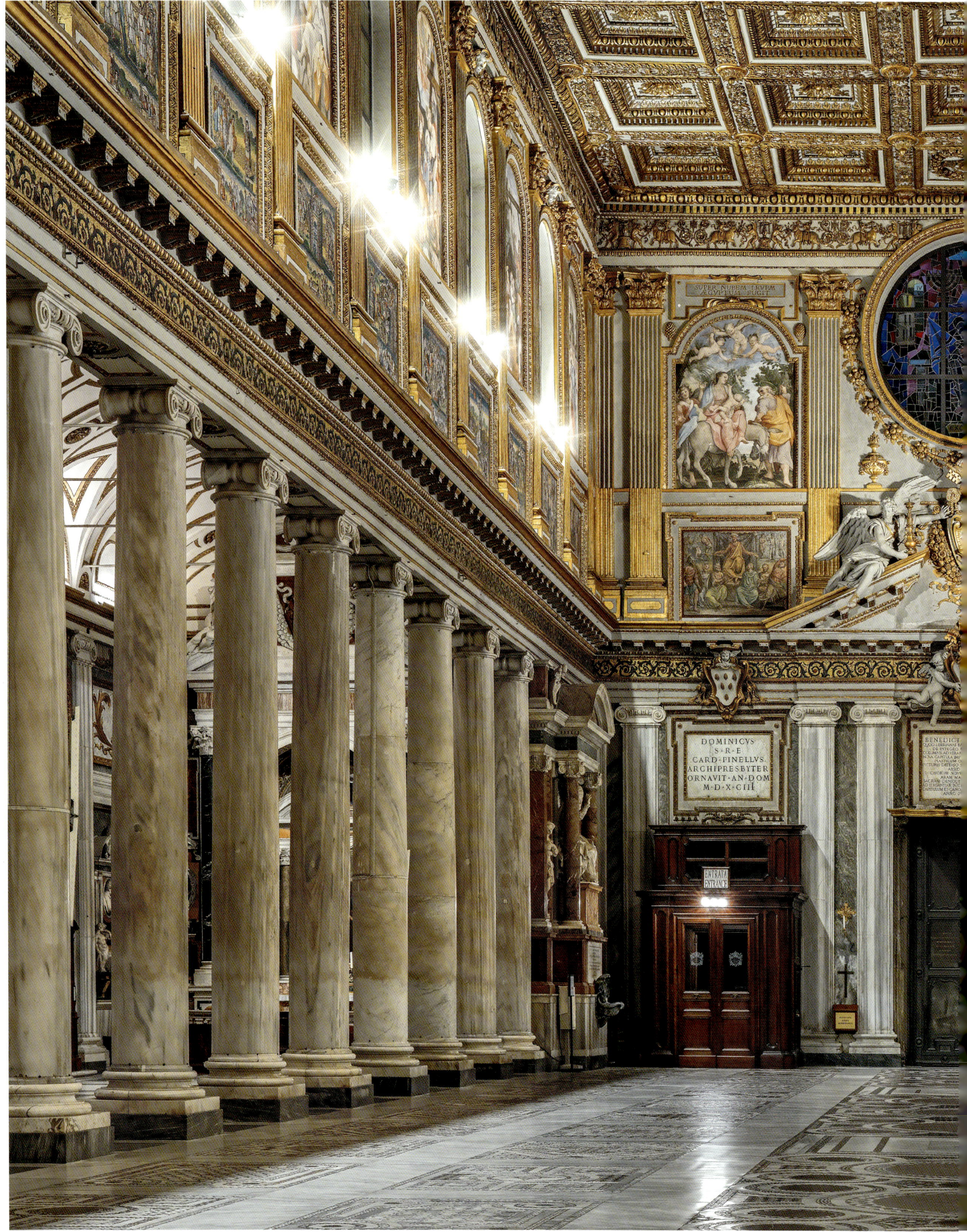
SVPER NVBEM LEVEM
ÆGYPTVM FVGIT
DOMINICVS
S·R·E
CARD·PINELLVS
ARCHIPRESBYTER
ORNAVIT·AN·DOM
M·D·X·CIII
ENTRATA
ENTRANCE

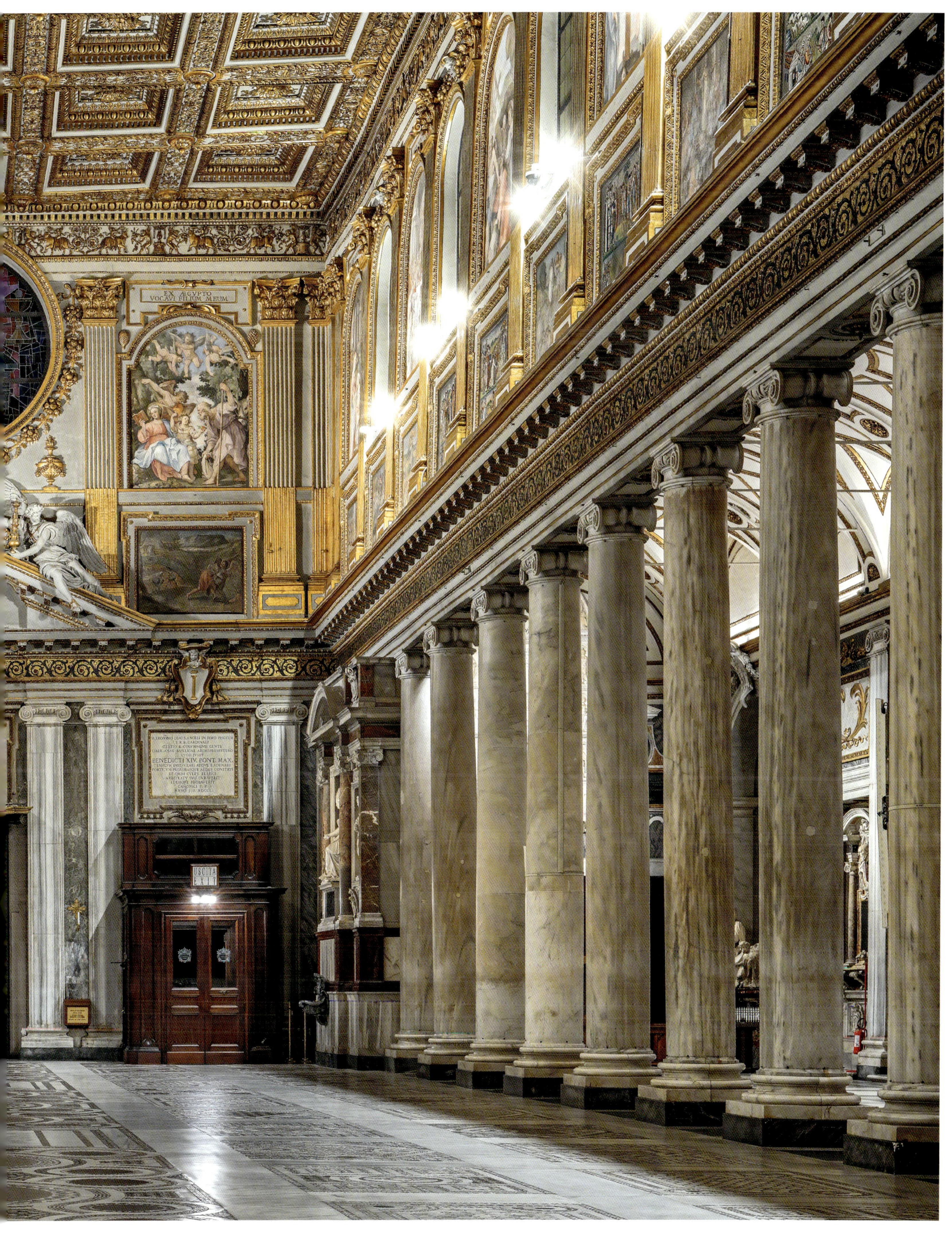
EX ÆGYPTO
VOCAVI FILIUM MEUM
BENEDICTI XIV. PONT. MAX.

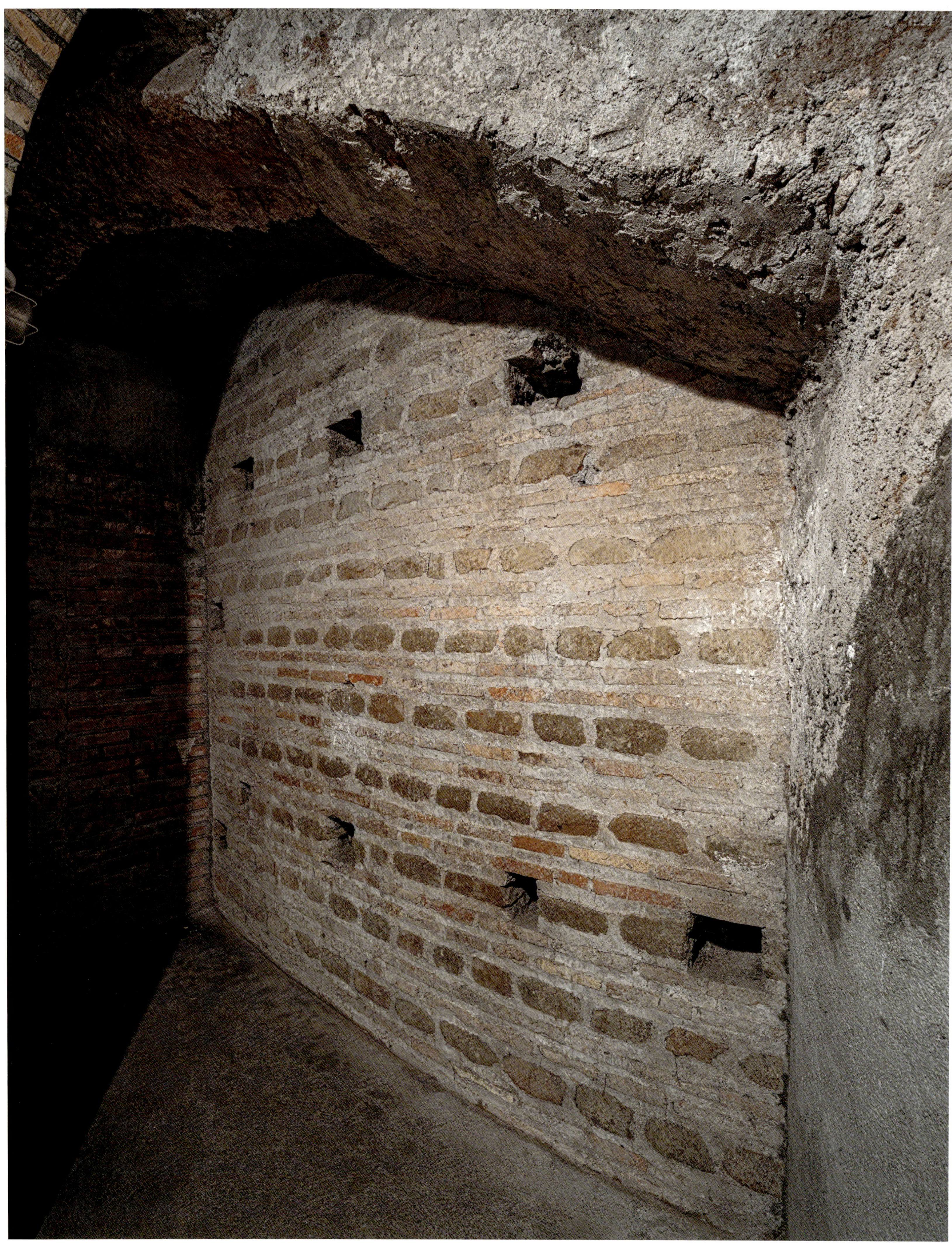

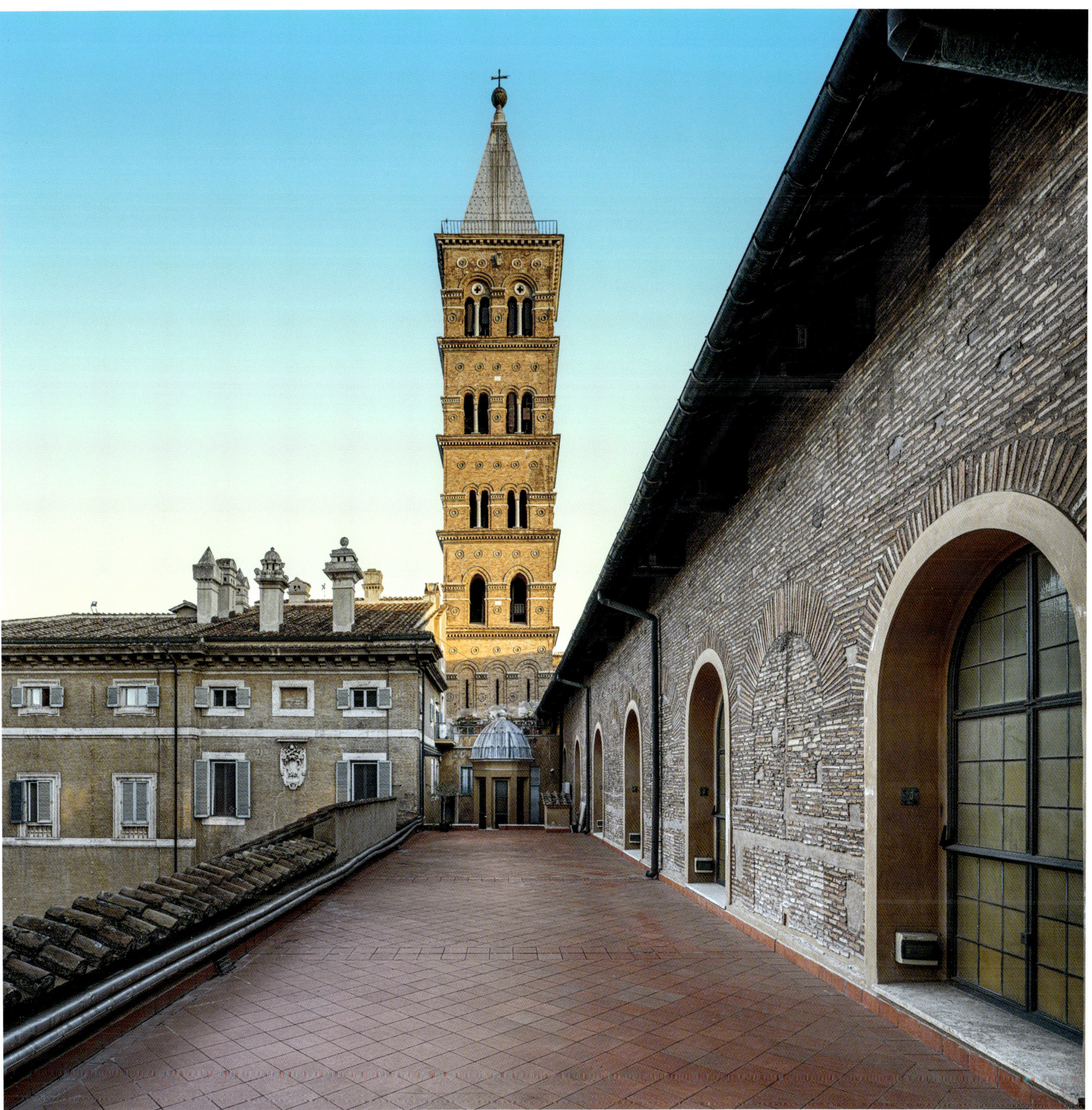

PP. 38-39
La controfacciata era in origine decorata con un mosaico rappresentante diversi santi e l'iscrizione dedicatoria da parte di papa Sisto III (432-440).

P. 40
Fondamenta dell'abside paleocristiana in *opus vittatum*
415-425 circa

P. 41
Vista dal tetto della navata laterale destra sul campanile medioevale e muratura antica della navata centrale in *opus latericium*. Alcune finestre originali furono murate nel IX secolo.

PP. 38-39
The counter-façade was originally decorated with a mosaic representing several saints and the dedicatory inscription by Pope Sixtus III (432-440).

P. 40
Foundations of the palaeo-Christian apse in *opus vittatum*
ca. 415-425

P. 41
View from the roof of the right aisle towards the medieval bell tower and ancient masonry of the nave in *opus latericium*. Some original windows were walled up in the 9th century.

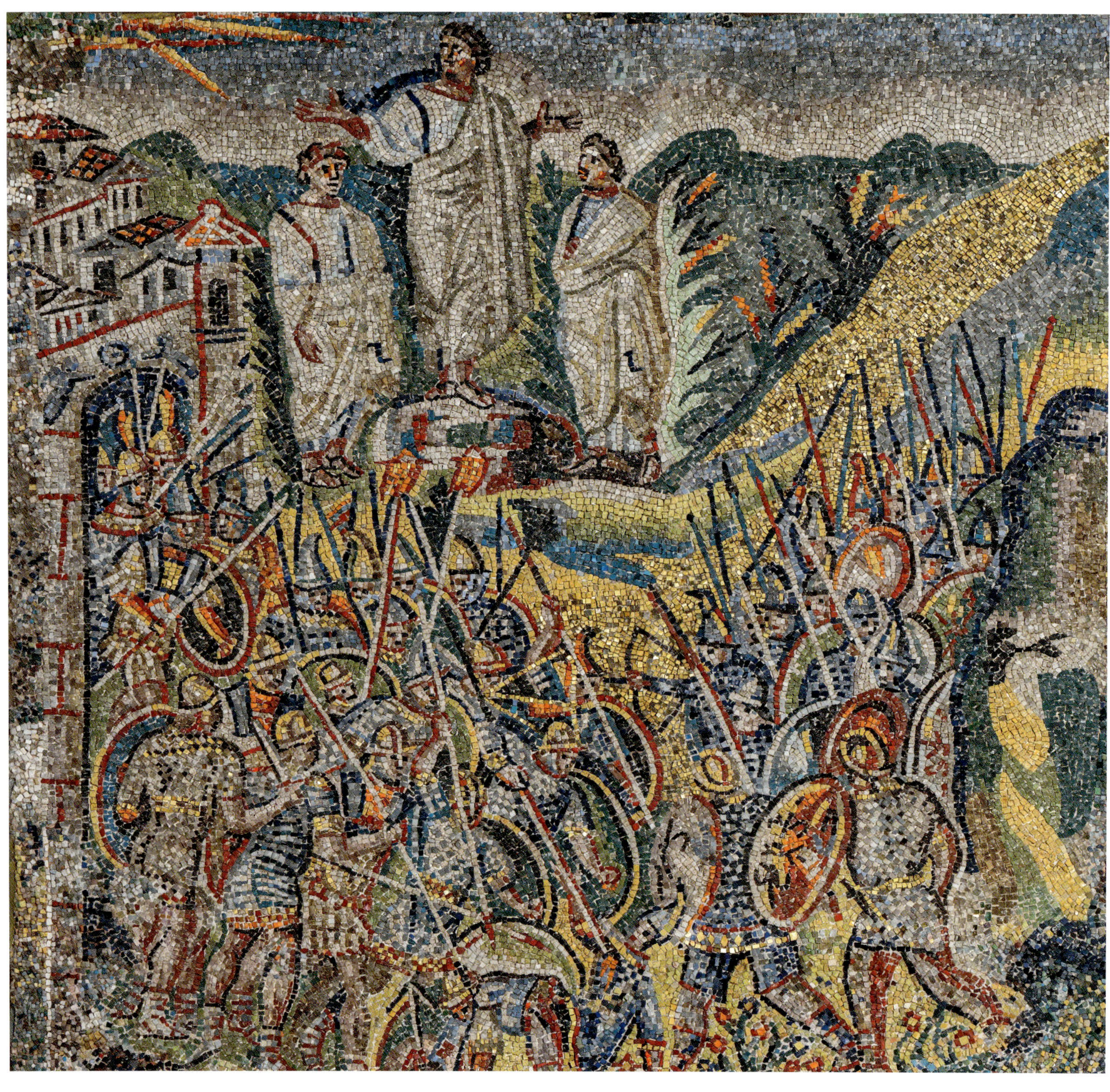

PP. 42, 43
Battaglia di Rephidim
430 circa, mosaico
Mosè, rappresentato con i suoi parenti Hur e Aronne, assiste dall'alto all'andamento della battaglia; quando alzava le mani, Israele aveva la meglio, ma quando le abbassava prevalevano gli avversari (*Esodo* 17:8-13).
Navata centrale, lato destro

PP. 42, 43
Battle of Rephidim
ca. 430, mosaic
Moses, depicted with his relatives Hur and Aaron, watches from above as the battle unfolds; when he raised his hands, Israel prevailed, but when he lowered them, the adversaries prevailed (*Exodus* 17:8-13).
Central nave, right side

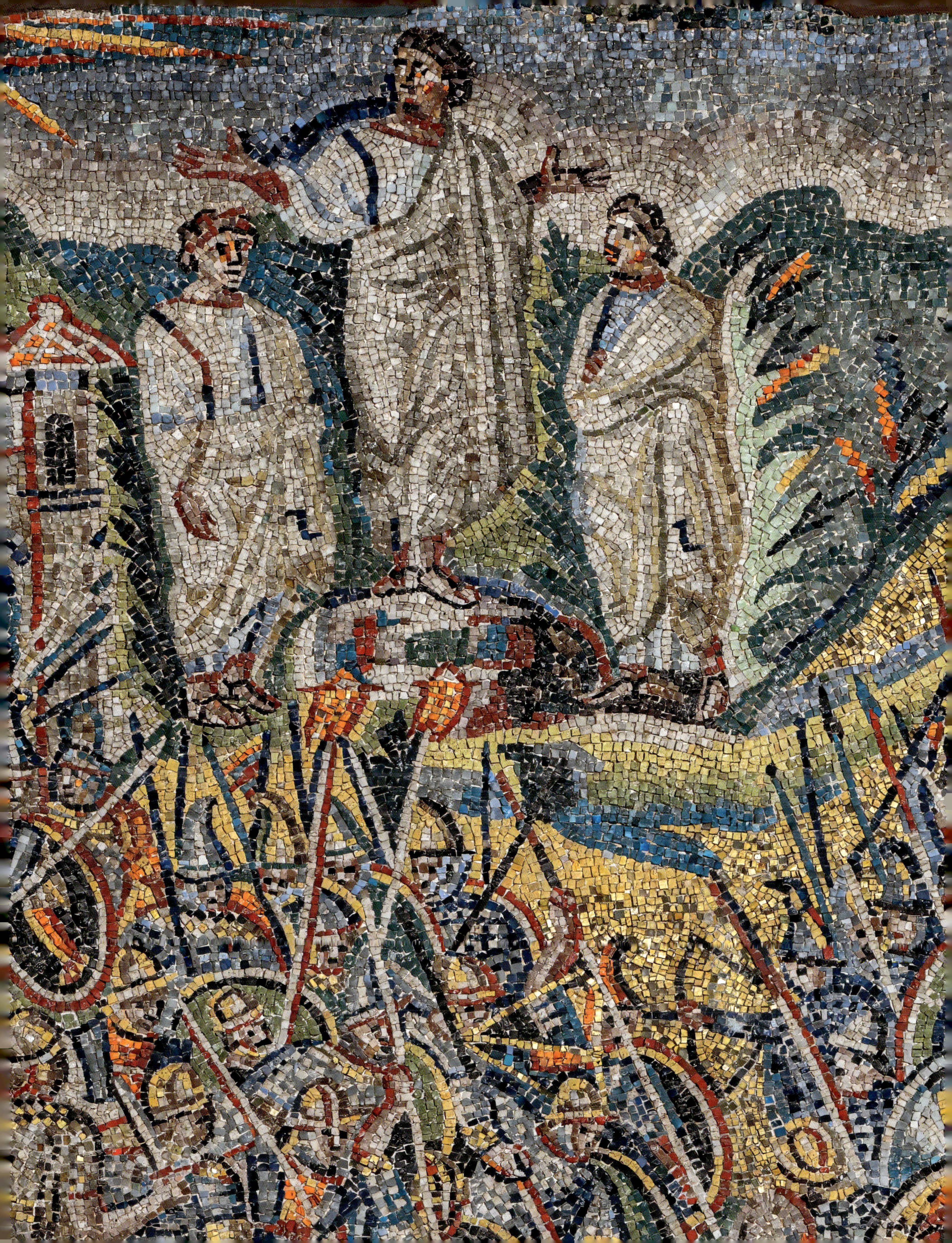

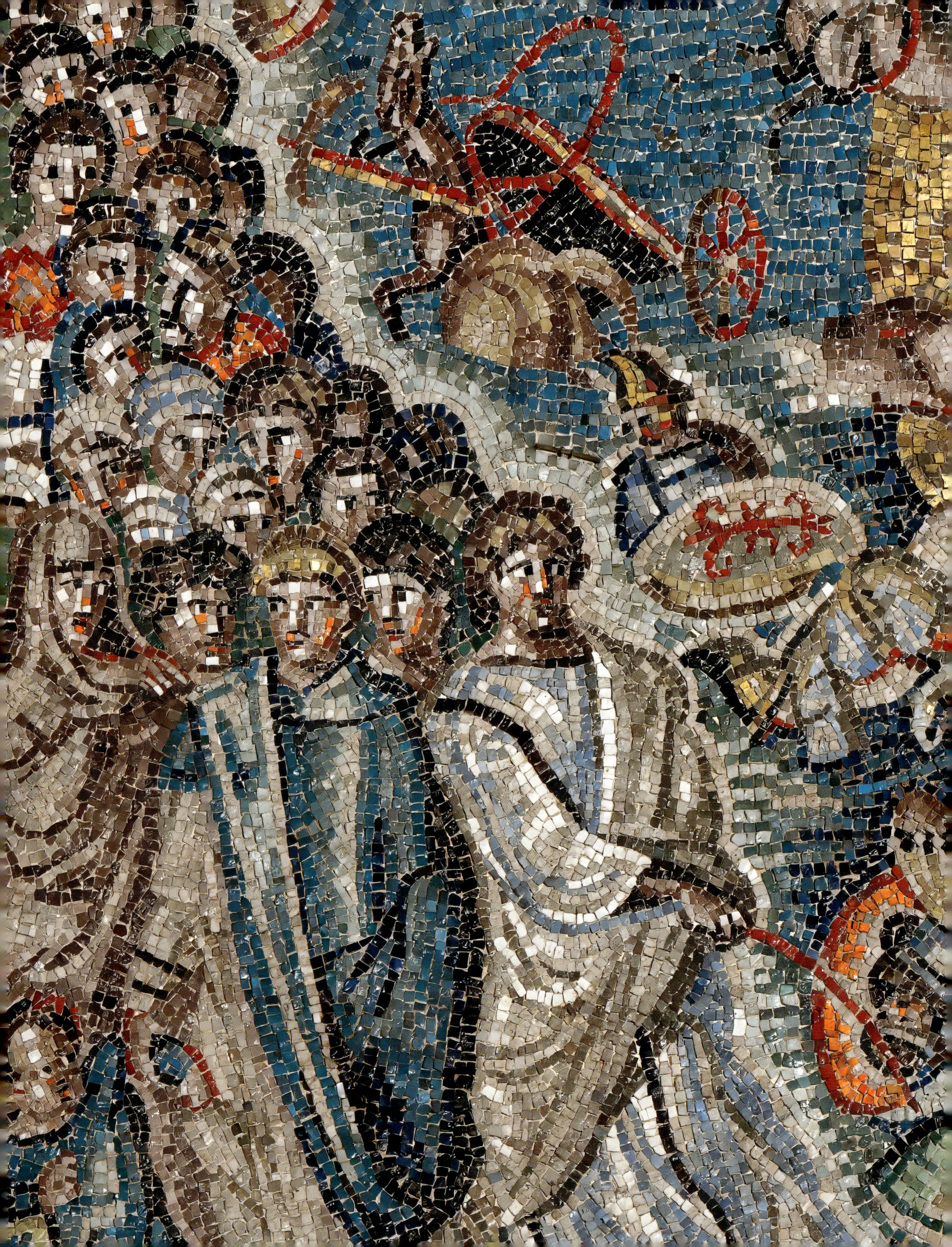

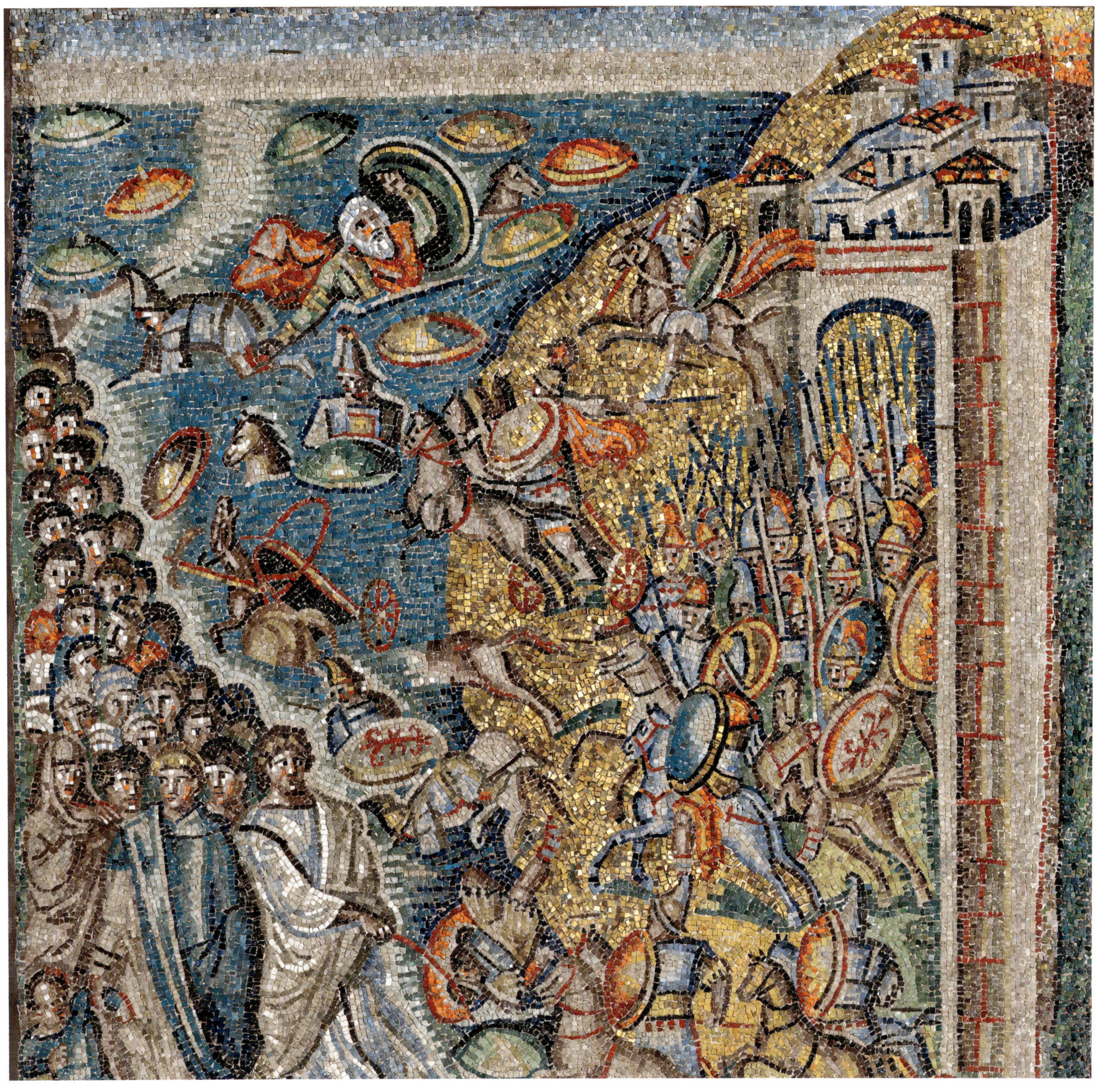

PP. 44, 45
Passaggio del Mar Rosso
430 circa, mosaico
Gli Israeliti, sotto la guida di Mosè, attraversano il Mar Rosso per sfuggire dalla schiavitù d'Egitto. È rappresentato il momento in cui l'esercito del Faraone annega nel mare, mentre il popolo eletto è già approdato sull'altra riva (*Esodo* 13:17-14,29).
Navata centrale, lato destro

PP. 44, 45
Crossing of the Red Sea
ca. 430, mosaic
The Israelites, under the leadership of Moses, cross the Red Sea to escape from slavery in Egypt. It depicts the moment when Pharaoh's army drowns in the sea, while the chosen people have already landed on the other shore (*Exodus* 13.17-14:29).
Central nave, right side

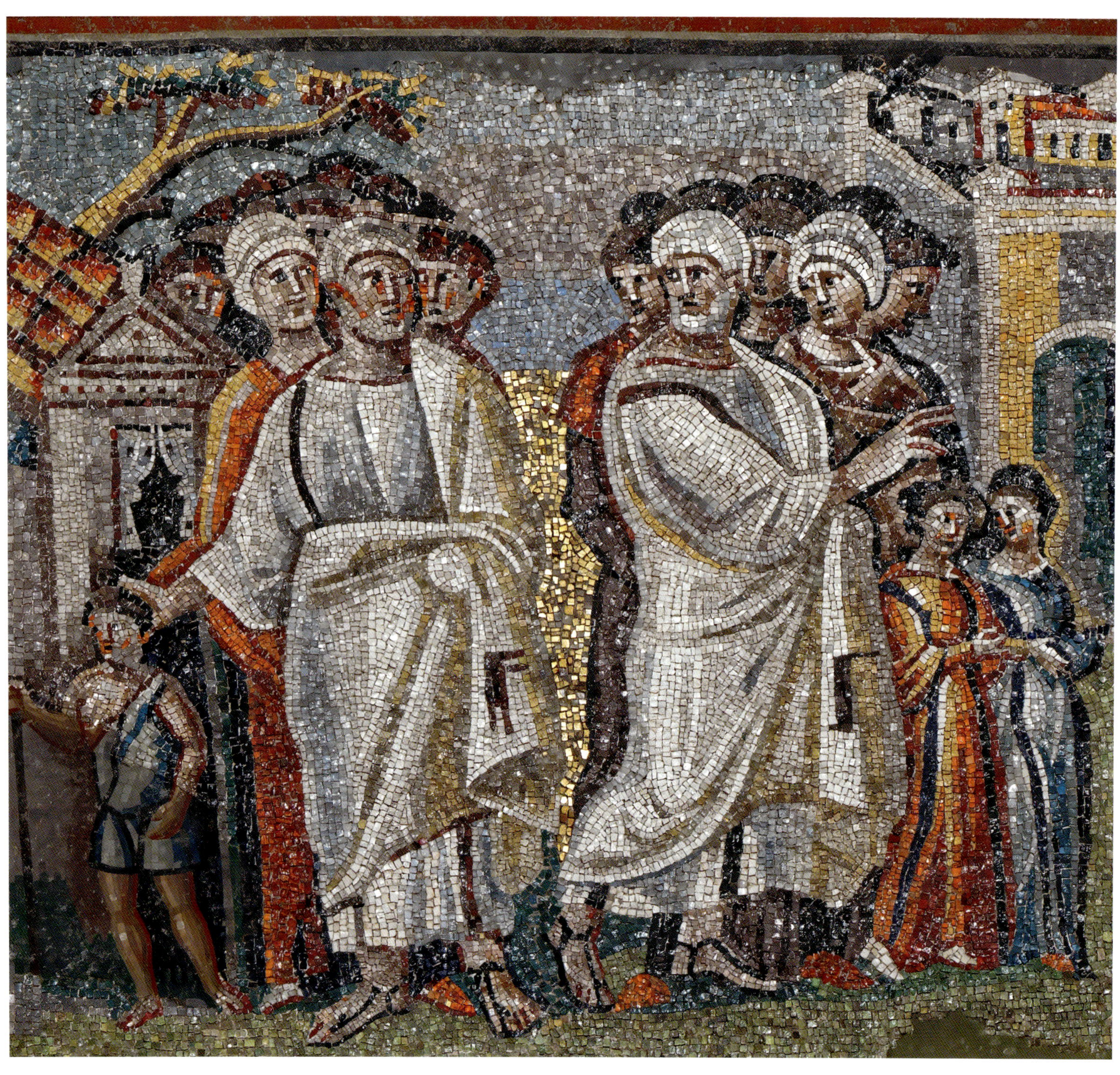

PP. 46, 47
Separazione fra Abramo e Lot
430 circa, mosaico
Abramo e Lot si separano per evitare le frequenti risse tra pastori. Lot scelse la regione situata presso il Giordano, la valle di Siddim, mentre Abramo si stabilì nel paese di Canaan (*Genesi* 13:1-13).
Navata centrale, lato sinistro

PP. 46, 47
Separation of Abraham and Lot
ca. 430, mosaic
Abraham and Lot separate to avoid the frequent fights between the shepherds. Lot chooses the region near the Jordan, the valley of Siddim, while Abraham settled in the land of Canaan (*Genesis* 13:1-13).
Central nave, left side

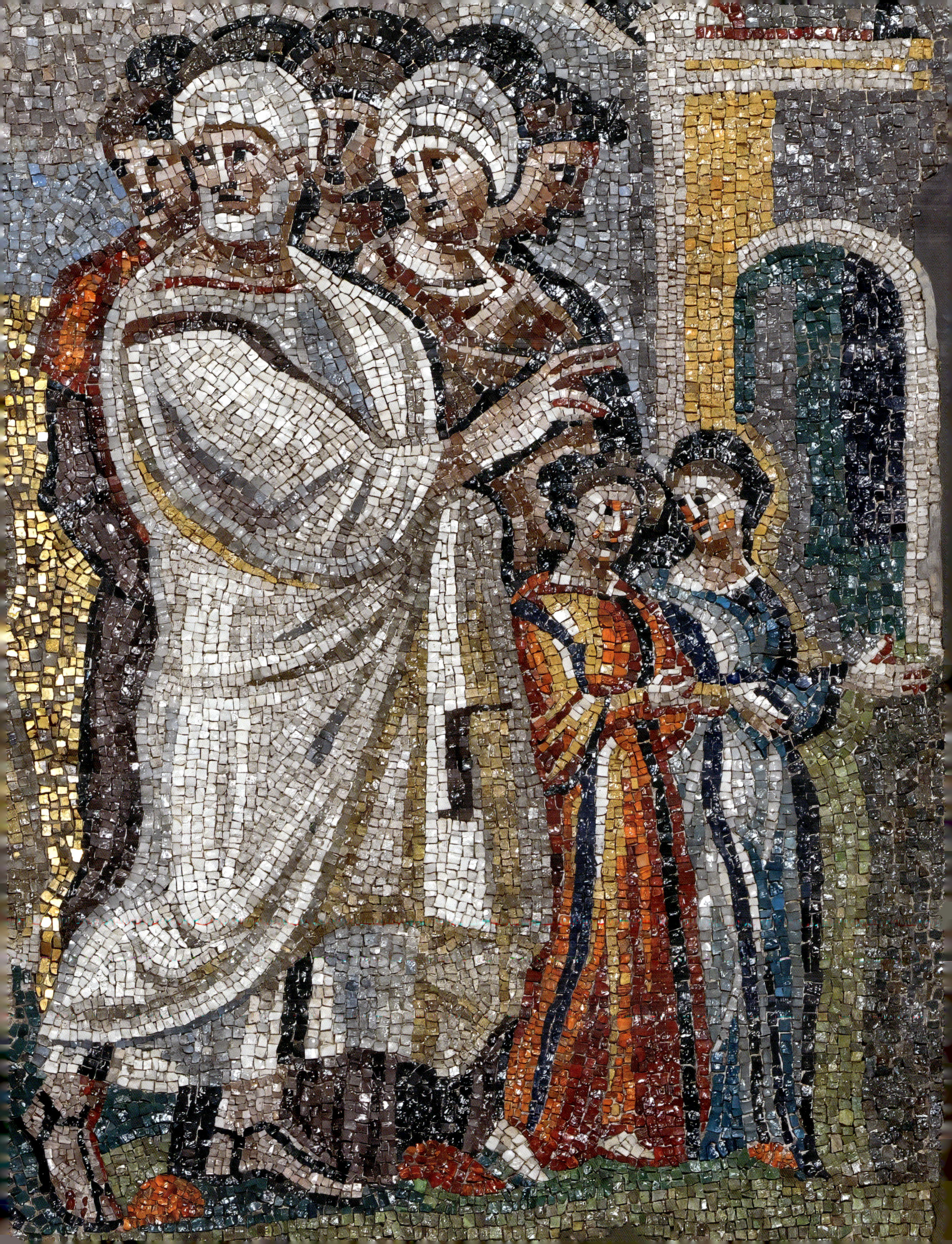

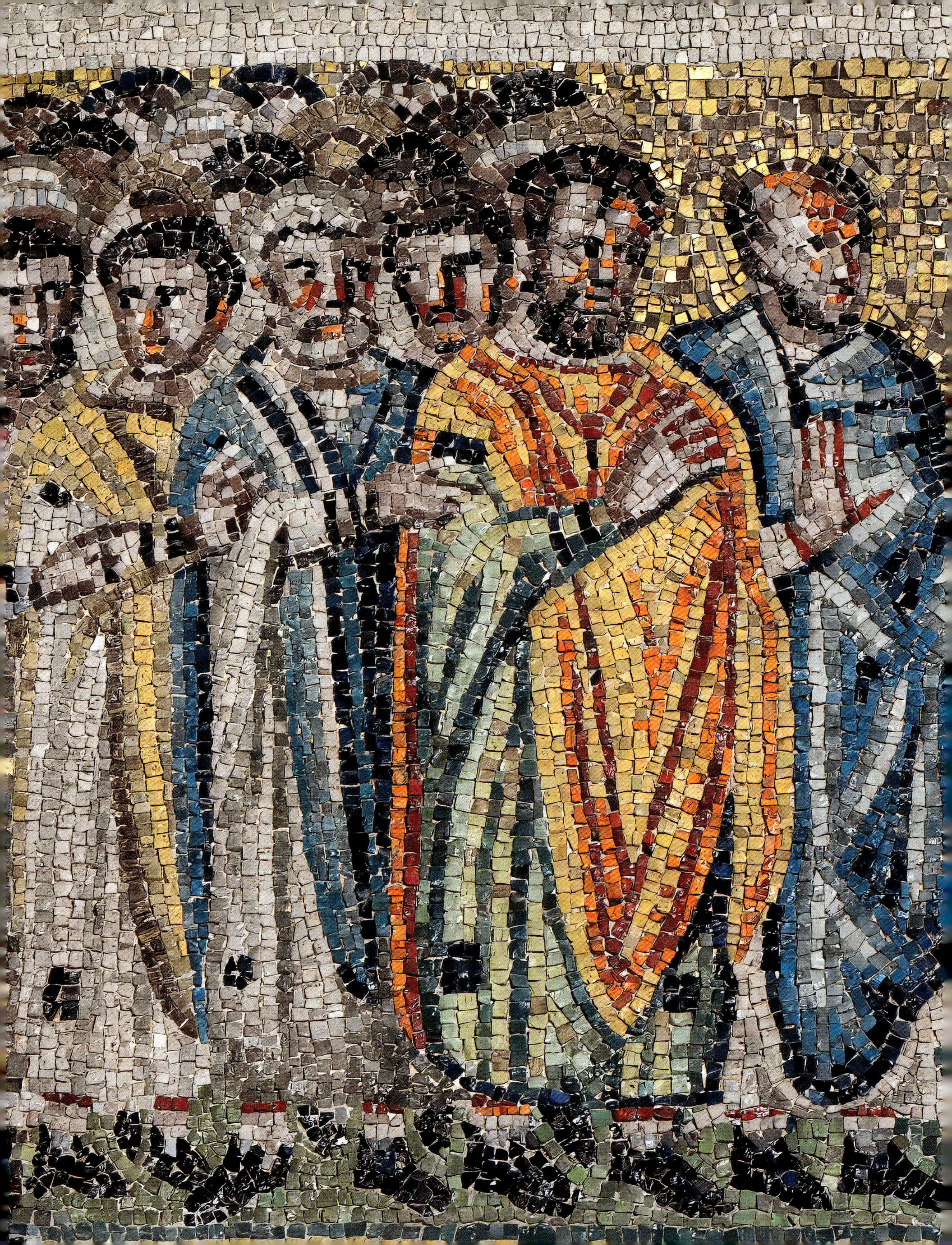

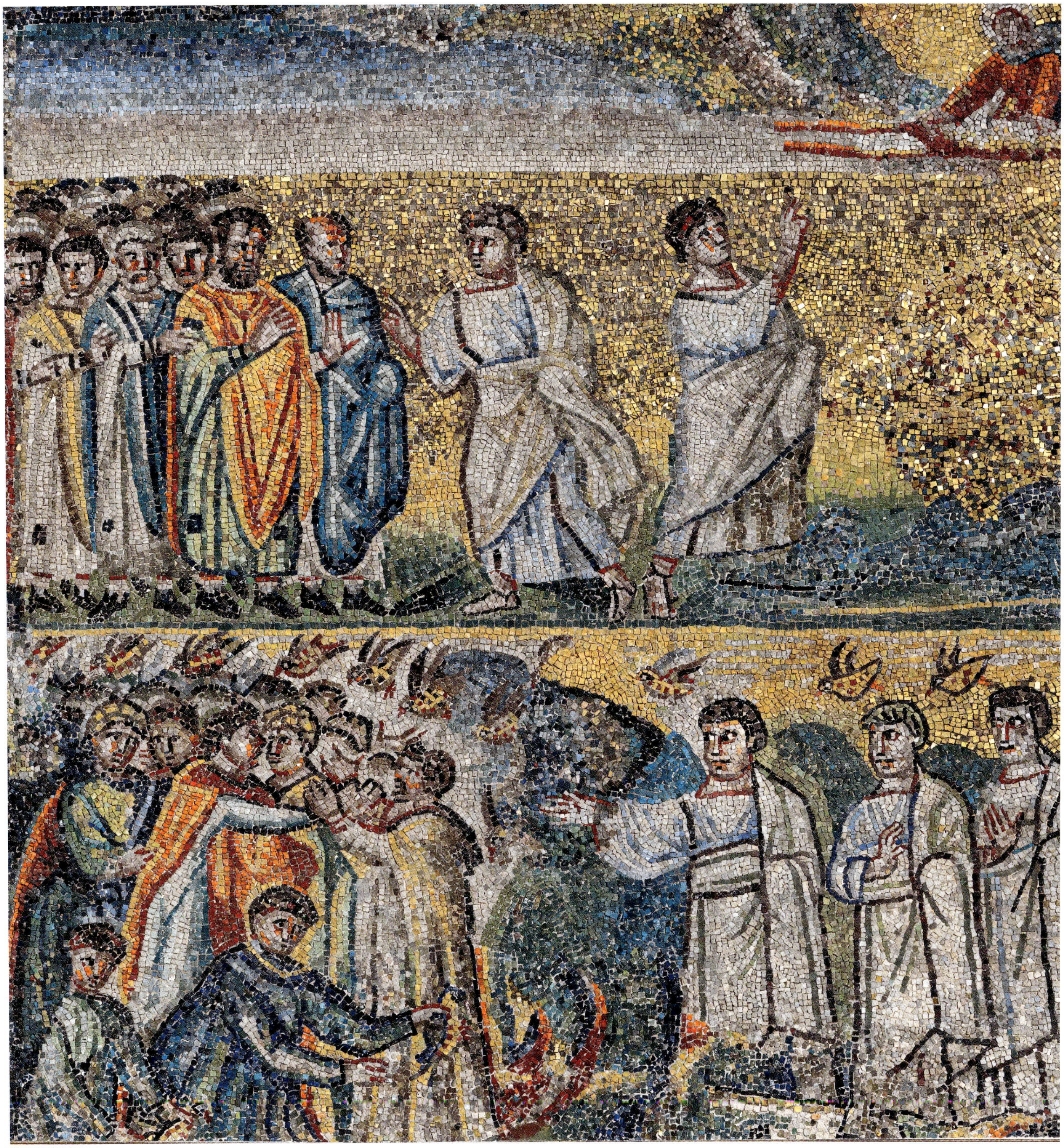

PP. 48, 49
Mormorazione degli Israeliti contro Mosè ed Aronne e *Raccolta delle quaglie*
430 circa, mosaico
Durante il ritorno dall'Egitto, il popolo di Israele mormora per la mancanza di pane e brama le pignatte di carne dell'Egitto. In seguito, il Signore fa piovere pane dal cielo e manda quaglie come nutrimento (*Esodo* 16).
Navata centrale, lato destro

PP. 48, 49
Murmuration of the Israelites against Moses and Aaron and the *Gathering of Quails*
ca. 430, mosaic
During their return from Egypt, the people of Israel murmur about the lack of bread and crave the flesh pots of Egypt. Later, the Lord rains down bread from heaven and sends quails as food (*Exodus* 16).
Central nave, right side

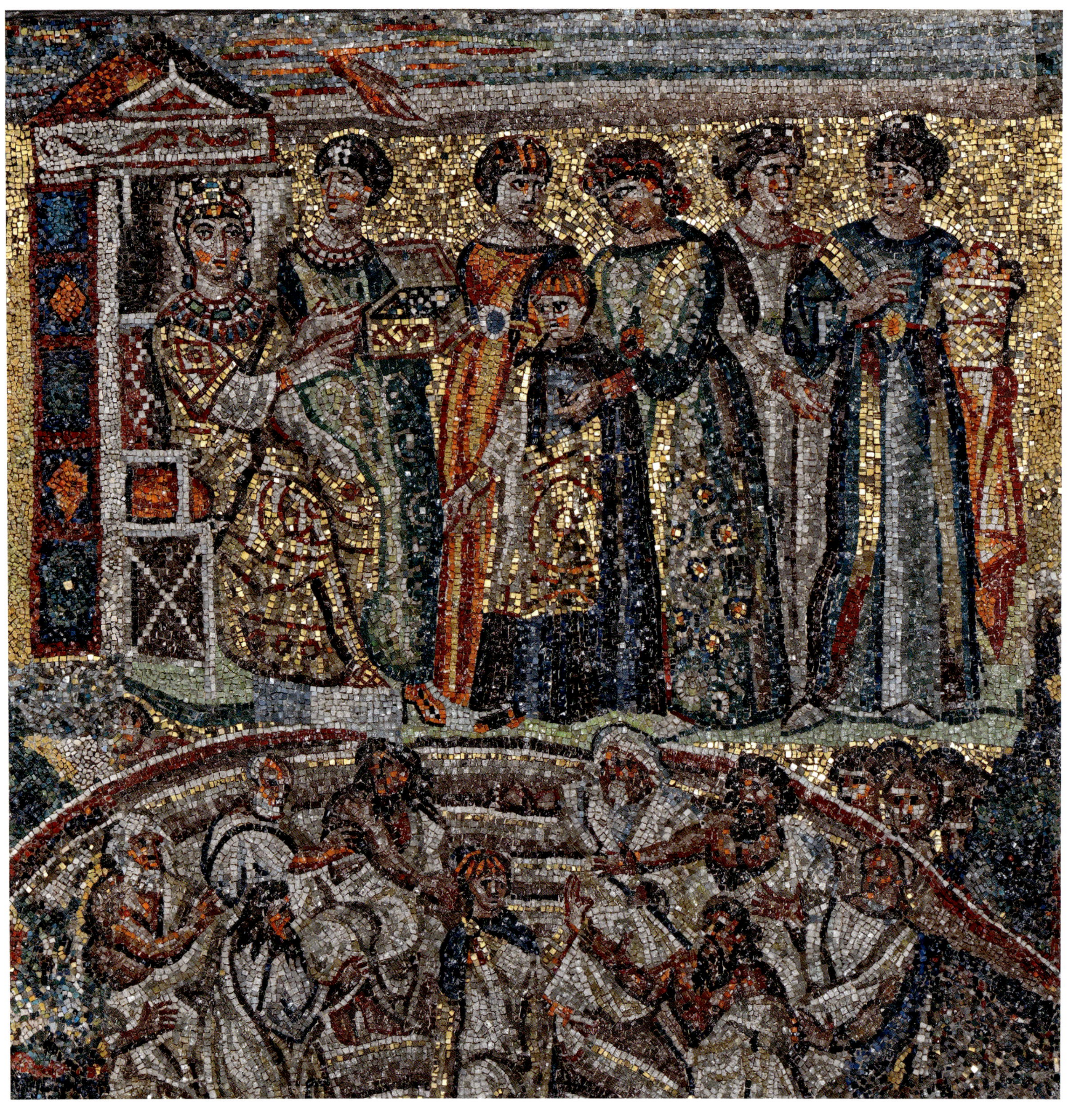

PP. 50, 51
Mosè consegnato alla sorella del Faraone | Discussione di Mosè con i filosofi
430 circa, mosaico
Appena nato, Mosè fu deposto in un canestro e affidato alle acque del Nilo. Il canestro fu raccolto dalle ancelle della sorella del Faraone che allevò il bimbo a corte come figlio proprio (*Esodo* 2:5-10).
Navata centrale, lato destro

PP. 50, 51
Moses handed over to Pharaoh's Sister | Moses' Discussion with the Philosophers
ca. 430, mosaic
As soon as he was born, Moses was placed in a basket and handed over to the waters of the Nile. The basket was picked up by the handmaidens of Pharaoh's sister, who brought the child to court as her own son (*Exodus* 2:5-10).
Central nave, right side

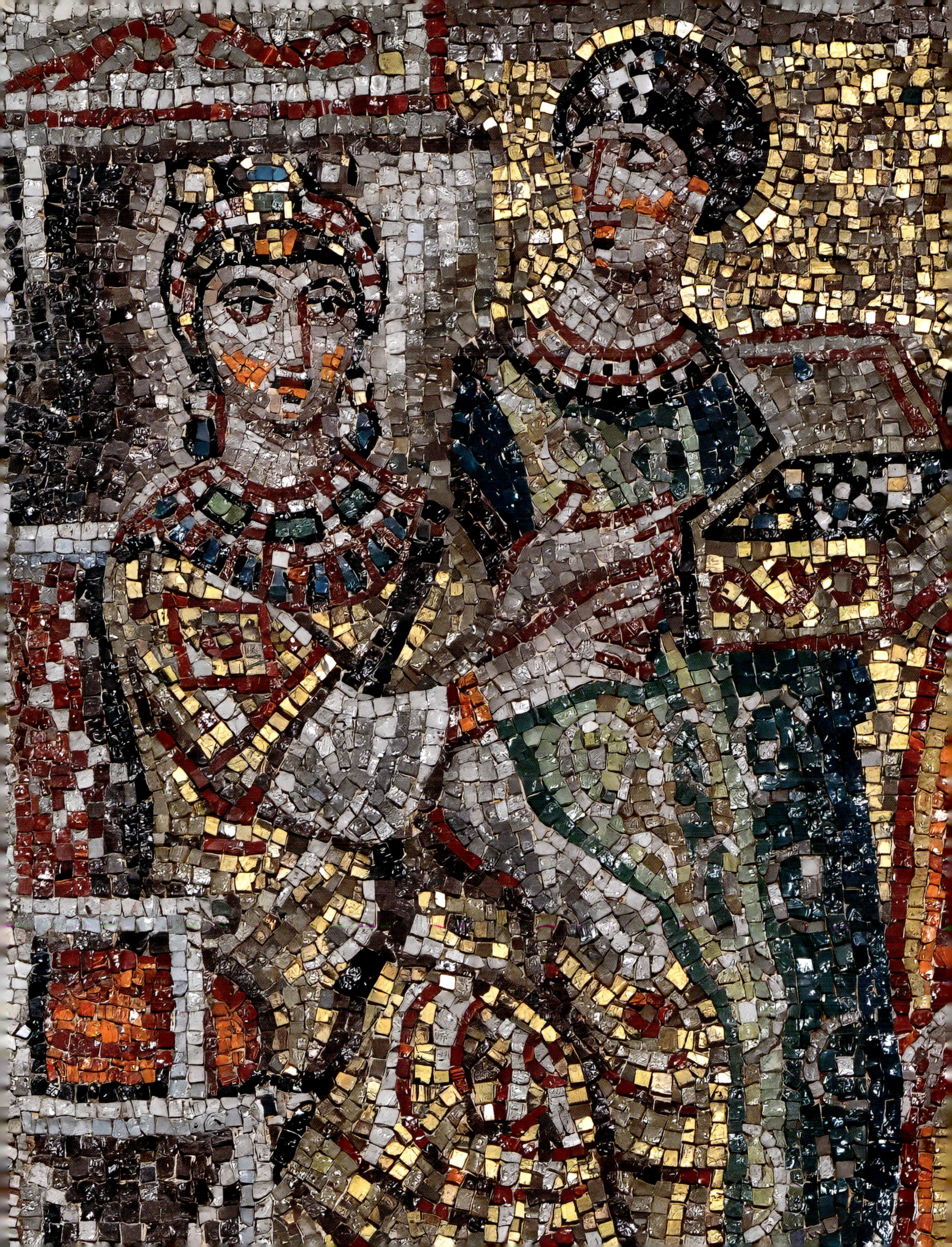

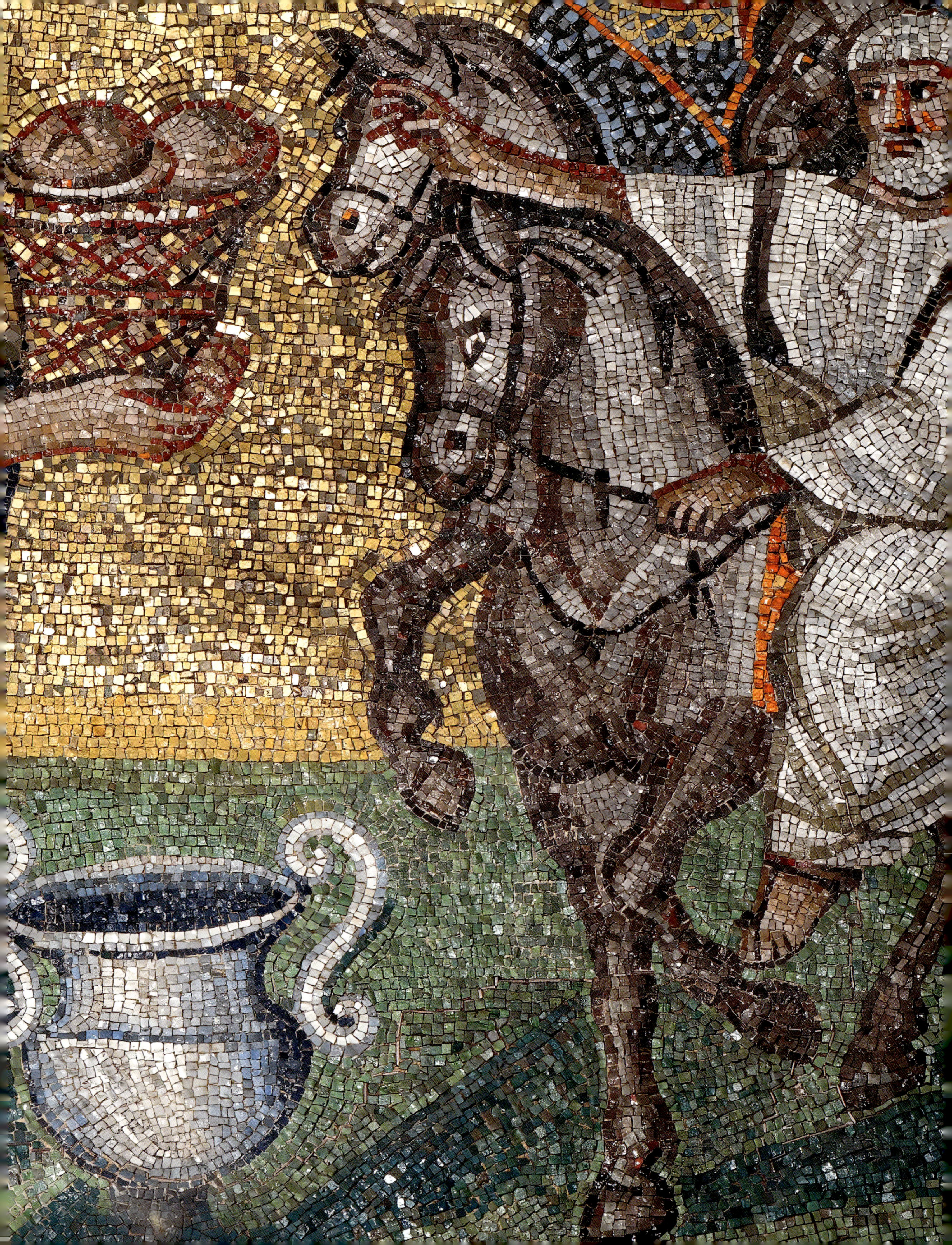

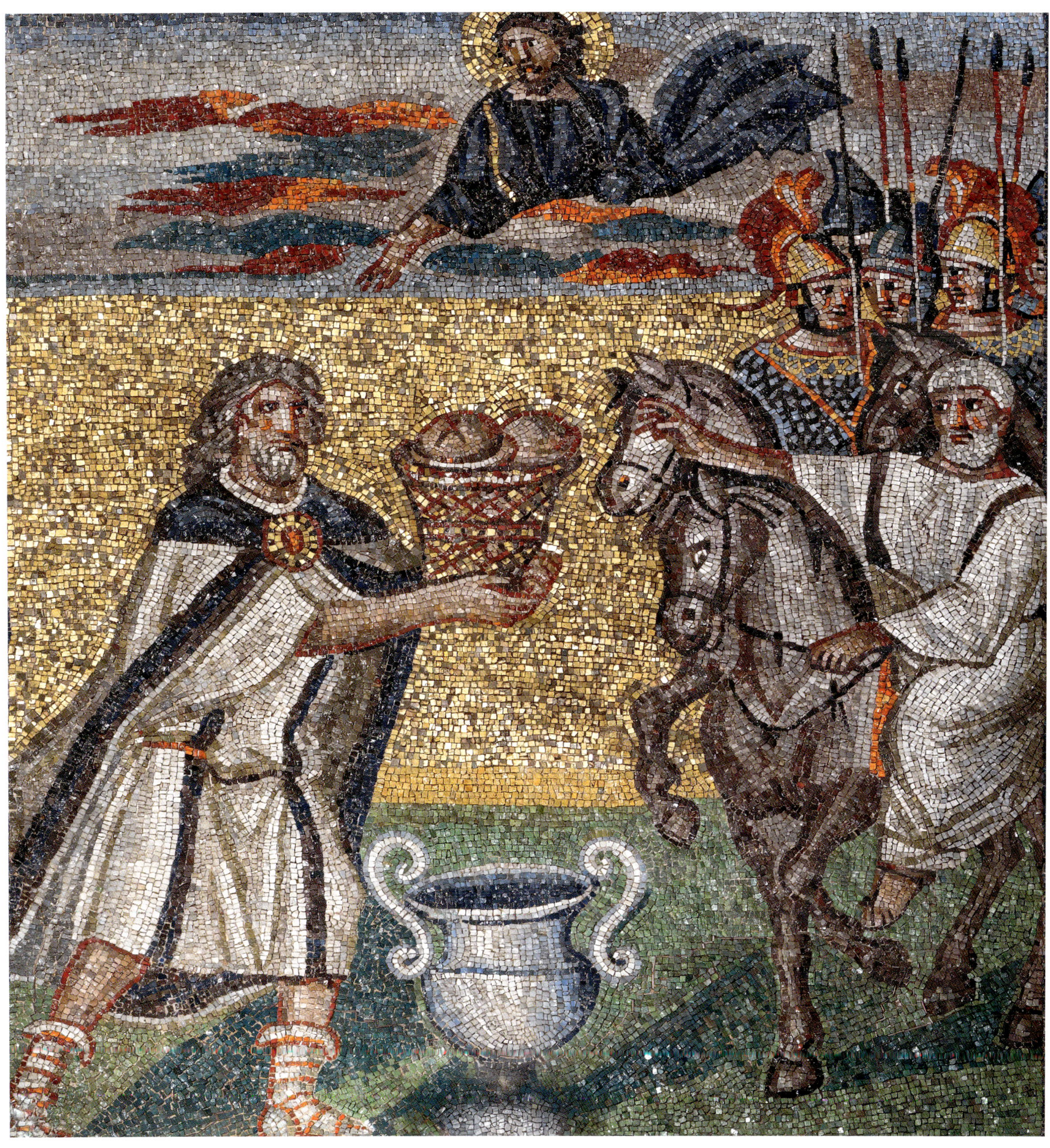

PP. 52, 53
Offerta di Melchisedech ad Abramo
430 circa, mosaico
Il sommo sacerdote Melchisedech offre a Dio pane e vino in onore di Abramo che torna vittorioso dalle battaglie (*Genesi* 14:18-20).
Navata centrale, lato sinistro

PP. 52, 53
Melchizedek's offering to Abraham
ca. 430, mosaic
The high priest Melchizedek offers bread and wine to God in honour of Abraham returning victorious from battle (*Genesis* 14:18-20).
Central nave, left side

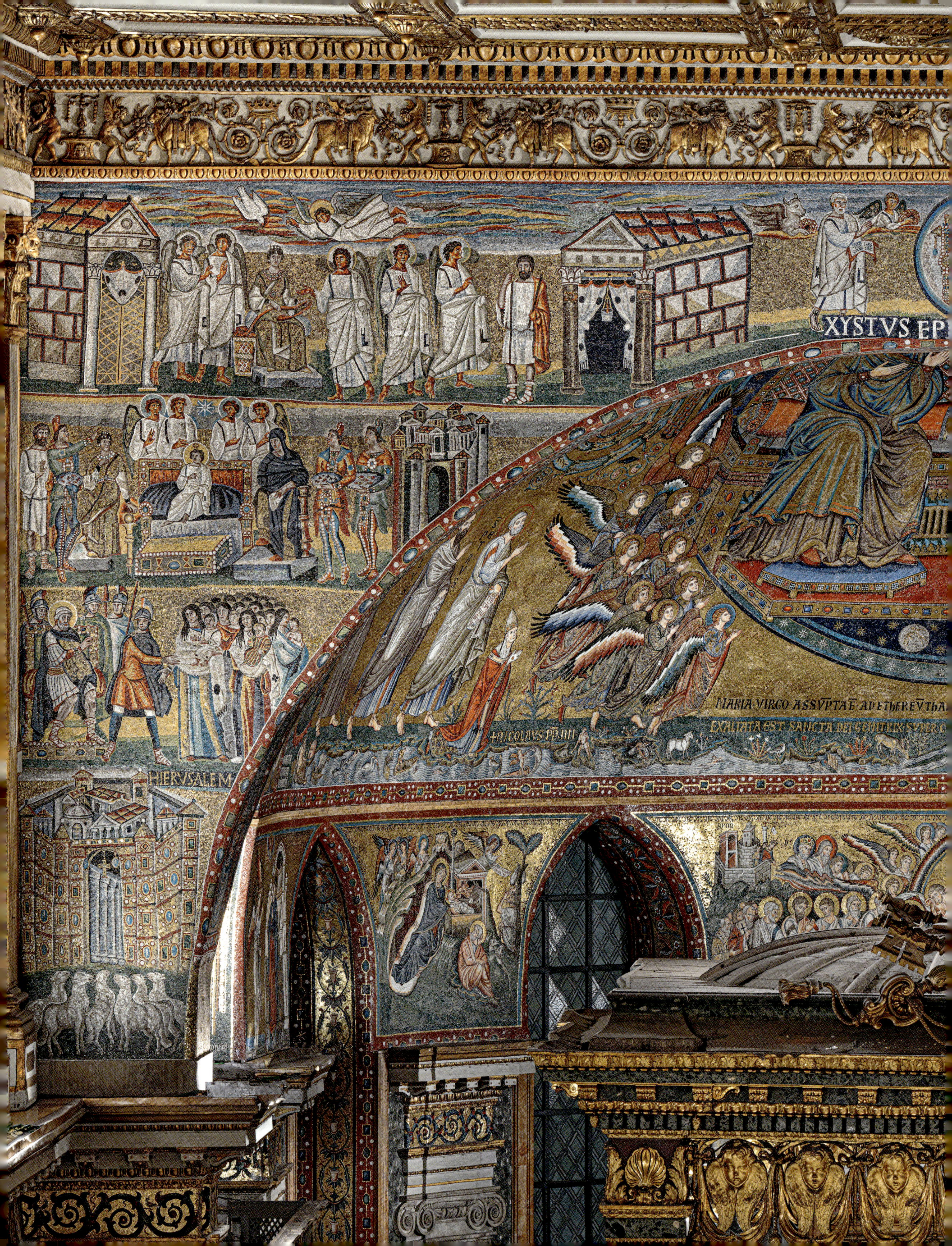
XYSTVS EP
HIERVSALEM
MARIA·VIRGO·ASSVPTA E·AD ETHEREV THA
EXALTATA EST SANCTA DEI GENITRIX SVPER
+NICOLAVS PP IIII

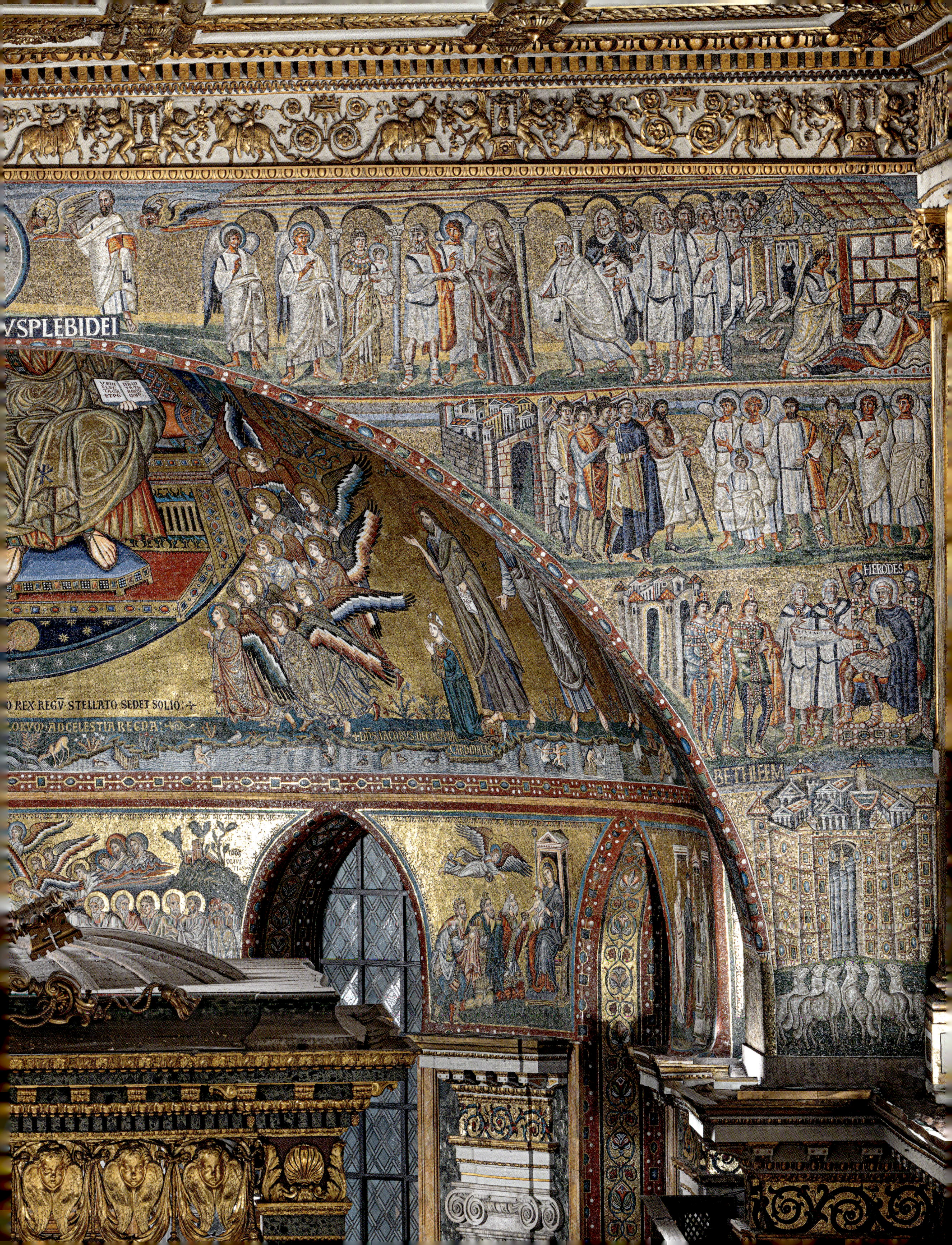
VSPLEBIDEI
O REX REGV STELLATO SEDET SOLIO
ORVM AD CELESTIA REGNA
CARDINALIS
HERODES
BETHLEM

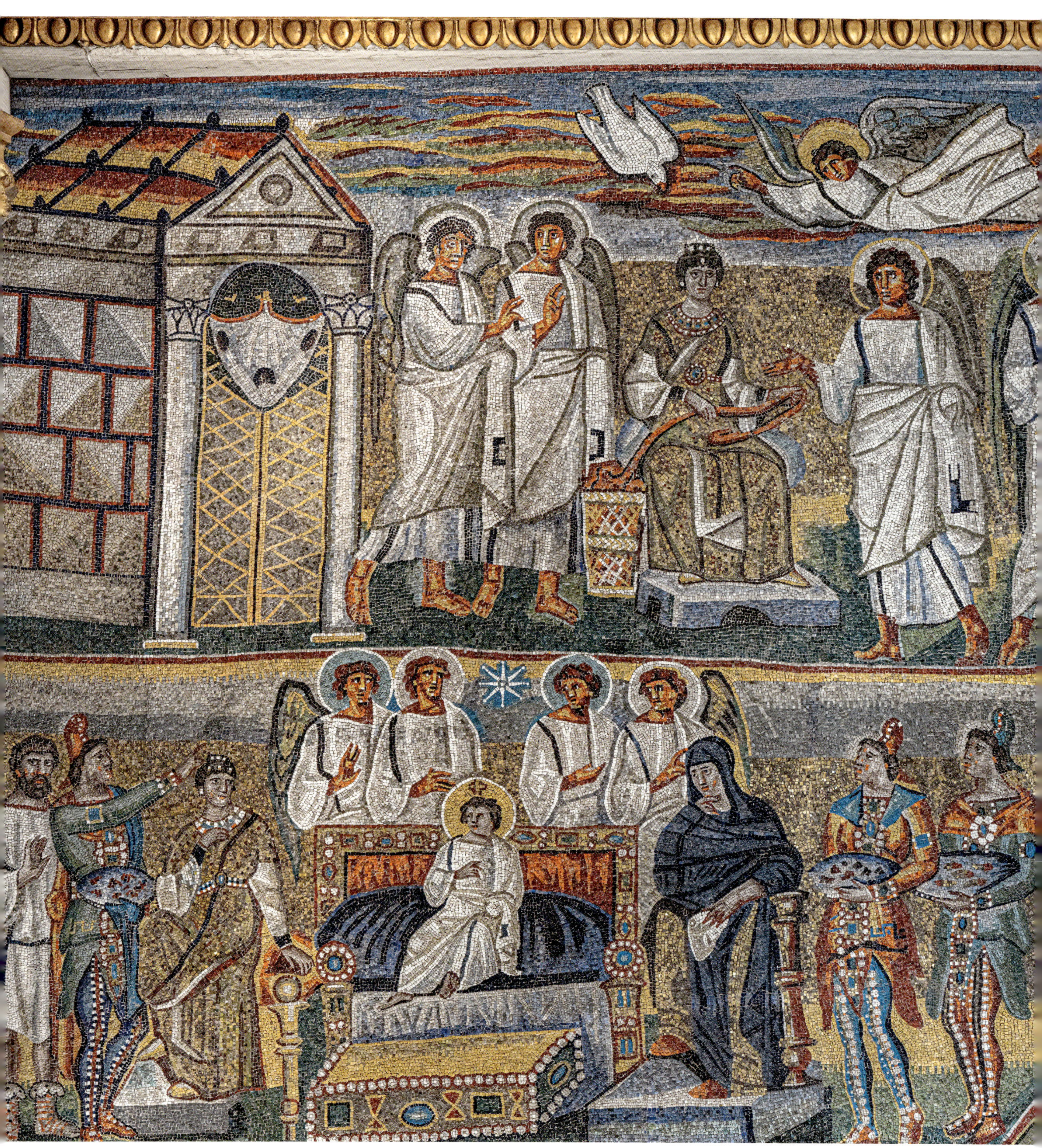

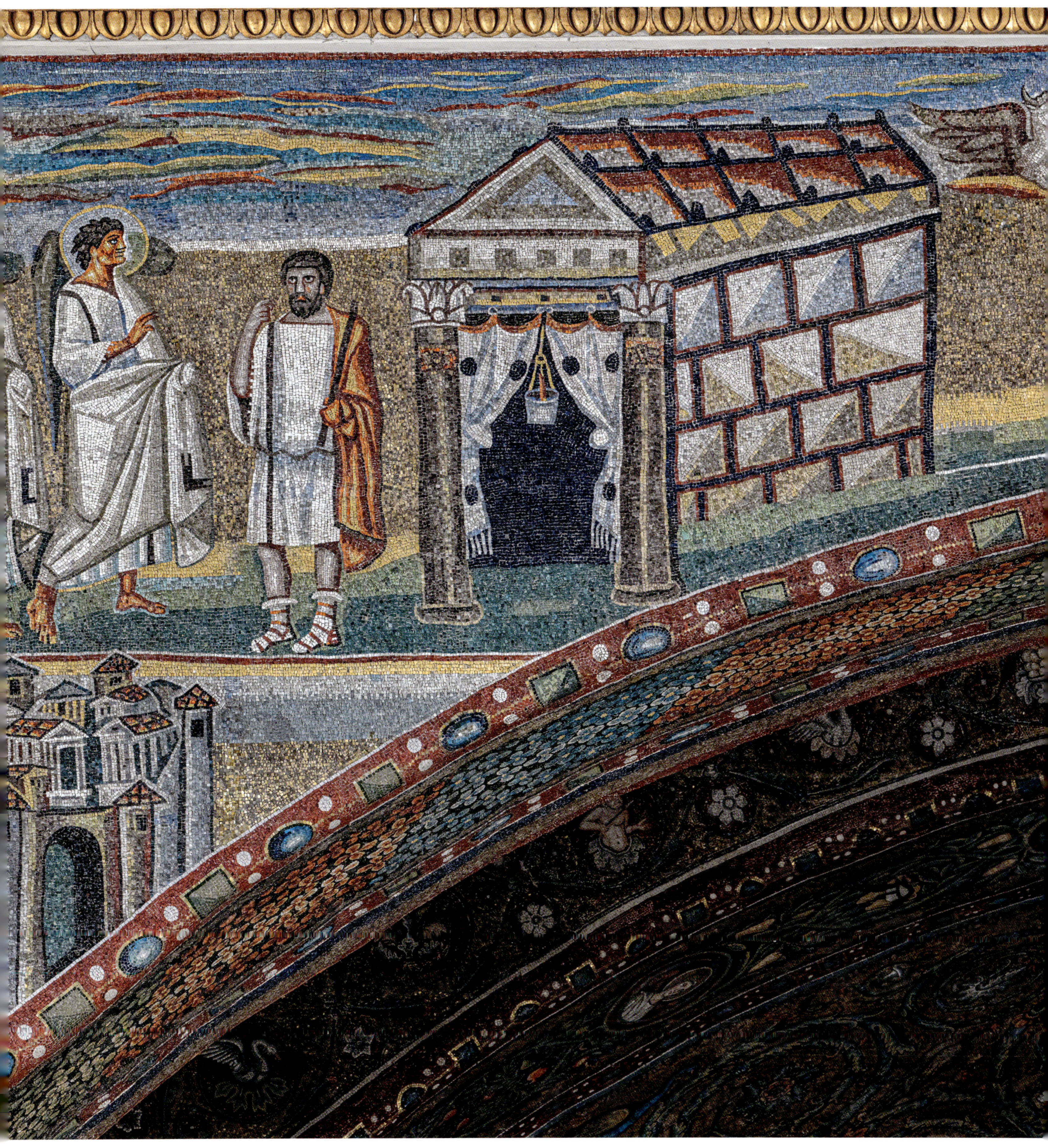

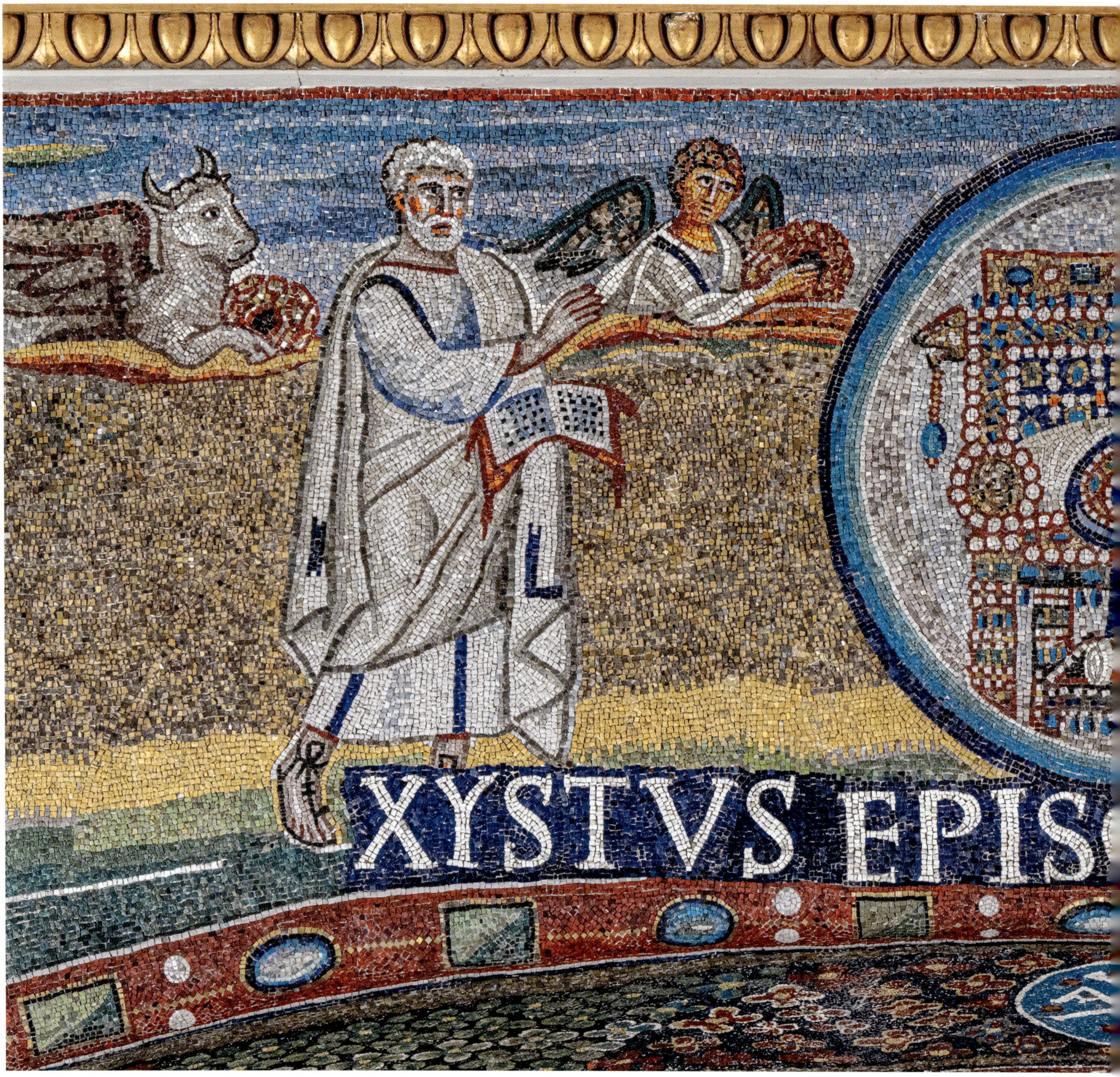

PP. 54-55
Arco trionfale (già arco absidale)
430 circa, mosaico
Veduta d'insieme

PP. 56-57
Annunciazione a Maria e l'*Adorazione dei Magi*
430 circa, mosaico
Arco trionfale (già arco absidale), primo e secondo registro sulla sinistra

PP. 58-59
Trono vuoto con le insegne di Cristo (Etimasia), affiancato dai Santi Pietro e Paolo
430 circa, mosaico
Arco trionfale (già arco absidale), centro

PP. 54-55
Triumphal arch (formerly apsidal arch)
ca. 430, mosaic
Overall view

PP. 56-57
Annunciation to Mary and the *Adoration of the Magi*
ca. 430, mosaic
Triumphal arch (formerly apse arch), first and second register on the left

PP. 58-59
Empty Throne with the Insignia of Christ (Etimasia), flanked by Saints Peter and Paul
ca. 430, mosaic
Triumphal arch (formerly apsidal arch), centre

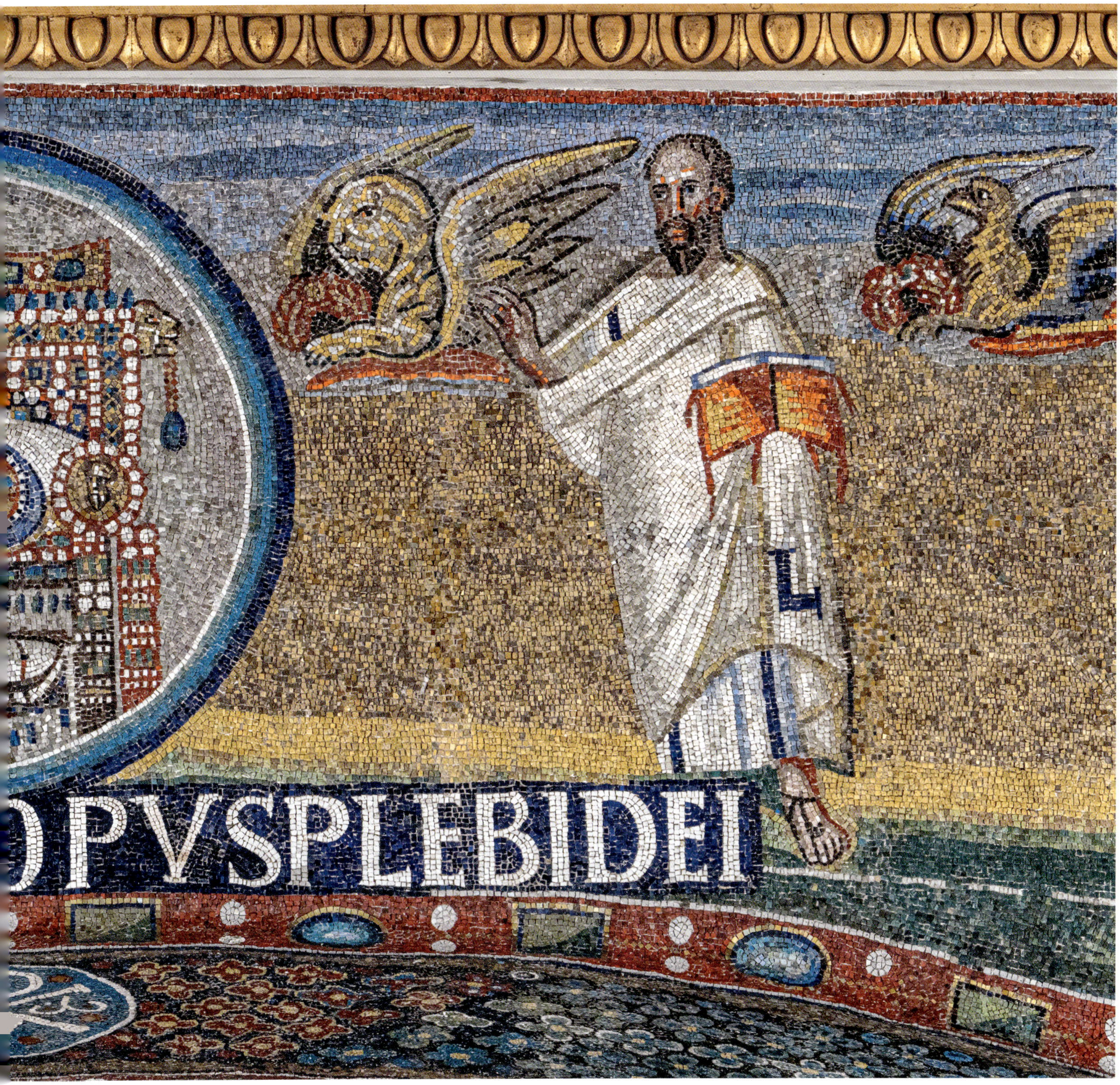

PP. 60-61
Presentazione al tempio, *Sogno di Giuseppe* e *Incontro tra la sacra famiglia e dei rappresentanti romani*
430 circa, mosaico
Arco trionfale (già arco absidale), primo e secondo registro sulla destra

PP. 62, 63
Gerusalemme e *Betlemme*
430 circa, mosaico
Arco trionfale (già arco absidale), ultimo registro
Le dodici pecore rappresentano le tribù di Israele e gli Apostoli.

PP. 60-61
Presentation in the Temple, *Joseph's Dream* and *Meeting of the Holy Family and Roman Representatives*
ca. 430, mosaic
Triumphal arch (formerly apse arch), first and second register on the right

PP. 62, 63
Jerusalem and *Bethlehem*
ca. 430, mosaic
Triumphal arch (formerly apse arch), last register
The twelve sheep represent the tribes of Israel and the Apostles.

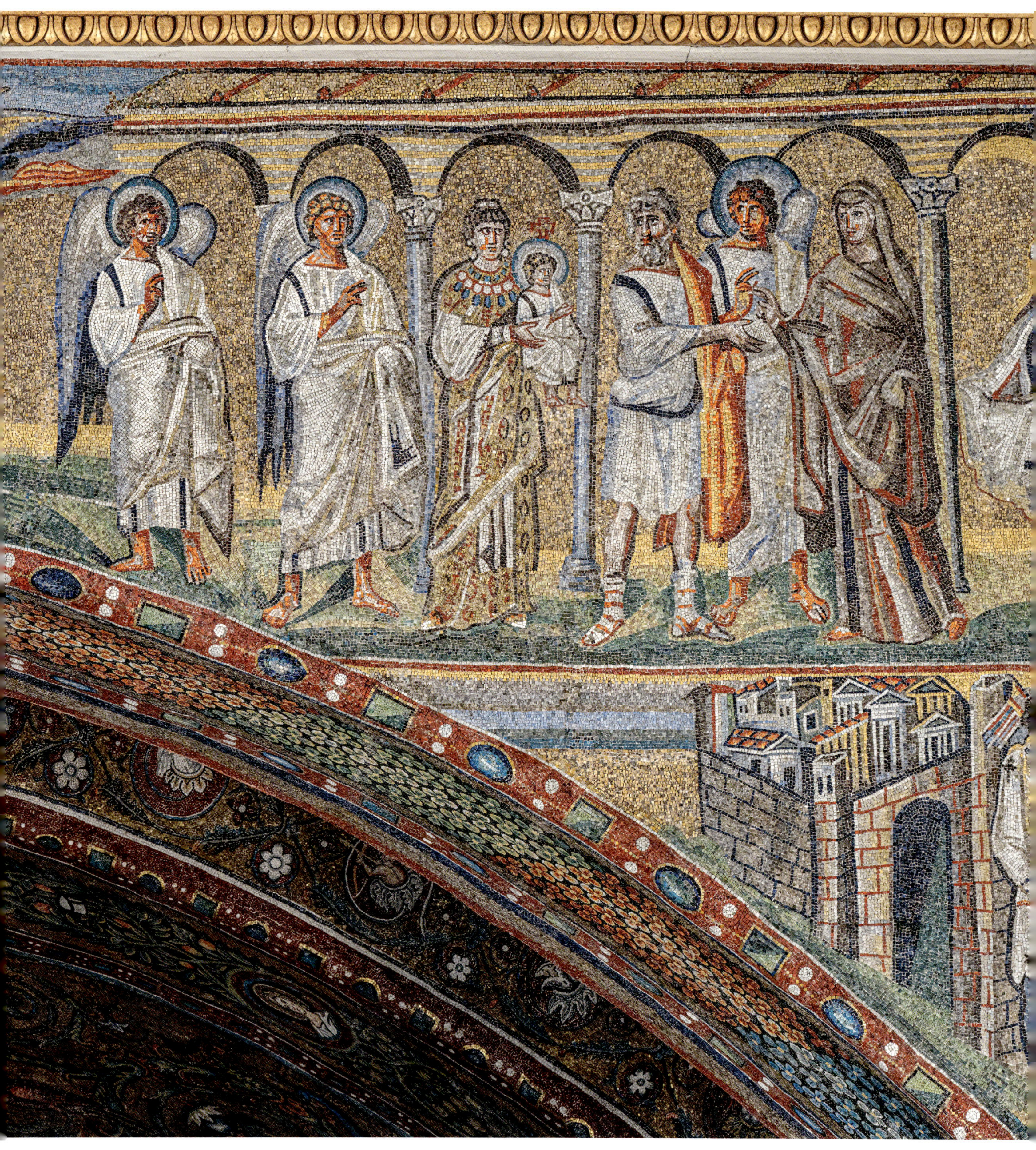

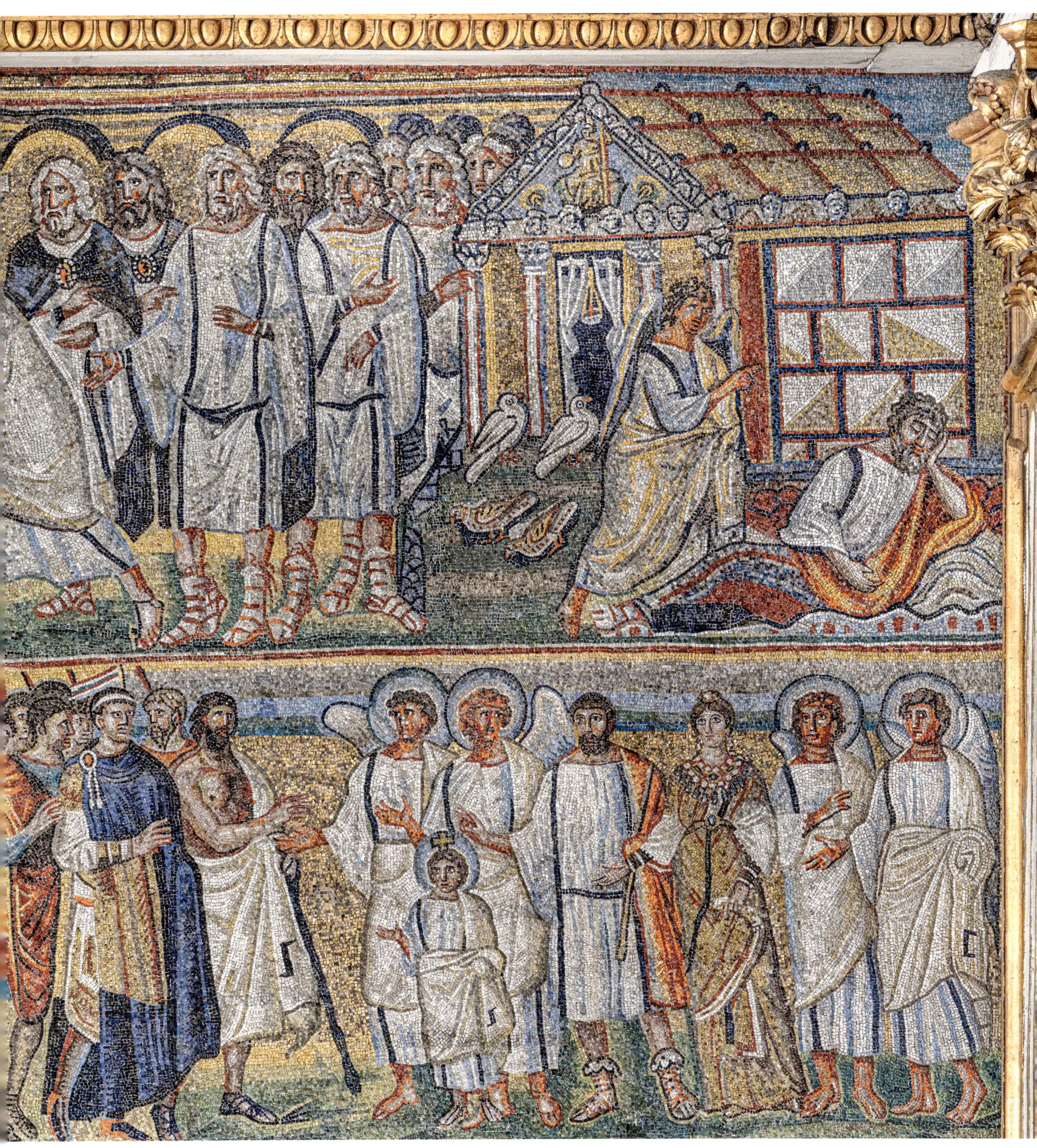

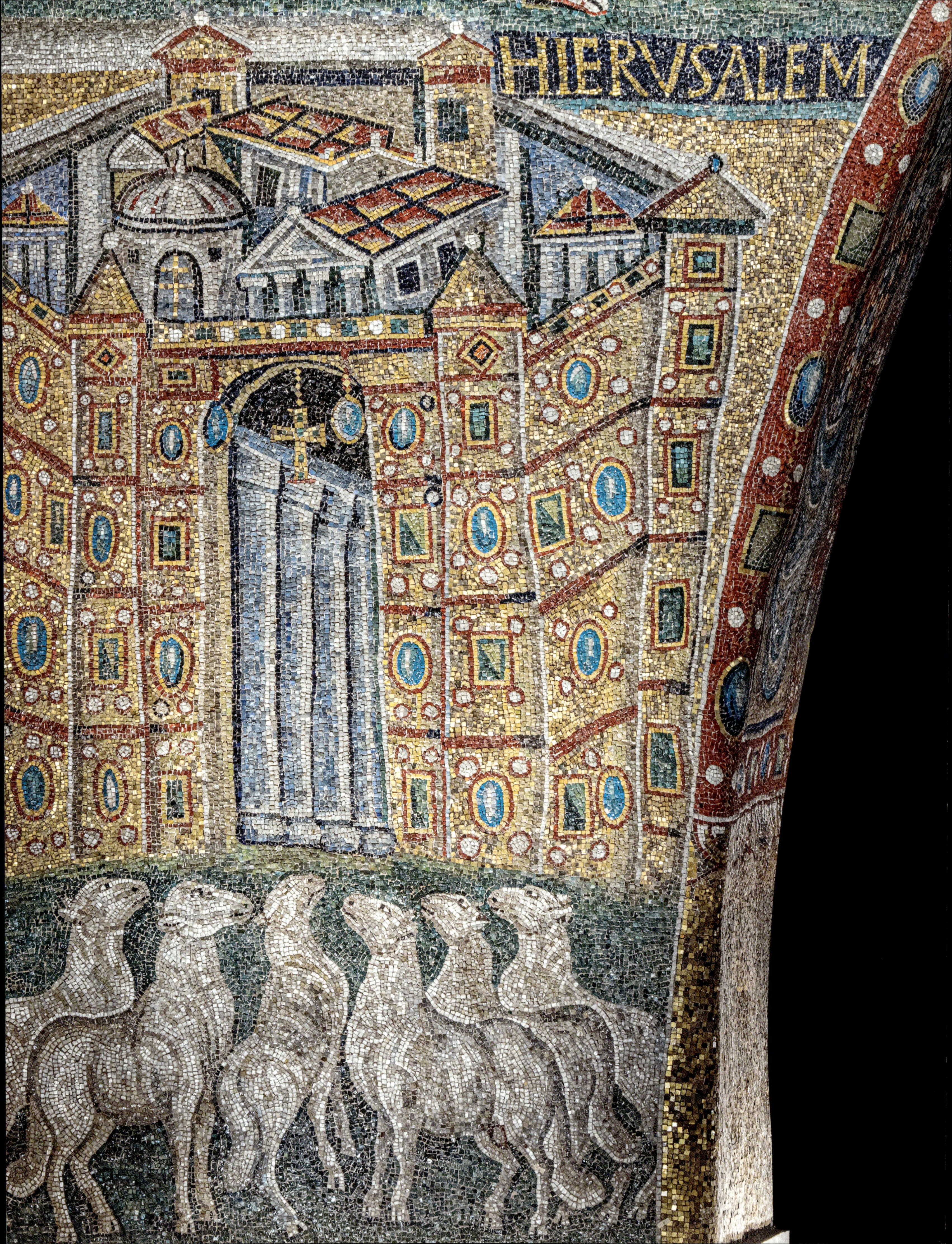
HIERVSALEM

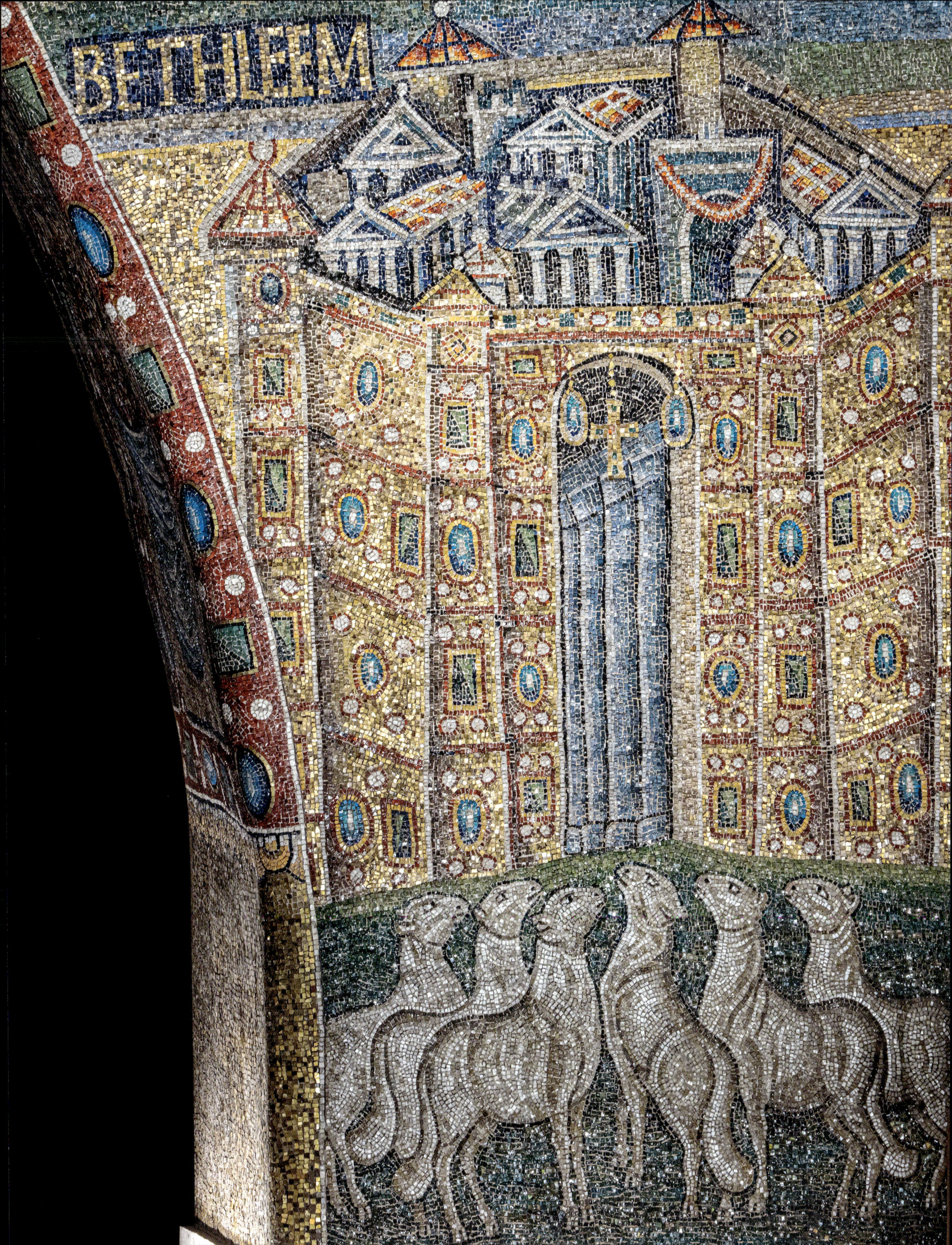
BETHLEEM

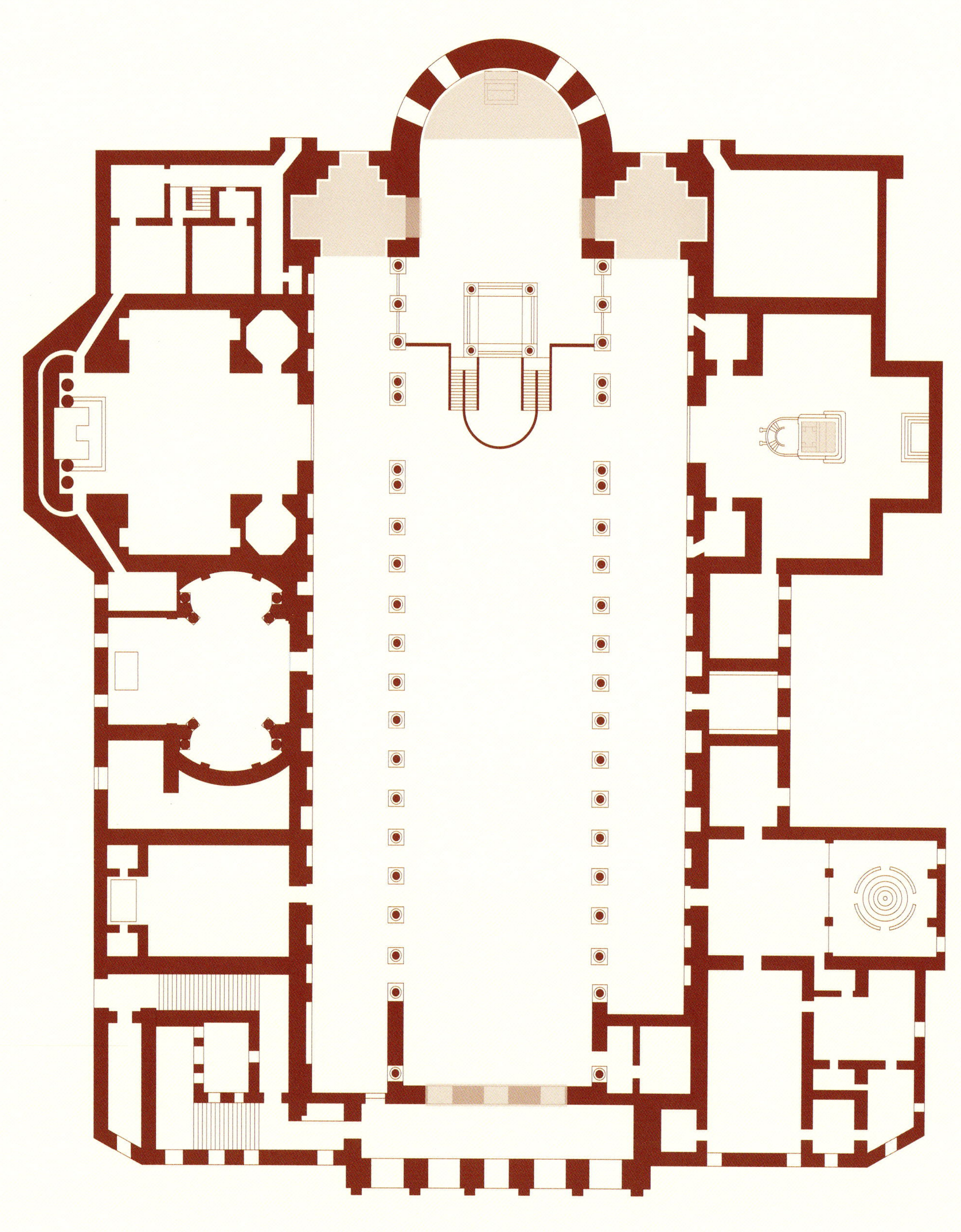

Locus mirabilis. Niccolò IV a Santa Maria Maggiore

Locus mirabilis. Nicholas IV at Santa Maria Maggiore (1288-1292)

Mosaici dell'Abside
Mosaics of the Apse

Affreschi del transetto
Frescoes in the transept

Campana Bronzea
Bronze Bell

Affresco della controfacciata
Fresco on the counter-façade

Presepe di Arnolfo Di Cambio
Nativity Scene by Arnolfo Di Cambio

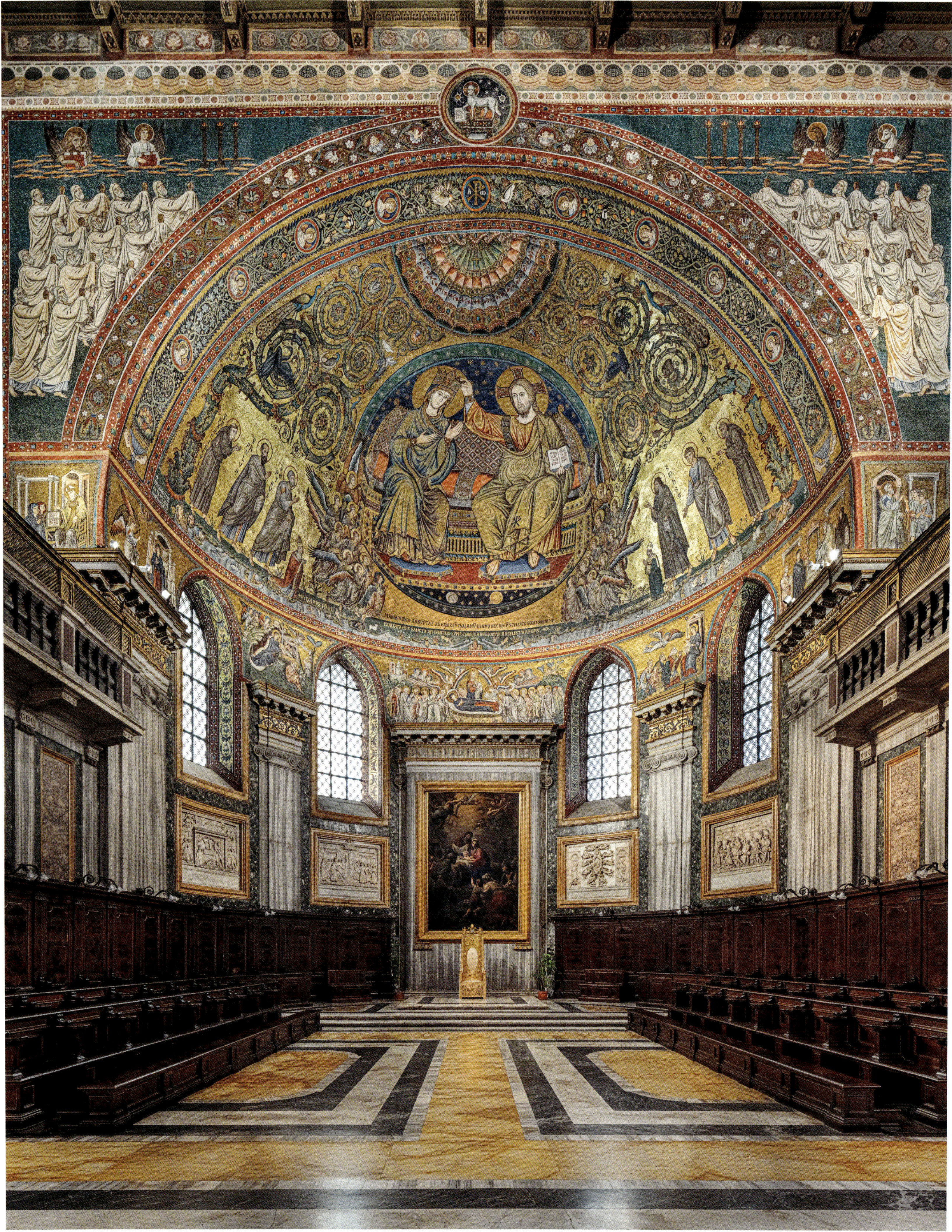

Locus mirabilis. Niccolò IV (1288-1292) a Santa Maria Maggiore

Andreas Raub

Girolamo da Ascoli era un talentuoso diplomatico francescano, primo del suo ordine a salire sul soglio di Pietro. Grazie alla sua profonda educazione teologica venne nominato ministro generale dei Frati Minori ad Assisi, come successore di San Bonaventura da Bagnoregio. I suoi incarichi lo portarono fino in Dalmazia e presso la corte dell'imperatore di Costantinopoli, dove poté ammirare le numerose e straordinarie opere musive della seconda Roma. Il marchigiano, fin dall'inizio del suo pontificato, espresse una particolare devozione verso Santa Maria Maggiore. Appena eletto, indirizzò varie lettere all'allora cardinale arciprete, Giacomo Colonna, nelle quali traccia le linee fondamentali della sua desiderata impresa artistica. Da questi documenti, oggi conservati presso la Biblioteca Apostolica Vaticana – Archivio di Santa Maria Maggiore –, si deduce come il papa francescano progettasse un restauro integrale del santuario, *locum ad hoc mirabiliter*, indicato dalla Vergine, proprio per la Sua eccelsa glorificazione. Ai mecenati e agli artisti che avrebbero contribuito al rinnovamento sarebbe stata riservata un'indulgenza. Niccolò era solito trascorrere il periodo estivo a Rieti, mentre passava il resto dell'anno nel palazzo adiacente la basilica mariana, da dove poteva assistere ai progressi del più grande cantiere nella Roma dell'epoca. Oltre alla decorazione musiva dell'abside e della facciata, al pontificato del francescano si ascrivono un ciclo affrescato nel nuovo transetto, rimasto incompiuto, la decorazione musiva dell'esterno dell'abside – distrutta dall'intervento barocco –, la fusione di nuove campane – tra cui quella bronzea, detta "la sperduta", del 1289 – e l'esecuzione del presepe marmoreo da parte di Arnolfo di Cambio.

La scelta di Santa Maria Maggiore come cantiere prediletto e luogo di sepoltura derivò da una commistione di motivi devozionali e politici. Maria, protettrice dell'Ordine, svolge un ruolo centrale nella devozione di San Francesco. La prima chiesa dei francescani è, infatti, intitolata a Santa Maria degli Angeli (la Porziuncola) e anche la rappresentazione mistica del presepe vivente a Greccio, nel 1223, è intrisa di una forte spiritualità mariana. Il teatro sacro inscenato a Greccio costituisce una riflessione concreta di un'esperienza che il Santo aveva potuto vivere a Santa Maria Maggiore, *Betlemme d'Occidente*, presso l'oratorio della Natività. In seguito, il piccolo santuario dovette godere di un'attenzione speciale da parte dei papi francescani sepolti in Basilica, Niccolò IV e Sisto V (1585-1590). Inoltre, a Santa Maria Maggiore riposa un altro pontefice importante per l'ordine,

Locus mirabilis. Nicholas IV (1288-1292) at Santa Maria Maggiore

Andreas Raub

Girolamo da Ascoli was a gifted Franciscan diplomat and the first of his religious order to ascend to the throne of Peter. Thanks to his thorough theological training, he had previously been appointed Minister General of the Friars Minor in Assisi, succeeding Saint Bonaventure of Bagnoregio. His missions took him as far as Dalmatia and the imperial court at Constantinople, where he was able to admire the many extraordinary mosaics of this "Second Rome." From the beginning of his pontificate, this Marchegian showed a particular devotion towards Santa Maria Maggiore. As soon as he was elected, he sent several letters to the Cardinal Archpriest of the Basilica, Giacomo Colonna, in which he outlined the artistic project he wished to undertake. From these documents, now kept in the Archive of Santa Maria Maggiore within the Vatican Apostolic Library, we can see how the Franciscan Pope planned a complete restoration of the Sanctuary, *locum ad hoc mirabiliter*, as the Virgin had indicated, to the ends of Her glorification. An Indulgence would be given to any patrons and artists who contributed to the restoration. Nicholas usually spent the summers in Rieti and the rest of the year in the palace next to Santa Maria Maggiore, from where he could oversee the progress of what was then the largest artistic project in Rome. In addition to the mosaic decoration of the apse and the façade, the Franciscan pope was responsible for a cycle of frescoes in the new transept (which remained unfinished), the mosaic decoration of the exterior of the apse, which was destroyed in the Baroque period, the casting of new bells – including the bronze one known as "*la sperduta*" ("the lost one"), dating from 1289 – and the execution of the marble nativity scene by Arnolfo di Cambio.

The choice of Santa Maria Maggiore as for such patronage and his own burial place was due to a mixture of devotional and political motives. Mary, the protector of the Franscisan Order, had occupied a central place in the devotions of Saint Francis. In fact, the first Franciscan church was dedicated to Santa Maria degli Angeli (also known as the "Porziuncola"), and the mystical performance of the live Nativity scene in Greccio in 1223 was also imbued with the same strong Marian spirituality. The sacred performance staged at Greccio was quite probably motivated by the saint's experience of visiting the Oratory of the Nativity at Santa Maria Maggiore, the "*Bethlehem of the West.*" Thereafter, the Franciscan popes who were eventually buried in the Basilica, Nicholas IV and Sixtus V (1585-1590), would pay particular attention to this small chapel. Furthermore, another important pontiff for the Order, Honorius

Onorio III (1216-1227), colui che confermò, nel 1223, la regola di "frate Francesco". Un ulteriore motivo che supporta le cure speciali dedicate alla Basilica da Niccolò IV era la presenza del suo santo patrono. La traslazione del corpo di San Girolamo da Betlemme, nel 1283 o 1288, rappresentò un evento di primissima rilevanza religiosa; espressione immediata della sua venerazione si riscontra nella presenza del Padre della Chiesa nei mosaici dell'abside e della facciata.

I motivi devozionali di Niccolò IV si intrecciavano con quelli politici. In un periodo caratterizzato dai conflitti tra le famiglie aristocratiche, i pontefici dovevano cercare alleanze ai fini di affrontare le sfide della Chiesa e garantire la realizzazione dei loro progetti. A questo proposito, mentre Niccolò III Orsini (1277-1280) scelse il Vaticano come cantiere artistico prediletto, le imprese di Niccolò IV si concentrarono sull'Esquilino, zona tradizionalmente in mano alla famiglia Colonna. Fin dalla sua elezione a vescovo di Palestrina, antico feudo della famiglia Colonna, il francescano strinse un forte legame con i nobili che lo assistettero nella realizzazione delle sue imprese. Il cantiere di Santa Maria Maggiore prese avvio allorché la famiglia Colonna rivestiva un primato politico-culturale nella città: Pietro e Giacomo facevano parte del collegio cardinalizio, mentre Giovanni era senatore di Roma. Alla morte di Niccolò, avvenuta il 4 aprile 1292, i cardinali Pietro e Giacomo come suoi esecutori testamentari, ne portarono avanti i progetti, fino alla loro caduta in disgrazia, causata da Bonifacio VIII (1294-1303) nel settembre 1297.

La costruzione di una nuova abside, che comportò la distruzione di quella paleocristiana, rappresentò l'operazione più ambiziosa. Ad oggi, tale intervento che modificò la planimetria originale, rimane un *unicum*. A prima vista, questo cambiamento può sembrare sorprendente, in quanto proprio il pontefice francescano, importante promotore della Festa della Neve, ribadiva nei suoi scritti la sacralità dello spazio indicato dalla Vergine. Addirittura, egli aveva stabilito che la costruzione del duomo di Orvieto doveva essere realizzata proprio con misure e planimetria corrispondenti a quelle della basilica romana (*ad instar Marie Majoris de Urbe*). L'apparentemente incoerente volontà rinnovatrice di Niccolò IV è tuttavia spiegabile attraverso lo sfruttamento di strutture preesistenti della basilica antica, considerate frutto del disegno divino; nonostante l'indietreggiamento della nuova abside medievale di circa 8 metri, essa si basa su mura paleocristiane, che facevano parte del complesso della struttura precedente (si veda il capitolo *"Vergine Maria, a te io, Sisto". La Basilica di Sisto III* (432-440).

Poco dopo la sua elezione, Niccolò IV chiamò Jacopo Torriti (metà del XIII sec. – inizio del XIV sec.) da Assisi a Roma. L'artista, anche lui ascritto all'ordine francescano, aveva dato prova della sua abilità nella decorazione di grandi superfici parietali nella basilica superiore di San Francesco. I due con ogni probabilità si erano già incontrati già in Umbria, visto che frate Girolamo, in qualità di Ministro Generale, aveva certamente contribuito all'elaborazione del programma pittorico e sorvegliava l'esecuzione degli affreschi ad Assisi.

A Roma, al Torriti fu affidata la decorazione di nuove absidi, in seguito alla distruzione di quelle paleocristiane, in due basiliche papali: quella di San Giovanni in Laterano, conclusa nel 1291,

III (1216-1227), who confirmed the rule of "Brother Francis" in 1223, is also buried in Santa Maria Maggiore. The past presence of the patron saint was another reason for the special care given to the Basilica by Nicholas IV. The transfer of the body of Saint Jerome from Bethlehem in 1283 or 1288 was an event of the highest religious importance; indeed, a direct expression of this saint's veneration is the presence of the Church Father in the mosaics of the apse and the façade.

Nicholas IV's devotional motivations were intertwined with political ones. In a period marked by internecine conflicts between aristocratic families, the pontiffs had to forge various alliances both to meet the challenges of the Church and also to ensure the realisation of their projects. In this respect, while Nicholas III Orsini (1277-1280) chose the Vatican as his favourite venue for artistic patronage, Nicholas IV's projects concentrated on the Esquiline, an area that was traditionally in the hands of the Colonna family. Right from his election as Bishop of Palestrina, an ancient fief of the Colonna, the Franciscan formed a strong bond with the nobles who could help him to carry out his projects. The works at Santa Maria Maggiore began at a time when the Colonna family held political and cultural sway in the city: Pietro and Giacomo were members of the College of Cardinals, while Giovanni was the Senator of Rome. When Niccolò died on 4 April 1292, Cardinals Pietro and Giacomo, as his executors of his will, continued his plans until they were deposed by Boniface VIII (1294-1303) in September 1297.

The construction of a new apse, which involved the destruction of the early Christian one, was the most ambitious project. This intervention, which modified the original plan of the Basilica, remains unique. At first sight, the alteration may seem surprising because the Franciscan pontiff was an important promoter of the Feast of the Snow and reaffirmed in his writings the sacrality of the plan that had been dictated the Virgin Herself. He had even stipulated that the new cathedral at Orvieto should be built in precise accordance with the dimensions and plan of the Roman basilica (*ad instar Marie Majoris de Urbe*). However, the apparent inconsistency in Nicholas IV's plan to renew the Basilica can be explained by the fact that even though the new medieval apse was moved about eight metres behind the Early Christian one, it still rose from Early Christian foundations, which belonged to the footprint of the original organism (see chapter *"Virgin Mary, to You I, Sixtus". The Basilica of Sixtus III* (432-440).

Soon after his election, Nicholas IV summoned Jacopo Torriti (mid-13th - early 14th centuries) from Assisi to Rome. The artist, who also may have belonged to the Franciscan order, had demonstrated his skill in decorating large areas of wall in the Upper Basilica of Saint Francis. With every probability the two men had already met in Umbria, since Fra' Girolamo, as he was called before assuming the papal name of Nicholas IV, had been Minister General of the Order and therefore certainly contributed to planning the pictorial programme and supervised the execution of the frescoes in Assisi.

In Rome, Torriti was entrusted with the decoration of new apses, in two papal basilicas, following the destruction of the Early Christian ones: that of San Giovanni in Laterano, completed in 1291, and that of

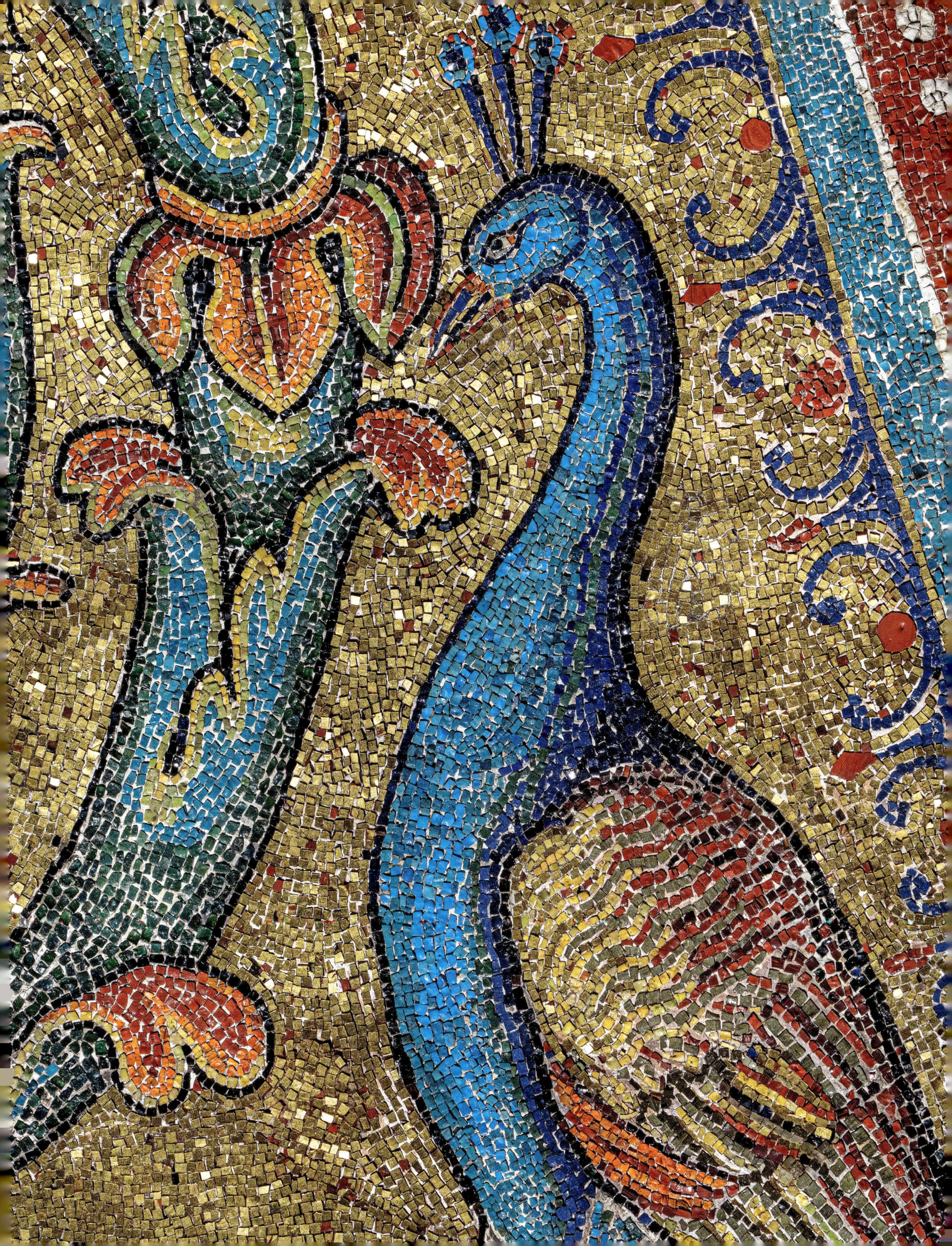

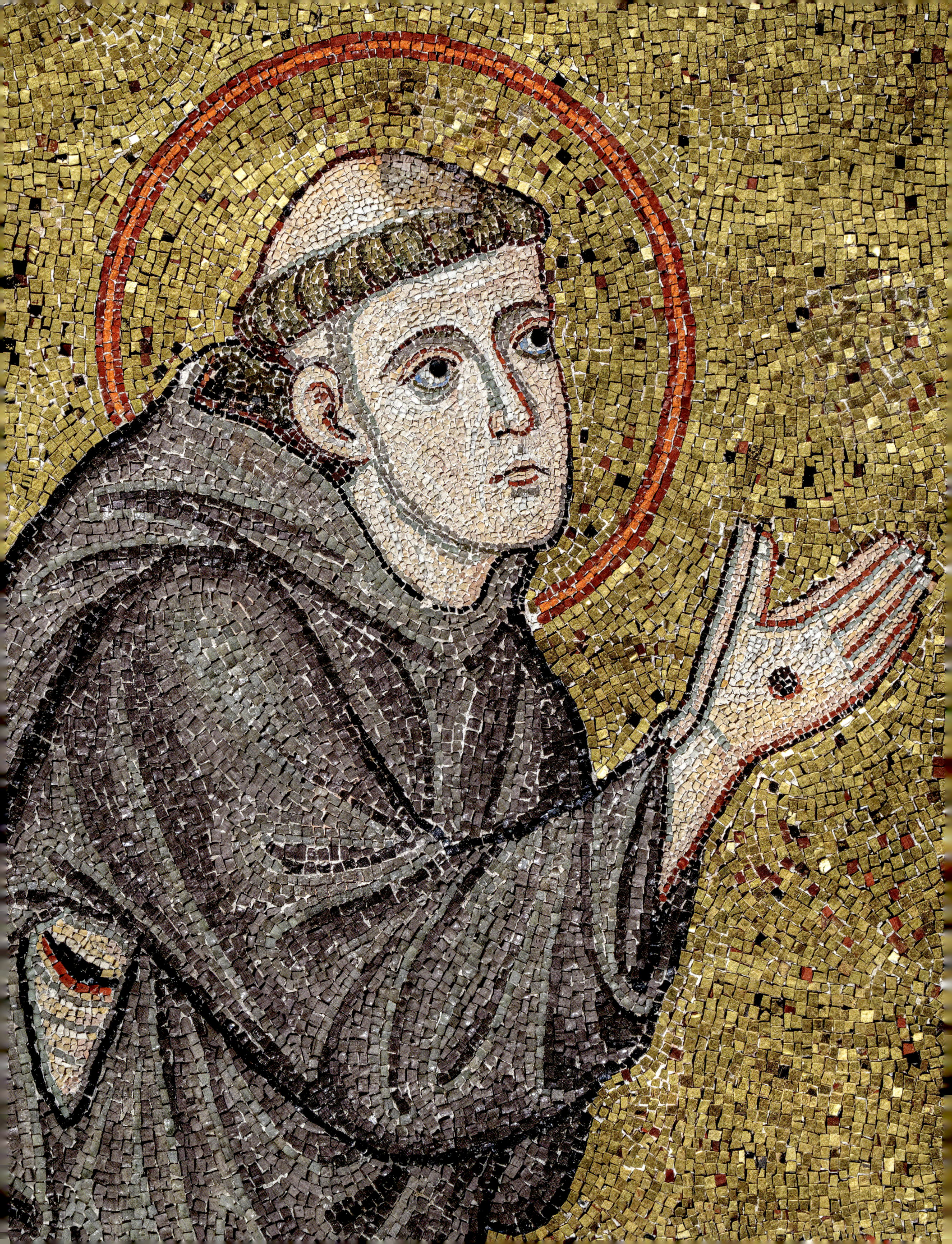

e quella della basilica mariana, conclusa entro il 1296. Possiamo dedurre che nel marzo del 1292 i lavori a Santa Maria Maggiore fossero in pieno svolgimento, dal momento che il pontefice chiese ai banchieri pistoiesi l'impressionante somma di 1.000 once d'oro, da pagare *pro reparatione parietum ecclesiae sanctae Mariae Majoris*.

La decorazione absidale è un capolavoro assoluto dell'arte medievale, non solo per la sua innovativa iconografia e per la suprema qualità stilistica, nella creazione di una raffinatissima gradazione di ombreggiature, ma anche per la concezione dell'insieme. Se il mosaicista Torriti non fu anche architetto della nuova struttura, si può presumere che sia stato almeno in stretto contatto con lui. Prima di intervenire avrà visto ciò che è stato distrutto e non è più oggi ricostruibile: il mosaico paleocristiano, eseguito assieme a quello dell'attuale arco trionfale, già arco absidale. I rigogliosi tralci vitinei, su cui si posano numerosi uccelli, o il paesaggio nilotico irrigato dai quattro fiumi del paradiso, in cui compaiono putti e animali, sono ispirati a modelli dell'antichità paleocristiana ed è possibile che siano ripresi dall'abside antica.

Torriti concepì l'opera come un imponente schermo suddiviso in due zone. Tema centrale è una cerimonia celeste, l'Incoronazione della Vergine da parte di suo Figlio, iconografia al tempo inconsueta a Roma e ispirata a modelli di cattedrali francesi. L'episodio rappresenta la conclusione della vita terrena di Maria, la sua assunzione nei cieli, l'unione mistica tra *sponsus* e *sponsa*, Cristo e Maria, Cristo ed *Ecclesia*. La coppia viene rappresentata in un tondo stellato seduta su un ampio trono. Testimone di matrimonio è una corte celeste, che presenta i committenti del mosaico. Sul lato sinistro, otto angeli e un cherubino sono seguiti dai Santi Francesco, Paolo e Pietro; quest'ultimo introduce alla coppia il suo successore Niccolò IV, più piccolo e inginocchiato. Sul lato opposto, i Santi Antonio da Padova, Giovanni Apostolo e Giovanni Battista raccomandano il cardinale arciprete Giacomo Colonna.

Nella fascia inferiore, tra quattro finestre ad arco acuto, vengono raffigurate cinque scene dalla vita di Maria. Il ciclo inizia con l'*Annuncio* dell'incarnazione del Figlio da parte dell'Arcangelo Gabriele, seguito dalla *Natività* a Betlemme. La narrazione si sposta poi sul lato destro con l'*Adorazione dei Magi* e la *Presentazione di Gesù al Tempio*. Le scene bibliche illustrano la vita della Vergine come Madre del Bambin Gesù. Il pannello più grande del ciclo, quello centrale, interrompe la cronologia e costituisce la cerniera tra il registro dell'*Incarnazione* di Dio tramite Maria, e quello dell'*Incoronazione di Maria* tramite Dio. Basandosi sui racconti del *Transito* di Maria, testi agiografici che ne narrano morte e assunzione, esso illustra la *dormitio*. Cristo risorto e i suoi apostoli si radunano a Gerusalemme attorno a Maria morente. Con lenzuoli preziosi le viene preparato il letto, sul quale, rivolta ad Oriente, la Madre di Dio si sdraia. Gesù la affida agli angeli, assicurandole che cherubini e serafini l'avrebbero innalzata al cielo dove sarebbe stato preparato per Lei un trono, alla destra del Figlio.

Torriti elaborò questi racconti con grande vivacità, rappresentando Pietro e Paolo sui lati del letto, a capo dei restanti apostoli e discepoli, uomini e donne. Mentre patriarchi e profeti veterotestamentari attendono alla scena dall'alto su nuvole, tre figure

Santa Maria Maggiore, completed by 1296. We can deduce that work on the latter was in full swing in March 1292, since the pontiff asked bankers in Pistoia for the impressive sum of 1,000 ounces of gold, to be paid *pro reparatione parietum ecclesiae sanctae Mariae Majoris* (*"for the repair of the walls of the church of Santa Maria Maggiore"*).

The mosaic is an absolute masterpiece of medieval art, not only for its innovative iconography and high stylistic quality, in achieving a refined gradation of shading, but also for its overall conception. If the artist Torriti was not also the architect of the new structure, it can be assumed that he was at least in close contact with him. Before he intervened, he must have seen what had been destroyed and cannot be reconstructed today: the early Christian mosaic, made at the same time as that of the present triumphal arch (formerly the apsidal arch). The luxuriant shoots of vines, on which many birds perch, or the Nilotic landscape, irrigated by the four rivers of paradise, in which putti and animals appear, are inspired by models from early Christian antiquity, and it is even possible that they were copied from the ancient apse.

Torriti conceived the work as an imposing screen divided into two zones. The central theme is a celestial ceremony, the Coronation of the Virgin by her Son, an iconography at the time unusual in Rome and inspired by models in French cathedrals. The episode represents the conclusion of Mary's earthly life, her Assumption into heaven, and the mystical union between *sponsus* and *sponsa* (*"groom" and "bride"*), Christ and Mary, Christ and *Ecclesia*. The couple are depicted in a starry roundel and seated on a large throne. Witnessing the marriage is a celestial court, which also presents the patrons of the mosaic to the divinities. On the left side, eight angels and a cherub are followed by Saints Francis, Paul, and Peter; the latter introduces to the couple his successor Nicholas IV, smaller and kneeling. On the opposite side, Saints Anthony of Padua, John the Apostle, and John the Baptist commend the Cardinal Archpriest Giacomo Colonna.

In the lower band, between four pointed-arch windows, five scenes from the life of Mary are depicted. The cycle begins with the *Annunciation*, which is followed by the *Nativity*. The narrative then moves to the right side with the *Adoration of the Magi* and *Presentation of Jesus in the Temple*. The biblical scenes illustrate the life of the Virgin as Mother of the Infant Jesus. The largest panel of the cycle, the central one, interrupts the chronology and creates a hinge between the register of God's *Incarnation* through Mary, and that of Mary's *Coronation* through God. Based on accounts of Mary's *Transitus*, hagiographic texts that narrate Her death and assumption, it illustrates the *dormitio*: the Risen Christ and His apostles gather in Jerusalem around the dying Mary; precious sheets are spread over a bed, on which, facing East, the Mother of God reclines; Jesus entrusts Her to the angels, assuring Her that cherubim and seraphim will raise Her to heaven, where a throne will be prepared for Her at the right hand of Her Son.

Torriti has brought these stories vividly to life by depicting Peter and Paul on either side of the bed, at the head of the other apostles and disciples, both men and women. While the Patriarchs and Old Testament Prophets watch the scene from above on

inginocchiate sotto il letto della morente, due francescani e un laico, rappresentano i discepoli contemporanei di Maria. L'artista, forse autorappresentatosi in uno dei frati in preghiera, localizza l'evento in una valle di Gerusalemme tra il Monte Sion, sulla sinistra, e il Monte degli Ulivi, a destra. Collocando la *dormitio* nella piana tra i due colli, il mosaicista si riferisce all'antica tradizione secondo la quale l'evento si svolse proprio nella valle di Giosafat in Gerusalemme. Si rievoca, così facendo, in modo essenziale la concreta iconografia della Terra Santa, punto di riferimento focale nella devozione e nella politica del papa francescano.

Gesù, al centro della scena, tiene in mano la piccola anima di Sua madre, proprio come aveva fatto Lei col divin Bambino. Tramite l'originale inversione artistica, Torriti lega l'*Incarnazione di Gesù* alla *Incoronazione di Maria*: come la Madre ha dato al Figlio la vita terrena, così il Figlio dà ora alla Madre la vita celeste.

In cielo viene celebrato il compimento della *dormitio*, l'*Incoronazione di Maria*. La sacra scrittura mostrata da Cristo fornisce la chiave di interpretazione dell'intero programma artistico. Si tratta dell'antifona della Festa della Assunzione: *Veni electa m(e) a et pona(m) in te thronum meu(m)* – "Vieni, o mia eletta, e porrò in te il mio trono". Il testo liturgico è incentrato sulla poesia biblica del *Cantico dei Cantici*, da interpretare come relazione sponsale tra Dio e il Suo popolo. Tale unione si intreccia con la riflessione teologica su Maria, prefigurazione di tutta la Chiesa.

Il mosaico absidale, dunque, rappresenta non soltanto un atto di reverenza verso una santa, ma il matrimonio mistico tra Dio e la Chiesa intera. L'*Incoronazione di Maria* significa il compimento della storia della salvezza del popolo di Dio. Anche se l'antica abside fu distrutta per costruirne una nuova, la nuova iconografia è in linea teologica e concettuale col programma decorativo paleocristiano. La storia di Abramo e Mosè e di tutti i loro discendenti, raffigurati nella navata centrale, trova la sua finalità nella rappresentazione dell'abside. Tramite la Regina dei Cieli viene incoronato tutto il popolo di Dio.

clouds, three figures kneeling beneath the dying woman's bed, two Franciscans and a layman, represent Mary's contemporary disciples. The artist, perhaps representing himself as one of the praying monks, places the event in a valley in Jerusalem between Mount Zion (on the left) and the Mount of Olives (on the right). By locating the *dormitio* in the plain between these two hills, the mosaicist refers to the ancient tradition that the event took place in the Valley of Jehoshaphat in Jerusalem. In this way, he evokes the specific iconography of the Holy Land, a focal point of the Franciscan Pope's devotion and policy.

Jesus, in the centre of the scene, holds His mother's little soul in His hand, just as She had contained the divine Child. With this novel artistic inversion, Torriti linked the *Incarnation of Jesus* to the *Coronation of Mary*: just as the Mother gave Her Son earthly life, so the Son now gives His Mother heavenly life.

In heaven, the fulfilment of the *dormitio*, the *Coronation of Mary*, is celebrated. The sacred scripture displayed by Christ provides the key to interpreting the entire artistic programme. It is the antiphon from the Feast of the Assumption: *Veni electa m(e)a et pona(m) in te thronum meu(m)* – "Come my chosen one and I will place my throne in You." The liturgical text focuses on the biblical poem of the *Song of Songs*, here interpreted as the spousal relationship between God and His people. This union is intertwined with a theological reflection on Mary as prefiguration of the entire Church.

The apse mosaic therefore represents not only an act of veneration towards a saint, but also the mystical marriage between God and the whole Church. The *Coronation of Mary* represents the fulfilment of the Salvific history of the People of God. Although the old apse was destroyed to make way for the new one, the new iconography accords theologically and conceptually with the original Early Christian decorative programme. The story of Abraham and Moses and all their descendants, depicted in the nave, finds its final meaning in the apse. All God's People are crowned by crowning the Queen of Heaven.

P. 66
Abside
Veduta d'insieme

P. 69
Jacopo Torriti (metà del XIII sec. – inizio del XIV sec.)
Pavone
1295 circa, mosaico
Catino absidale

P. 70
Jacopo Torriti
San Francesco contempla l'Incoronazione della Vergine
1295 circa, mosaico
Catino absidale

P. 73
Jacopo Torriti
Coniglio che spizzica l'uva
1295 circa, mosaico
Catino absidale

P. 66
Apse
Overall view

P. 69
Jacopo Torriti (mid-13th century - early 14th century)
Peacock
ca. 1295, mosaic
Apse

P. 70
Jacopo Torriti
Saint Francis contemplates the Coronation of the Virgin
ca. 1295, mosaic
Apse

P. 73
Jacopo Torriti
Rabbit picking Grapes
ca. 1295, mosaic
Apse

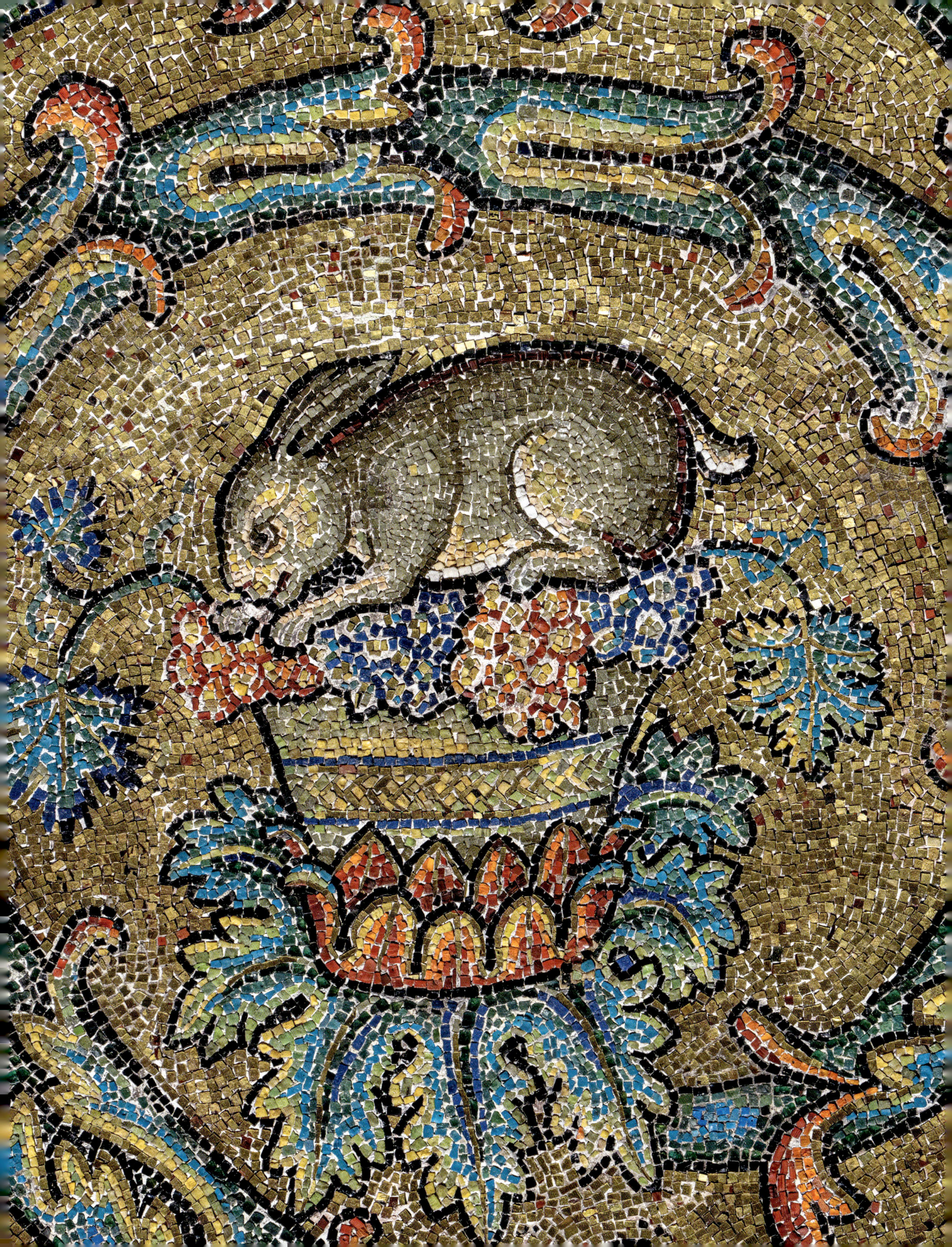

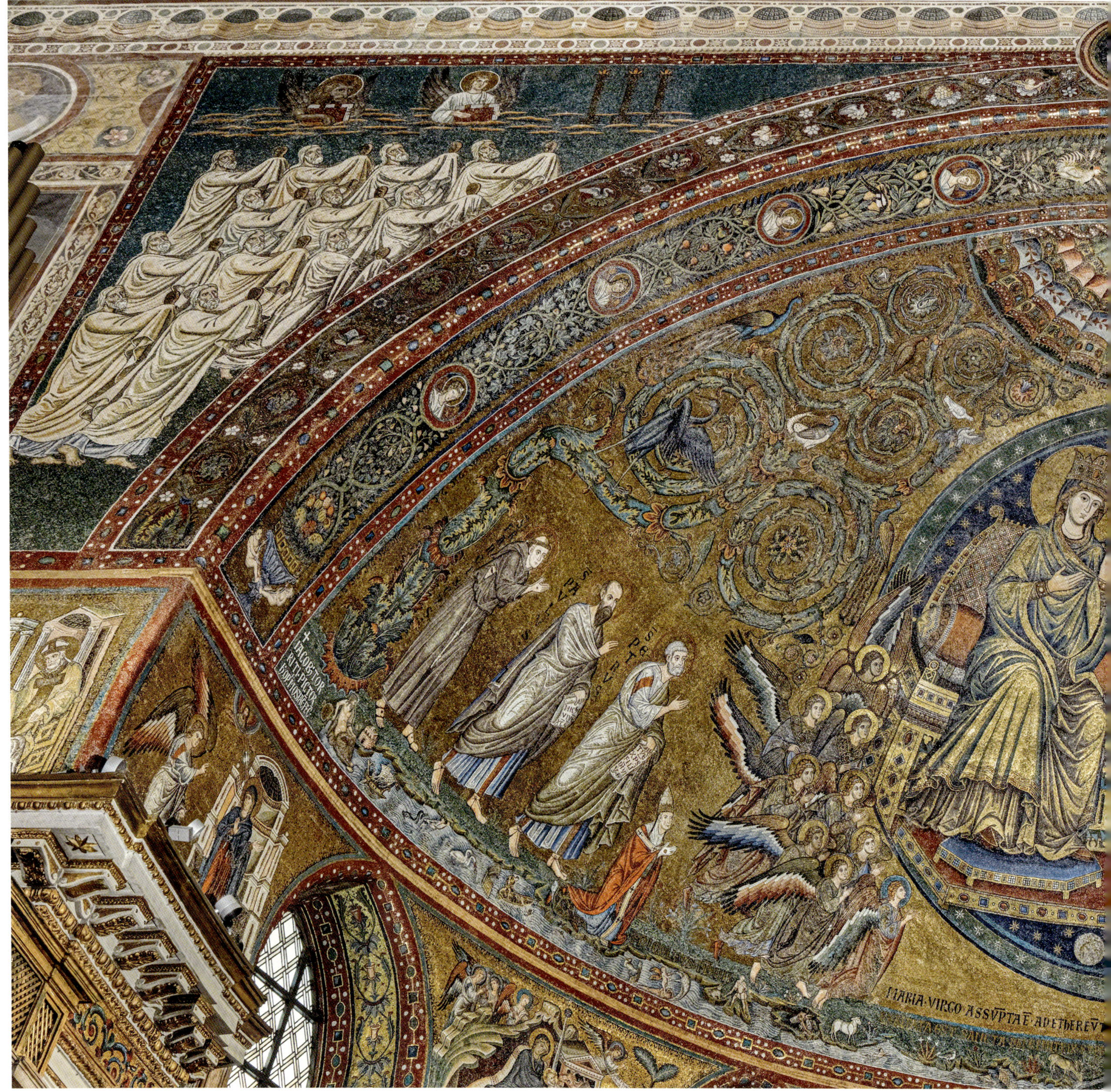

PP. 74-75
Jacopo Torriti
Catino e arco absidale
1295 circa, mosaico
Veduta d'insieme

PP. 76-77
Jacopo Torriti
Incoronazione della Vergine
1295 circa, mosaico
Catino absidale

PP. 74-75
Jacopo Torriti
Apse and apsidal arch
ca. 1295, mosaic
Overall view

PP. 76-77
Jacopo Torriti
Coronation of the Virgin
ca. 1295, mosaic
Apse

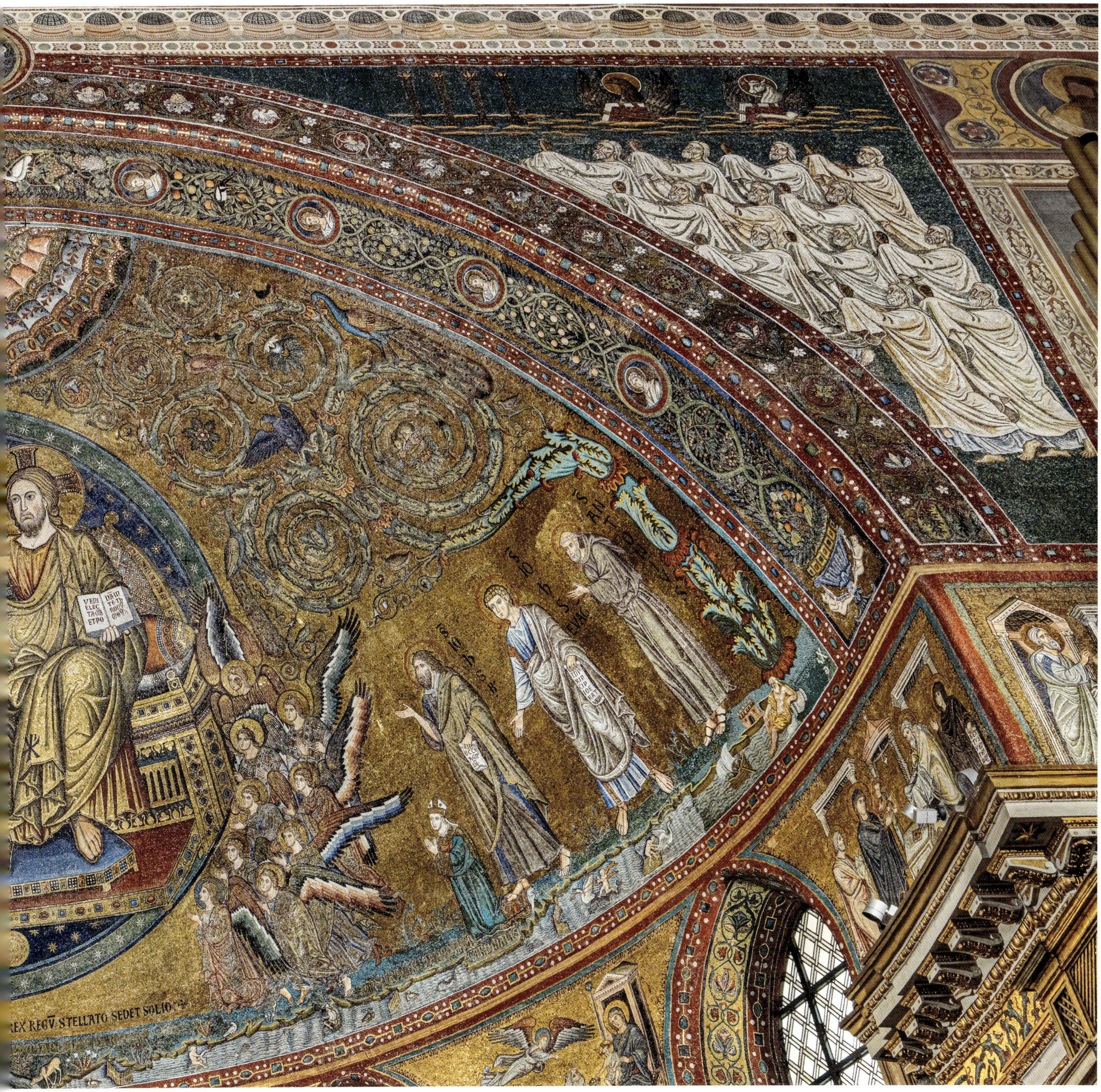

PP. 78, 79
Jacopo Torriti
Gli angeli assistono all'Incoronazione della Vergine
1295 circa, mosaico
Catino absidale

PP. 80-81
Jacopo Torriti
Papa Niccolò IV e i Santi Pietro, Paolo e Francesco d'Assisi assistono all'Incoronazione della Vergine
1295 circa, mosaico
Catino absidale

PP. 78, 79
Jacopo Torriti
Angels attend the Coronation of the Virgin
ca. 1295, mosaic
Apse

PP. 80-81
Jacopo Torriti
Pope Nicholas IV and Saints Peter, Paul and Francis of Assisi attend the Coronation of the Virgin
ca. 1295, mosaic
Apse

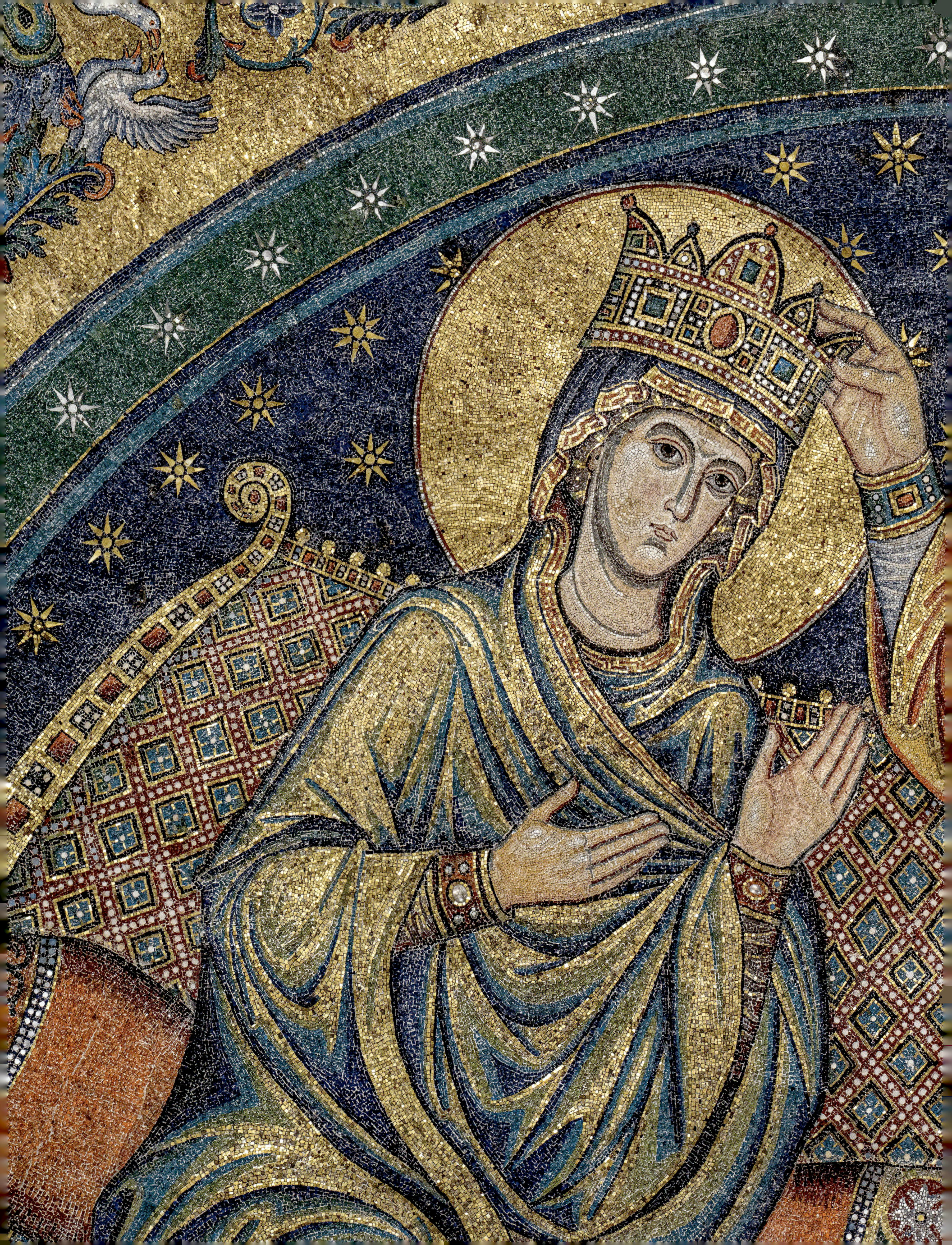

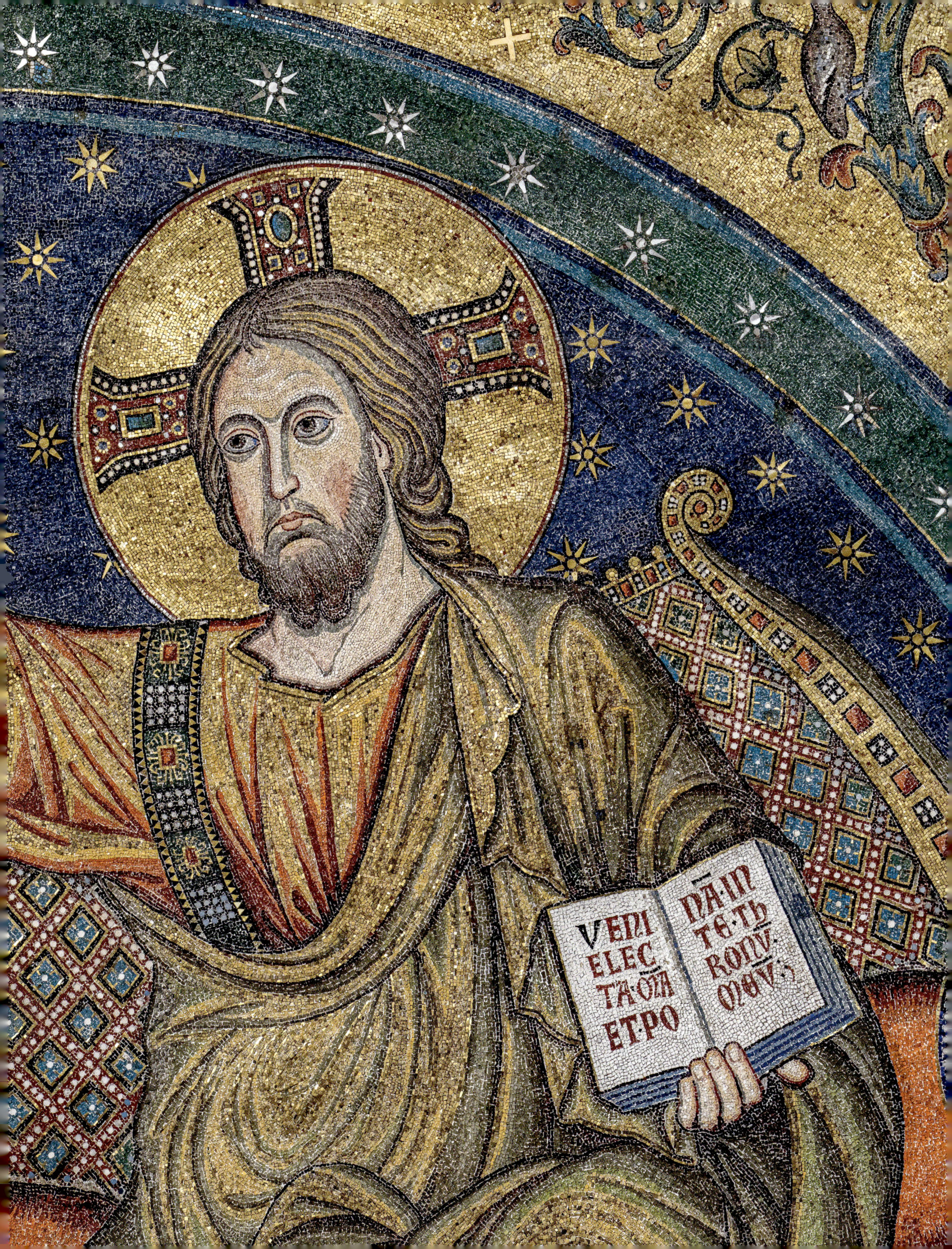
VENI
ELEC
TA·MA
ET·PO
NA·IN
TE·TH
RONV·
MEV·

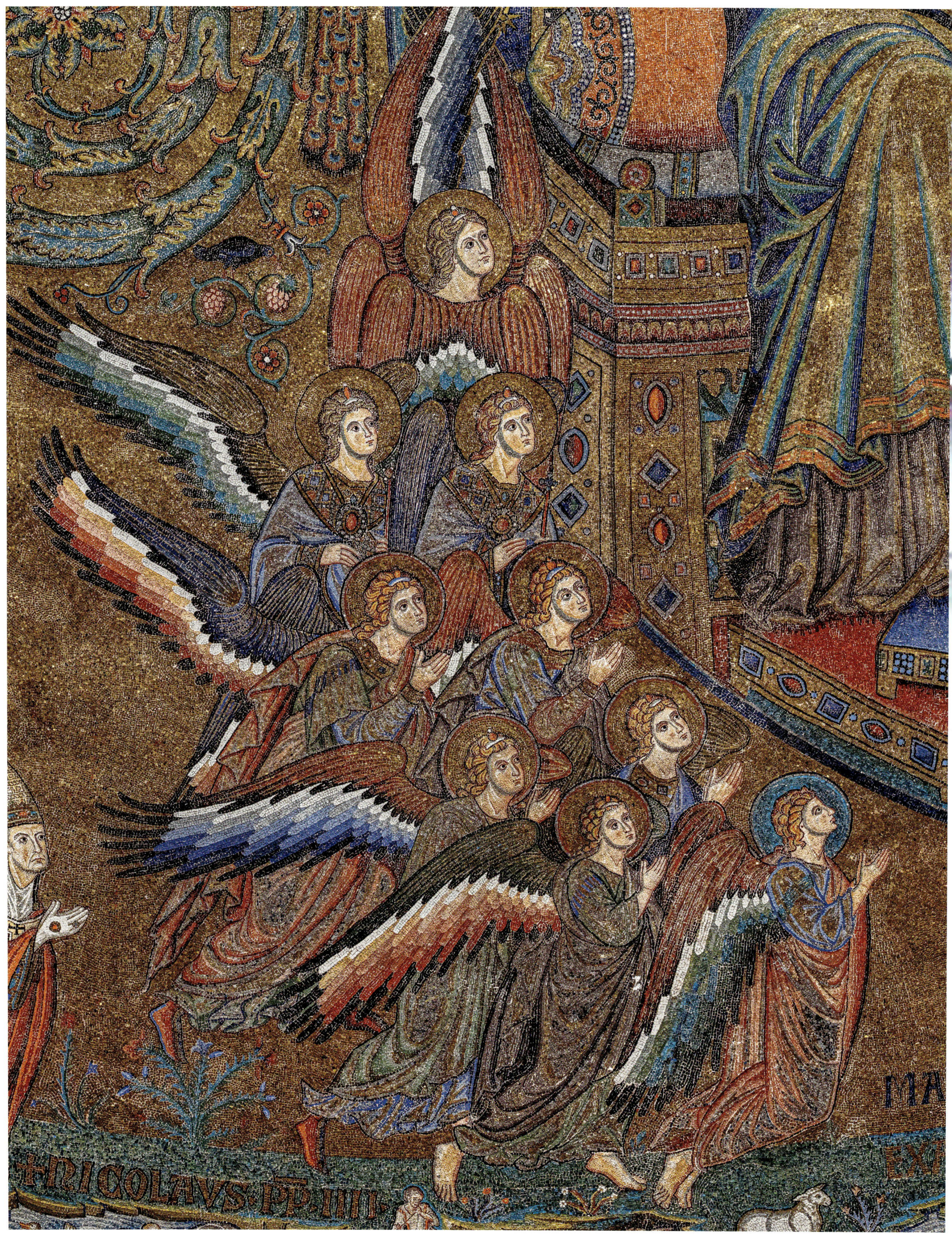
+NICOLAVS·PP·IIII·
MA
EX

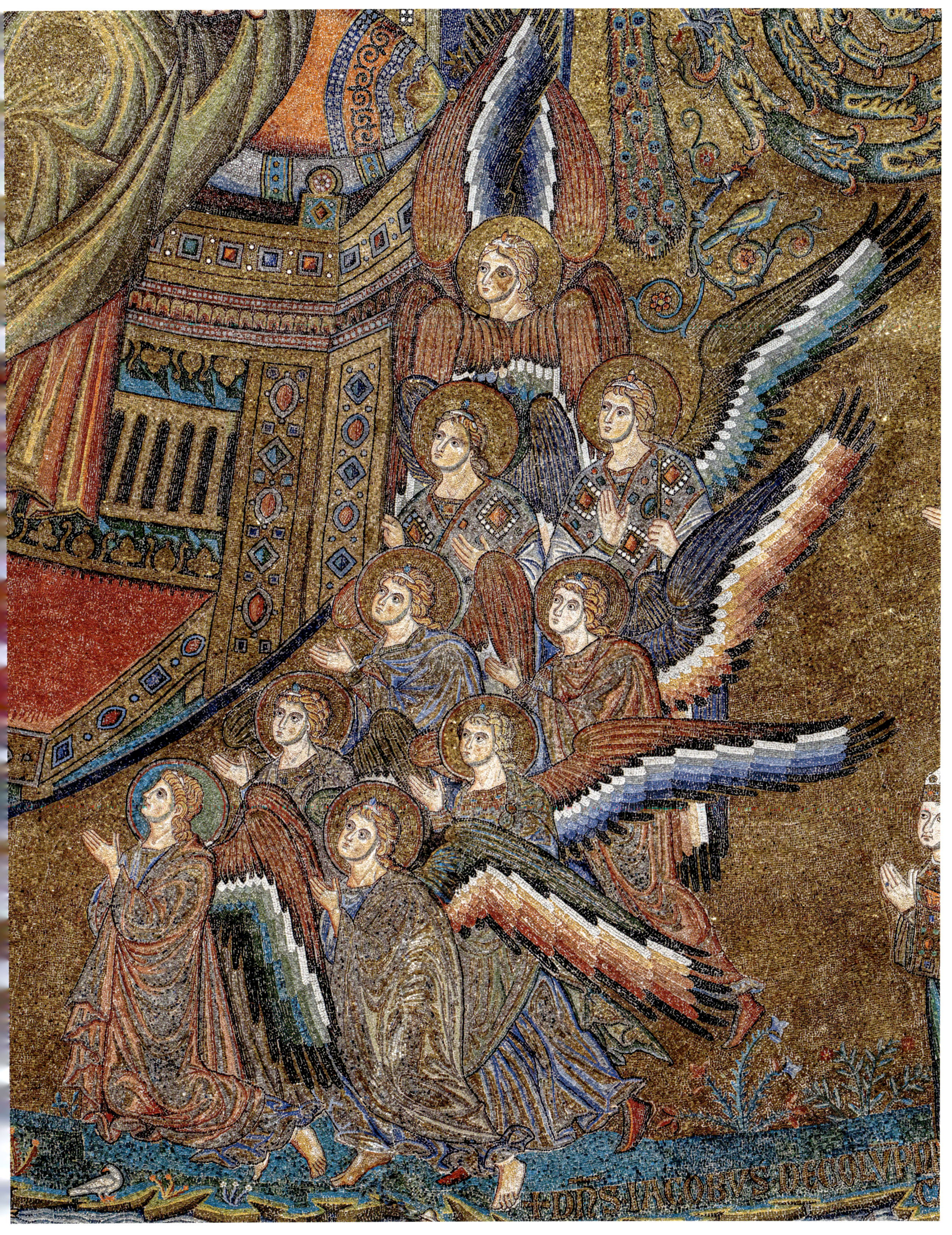
+ DNS IACOBVS DECOLV

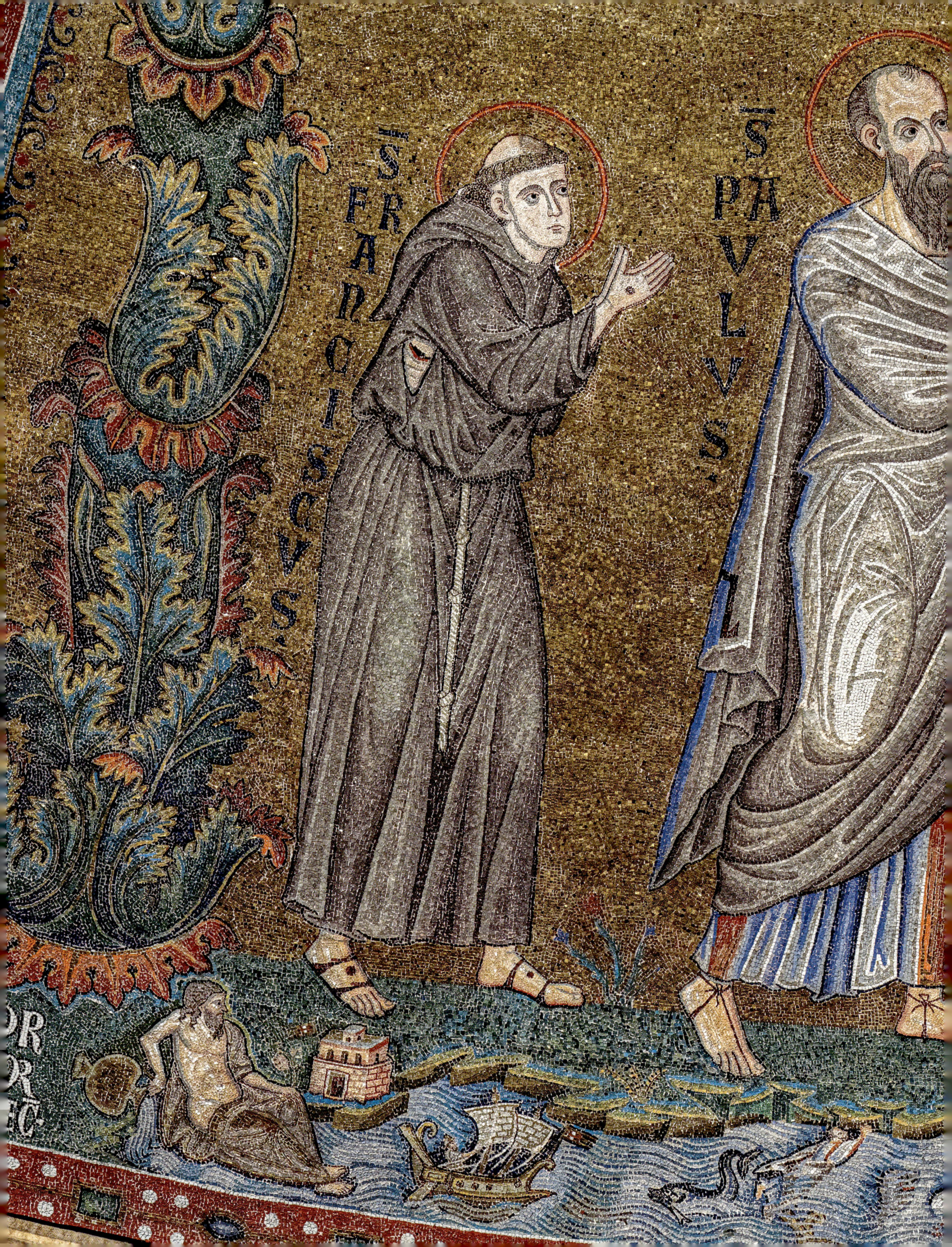
S FRANCISCVS
S PAVLVS

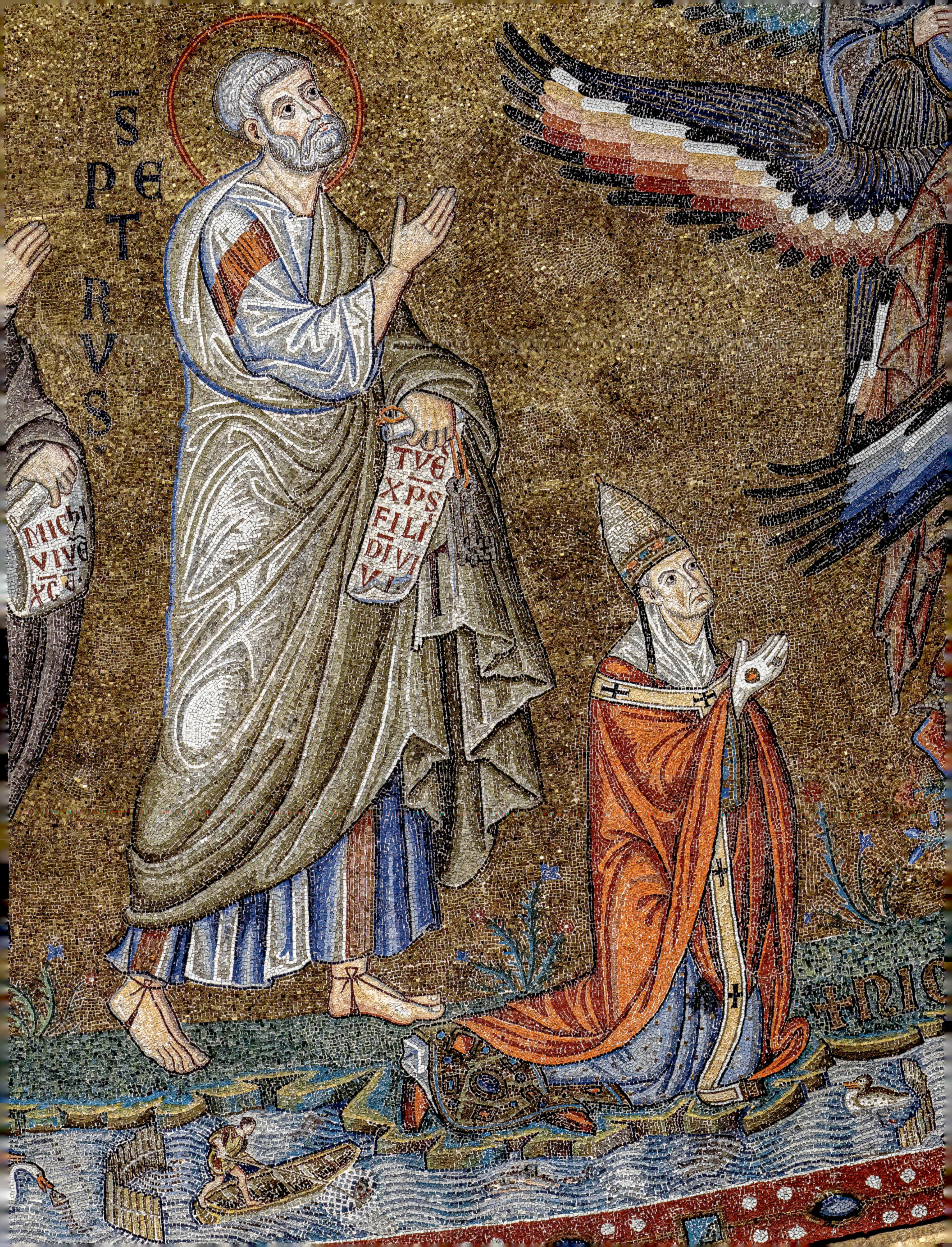
S PETRVS
TVE
XPS
FILI
DIVI
VI
MICHI
VIVE

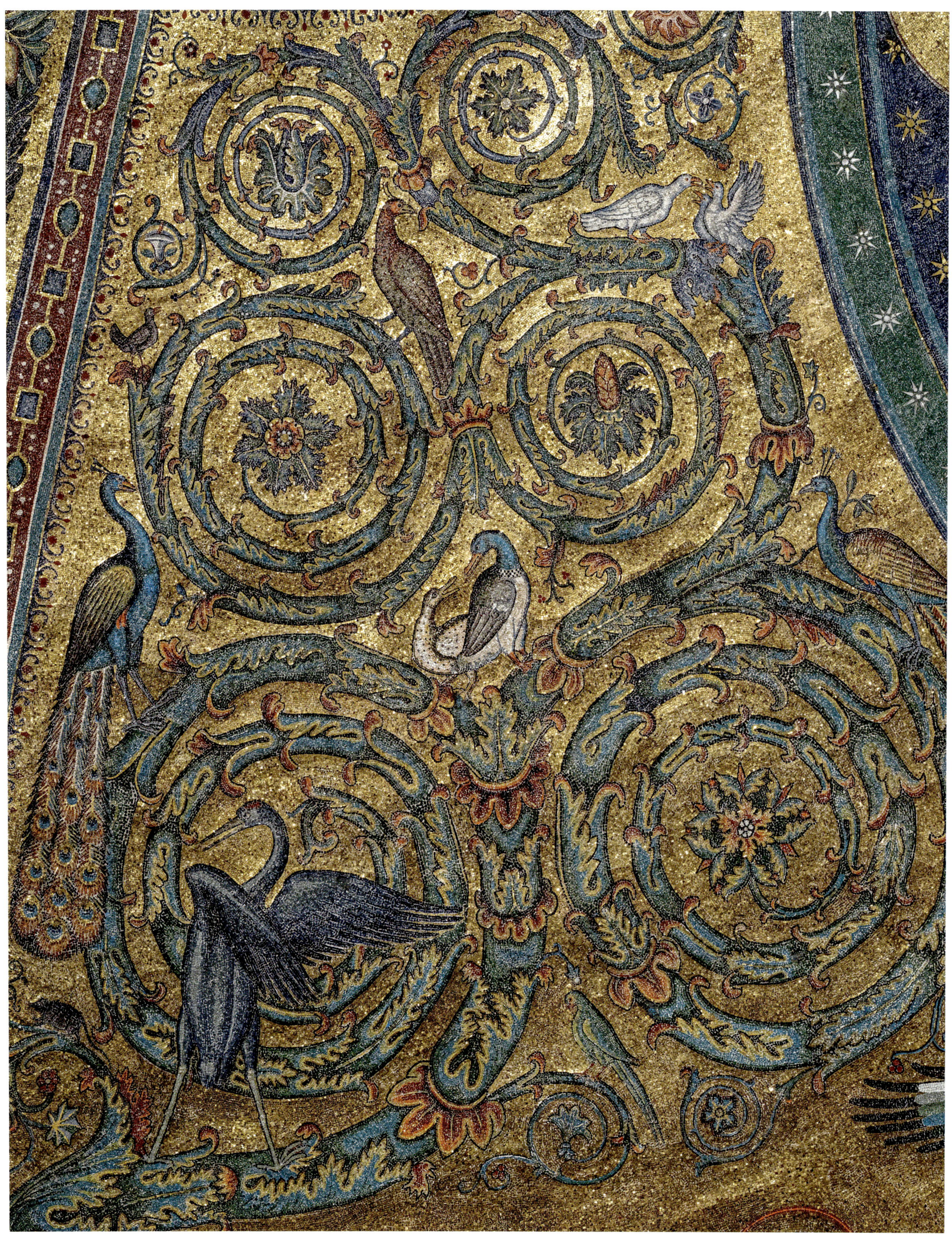

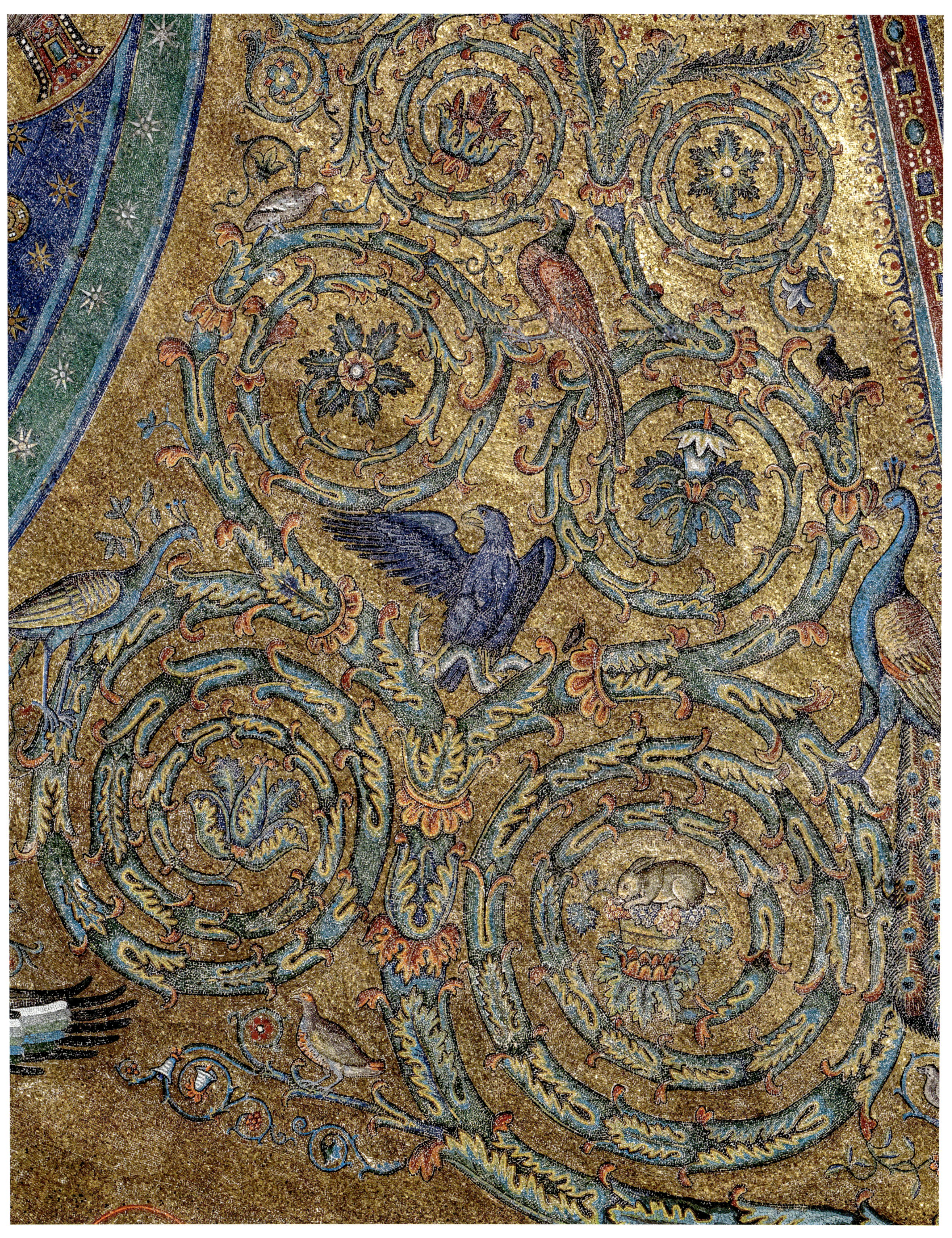

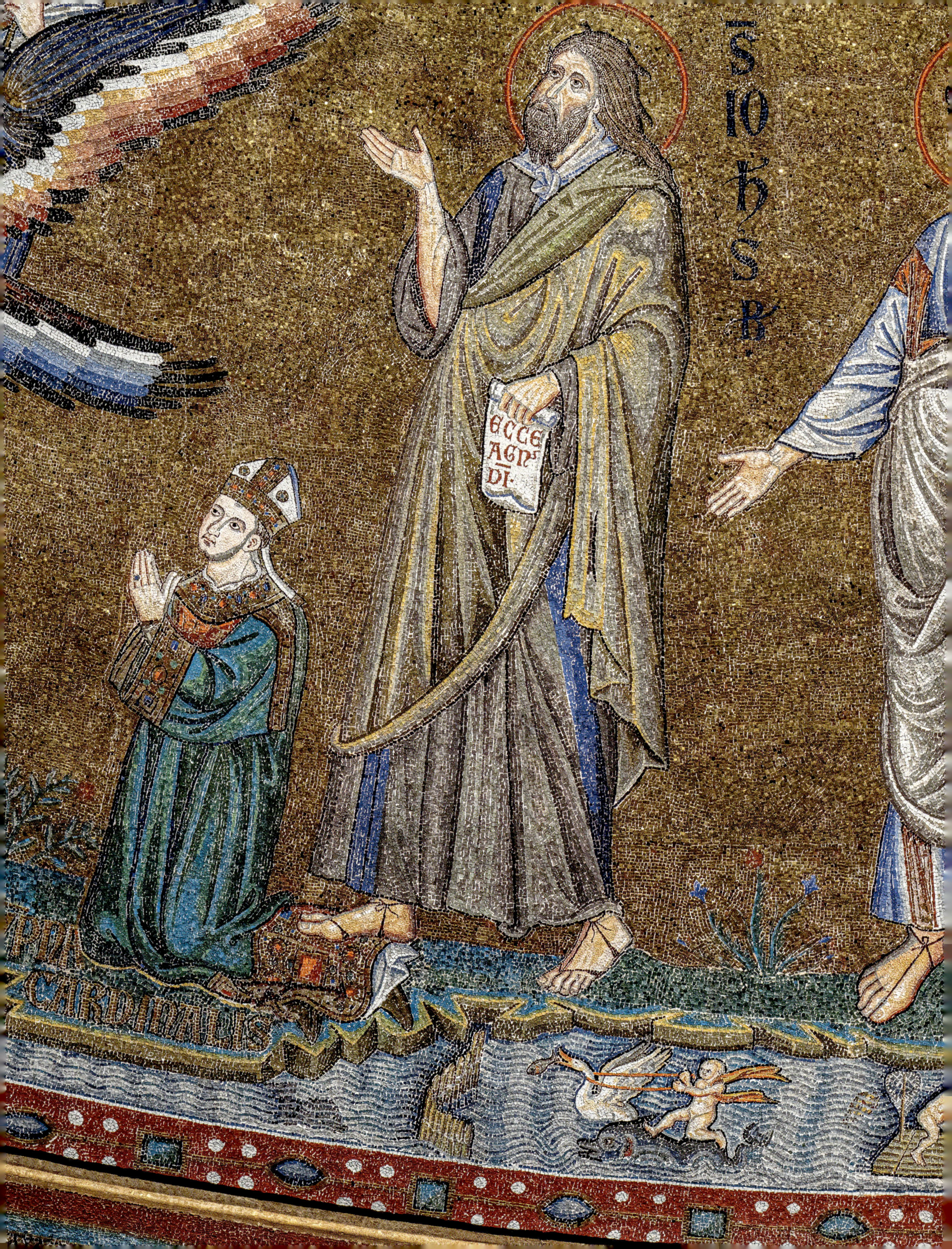
S IO HS B
ECCE
AGNS
DI
CARDINALIS

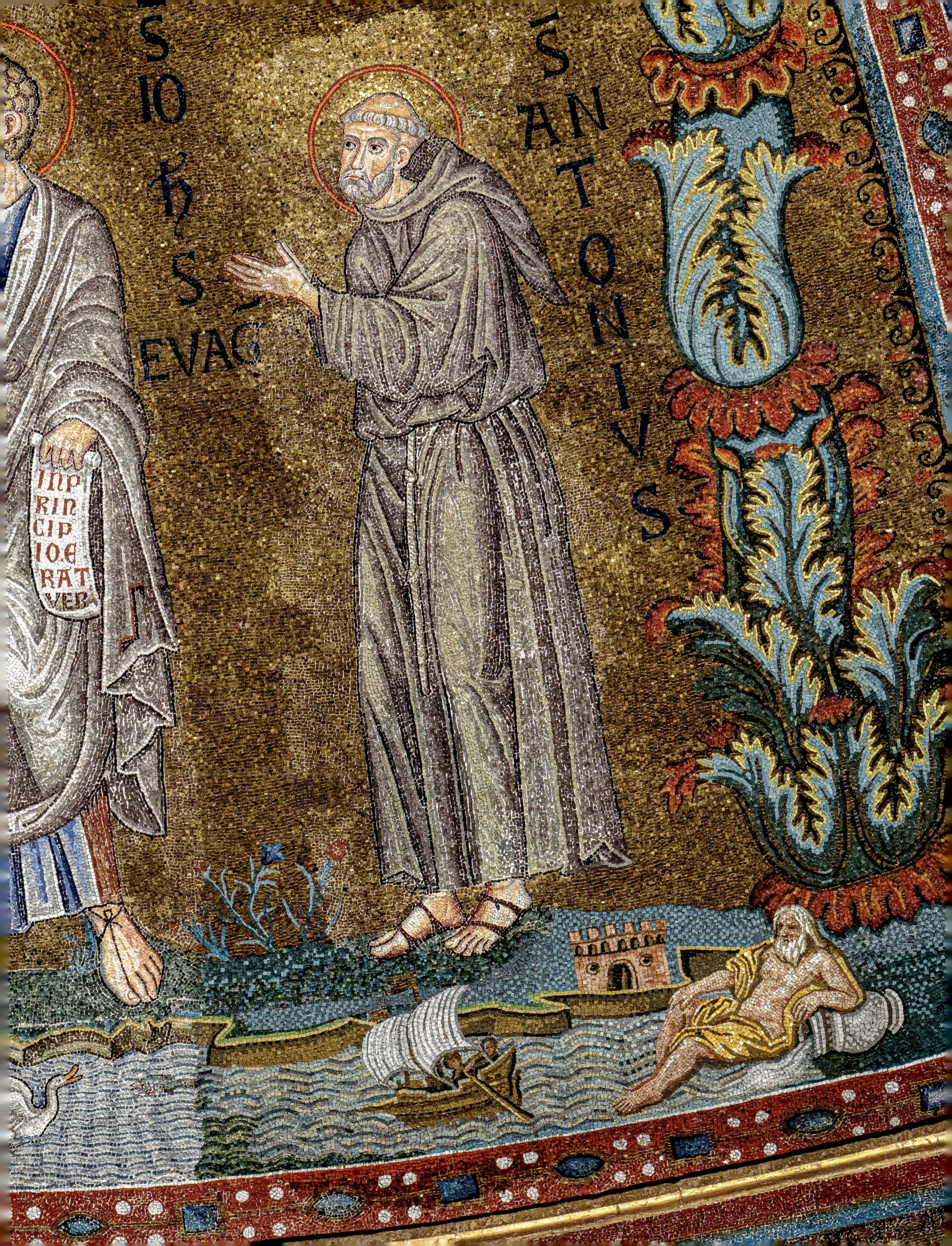

S IO HS S EVAG
S ANTONIVS
INP
RIN
CIP
IOE
RAT
VER

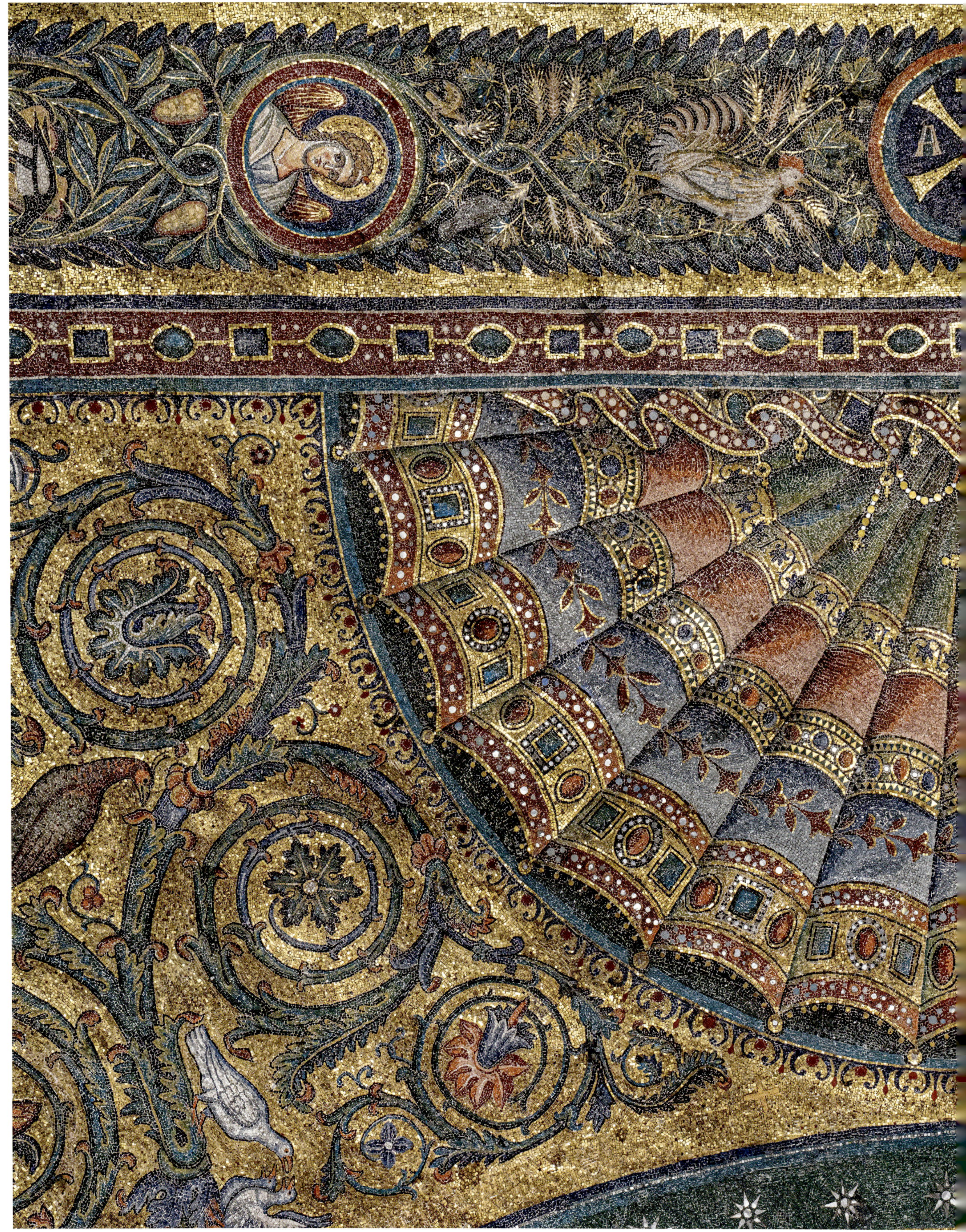
A

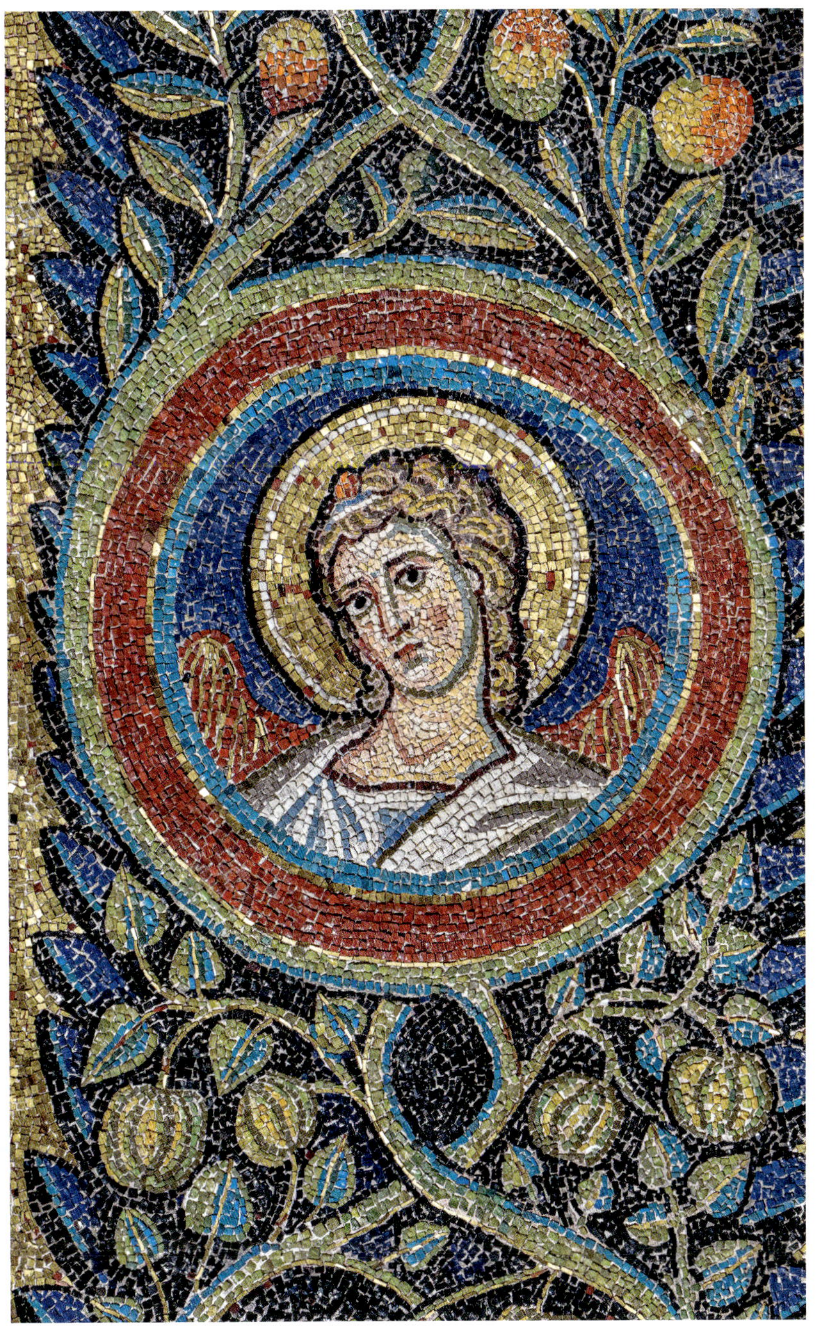

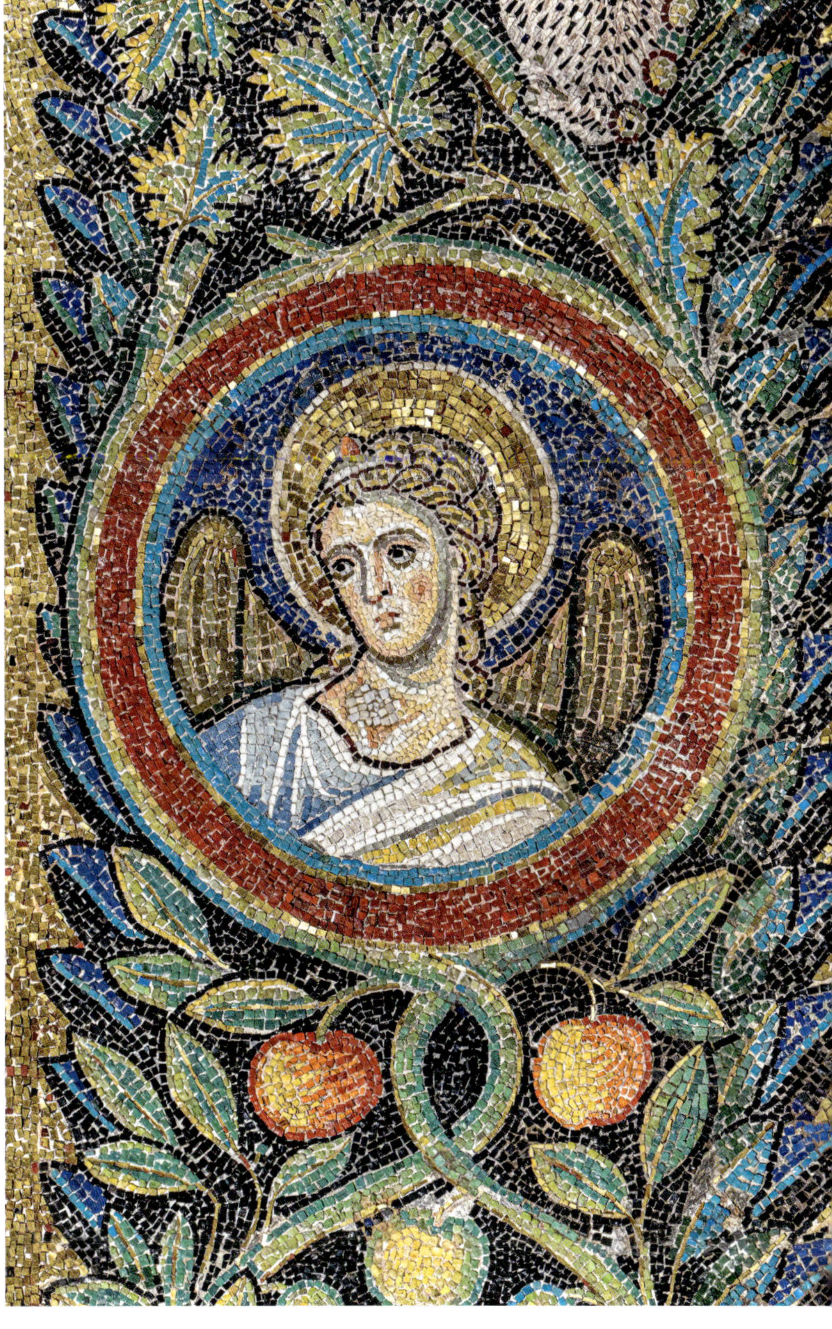

PP. 86-87
Jacopo Torriti
Ventaglio ornamentale
1295 circa, mosaico
Catino absidale

PP. 88, 89
Jacopo Torriti
Medaglioni con angeli tra tralci di fiori e frutta
1295 circa, mosaico
Catino absidale

PP. 86-87
Jacopo Torriti
Ornamental Fan
ca. 1295, mosaic
Apse

PP. 88, 89
Jacopo Torriti
Medallions with Angels among Vines of Flowers and Fruit
ca. 1295, mosaic
Apse

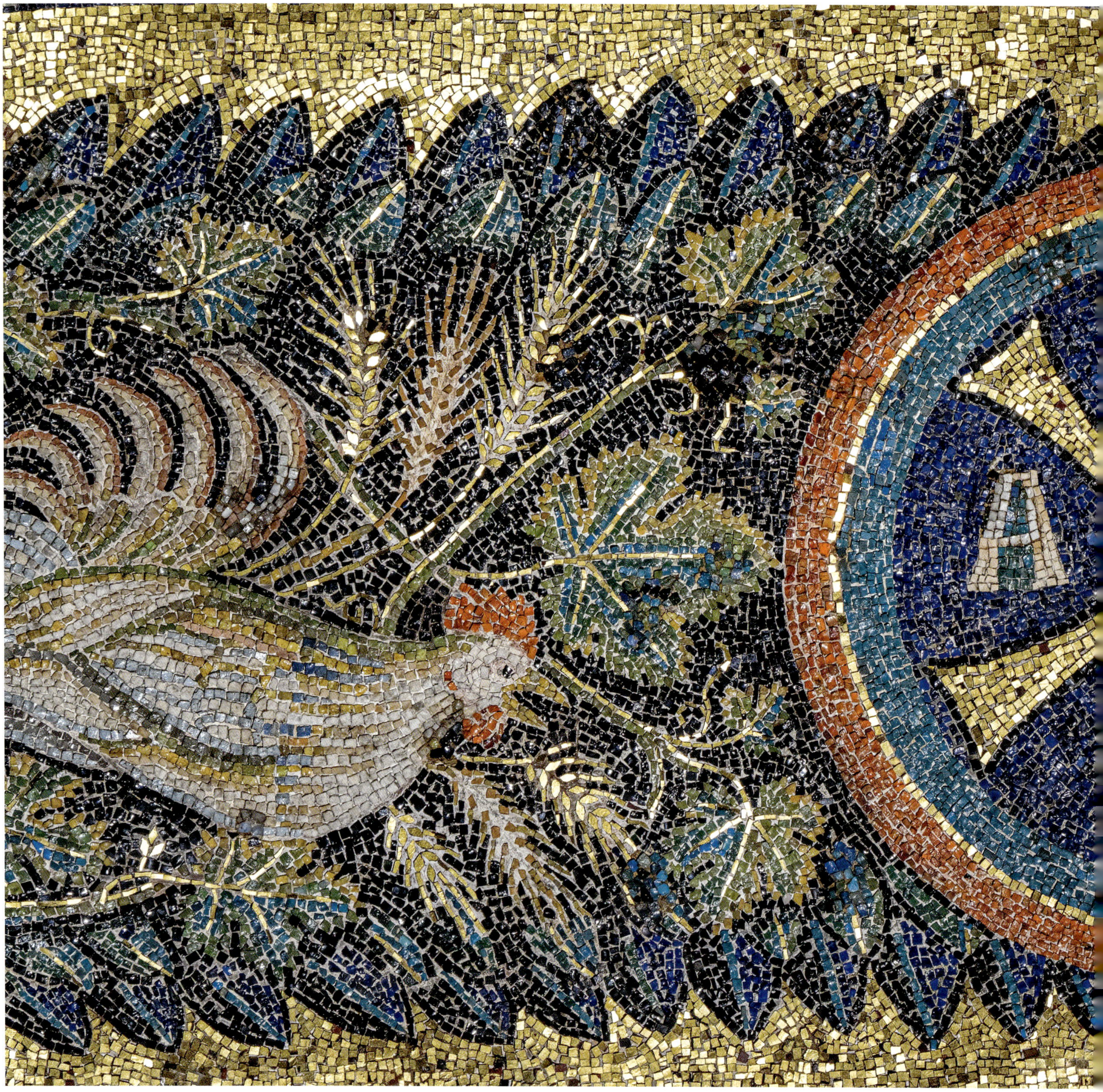

PP. 90-91
Jacopo Torriti
Monogramma di Cristo
1295 circa, mosaico
Parte inferiore dell'arco absidale

PP. 92-93
Jacopo Torriti
Dormizione di Maria
1295 circa, mosaico
Catino absidale

PP. 94-95
Jacopo Torriti
In alto: *Il Monte Sion* e il *Monte degli Ulivi*
1295 circa, mosaico
Catino absidale
In basso: *Gli Apostoli visitano Maria morente*
1295 circa, mosaico
Catino absidale

PP. 90-91
Jacopo Torriti
Monogram of Christ
ca. 1295, mosaic
Lower part of the apsidal arch

PP. 92-93
Jacopo Torriti
Dormition of Mary
ca. 1295, mosaic
Apse

PP. 94-95
Jacopo Torriti
Above: *Mount Zion* and the *Mount of Olives*
ca. 1295, mosaic
Apse
Below: *The Apostles visit the dying Mary*
ca. 1295, mosaic
Apse

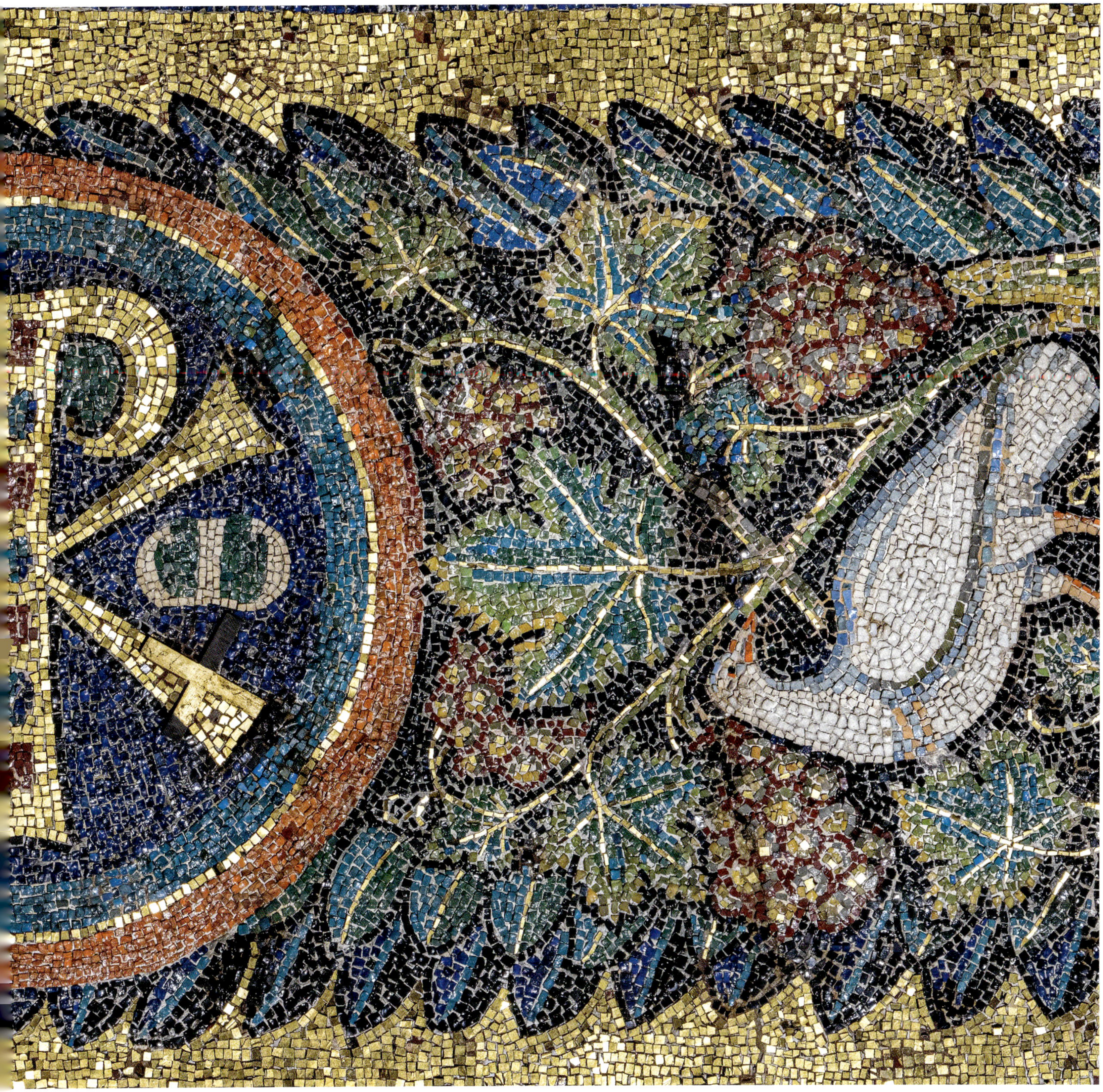

PP. 96-97
Jacopo Torriti
Annunciazione dell'angelo Gabriele a Maria
1295 circa, mosaico
Catino absidale

PP. 98-99
Jacopo Torriti
Gesù nella mangiatoia
1295 circa, mosaico
Catino absidale

PP. 100-101
Jacopo Torriti
Gesù omaggiato dai Re Magi
1295 circa, mosaico
Catino absidale

PP. 96-97
Jacopo Torriti
Annunciation of the Angel Gabriel to Mary
ca. 1295, mosaic
Apse

PP. 98-99
Jacopo Torriti
Jesus in the Manger
ca. 1295, mosaic
Apse

PP. 100-101
Jacopo Torriti
Jesus being paid Homage by the Three Magi
ca. 1295, mosaic
Apse

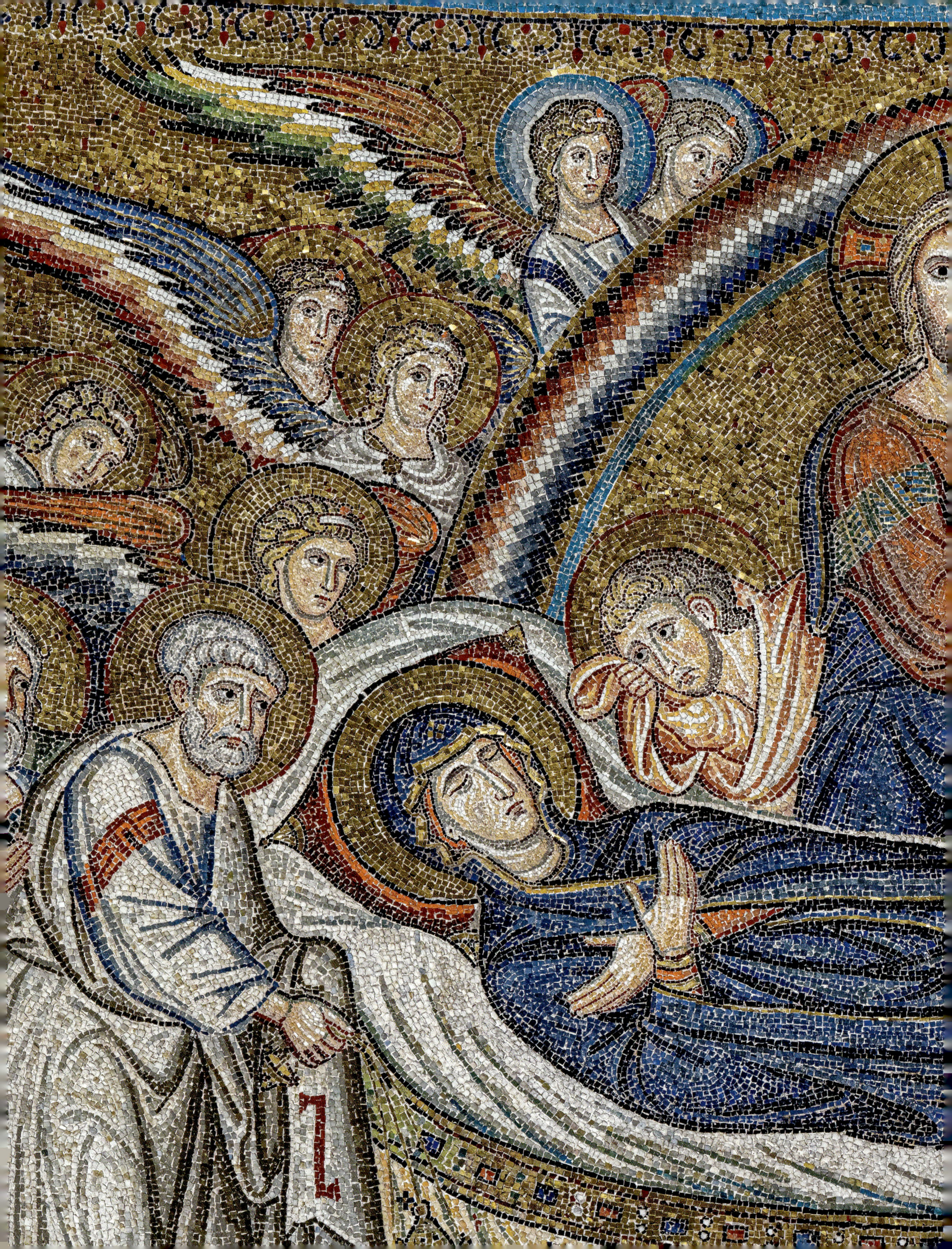

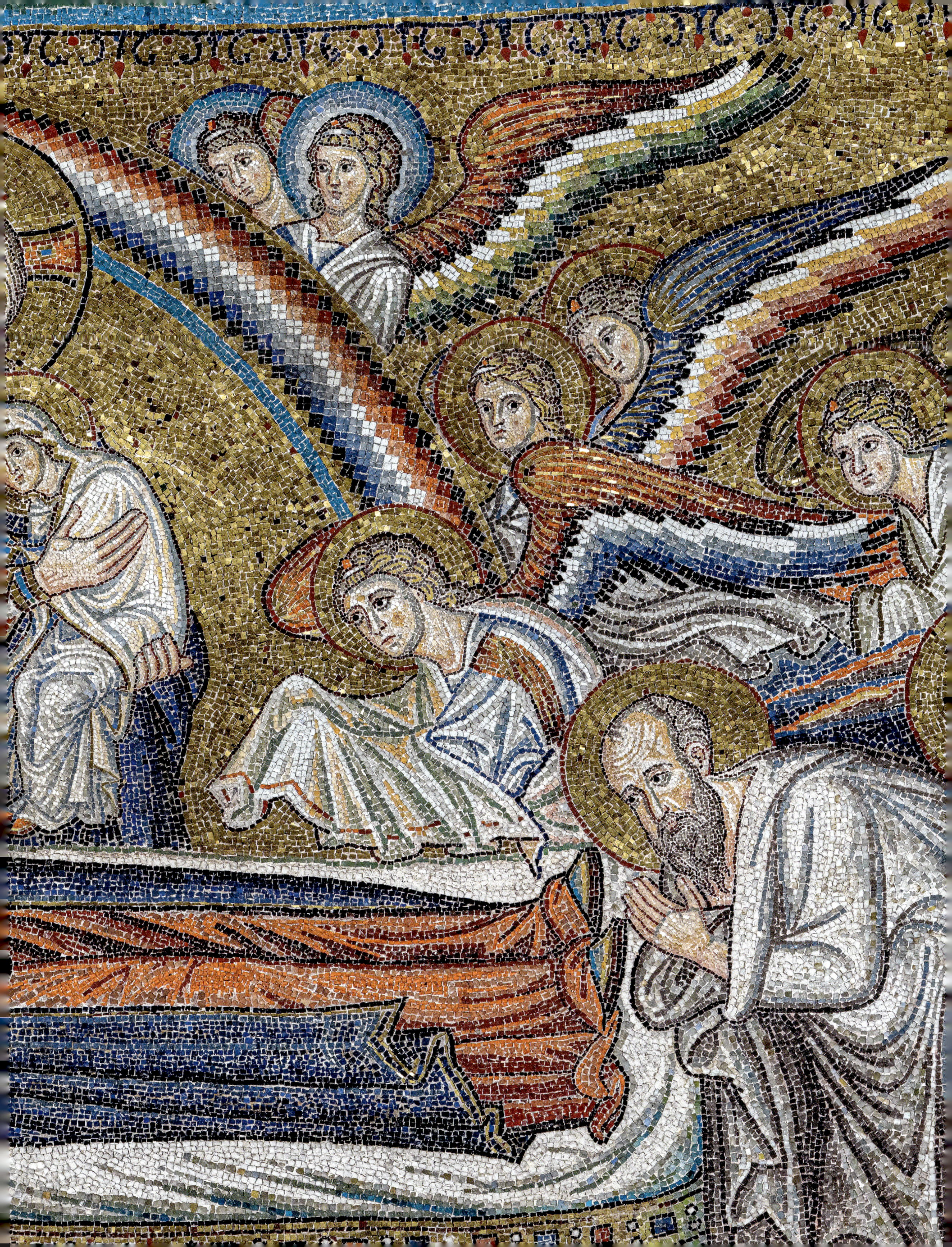

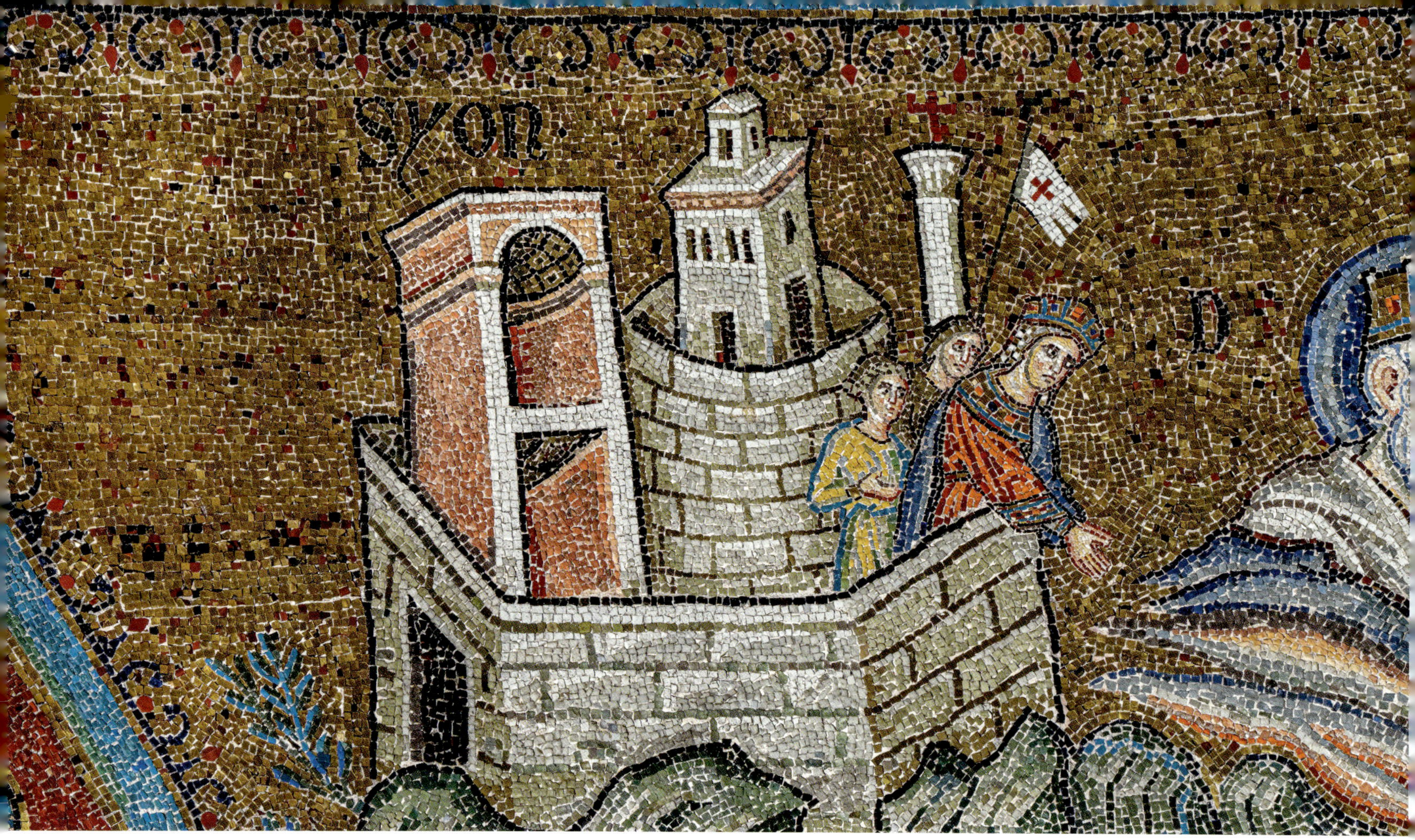

SYON

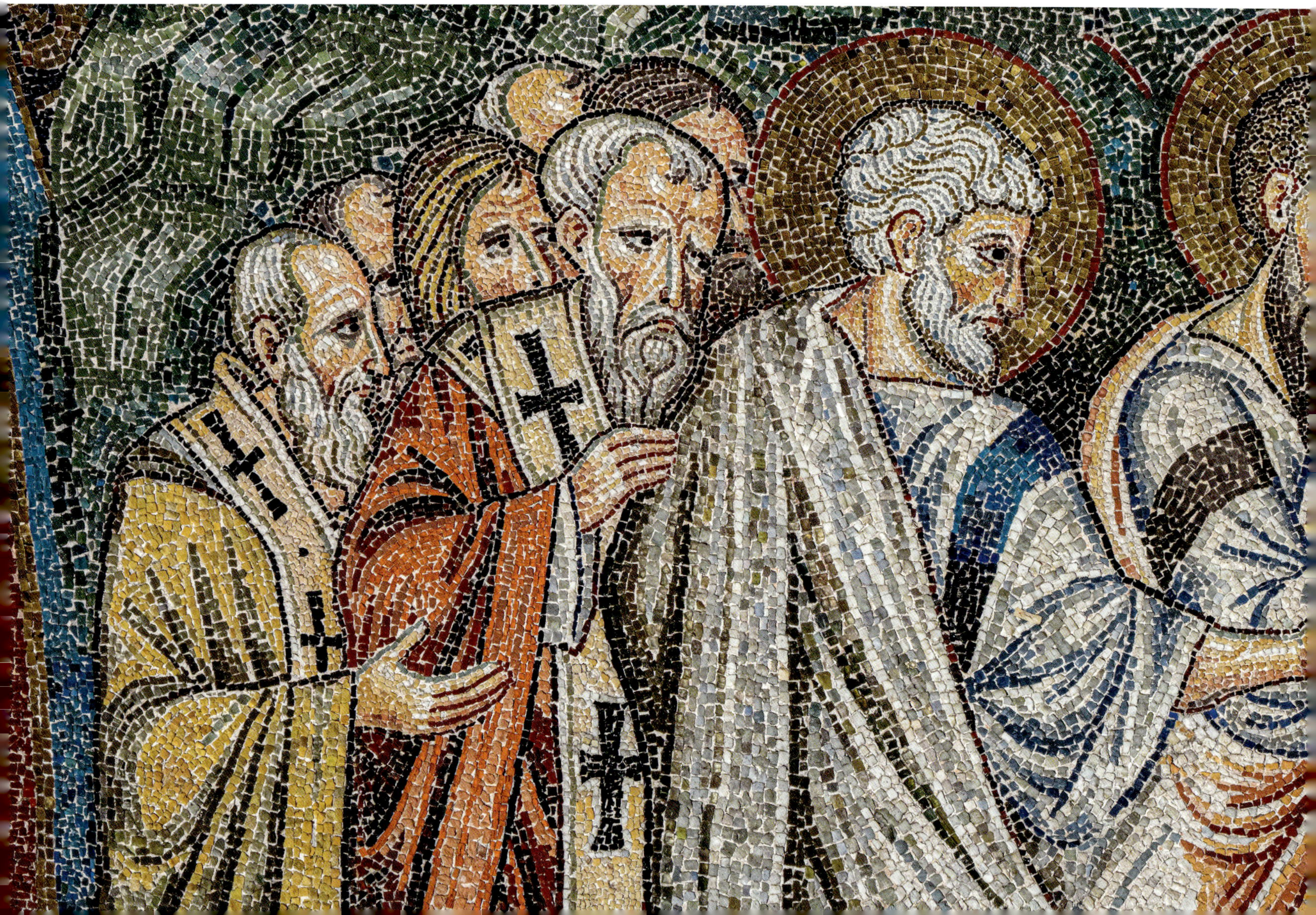

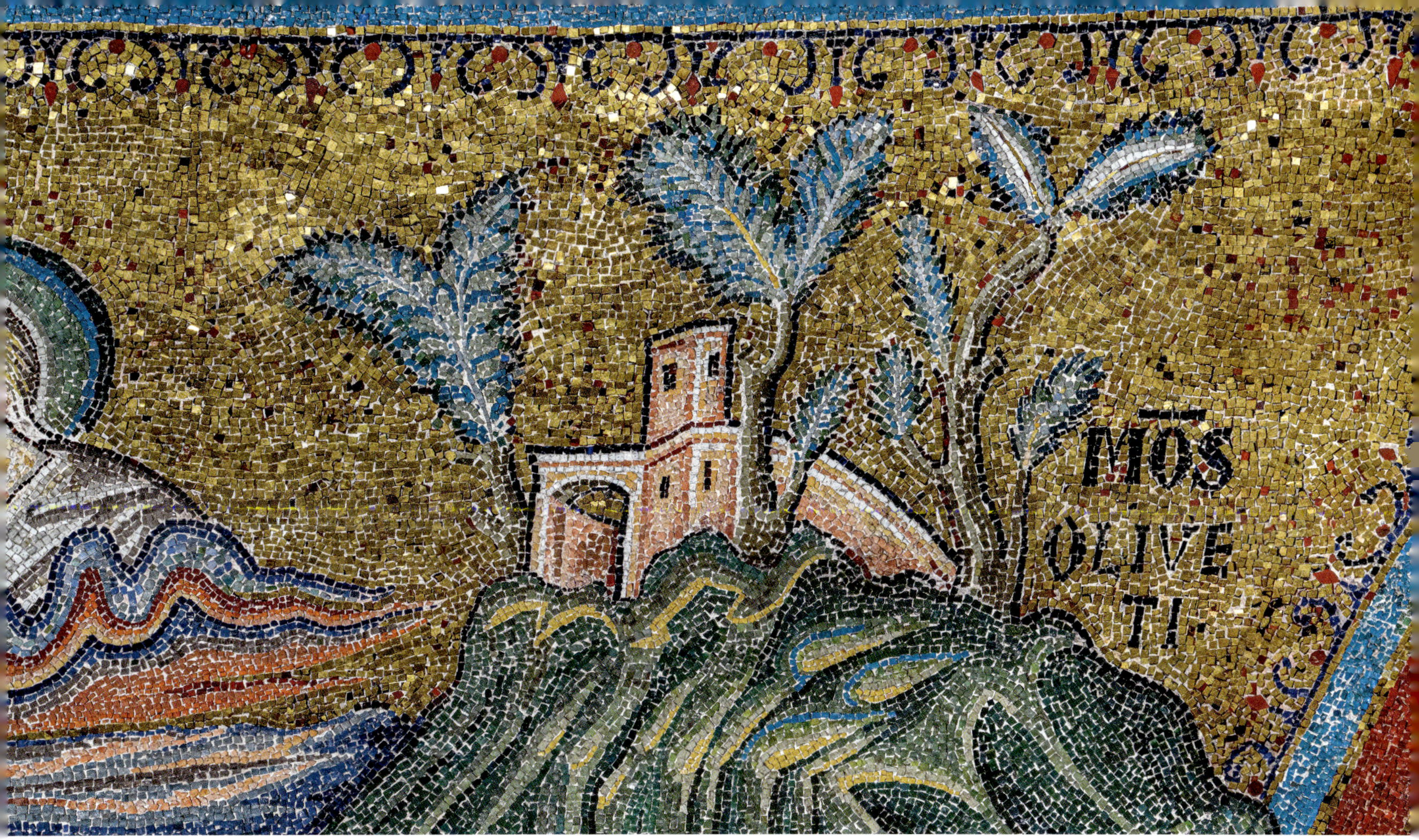

MOS
OLIVE
TI

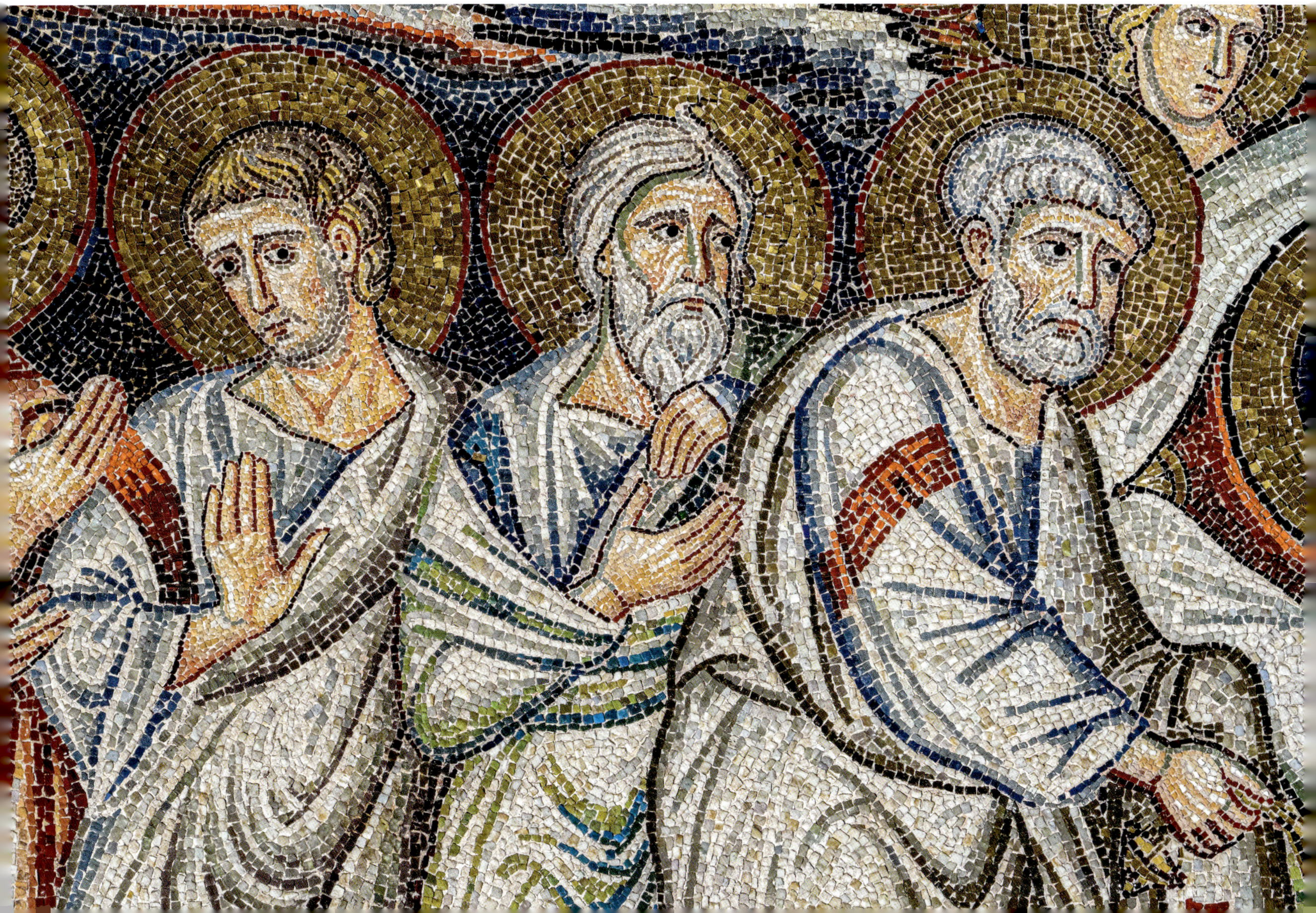

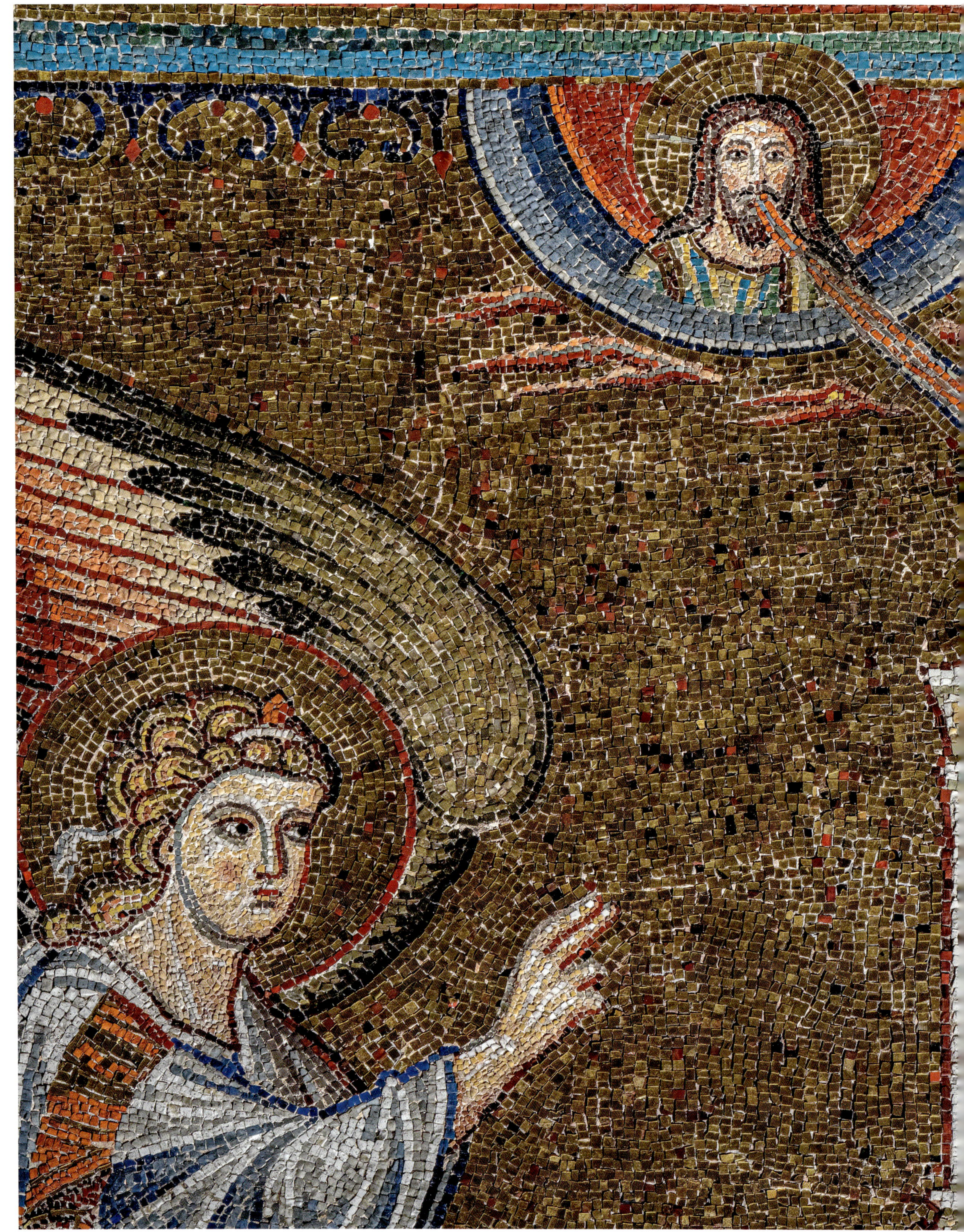

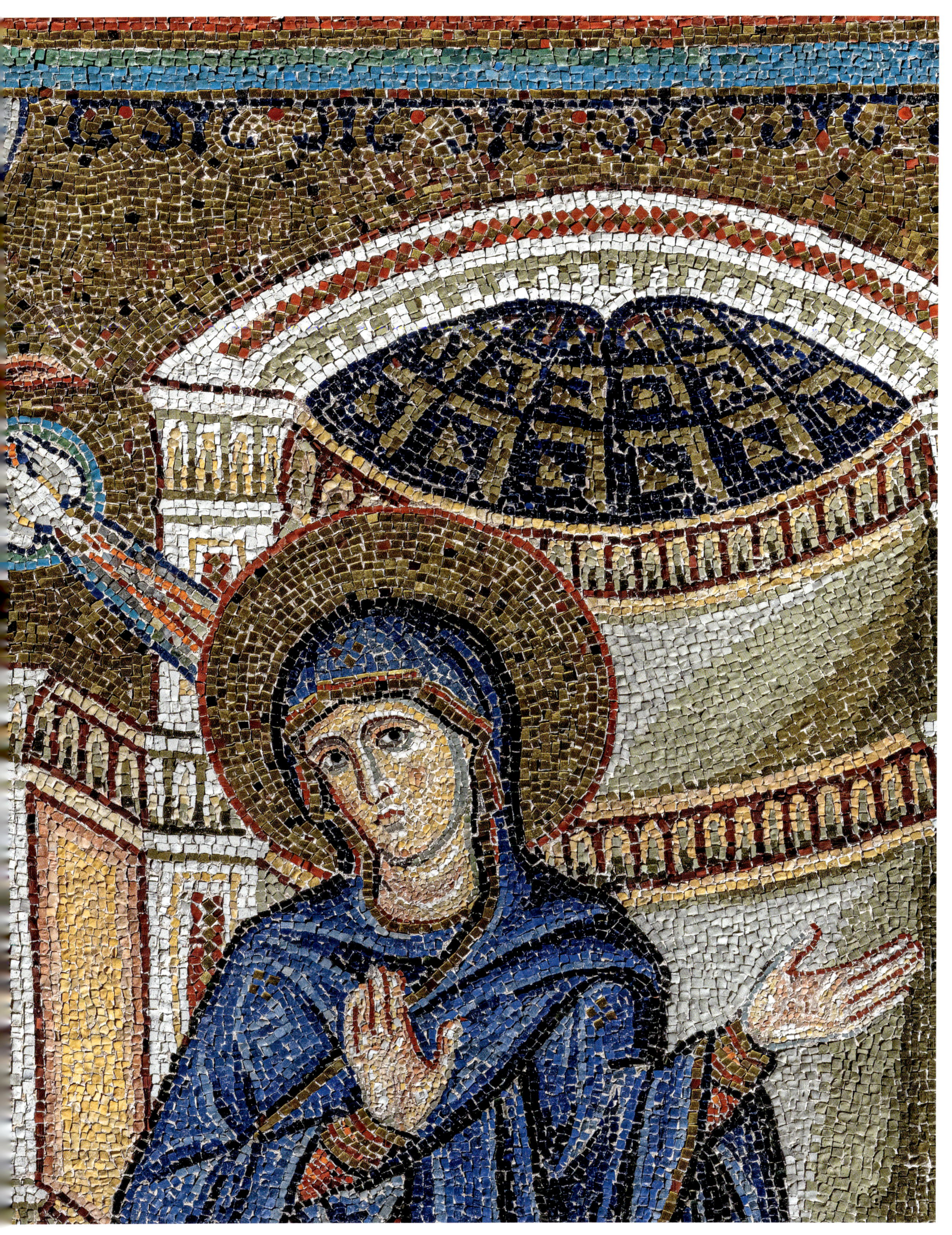

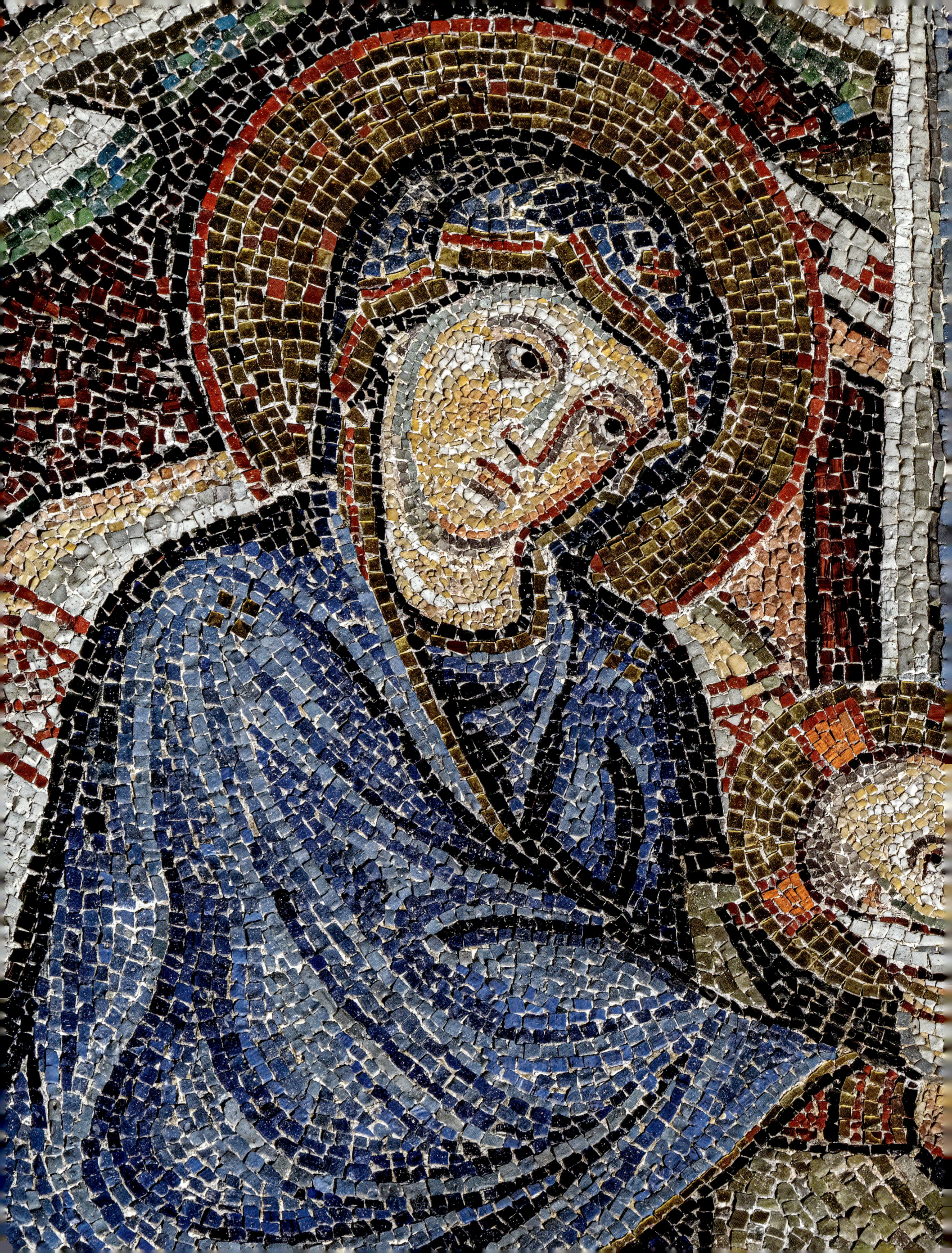

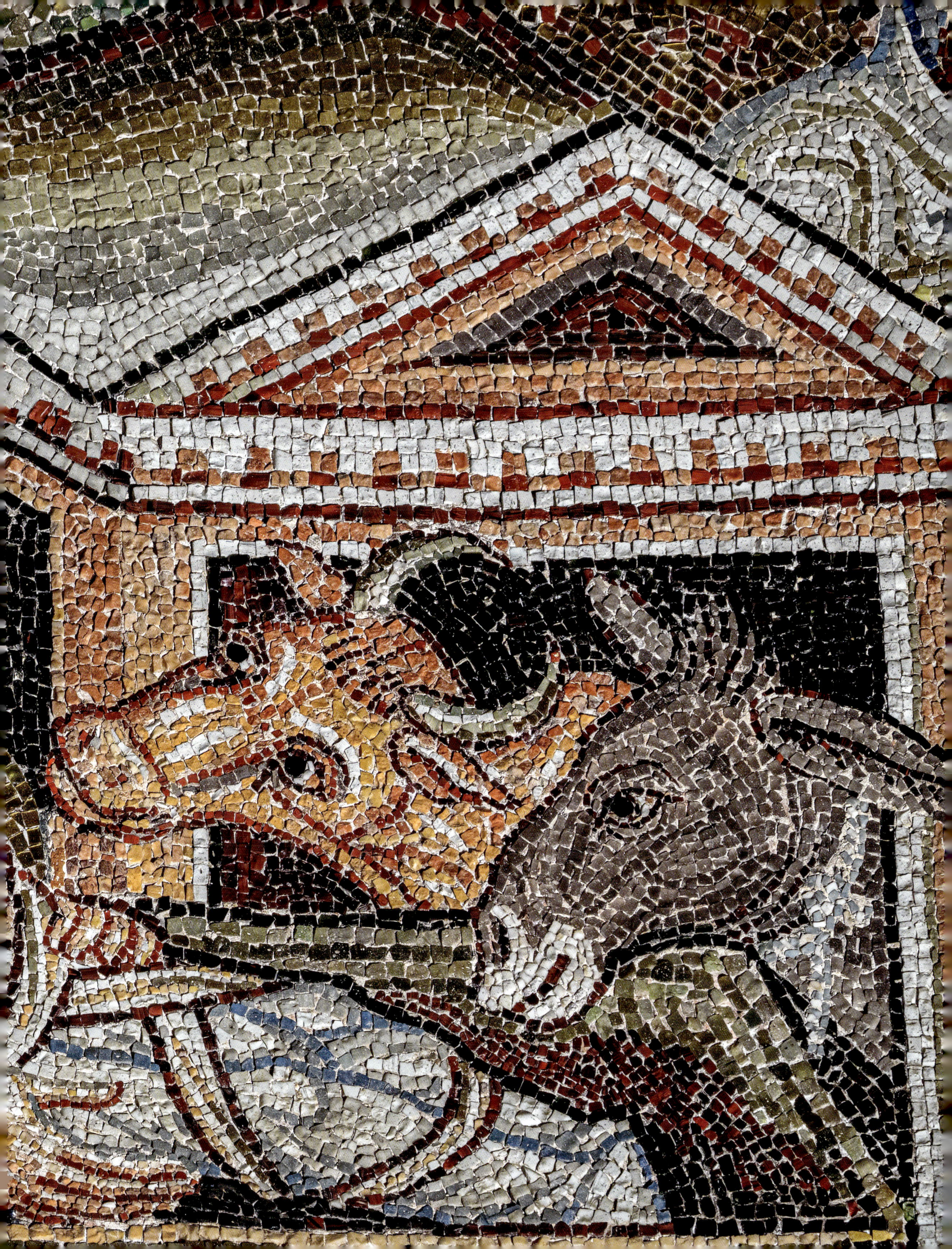

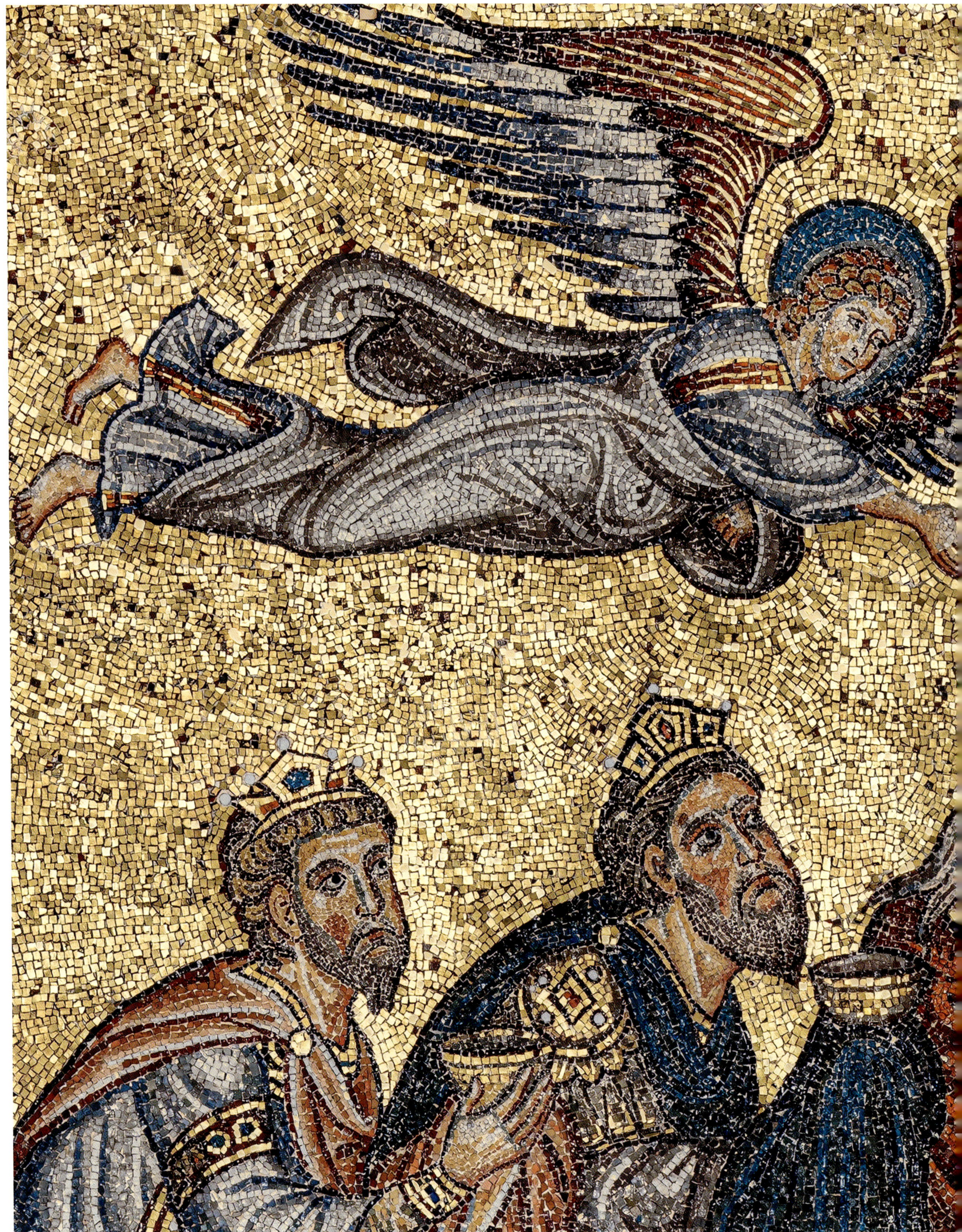

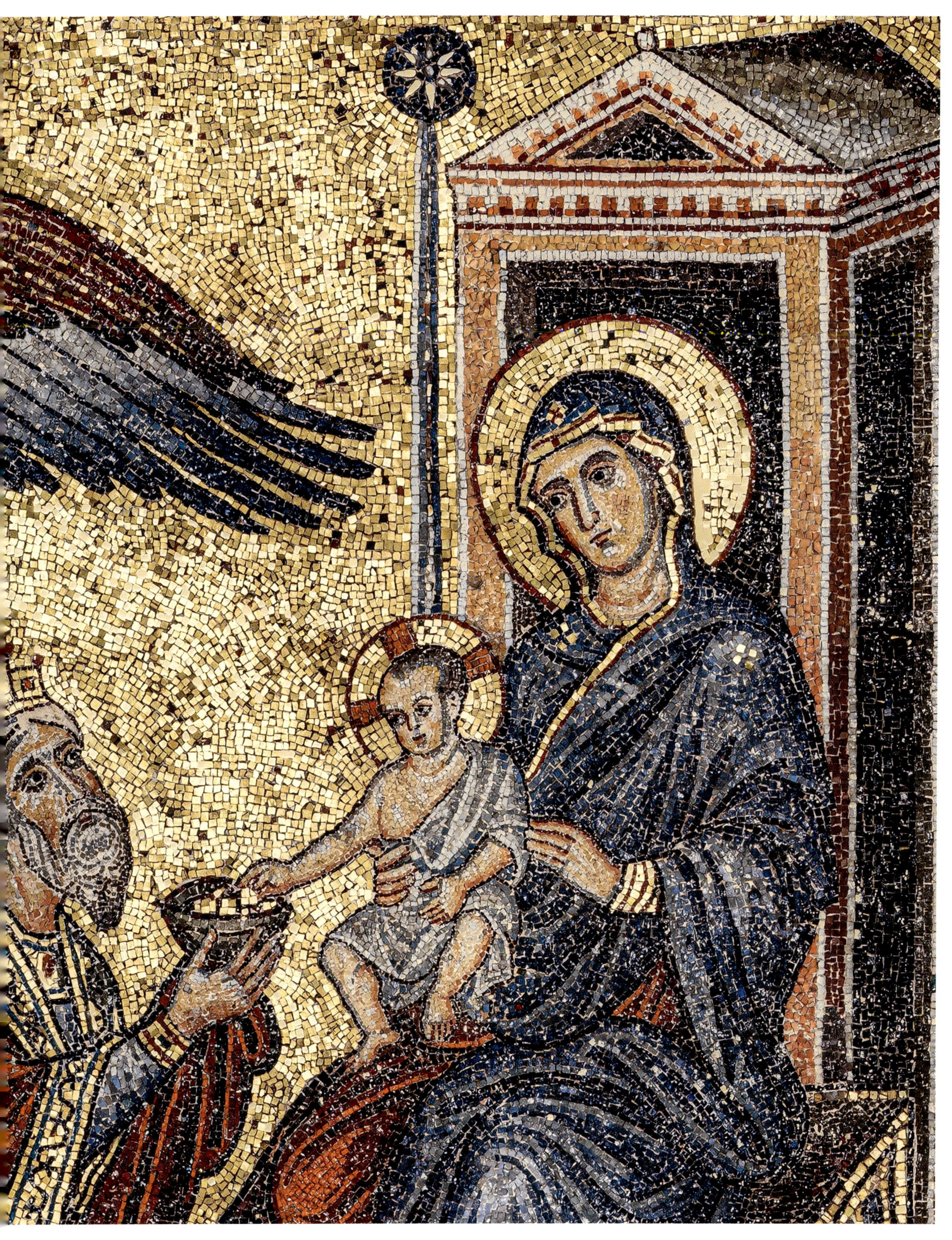

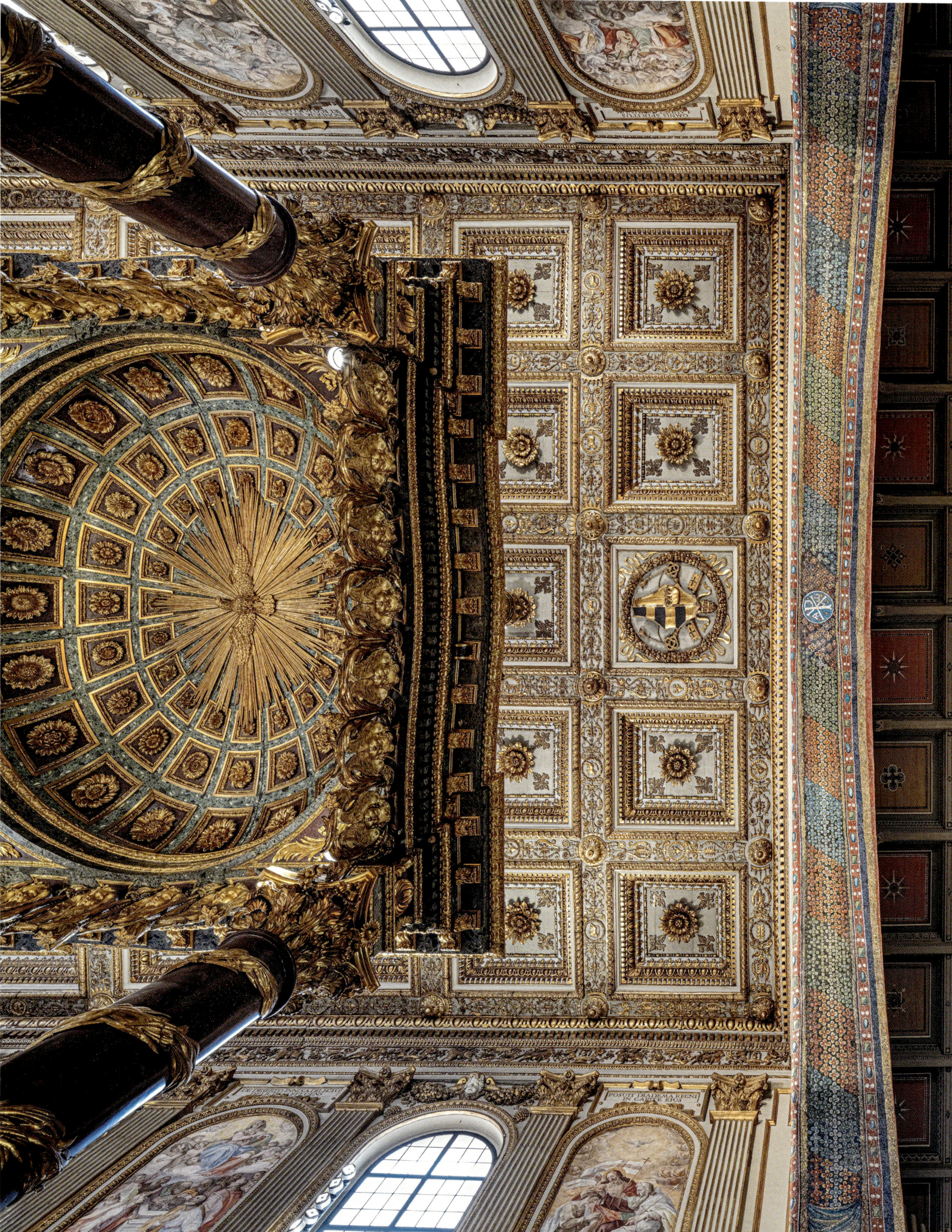

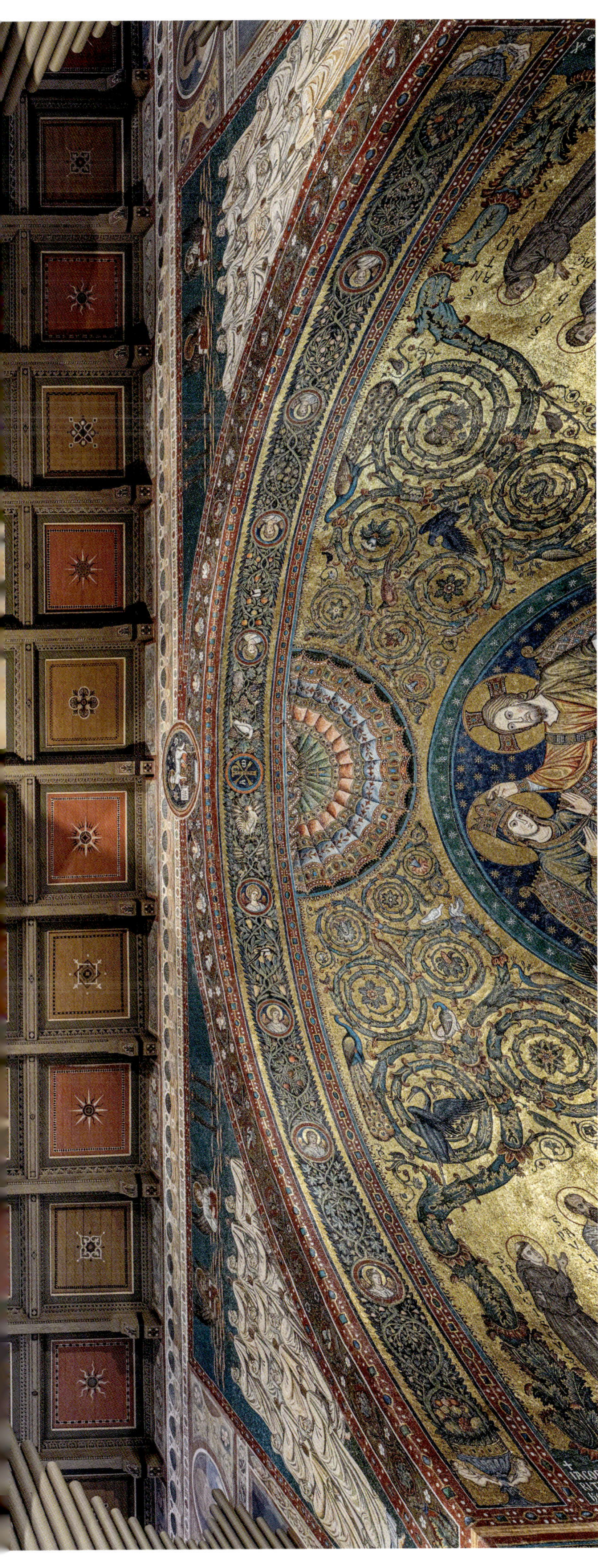

PP. 102-103
Veduta dal basso del baldacchino settecentesco, del soffitto rinascimentale, dell'arco trionfale paleocristiano (già arco absidale), del transetto e del catino absidale medievali.

PP. 104-105
Veduta del transetto da sinistra

PP. 106-109
Filippo Rusuti (c. 1255-1325 c.) (?)
Medaglioni con Profeti o Apostoli
Gli affreschi, ubicati nel transetto sinistro, appartengono al vasto progetto artistico lanciato da Niccolò IV. I santi recano un cartiglio e sono identificabili come profeti oppure apostoli.
1292-1295 circa, affresco
Transetto sinistro

PP. 110-111
Filippo Rusuti (?)
Fasce a motivi vegetali e l'Agnus Dei
1292-1297 circa, affresco
Timpano di controfacciata

P. 112
Filippo Rusuti (?)
Agnus Dei (dettaglio)
1292-1297 circa, affresco
Timpano di controfacciata

P. 113
Guidotto e Andreotto Pisano (attivi nella sec. metà del XIII sec.)
Campana "La Sperduta"
1289, bronzo, h 140 cm, ø 109 cm
Polo Museale Liberiano

PP. 102-103
View looking up towards the 18th-century baldachin, the Renaissance ceiling, the early Christian triumphal arch (formerly the apsidal arch), the transept and the medieval apsidal basin.

PP. 104-105
View of the transept from the left

PP. 106-109
Filippo Rusuti (ca. 1255-1325 ca.) (?)
Medallions with Prophets or Apostles
The frescoes, located in the left transept, belong to the vast artistic project launched by Nicholas IV. The saints bear a cartouche and can be identified as prophets or apostles.
ca. 1292-1295, fresco
Left transept

PP. 110-111
Filippo Rusuti (?)
Bands with Plant Motifs and the Agnus Dei
ca. 1292-97, fresco
Counter-façade tympanum

P. 112
Filippo Rusuti (?)
Agnus Dei (detail)
ca. 1292-1297, fresco
Counter-façade tympanum

P. 113
Guidotto and Andreotto Pisano (active in the mid-13th century)
"La Sperduta" Bell
1289, bronze, h 140 cm, ø 109 cm
Polo Museale Liberiano

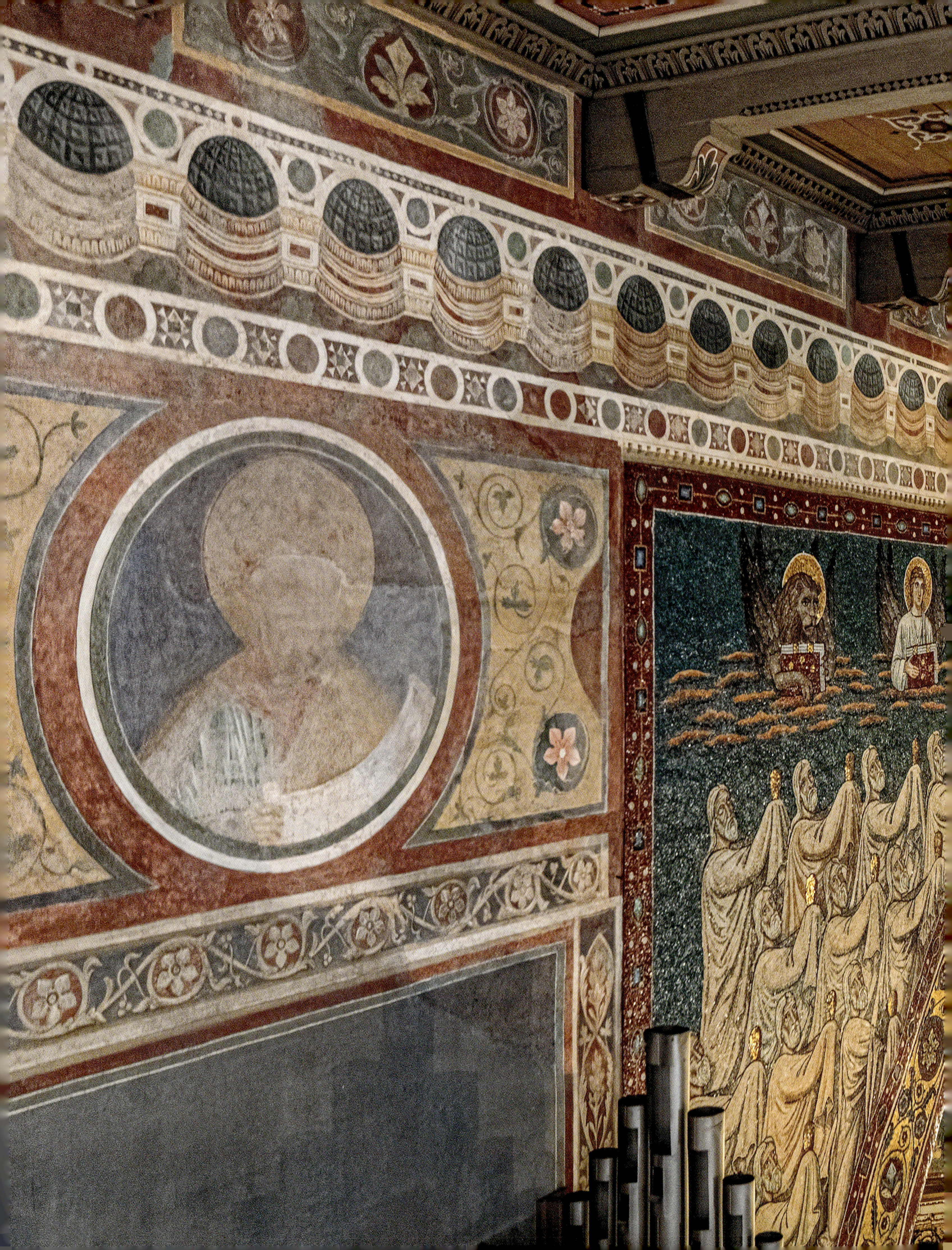

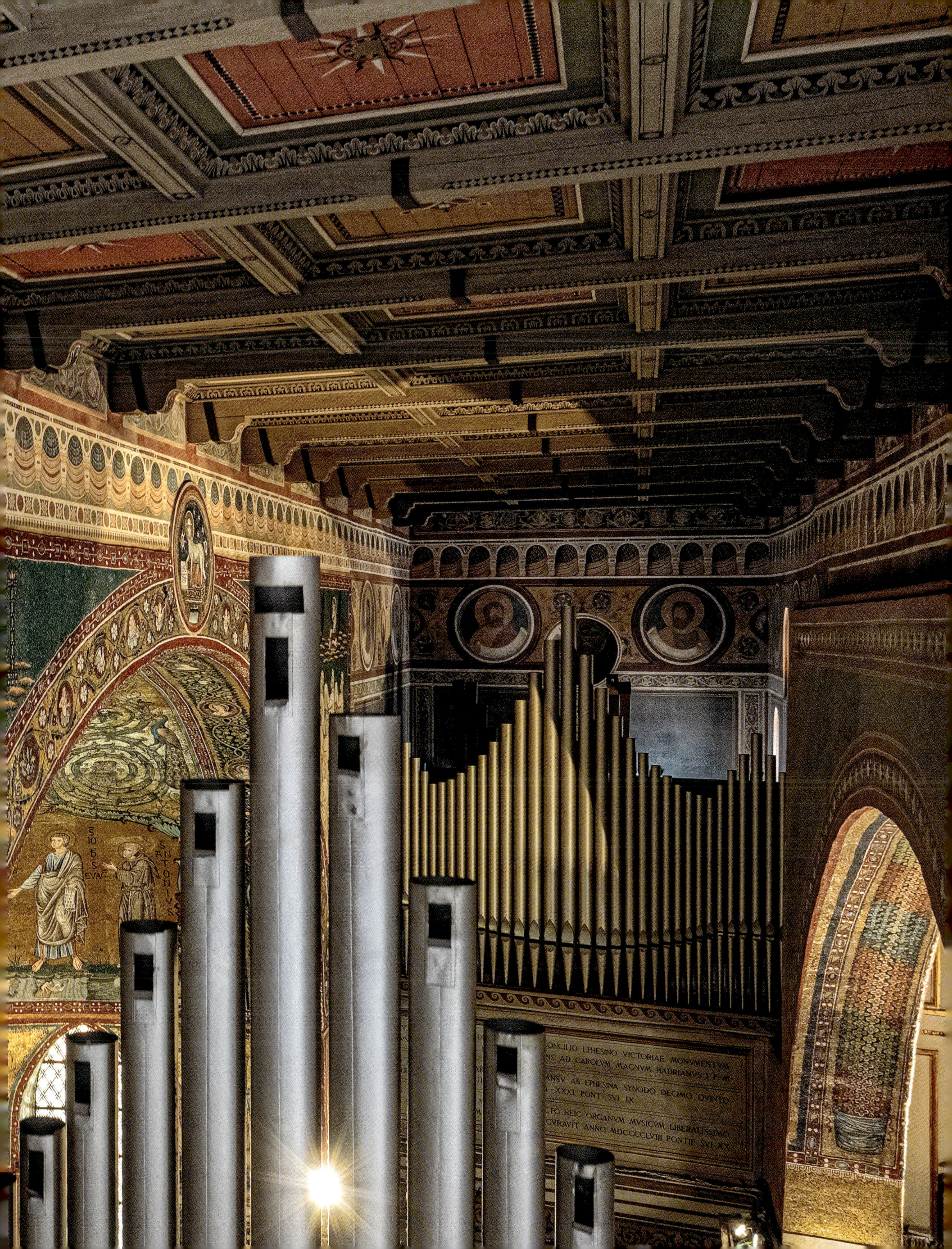
EPHESINO VICTORIAE MONVMENTVM
AD CAROLVM MAGNVM HADRIANVS I P M
AB EPHESINA SYNODO DECIMO QVINTO
XXXI PONT SVI IX
HEIC ORGANVM MVSICVM LIBERALISSIMO
ANNO MDCCCCLVIII PONTIF SVI XX

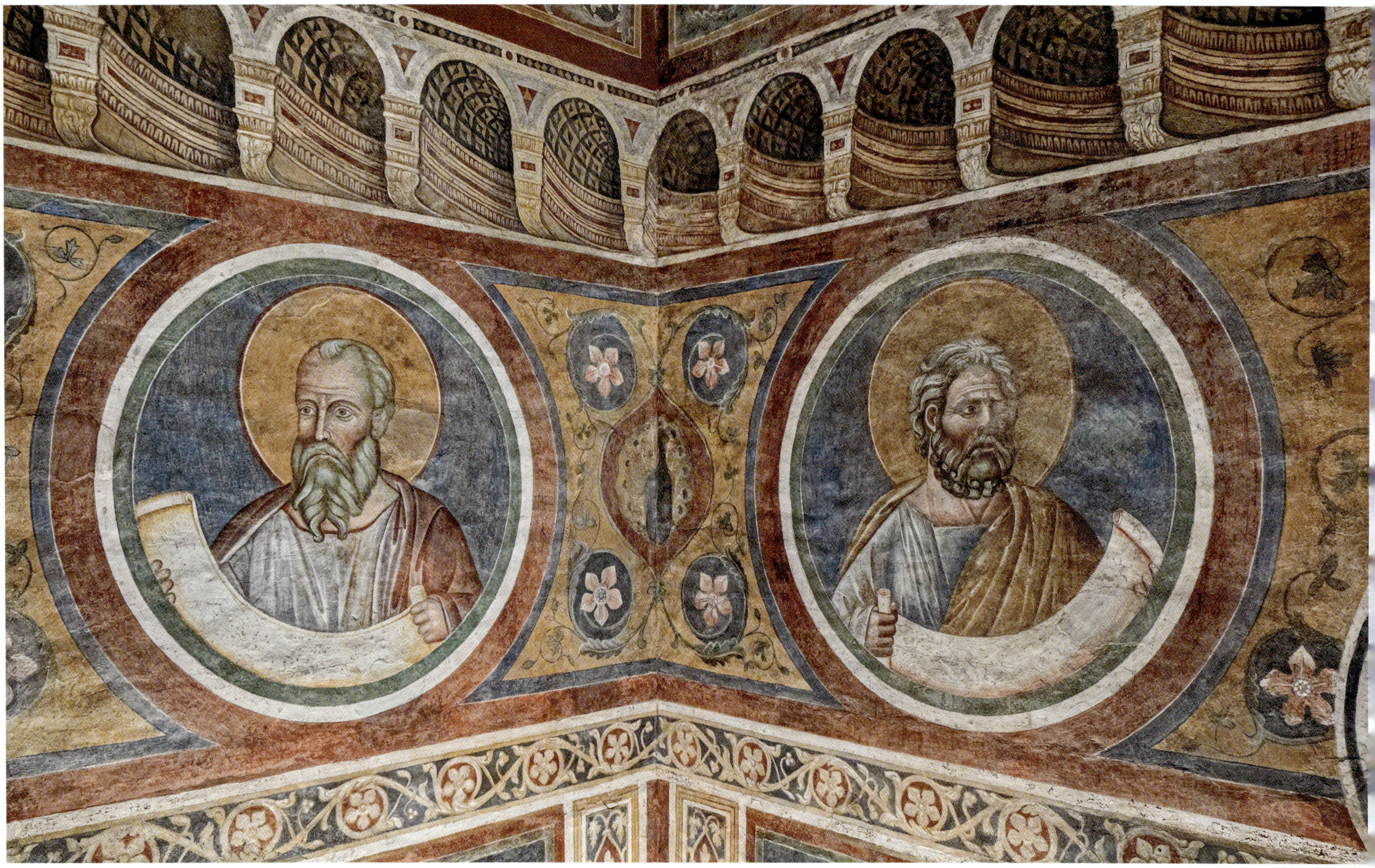

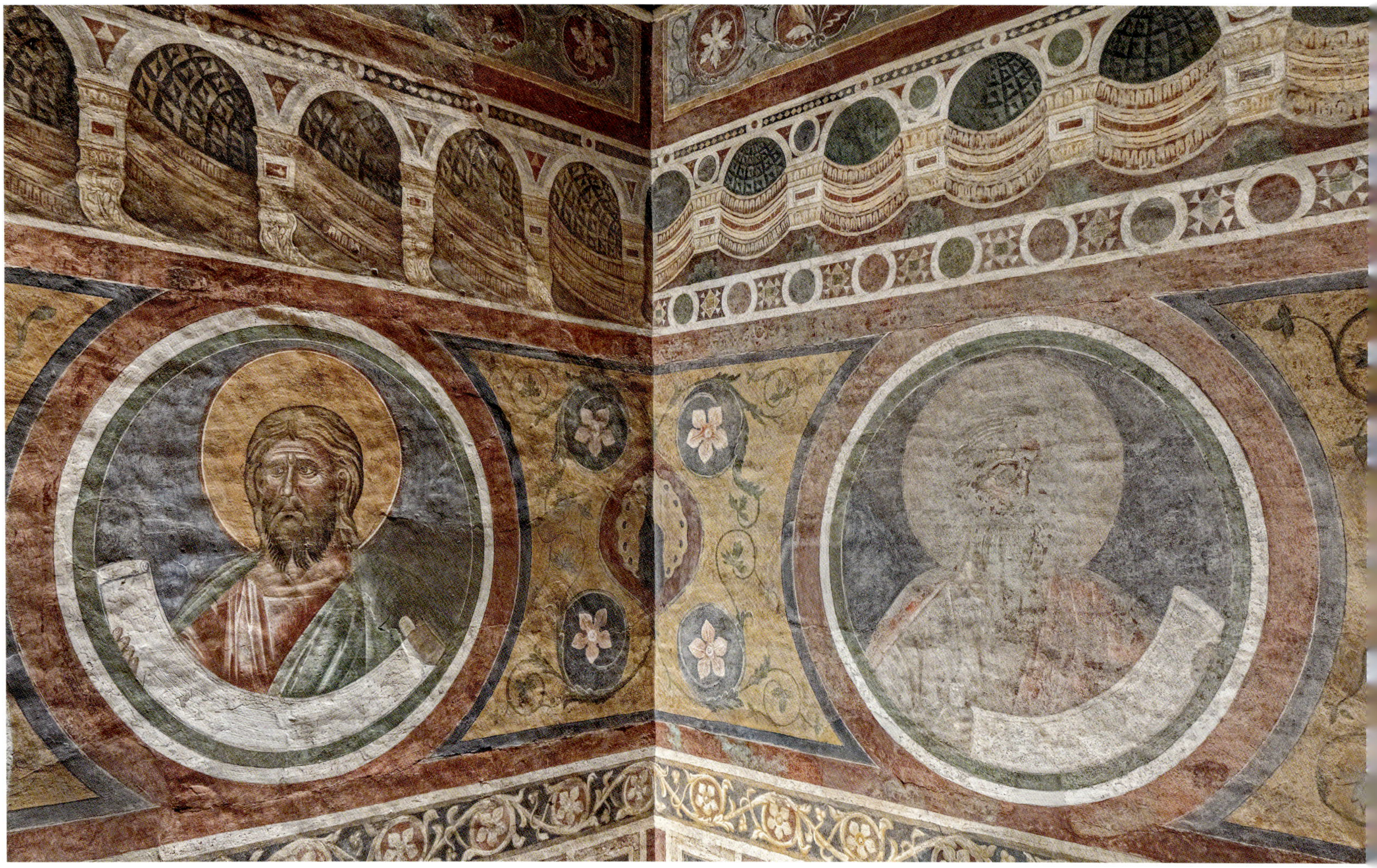

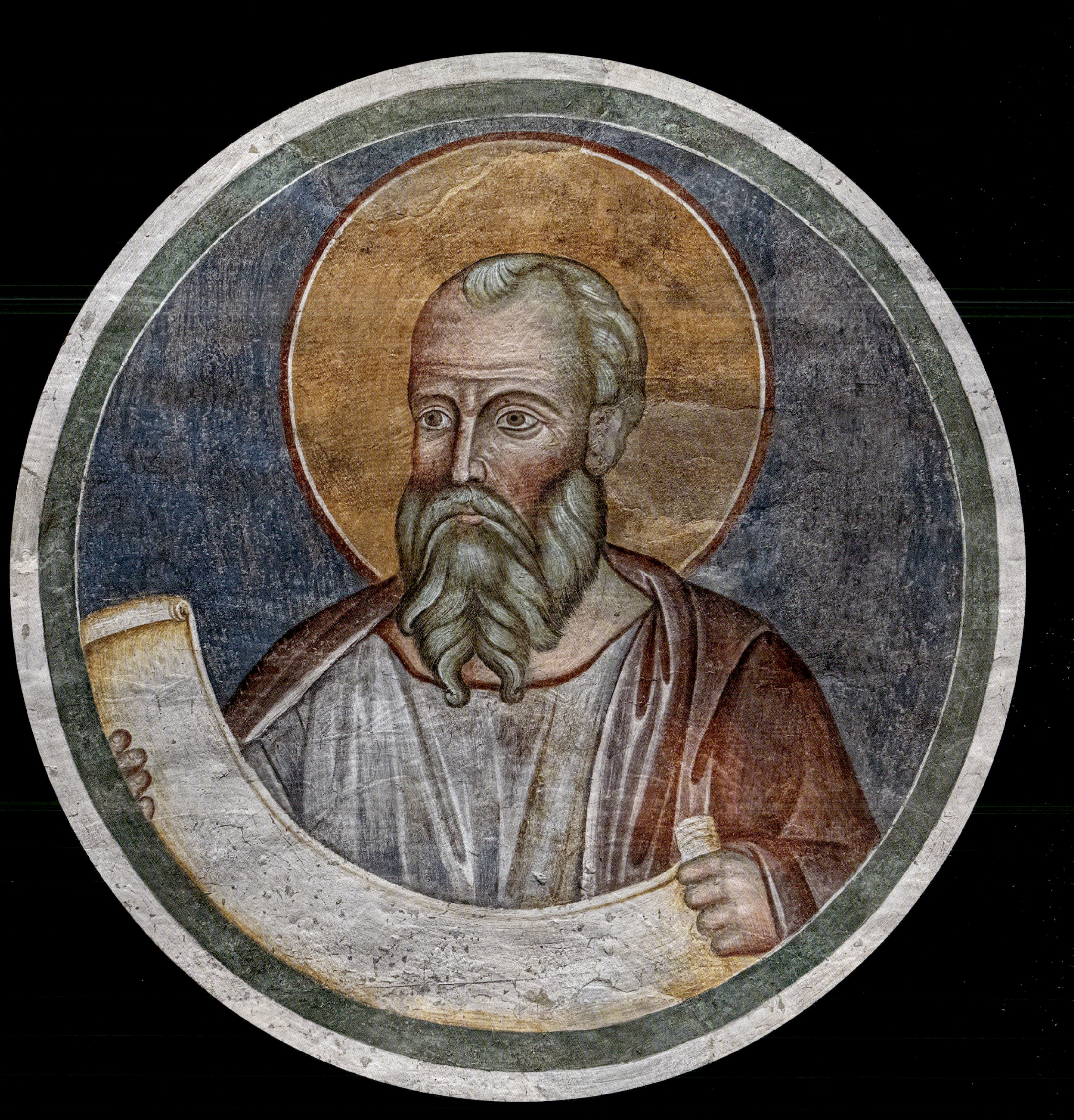

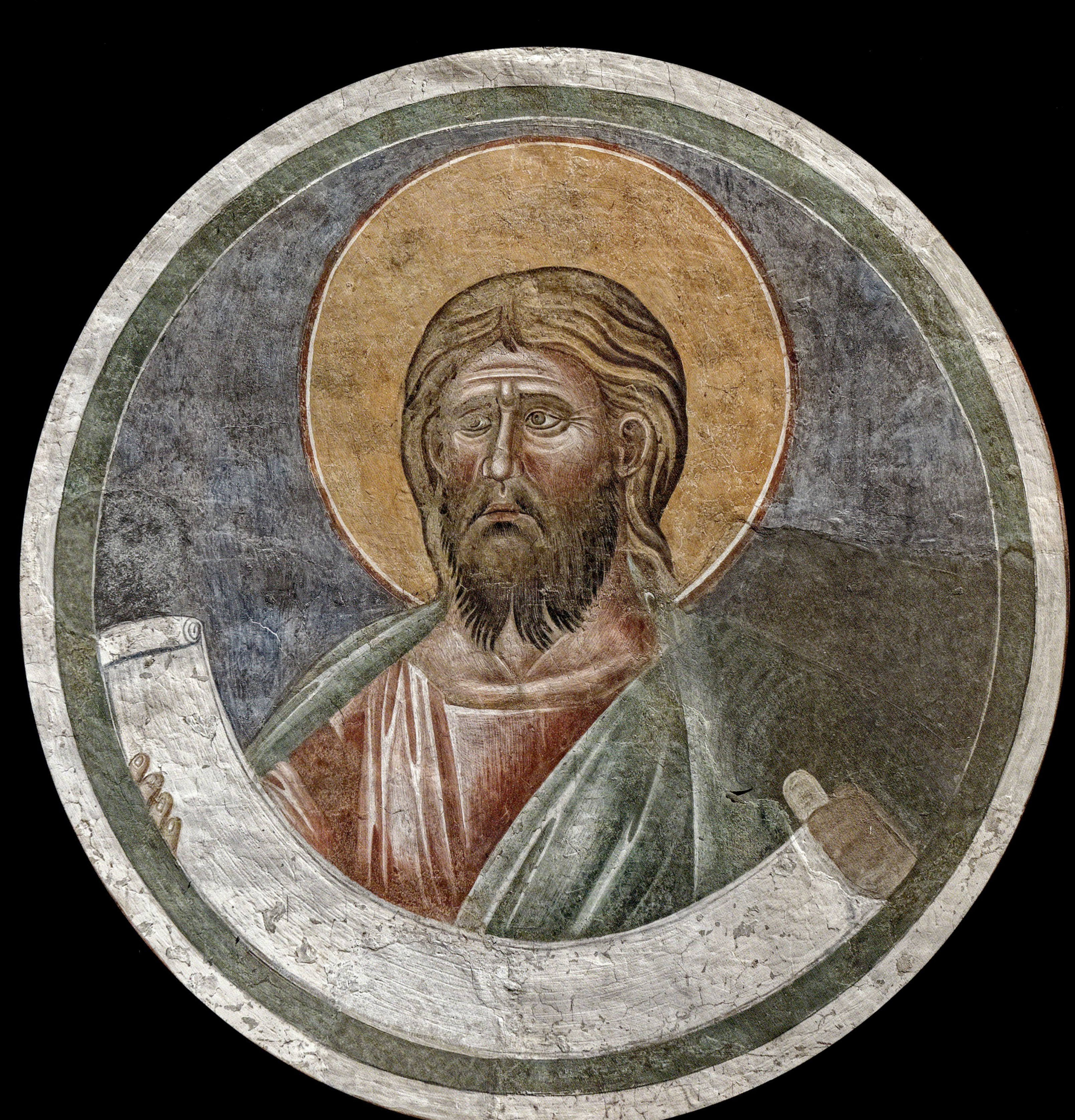

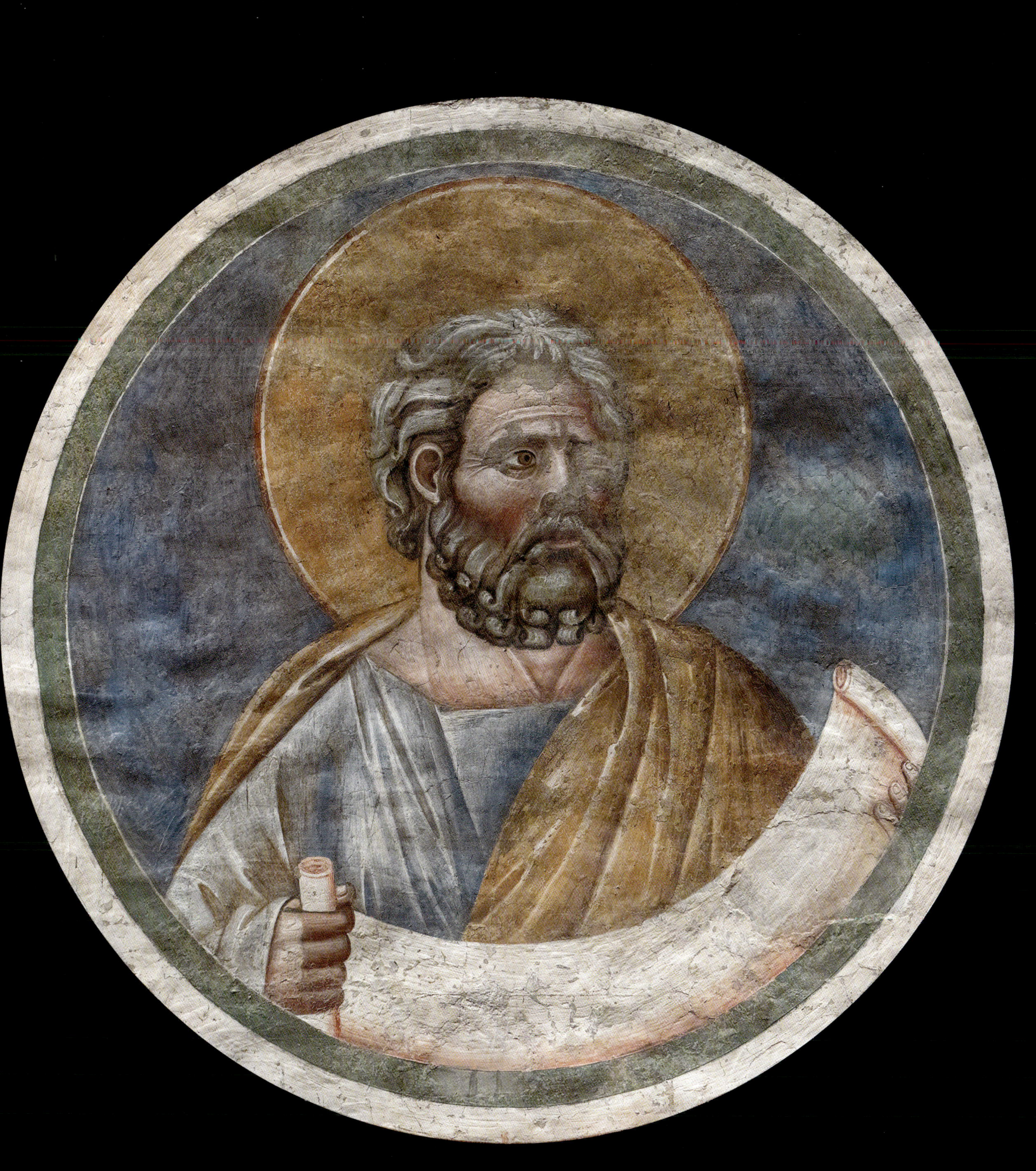

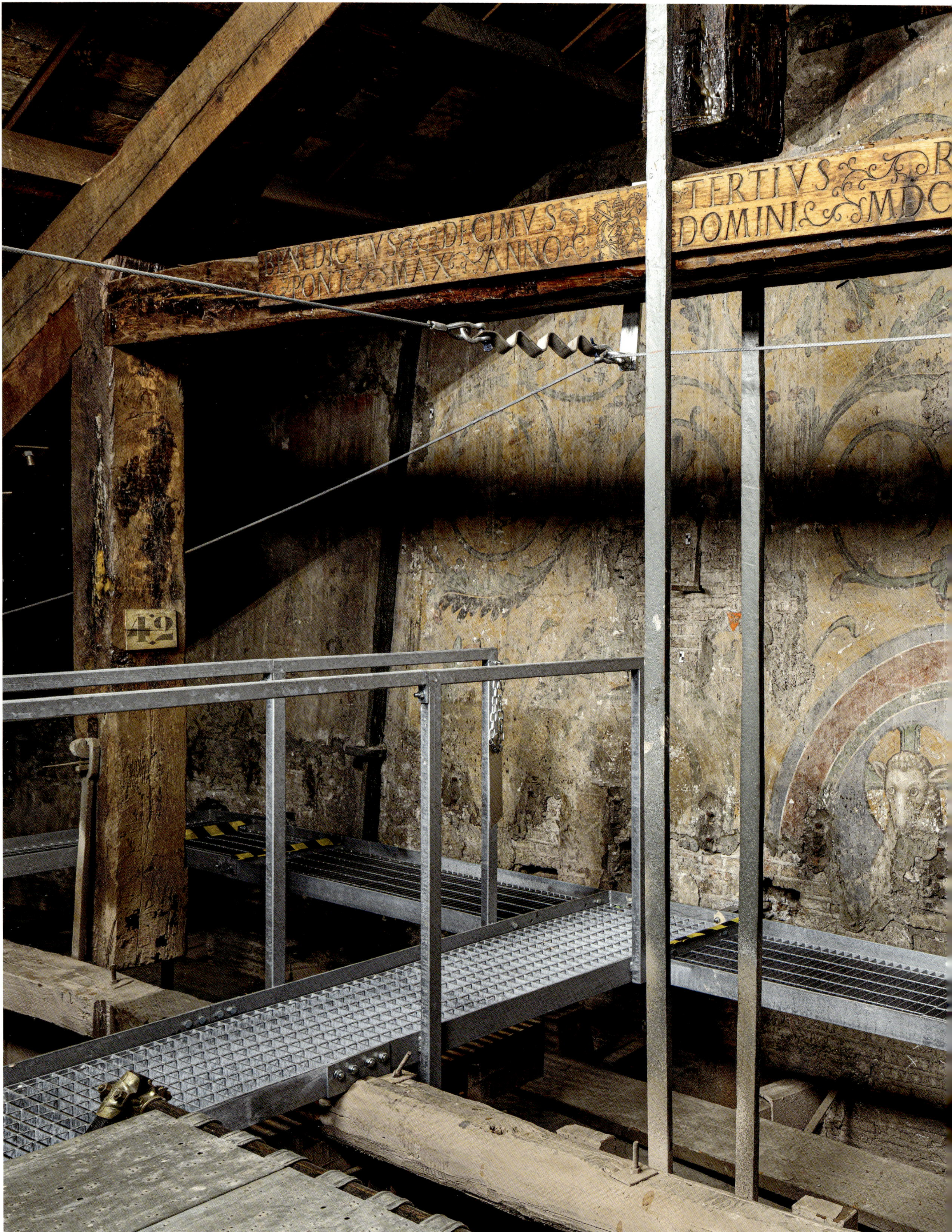
BENEDICTVS DECIMVS TERTIVS
PONT MAX ANNO DOMINI MDC
42

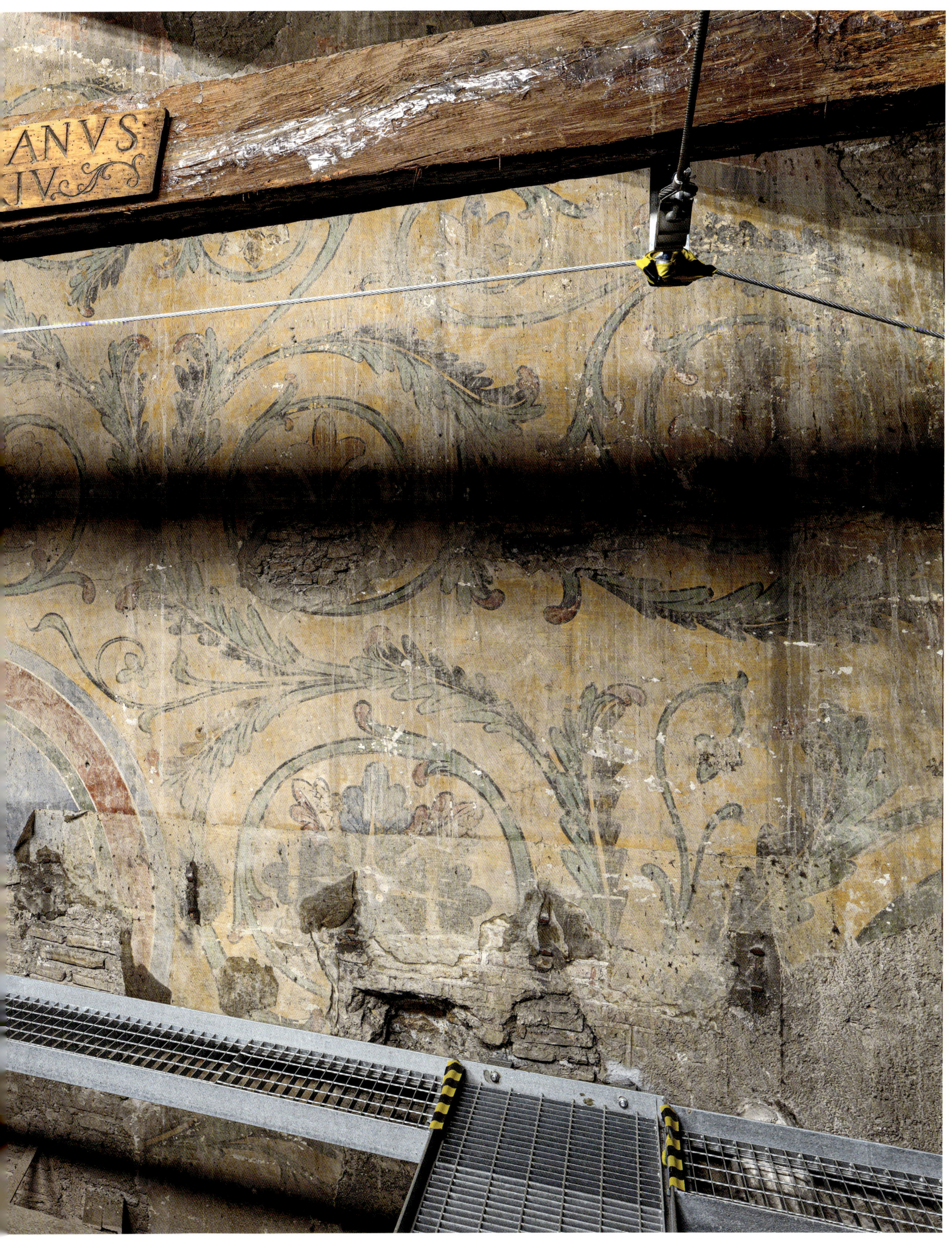
ANVS
IV

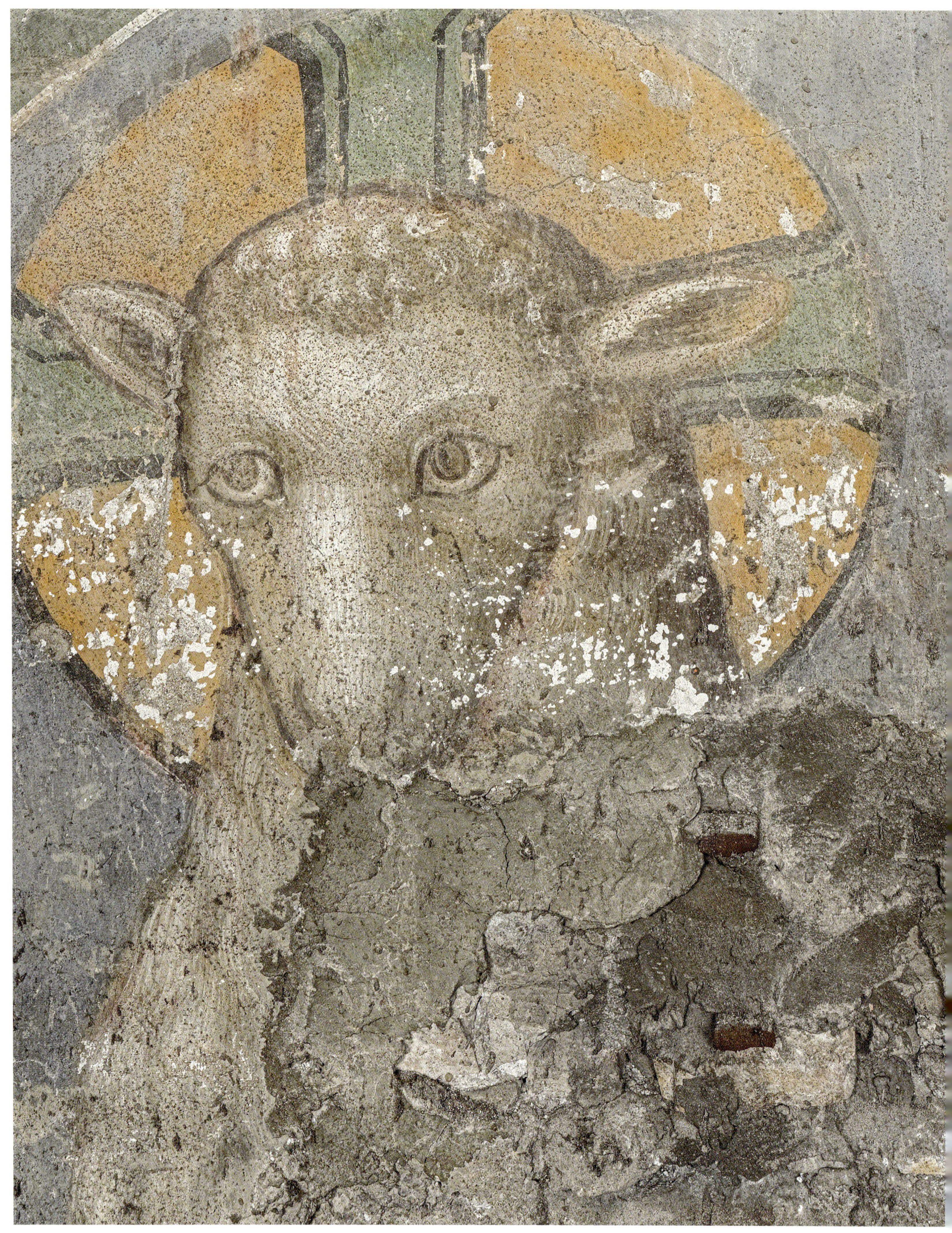

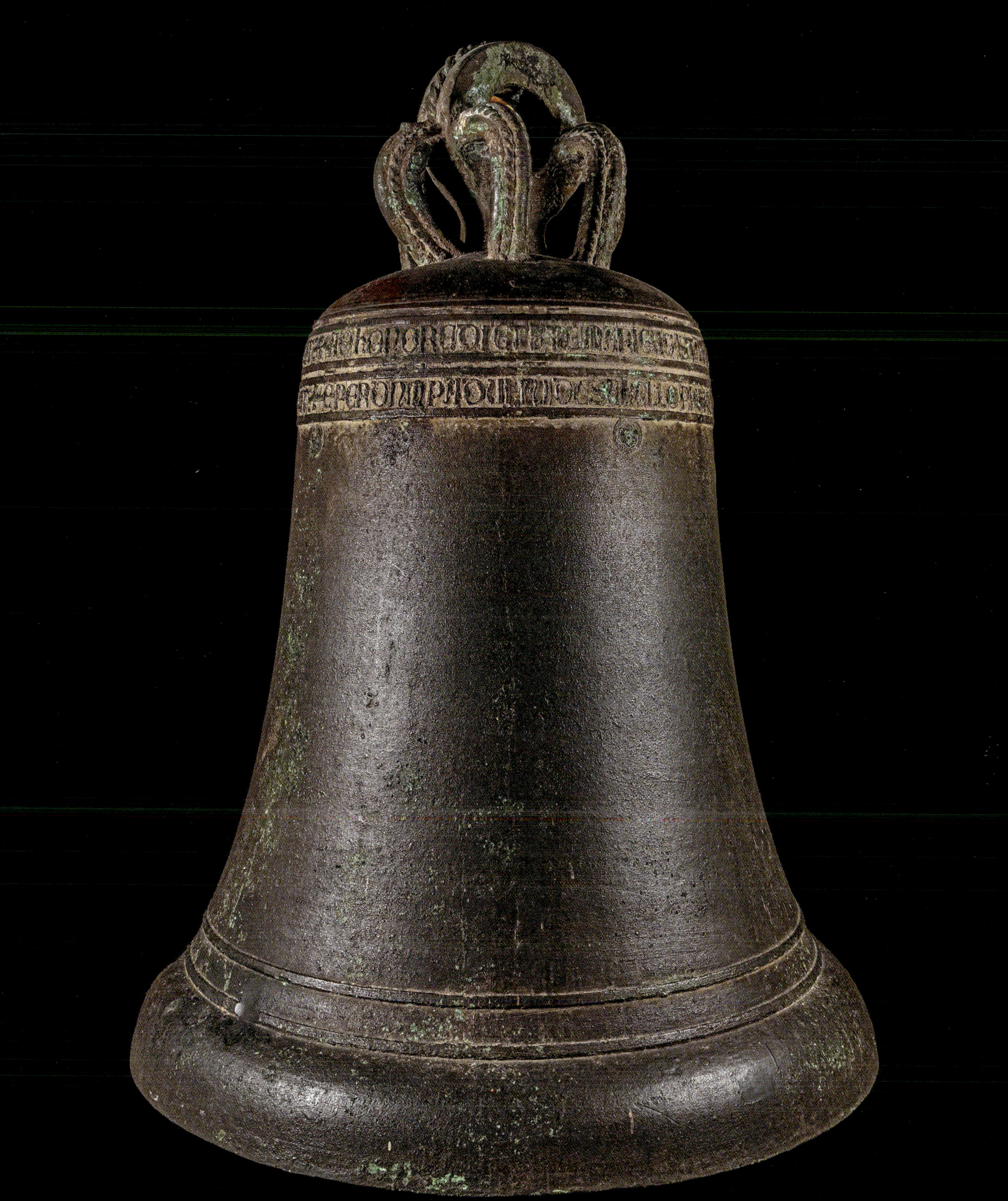

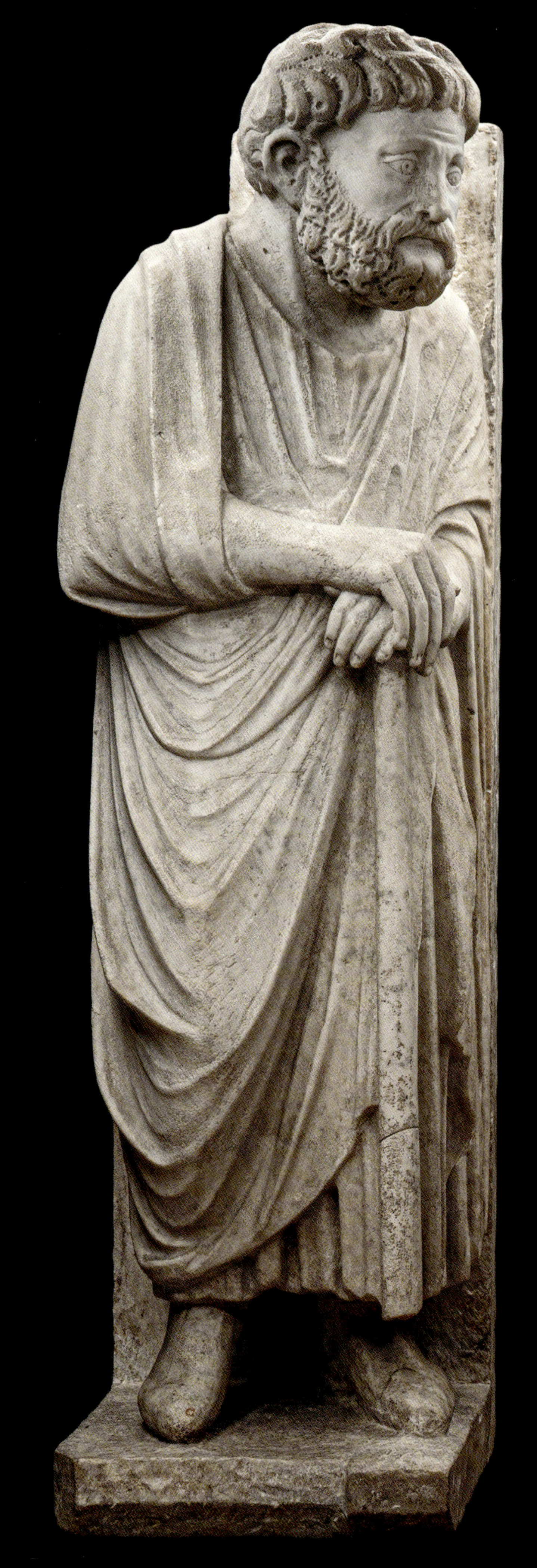

Il Presepe di Arnolfo di Cambio

Sante Guido

Sul finire del XIII secolo, il panorama artistico italiano, già ricco di diverse raffigurazioni della Natività di Cristo e dell'Adorazione dei Magi, vide la realizzazione di un *Presepe* marmoreo a opera dello scultore e architetto toscano Arnolfo di Cambio (c. 1240-1245 – 1302-1310 c.), protagonista assoluto dell'arte europea tardo medievale.

Realizzato durante il pontificato di Niccolò IV (1288-1292), il primo francescano a salire sul soglio di Pietro, il *Presepe* viene considerato il primo e il più antico della storia del cristianesimo, nel segno della prima rappresentazione "vivente" della nascita del Cristo realizzata da san Francesco d'Assisi a Greccio nel Natale del 1223. Il *Presepe* della Basilica Papale di Santa Maria Maggiore non è una semplice raffigurazione dei primi giorni di vita del Figlio di Dio fatto Uomo. Per capirne appieno l'importanza bisogna tornare indietro nei secoli, fino alla notte del 5 agosto 358, al tempo di papa Liberio (352-366), quando il colle Esquilino venne miracolosamente imbiancato dalla nevicata estiva che portò alla realizzazione della Basilica Liberiana – oggi comunemente conosciuta come Basilica di Santa Maria Maggiore o Basilica Liberiana.

Consacrata da Sisto III (432-440), la basilica fu intitolata a *Sancta Maria ad Praesepem* al tempo del pontefice Teodoro I (642-649) a seguito dell'edificazione, al suo interno, di un oratorio della Natività destinato a custodire due sacre reliquie giunte da Betlemme: la mangiatoia e le fasce che avvolsero il corpo di Gesù Bambino. L'oratorio, nella navata destra della Basilica Liberiana, venne edificato nelle stesse proporzioni della Grotta della Natività nella navata destra della Basilica.

Ad aumentare l'importanza storico-religiosa dell'opera di Arnolfo di Cambio, originariamente conservata nel ben più antico oratorio della Natività, sono due avvenimenti storici: il primo motivo dell'edificazione dell'oratorio è la conquista della Terra Santa da parte delle popolazioni arabe; il secondo episodio, connesso con la realizzazione del *Presepe*, risalente al 1291-1292, è la definitiva sconfitta delle armate dei crociati con la perdita dell'ultima roccaforte del castello di Acri – evento traumatico per tutta la cristianità che spinse Niccolò IV a promuovere una nuova crociata, mai realizzata, per la riconquista di Gerusalemme.

Non potendo più raggiungere la Terra Santa, ormai non più territorio cristiano, i fedeli si riversarono verso quella che sarebbe stata conosciuta come una "seconda Betlemme": la Basilica di Santa Maria Maggiore, ove erano custodite le due sacre reliquie. Il *Presepe* di Arnolfo, ieri come oggi, ricorda nella nobile materia del marmo l'Incarnazione del Verbo.

The Nativity Scene by Arnolfo di Cambio

Sante Guido

Towards the end of the thirteenth century, the Tuscan sculptor and architect Arnolfo di Cambio (ca. 1240-1245 – 1302-1310 ca.), who played and an absolutely leading role in late medieval European art, created a marble *Nativity Scene* for an Italian artistic scene, already rich in representations of the Nativity and Adoration of the Magi.

Realised during the pontificate of Nicholas IV (1288-1292), the first Franciscan to ascend to the throne of Peter, this *Nativity Scene* is considered the first and oldest in the history of Christianity, in the tradition of the first "living nativity," that is the representation of the birth of Christ, established by Saint Francis of Assisi in Greccio at Christmas 1223. The *Nativity Scene* in the Basilica of Santa Maria Maggiore is not a simple representation of the first days in the life of the Son of God become man. To understand its significance fully, one must go back through the centuries to the night of 5 August 358, during the time of Pope Liberius (352-366), when the Esquiline Hill was miraculously dusted with a summer snowfall, an event that led to the construction of the Basilica Liberiana, now commonly known as Santa Maria Maggiore.

Consecrated by Sixtus III (432-440), the Basilica was titled *Sancta Maria ad Praesepem* during the reign of Pope Theodore I (642-649), after the construction on its interior of an Oratory of the Nativity designed to house two sacred relics brought from Bethlehem: the crib and the swaddling clothes in which the Infant Jesus had been wrapped. The oratory was built in the right aisle of the Basilica and with the same proportions as the Grotto of the Nativity in Bethlehem.

Two historical events therefore enhanced the historical and religious importance of Arnolfo di Cambio's creation, which was originally housed in the much older Oratory of the Nativity: the first reason to build the oratory had been the initial conquest of the Holy Land by the Arabs; the second event, contemporary with the creation of the *Nativity Scene*, in 1291-1292, was the final defeat of the Crusader armies with the loss of their last stronghold at Acre: a traumatic event for the whole of Christendom that prompted Nicholas IV to promote a new crusade, never realised, to reconquer Jerusalem.

With no way to reach the Holy Land, which was no longer Christian territory, the faithful flocked to what would be known as a "second Bethlehem": the Basilica of Santa Maria Maggiore, where the two sacred relics were kept. Today as yesterday, Arnolfo's *Nativity Scene* recalls in noble marble the Word made Flesh.

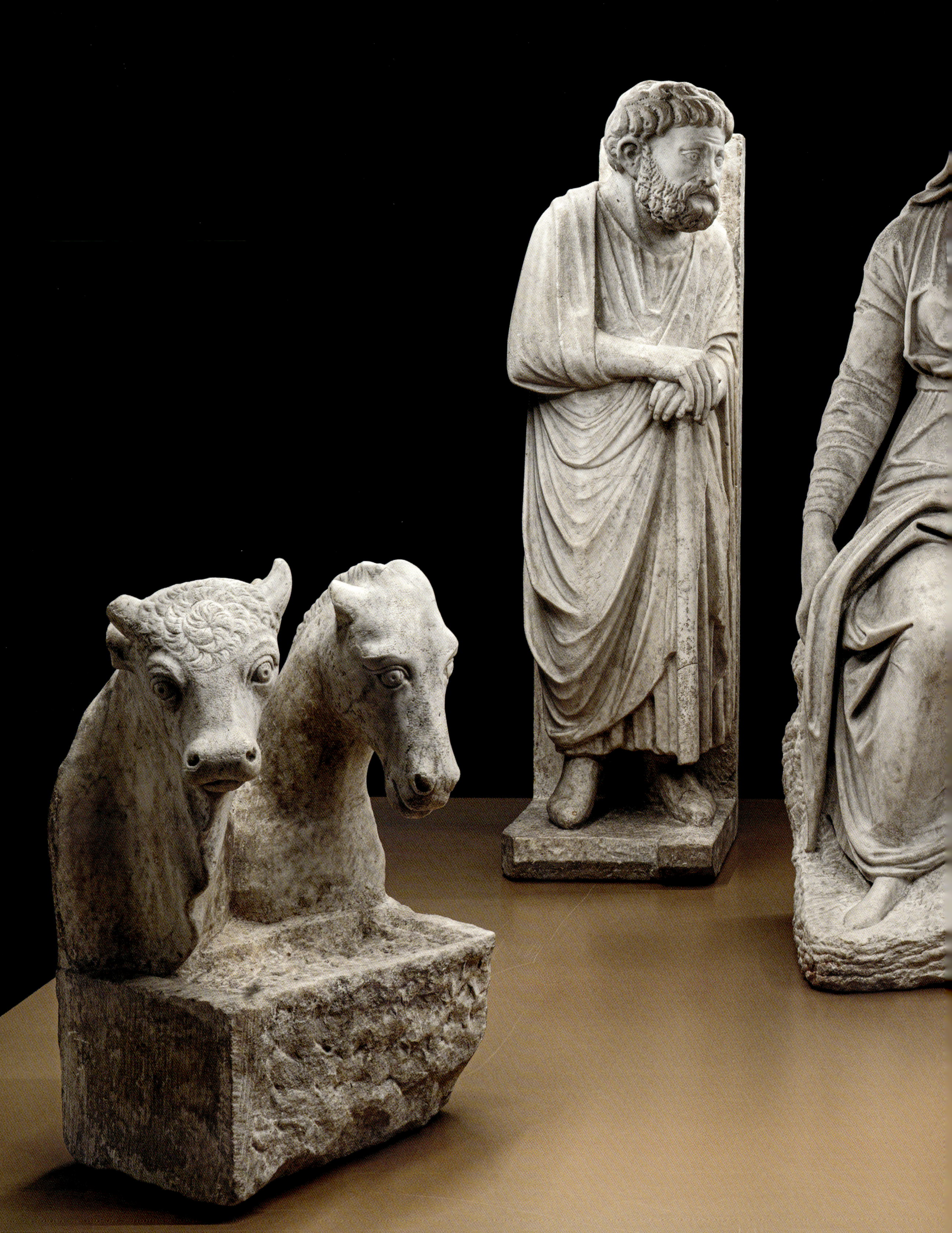

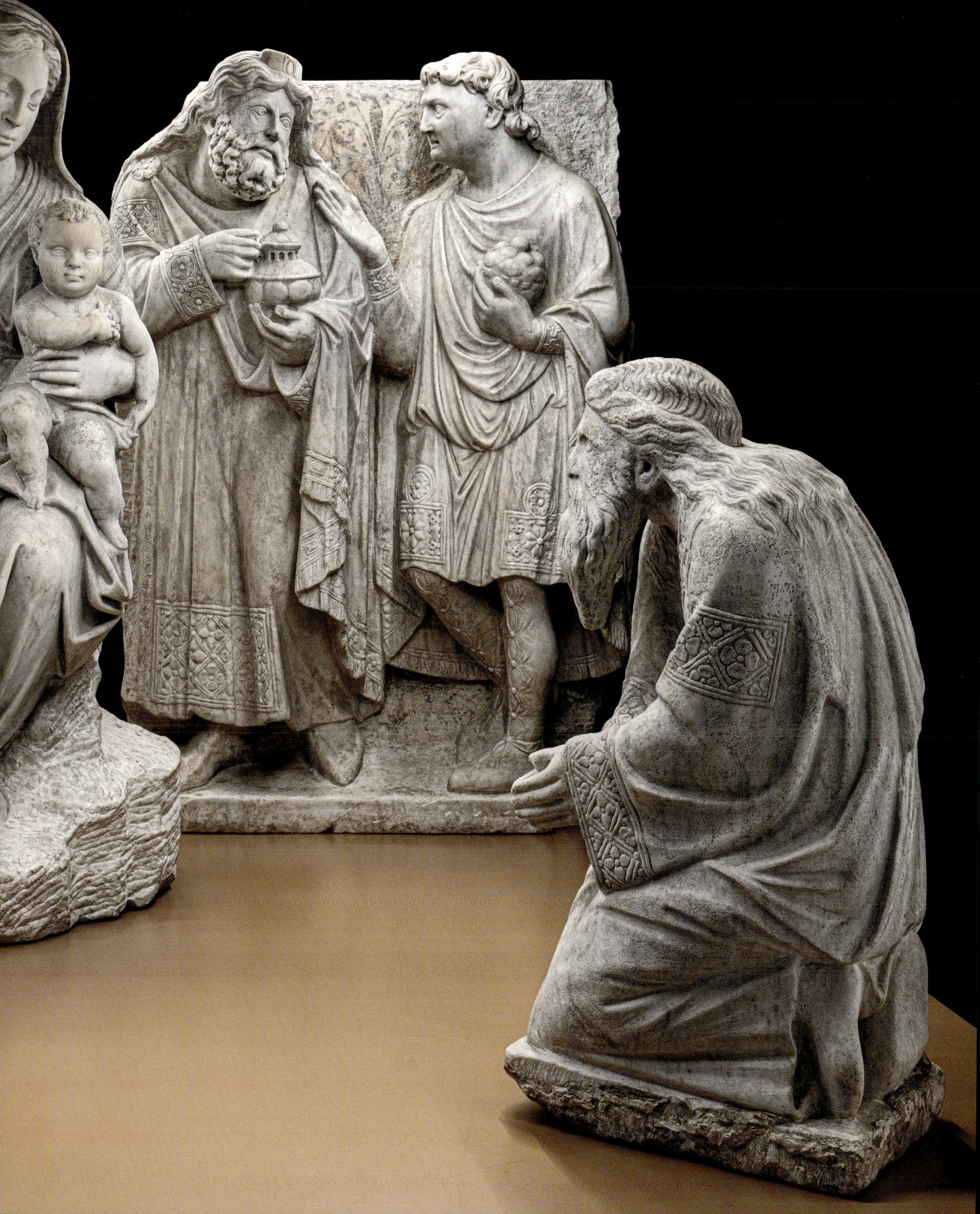

Costituito attualmente da cinque sculture in marmo – non è infatti da escludere la presenza di altre figure non più esistenti – il *Presepe* mostra la *Madonna col Bambino*, *San Giuseppe*, le due teste del *Bue* e dell'*Asino*, e i tre *Magi*. Le opere furono realizzate scolpendo solo le parti più visibili all'osservatore. Infatti, l'anatomia risulta deformata e gli stessi lineamenti non appaiono perfettamente definiti se si osservano da una posizione diversa rispetto a quella concepita da Arnolfo.

È una rivoluzionaria scelta stilistica adottata dallo scultore al fine di coinvolgere l'osservatore al punto da renderlo una sorta di protagonista involontario dell'opera stessa, dandogli quasi l'illusione di muoversi nello stesso spazio dei personaggi.

Nel 1585 il *Presepe* e l'intero oratorio della Natività vennero spostati, insieme alle due reliquie, nella nuova monumentale Cappella del Santissimo Sacramento realizzata da Domenico Fontana (1543-1607) per volontà di papa Sisto V (1585-1590). Con un'impresa ingegneristica mai vista prima, Fontana incapsula l'intero oratorio, lo solleva e lo sposta al centro della nuova cappella trasformandolo nella cripta della stessa e in asse con l'altare e il monumentale tabernacolo ove custodire l'ostia consacrata. Sul piccolo altare medievale dell'oratorio in stile cosmatesco vennero collocate nuove sculture della Natività dai caratteri cinquecenteschi, mentre il *Presepe* di Arnolfo venne murato in una piccola nicchia non visibile nell'ambiente ipogeo retrostante.

Nel 2005, per ragioni di conservazione, dopo più di quattrocento anni il *Presepe* venne smurato e restaurato. L'intervento ha permesso di effettuare un'analisi filologica delle cinque sculture e procedere a una lettura analitica delle tracce di lavorazione, al fine di capire quale potesse essere la collocazione originale di ciascuna delle figure. L'attenta osservazione dei singoli protagonisti ha portato novità importanti per la comprensione della genesi e della storia delle cinque sculture, ma non una definitiva ipotesi sulla loro collocazione originale, a risposta delle numerose tesi formulate nei decenni del secolo scorso dagli studiosi.

L'originalissima tecnica scultorea di Arnolfo si evince da molti dettagli, che in parte aiutano a capire meglio il capolavoro scultoreo. Sul lato sinistro della scena si stagliava la figura di *San Giuseppe*, scolpito ad altissimo rilievo con le spalle lievemente incurvate e le mani posizionate sul bastone. La presenza di dettagli solo lievemente abbozzati sul lato sinistro della figura suggerisce che il punto di visione concepito da Arnolfo è frontale e diagonale, come indicato dalla posizione del bastone, vero fulcro della scultura.

Anche le due figure del *Bue* e dell'*Asino* – oltre alla mangiatoia, palesatasi solo durante l'intervento di smuratura nel 2005 e fino a quel momento sconosciuta – furono concepite per essere osservate sia di profilo che diagonalmente, come suggerito anche dall'angolatura della linea di giunzione dei due animali.

Le figure dei tre *Magi* sono suddivise in due sculture differenti: un singolo *Magio* inginocchiato in posizione orante è l'esempio più lampante della prassi utilizzata da Arnolfo nella realizzazione delle sue opere: l'intero lato destro, infatti, non è stato scolpito, rendendo la lettura della statua fruibile solo da precise angolazioni. I due *Magi* restanti, indubbiamente rappresentati per essere visti da una posizione frontale, presentano inoltre frammenti di policromia originale

Consisting of five marble sculptures – it cannot be excluded that further figures once existed – the *Nativity Scene* includes the *Madonna and Child*, *Saint Joseph*, the two heads of the *Ox and the Donkey*, and the three *Magi*. Only the parts visible to the observer were carved, with the result that the anatomy is deformed and the features do not seem perfectly defined when seen from a different viewpoint to the one Arnolfo intended.

The sculptor made a revolutionary decision to involve the observer to the point of making them a sort of involuntary protagonist in the work, almost giving them the illusion of moving in the same space as the statues.

In 1585, this *Nativity Scene* and the entire Oratory of the Nativity around it were physically relocated, together with the two relics, to the new monumental Chapel of the Blessed Sacrament built by Domenico Fontana (1543-1607) on the command of Pope Sixtus V Peretti Montalto (1585-1590). In an unheralded feat of engineering, Fontana crated up the entire Oratory, raised it in the air, and moved it to the centre of the new chapel, transforming it into the crypt of the new chapel and setting it directly under the altar and monumental tabernacle for the consecrated Host. New sculptures of the Nativity in sixteenth-century style were placed on the Oratory's small, medieval altar in the Cosmatesque style, while Arnolfo's *Nativity Scene* was walled up in a small niche not visible in the crypt behind it.

In 2005, for conservation reasons and after more than four hundred years, the *Nativity Scene* was removed and restored. This dismantling permitted a careful analysis of the five sculptures and traces of their working in an attempt to understand the original position of each figure. The careful study of each sculpture has provided important new insights into the genesis and history of the ensemble, but failed to produce a conclusive hypothesis about their original positioning in reply to the numerous theses that scholars formulated over the decades of the last century.

Arnolfo's highly original method of carving is evident in many details, some of which help better understand his sculptural masterpiece. The figure of *Saint Joseph*, carved in very high relief, with his shoulders slightly bent and his hands on his staff, stood out on the left side of the scene. Because the details are only roughed out on the left side of the figure this suggests that the viewpoint conceived by Arnolfo was frontal and diagonal, as indicated by the position of the staff, the true fulcrum of the sculpture.

Likewise, the two figures of the *Ox* and the *Donkey* – as well as the one in the manger, which was only discovered during the dismantling of 2005 and until then completely unknown – were planned to be seen both in profile and diagonally, as also the angle of the joint between the two animals also suggests.

The figures of the *Magi* are divided into two pieces: a single *Magus* kneeling in a praying position is the most striking example of the technique Arnolfo used, for the entire right side was left uncarved meaning that the statue could only be read from precise angles. The two remaining *Magi*, undoubtedly conceived to for a frontal view, also retain fragments of their original polychromy, reminding us that all the

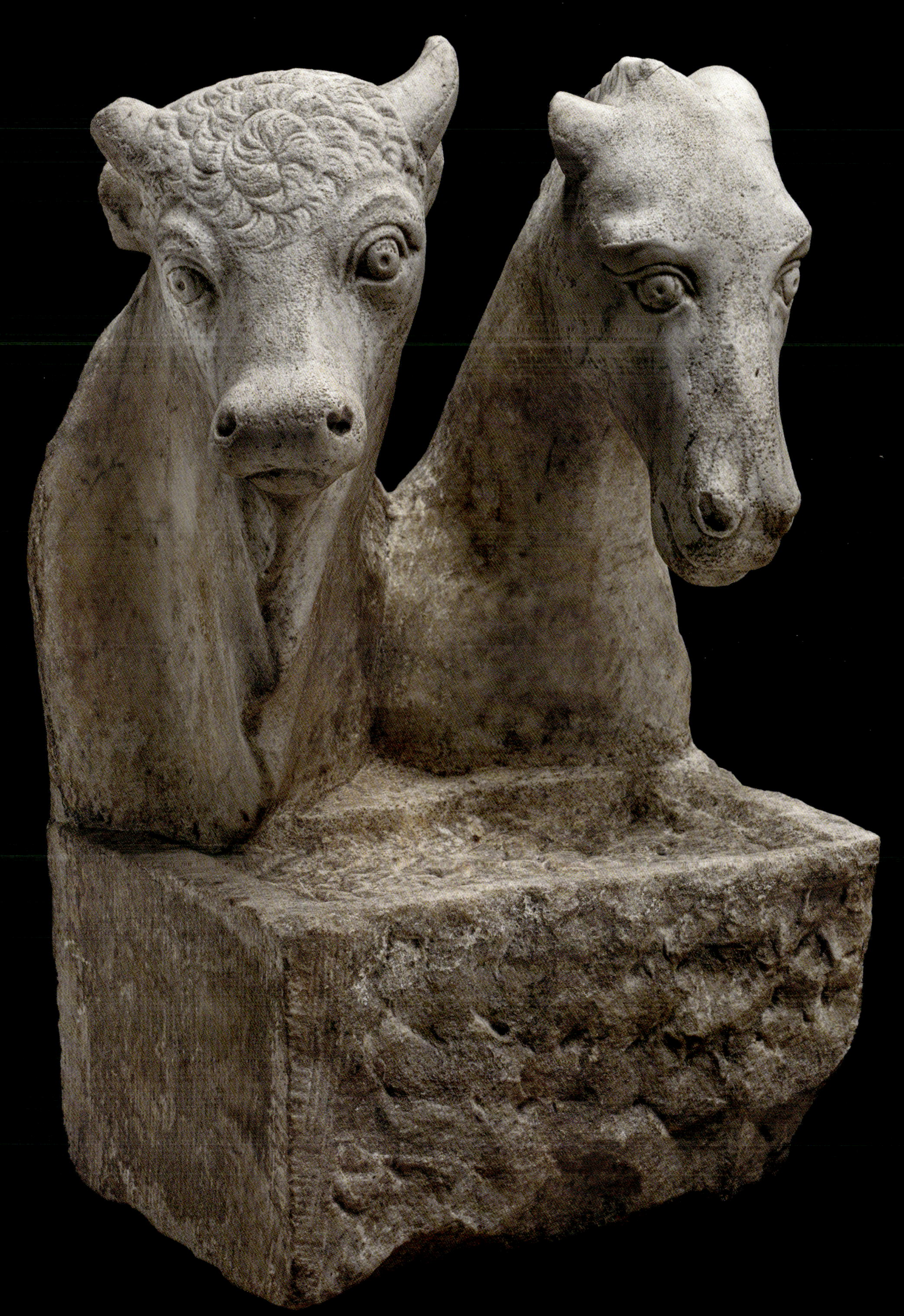

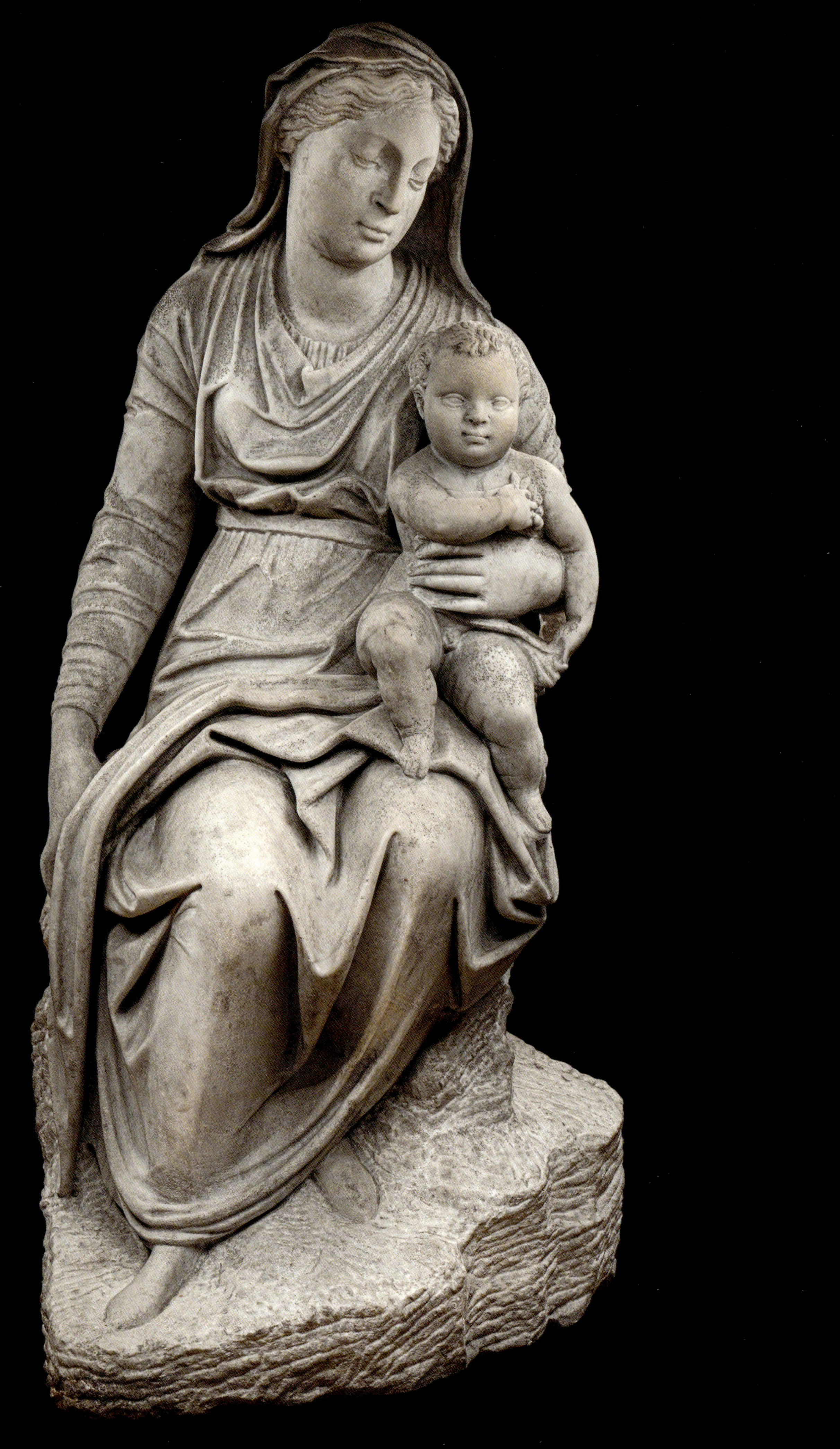

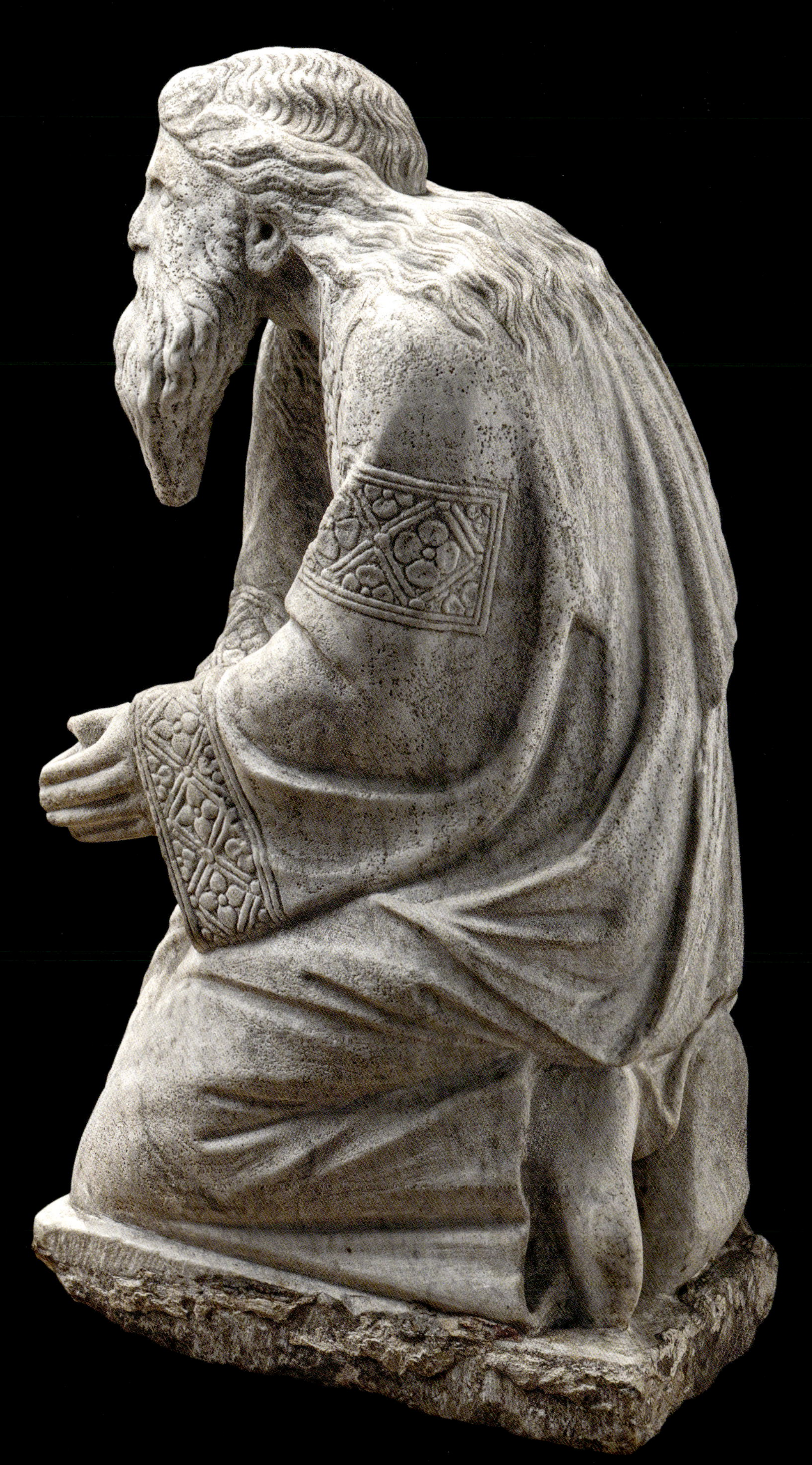

– testimonianza che ricorda come, originariamente, tutte le sculture fossero arricchite da colori e dorature.

Purtroppo, tutte le sculture fin qui brevemente descritte presentano danni di vario tipo causati dall'intervento di spostamento e muratura eseguito al tempo di Sisto V.

Infine, la scultura della *Madonna col Bambino* secondo l'opinione più diffusa sarebbe opera di uno scultore cinquecentesco, attribuita a Pietro Paolo Olivieri (1551-1599) o a Giovanni Antonio Paracca, detto il Valsoldo (1545/1550 c. – 1599).

Grazie all'analisi effettuata durante il restauro, è stato possibile raccogliere numerosi nuovi dati tecnici relativi alla scultura. Una buona parte dei volti di entrambi i personaggi sono caratterizzati da una lucidatura del marmo totalmente assente nelle altre figure del *Presepe* e presentano il profilo quasi schiacciato; inoltre, molti particolari del corpo di entrambi – busto, gambe e arti inferiori di Maria, proporzioni delle gambe del Bambino – evidenziano una cura particolare nella realizzazione della sola parte frontale. Al contrario, la smuratura dalla nicchia ha messo in evidenza come la figura sia in molte parti scolpita, specie sul retro, con un modo del tutto diverso e molto simile a quello utilizzato, ad esempio, per il panneggio del *Magio* inginocchiato e quindi in stile tardo medievale e in netto contrasto con le più volumetriche pieghe della veste sul fronte. Oltre a tali caratteristiche dei volti e del panneggio, la diversa patinatura emersa in fase di pulitura porta a ipotizzare che la scultura della *Madonna col Bambino* sia duecentesca e che nel Cinquecento sia stata sottoposta, solo nel lato frontale, a un processo di rilavorazione e modernizzazione.

sculptures were originally enriched with colours and gilding.

Unfortunately, all the sculptures briefly just described show various signs of the damage they suffered when they were moved and immured at the time of Sixtus V.

Lastly, the sculpture of the *Madonna and Child* is widely believed to be the work of a sixteenth-century sculptor – either Pietro Paolo Olivieri (1551-1599) or Giovanni Antonio Paracca (il Valsoldo) (ca. 1545/1550 – 1599).

Thanks to the analysis carried out during the restoration it has been possible to gather much new technical data about the sculpture. A large part the faces of both figures has a polish that is totally absent on the other figures of the *Nativity Scene* and they have almost flattened profiles. In addition, many details of the both bodies – Mary's torso, legs, and lower limbs, the proportions of the Infant Christ's legs – show that special care was taken in making the frontal part alone. On the contrary, the removal of the figure from the niche wall has made plain how the figure was carved in many parts, especially on the back, in a quite different manner and one very similar to, for example, the drapery of the kneeling *Magus*, and thus in late medieval style and in stark contrast to the more volumetric folds of the robe on the front. Along with these characteristics of the faces and drapery, the different patination that emerged during the cleaning process has also led to the hypothesis that the sculpture of the *Madonna and Child* may have been originally carved in the thirteenth century but, on the front side, was reworked and updated in the sixteenth century.

P. 114
Arnolfo di Cambio
San Giuseppe
1291, marmo di Carrara

PP. 116-117
Arnolfo di Cambio (c. 1240/45-1302/10 c.)
Presepe
1291, marmo di Carrara

P. 119
Arnolfo di Cambio
Bue e asinello
1291, marmo di Carrara

P. 120
Anonimo scultore (rielaborazione dell'originale di Arnolfo di Cambio?)
Madonna con Bambino
1585 circa (?), marmo di Carrara

P. 121
Arnolfo di Cambio
Magio inginocchiato
1291, marmo di Carrara

P. 123
Arnolfo di Cambio
Magi in piedi
1291, marmo di Carrara

P. 114
Arnolfo di Cambio
Saint Joseph
1291, Carrara marble

PP. 116-117
Arnolfo di Cambio (ca. 1240/45-1302/10 ca.)
Nativity Scene
1291, Carrara marble

P. 119
Arnolfo di Cambio
Ox and Donkey
1291, Carrara marble

P. 120
Anonymous sculptor (reworking the original by Arnolfo di Cambio?)
Madonna and Child
ca. 1585 (?), Carrara marble

P. 121
Arnolfo di Cambio
Kneeling Magus
1291, Carrara marble

P. 123
Arnolfo di Cambio
Standing Magi
1291, Carrara marble

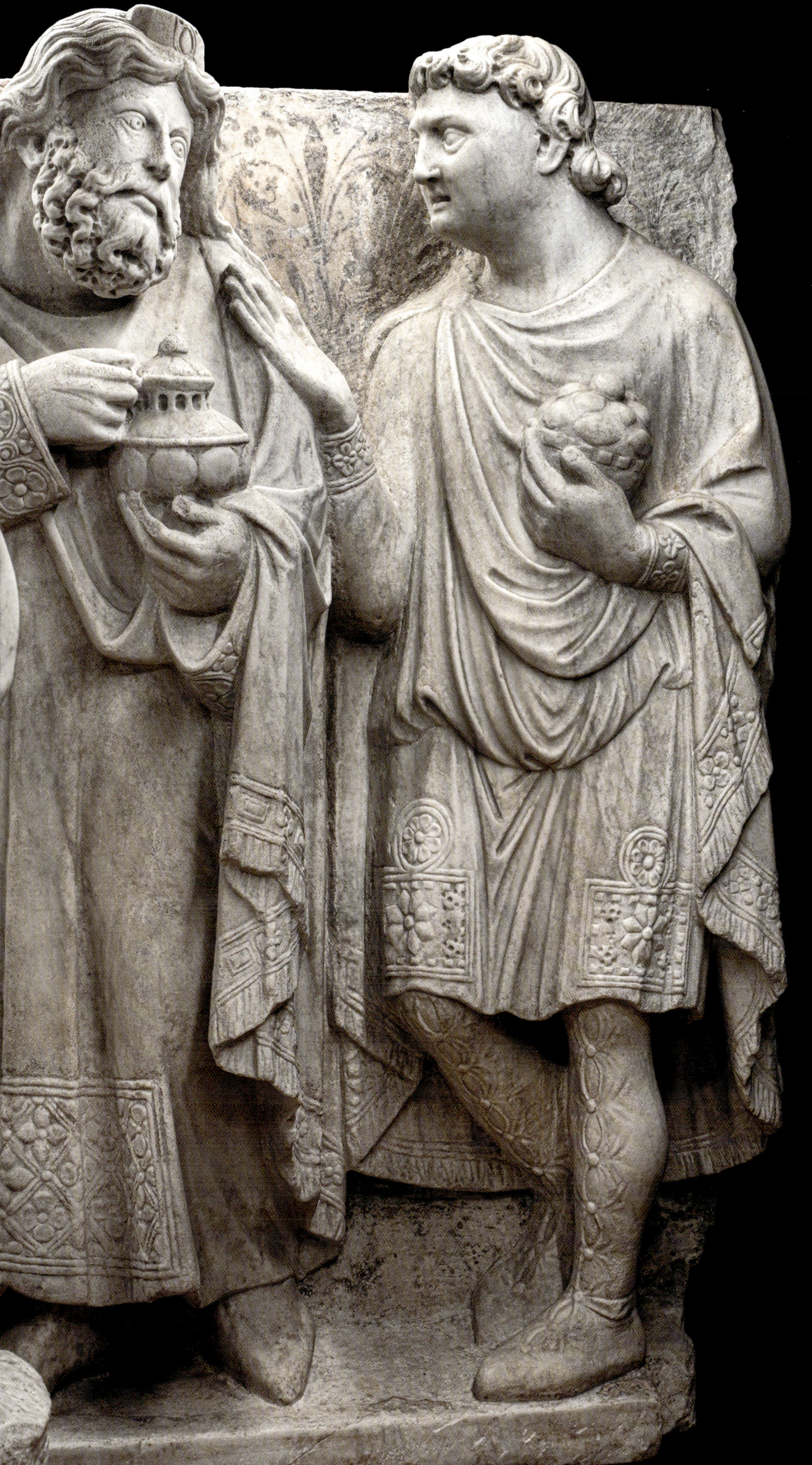

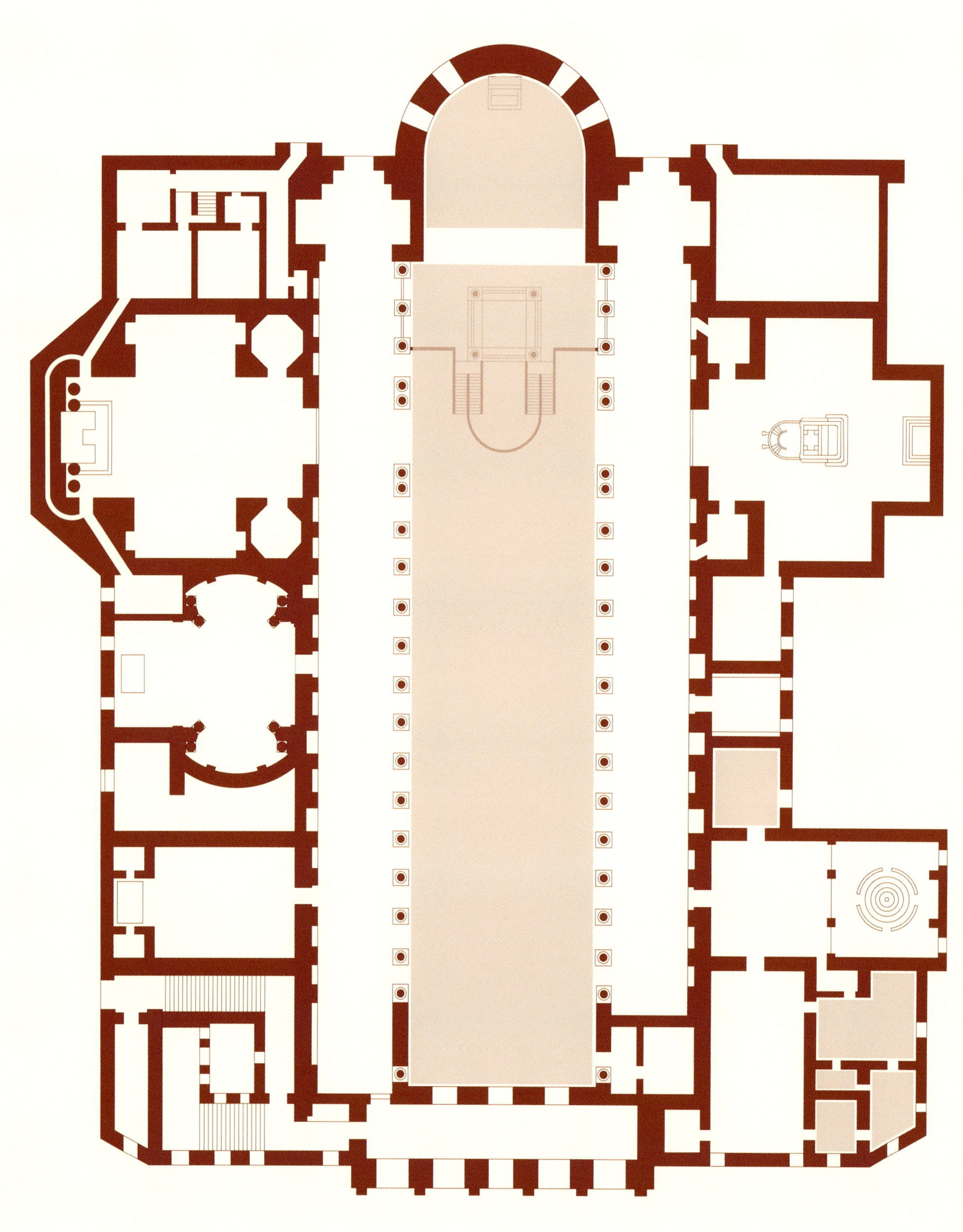

Neve, Marmo, Oro. La trasformazione della Basilica nel Quattrocento

Snow, Marble, Gold. The Transformation of the Basilica in the Fifteenth Century

Mino da Fiesole, Abside e Sagrestia
Mino da Fiesole, Apse and Sagresty

Cappella di San Michele
Chapel of Saint Michael

Soffitto ligneo dorato
Gilded wooden ceiling

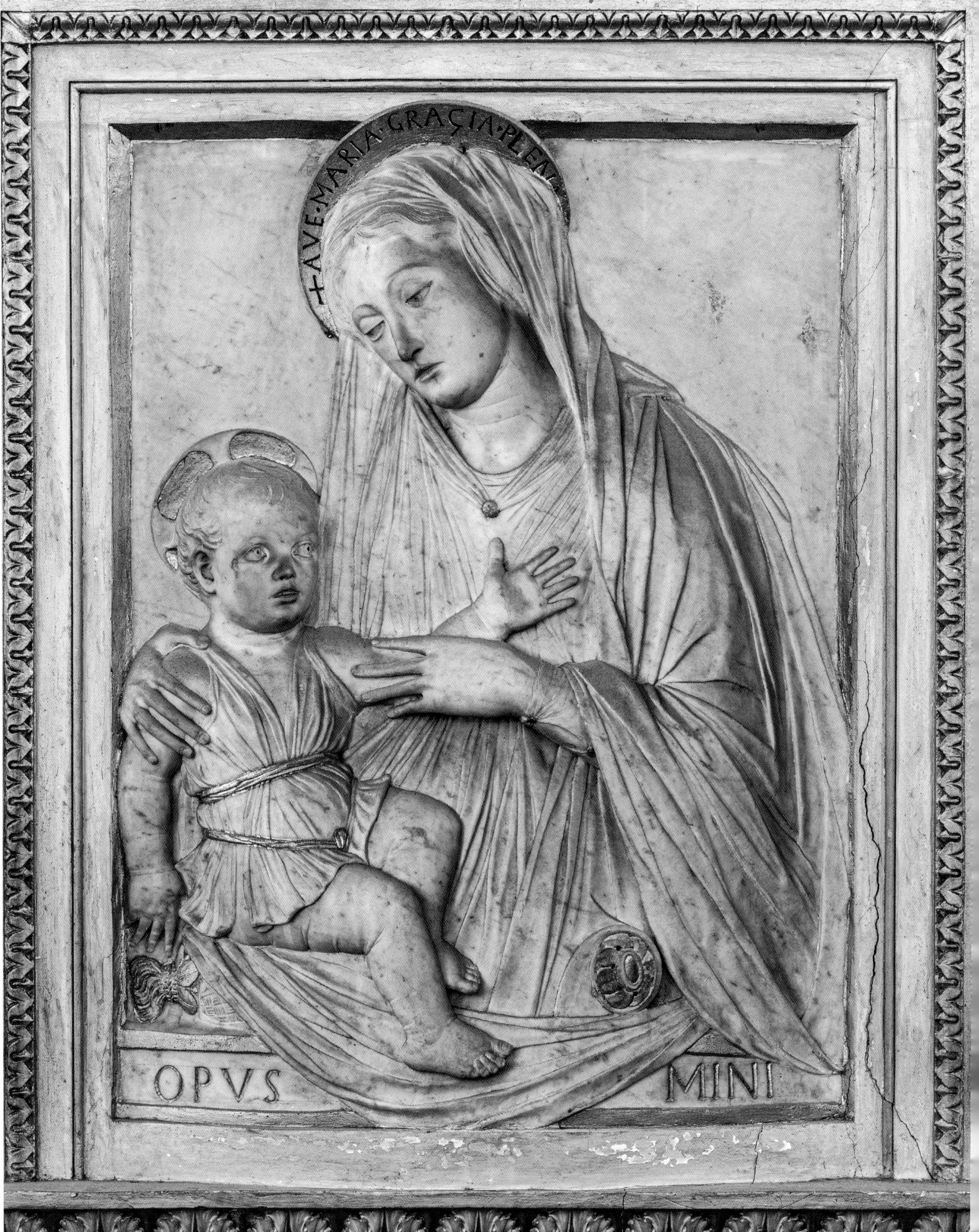
+AVE·MARIA·GRAÇIA·PLEN
OPVS
MINI

Neve, Marmo, Oro. La trasformazione della Basilica nel Quattrocento

Arnold Nesselrath

Snow, Marble, Gold. The Transformation of the Basilica in the Fifteenth Century

Arnold Nesselrath

L'odierno visitatore che entra nella Basilica di Santa Maria Maggiore necessita di un'erudizione sottile per poter immaginare che questo monumento – tramite la sua cultura artistica – contribuì considerevolmente a ristabilire la sede apostolica a Roma. Mentre la Basilica Lateranense era, come lo è tuttora, la cattedrale del vescovo di Roma, all'inizio del Quattrocento la Basilica Liberiana poteva essere considerata dal medioevo tradizionalmente la chiesa della famiglia Colonna, la stirpe di papa Martino V (1417-1431). Dopo l'esilio avignonese e il grande scisma fu lui a riunire di nuovo la Chiesa Cattolica dopo il Concilio di Costanza (1414-1418) convocato dall'imperatore Sigismondo. Chiamando gli artisti più avanguardisti del suo tempo da tutta l'Italia per restaurare, rinnovare e ristabilire la grande tradizione della Chiesa, riuscì a consolidare il papato al soglio di Pietro.

Nella navata della Basilica Ferdinando Fuga uniformò le colonne antiche della chiesa paleocristiana lucidando i fusti e coprendo le variegate spoglie reimpiegate dalle Terme di Diocleziano e da altri edifici romani con cortecce di capitelli e basi standardizzati. La solennità dell'attuale monumentale baldacchino sopra l'Altare maggiore soppianta l'intimità che la chiesa quattrocentesca prima respirava quando sulla sua mensa il Santissimo Sacramento era il fulcro di tutto l'ambiente. Il sontuoso soffitto cassettonato e dorato – aggiunto alla fine del secolo – divenne il prototipo per le chiese post-tridentine e barocche non solo a Roma e apriva la strada verso la monumentalizzazione dello spazio nella Basilica Liberiana.

Per la lunga tradizione famigliare del luogo non sorprende che papa Martino V commissionava nella seconda metà degli anni Venti del Quattrocento a Masaccio (1401-1428) e Masolino (1383-1440) un nuovo trittico per l'altar maggiore che esponesse in stile attuale ai fedeli le storie sulle quali è fondata la Basilica. Sulle due facce sempre al centro sono rappresentate l'*Assunzione della Vergine* e il *Miracolo della Neve* (oggi custodite a Napoli, Museo di Capodimonte) e sui lati i *Santi Girolamo e Giovanni Battista* (oggi a Londra, National Gallery), *Giovanni Evangelista (?) e Martino di Tours* (oggi a Philadelphia, Museum of Art), *Paolo e Pietro* (oggi a Philadelphia, Museum of Art) e infine *Gregorio Magno (?) e Matteo* (oggi a Londra, National Gallery).

Today's visitor to Santa Maria Maggiore would need sensitive erudition to imagine how this monument – through its artistic culture – contributed significantly to re-establishing the Apostolic See in Rome. While San Giovanni in Laterano was, and still is, the Cathedral of the Bishop of Rome, at the beginninzg of the fifteenth century the Basilica Liberiana could have been considered traditionally since the middle ages the family church of the Colonna, the family of Pope Martin V (1417-1431). After the exile in Avignon and the Great Schism, it was Martin V that reunited the Catholic Church after the Council of Constance (1414-1418), convened by Emperor Sigismund. By summoning the most avant-garde artists of the time from all over Italy to restore, renew, and re-establish the great tradition of the Church, he also succeeded in consolidating the Papacy at the Throne of Peter.

In the Basilica nave, Ferdinando Fuga regulated the ancient columns of the Early Christian church, polishing the shafts and papering over the motley spolia recycled from the Baths of Diocletian and other Roman buildings with uniform shells of capitals and bases. The gravity of today's monumental baldachin over the High Altar has supplanted the intimacy that the fifteenth-century church used to breathe, when the Blessed Sacrament on the altar was the focal point of the entire environment. The lavish coffered and gilded ceiling – added at the end of the century – became the prototype for post-Tridentine and Baroque churches in Rome and farther afield, and paved the way for the later monumentalisation of the Liberian Basilica.

Given the Colonna family's long association with the site, it is not surprising that in the late 1420s, Pope Martin V commissioned Masaccio (1401-1428) and Masolino (1383-1440) to create a new triptych for the High Altar that represented to the faithful in a contemporary style the stories on which the basilica was founded. On the two central panels the *Assumption of the Virgin* and the *Miracle of the Snow* (now in the Museo di Capodimonte, Naples) were represented, and on the sides *Saints Jerome and John the Baptist* (now in the National Gallery, London), *Saints John the Evangelist (?) and Martin of Tours* (now in the Museum of Art, Philadelphia), *Saints Peter and Paul* (in the same museum) and finally *Saints Gregory the Great (?) and Matthew* (now in the National Gallery, London).

Dal 1443 per quarant'anni uno dei più potenti e munificenti principi della Chiesa dell'epoca divenne arciprete della Basilica, il cardinale francese Guillaume d'Estouteville, arcivescovo di Rouen e titolare di San Martino ai Monti. Oltre a occuparsi di importanti interventi diplomatici coprì dal 1477 l'incarico di Camerlengo di Santa Romana Chiesa e fece costruire in Campo Marzio la Basilica di Sant'Agostino. Non si sa niente circa i motivi e le vicende che – dopo quasi due decenni del suo mandato esquilino – lo incentivarono a togliere il nuovo Altare maggiore – niente meno che una donazione pontificia recente e un capolavoro artistico – e a deporlo nell'angusta cappella famigliare dei Colonna. Lo sostituì con un sontuoso ciborio con il quale seguiva una tradizione paleocristiana e medioevale secondo l'esempio di Arnolfo di Cambio a San Paolo fuori le Mura e altri prototipi. Siccome l'opera donata da D'Estouteville a sua volta venne distrutta da Ferdinando Fuga nel 1747, la struttura è documentata in un'incisione del 1621 da Paolo de Angelis nella sua pubblicazione sulla Basilica e in una miniatura in un passionale del pontificato di papa Clemente XI (1700-1721) per la stessa. Il baldacchino fu quindi sorretto da quattro colonne antiche di porfido. Iscrizioni, oggi perdute, forniscono il nome del committente e la data dell'esecuzione 1461. L'attribuzione allo scultore Mino di Giovanni di Mino, meglio noto come Mino da Fiesole (1429-1484) o Mino del Reame, è rapportata dalle prime guide di Roma all'inizio del Cinquecento e propagata da Vasari, il quale però a distanza di un secolo creò confusione sul personaggio di Mino. Il cosiddetto *Ciborio della neve* racconta, ora in rilievi, le storie strettamente legate a Santa Maria Maggiore, cioè l'*Assunzione della Vergine* e il *Miracolo della Neve* come il precedente altare di Masaccio e Masolino, e aggiungeva inoltre la *Nascita di Gesù* e l'*Adorazione dei re Magi*, anch'esse legate strettamente a Santa Maria Maggiore, dove si venerano le reliquie della *Sacra Culla*. Tutti i quattro rilievi sono oggi murati in fondo all'abside. Una serie di ulteriori ventisette rilievi provenienti dal ciborio è invece esposta nella Sala Capitolare all'interno della Sagrestia Nuova. Gli altri sono dispersi. Quattro sono ad Olomouc sull'altare della cattedrale di San Venceslao e il rilievo della *Madonna col Bambin Gesù* è oggi a Cleveland, Ohio. Le statuine sugli angoli in cima mancano. Degli ornamenti della struttura e soprattutto delle colonne di porfido furono reimpiegate da Ferdinando Fuga nella nuova Cappella del Crocifisso o delle Reliquie costruita attorno al *Crocifisso ligneo*, un'altra opera quattrocentesca conservata.

Subito dopo il ciborio D'Estouteville si accaparrava il servizio di Mino a Santa Maria Maggiore commissionandogli l'*Arca di San Girolamo*, posta solo a pochi metri di distanza dall'Altare maggiore. Anche quest'opera fu smantellata già nel 1586 da papa Sisto V; i rilievi furono portati alla sua villa privata nei dintorni della Basilica e fanno oggi parte della collezione di Palazzo Venezia.

Nel modo più radicale l'arciprete si è occupato della struttura architettonica ed è intervenuto con lavori al campanile, dove sono appesi i suoi stemmi. Ha donato due campane sotto il pontificato di papa Paolo II (1464-1471), forse un'indicazione

From 1443, and for forty years, the French cardinal Guillaume D'Estouteville, Archbishop of Rouen and Titular Cardinal of San Martino ai Monti, and one of the most powerful and munificent princes of the Church at the time, was Archpriest of Santa Maria Maggiore. Beyond important diplomatic initiatives, from 1477 he held the position of Chamberlain of the Holy Roman Church and commissioned the building of the basilica of Sant'Agostino in the Campo Marzo. Nothing is known about his motivation and the circumstances which – after almost two decades in office as Archpriest on the Esquiline, led him to remove the new High Altar – nothing less than a recent papal donation and an artistic masterpiece – and relocate it within the cramped confines of the Colonna family chapel. He replaced it with a sumptuous ciborium according to the Early Christian and medieval tradition, following the example of Arnolfo di Cambio at San Paolo fuori le Mura and other prototypes. Although the work donated by D'Estouteville was in turn destroyed by Ferdinando Fuga in 1747, its arrangement was documented in a 1621 engraving by Paolo de Angelis in his publication on the Basilica and in a miniature in a Passional for the liturgy there (manuscript with text and music for Holy Week) commissioned by Pope Clement XI (1700-1721). At the time, the D'Estouteville's baldachin was supported by four ancient porphyry columns. Inscriptions, now lost, provide the name of the patron and the date of execution, 1461. An attribution to the sculptor Mino di Giovanni di Mino, better known as Mino da Fiesole (1429-1484) or Mino del Reame, was reported in the early Roman guidebooks at the beginning of the sixteenth century and was propagated by Vasari, who, however, at the distance of a century created confusion over Mino's activity. The so-called *Ciborium of the Snow* relates, now in reliefs, the stories closely linked to Santa Maria Maggiore, that is the *Assumption of the Virgin* and the *Miracle of the Snow*, like the previous altar by Masaccio and Masolino, but also added the *Nativity* and *Adoration of the Magi*, which were also closely linked to Santa Maria Maggiore, where the relics of the *Holy Crib* were venerated. These four reliefs are today set into the wall in the back of the apse. A series of further twenty-seven reliefs from the ciborium are exhibited in the Chapter House of the New Sacristy. The others have been dispersed. Four are in Olomouc on the altar of Saint Wenceslas Cathedral, while the relief of the *Madonna and Child* is now in Cleveland, Ohio. The statuettes from the upper corners of the baldachin have gone missing. Various ornamental details from the structure, particularly the porphyry columns, were reused by Ferdinand Fuga in the new Chapel of the Crucifix or of the Relics, built to showcase a *Wooden Crucifix*, another work preserved from the fifteenth century.

Shortly after building the Ciborium, D'Estouteville seized on Mino's services for Santa Maria Maggiore, commissioning from him the *Ark of Saint Jerome*, placed only a few metres from the High Altar. Pope Sixtus V dismantled this work already in 1586; the reliefs were taken to his private villa nearby and are now part of the collection in the Palazzo Venezia.

The archpriest intervened most radically in the church's architecture with works on the bell tower, to which his coats of arms are affixed. During the pontificate of Pope Paul II (1464-1471) he also donated two bells, perhaps indicating that his initiatives took

che queste iniziative sono avvenute nello stesso periodo. Pietre scolpite con lo stemma, due delle quali conservate al Museo della Basilica, indicano ulteriori suoi progetti.

Del tutto diversa è la nuova decorazione dell'annessa prestigiosa Cappella di San Michele Arcangelo. Accanto alla navata laterale destra, accanto all'odierno battistero, il prelato d'oltralpe fece ristrutturare e decorare una cappella medioevale, un enorme ambiente con una volta a crociera e un'abside. Lo stemma cardinalizio del cardinale D'Estouteville in cima alla volta è fissato con grappe, ciò indica che la cappella divenne proprio requisita dal nuovo padrone. Anche quest'opera non fu risparmiata dalla sorte di tutto il patrimonio di questo importante committente quattrocentesco. L'accesso della ex-Cappella di San Michele verso la Basilica venne murato e l'abside distrutta; quello che era nato come un maestoso sacello è ridotto a un'uscita posteriore dal battistero. Gli affreschi dei quattro monumentali evangelisti sulla volta hanno sofferto molto. Solo le figure di *San Luca* e di *San Marco* sono per la maggior parte conservate, di *San Matteo* rimane la testa, *San Giovanni Evangelista* è illeggibile. La tecnica a secco con la quale sono eseguite le rendeva naturalmente piuttosto deboli. Degli impressionanti ornamenti classicheggianti che le incorniciavano è rimasto poco, giusto quanto basta per stimolare l'immaginazione riguardo a quanto sia andato perduto. Le due lunette conservate sulle pareti mostrano un *Cristo morto nella tomba sorretto da due angeli* e il patrono della Cappella *San Michele con il drago*. Sono eseguite in buon fresco e durante l'ultimo restauro, nel 1981, furono scoperte le sinopie sottostanti.

Manca qualsiasi elemento per un'attribuzione di queste pitture. La storia dell'arte si è accanita sin dai tempi di Giorgio Vasari – il quale viene ancora equivocato per una fonte – fino a Roberto Longhi per trovare l'autore di questi murali impressionanti; sono stati proposti nomi da Benozzo Gozzoli fino a Piero della Francesca e in mezzo Lorenzo da Viterbo, nessuno dei quali convince come autore. Il cambio fondamentale della tecnica tra volta e pareti viene sostenuto da una differenza stilistica ed è quindi possibile che vi abbiano lavorato due artisti diversi. Un affresco parietale del tardo-Cinquecento potrebbe indicare da quando la decorazione del cardinale D'Estouteville cominciò a deteriorarsi.

Come originariamente tutta la Basilica, questa cappella è dotata di un prezioso pavimento in *opus alexandrinum*. Se questo sia un relitto della cappella medioevale e appartenga alla stessa cultura decorativa della Basilica o se sia rifatto da D'Estouteville seguendo la tradizione cosmatesca, andrebbe studiato ulteriormente. Comunque, questo tipo di pavimento era in voga ancora per tutto il Quattrocento: dal nuovo pavimento donato da Martino V alla Basilica Lateranense passando per quello di Niccolò V (1447-1455) nell'odierna Stanza della Segnatura fino a quello di Sisto IV (1471-1484) alla Cappella Sistina.

Purtroppo, mancano le fonti per datare altri interventi architettonici eseguiti su indicazioni del cardinale D'Estouteville. Su sua iniziativa la Basilica fu aperta con due portali a destra e a sinistra dell'abside verso la città e resa accessibile da fuori attra-

place in the same period. Stones carved with his coat of arms, two of which are preserved in the Basilica's Museum, indicate further projects initiated by him.

Of a completely different character was D'Estouteville's new addition of the adjacent prestigious Chapel of the Archangel Michael. Accessible from the right-side aisle, next to the present baptistery, the Northern European prelate had a medieval chapel restructured and decorated, a huge space with a cross-vault and an apse. The cardinal's coat of arms was fixed in the apex of the vault with metal cramps, indicating that the chapel had indeed been requisitioned by the new patron. Once again, this work was not spared the fate that befell the entire patrimony of this important fifteenth-century donor. The access from the Basilica to the formerly Chapel of Saint Michael was walled up and the apse destroyed; what was once a majestic chapel was reduced to a rear exit for the baptistery. The frescoes of the four monumental evangelists on the vault have suffered greatly. Only the figures of *Saint Luke* and *Saint Mark* are largely preserved, of *Saint Matthew* only the head remains, while the figure of *Saint John the Evangelist* is illegible. The *a secco* technique in which they were executed naturally rendered them rather fragile. Little remains of the impressive classicising ornaments that framed them, just enough to stimulate the imagination as to what has been lost. The two lunettes on the walls show a dead *Christ in the Sepulchre supported by two angels* and the patron of the chapel *Saint Michael with the dragon*. These were executed in *buon fresco* and during the last restoration in 1981, the underlying sinopias were discovered.

There is no evidence for an attribution of these murals to a particular artist. Art historians from Giorgio Vasari – who is still misunderstood as a source – to Roberto Longhi, have persevered in discussing the author of these impressive murals; names from Benozzo Gozzoli to Piero della Francesca, and between them Lorenzo da Viterbo, have been proposed, none of which seems convincing as author. The fundamental change in technique between the vault and the walls is accompanied by a stylistic difference, and it is therefore quite possible that two different artists have worked in the chapel. A wall fresco from the late-sixteenth century may indicate the date by which Cardinal D'Estouteville's decorations had begun to deteriorate.

Like the whole Basilica originally, this chapel has a precious floor in so-called *opus alexandrinum (marble inlay)*. Whether it is a remnant of the medieval chapel and belongs to the same decorative culture as the Basilica or whether it was redone by D'Estouteville in the Cosmatesque tradition requires further study. In any case, this type of floor remained in vogue throughout the fifteenth century: from the new floor donated by Martin V to the Lateran Basilica to that of Nicholas V (1447-1455) in the so-called Stanza della Segnatura in Raphael's Vatican State Rooms, to that of Sixtus IV (1471-1484) in the Cappella Sistina.

There are no sources, unfortunately, to date the other architectural interventions commissioned by Cardinal D'Estouteville. On his initiative, two doors were opened on either side of the apse towards the city and from the outside these were conversely

verso un'impressionante scalinata che aggirava l'abside. Nel medioevo i mosaici esterni di Jacopo Torriti, oggi perduti o murati all'interno dell'abside barocca, invitavano la gente proveniente dai quartieri abitati – ma che doveva girare l'edificio per entrarvi – annunciando ciò che si venerava all'interno. D'Estouteville modificò questa logistica. Le volticelle introdotte in tutte campate delle navate laterali della Basilica, che sboccano su queste porte, cambiarono fondamentalmente l'effetto dell'ambiente. Visto in questo contesto, il nuovo ciborio contribuiva alla monumentalizzazione dell'intero edificio. La Basilica d'estoutevilliana alterava la Basilica Liberiana radicalmente e la apriva verso la città. Trasformava la basilica paleocristiana in un organismo integrato nell'urbanistica della capitale del papato risorto. L'arciprete francese portava la politica del rinnovo dell'Urbe praticata dai pontefici quattrocenteschi sull'Esquilino. Il progetto della sua sepoltura nella sua Basilica non venne realizzato, trovò il suo ultimo riposo nella chiesa realizzata da lui, Sant'Agostino.

Donazioni private si manifestano in tabernacoli e sepolture collocati nella chiesa attestando l'attrattiva di Santa Maria Maggiore durante il Quattrocento. Tra l'altro si trova la tomba di Bartolomeo Sacchi, detto il Platina, il primo bibliotecario della Biblioteca Apostolica Vaticana nominato da Sisto IV e morto il 21 settembre 1481, situata in una cappella laterale all'uscita a sinistra dell'abside accanto al monumento per il cardinale Consalvo Rodriguez. Lo commemora un'iscrizione su una lastra in forma di un antico cippo.

Dopo D'Estouteville anche il successivo arciprete della Basilica Liberiana era un cardinale potente, Rodrigo Borgia; il suo mandato terminò nel 1492 quando fu eletto papa col nome di Alessandro VI. Sette mesi dopo ritornò in visita alla sua sede precedente *visurus quae pro structura illius ecclesiae sive supracoelo parata erant*, cioè per ispezionare le capriate del tetto. Nel 1498 veniva a vedere l'opera *quod ibidem fieri ordinavit*, quindi aveva lui commissionato il soffitto, e nel 1499 vennero stipulati i contratti e i lavori iniziarono; non è chiaro se fossero ultimati prima o durante il Giubileo del 1500. Con la sua attribuzione del soffitto a Giuliano da Sangallo, Giorgio Vasari – un ulteriore fraintendimento come fonte – ha creato molta confusione. I contratti suggeriscono che l'autore era invece suo fratello Antonio da Sangallo il Vecchio (1453-1534), che si era appena distinto a Firenze come legnaiolo per una serie di soffitti lignei cassettonati insieme a Simone Pollaiuolo, detto Il Cronaca (1457-1508).

Al centro dei 105 cassettoni splende lo stemma del pontefice regnante e in mezzo alle due metà quello di suo zio, papa Callisto III (1455-1458). A partire da Panvinio (1529-1568) questi stemmi hanno indotto a credere che Callisto avesse commissionato il soffitto già prima di Alessandro VI. Non c'è evidenza, però. Invece il persistente interesse di Alessandro indica un suo impegno personale. Infatti, l'umanista Sigismondo de' Conti, coetaneo del papa, racconta che questo aveva promesso il soffitto molto prima, *voti multo ante concepti*. Anche qui manca per adesso l'evidenza, ma si potrebbe indagare se Rodrigo Borgia, successore di D'Estouteville come arciprete, intendesse continuare la trasformazione iniziata

accessible via an imposing staircase that surrounded the apse. In the Middle Ages, the exterior mosaics by Jacopo Torriti, now lost or concealed behind the skin of the new Baroque apse, beckoned people from the inhabited quarters – who had previously to walk all the way around the building to enter – by announcing what was venerated within. D'Estouteville modified these logistics. The small vaults installed in all the bays of the basilica side aisles that lead to these doors, radically changed the effect of the environment. In this context, the new ciborium contributed to the monumentalisation of the overall building. D'Estouteville radically altered the Liberian Basilica by opening it towards the city, and transformed the Early Christian church into an organism integrated into the urbanism of the capital of the restored papacy. The French archpriest brought to the Esquiline the politics of city renewal practised by the fifteenth-century popes. However, his plan to be buried in his renewed Basilica was not realised, since he found his final resting place in the church that he had built from scratch, Sant'Agostino.

Various tabernacles and tombs record the private donations to Santa Maria Maggiore and testify to the attraction the church held during the fifteenth century. Among them is the tomb of Bartolomeo Sacchi, known as Platina, the first librarian of the Vatican Library, appointed by Sixtus IV. Platina died on 21 September 1481, and is buried in the side chapel to the left of the apse, next to the funerary monument for Cardinal Consalvo Rodriguez. An inscription commemorates Platina on a slab in the shape of an ancient cippus.

After D'Estouteville, the next Archpriest of the Liberian Basilica was another powerful cardinal, Rodrigo Borgia, whose tenure ended in 1492 when he was elected Pope with the name of Alexander VI. Seven months later he returned to visit his former seat *visurus quae pro structura illius ecclesiae sive supracoelo parata errant*: that is, to inspect the roof trusses. In 1498 he came to see the work *quod ibidem fieri ordinavit ("which he had ordered done there")*, so he therefore had commissioned the ceiling, and in 1499 contracts were signed and works began; it is unclear whether it was completed before or during the Jubilee of 1500. Giorgio Vasari – a further misunderstanding of his text as source – caused much confusion by attributing the ceiling to Giuliano da Sangallo (1445-1516). The contracts instead suggest that the author was his brother Antonio da Sangallo the Elder (1453-1534), who had recently distinguished himself in Florence as a woodworker on a series of coffered wooden ceilings and working alongside Simone Pollaiuolo, known as Il Cronaca (1457-1508).

In the centre of the 105 coffers is the coat of arms of the reigning pope, and in the centre of each half are those of his uncle, Pope Callixtus III (1455-1458). Since the time of Panvinio (1529-1568), these arms have led to the belief that Callixtus commissioned the ceiling before Alexander VI. However, there is no evidence for this. Instead, Alexander's persistent interest suggests his personal involvement. In fact, the humanist Sigismondo de' Conti, a contemporary of the Pope, reports that Alexander VI had vowed to make the ceiling much earlier (*voti multo ante concepti*). Again, there is no evidence, but it would be worth investigating whether Rodrigo Borgia, D'Estouteville's successor as archpriest, intended to continue the former cardinal's transfor-

della Basilica e se la realizzò come pontefice. La chiusura delle capriate e la copertura degli affreschi medioevali della controfacciata con il soffitto a cassettoni completa la trasformazione del grande ambiente paleocristiano in un'aula all'antica.

Il soffitto ligneo dorato domina, ad oggi, l'interno della Basilica di Santa Maria Maggiore creando un ambiente festoso. Indipendente dagli esempi precedenti a Firenze o i soffitti a cassettoni anteriori a Roma, come quello nella Basilica di San Marco commissionato da Paolo II e quello a San Cosimato commissionato da Sisto IV, quello della Basilica sull'Esquilino raggiante di oro ha ispirato i soffitti in molte chiese nell'era della controriforma e del barocco.

I contratti del 1498 con due maestri tedeschi Martinus Flosuin and Petrus Bocler del rione Parione e i loro pagamenti concedono un'occhiata sulla doratura e descrivono abbastanza meticolosamente la procedura dei battiloro. Sembra si trattasse di un ambiente artigianale e locale che non fa pensare a un'importante consegna di oro dal Nuovo Mondo. Paolo de Angelis nella sua grande pubblicazione del 1621 su Santa Maria Maggiore lanciò il mito sul primo oro dall'America che il Re e la Regina di Spagna avrebbero regalato al loro connazionale pontefice per il soffitto della Basilica Liberiana. Questa storia venne spesso poi ripetuta come, per esempio, nella *Historia Basilicae Liberianae Sanctae Mariae Maioris* di Giuseppe Bianchini.

La trasformazione della procedura intima e artigianale in un mito globale può esprimere allegoricamente quello che oggi è ancora percepibile della Basilica quattrocentesca, a sua volta spezzato in diversi episodi durante il secolo. La Basilica Liberiana stessa è mutata e dimostra in modo esplicito come gli strati della storia diventano parte solida del monumento; ogni tanto sembra ne costituiscano persino l'essenza. L'uomo colto riesce qualche volta a staccarne qualcuno. Opulenza e fasto dei padroni generano spesso atti violenti e irreversibili contro valori affermati. Gli effetti sono imprevedibili e contrastanti; la qualità artistica è il solo prerequisito per la persistenza: il trittico di Masaccio e Masolino fu spezzato, ma porta un messaggio di Santa Maria Maggiore nel mondo, il soffitto dorato ha superato i secoli e risplende sul posto come un firmamento eterno.

mation of the basilica only to accomplish it as pope. The closing of the trusses from view, and the covering of the medieval frescoes on the counter-façade with a coffered ceiling, completed the conversion of the large Early Christian environment into a hall 'all'antica'.

Still today the gilded wooden ceiling dominates the interior of Santa Maria Maggiore, creating a festive environment. Independently of previous examples in Florence or the earlier coffered ceilings in Rome, like that commissioned by Pope Paul II in the basilica of San Marco or that for Sixtus IV in San Cosimato, the one in the Esquiline Basilica was a shining example for ceilings in many later churches of the Counter-Reformation and Baroque periods.

The 1498 contracts with two German masters, Martinus Flosuin and Petrus Bocler from the *Rione Parione* in Rome, and the payments to them, allow a glimpse on the gilding and describe quite meticulously the whole process of goldbeating. There is no hint that a large influx of gold from the New World was involved and that the whole enterprise was a local, artisanal venture. In fact, it was Paolo de Angelis, in his great 1621 publication on Santa Maria Maggiore, who started the myth that the King and Queen of Spain had provided the Pope, their compatriot, with the first gold from America for the ceiling of the Basilica. This story was thereafter often repeated, for example in the *Historia Basilicae Liberianae Sanctae Mariae Maioris* by Giuseppe Bianchini.

The transformation of the intimate and artisanal process into a global myth can be taken to describe allegorically what can today still be perceived of the fifteenth-century Basilica, which was itself subdivided into different episodes over the course of the century. The Basilica Liberiana itself has changed and makes explicit how the layers of history become integral to the monument; sometimes they even seem to constitute its essence. Sometimes the educated person manages to peel some of the layers back. The opulence and splendour of the patrons often resulted in violent and irreversible acts against established values. The effects were unpredictable and conflicting; artistic quality is the only condition for survival. The triptych by Masaccio and Masolino may have been broken up, but in this way it is carrying the message of Santa Maria Maggiore to the world; the gilded ceiling has survived the centuries and shines *in situ* like an eternal firmament.

P. 126
Mino da Fiesole (1429-1484)
Madonna con Bambino
ante 1461, marmo di Carrara
Sala capitolare nella Sagrestia grande (provenienza all'interno della Basilica ignota)

P. 126
Mino da Fiesole (1429-1484)
Madonna and Child
before 1461, Carrara marble
Chapter House in the Large Sacristy (former position in the Basilica unknown)

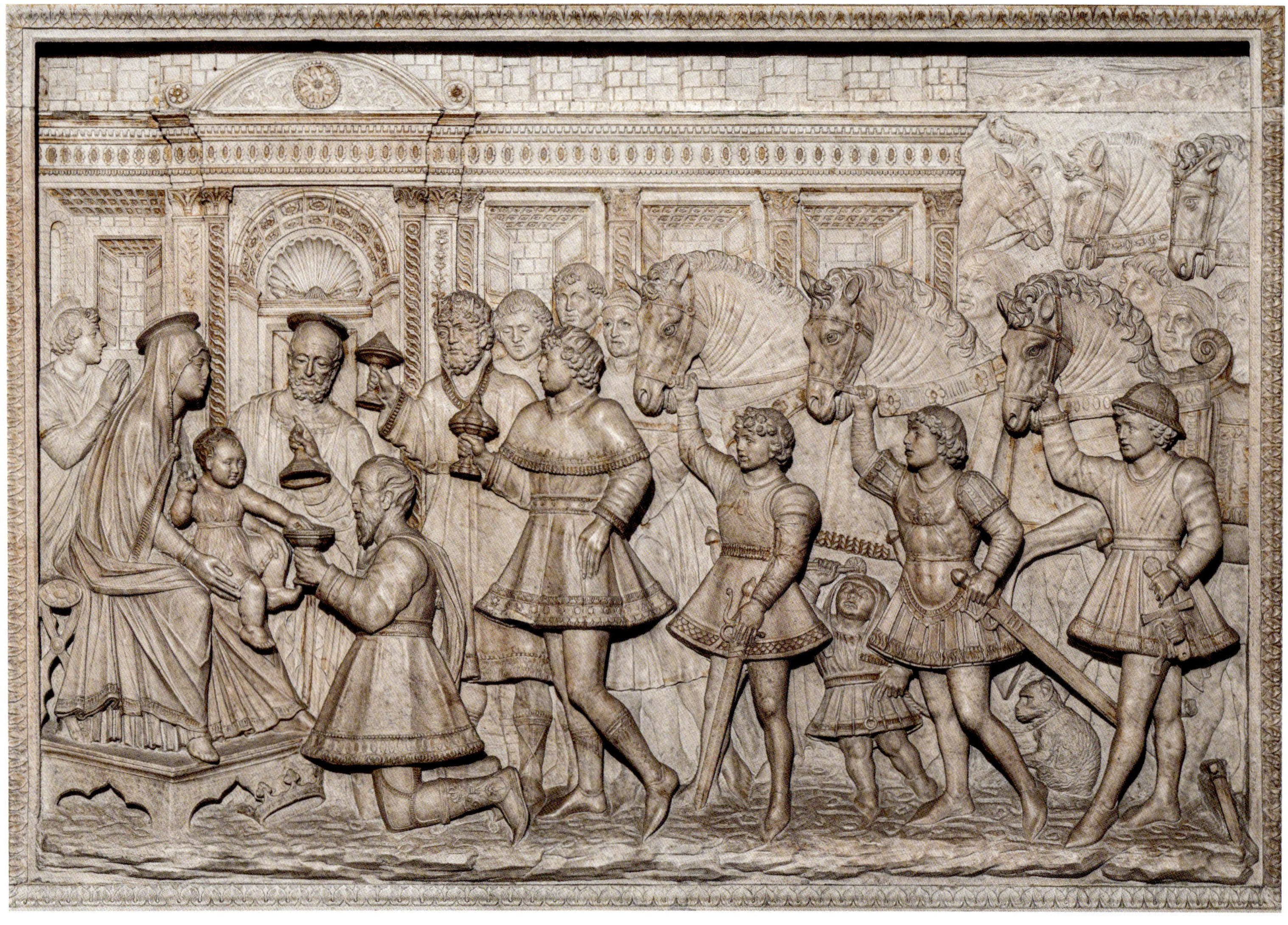

PP. 132, 133
Mino da Fiesole
Adorazione dei Re Magi
1461, marmo di Carrara
Abside (già Ciborio della Neve)

PP. 132, 133
Mino da Fiesole
Adoration of the Magi
1461, Carrara marble
Apse (formerly Ciborium of the Snow)

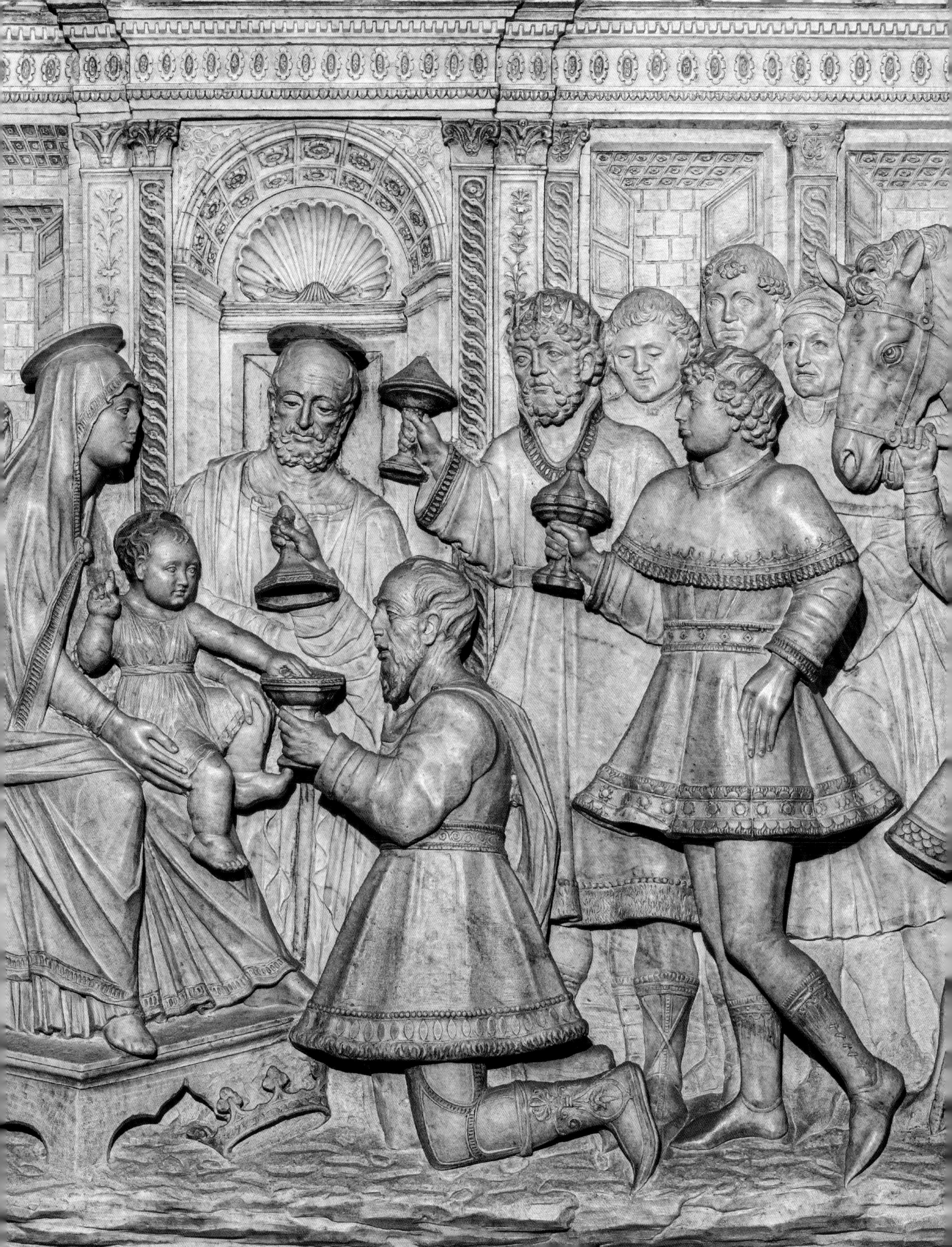

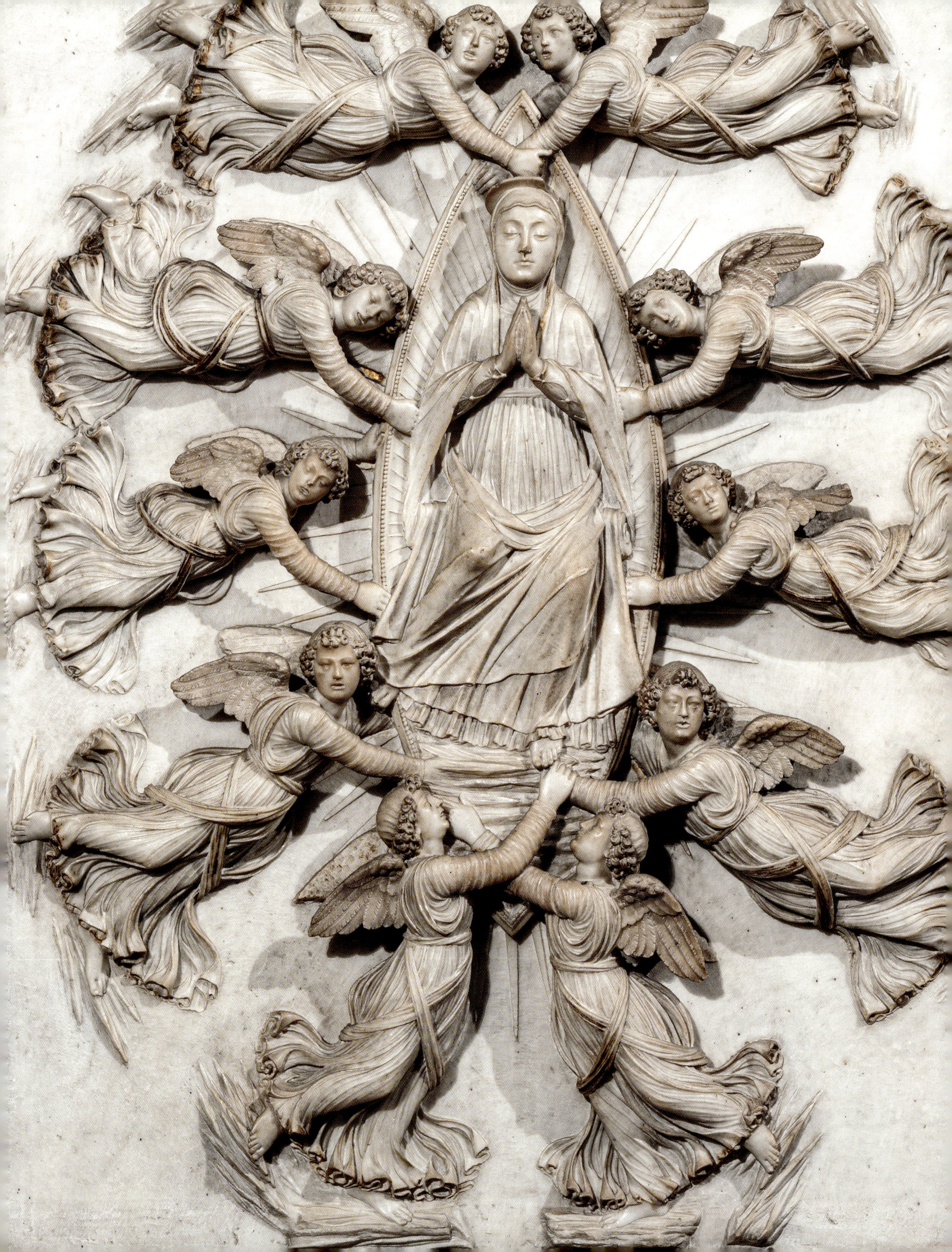

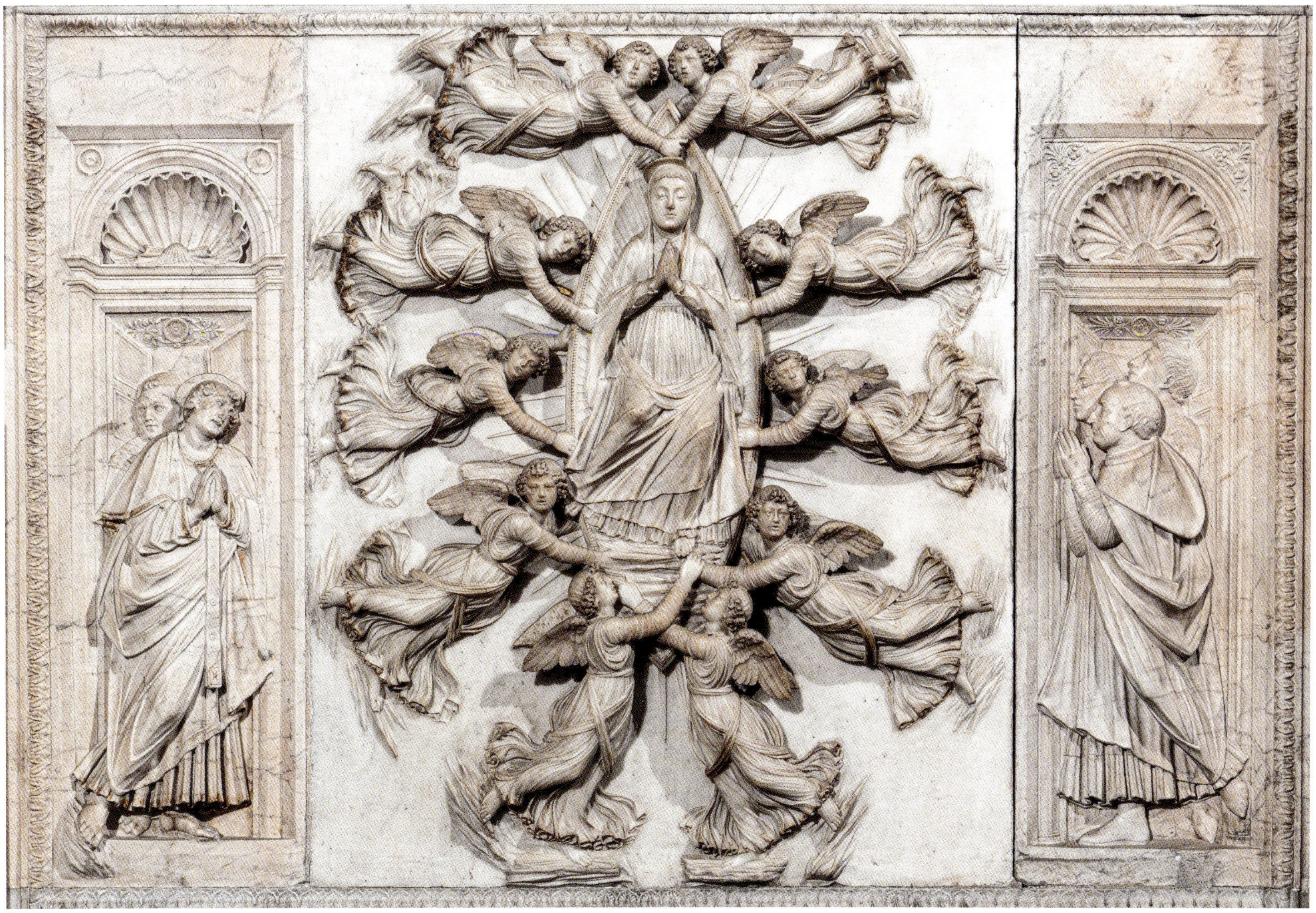

PP. 134, 135
Mino da Fiesole
Assunzione della Vergine
1461, marmo di Carrara
Abside (già Ciborio della Neve)

PP. 134, 135
Mino da Fiesole
Assumption of the Virgin
1461, Carrara marble
Apse (formerly Ciborium of the Snow)

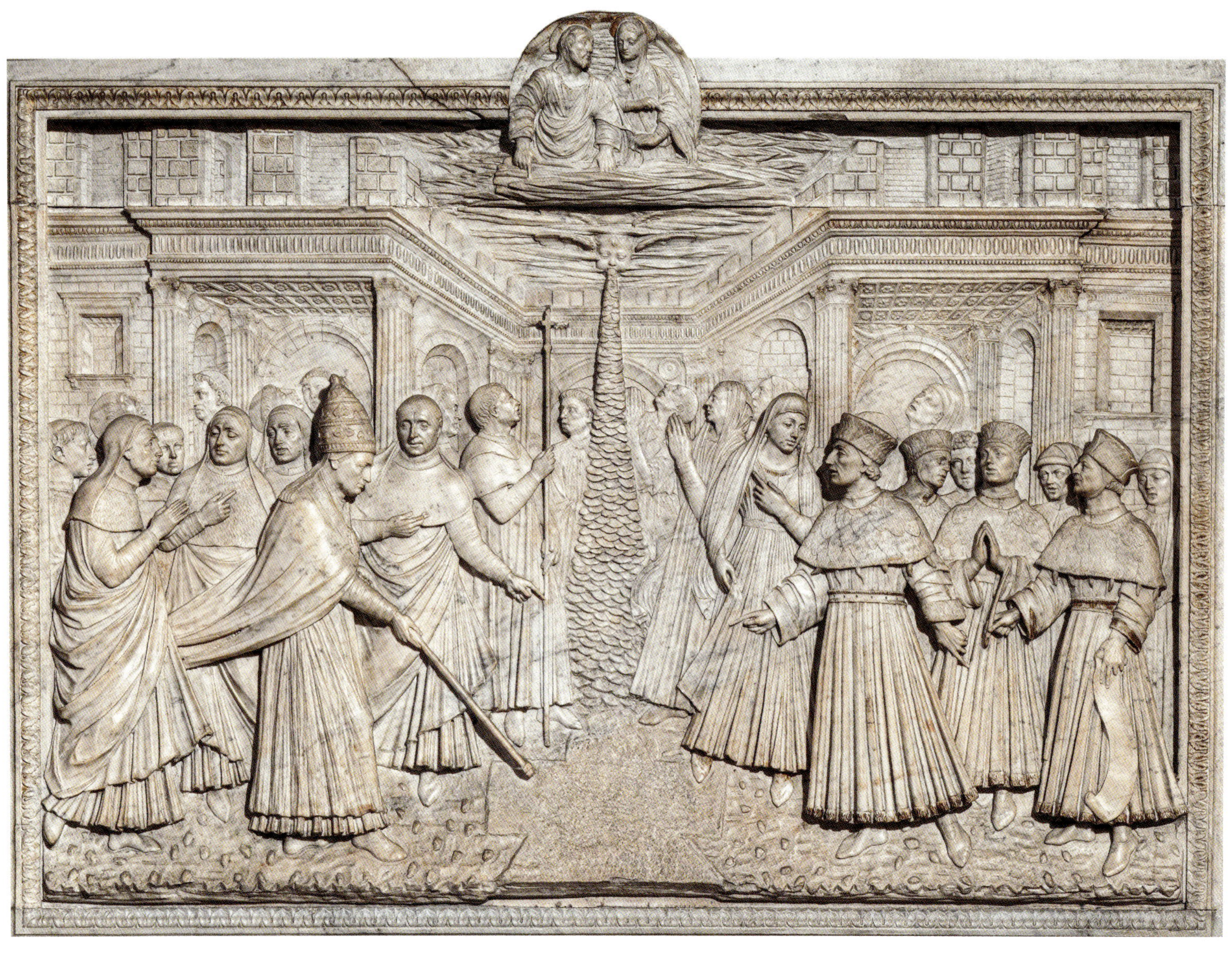

PP. 136, 137
Mino da Fiesole
Papa Liberio traccia il perimetro della futura Basilica sulla Neve mandata dalla Vergine
1461, marmo di Carrara
Abside (già Ciborio della Neve)

PP. 138-139
Stanza capitolare della Sagrestia grande
Veduta d'insieme

PP. 136, 137
Mino da Fiesole
Pope Liberius traces the Perimeter of the Future Basilica on the Snow sent by the Virgin
1461, Carrara marble
Apse (formerly Ciborium of the Snow)

PP. 138-139
Chapter Room at the Large Sacristy
Overall view

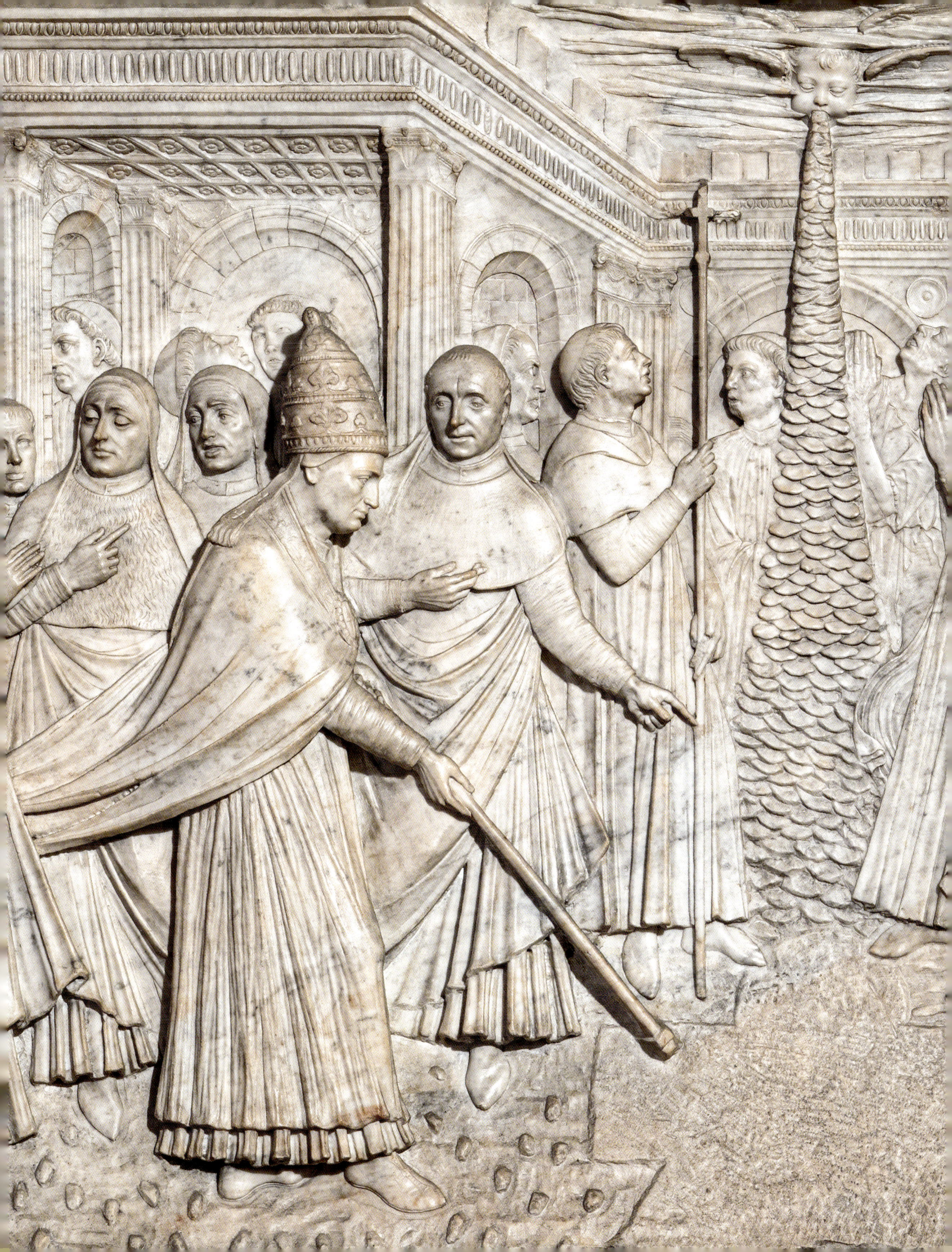

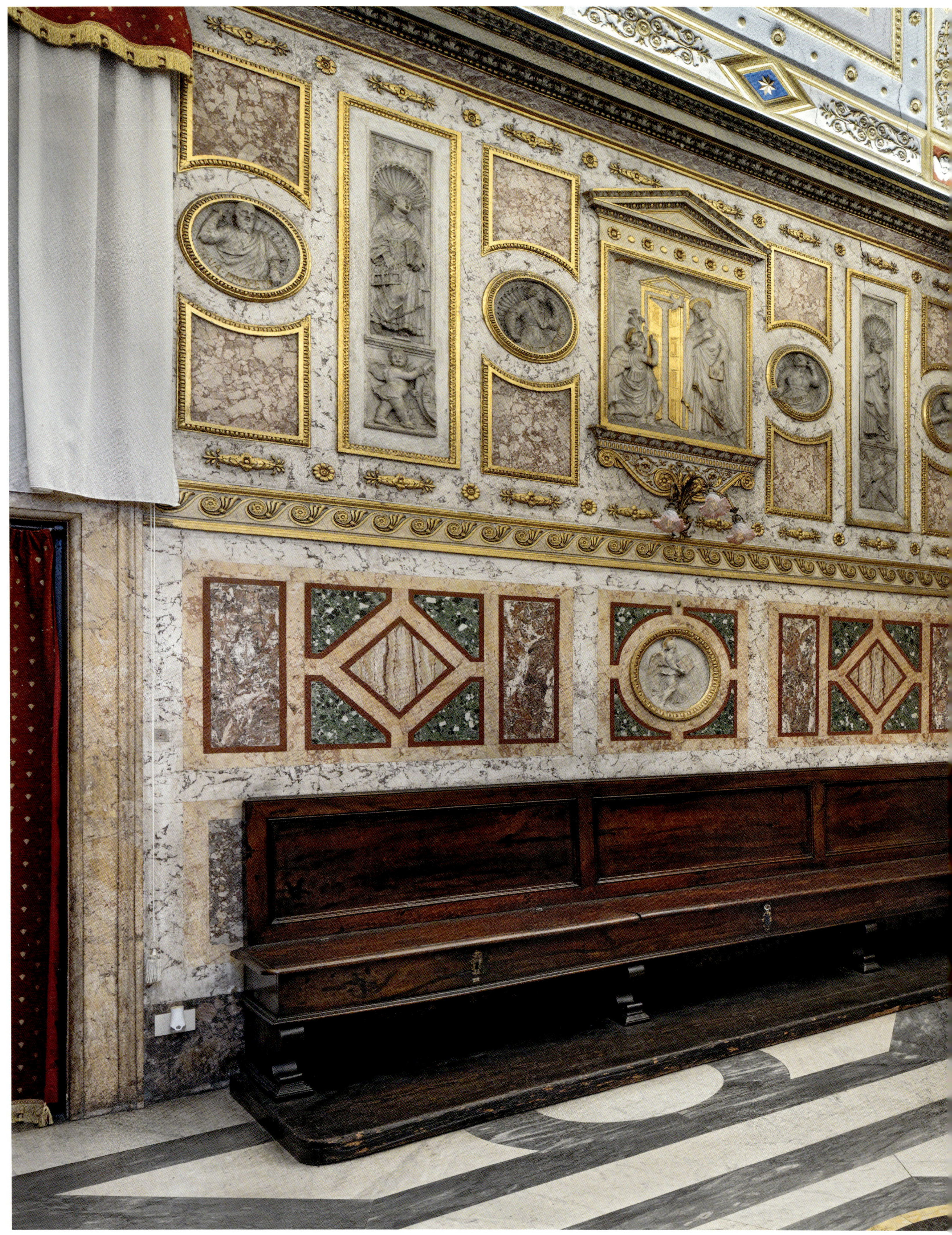

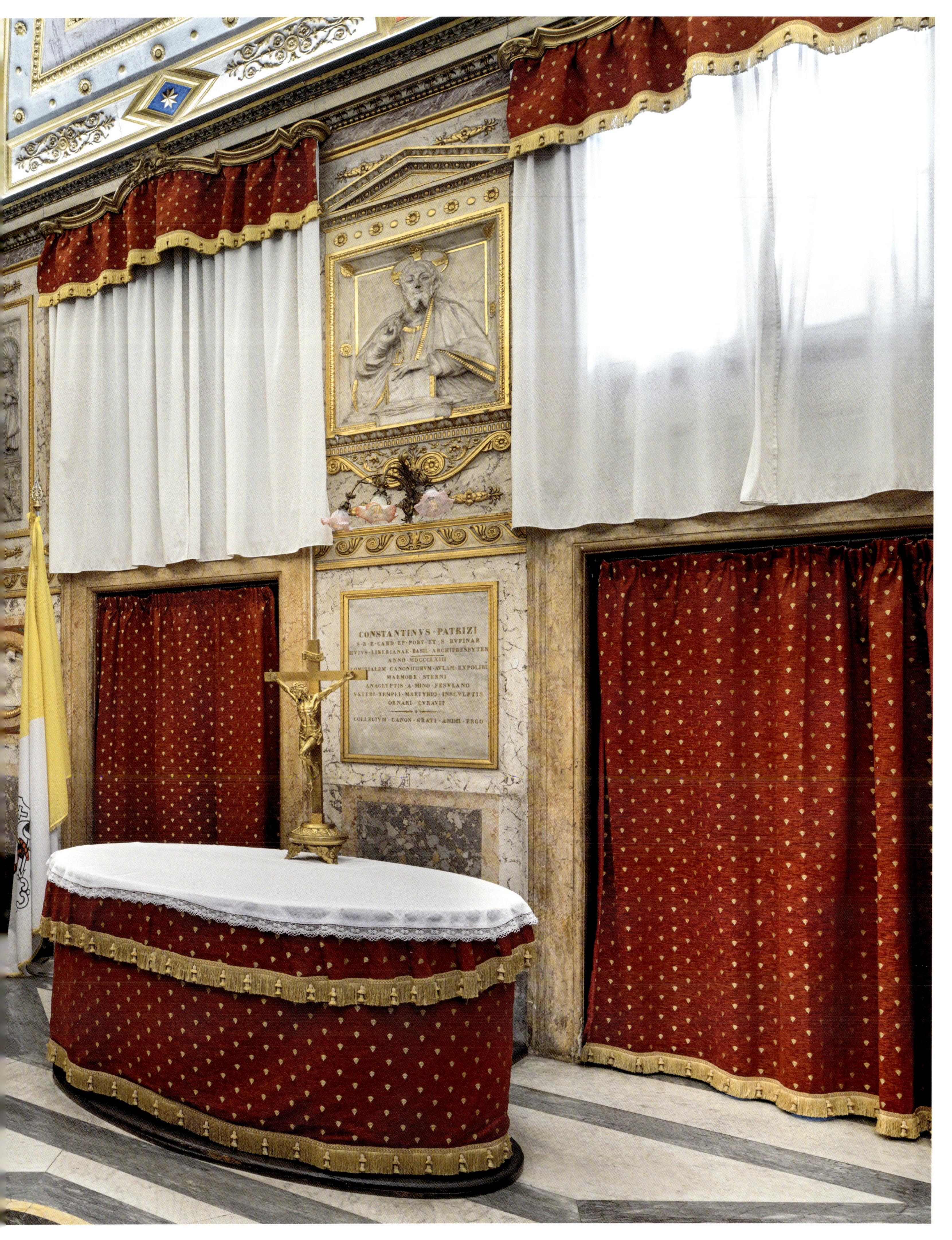
CONSTANTINVS · PATRIZI
S · R · E · CARD · EP · PORT · ET · S · RVFINAE
HVIVS · LIBERIANAE · BASIL · ARCHIPRESBYTER
ANNO · MDCCCLXIII
COMITIALEM · CANONICORVM · AVLAM · EXPOLIRI
MARMORE · STERNI
ANAGLYPTIS · A · MINO · FESVLANO
VETERI · TEMPLI · MARTYRIO · INSCVLPTIS
ORNARI · CVRAVIT
COLLEGIVM · CANON · GRATI · ANIMI · ERGO

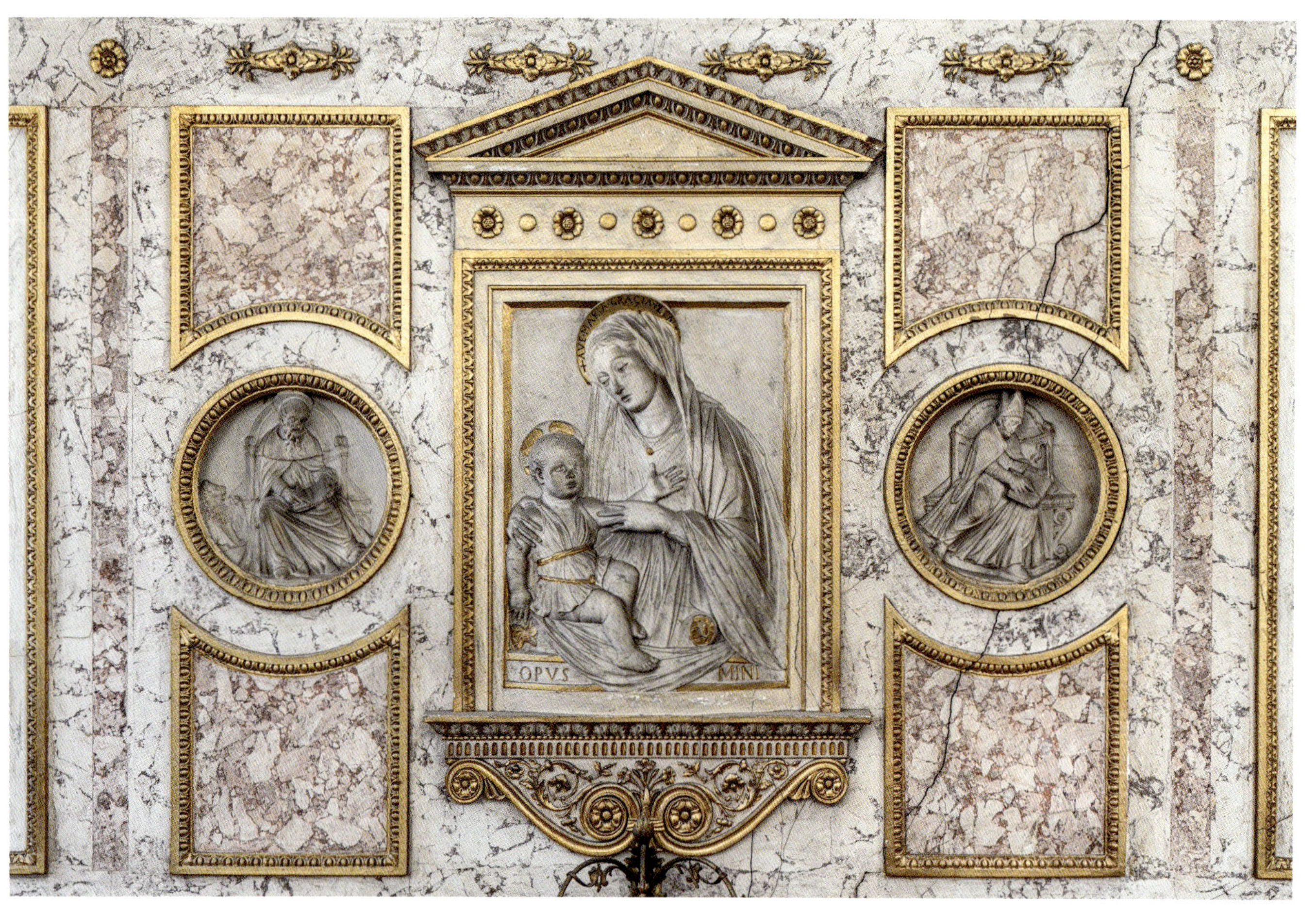
OPVS
MINI

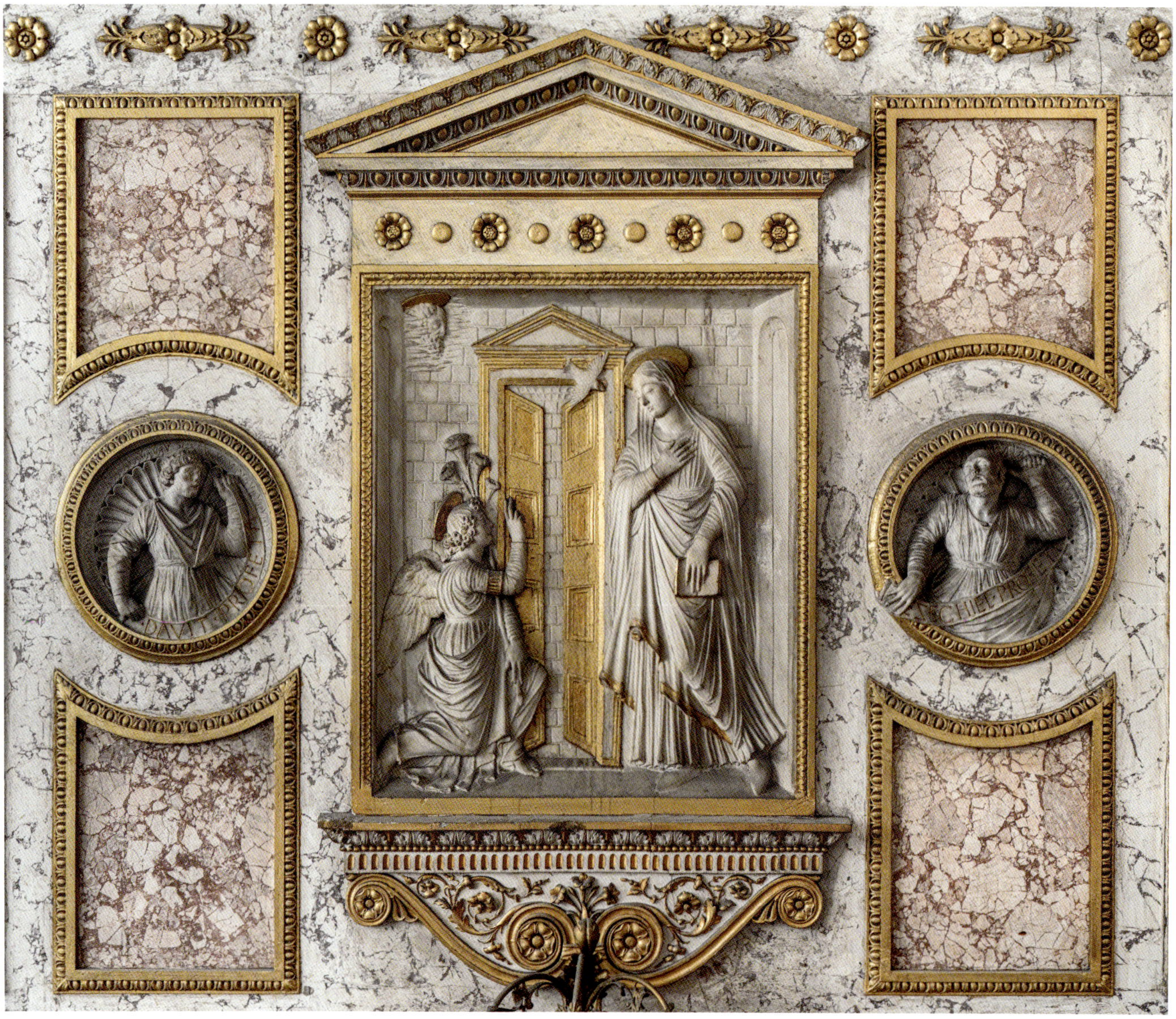

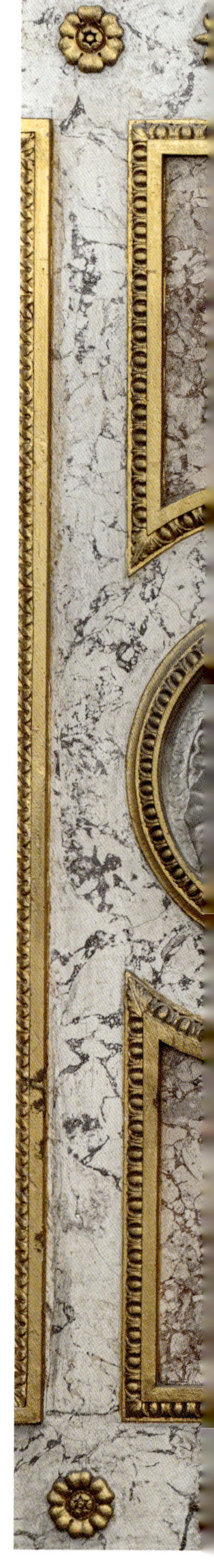

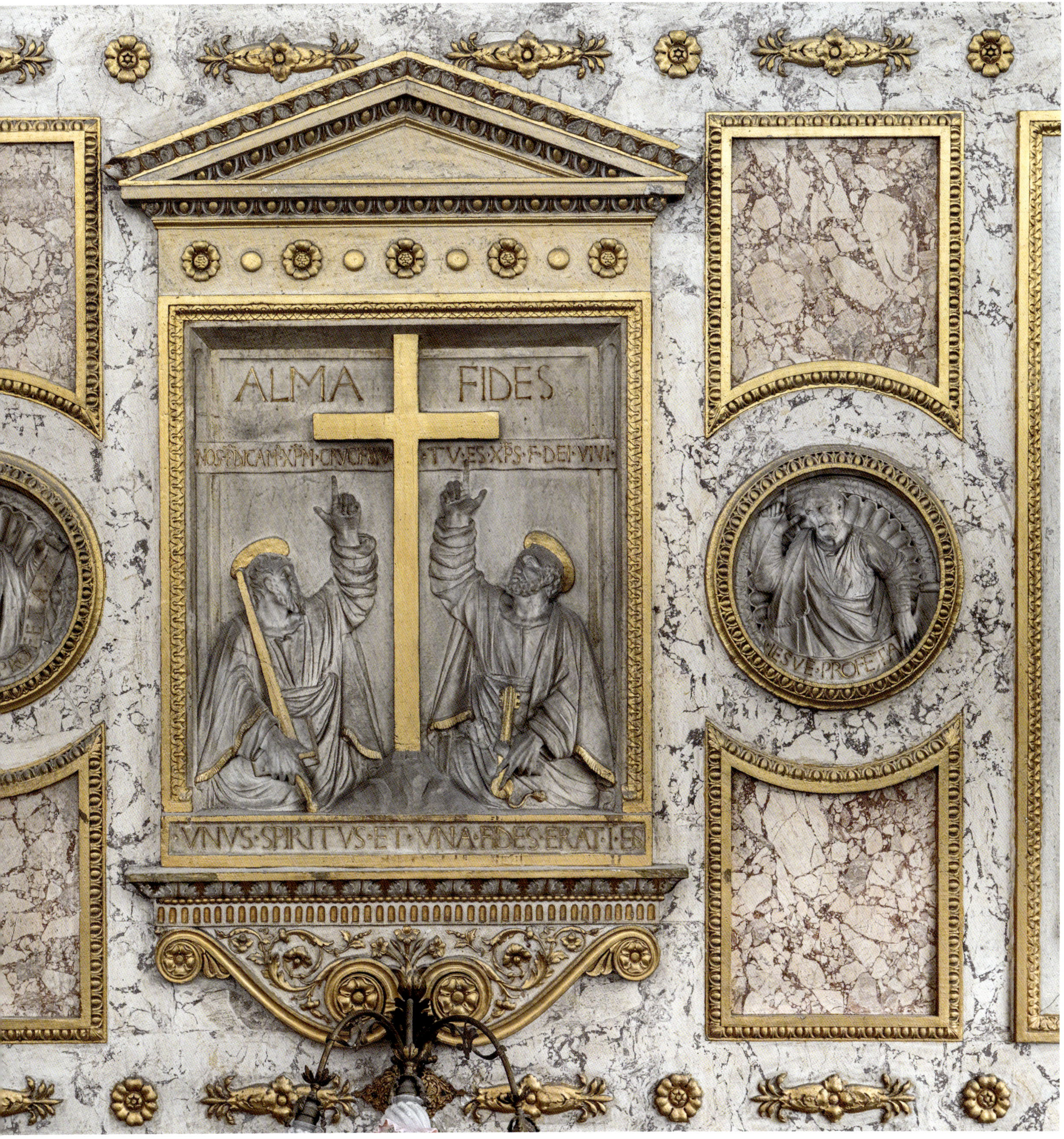

PP. 140-141
Mino da Fiesole
Frammenti
1461, marmo di Carrara
Stanza capitolare nella Sagrestia grande (già Ciborio della Neve)

PP. 140-141
Mino da Fiesole
Fragments
1461, Carrara marble
Chapter Room at the Large Sacristy (formerly Ciborium of the Snow)

PP. 142-143
Pittore anonimo
Quattro Evangelisti
1443-1483, affresco
Ex-Cappella di San Michele, volta

P. 144
In alto: Pittore anonimo
Gli Evangelisti Matteo e Giovanni
1443-1483, affresco
Ex-Cappella di San Michele, parete
In basso: Pittore anonimo
Cristo morto nella tomba sorretto da due angeli
1443-1483, affresco
Ex-Cappella di San Michele, volta

P. 145
Lastra tombale di Stefano e Bartolomeo Sacchi, detto il Platina
1478-1479, marmo
Navata sinistra

PP. 146-147
Antonio da Sangallo il Vecchio (1453-1534)
Parte del soffitto a cassettoni
1499-1500 circa, legno dorato
Navata centrale

P. 148
Antonio da Sangallo il Vecchio
Stemma di Callisto III
1499-1500 circa, legno dorato
Soffitto a cassettoni

PP. 142-143
Anonymous painter
Four Evangelists
1443-1483, fresco
Former Chapel of Saint Michael, vault

P. 144
Above: Anonymous painter
The Evangelists Matthew and John
1443-1483, fresco
Former Chapel of St. Michael, wall
Below: Anonymous painter
Dead Christ in the Tomb Supported by Two Angels
1443-1483, fresco
Former Chapel of Saint Michael, vault

P. 145
Tomb of Stefano and Bartolomeo Sacchi, called Platina
1478-1479, marble
Left aisle

PP. 146-147
Antonio da Sangallo the Elder (1453-1534)
Partial view of the coffered ceiling
ca. 1499-1500, gilded wood
Central nave

P. 148
Antonio da Sangallo the Elder
Coat of Arms of Callixtus III
ca. 1499-1500, gilded wood
Coffered ceiling

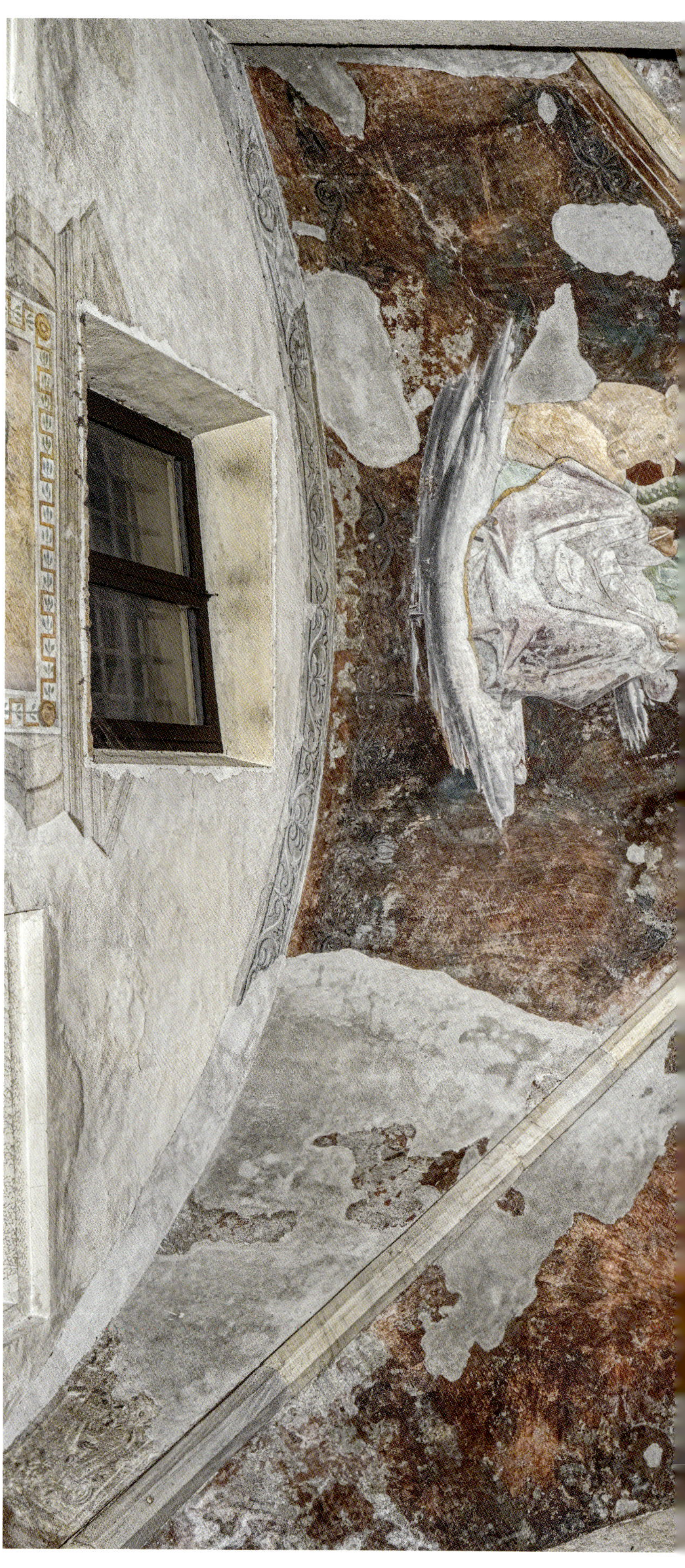

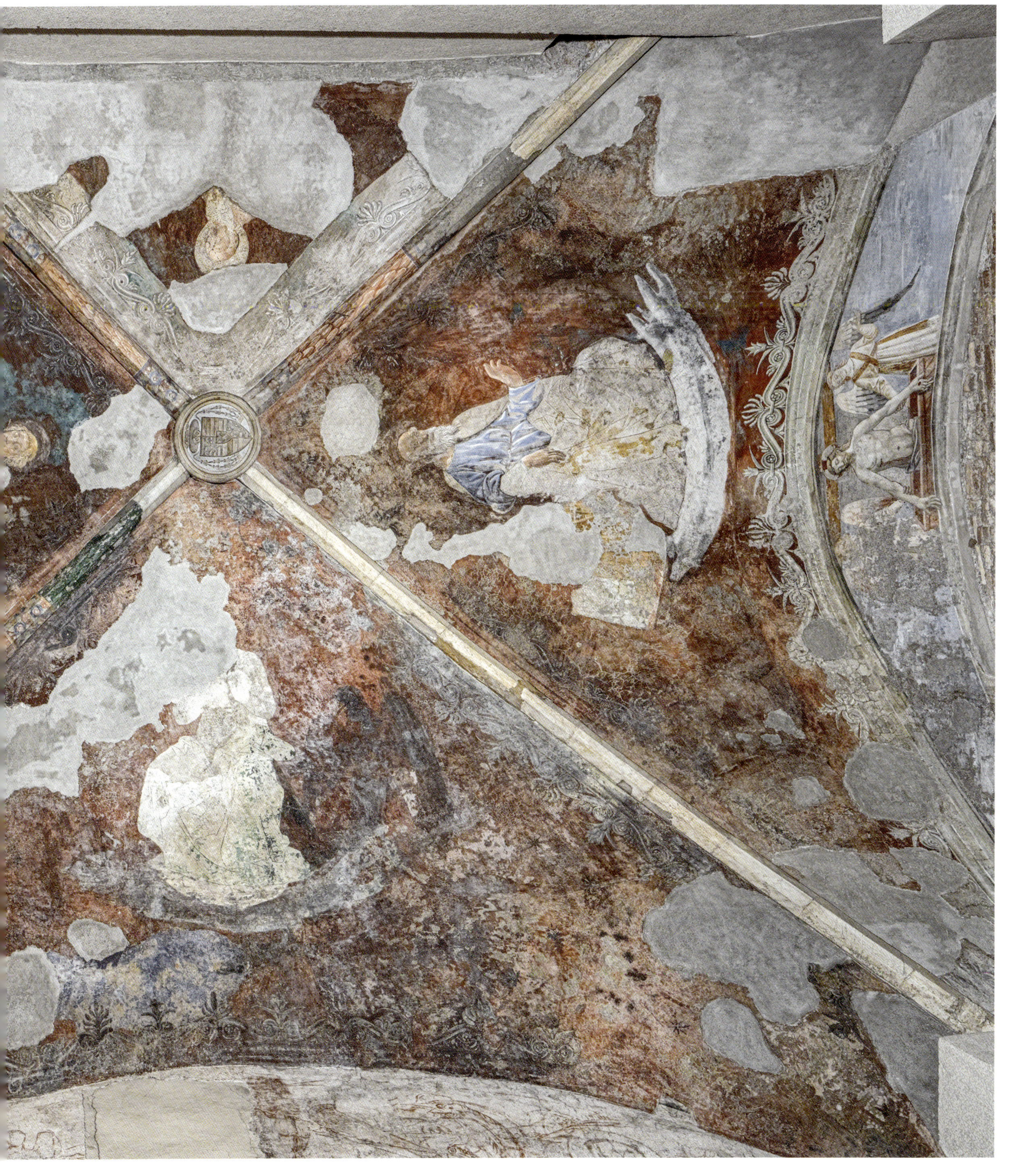

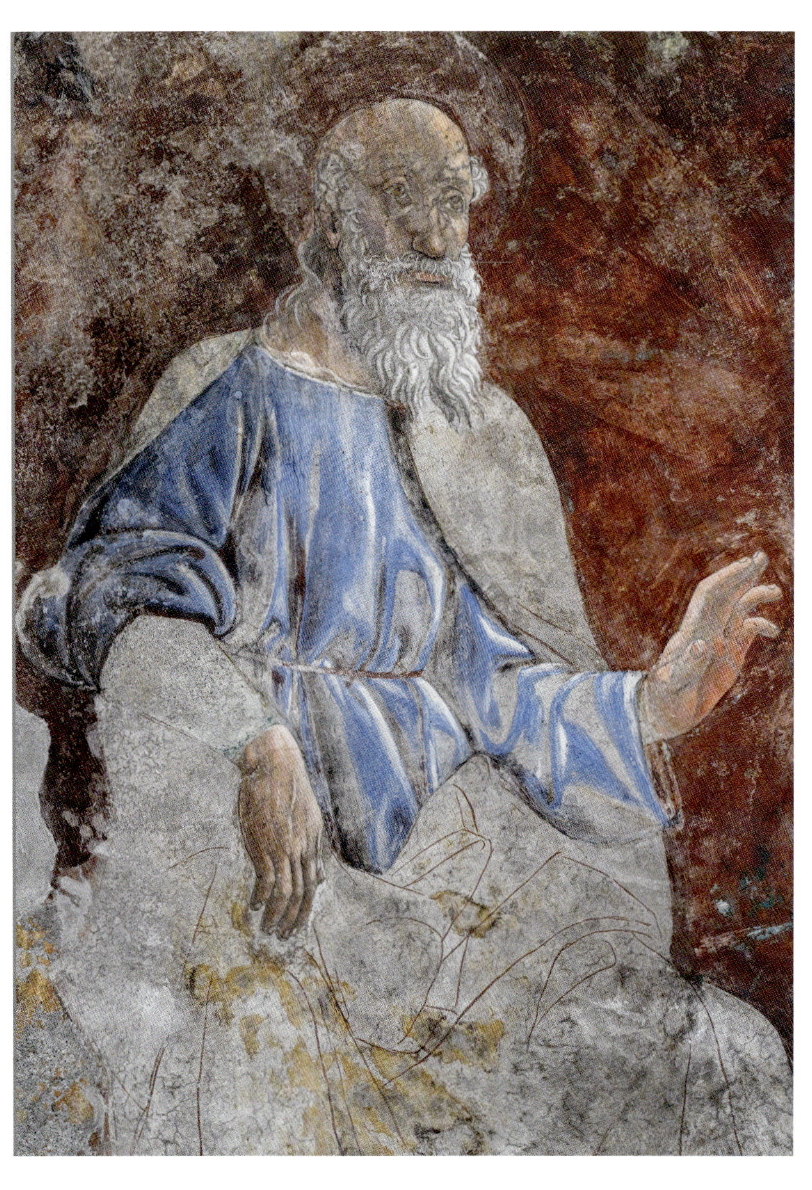

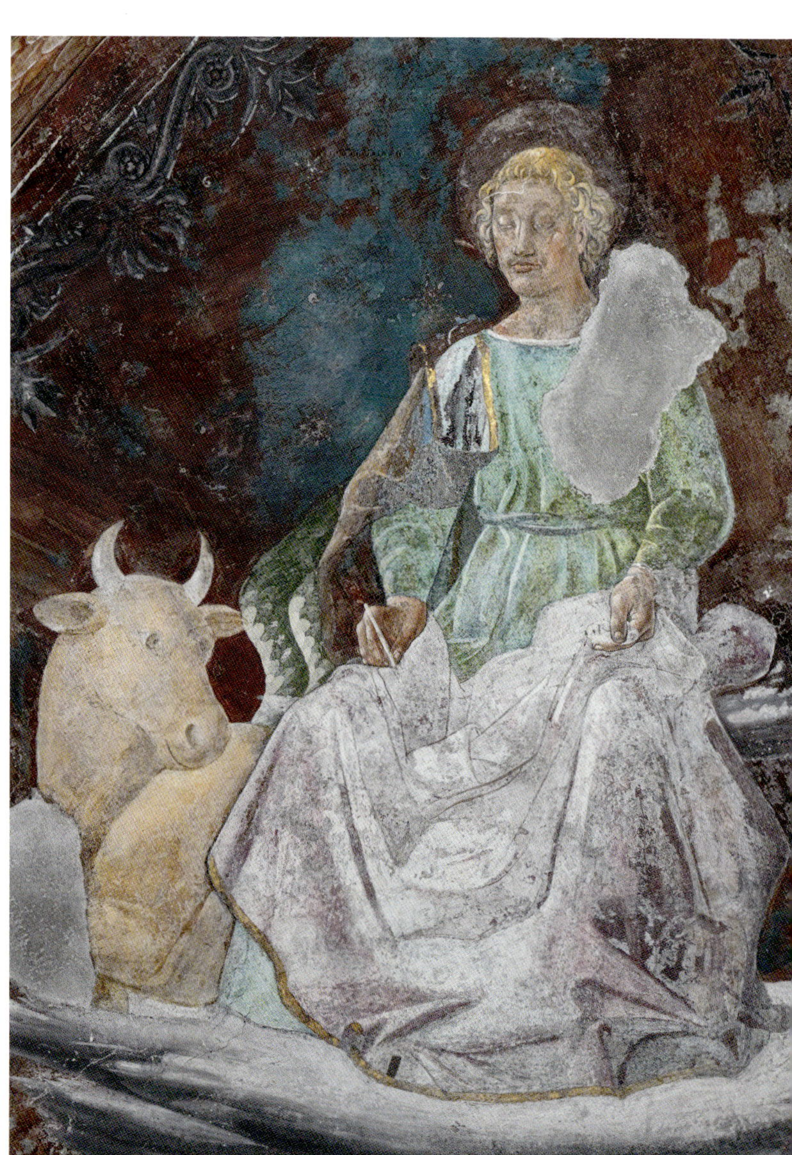

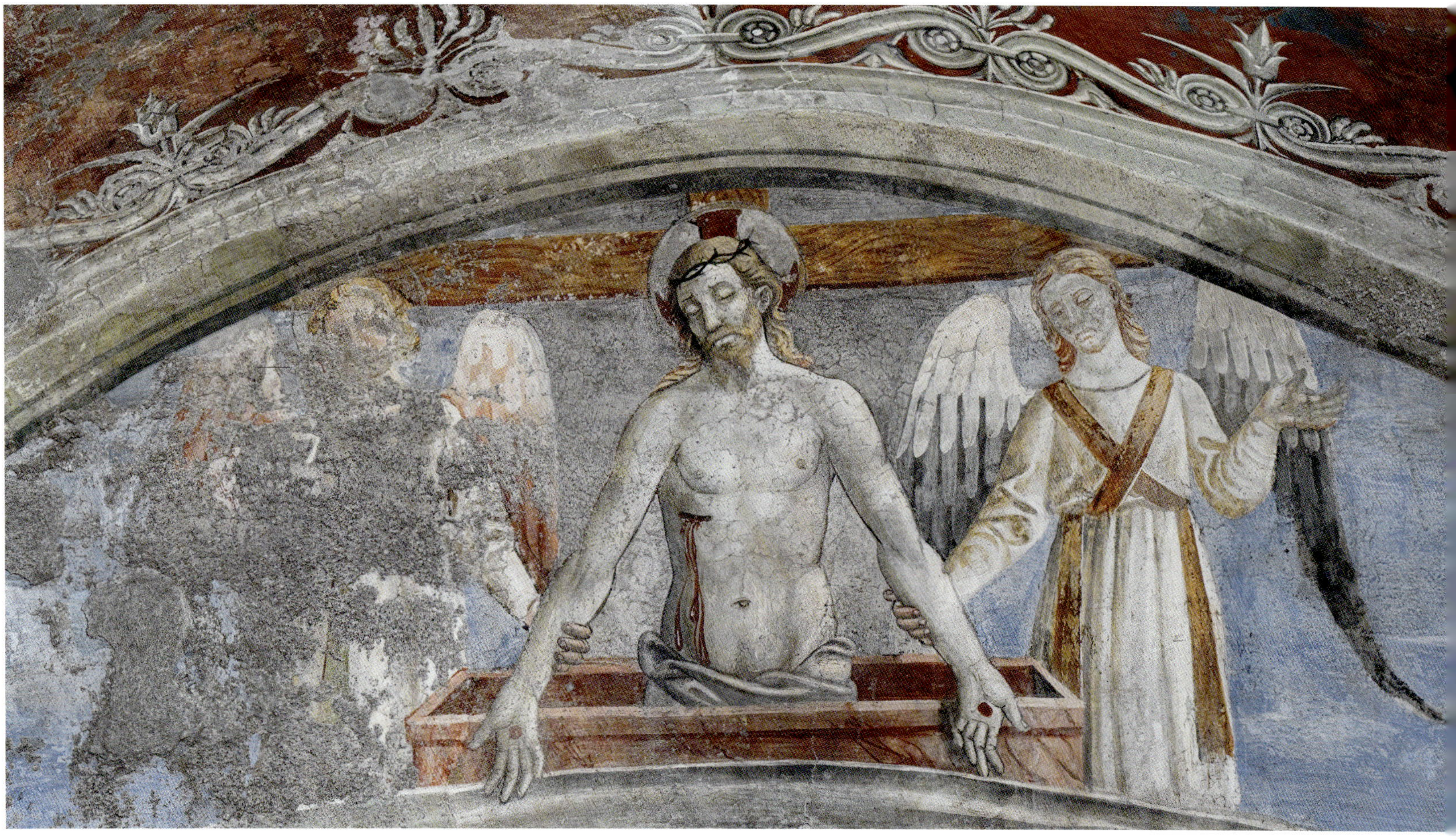

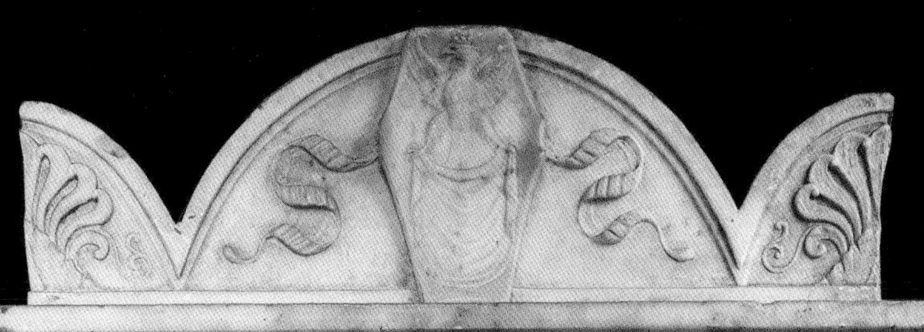
XYSTI·IIII
PONT·MAX
AN·VIII
STEPHANO QVI
VIXIT AN·XXVII
MEN·VIIII·D·XII
PLATYNA FRATRI
BENEMERENTI
POSVIT
SIBI QVE AC POSTERIS
QVIS QVIS ES SI PIVS PLATYNAM
ET SVOS NE VEXES ANGVSTE
IACENT ET SOLI VOLVNT ESSE
ΘΑΡCΟΝ·ΑΔΕΛΦΕ·ΚΑΛΩC
ΘΝΗCΚΩΝ·ΠΑΛΙΝ·ΦΥΕΤΑΙ

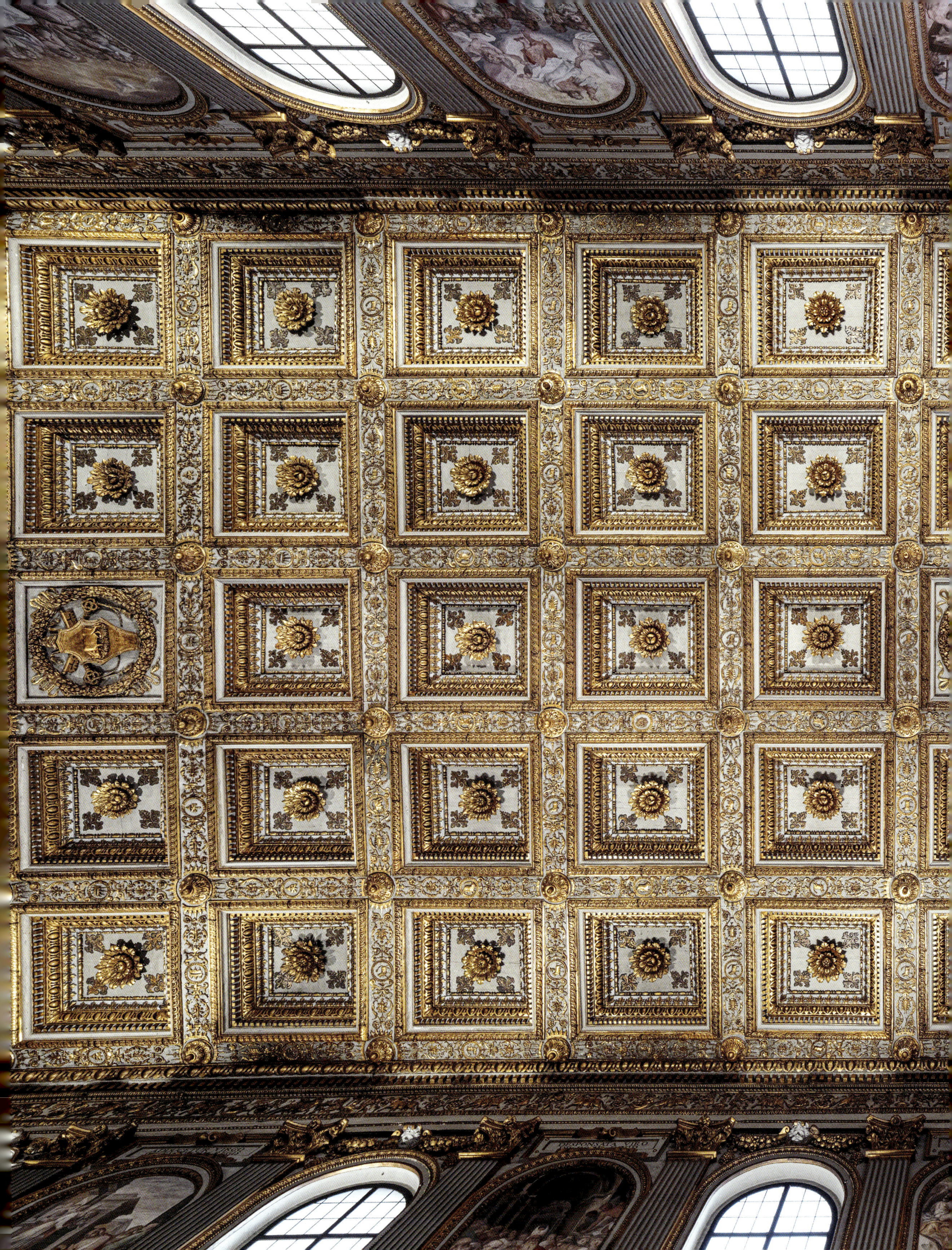

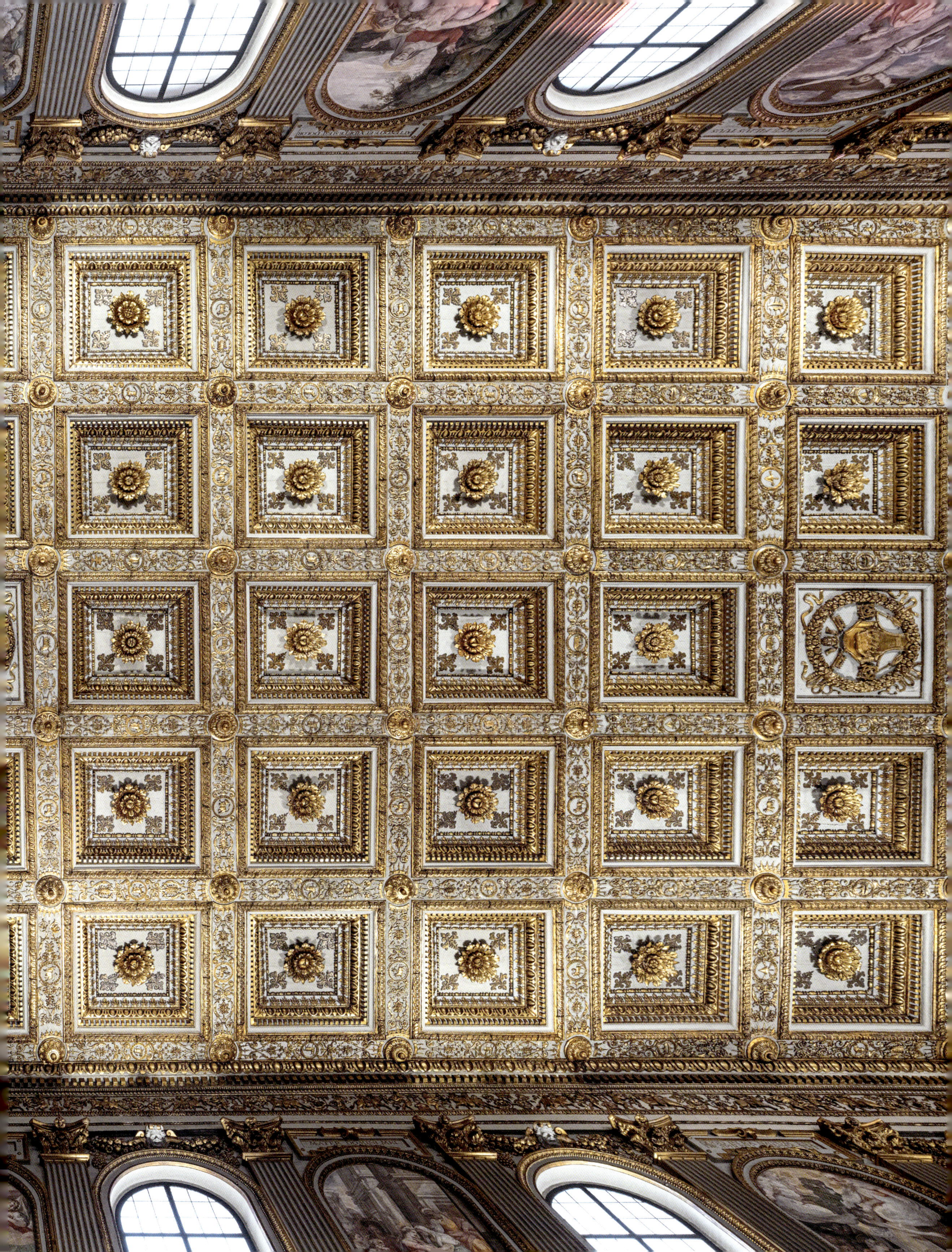

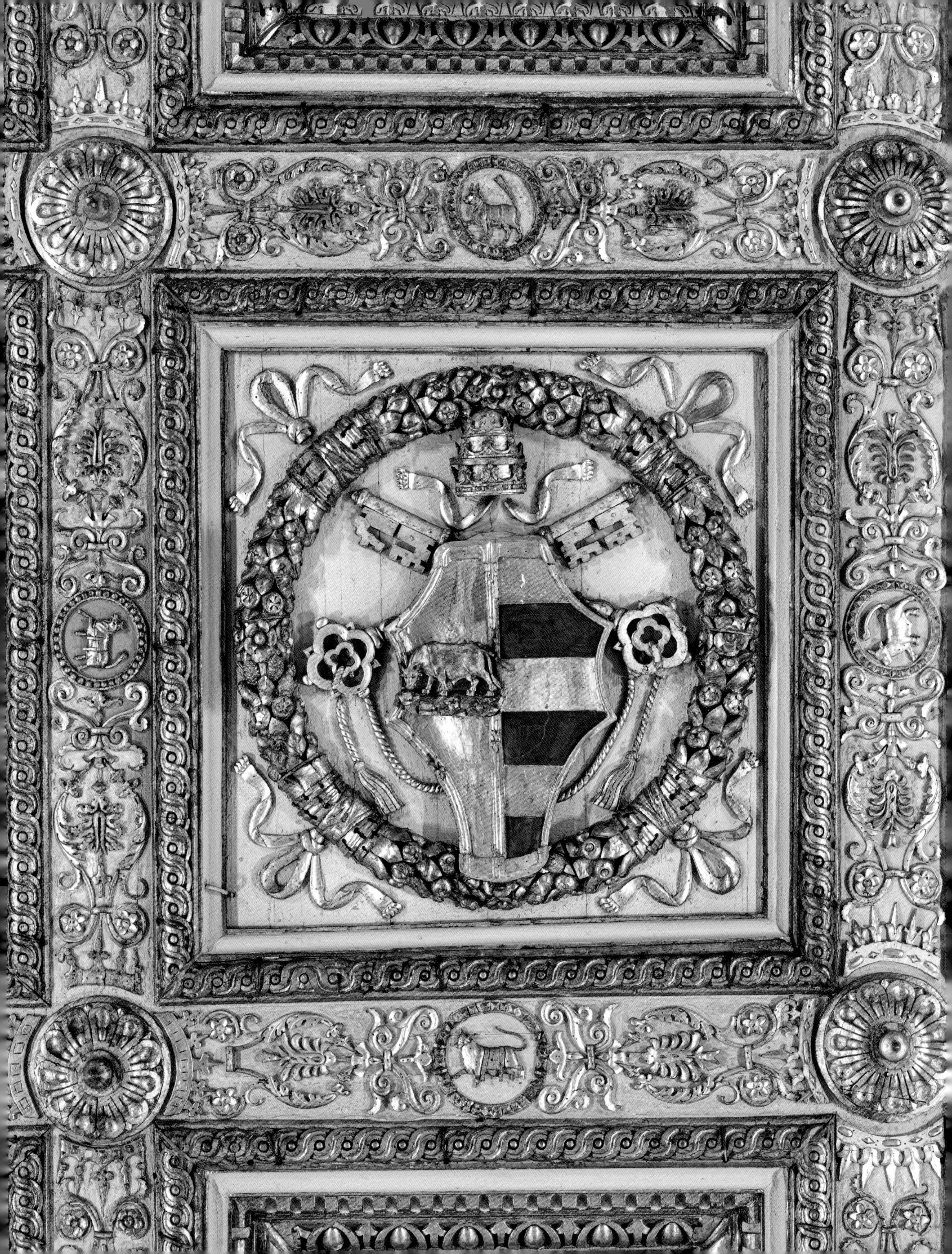

Le Cappelle Sforza e Cesi

Vitale Zanchettin

Le Cappelle Sforza e Cesi sono due architetture alquanto diverse per forma e dimensione collocate al centro della navata sinistra di Santa Maria Maggiore. La loro storia è intrecciata, oltre che per la vicinanza, per la cronologia della loro costruzione avvenuta pressoché contemporaneamente e per essere i primi edifici monumentali aggiunti alla navata sinistra dell'antica chiesa papale. Accomunate anche dall'incertezza sulla paternità del progetto, esse segnano dunque l'avvio di un processo di aggregazione di edifici lungo questo fianco della chiesa destinato a culminare con la costruzione della Cappella Paolina. Nel primo Cinquecento il muro perimetrale della navata era scandito da una serie di piccole cappelle e dall'accesso a un corridore esterno oggi non più esistente, che conduceva al monumentale palazzo edificato a sud ovest della Basilica a metà Quattrocento da papa Niccolò V (1447-1455). Questo passaggio coperto si apriva nella navata con la 'Porta Regia', sopra la quale è probabile fosse collocato il dipinto della *Salus Populi Romani*, centro della venerazione mariana nella Basilica che oggi si trova sopra l'Altare maggiore della Cappella Paolina.

Il primo passo verso la costruzione dei due edifici fu la concessione a Federico Cesi nel 1560 di erigere una cappella sepolcrale dedicata a Santa Caterina. L'edificio doveva sorgere in prossimità del luogo nel quale esisteva già un ambiente più piccolo dedicato alla stessa Martire. Nel 1562 il cardinale Guido Ascanio Sforza, arciprete della Basilica dal 1543, indicò nel proprio testamento la volontà di finanziare la costruzione di una seconda cappella che si sarebbe dovuta completare nell'arco di tre anni sulla base di un modello realizzato da Michelangelo (1475-1564). La cappella fu rapidamente impostata sotto la guida dello scultore con l'aiuto di Tiberio Calcagni (1532-1565). In questa fase furono definite la pianta e le proporzioni generali dell'opera, ma la morte di Michelangelo nel febbraio del 1564, del cardinale nell'autunno dello stesso anno e di Calcagni l'anno successivo, comportarono l'arresto dei lavori. Mentre il cantiere per la Cappella Sforza era fermo fu portata a compimento la Cappella Cesi, che nel 1568 risulta conclusa e con le tombe parietali in opera. Infine, a partire dal 1573, Alessandro Sforza, fratello del primo committente e anch'egli arciprete della Basilica dal 1572 al 1581 portò a termine la cappella michelangiolesca. La presenza della Cappella Cesi dovette condizionare la seconda fase della costruzione michelangiolesca, poiché la sua sagoma una volta conclusa limitava l'illuminazione naturale diretta. Michelangelo aveva infatti realizzato quattro ampie finestre poste sui fianchi dell'ambiente principale ancora visibili, ma attualmente tamponate.

L'autografia michelangiolesca della Cappella Sforza è stata a lungo messa in dubbio. Solo in tempi recenti il rinvenimento di alcuni documenti ha consentito di dimostrare che essa fu certamente ideata dall'artista. Così è ancora oggi per la Cappella

The Sforza and Cesi Chapels

Vitale Zanchettin

The Sforza and Cesi Chapels are two pieces of architecture quite different in shape and size from one another located in halfway along the left aisle of Santa Maria Maggiore. Their stories are intertwined not only because they are next door to each other, but also because they were built almost simultaneously, and because they were the first monumental buildings added to the left nave of the ancient papal Basilica. Linked also by uncertainties over their authorship, they inaugurated the aggregation of buildings along this side of the church that would culminate in the construction of the Cappella Paolina. During the early sixteenth century, the perimeter wall of the nave was punctuated by a series of small chapels and by access to an external corridor, no longer existing, that led to the monumental palace built to the southwest of the Basilica in the mid-fifteenth century by Pope Nicholas V (1447-1455). This covered passage opened into the nave through the 'Porta Regia,' above which was likely placed the icon of the *Salus Populi Romani*, the centre of Marian veneration in the Basilica and which today hangs over the High Altar of the Cappella Paolina.'

The first step towards erecting the two buildings came in 1560 when Federico Cesi was granted the site on which to erect a sepulchral chapel dedicated to St Catherine. The building needed to rise near the place where a smaller chapel dedicated to the same Martyr already existed. In 1562, Cardinal Guido Ascanio Sforza, archpriest of the Basilica since 1543, willed the funds to build a family chapel, stipulating that it be completed within three years according to a model by Michelangelo (1475-1564). The chapel was quickly laid out under his guidance and with the aid of Tiberio Calcagni (1532-1565). At this stage the plan and general proportions of the work were defined, but the death of Michelangelo in February 1564, of the cardinal in the autumn of the same year, and of Calcagni the following year, brought work to a halt. While work on the Sforza Chapel stood at a standstill, the Cesi Chapel was completed and the wall tombs were in place in 1568. Finally, starting in 1573, Alessandro Sforza, brother of the original patron and also archpriest of the Basilica from 1572 to 1581, completed Michelangelo's chapel. The presence of the Cesi Chapel must have influenced its second construction phase, since once its envelope was complete it limited direct natural lighting. Michelangelo had, in fact, originally planned four large windows on the sides of the main space, which are still visible but are now blocked up.

Michelangelo's authorship of the Cappella Sforza has long been in doubt. Only in recent times the discovery of crucial documents has demonstrated that it was conceived by the artist. The same uncertainties surround the Cappella Cesi, whose design

 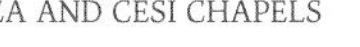

Cesi, il cui progetto è attribuito per via ipotetica ma ancora non comprovata dai documenti a Guidetto Guidetti (c. 1500-1564), architetto di fiducia di Federico Cesi. Entrambe le strutture furono infine completate sotto la guida di Giacomo Della Porta (1532-1602).

Nonostante l'intreccio storico che accompagnò la loro costruzione i due edifici sono profondamente differenti. Nella Cappella Cesi la qualità artistica è integralmente affidata alla decorazione scultorea e ai dipinti, mentre lo spazio architettonico è elementare e l'ornamento particolarmente dimesso. Le sue pareti, impostate su una pianta rettangolare con un recesso poco profondo dedicato all'altare nella parete di fronte all'ingresso, sono scandite da paraste corinzie che poggiano su un'alta fascia basamentale neutra. Nella sua volta a schifo con un cupolino poligonale si aprono lunette a sesto rialzato, che ospitano quattro alte finestre, alcune delle quali sono oggi tamponate. Questa articolazione architettonica testimonia la volontà di dedicare alla decorazione pittorica e alla collocazione di monumenti parietali l'intero alto registro mediano, scandito dall'ordine architettonico, che in questo caso funge da pura ripartizione senza alcuna accentuazione volumetrica. Sulla parete sinistra è collocato il monumento sepolcrale di Paolo Emilio Cesi morto nel 1537, sul lato opposto quello del fratello Federico, committente della cappella scomparso nel 1565. Le strutture a edicola di forme semplificate e marmi colorati inquadrano preziosi sarcofagi monolitici che sostengono due statue bronzee, la prima attribuita a Guglielmo Della Porta (c. 1500-1577), autore anche del disegno delle parti marmoree. La pala d'altare, dedicata al *Martirio di Santa Caterina d'Alessandria*, è attribuita a Girolamo Siciolante da Sermoneta (1521-1575), che eseguì anche i dipinti ad affresco del *Profeta* e della *Sibilla* nei riquadri minori ai lati dell'altare e gli angeli sui fianchi delle lunette superiori. Giorgio Vasari attesta che la cappella con i monumenti parietali e questi dipinti furono portati a termine entro il 1568. Le figure di *San Pietro* e *San Paolo* ai lati dell'altare sono opera di Giovan Battista Ricci da Novara che le realizzò dopo il 1572.

La Cappella Sforza si articola in due vani, il primo delimitato sui fianchi da due absidi schiacciate, il secondo quadrangolare e più semplificato che ospita l'altare, dedicato sin dalla fondazione all'adorazione del Santissimo Sacramento. Questa funzione, che rappresenta il punto centrale del progetto devozionale voluto dal cardinale, certamente condizionò Michelangelo giunto alle soglie dei novant'anni nella concezione di uno spazio di straordinario valore. L'ambiente principale è caratterizzato dalla presenza di quattro colonne con basi e trabeazioni orientate sulle diagonali che definiscono la struttura portante della volta. Altre quattro colonne di forma e dimensioni analoghe sono collocate in posizioni rientranti alle estremità delle absidi, le cui pareti sono scandite da paraste e da quattro finestre originariamente aperte e oggi tamponate. Benché l'illuminazione sia differente da quanto originariamente previsto, la disposizione delle colonne e le finestre esistenti evidenziano per mezzo di forti chiaroscuri il sistema di sostegno e l'intera struttura risulta definita per mezzo di membrature in travertino e semplici murature intonacate. Lo spazio principale è coperto da una volta a vela, mentre le absidi sono segnate dalla presenza di finestre aperte al centro dei catini,

is attributed to Guidetto Guidetti (ca. 1500-1564), Federico Cesi's trusted architect, although no document has so far been found to prove this. Both chapels were eventually completed under the supervision of Giacomo Della Porta (1532-1602).

Despite the historical interweaving of their construction the two buildings are profoundly different. In the Cappella Cesi, artistic quality is entrusted entirely to the sculptural decoration and paintings, while the architectural space is elementary and the ornamentation particularly restrained. The chapel walls, arranged on a rectangular plan with a shallow altar recess in the wall facing the entrance, are articulated by Corinthian pilasters resting on a high and neutral basement. Its cavetto vault is pierced by a polygonal lantern, and pointed arch lunettes house four tall windows, some of which are now blocked. The high middle zone is articulated by an architectural order, which does not define the volume of the room but merely divides the wall, which is occupied by the paintings, and makes a place for the wall monuments. The tomb monument of Paolo Emilio Cesi, who died in 1537, is placed on the left wall, opposite that of his brother Federico, who commissioned the chapel and died in 1565. The aedicule structures in simplified forms and coloured marbles frame precious monolithic sarcophagi that support reclining bronze statues, the first attributed to Guglielmo Della Porta (ca. 1500-1577), who also designed the parts in marble. The altarpiece, the *Martyrdom of Saint Catherine of Alexandria*, is attributed to Girolamo Siciolante da Sermoneta (1521-1575), who also executed the frescoes of the *Prophet* and the *Sibyl* in the smaller panels on either sides of the altar as well as the angels on the sides of the upper lunettes. Giorgio Vasari attests that the chapel, wall monuments, and these paintings were all completed by 1568. The figures of *Saint Peter* and *Saint Paul* to either side of the altar are the work of Giovan Battista Ricci da Novara, who completed them after 1572.

The Sforza Chapel is divided into two spaces, the first delimited at its sides by two flattened apses, the second rectangular and simplified, which houses the altar, dedicated since its foundation to the adoration of the Blessed Sacrament. This rite, which constitutes the focus of the devotional project desired by the cardinal, certainly conditioned Michelangelo, who had reached the age of ninety, in conceiving a space of exceptional value. The main space is characterised by the presence of four columns with bases and trabeations oriented along the diagonals that define the load-bearing structure of the vault. Another four columns of similar shape and size are placed in recessed positions at the extremities of the apses, the walls of which are articulated by pilasters and four windows that were originally open but are now blocked. Although the lighting is now different from that originally planned, the arrangement of the existing columns and windows by their strong light and shade highlight the support system, and the entire structure is defined by its travertine members and simple plastered masonry. A sail vault covers the main space, while open windows with decorated frames punctuate the centre of the vaults over the apses, which are divided

con mostre decorate e sottili fasce di ripartizione in pietra. Il travertino a vista è una presenza dominante, in particolare nell'alto basamento e nelle membrature che evidenziano l'astratta purezza del volume e la sua chiara concezione geometrica.

Le tombe dedicate ai due cardinali committenti poste al centro delle absidi e inquadrate da colonne di marmo giallo antico, forse non previste nel progetto michelangiolesco, insieme all'Altare maggiore sono attribuite a Giacomo Della Porta. A sinistra dell'ingresso è collocata la tomba di Guido Ascanio Sforza completata nel 1573, nella quale è inserito un ritratto del cardinale attribuito a Girolamo Siciolante da Sermoneta, autore anche della pala d'altare dedicata all'*Assunzione della Vergine*. Il ritratto di Alessandro Sforza sul lato opposto è di attribuzione dubbia. La mensa e la struttura parietale dell'altare sono ornate da colonne di marmo verde antico, concluse nel registro superiore da una cornice a stucco che inquadra l'*Incoronazione della Vergine* di Cesare Nebbia (1536-1614), autore anche dei due *Profeti* posti ai lati della finestra della lunetta superiore.

L'ingresso alla cappella dalla navata della chiesa era in origine ornato da un portale tripartito attribuito a Michelangelo, demolito nei lavori condotti da Ferdinando Fuga nel 1748, che recava due iscrizioni dedicatorie ai due fratelli committenti della costruzione.

I recenti studi che hanno permesso di stabilire definitivamente la responsabilità di Michelangelo nelle prime fasi costruttive della Cappella Sforza hanno portato ad attribuire a Giacomo Della Porta alcune variazioni minimali del progetto iniziale durante la fase conclusiva dell'opera. In particolare la forma della volta a vela e l'inserimento delle finestre strombate, forse realizzate per garantire maggiore illuminazione dopo la costruzione della Cappella Cesi.

Il progetto michelangiolesco, per mezzo della sua illuminazione naturale prevista in origine, avrebbe messo in primo piano la leggibilità della geometria dello spazio e allo stesso tempo reso eloquente una struttura attraverso la purezza dell'architettura di pietra. La Cappella Sforza rappresenta uno dei pensieri più estremi di Michelangelo architetto e insieme alla Basilica Vaticana è la costruzione che meglio rappresenta la sua concezione spaziale matura.

by thin stone bands. Exposed travertine is therefore a dominant presence, particularly in the high socle zone and individual, which highlights the abstract purity of the volume and its clear geometric conception.

The tombs dedicated to the two cardinal patrons at the centre of the apses, and framed by columns of antique yellow marble, were perhaps not intended in Michelangelo's design, and these are attributed to Giacomo Della Porta as well as the high altar. Situated to the left of the entrance is the tomb of Guido Ascanio Sforza, completed in 1573, which contains a portrait of the cardinal attributed to Girolamo Siciolante da Sermoneta, who also painted the altarpiece of the *Assumption of the Virgin*. The portrait of Alessandro Sforza on the opposite side is of doubtful attribution. The altar and aedicule of the altar are adorned with columns of "verde antico" marble, and terminates in a stucco superstructure containing a *Coronation of the Virgin* by Cesare Nebbia (1536-1614), who also painted the two *Prophets* flanking the window in the lunette above.

Originally, the entrance to the chapel from the nave was adorned by a tripartite portal, bearing two dedicatory inscriptions commemorating the two brothers who commissioned the building, and attributed to Michelangelo, but which was demolished during the works conducted by Ferdinando Fuga in 1748.

The recent studies that have established definitively Michelangelo's responsibility in the early construction phases of the Sforza Chapel, have also attributed to Giacomo Della Porta some minimal variations to the initial project during the final phase of works: in particular, the form of the sail vaults and probably the insertion of splayed windows within them, which were perhaps introduced to provide more light after the construction of the adjoining Cesi Chapel.

Exploiting the natural lighting originally planned, Michelangelo's design would have foregrounded the legibility of the spatial geometry and made the structure eloquent through the purity of its stone architecture. Thus, the Sforza Chapel represents one of the architect Michelangelo's most advanced architectural conceptions and alongside the Vatican Basilica is the building that best represents his mature spatial conceptions.

P. 152
Girolamo Siciolante da Sermoneta (1521-1575)
Assunzione della Vergine
1570 circa, olio su tavola
Cappella Sforza, Pala d'altare

PP. 156-157, 158-159
Cappella Sforza
Veduta d'insieme

PP. 160-161
Cesare Nebbia (1536-1614)
Profeti Daniele e Geremia
1582, affresco
Cappella Sforza, lunetta sopra l'altare
Dettaglio pp. 162-163

P. 152
Girolamo Siciolante da Sermoneta (1521-1575)
Assumption of the Virgin
ca. 1570, oil on panel
Sforza Chapel, Altarpiece

PP. 156-157, 158-159
Sforza Chapel
Overall view

PP. 160-161
Cesare Nebbia (1536-1614)
Prophets Daniel and Jeremiah
1582, fresco
Sforza Chapel, lunette above the altar
Detail pp. 162-163

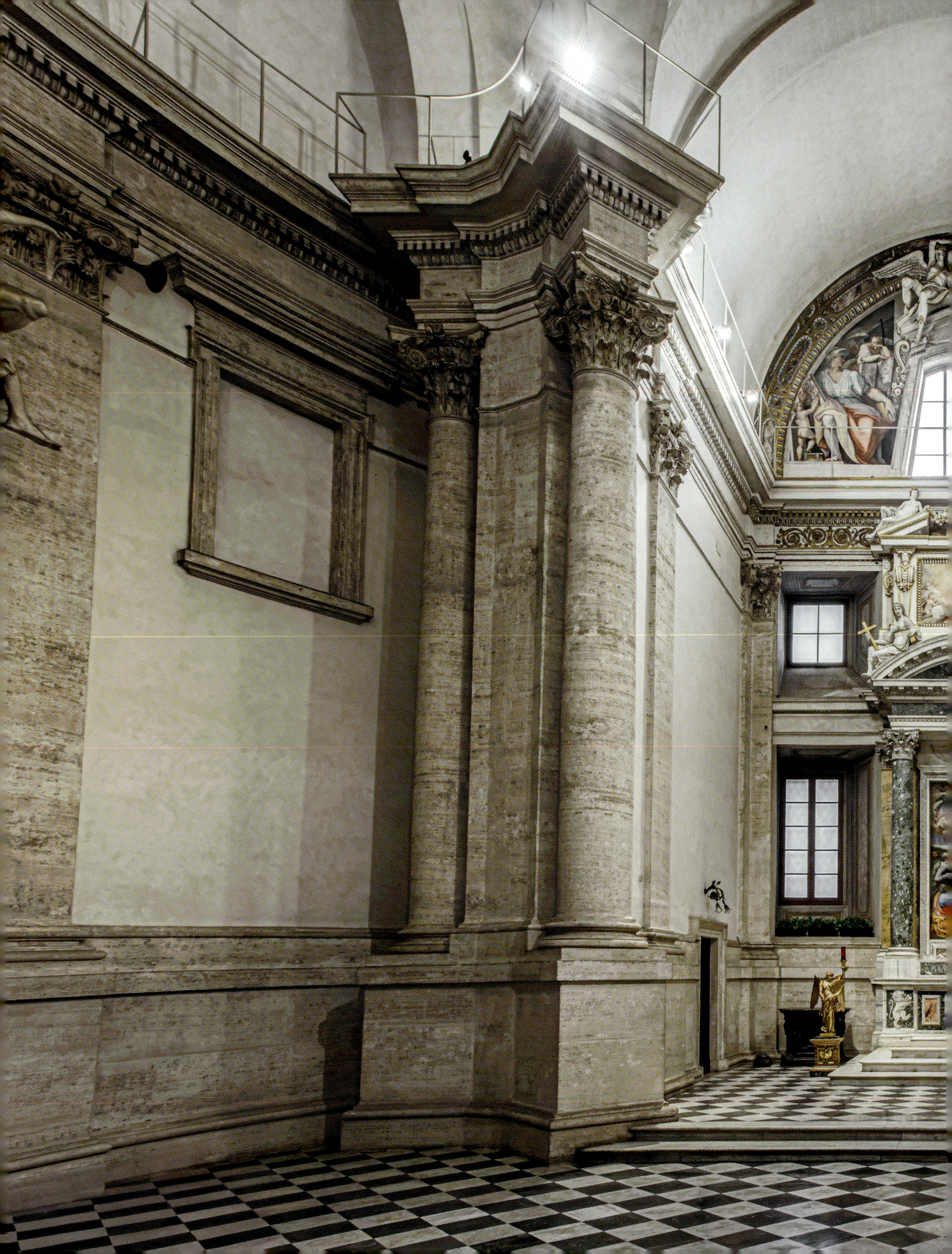

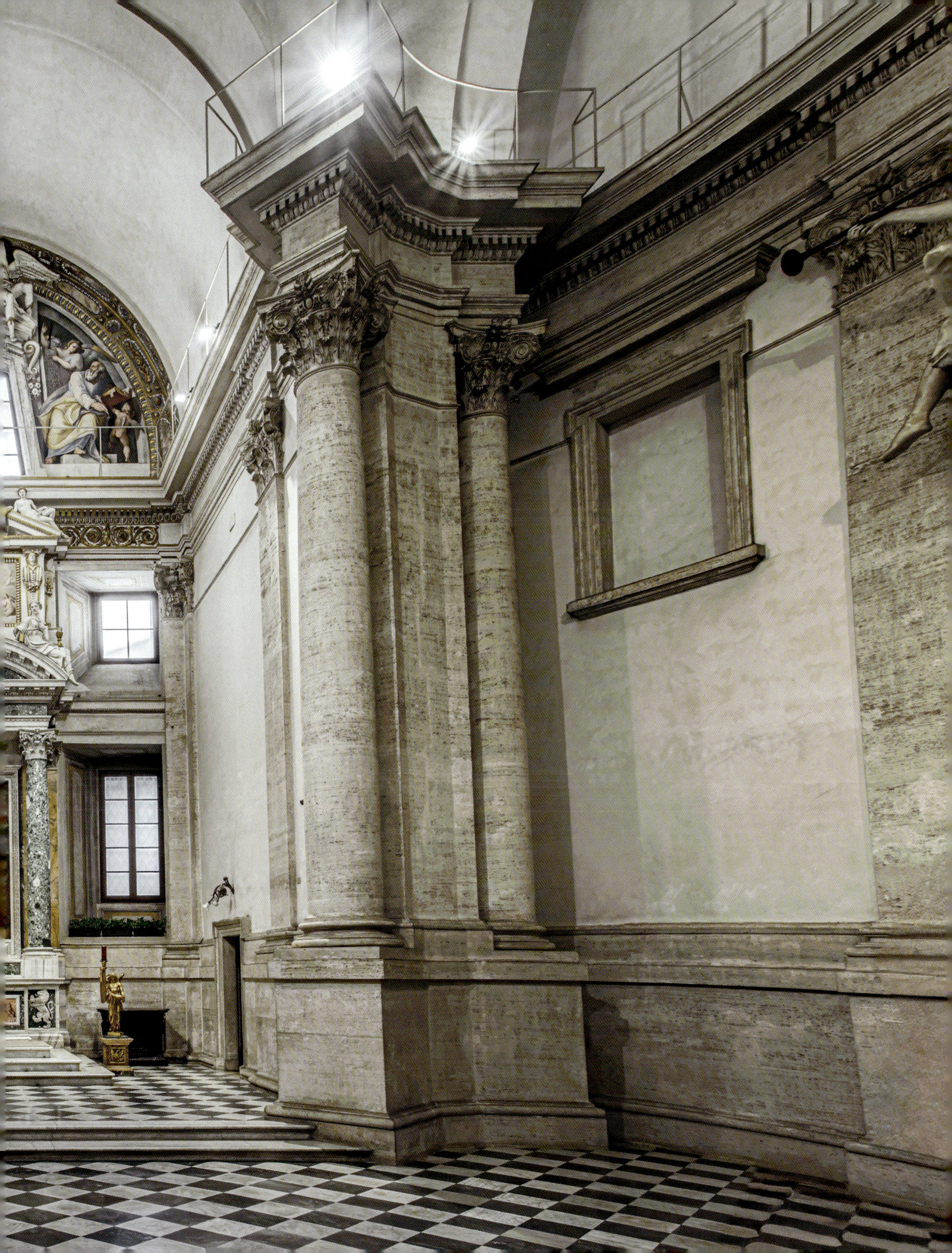

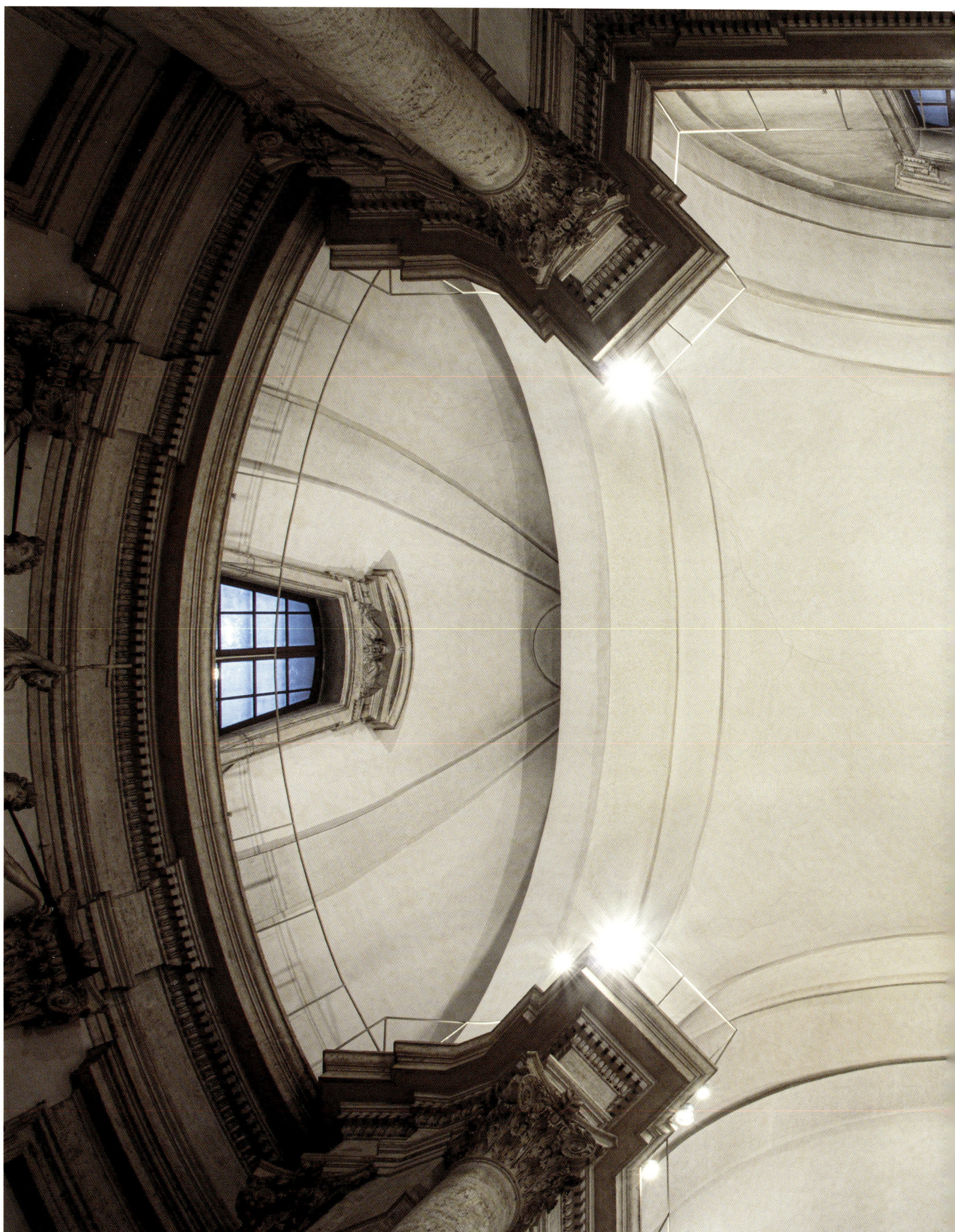

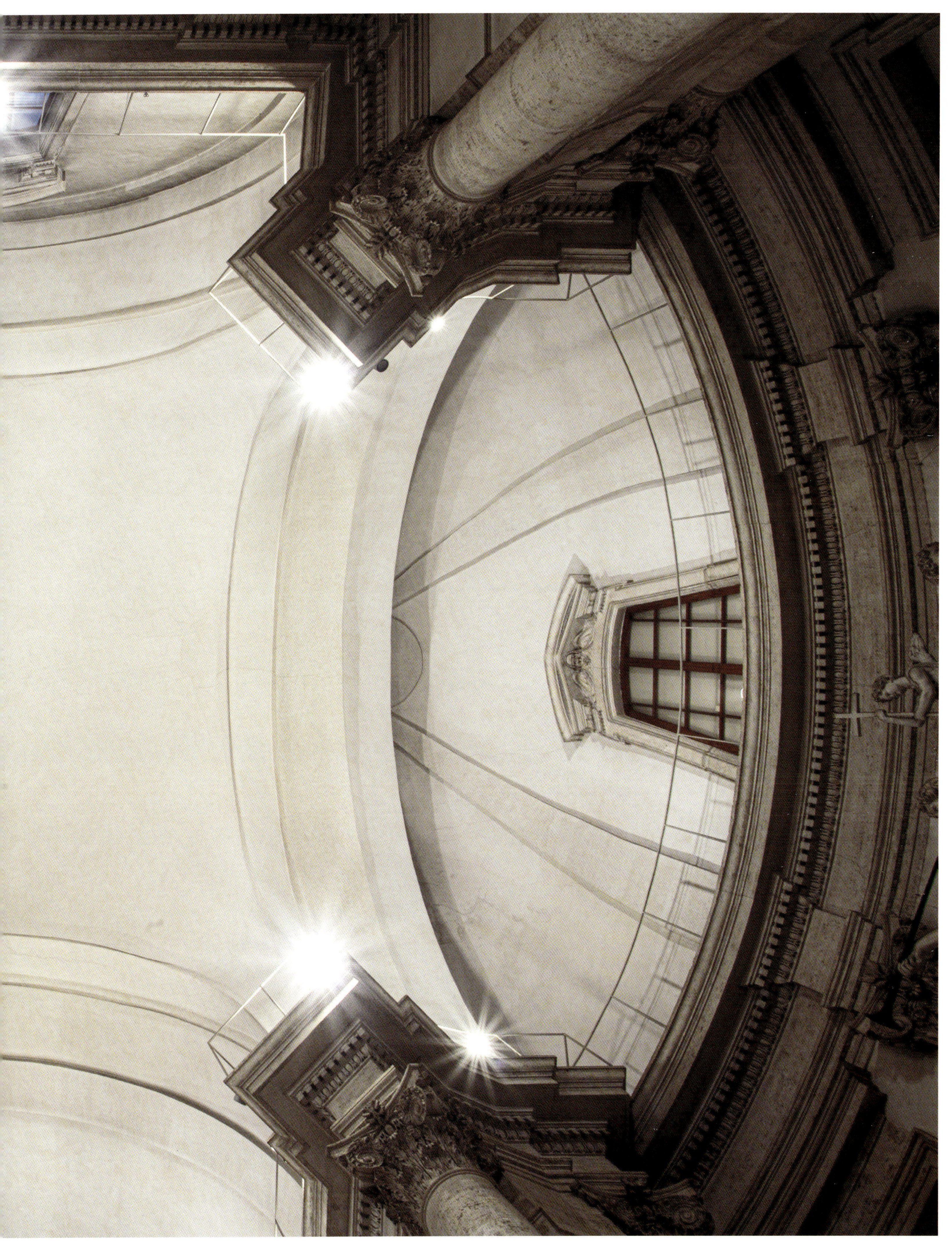

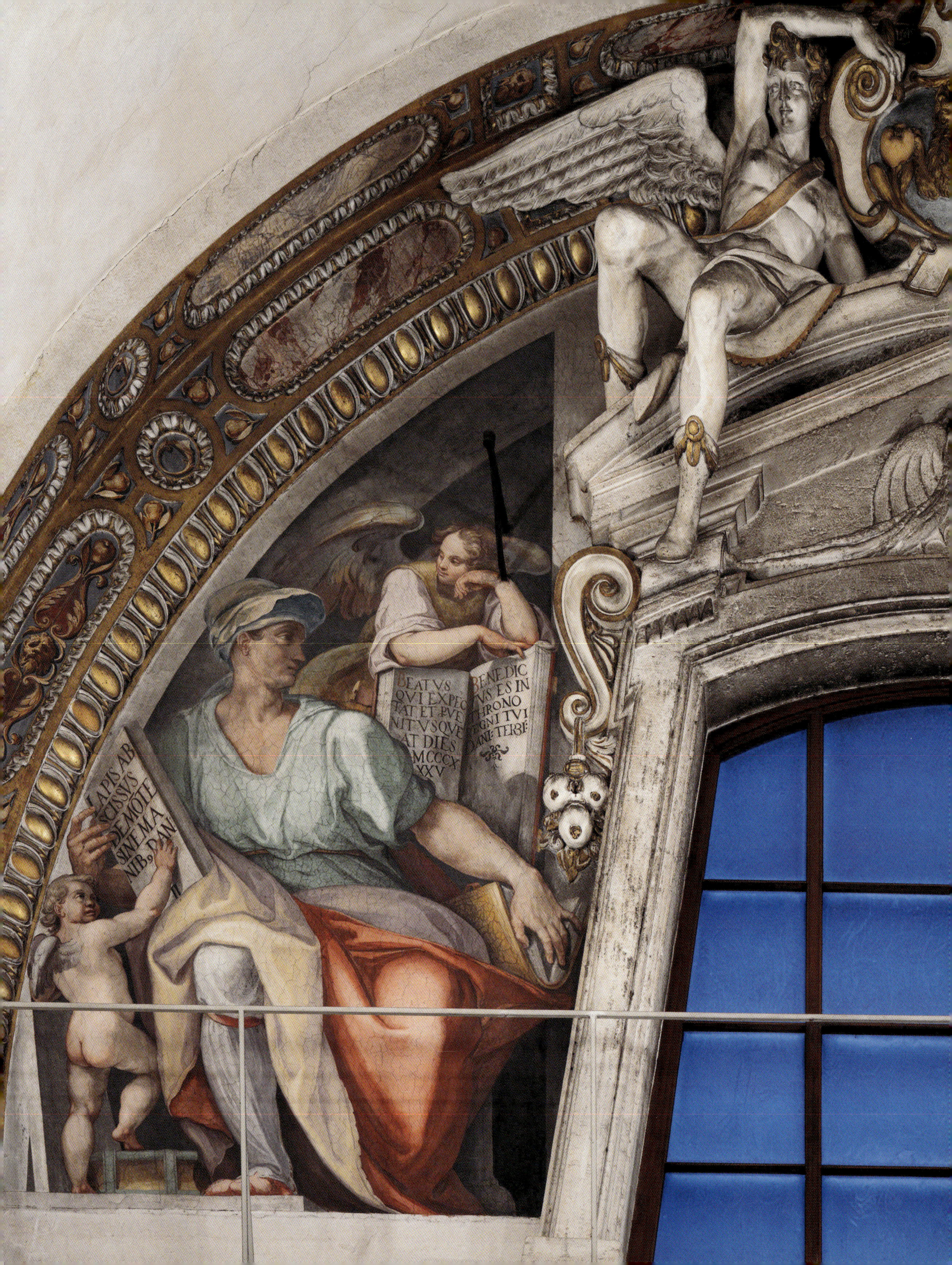
LAPIS AB
SCISSVS
DE MOTE
SINE MA
NIB9 DAN
II
BEATVS
QVI EXPEC
TAT ET PVE
NIT VSQVE
AT DIES
MCCCX
XXV
BENEDIC
TVS ES IN
THRONO
REGNI TVI
DANI TER3E

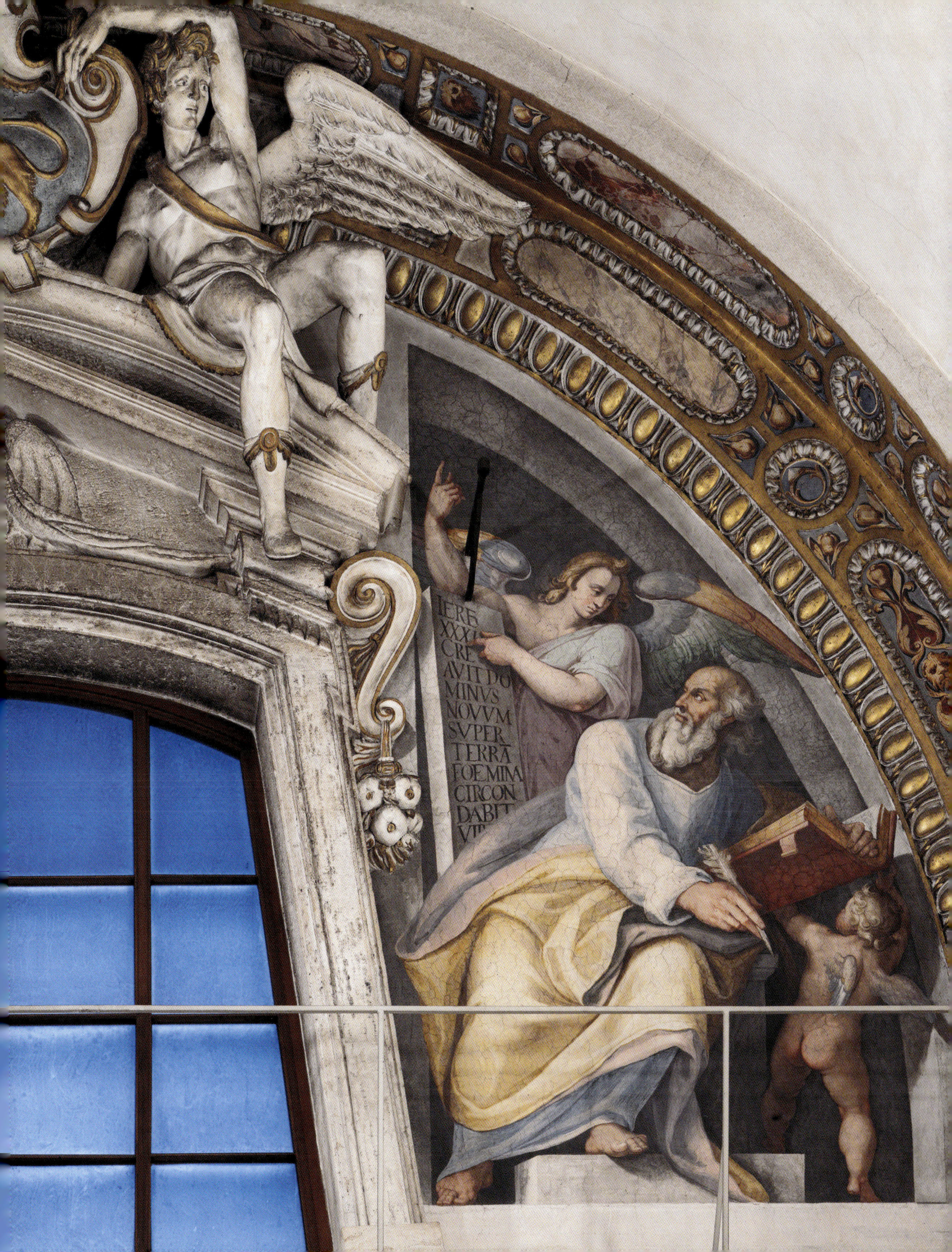
IERE
XXXI
CRE
AVIT DO
MINVS
NOVVM
SVPER
TERRĀ
FOEMINA
CIRCON
DABIT

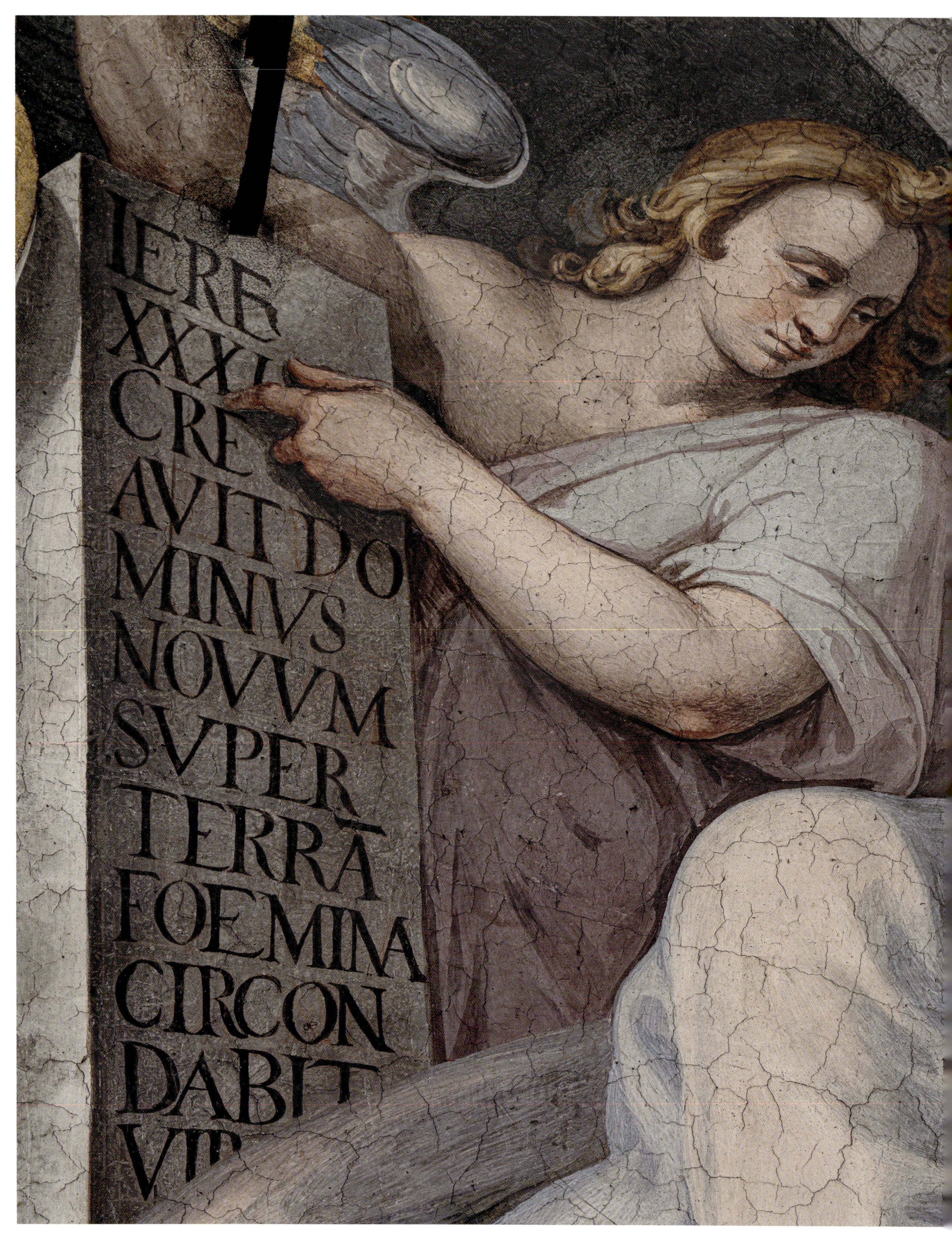
IERE
XXXI
CRE
AVIT DO
MINVS
NOVVM
SVPER
TERRĀ
FOEMINA
CIRCON
DABIT

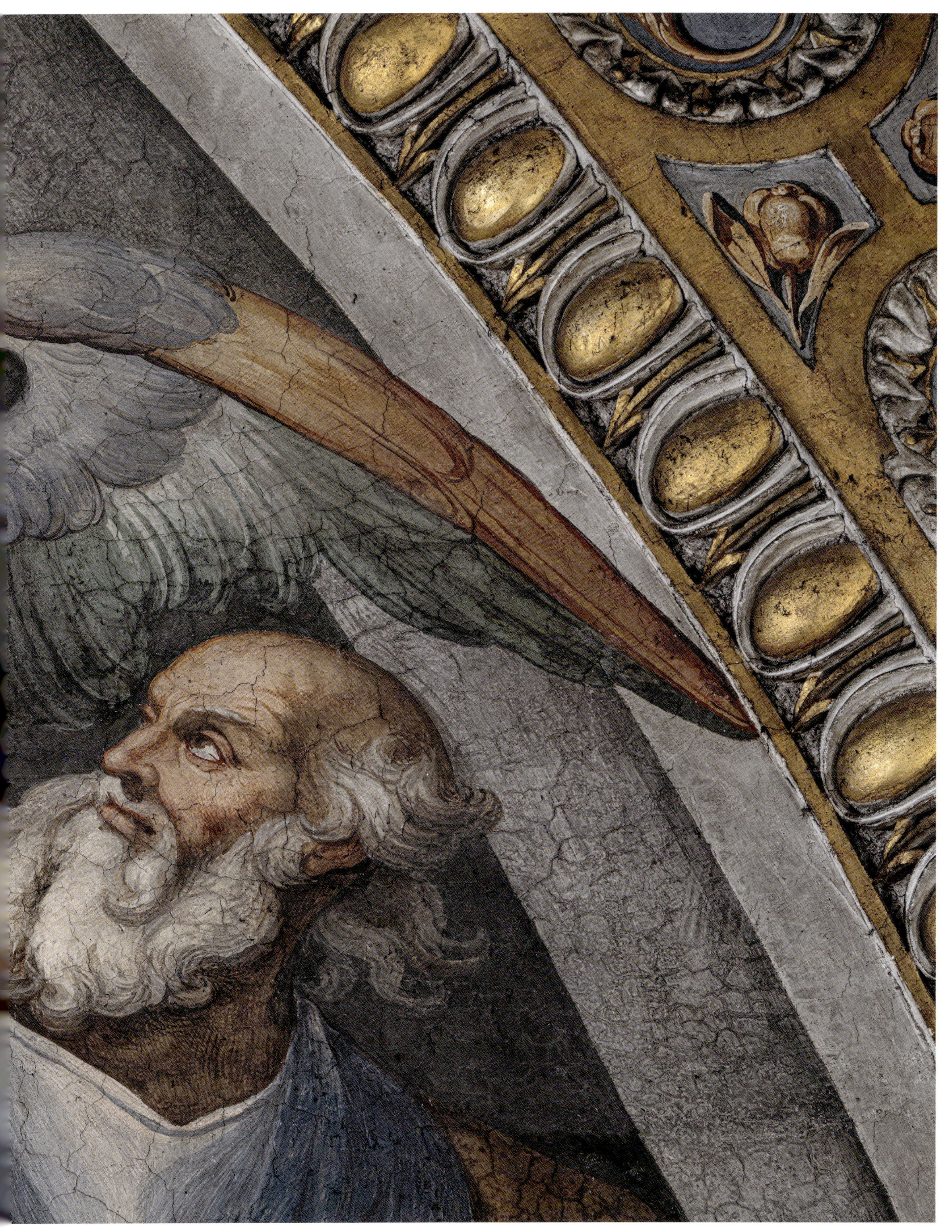

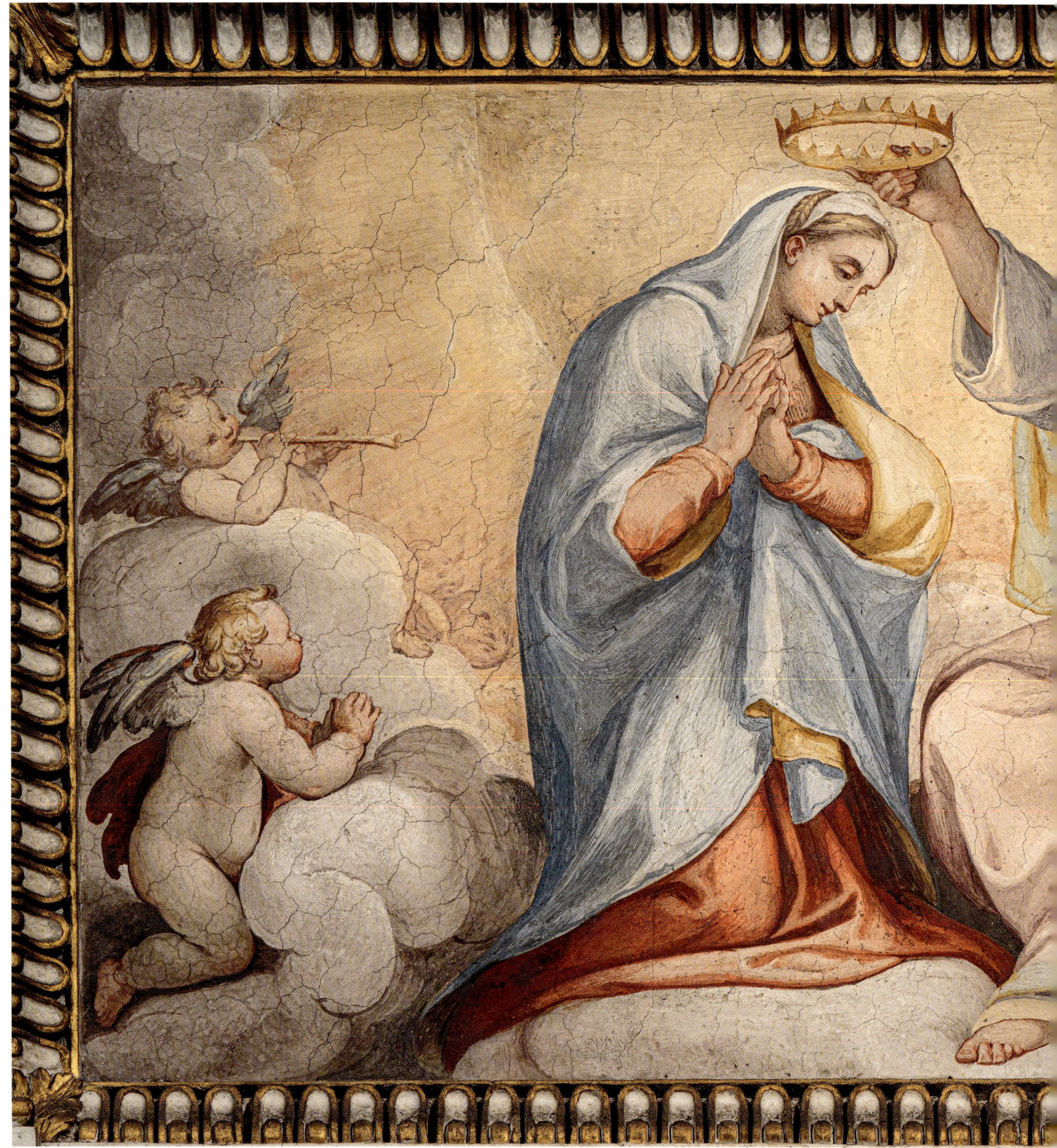

PP. 164-165
Cesare Nebbia
Incoronazione di Maria
1582, affresco
Cappella Sforza, timpano sopra l'altare

P. 166
Giacomo Della Porta (1532-1602)
Monumento funebre del Cardinal Guido Ascanio Sforza
1573
Cappella Sforza, parete sinistra

PP. 164-165
Cesare Nebbia
Coronation of Mary
1582, fresco
Sforza Chapel, tympanum above the altar

P. 166
Giacomo Della Porta (1532-1602)
Funeral Monument to Cardinal Guido Ascanio Sforza
1573
Sforza Chapel, left wall

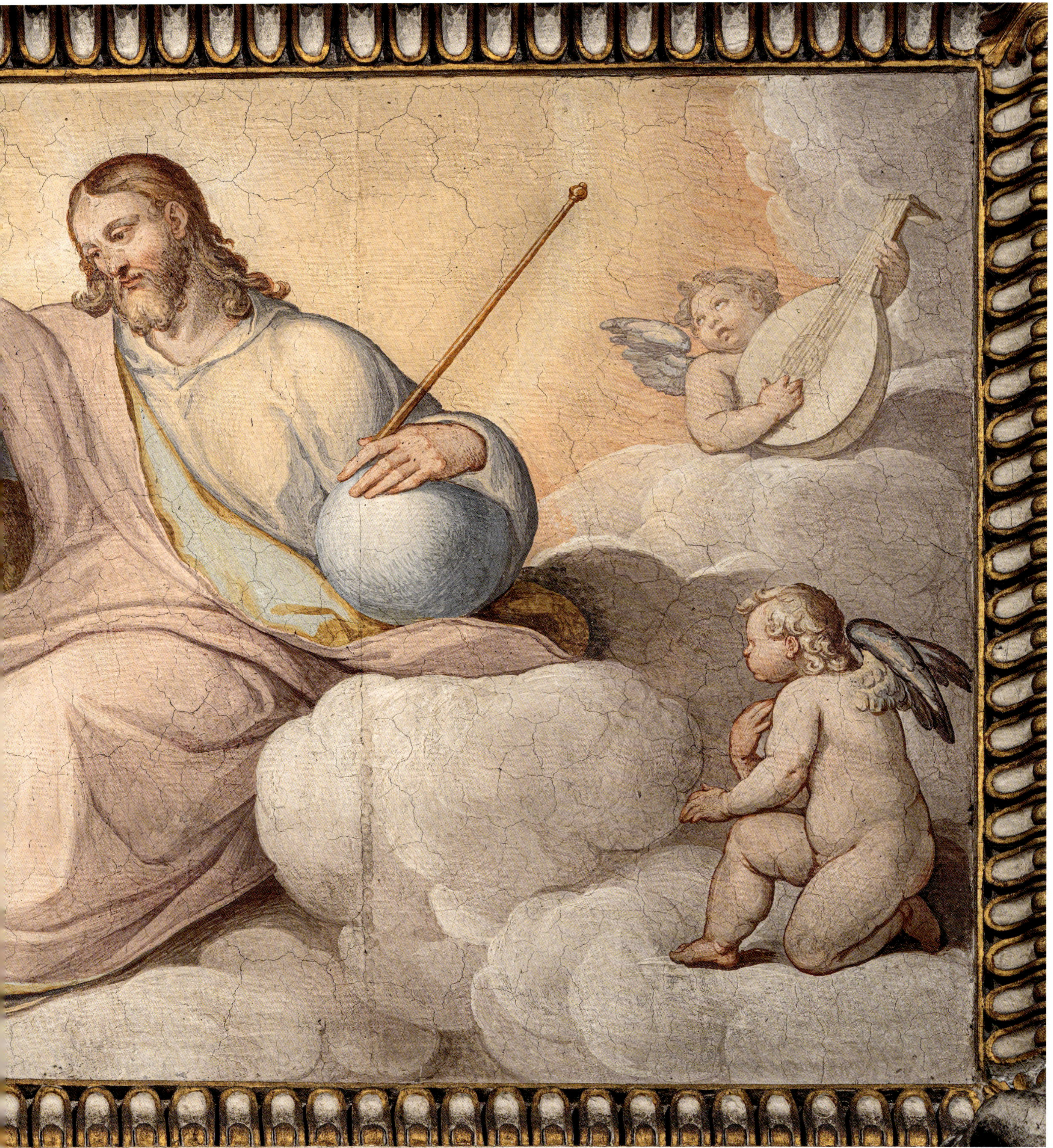

P. 167
Giacomo Della Porta
Monumento funebre del cardinale Alessandro Sforza
1573
Cappella Sforza, parete destra
Dettagli pp. 168, 169

P. 167
Giacomo Della Porta
Funeral Monument to Cardinal Alessandro Sforza
1573
Sforza Chapel, right wall
Details pp. 168, 169

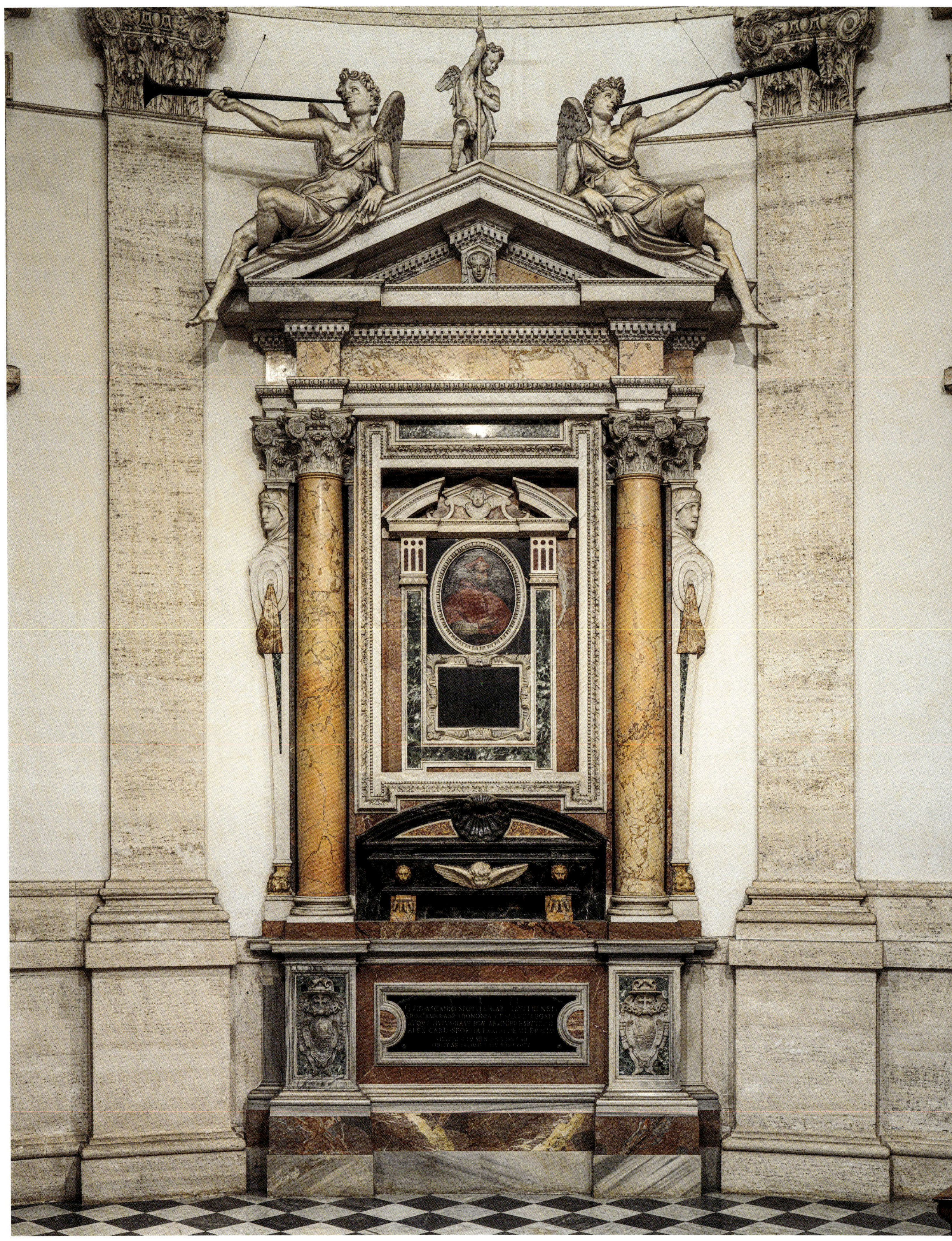

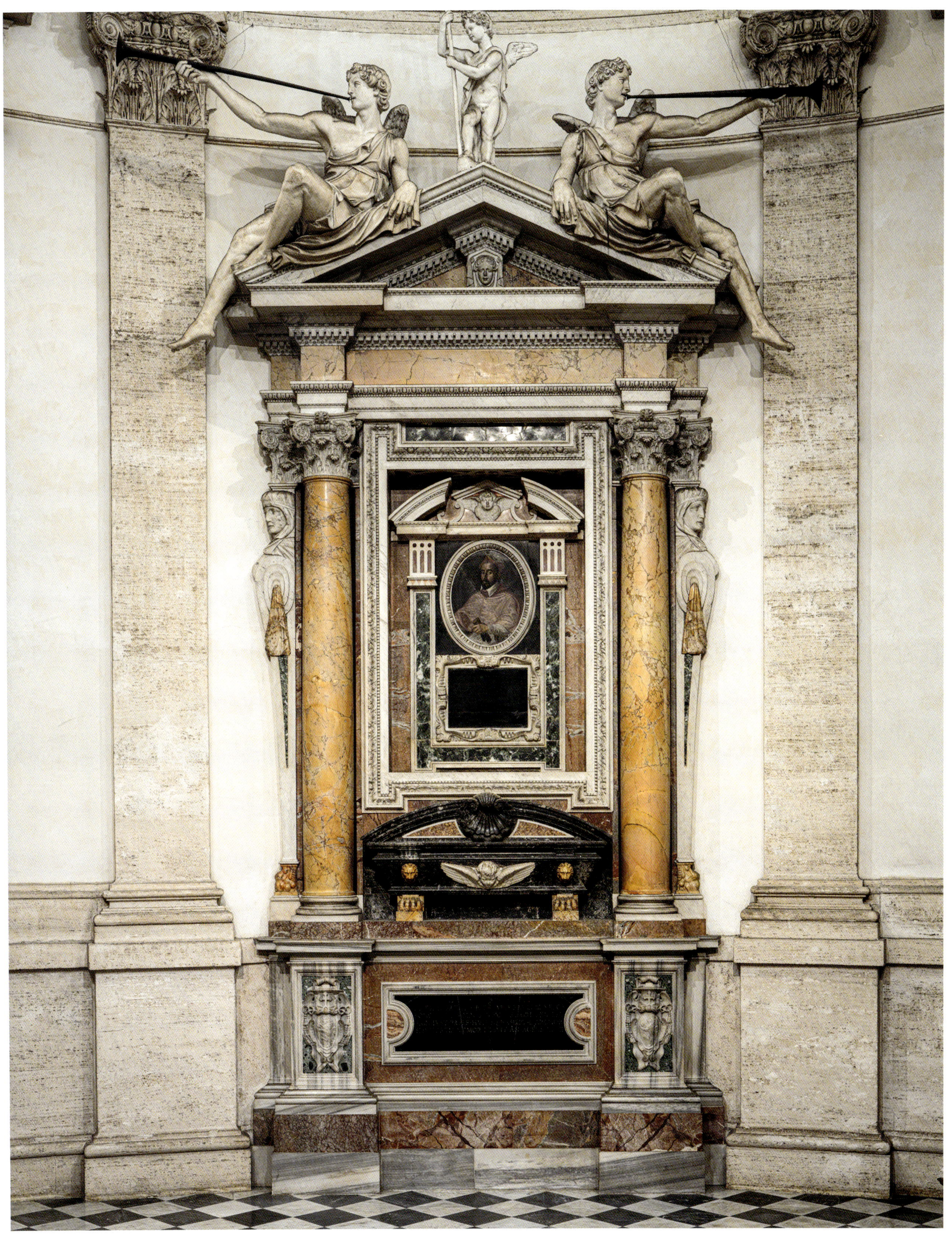

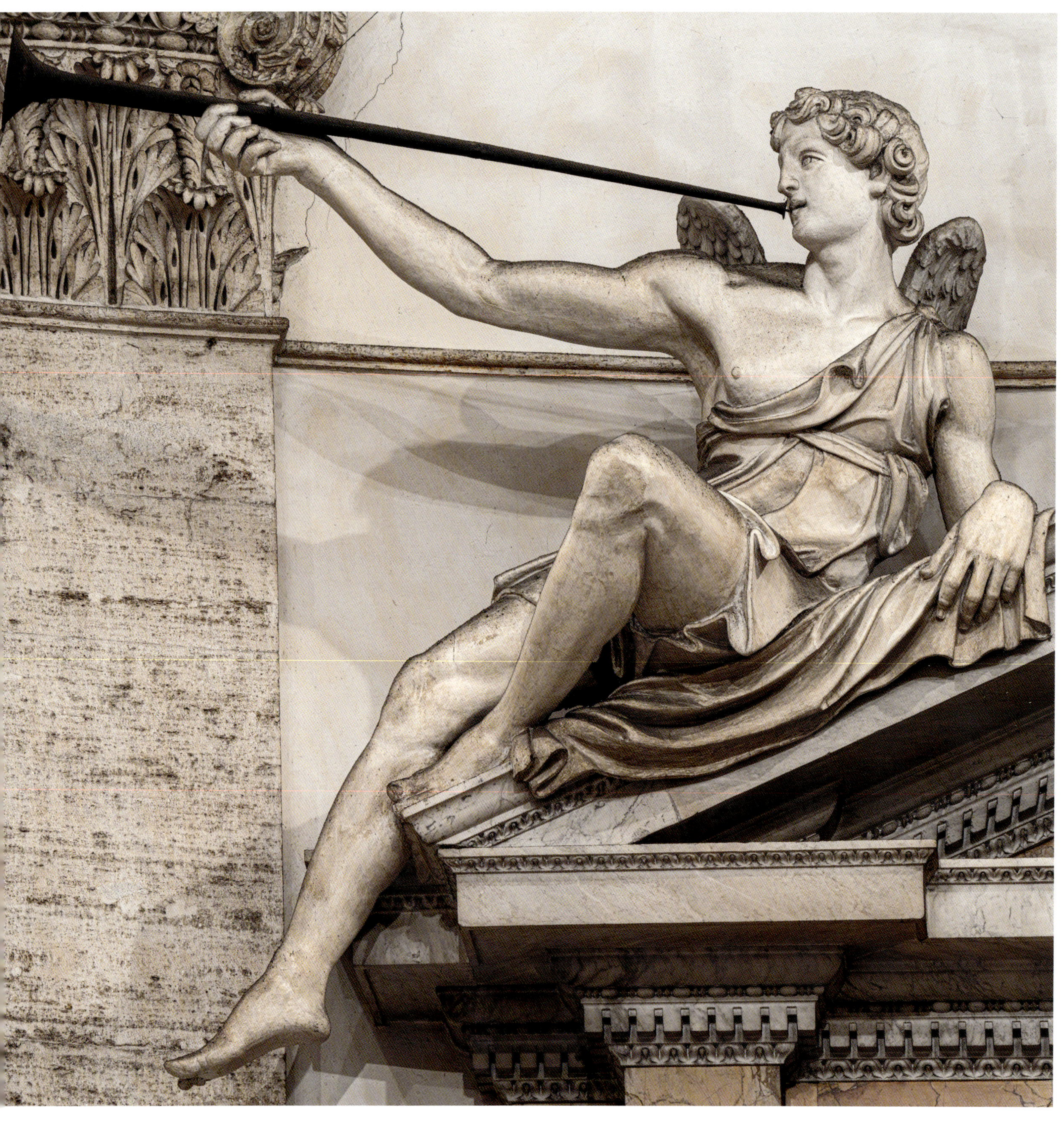

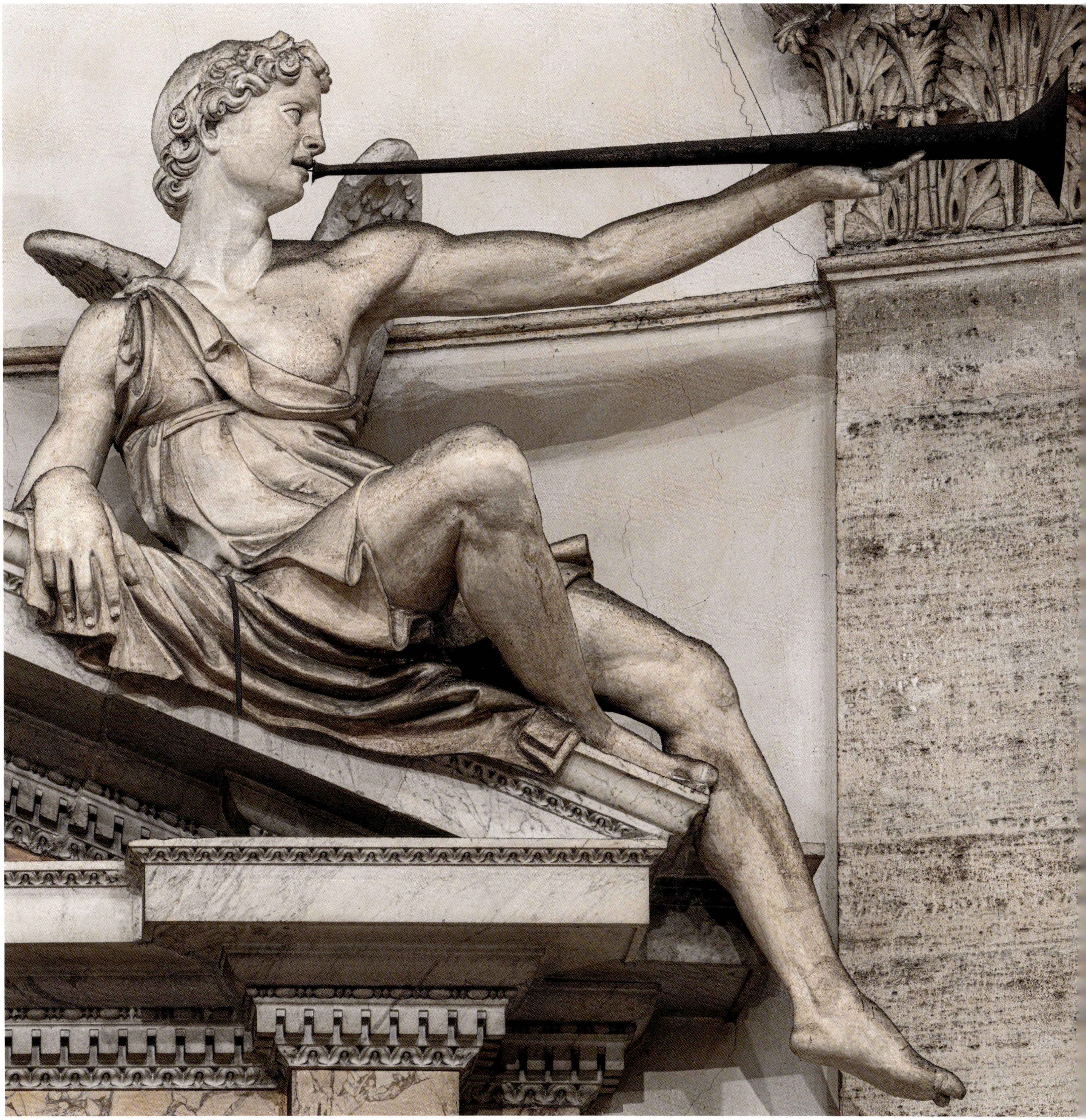

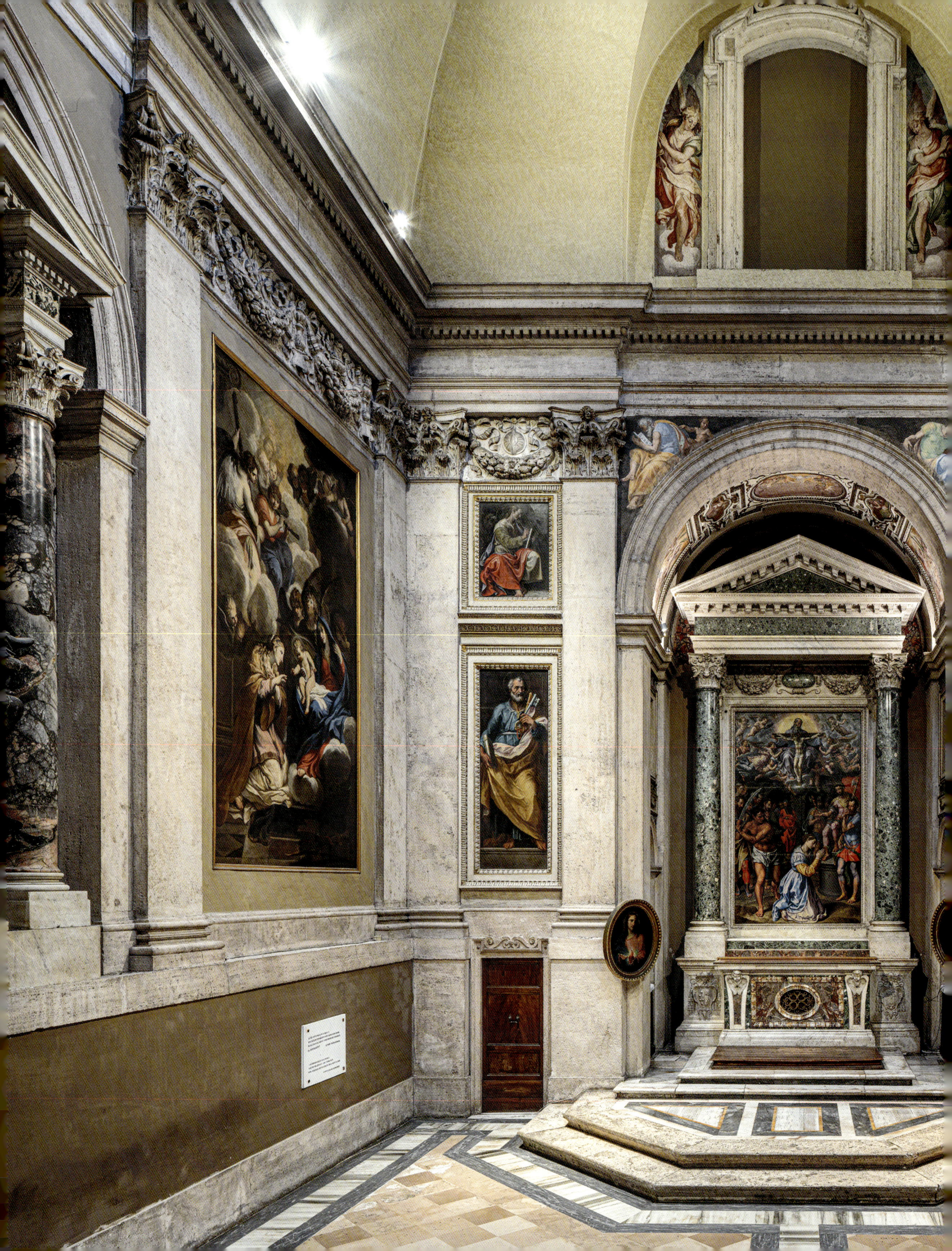

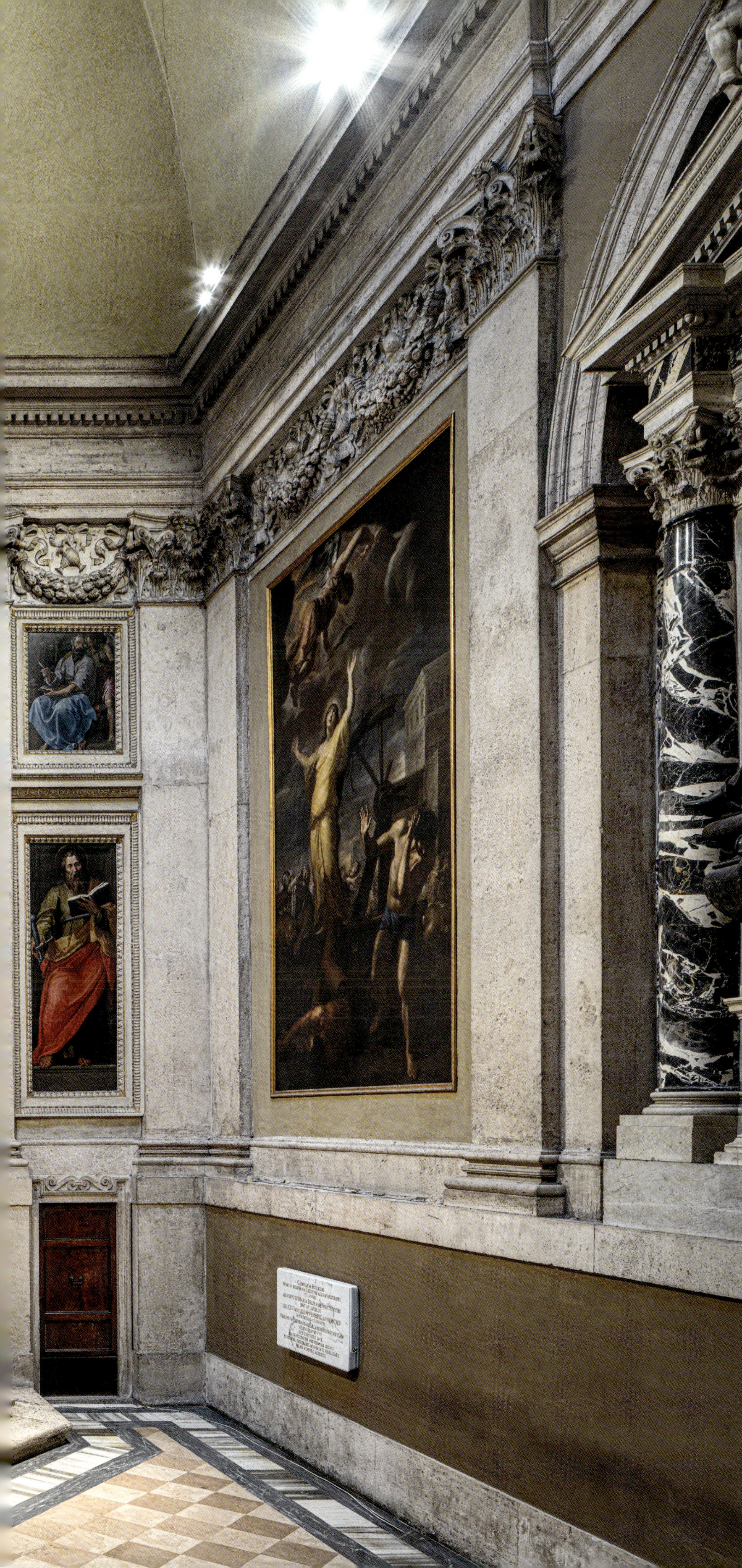

PP. 170-171
Cappella Cesi
Veduta d'insieme

PP. 172, 173
Girolamo Siciolante da Sermoneta
Profeta e Sibilla
1567-1568, affresco
Cappella Cesi, pennacchi sopra l'altare

P. 174
Giovan Battista Ricci da Novara (1537-1627)
Santi Pietro e Paolo
post 1572, olio su pietra
Cappella Cesi

P. 175
Girolamo Siciolante da Sermoneta
Martirio di Santa Caterina d'Alessandria
1566-67, olio su tavola
Cappella Cesi, pala d'altare

P. 176
Guglielmo Della Porta (c. 1515-1577)
Monumento funebre del cardinal Paolo Emilio Cesi
1560 circa, marmo e bronzo
Cappella Cesi, parete sinistra

P. 177
Guglielmo Della Porta e collaboratori
Monumento funebre del cardinal Federico Cesi
ante 1568, marmo e bronzo
Cappella Cesi, parete destra

PP. 170-171
Cesi Chapel
Overall view

PP. 172, 173
Girolamo Siciolante da Sermoneta
Prophet and Sibyl
1567-1568, fresco
Cesi Chapel, spandrels above the altar

P. 174
Giovan Battista Ricci da Novara (1537-1627)
Saints Peter and Paul
after 1572, oil on stone
Cesi Chapel

P. 175
Girolamo Siciolante da Sermoneta
Martyrdom of Saint Catherine of Alexandria
1566-67, oil on panel
Cesi Chapel, altarpiece

P. 176
Guglielmo Della Porta (ca. 1515-1577)
Funeral Monument to Cardinal Paolo Emilio Cesi
ca. 1560, marble and bronze
Cesi Chapel, left wall

P. 177
Guglielmo Della Porta and collaborators
Funeral Monument to Cardinal Federico Cesi
before 1568, marble and bronze
Cesi Chapel, right wall

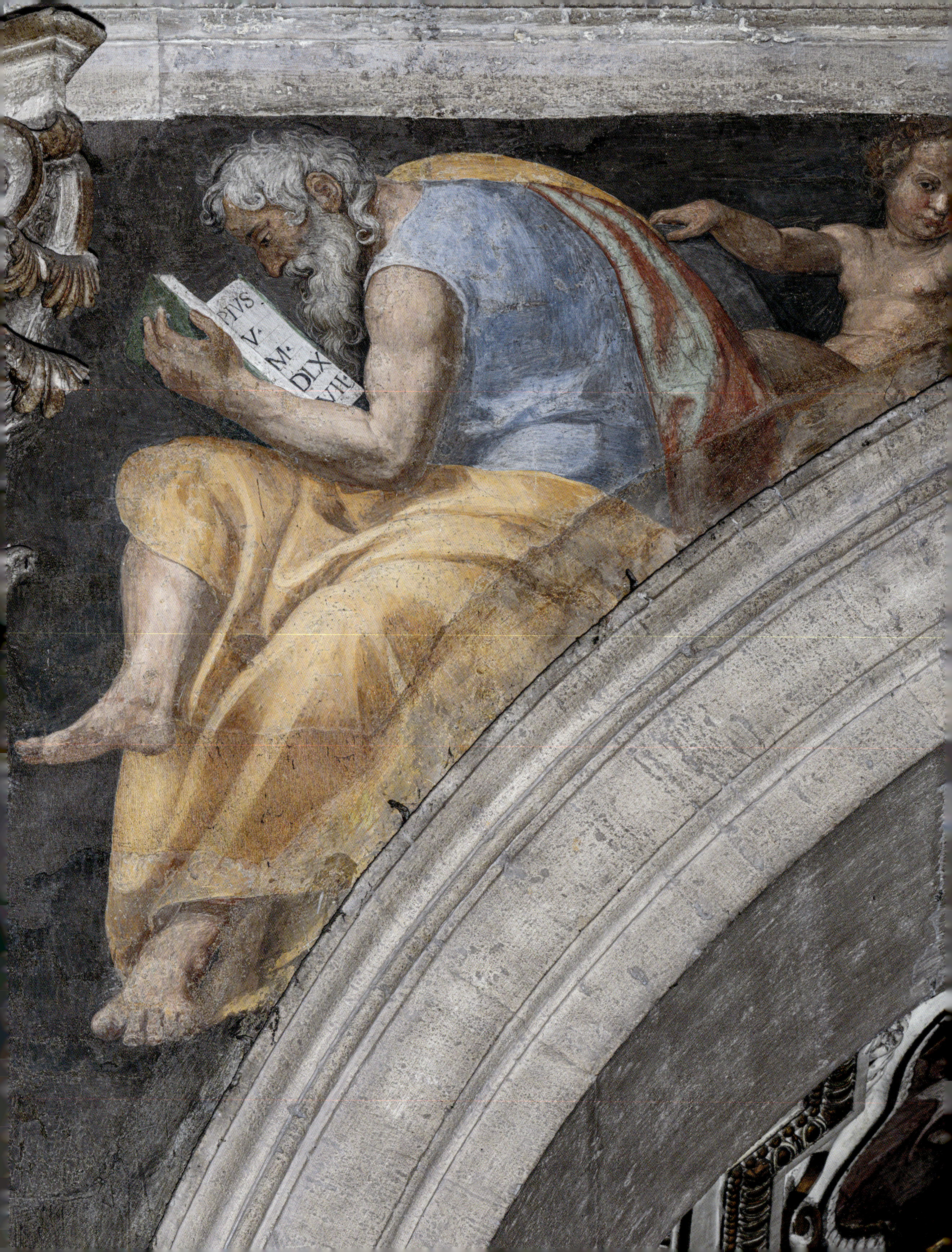
PIVS
V.
M.
DLX
VII.

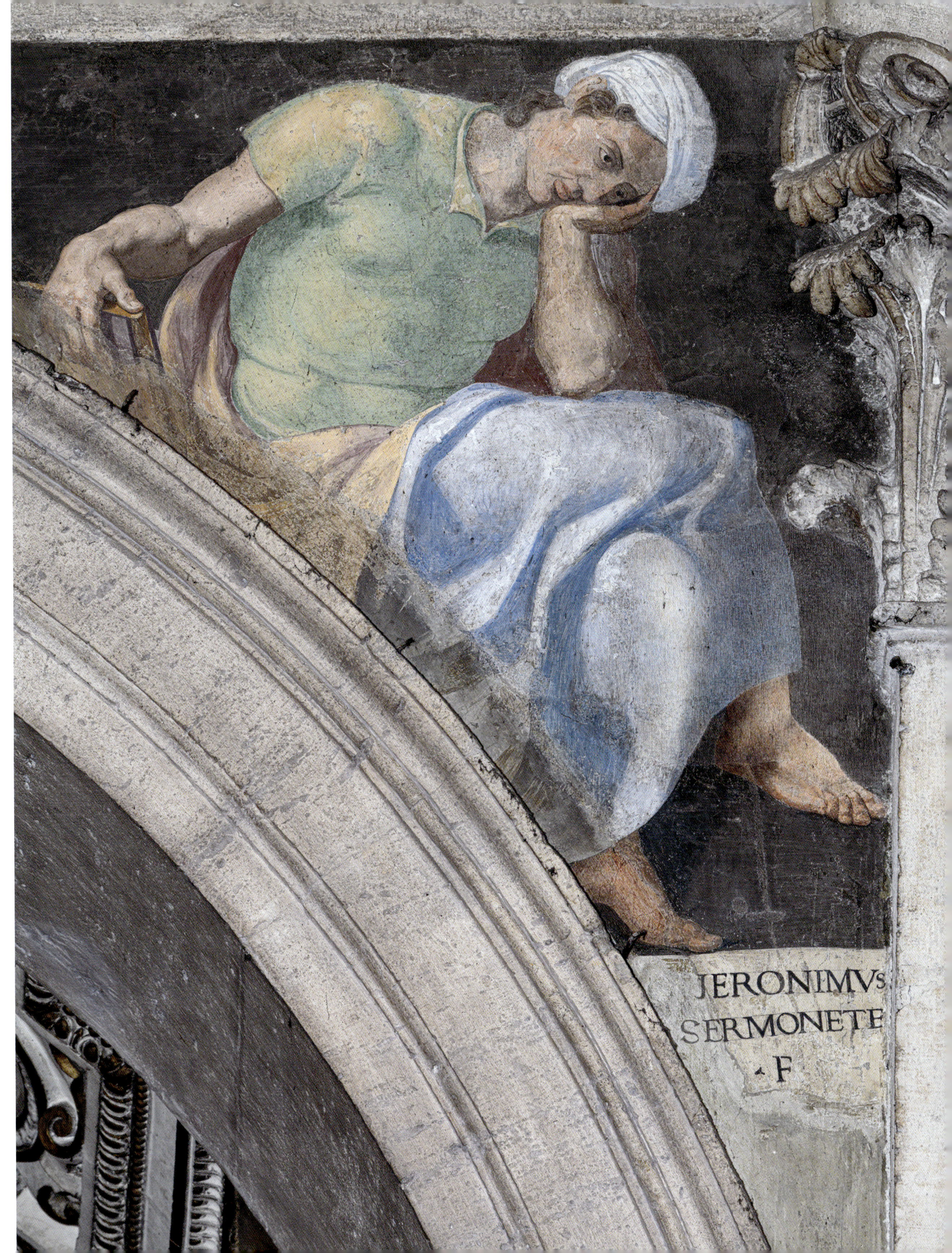
JERONIMVS
SERMONETE
F

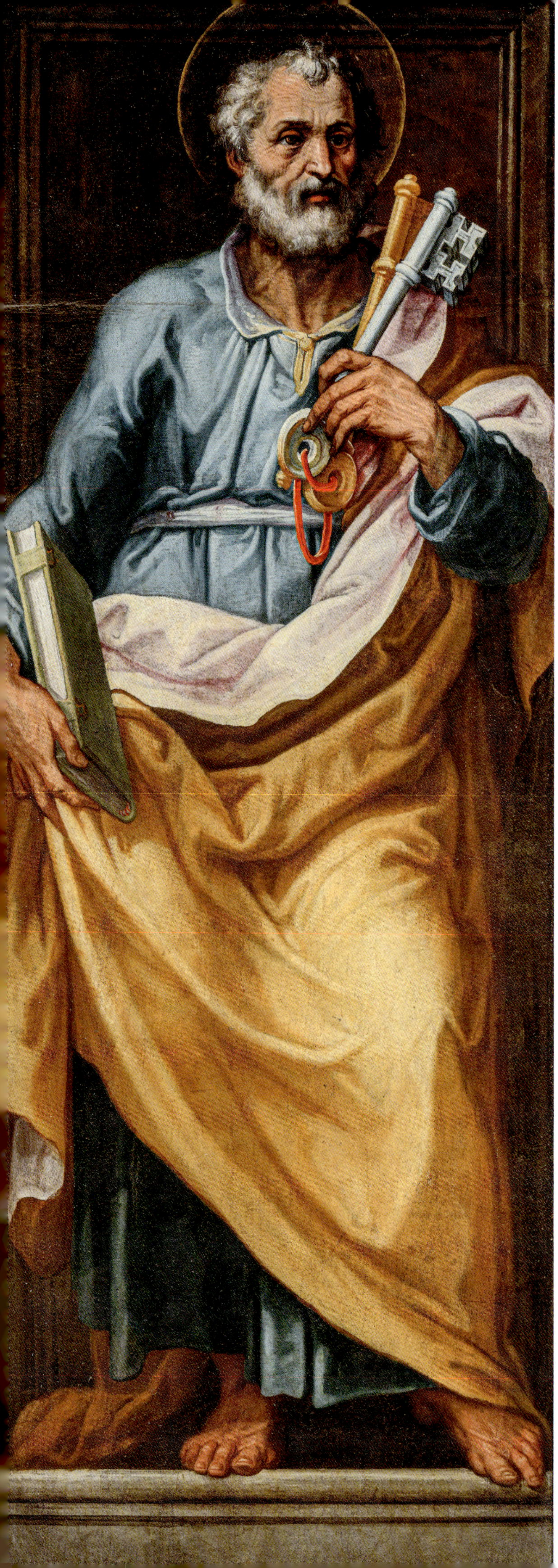

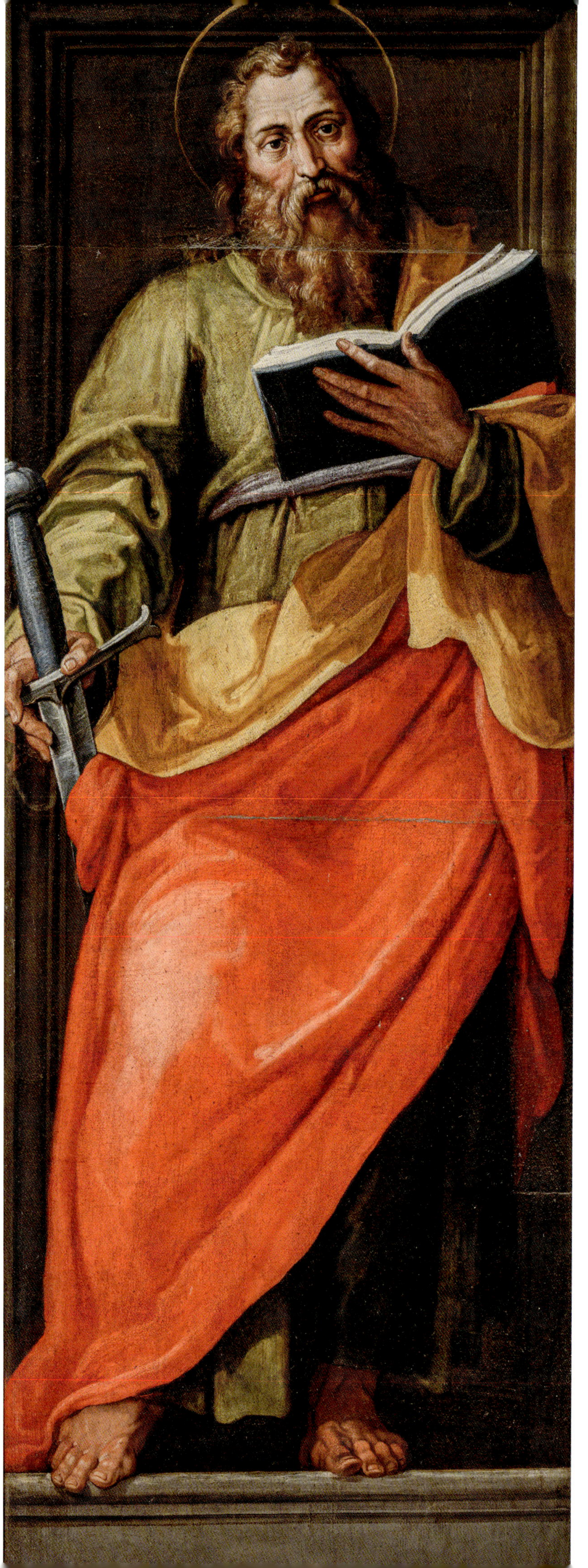

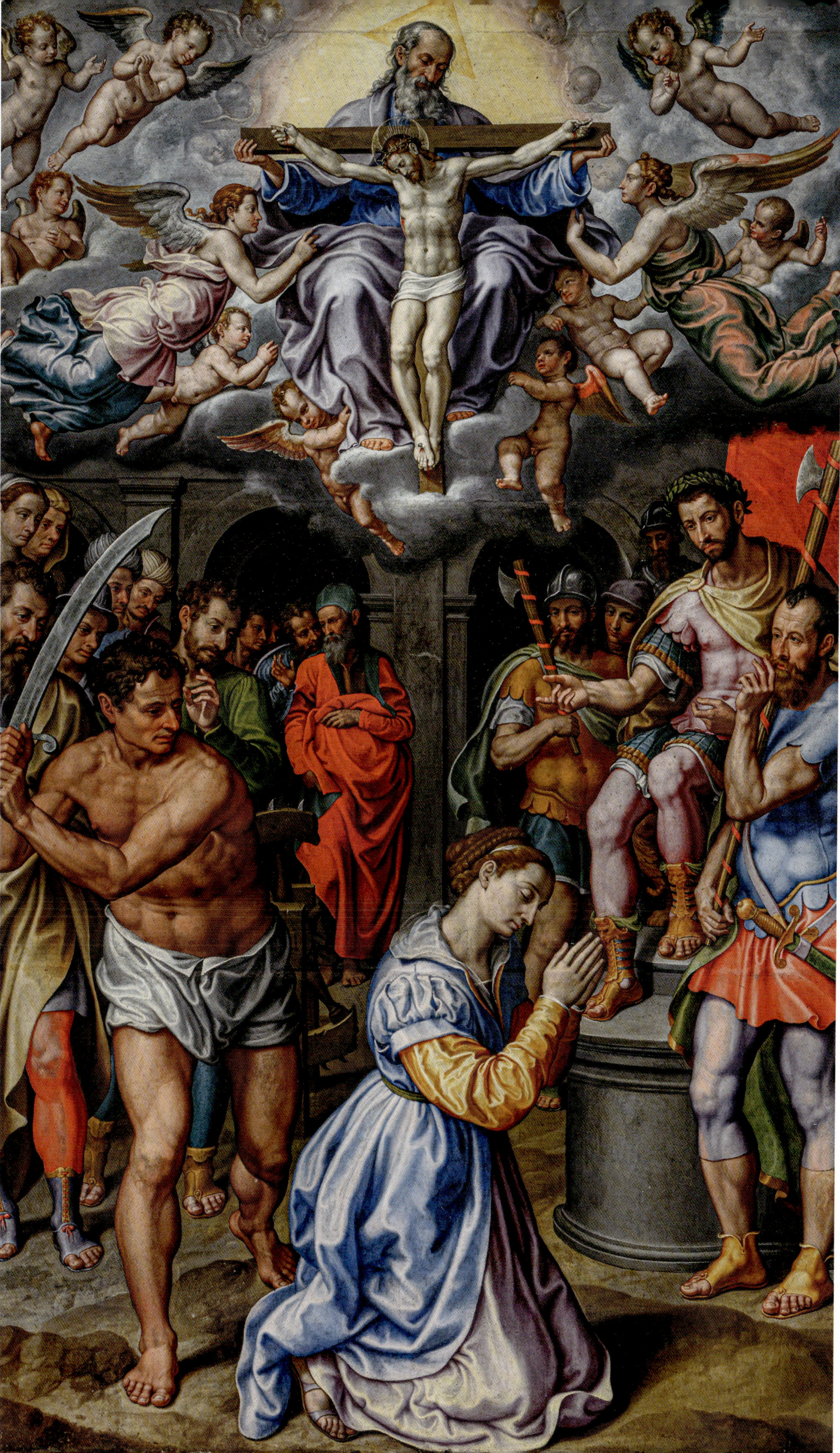

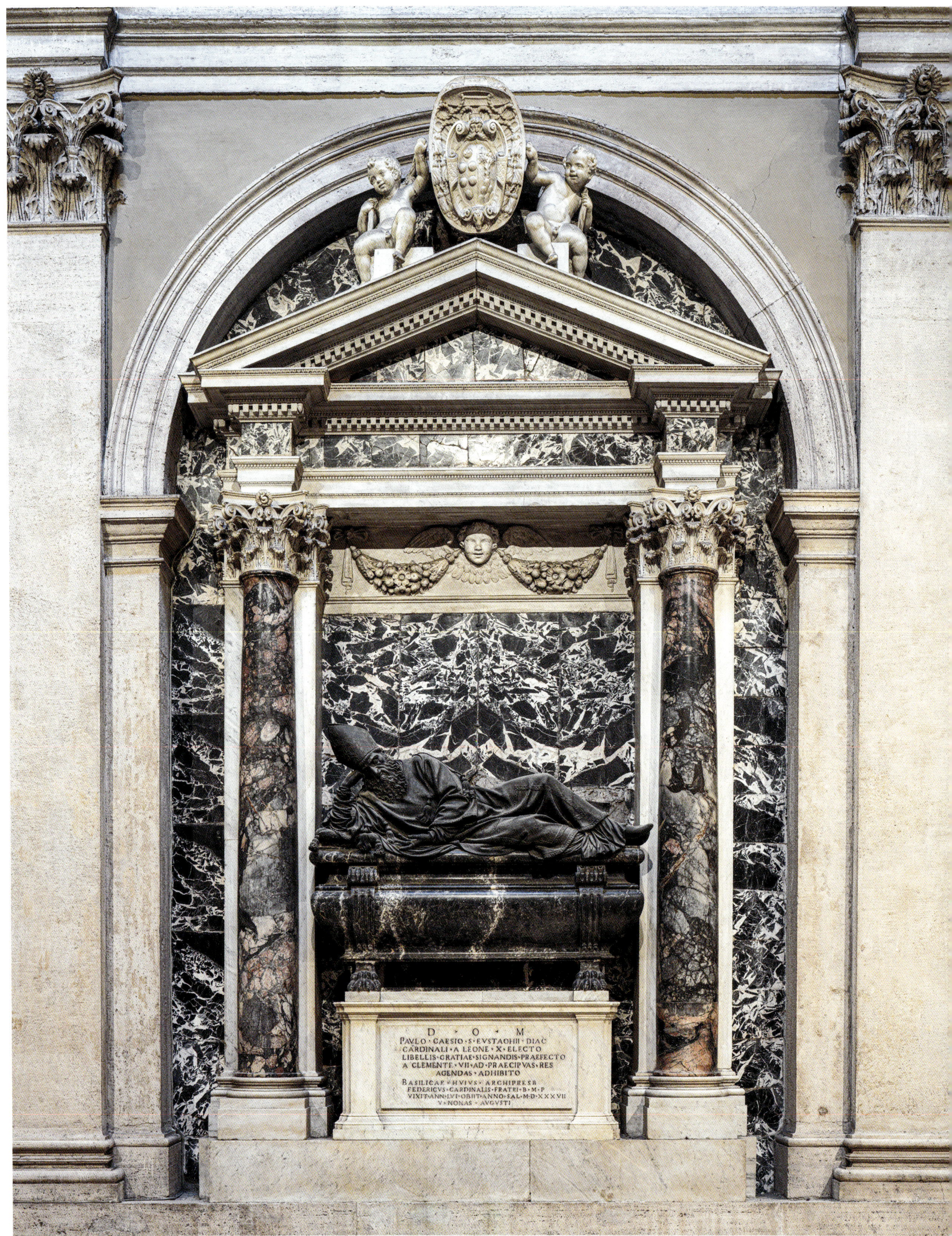
D · O · M
PAVLO · CAESIO · S · EVSTACHII · DIAC
CARDINALI · A LEONE · X · ELECTO
LIBELLIS · GRATIAE · SIGNANDIS · PRAEFECTO
A CLEMENTE · VII · AD · PRAECIPVAS · RES
AGENDAS · ADHIBITO
BASILICAE · HVIVS · ARCHIPRESB
FEDERICVS · CARDINALIS · FRATRI · B · M · P
VIXIT · ANN · LVI · OBIIT · ANNO · SAL · M · D · XXXVII
V · NONAS · AVGVSTI

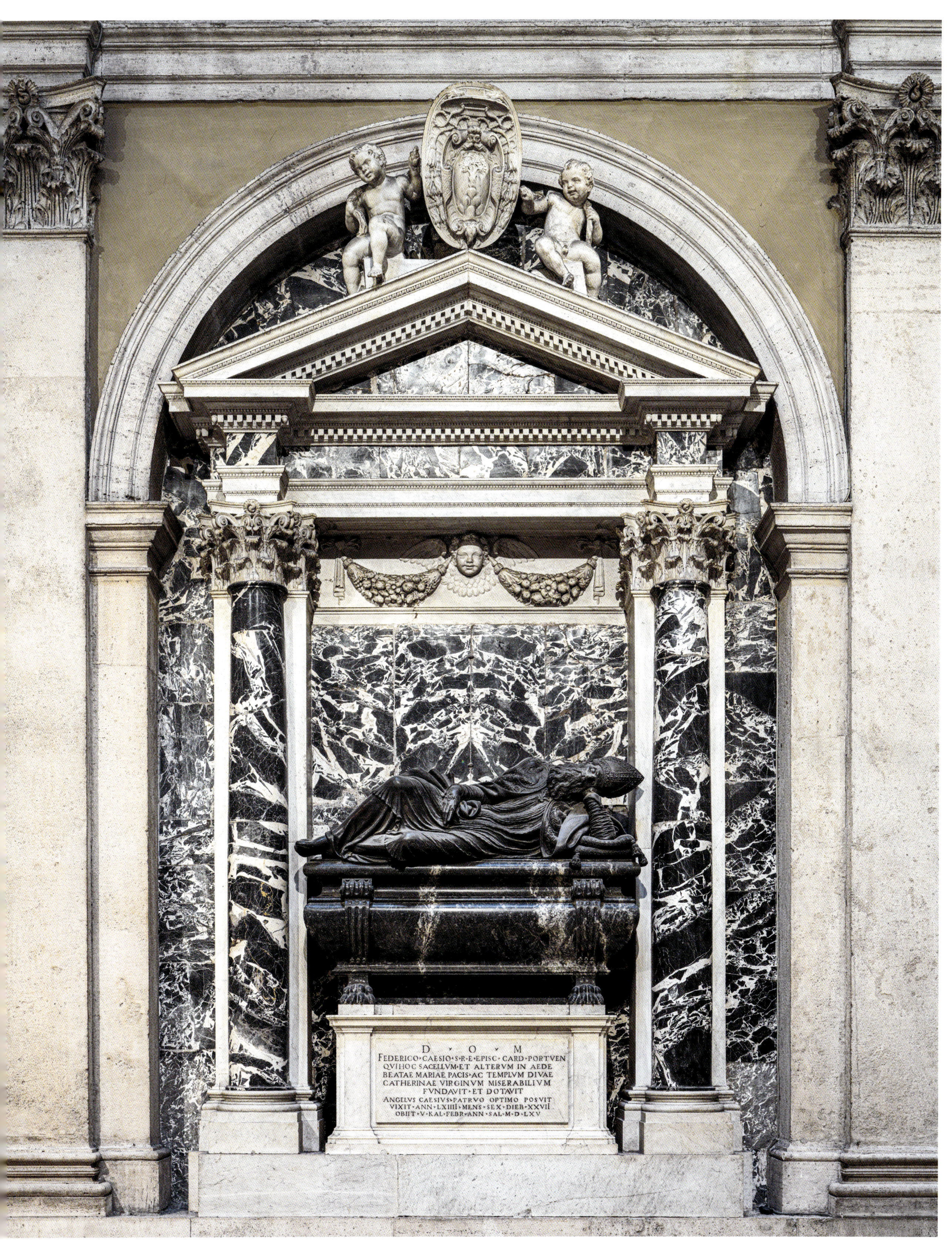
D · O · M
FEDERICO · CAESIO · S · R · E · EPISC · CARD · PORTVEN
QVI HOC SACELLVM · ET ALTERVM IN AEDE
BEATAE MARIAE PACIS · AC TEMPLVM DIVAE
CATHERINAE VIRGINVM MISERABILIVM
FVNDAVIT · ET DOTAVIT
ANGELVS CAESIVS · PATRVO OPTIMO POSVIT
VIXIT · ANN · LXIIII · MENS · SEX · DIEB · XXVII
OBIIT · V · KAL · FEBR · ANN · SAL · M · D · LXV

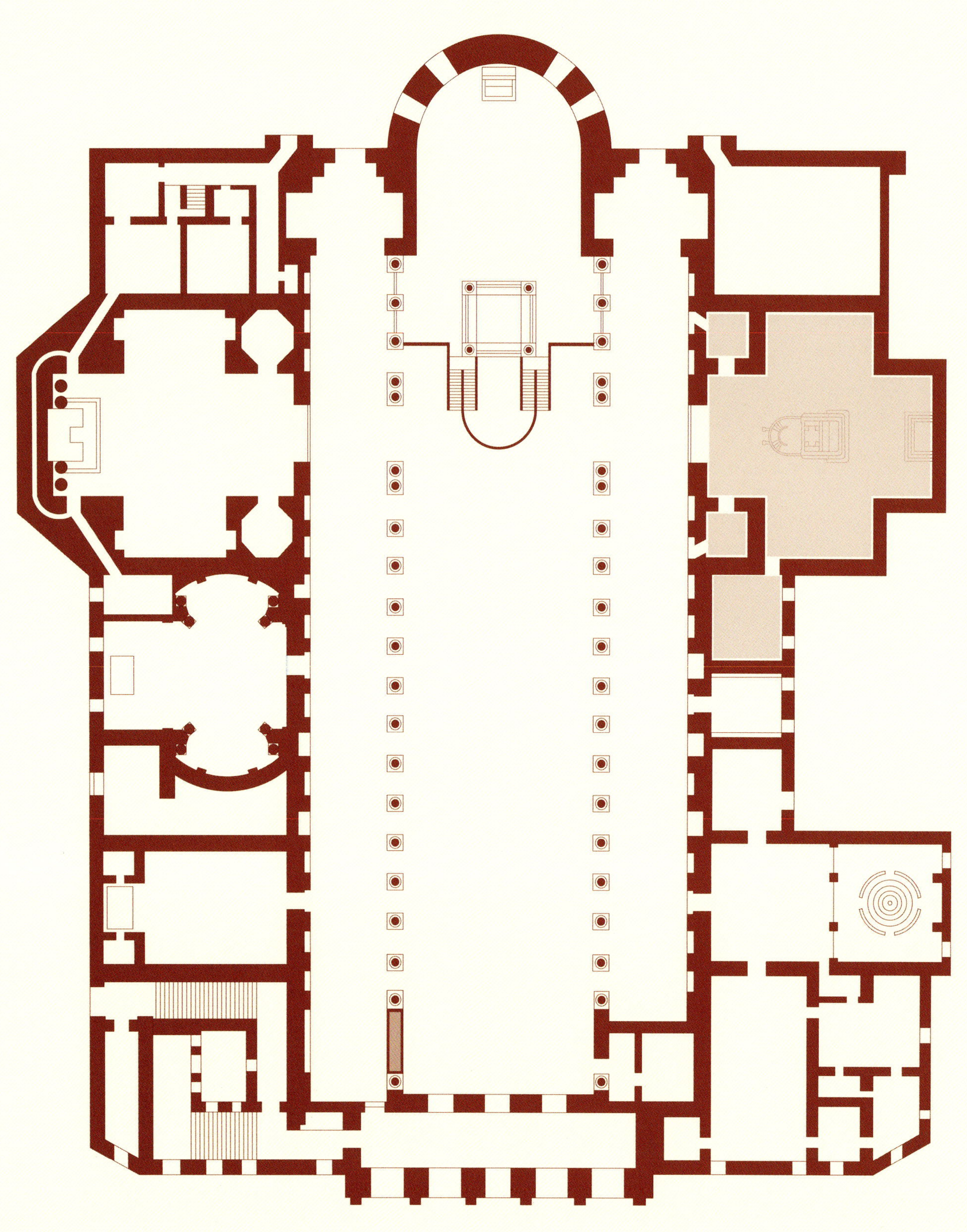

La Cappella di Sisto V. Da sepoltura di famiglia a reliquiario monumentale

The Chapel of Sixtus V. From Family Mausoleum to Monumental Reliquary (1585-1590)

Monumento a Niccolò IV
Monument to Nicholas IV

Cappella Sistina e Sagrestia
Cappella Sistina and Sacristy

Affreschi della navata centrale
Frescoes of the central nave

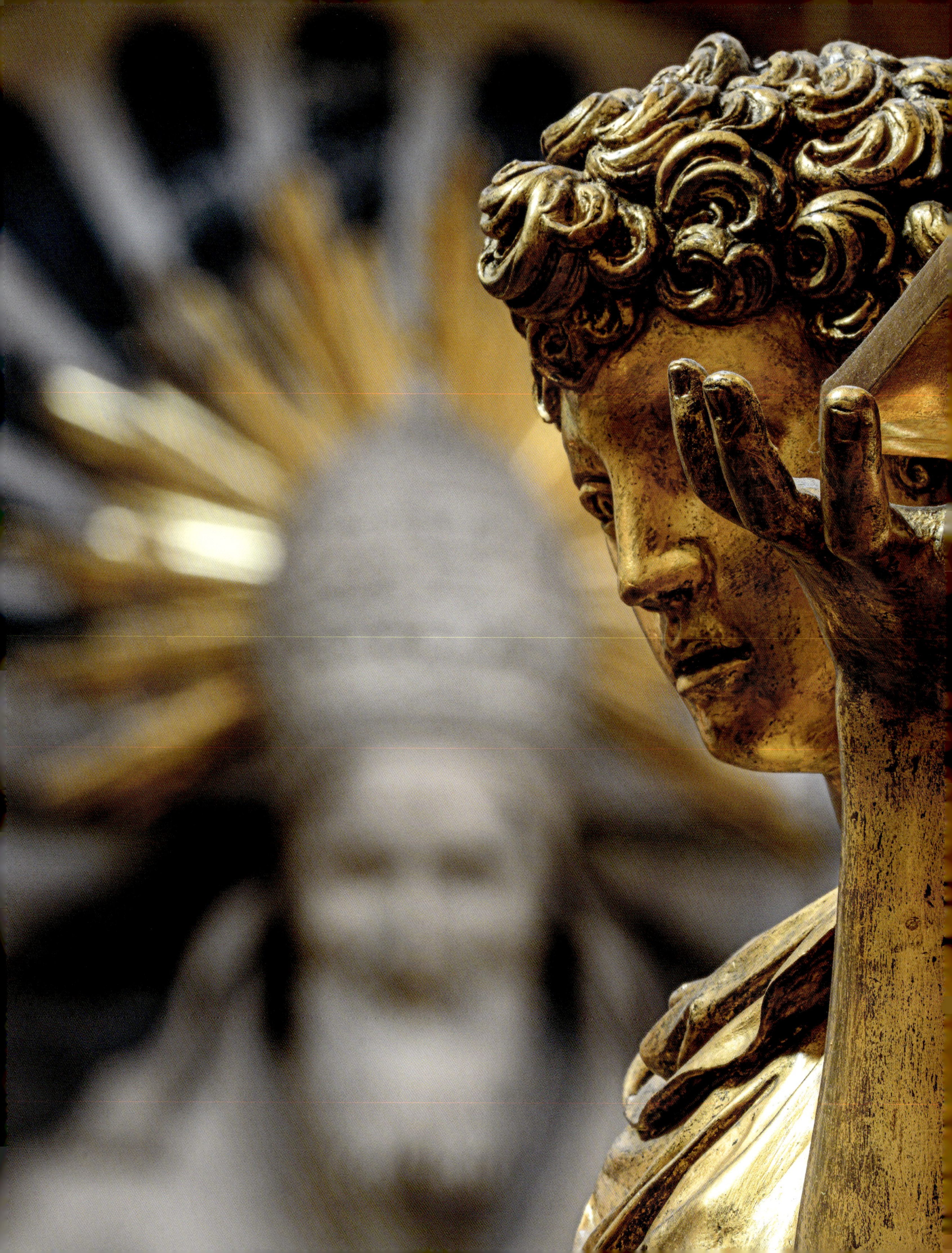

La Cappella di Sisto V (1585-1590). Da sepoltura di famiglia a reliquiario monumentale

Patrizia Tosini

The Chapel of Sixtus V (1585-1590). From Family Mausoleum to Monumental Reliquary

Patrizia Tosini

"Ma quella [cappella] che fa al presente fabricare la Santità di Nostro Signore Sisto V per il felice Presepio di Christo avanzarà di gran lunga ogni altra opera di splendore e magnificentia. Fin qui questa celeste gioia in un'angusta cappelletta, ancor che di musaico lavorata, è stata oscuramente tenuta. Or la vedrà il mondo risplendere, dentro un sontuosissimo tempio appartato, il qual per quello che già chiaro dimostra agguagliarà la grandezza dell'animo di un tanto Principe".

Con queste parole di fervida ammirazione Pompeo Ugonio, uno degli eruditi più in vista dell'età sistina, nella sua *Historia delle Stationi di Roma che si celebrano la Quadragesima* (Roma, 1588) ricorda la cappella che papa Sisto V Peretti stava facendo realizzare lungo la navata destra della Basilica Liberiana, sottolineandone la sua funzione principale: esaltare e ridare la giusta dignità alle reliquie del Presepe, fulcro devozionale di Santa Maria Maggiore, all'epoca ancora conservate nell'"angusta cappella" musiva commissionata da papa Niccolò IV Masci (1288-1292) ad Arnolfo di Cambio nel 1291, trasformandola in una meta imprescindibile per ogni devoto e pellegrino approdato nella Città Eterna.

L'idea di costruire una cappella privata all'interno della più importante basilica mariana dell'Urbe era venuta a papa Sisto già al tempo del suo cardinalato. Presa la porpora nel 1570 con il titolo cardinalizio di San Girolamo degli Schiavoni per volontà di Pio V Ghislieri (1565-1572), il francescano Felice Peretti rivolse immediatamente i suoi interessi verso Santa Maria Maggiore, che costituiva ai suoi occhi un luogo privilegiato per molteplici ragioni. La Basilica era difatti lo scrigno della *Maria Theotókos* – poi nota dal XIX secolo come *Salus Populi Romani* –, icona mariana acheropita per eccellenza, venerata a Roma sin dal Medioevo, e delle reliquie della mangiatoia della Natività, oggetti di speciale devozione per l'Ordine di San Francesco a cui il cardinale Peretti apparteneva. Nel 1573, inoltre, erano state rintracciate nella Basilica le spoglie del primo papa francescano, Niccolò IV, responsabile della sistemazione dell'antica Cappella del Presepe (documentata e venerata in Basilica dal VII secolo), e vi erano stati traslati – dalla primitiva sepoltura a Betlemme presso la grotta della Natività – anche i resti di San Girolamo, una figura particolarmente importante per il cardinale Peretti. Questo Padre della Chiesa latina infatti, oltre a richiamare il già menzionato titolo cardinalizio di Peretti, ne costituiva anche

"But that [chapel] which the Holiness of Our Lord Sixtus V is presently constructing for the felicitous Nativity of Christ will far exceed any other work in splendour and magnificence. Until now, this celestial jewel has been obscurely kept in a narrow chapel, albeit worked in mosaic. Now the world will see it resplending, in a most sumptuous, isolated shrine, which, by what it already shows clearly, will capture the magnanimity of so great a Prince."

With these fervent words of admiration in his *Historia delle Stationi di Roma che si celebrano la Quadragesima* (Rome, 1588), one of the most important scholars of the reign of Sixtus V Peretti, Pompeo Ugonio, remembers the chapel that the pope was raising off the right aisle of Santa Maria Maggiore. He emphasises its main function: to exalt and restore proper dignity to the relic of the Nativity of Christ, the devotional fulcrum of the Basilica, which was still preserved in the mosaicked "narrow chapel" that Pope Nicholas IV Masci (1288-1292) had commissioned Arnolfo di Cambio in 1291, to make it an essential destination for every devotee and pilgrim who arrived in the Eternal City.

The idea of building a private chapel inside the most important Marian basilica in Rome had already come to Sixtus when he was still a cardinal. Raised to the purple in 1570 by Pius V Ghislieri (1565-1572) and with the titular of the church of San Girolamo degli Schiavoni, the Franciscan Felice Peretti immediately turned his attention to Santa Maria Maggiore, which was to his eyes a privileged place for multiple reasons. The Basilica was the reliquary of both the icons of *Maria Theotókos* – known as the *Salus Populi Romani* since the 19th century – the Marian *acheiropoieton* par excellence venerated in Rome since the Middle Ages, and also the Manger of the Nativity, objects of special devotion to Franciscan Order to which Cardinal Peretti belonged. Furthermore, in 1573 the remains of Nicholas IV – the first Franciscan pope and the one who had commissioned the ancient Chapel of the Nativity (documented and venerated in Santa Maria Maggiore since the 7th century) – were also rediscovered in the Basilica while the remains of Saint Jerome had been translated from their early burial in the grotto of the Nativity in Bethlehem to the Roman church. The Church Father was the dedicatee of Peretti's titular church and he was also his

l'*alter ego*, dal momento che il porporato aveva intrapreso, quale novello San Girolamo, una nuova traduzione della *Bibbia*. Fu dunque per tutti questi legami simbolici che Felice Peretti fece i primi passi come mecenate artistico nella Basilica Liberiana, proprio con la sistemazione, nel 1573, di un nuovo monumento che ospitasse il corpo riesumato di Niccolò IV, realizzato dal suo architetto di fiducia, il ticinese Domenico Fontana (1543-1607), e dallo scultore Leonardo Sormani (c. 1520-1590) (oggi la tomba è visibile entrando in Basilica sul lato sinistro della navata centrale).

La vicinanza del cardinale Peretti alla chiesa esquilina fu inoltre ulteriormente rafforzata a partire dal 1576, quando quest'ultimo scelse di stabilire in questa stessa zona la sontuosa villa Peretti, oggi scomparsa, che si andrà ingrandendo con nuovi edifici e giardini nei successivi dieci anni, grazie all'intervento dello stesso Fontana.

Nel 1581 il Capitolo della Basilica concedeva al cardinale tre cappelle contigue in fondo alla navata destra (dei Santi Filippo e Giacomo, di Santa Barbara e del Presepe), con la facoltà di demolirle e occuparne l'area con il proprio sacello, trasferendovi l'Altare di San Girolamo che conteneva il corpo del santo e l'Altare del Presepe, di cui si doveva preservare però la forma originale.

Le fonti ricordano che nel gennaio 1585 la cappella era già iniziata nelle sue fondamenta, ma solo pochi mesi dopo, il 24 aprile di quell'anno, Felice Peretti saliva al soglio pontificio, circostanza che condizionò e riorientò in maniera incisiva gli esiti decorativi, iconografici e liturgici della cappella.

La Cappella Sistina diveniva così non più un tradizionale spazio di sepolture per un cardinale e i suoi famigliari, ma si trasformava in una cappella pontificia di dimensioni grandiose, integrando nel proprio significato quello di reliquiario monumentale. Nei mesi seguenti alla propria elezione, Sisto V pensò di arruolare altri architetti per avere diverse proposte su come trasformare il vano in qualcosa di più ambizioso e scenografico: tra i proponenti figuravano l'ormai anziano Bartolomeo Ammannati – su suggerimento del cardinale Ferdinando de' Medici, intimo amico di Peretti –, Ottaviano Mascherino e forse Giacomo Della Porta. Alla fine, fu però Domenico Fontana a ottenere di proseguire il lavoro già iniziato mesi prima, elaborando un nuovo approccio ornamentale per il sacello, che doveva a questo punto essere degno di un papa, come lo stesso architetto ticinese ricorda nel suo *Trattato della Trasportatione dell'Obelisco Vaticano* (Roma, 1590): "[Sisto V] Asceso che fu al Pontificato non volse, che s'alterasse in parte alcuna il disegno, o modello di già incominciato: salvo, che dalla banda di dentro; che dove la Capella haveva da essere adornata di stucco, hora fussero marmi finissimi lavorati, e intarsiati con diverse inventioni: Et è veramente fabrica di grandissima spesa...".

La cappella fu dunque concepita con una pianta centrale – in omaggio ai *martyria* sepolcrali e ai mausolei della tradizione imperiale – a croce greca, dotata di una sacrestia, di due cappelle minori ai lati dell'ingresso dedicate a San Girolamo e a Santa Lucia (dove nel 1586 il papa aveva fatto trasferire le reliquie dei Santi Innocenti da San Paolo fuori le Mura), e coperta con una cupola ottagona costolonata dal notevole slancio verticale (circa 48 metri di altezza), a sua volta

alter ego, as the cardinal had undertaken, like Saint Jerome, a new translation of the Bible. It was because of all these symbolic ties that Felice Peretti took his first steps as an artistic patron at Santa Maria Maggiore by erecting, in 1573, a monument to house the recently exhumed body of Nicholas IV, designed by his trusted architect, the Ticinese Domenico Fontana (1543-1607), and carved by the sculptor Leonardo Sormani (ca. 1520-1590) (today the tomb is visible entering the Basilica on the left side of the central nave).

Cardinal Peretti's close ties with the Esquiline church became even closer from 1576, when the latter chose to establish in the same area the sumptuous Villa Peretti (now destroyed), which was continuously enlarged with new buildings and gardens over the next ten years, thanks to the planning contribute of the same Domenico Fontana.

In 1581, the Basilica Chapter granted the cardinal three adjoining chapels at the end of the right aisle (dedicated to Saints Philip and James, Saint Barbara, and the Nativity of Christ), with the right to demolish them and occupy the area with his own chapel, transferring there the Altar of Saint Jerome containing the saint's body and the Altar of the Nativity, whose original form, however, had to be preserved.

The sources record that in January 1585 the chapel's foundations had already been started, but only a few months later, on the 24th of April, Felice Peretti ascended to the papal throne, a circumstance that fundamentally conditioned and reoriented the chapel's decorative, iconographic, and liturgical outcome.

The Cappella Sistina was no longer to become a traditional burial place for a cardinal and his family, but it was transformed into a papal chapel of grandiose dimensions, integrating to its meaning that of a monumental reliquary. In the months following his election, Sixtus V thought of enlisting other architects to come up with various proposals on how to transform the space into something more ambitious and scenic: among them were the now elderly Bartolomeo Ammannati – upon suggestion of Cardinal Ferdinando de' Medici, a close friend of Peretti – Ottaviano Mascherino, and possibly Giacomo Della Porta. In the end, however, it was Domenico Fontana who won the commission to continue the work begun months earlier, devising a new ornamental approach to the chapel, which was now to be worthy of a pope, as the Ticinese architect himself recalled in his *Trattato della Trasportatione dell'Obelisco Vaticano* (Rome, 1590): "Having ascended to the papacy, [Sixtus V] did not want the design or the model that had already been started to be altered in any way, except that on the inside; where the Chapel was to have been adorned with stucco, there were now very fine marbles worked and inlaid with various inventions; and it is truly a construction of great expense...".

The chapel was therefore conceived on a centralised plan – in homage to the sepulchral *martyria* and mausoleums of the imperial tradition – in the shape of a Greek cross, equipped with a sacristy, two smaller chapels on either side of the entrance dedicated to St. Jerome and St. Lucy (where, in 1586, the pope had had the relics of the Holy Innocents transferred from S. Paolo fuori le Mura), and covered with an octagonal ribbed dome with a remarkable vertical thrust (about 48

impostata su un alto tamburo aperto da grandi finestre che veicolano la luce nell'invaso spaziale. Le pareti, scandite da paraste corinzie con ordine gigante di impronta michelangiolesca, appaiono interamente rivestite di rari marmi antichi di spoglio – secondo il modello già proposto nella Cappella Gregoriana in San Pietro – che il papa fece prelevare dalle Terme di Caracalla e di Diocleziano, dall'acquedotto Labicano e dal Settizonio, con un effetto di magnificenza imperiale, oltre che con un intenzionale richiamo ai monumenti paleocristiani; esse ospitano le tombe dei papi Pio V e Sisto V, superbi esempi di scultura monumentale, su cui si tornerà più avanti.

Fontana fu inoltre chiamato, nel corso del nuovo allestimento della cappella, a mostrare la sua perizia di ingegnere e impresario edile, procedendo a un intervento senza precedenti per l'epoca: l'estrazione dell'intera Cappella del Presepe nel suo assetto del XIII secolo e la traslazione all'interno della confessione della Sistina, con un sofisticato sistema di travi e argani, operazione avvenuta entro il settembre 1587. Qui, in un'apposita nicchia dietro il deambulatorio, venne posizionato il gruppo arnolfiano dell'*Adorazione dei Magi*, mentre una nuova rappresentazione scultorea del Presepe, opera del toscano Francesco da Pietrasanta (doc. dal 1585 al 1604), campeggiava sopra l'altare della *confessio* a ricreare visivamente e simbolicamente la grotta della Natività di Betlemme.

Al di sopra dello spazio della confessione – concepita "alla moderna", ma sul modello di quella della San Pietro paleocristiana, ovvero con un corridoio anulare che permetteva ai fedeli di stare a contatto diretto con la reliquia –, il papa volle poi installare, proprio in asse con il *Presepe*, l'altare papale, dove egli stesso celebrava l'Eucaristia la notte di Natale, e il monumentale tabernacolo del Sacramento, realizzato a partire dal 1587 con una costruzione studiatissima nelle sue implicazioni simboliche.

Quest'ultimo oggetto liturgico, nella sua scintillante imponenza e sontuosità di manifattura, costituisce senza dubbio il fulcro visivo della Cappella Sistina. L'opera, in bronzo dorato, rari marmi policromi e pietre dure, è frutto della collaborazione di due celebri scultori-fonditori dell'epoca: il siciliano Lodovico Del Duca (c. 1535-1604), autore della cassa, dei rilievi della *Passione di Cristo* e delle statuette di profeti, apostoli, santi e angeli tubicini che ornano il tabernacolo eucaristico in forma di tempio ottagono; il bolognese Sebastiano Torrigiani (1542-1596), artefice delle quattro grandi statue di angeli che lo sorreggono. Il progetto della struttura si deve a Domenico Fontana, il quale si adeguò alle indicazioni fornite da Carlo Borromeo – arciprete della Basilica Liberiana tra 1564 e 1572 –, nel suo *Instructionum Fabricae et Supellectilis Ecclesiasticae Libri II* (1577), testo che aveva già guidato l'esecuzione del tabernacolo del Duomo di Milano (1568):

"Nelle chiese più insigni, ove possibile, sarà opportuno che esso sia di lamine d'argento o di bronzo, in entrambi i casi dorate, o di marmo prezioso. Il corpo del tabernacolo, elegantemente lavorato e ben compatto nelle sue parti, sia scolpito con immagini dei misteri della Passione di Cristo e decorato con dorature... la forma sarà ottagonale o rotonda..., sostenuto da solidi gradini decorosamente lavorati o da statue di angeli o da altri sostegni decorati con temi religiosi".

metres high), which in turn is set on a high drum with large windows that channel light into the volume within. The walls, punctuated by a giant order of Corinthian pilasters in Michelangelesque style, appear to be entirely covered with rare antique marbles – following the example already set by the Cappella Gregoriana in St. Peter's – which the pope had taken from the Baths of Caracalla and Diocletian, the Aqua Labicans, and the Septizonium, to achieve both an effect of imperial magnificence and recall intentionally Early Christian monuments. The walls house the tombs of Pius V and Sixtus V, superb examples of monumental sculpture, to which we will return later.

Fontana was also required, in the course of the new decoration of the chapel, to show his expertise as an engineer and building contractor, to the point of an intervention unprecedented for the times: the extraction of the entire 13th-century Chapel of the Nativity and its transfer into the *confessio* of the Cappella Sistina with a sophisticated system of beams and winches, an operation that took place by September 1587. Here, in a special niche behind the ambulatory, was placed Arnolfo's *Adoration of the Magi*, while a new sculptural representation of the Nativity of Christ, by the Tuscan Francesco da Pietrasanta, camped on the altar of the *confessio* to recreate visually and symbolically the grotto of the Nativity in Bethlehem.

Above the *confessio* – conceived "alla moderna" but on the model of that in Early Christian St. Peter's, with an annular passage that allowed the faithful to make direct contact with the relic – the pope wished to install, on axis with the Nativity, the papal altar where he himself would have celebrated the Eucharist on Christmas Eve, and over which a monumental tabernacle of the Sacrament was built from 1587, with a very studied design in its symbolic implications.

This tabernacle, in all its glittering grandeur and sumptuous workmanship, undoubtedly constitutes the visual fulcrum of the Cappella Sistina. The work, made of gilded bronze, rare polychrome marbles, and semi-precious stones, is the result of the collaboration between two famous sculptor-founders of the time: the Sicilian Ludovico del Duca (ca. 1535-1604), author of the reliefs of the *Passion of Christ*, the statuettes of prophets, apostles, saints, and trumpet-playing angels that adorn the Eucharistic tabernacle in the form of an octagonal tempietto; the Bolognese Sebastiano Torrigiani (1542-1596), creator of the four large statues of angels that support it. The design of the structure is due to Domenico Fontana, who followed the instructions given by Charles Borromeo – archpriest of the Basilica between 1564 and 1572 – in his *Instructionum Fabricae et Supellectilis Ecclesiasticae Libri II* (1577), a text that had already guided the execution of the tabernacle in Milan Cathedral (1568):

"In the most distinguished churches, where possible, it will be appropriate for it to be silver- or bronze-plated, in both cases gilded, or of precious marble. The body of the tabernacle, elegantly carved and well compact in its parts, should be sculpted with images of the mysteries of the Passion of Christ and decorated with gilding... the form should be octagonal or round..., supported by solid steps or by statues of angels or other supports decorated with religious themes."

La struttura del tabernacolo, con i quattro monumentali angeli a sollevarne la cassa, richiama immediatamente l'iconografia della Santa Casa di Loreto, ovvero la dimora della Vergine a Nazareth trasportata in volo dagli angeli, in comunicazione ideale con il *Presepe* sottostante, ma anche con un diretto riferimento alle Marche, patria di Felice Peretti. Attraverso il tabernacolo, inoltre, era possibile traguardare il trono papale (rimosso al tempo dei restauri di Pio IX), addossato alla parete di fondo come nelle basiliche paleocristiane. La Cappella Sistina acquisiva così, oltre alle funzioni di sepoltura, altare pontificio e reliquiario, anche quella di cappella del Santissimo Sacramento, con una rara pregnanza di significati e rimandi spirituali e liturgici.

Il ciclo ad affresco riveste interamente le pareti dell'atrio e della cappella a partire dall'attico, ovvero le lunette, i pennacchi e la cupola, nonché le cappelle laterali e la sacrestia: esso è incentrato sull'infanzia di Cristo, i suoi antecessori sul trono d'Israele e le nove gerarchie angeliche attorno alla figura di Dio Padre. I *Quattro Evangelisti* sulla volta del vestibolo introducono nella cappella alle *Storie della Natività*, a partire dall'*Annunciazione* sino alla *Strage degli Innocenti*, storie tratte principalmente dal Vangelo di Luca, ma anche dall'antica fonte francescana delle *Meditazioni sulla Vita di Cristo* e dai vangeli apocrifi; nelle lunette, nei sottarchi e nei pennacchi della cupola sono rappresentati gli *Antenati di Cristo*, tratti alla lettera dal Vangelo di Matteo (I:1-16), sul modello delle lunette di Michelangelo nella Cappella Sistina in Vaticano; la cupola culmina con la raffigurazione dei nove cori angelici, basati sul *De Coelesti Hierarchia* (V secolo) dello Pseudo-Dionigi Areopagita, a rappresentare la visione divina delle anime in Paradiso. Sulla parete di fondo *L'entrata a Roma di San Pietro* e *San Paolo e San Giovanni scriventi* affiancavano il trono papale. Gli studi recenti, a partire da Steven F. Ostrow, hanno dimostrato come l'estensore di questo complesso programma iconografico si possa identificare, oltre che nello stesso Sisto V, fine teologo francescano, nell'oratoriano Silvio Antoniano, già segretario di Carlo Borromeo negli anni Sessanta del Cinquecento e uno dei più illustri umanisti della corte di papa Peretti, poi elevato alla porpora nel 1599. Al centro di una cruciale rete di rapporti religiosi e culturali della Roma sistina, Antoniano – secondo le affermazioni del suo biografo, Giuseppe Castiglione – si ispirò al programma iconografico dei mosaici dell'arcone trionfale della Basilica Liberiana, rappresentazione della vittoria sull'eresia grazie al ruolo di Maria e della salvezza in Cristo. Sempre Ostrow ha notato come tutta la narrazione della Cappella Sistina si svolga secondo lo schema del *sermo thematicus*, una forma di orazione in auge nell'età post-tridentina in cui i passaggi delle Sacre Scritture venivano iconicamente evocati per *docere, movere, et delectare* i fedeli.

I dipinti furono realizzati tra 1587 e 1588 da una folta équipe di artisti – elencati nelle *Vite* di Giovanni Baglione (1642) – coordinati, come negli altri cantieri pittorici sistini, dai pittori-impresari Cesare Nebbia da Orvieto e Giovanni Guerra da Modena. Come ricordato dallo stesso Baglione, "Cesare Nebbia faceva li disegni, e Giovanni Guerra da Modena compartiva gli uomini" e anche "Giovanni inventava li soggetti delle storie che dipinger si deveano, e Cesare ne faceva i disegni, si che amendue a gara in quel servigio impiegavansi", a segnare con precisione la divisione

The structure of the tabernacle, with the four monumental angels holding the tabernacle aloft, immediately recalls the iconography of the Holy House of Loreto, i.e. the Virgin's dwelling in Nazareth transported by angels in flight, an ideal communication with the Nativity of Christ below and also a direct reference to the region of the Marches, Felice Peretti's homeland. Furthermore, looking through the space below the tabernacle, it was possible to see the papal throne (removed at the time of the restoration of Pius IX) fixed against the back wall as in an Early Christian basilica. The Cappella Sistina thus acquired, in addition to its functions as tomb, papal altar, and reliquary, also that of Chapel of the Blessed Sacrament, with a rare poignancy of spiritual and liturgical meanings and references.

The fresco cycle entirely covers the walls of the vestibule and the chapel above the attic, that is the lunettes, the pendentives, and the dome, as well as the side chapels and the sacristy: it focuses on the Infancy of Christ, his predecessors on the Throne of Israel, and the nine angelic hierarchies surrounding the figure of God the Father. The *Four Evangelists* on the vault of the vestibule introduce in the chapel the *Stories of the Nativity*, starting with the *Annunciation* and ending with the *Massacre of the Innocents*, taken mainly from the Gospel of Luke, but also from the ancient Franciscan source of the *Meditations on the Life of Christ* and the apocryphal Gospels; in the lunettes, arch soffits and pendentives, the *Ancestors of Christ* are depicted, taken verbatim from the Gospel of Matthew (I:I-16), and modelled on Michelangelo's lunettes in the Sistine Chapel at the Vatican; the dome culminates with the depiction of the nine angelic choirs, based on the *De Coelesti Hierarchia* (5th century) by Pseudo-Dionysius the Areopagite. On the back wall the *Entry into Rome of Saint Peter* and *Saints Paul and John writing* flank the papal throne. Recent studies, starting from Steven F. Ostrow, have shown that the creator of this complex iconographic programme can be identified not only in Sixtus V himself, a refined Franciscan theologian, but also in the Oratorian Silvio Antoniano, previously secretary of Carlo Borromeo in the 1560s and one of the most illustrious humanists at the court of Pope Peretti, later elevated to the purple in 1599. At the centre of a crucial network of religious and cultural relations in Sistine Rome, Antoniano – according to his biographer, Giuseppe Castiglione – was inspired by the iconographic programme of the mosaics of the triumphal arch of Santa Maria Maggiore, which represent the victory over heresy thanks to the role of Mary and of salvation in Christ. Ostrow again noted how the entire narrative of the Cappella Sistina unfolds according to the scheme of the *sermo thematicus*, a form of prayer in vogue in the post-Tridentine age in which passages from the Holy Scriptures were iconically evoked to *docere, movere, et delectare* the faithful.

The paintings were executed between 1587 and 1588 by a large team of artists – listed in Giovanni Baglione's *Lives* (1642) – coordinated, as in the other Sistine painting workshops, by the painter-impresarios Cesare Nebbia from Orvieto and Giovanni Guerra of Modena. As Baglione records, "Cesare Nebbia made the drawings, and Giovanni Guerra of Modena organized the men" and also, "Giovanni invented the subjects of the stories that were to be painted, and Cesare made the drawings, so that they both competed in that service," to mark

dei ruoli tra i due. Tali affermazioni trovano riscontro nel gran numero di disegni di Nebbia per la Cappella Sistina giunti fino a noi, una guida inderogabile per il lavoro svolto dai frescanti, organizzati in squadre da Guerra, il quale studiava anche la definizione dei temi prescelti dagli umanisti, illustrati poi graficamente dal pittore orvietano. Gli stessi capicantiere, con la regia di Domenico Fontana, dovettero organizzare anche le maestranze responsabili dei bellissimi stucchi in bianco e oro che incorniciano gli episodi affrescati, impreziosendo e illuminando la parte alta del vano.

Le pareti laterali sottostanti sono occupate dalle tombe monumentali di Pio V e Sisto V progettate da Domenico Fontana, al cui centro campeggiano le statue dei papi circondate da una serie di rilievi scultorei disposti su due registri. Come si è visto, sin dalla sua fondazione, la Cappella Sistina fu intesa dal cardinale Peretti come sacello sepolcrale per ospitare le spoglie proprie e della sua famiglia accanto a quelle di San Girolamo e alle reliquie del Presepe. Dopo la sua elezione a pontefice, però, prese corpo l'idea di realizzare due tombe parietali affrontate, una destinata alla propria sepoltura e una a quella di papa Ghislieri, il pontefice domenicano che aveva promosso la carriera di Felice Peretti fino a condurlo alla porpora, i cui resti furono spostati dalla prevista tomba di Bosco Marengo (Alessandria) alla Cappella Sistina. La realizzazione di queste ambiziose opere di scultura trasformò dunque radicalmente il senso della primitiva cappella cardinalizia, rendendola una sepoltura pontificia su scala monumentale. I marmi di spoglio che compongono l'impaginato architettonico furono prelevati da monumenti medievali, come le otto splendide colonne di verde antico estratte da San Pietro a Tivoli e dal Laterano.

L'iconografia delle sculture messe in scena sulle pareti venne studiata nei minimi dettagli: mentre la statua di papa Pio V, opera di Leonardo Sormani, è seduta in trono con il tradizionale assetto benedicente, di fronte a lui, la vivida effige di Sisto V – scolpita come ricordano le fonti "dal naturale" da Giovanni Antonio Paracca detto il Valsoldo (c. 1545-1599) –, è in ginocchio a mani giunte, orante verso il tabernacolo del Sacramento, ma soprattutto rivolto in adorazione alla sottostante Cappella del Presepe. Il gesto di papa Peretti risponde inoltre alla pratica dell'elevazione dell'Ostia nel rituale eucaristico, affermatasi già nel XIII secolo e sancita nel *Messale Romanum* del 1570.

Intorno a Pio V, nel registro superiore, sono rappresentati gli episodi della *Battaglia di Lepanto* (a sinistra; Francesco da Pietrasanta), l'*Incoronazione di Pio V* (al centro; Andrea Brasca) e *Il Conte Sforza di Santa Fiora vincitore sugli Ugonotti in Francia* (a destra; Niccolò Pippi di Arras); nel registro inferiore *Pio V conferisce lo stendardo pontificio a Marcantonio Colonna* (a sinistra; Andrea Brasca) e *Pio V conferisce il bastone del comando al Conte Sforza di Santa Fiora* (a destra; Niccolò Pippi di Arras).

Intorno alla statua di Sisto V sono disposti in alto: la *Canonizzazione di San Diego di Alcalá* (a sinistra; Giovanni Antonio Paracca detto il Valsoldo), l'*Incoronazione di Sisto V* (al centro; Giovanni Antonio Paracca detto il Valsoldo) e la *Pace tra Sigismondo di Polonia e l'imperatore Rodolfo II* (a destra; Niccolò Pippi di Arras); ai lati del papa due rilievi allegorici con le *Opere di Carità* (a destra; Giovanni Antonio Paracca

precisely the division of roles between the two. These statements are confirmed by the large number of Nebbia's drawings for the Cappella Sistina that have survived, an indispensable guide for the fresco painters organised into teams by Guerra, who also studied the definition of the themes chosen by the humanists, which were then turned into drawings by the painter from Orvieto. The same foremen, under the direction of Domenico Fontana, also had to organise the workers responsible for the beautiful white and gold stuccoes that frame the frescoed episodes, embellishing and illuminating the upper part of the chapel.

The side walls below are occupied by the monumental tombs of Pius V and Sixtus V designed by Domenico Fontana, at the centre of which are placed the statues of the popes surrounded by a series of sculptural reliefs arranged in two registers. As we have seen, from its foundation, the Cappella Sistina was intended by Cardinal Peretti as a burial shrine to house his own remains and those of his family alongside the body of Saint Jerome and the relics of the Nativity of Christ. After his election as pontiff, however, the idea took shape to create two facing wall tombs, one destined for his own burial and one for that of Pope Ghislieri, the Dominican pontiff who had promoted Felice Peretti's career as a cardinal, and whose remains were moved from his planned tomb in Bosco Marengo (Alessandria) to the Cappella Sistina. The realisation of these ambitious works of sculpture thus radically transformed the meaning of the cardinal's original chapel into a pontifical tomb on a monumental scale. The precious marbles that compose the architectural design were taken from medieval monuments, such as the eight splendid antique green columns taken from the church of San Pietro at Tivoli and from the Lateran.

The iconography of the sculptures displayed on the walls was studied down to the smallest detail: while the statue of Pope Pius V, by Leonardo Sormani, is seated on a throne in the traditional blessing pose, in front of him, the vivid effigy of Sixtus V – sculpted, the sources record, "from life" by Giovanni Antonio Paracca (called il Valsoldo) (ca. 1545-1599) – kneels with hands joined in prayer towards the tabernacle of the Sacrament, but above all in adoration of the Nativity Chapel below it. Furthermore, the gesture of Pope Peretti responds to the practice of the elevation of the Host in the Eucharistic ritual, already established in the 13th century and sanctioned in the *Messale Romanum* of 1570.

Around Pius V, in the upper register, are represented the episodes of the *Battle of Lepanto* (left; Francesco da Pietrasanta), the *Coronation of Pius V* (centre; Andrea Brasca), and *Count Sforza di Santa Fiora victorious over the Huguenots in France* (right; Niccolò Pippi Arras); in the lower register *Pius V confers the papal standard on Marcantonio Colonna* (left; Andrea Brasca) and *Pius V confers the baton of command to Count Sforza di Santa Fiora* (right; Niccolò Pippi di Arras).

Arranged around the statue of Sixtus V are the *Canonisation of San Diego of Alcalá* (left; Giovanni Antonio Paracca, known as il Valsoldo), the *Coronation of Sixtus V* (centre; il Valsoldo) and the *Peace between Sigismund of Poland and Emperor Rudolf II* (right; Niccolò Pippi di Arras); at the pope's sides, two allegorical reliefs

detto il Valsoldo) e le *Opere di Giustizia di Sisto V* (a sinistra; Niccolò Pippi di Arras).

L'insieme degli episodi narrati nei rilievi rappresentano quindi, rispetto al complesso significato spirituale e teologico della Cappella Sistina sin qui tracciato, il contraltare visivo dell'assolutismo temporale del papa, che incide sui fatti della politica europea e sulla vita del popolo romano, delineando il pontefice come "Re dei re" tra i sovrani del suo tempo, in una messa in scena che, con il suo fastoso apparato scultoreo, emula gli archi trionfali romani e gli allestimenti effimeri del pieno Rinascimento.

Lungo le pareti al livello delle tombe, otto nicchie ospitano le sei statue dei santi fondatori degli Ordini mendicanti francescani e domenicani a cui i due papi appartenevano: *San Francesco* (Flaminio Vacca), *Sant'Antonio da Padova* (Pietro Paolo Olivieri), *San Domenico* (Giovanni Battista Della Porta), *San Pietro Martire* (Giovanni Antonio Paracca detto il Valsoldo), e le sculture di *San Pietro* (Leonardo Sormani e Prospero Bresciano) e *San Paolo* (Leonardo Sormani e Prospero Bresciano), "pilastri viventi" su cui si fonda l'intera Cristianità.

La Cappella Sistina costituisce dunque un *unicum*, per il modo in cui molte arti diverse si fondono armoniosamente a rappresentare una complessità di significati e messaggi destinati ai fedeli così come ai più colti accoliti del pontefice che assistevano alle funzioni della cappella papale. La tradizione visiva della Basilica Liberiana paleocristiana si rispecchiava dunque, in un ininterrotto gioco di rimandi teologici e visivi, nella cappella del papa francescano, "fabbrica sontuosa che a ogni altro averia dato pensiero, si che [Sisto] in minor dignità ebbe animo d'ogni altro maggiore, e mostrò desiderio immortale di gloria".

with the *Works of Charity* (right; il Valsoldo) and the *Works of Justice of Sixtus V* (left; Niccolò Pippi di Arras).

The ensemble of scenes narrated in the reliefs represent therefore, with respect to the complex spiritual and theological significance of the Cappella Sistina traced so far, the visual counterpart to the pope's temporal absolutism, which affected the reality of European politics and the life of the Roman people, portraying the pontiff as a 'King of kings' among the sovereigns of his time, in a mise-en-scène that, with its sumptuous sculptural apparatus, emulates Roman triumphal arches and the ephemeral stagings of the High Renaissance.

Along the walls at the level of the tombs, eight niches house the six statues of the founding saints of the mendicant Franciscan and Dominican Orders to which the two popes belonged: *Saint Francis* (Flaminio Vacca), *Saint Anthony of Padua* (Pietro Paolo Olivieri), *Saint Dominic* (Giovanni Battista Della Porta), *Saint Peter Martyr* (Giovanni Antonio Paracca known as il Valsoldo), and the sculptures of *Saint Peter* (Leonardo Sormani and Prospero Bresciano) and *Saint Paul* (Leonardo Sormani and Prospero Bresciano), the "living pillars" on which the whole of Christendom was founded.

The Cappella Sistina thus constitutes an *unicum*, for the way in which many different arts blend harmoniously to represent a complexity of meanings and messages intended as much for the faithful as for the more cultured acolytes of the pontiff who attended functions in the papal chapel. The visual tradition of the Early Christian basilica of Santa Maria Maggiore was thus reflected, in an uninterrupted play of theological and visual references, in the chapel of the Franciscan pope, "a sumptuous building that would have made every other person think, that [Sixtus] with less dignity had a greater spirit than any other, and showed an immortal desire for glory."

P. 180
Ludovico del Duca (153? – post 1603)
e Sebastiano Torrigiani (c. 1542-1596)
Angelo che reca il ciborio in forma di tempietto (dettaglio)
ante 1590, bronzo dorato
Cappella Sistina

P. 187
Domenico Fontana (1543-1607) e Leonardo Sormani (1550-1590)
Monumento funebre di papa Niccolò IV
1573, marmo
Navata centrale (già nella tribuna)

P. 180
Ludovico del Duca (153? - after 1603)
and Sebastiano Torrigiani (ca. 1542-1596)
Angel bearing Ciborium in the Form of a Small Temple (detail)
before 1590, gilded bronze
Cappella Sistina

P. 187
Domenico Fontana (1543-1607) and Leonardo Sormani (1550-1590)
Funeral Monument to Pope Nicholas IV
1573, marble
Central nave (formerly in the chancel)

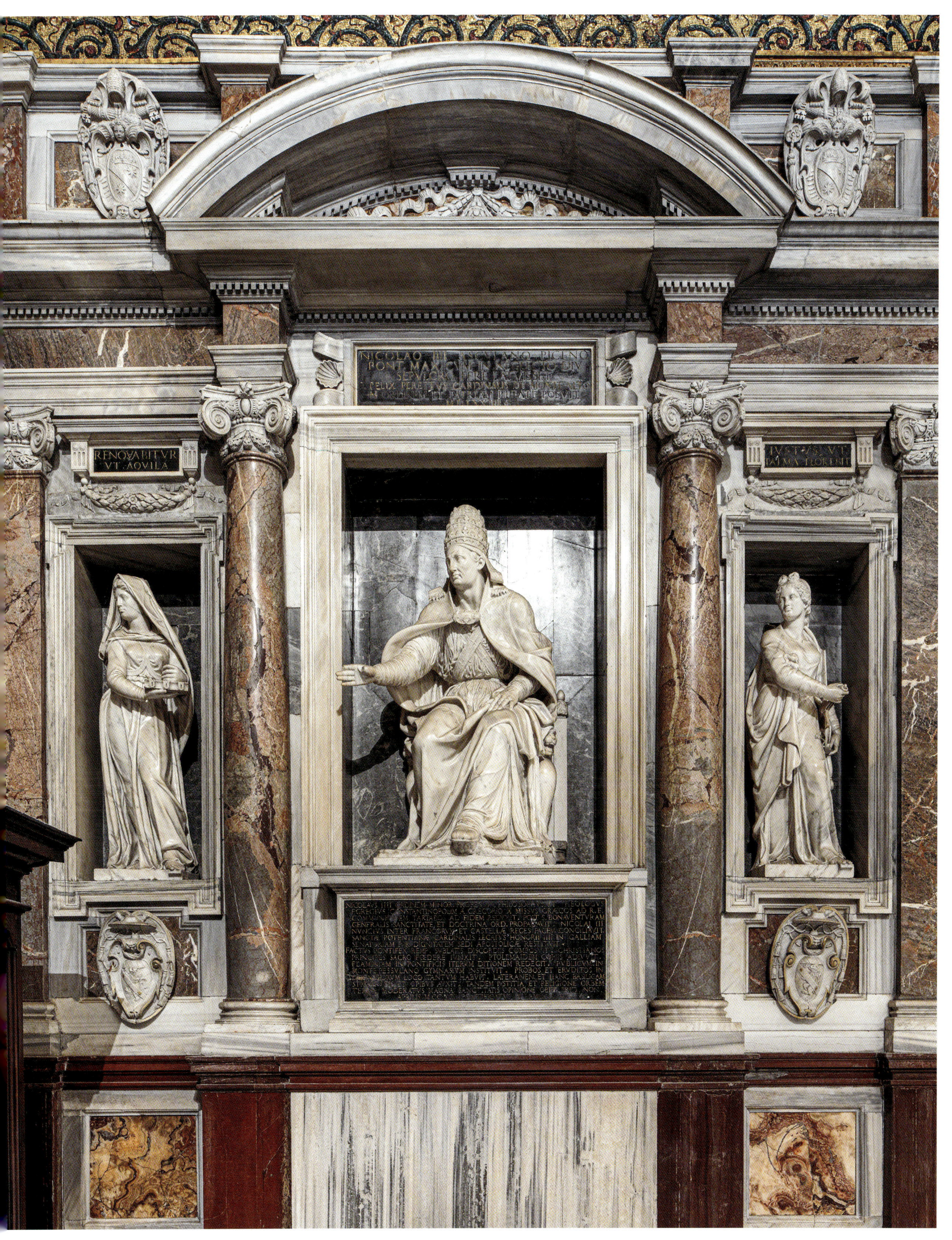
RENOVABITVR
VT AQVILA

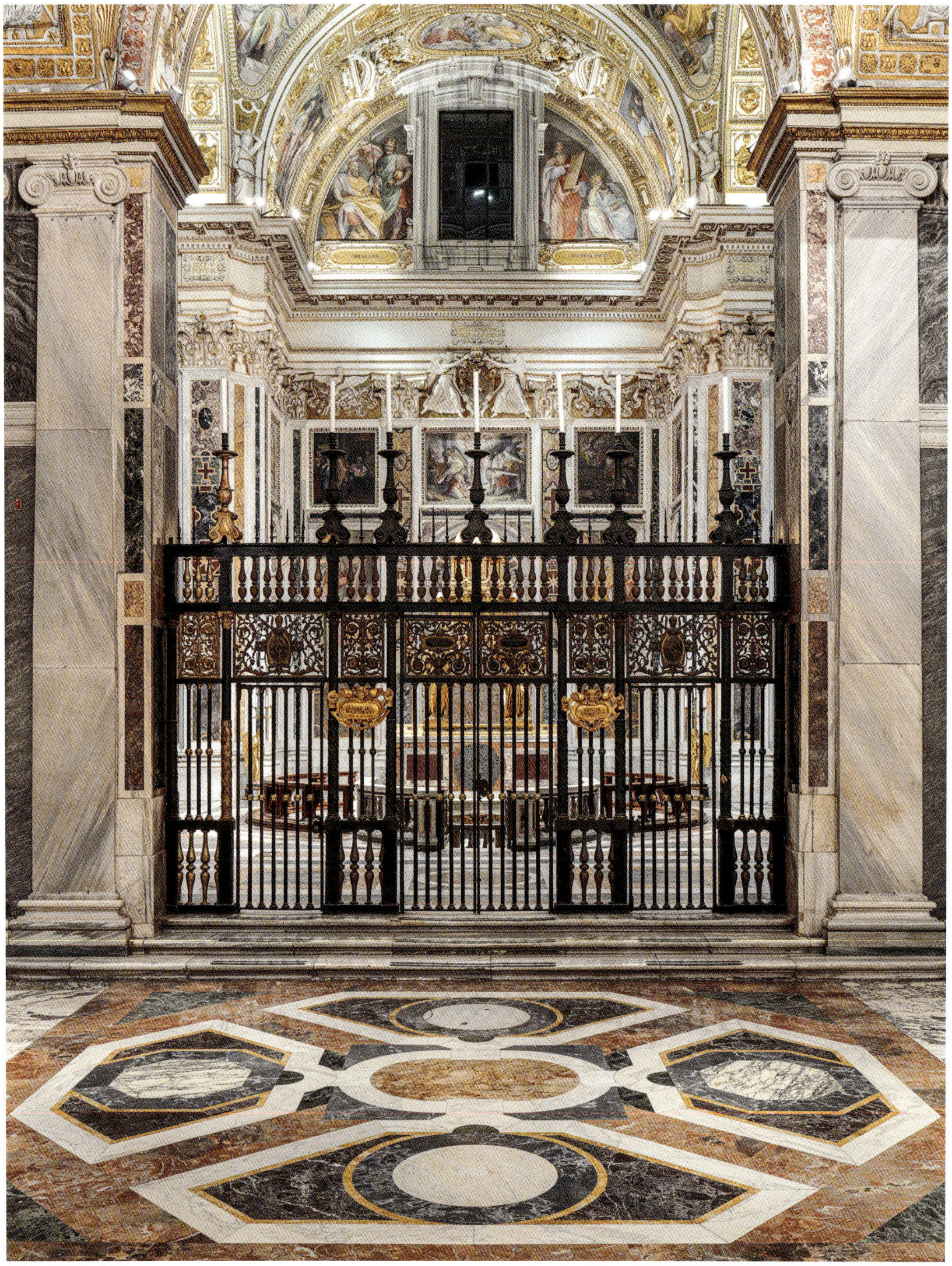

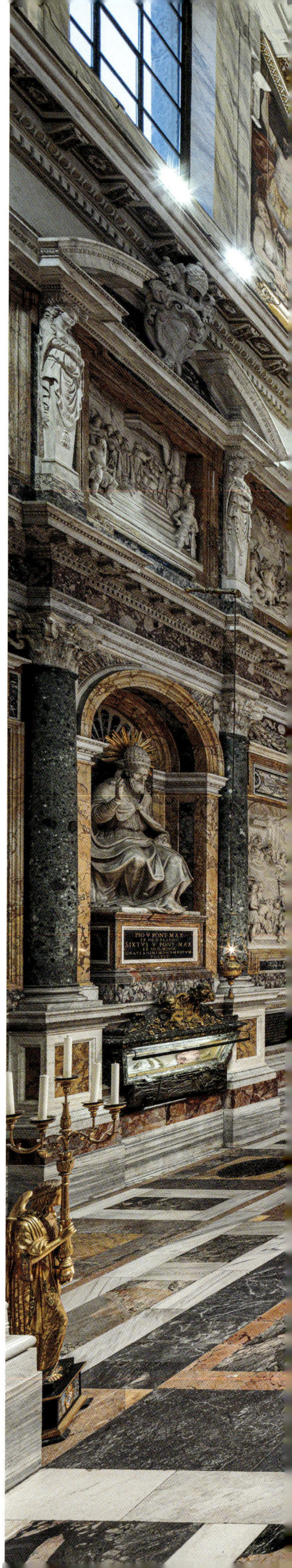

P. 188
Ambrogio Mambrilla (doc. XVI sec.) e Sebastiano Torrigiani
Cancellata della Cappella Sistina
1588-1589, ferro, bronzo e ottone

PP. 188-189
Cappella Sistina
Vista dalla navata destra e veduta d'insieme

PP. 190-191
Ludovico del Duca e Sebastiano Torrigiani
Ciborio in forma di tempietto
1588-1589, bronzo dorato
Cappella Sistina

PP. 192-193
Ludovico del Duca e Sebastiano Torrigiani
Il tabernacolo visto dalla sottostante Confessione
ante 1590, bronzo dorato
Cappella Sistina

P. 188
Ambrogio Mambrilla (doc. 16th century) and Sebastiano Torrigiani
Cappella Sistina Gate
1588-1589, iron, bronze and brass

PP. 188-189
Cappella Sistina
View from the right aisle and overall view

PP. 190-191
Ludovico del Duca and Sebastiano Torrigiani
Ciborium in the Form of a Small Temple
1588-1589, gilded bronze
Cappella Sistina

PP. 192-193
Ludovico del Duca and Sebastiano Torrigiani
The Tabernacle seen from the Underlying Confessio
before 1590, gilded bronze
Cappella Sistina

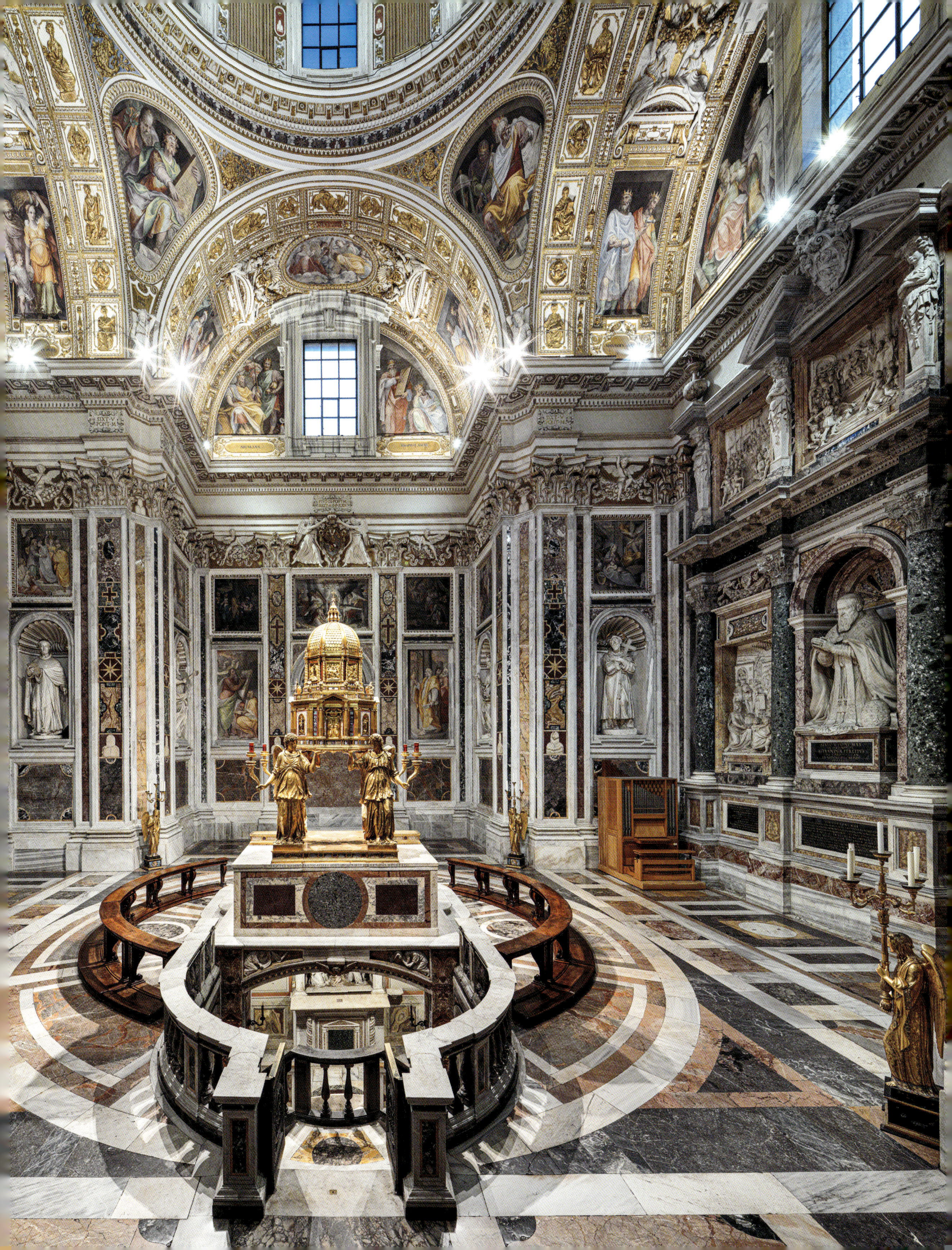

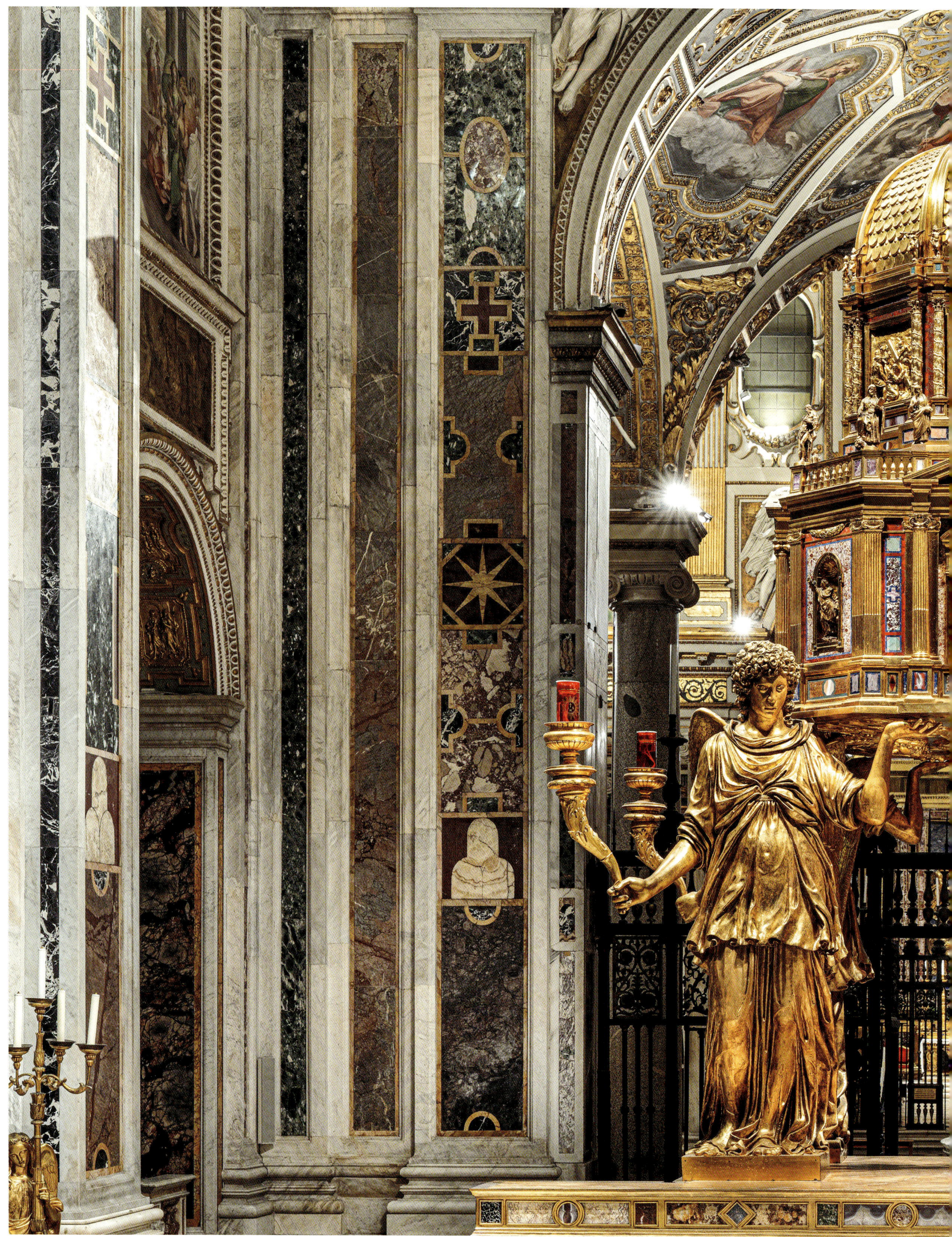

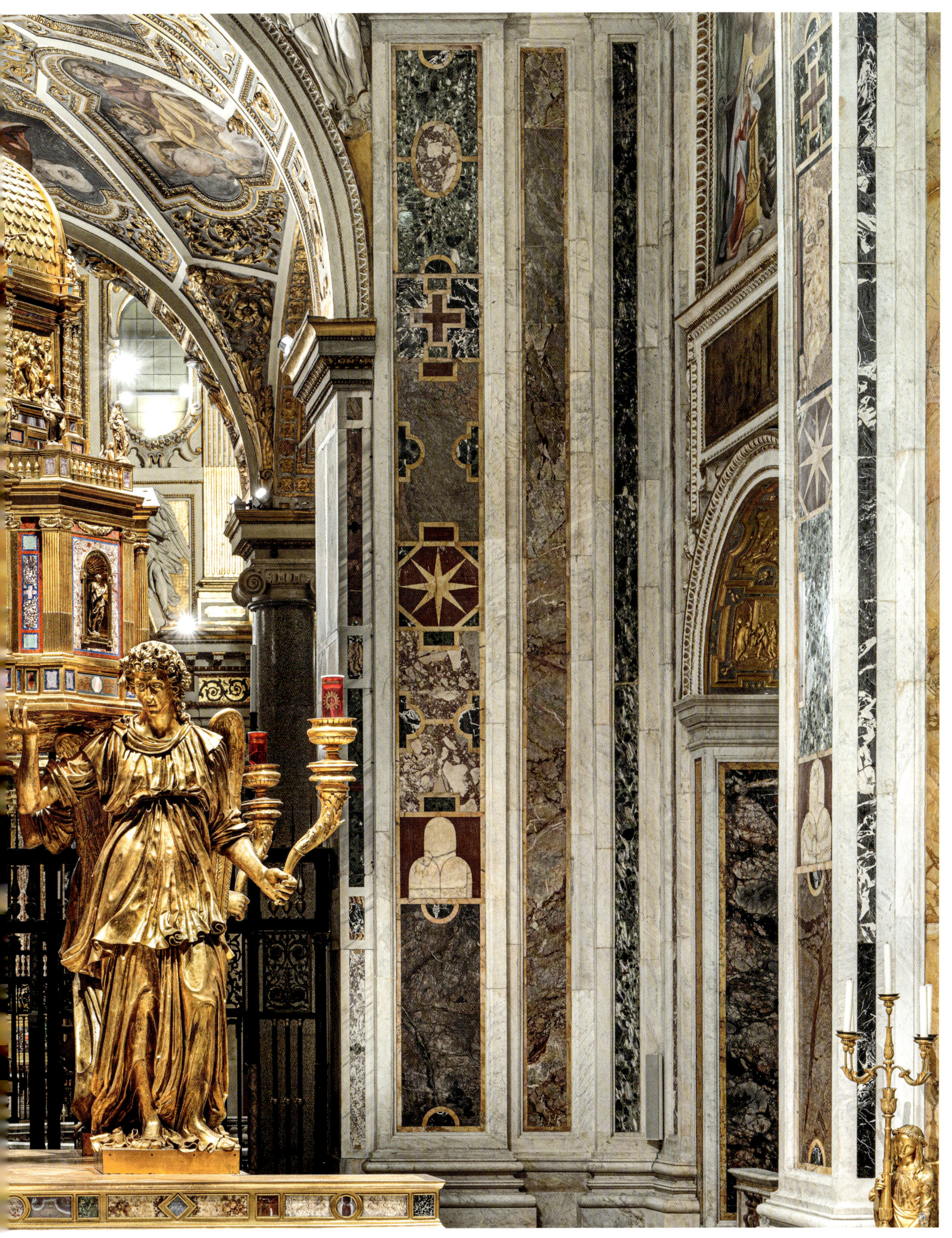

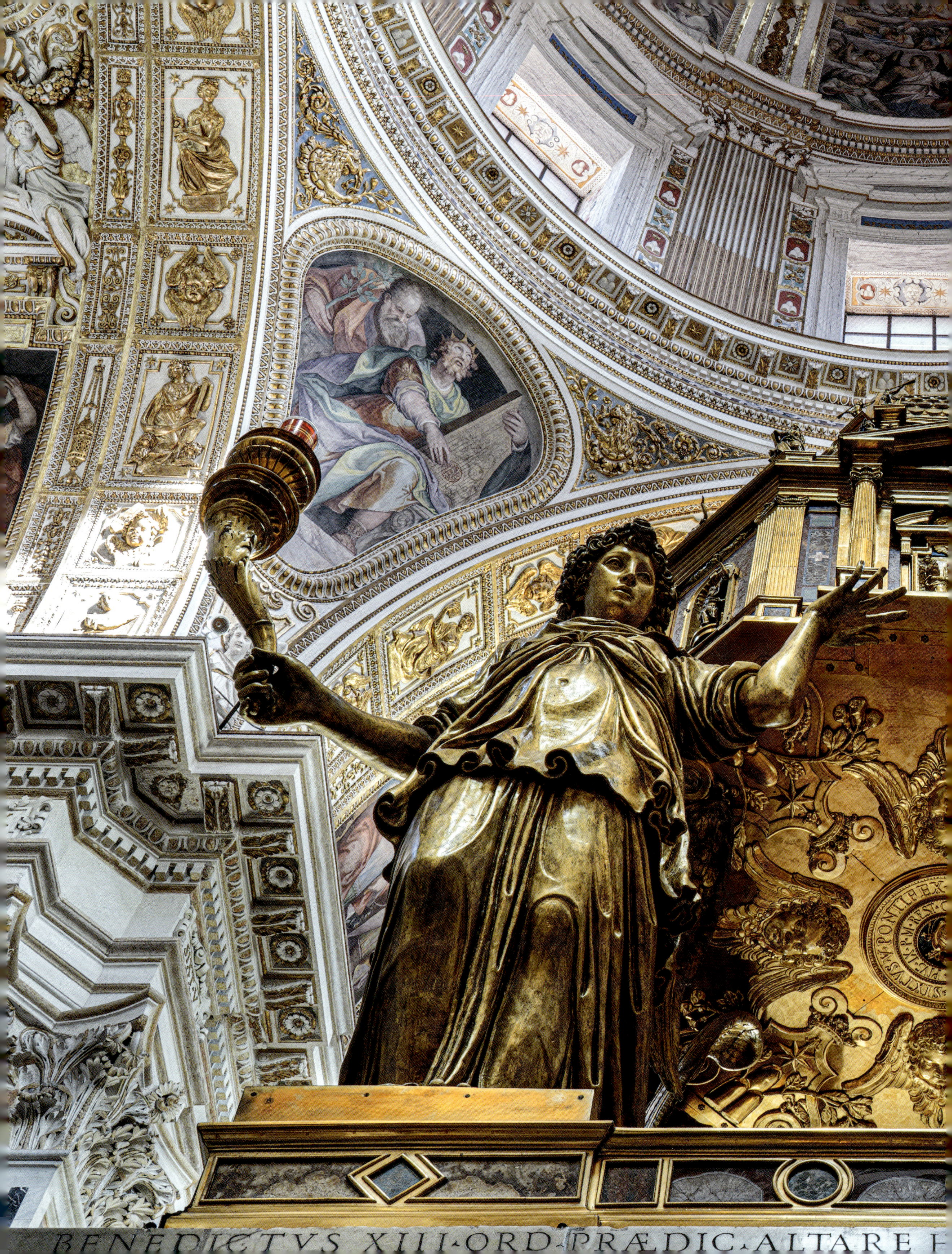
BENEDICTVS XIII·ORD·PRÆDIC·ALTARE

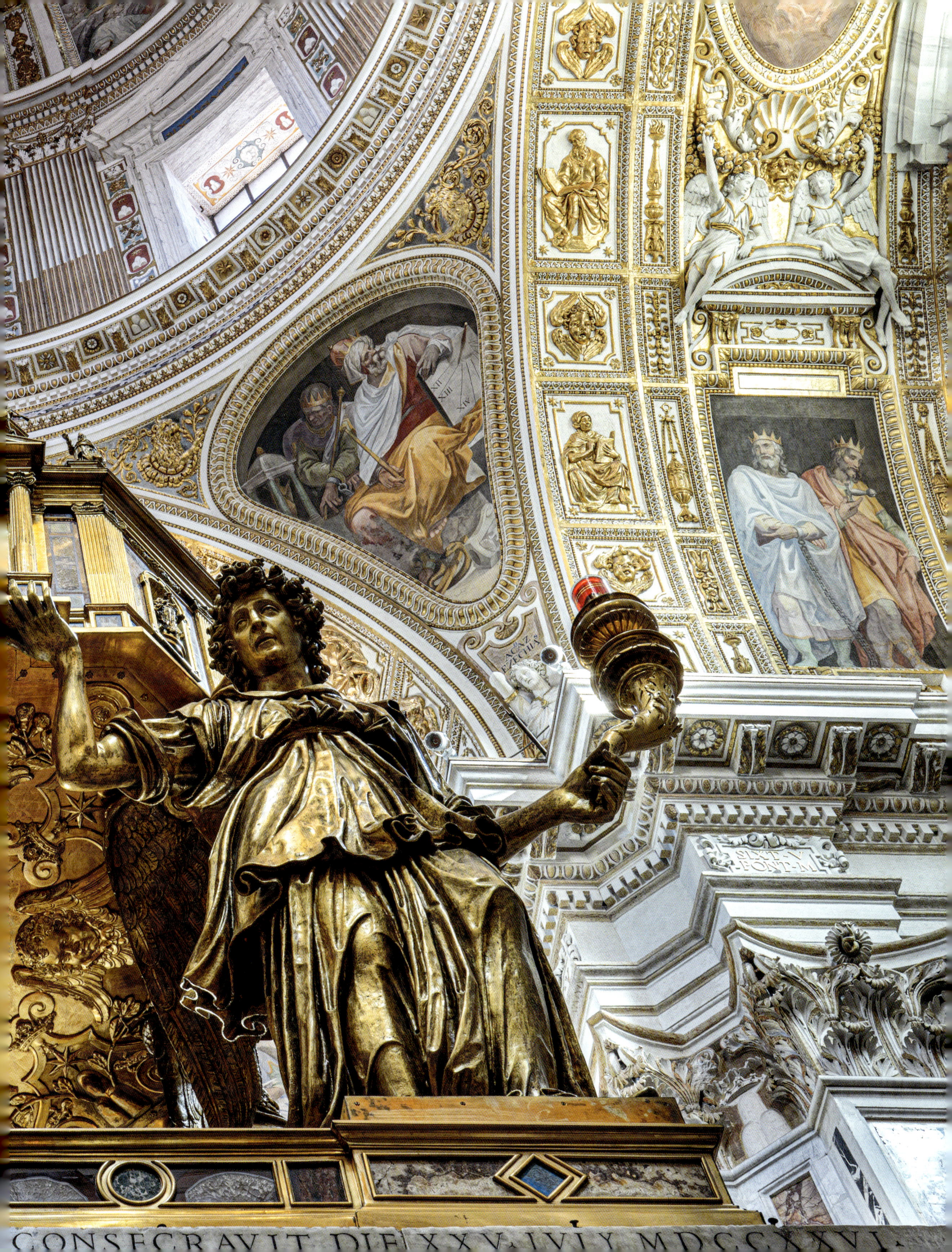
SIXT·V
·PONT·M
CONSECRAVIT DIE XXV IVLY MDCCXXXVI

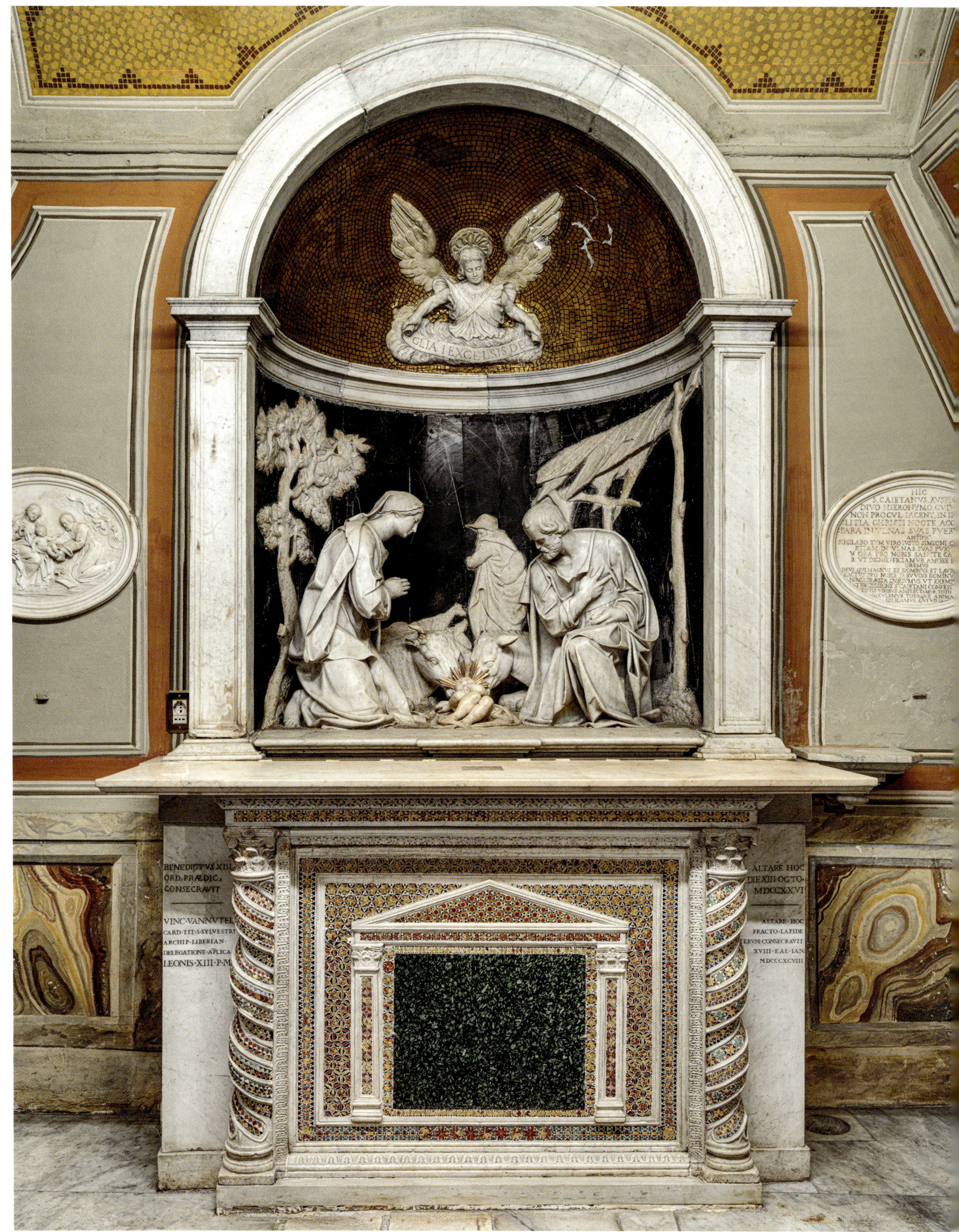
BENEDICTVS XIII
ORD. PRÆDIC.
CONSECRAVIT
VINC·VANNVTEL
CARD·TIT·S·SYLVESTRI
ARCHIP·LIBERIAN·
DELEGATIONE·APLICA
LEONIS·XIII·P·M
ALTARE HOC
DIE XIII OCTO.
MDCCXXVI
ALTARE·HOC
FRACTO·LAPIDE
ERVM·CONSECRAVIT
XVIII·KAL·IAN.
MDCCCXCVIII

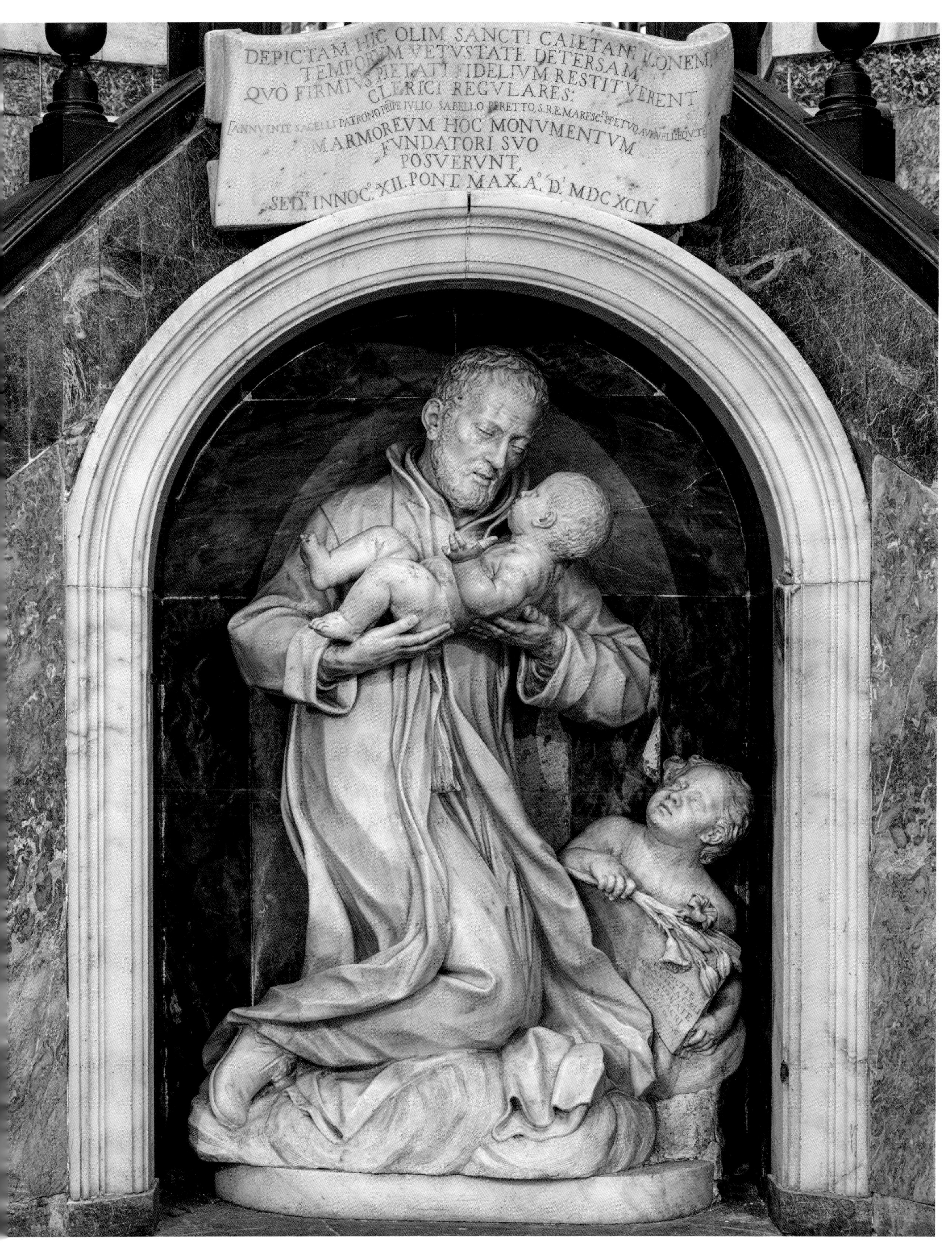
DEPICTAM HIC OLIM SANCTI CAIETANI ICONEM,
TEMPORVM VETVSTATE DETERSAM,
QVÒ FIRMIVS PIETATI FIDELIVM RESTITVERENT
CLERICI REGVLARES:
[ANNVENTE SACELLI PATRONO PRIPE IVLIO SABELLO PERETTO, S.R.E. MARESC. PPETVO AVRVELLI EQVITE]
MARMOREVM HOC MONVMENTVM
FVNDATORI SVO
POSVERVNT,
SED. INNOC. XII. PONT. MAX. A. D. MDC XCIV.

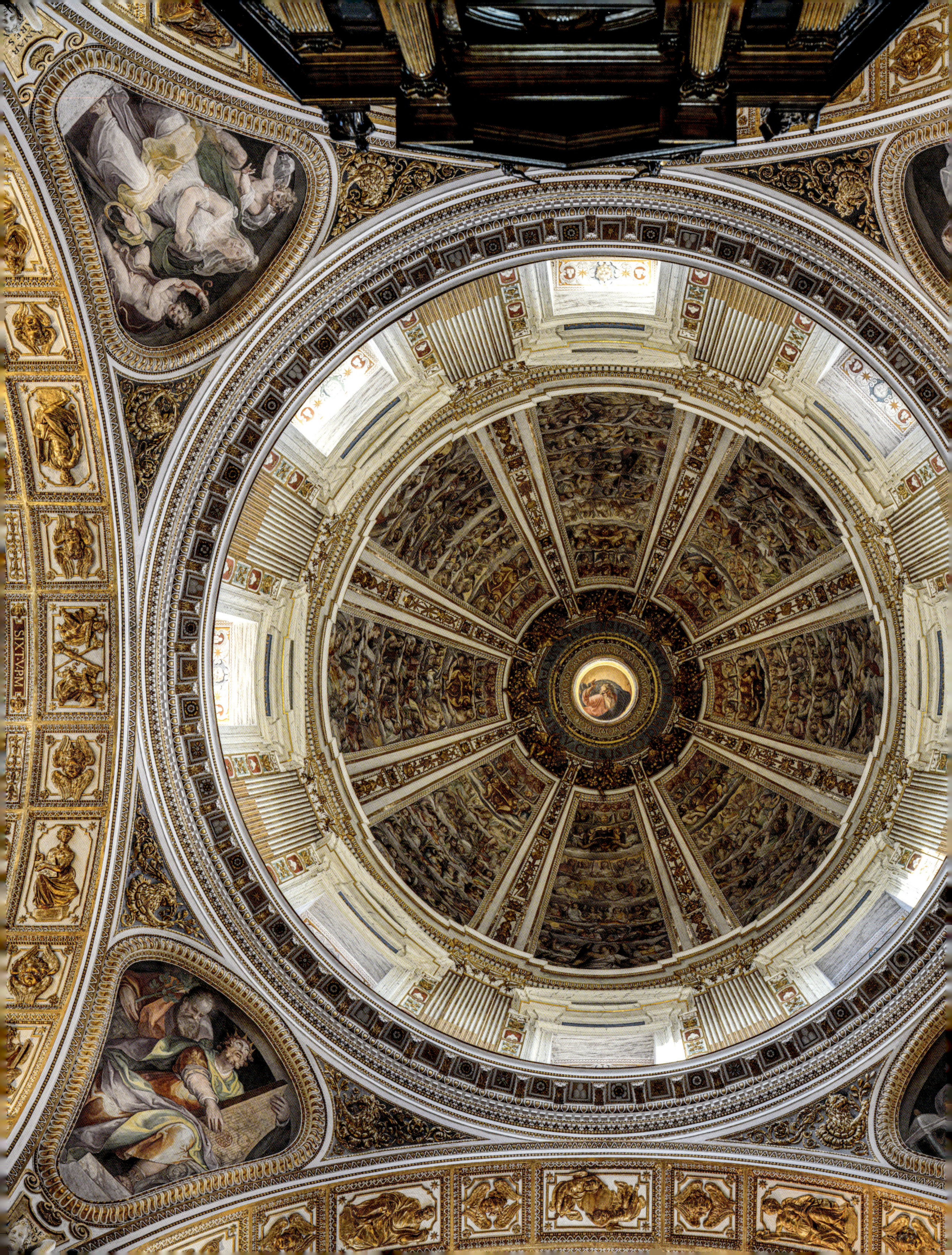

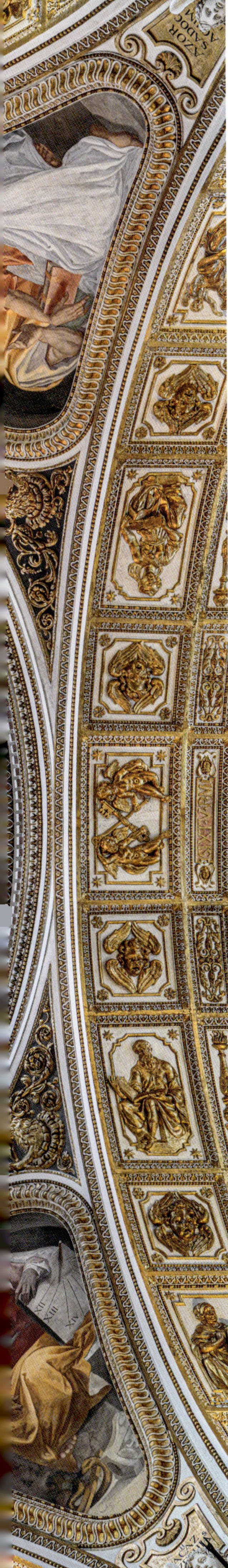

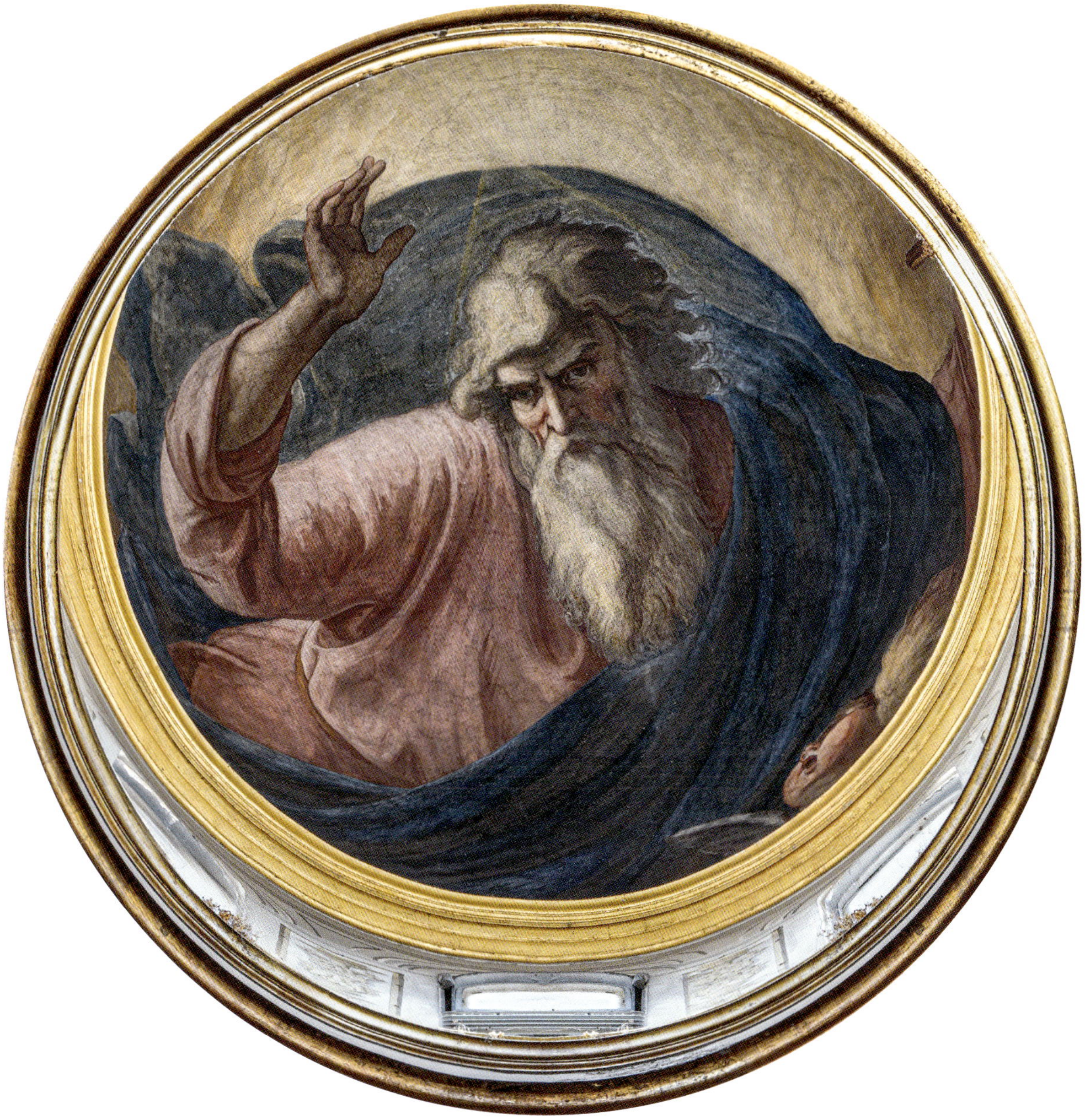

P. 194
Francesco da Pietrasanta (doc. XVI sec.)
Natività
1585-1590, rilievo in marmo
Cappella Sistina, Oratorio del Presepe

P. 195
Anonimo scultore
San Gaetano Thiene
fine del XVIII sec., marmo
Cappella Sistina, Confessione

PP. 196-197
Cappella Sistina
Veduta d'insieme dal basso

P. 194
Francesco da Pietrasanta (doc. 16th century)
Nativity
1585-1590, marble relief
Cappella Sistina, Nativity Oratory

P. 195
Anonymous sculptor
Saint Gaetano Thiene
end of the 18th century, marble
Cappella Sistina, Confessio

PP. 196-197
Cappella Sistina
Overall view from below

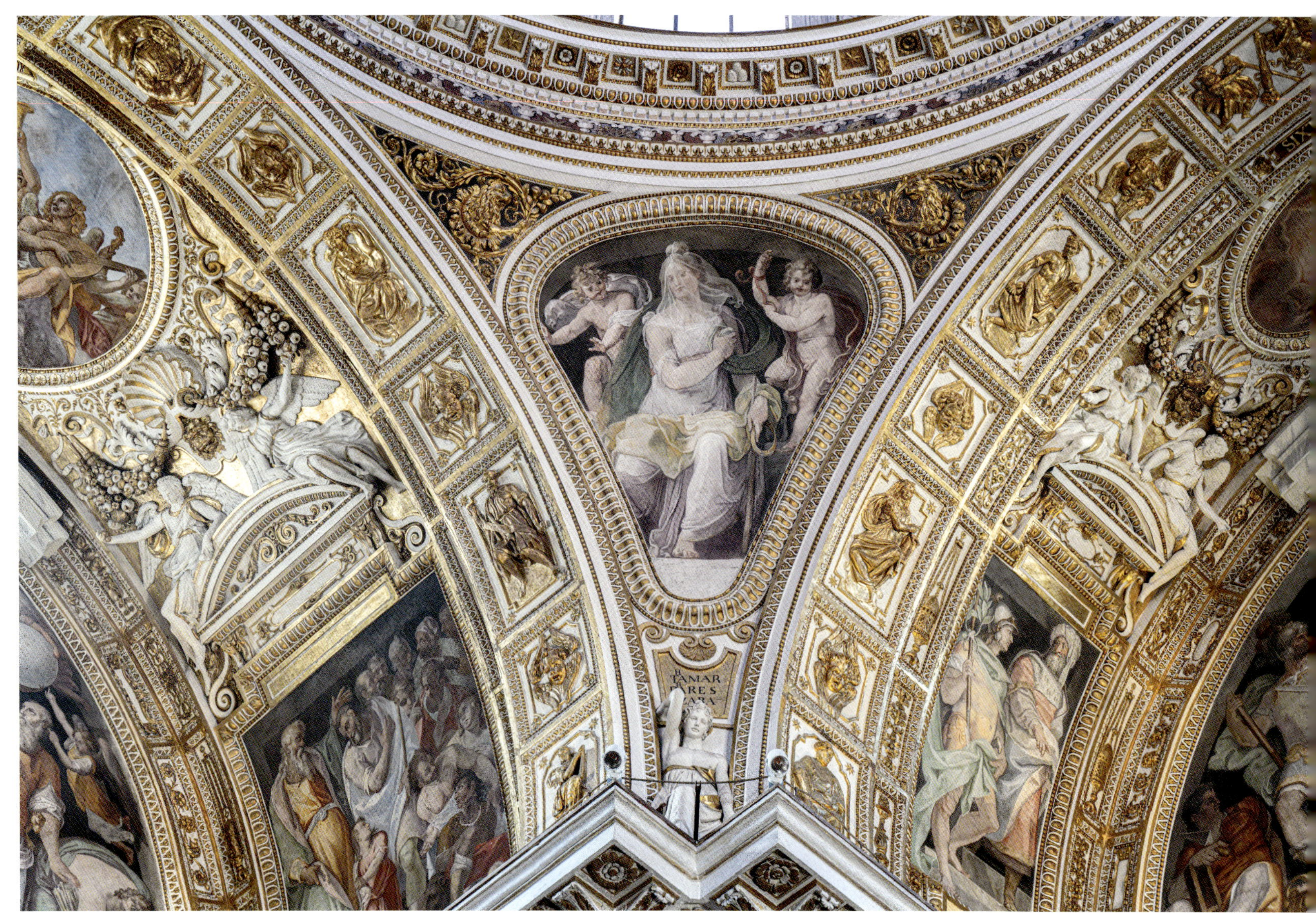

P. 198
Lattanzio Mainardi (c. 1563-1590 c.)
Tamar coi figli Fares e Zara
1587-1588, affresco
Cappella Sistina, pennacchio

P. 199
Paris Nogari (1536-1601)
Comunione di Santa Lucia
1587-1588, affresco
Cappella di Santa Lucia

PP. 200-201
Cesare Nebbia (1536-1614) e Giovanni Guerra (1544-1618), bottega di
Annunciazione dell'Angelo a Maria
1587-1588, affresco
Cappella Sistina, parete

P. 198
Lattanzio Mainardi (ca.1563-1590 ca.)
Tamar with Her Sons Fares and Zara
1587-1588, fresco
Cappella Sistina, spandrel

P. 199
Paris Nogari (1536-1601)
Communion of Saint Lucy
1587-1588, fresco
Chapel of Saint Lucia

PP. 200-201
Cesare Nebbia (1536-1614) and Giovanni Guerra (1544-1618), workshop of
Annunciation of the Angel to Mary
1587-1588, fresco
Cappella Sistina, wall

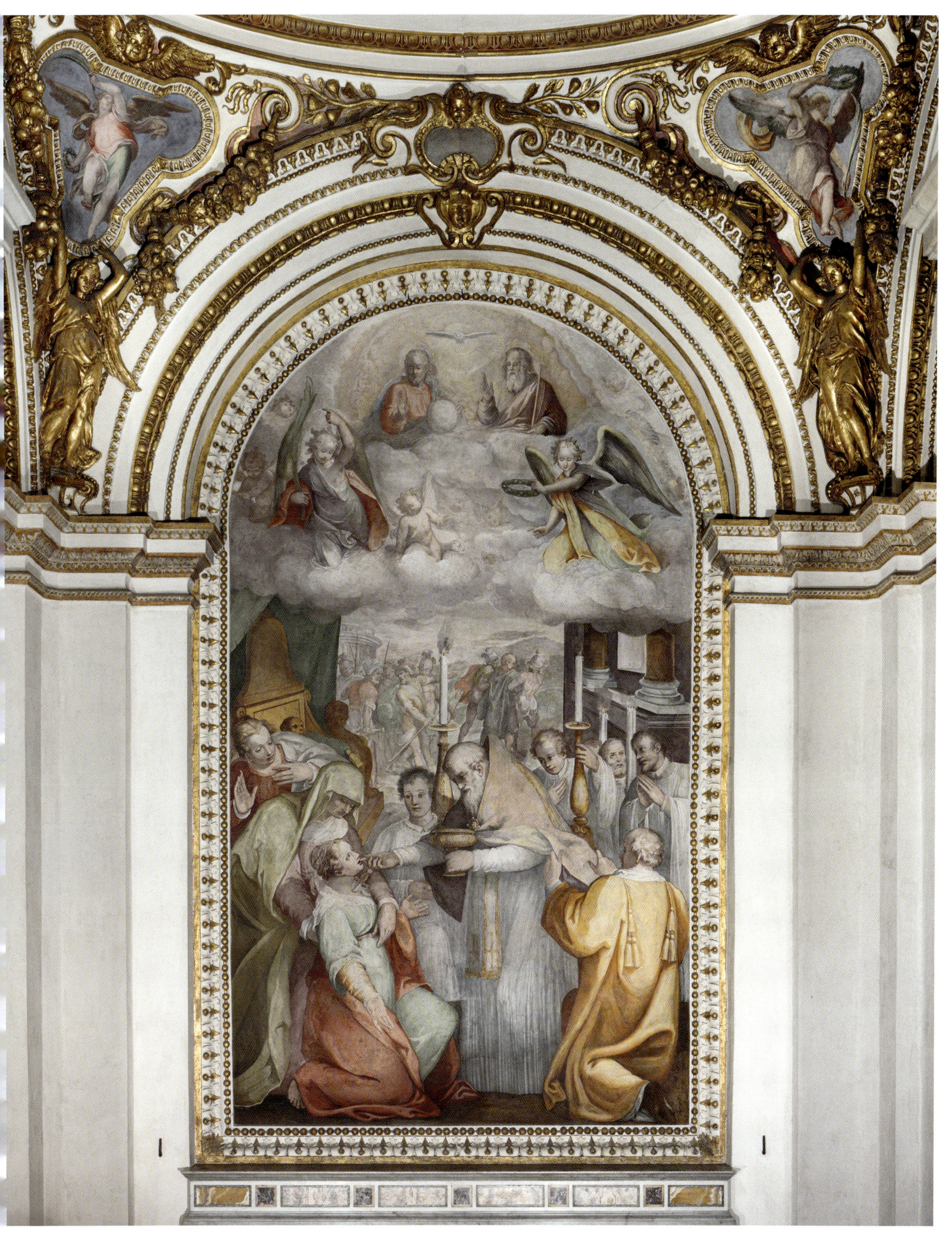

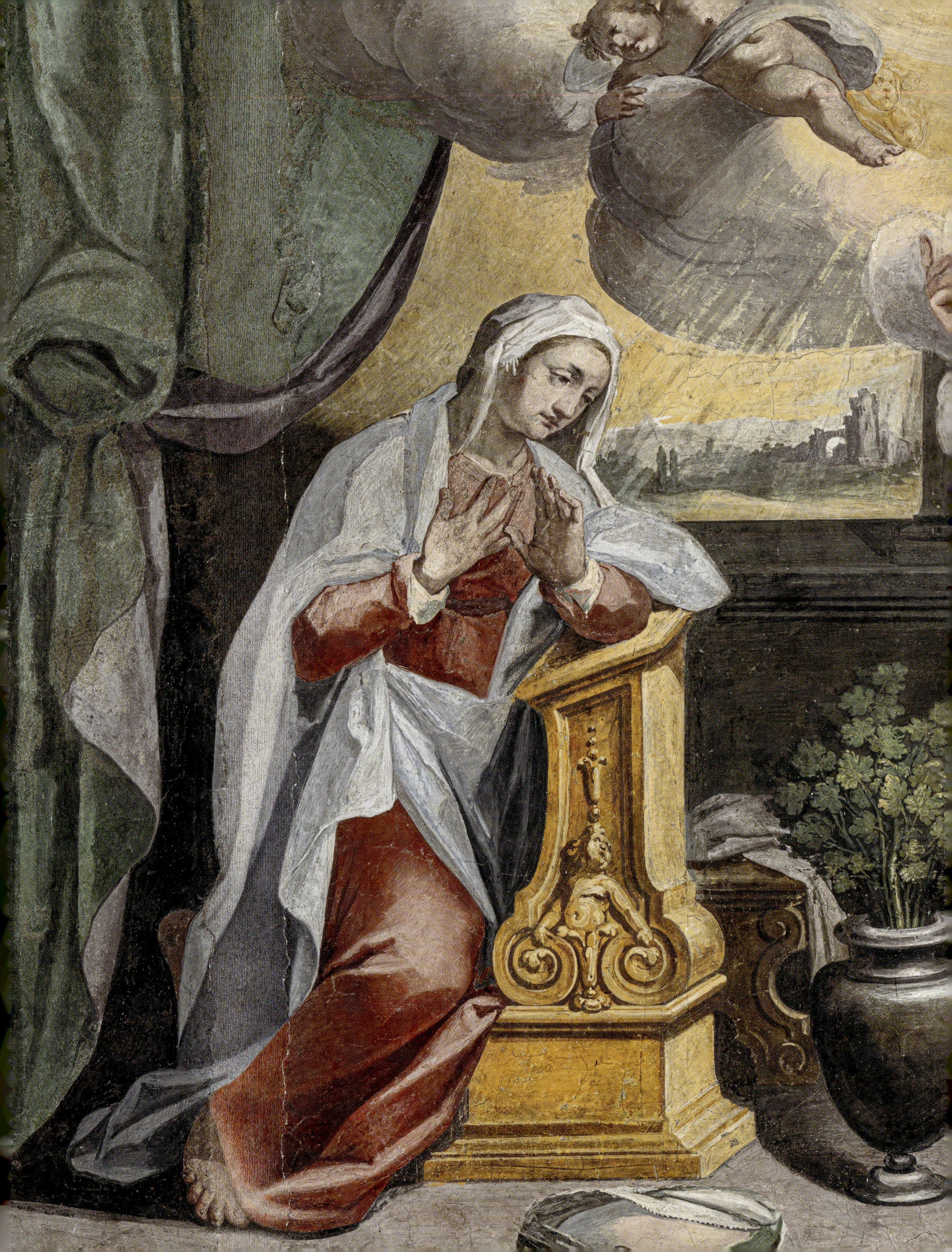

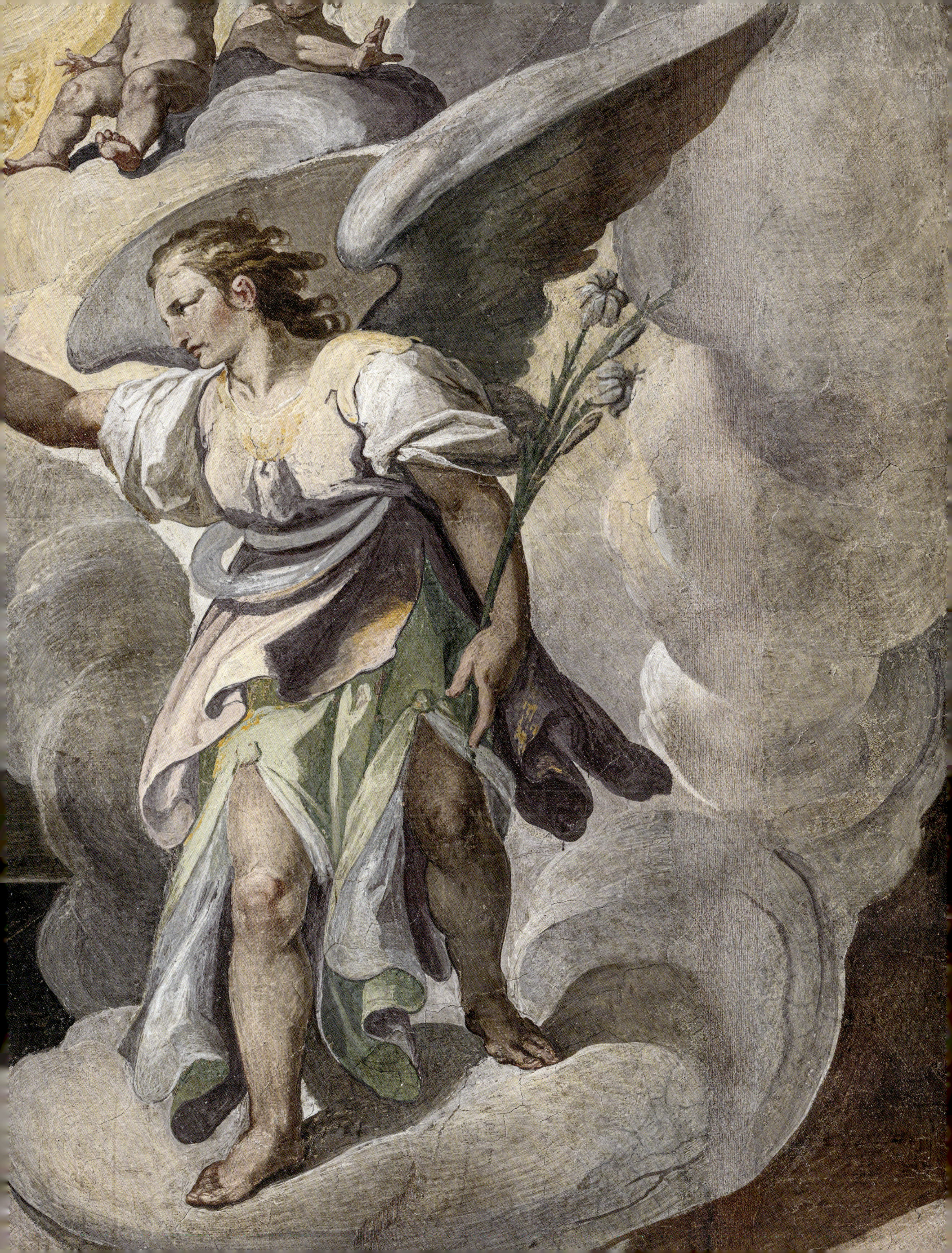

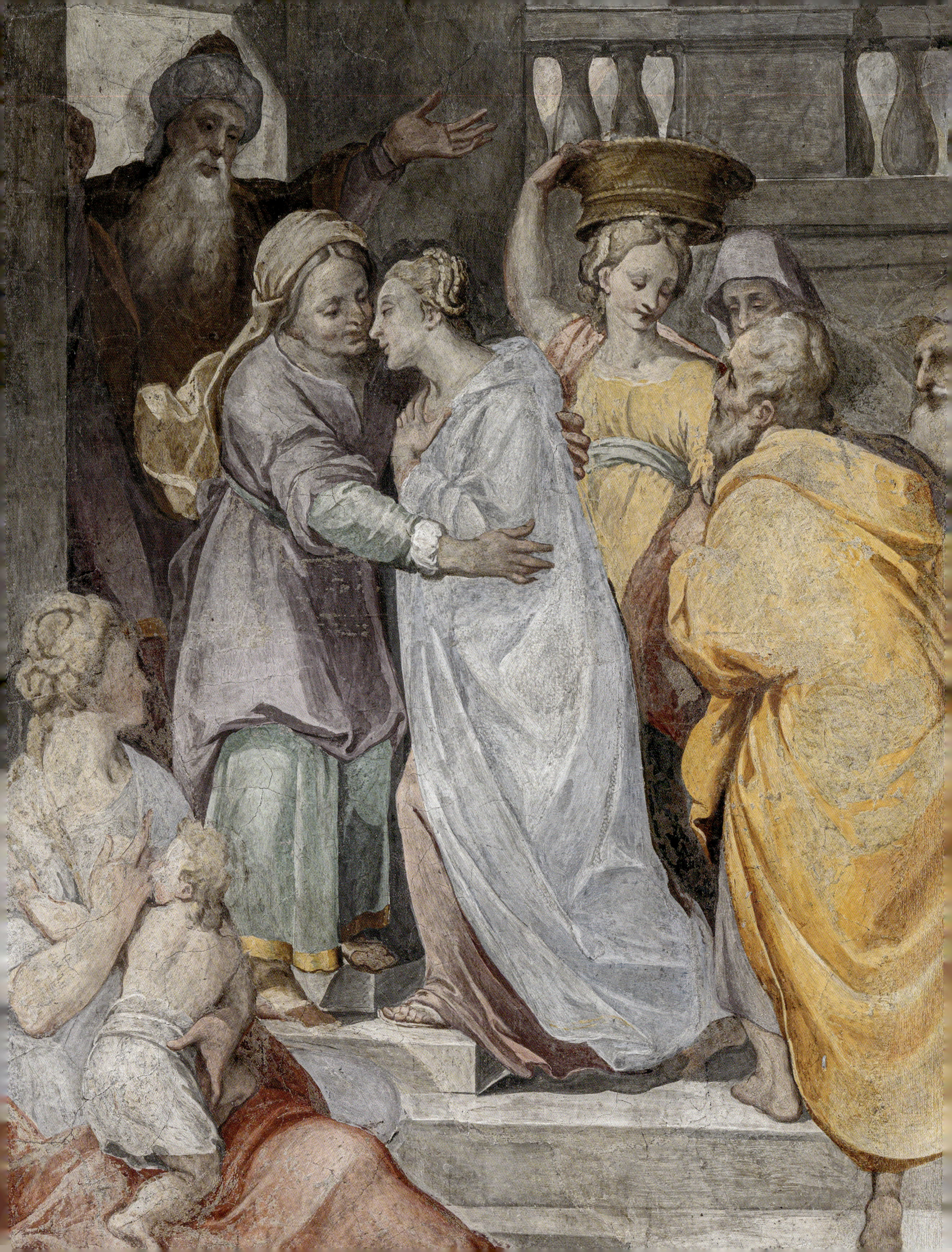

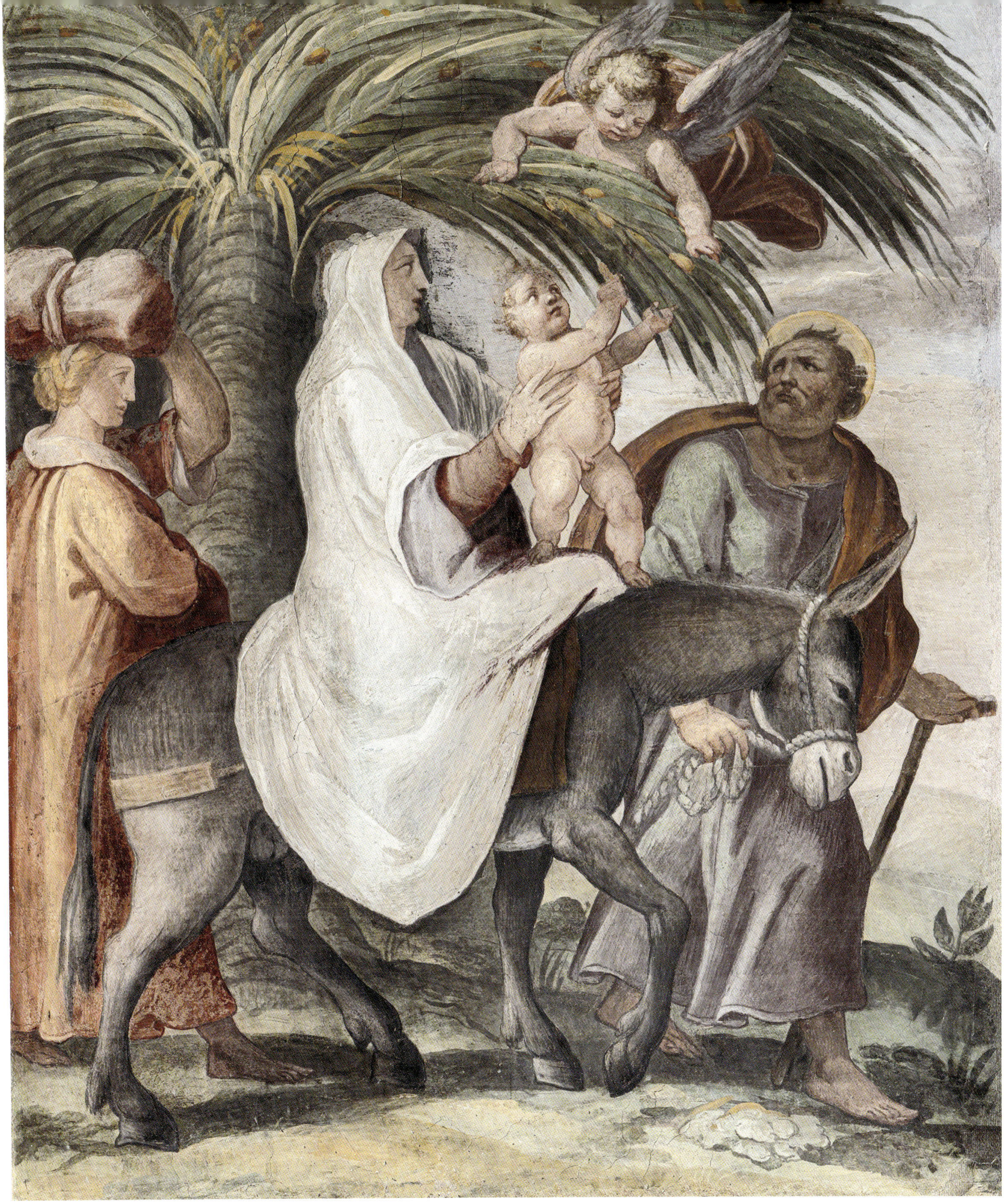

p. 202
Cesare Nebbia e Giovanni Guerra, bottega di
Visitazione
1587-1588, affresco
Cappella Sistina, parete

p. 202
Cesare Nebbia and Giovanni Guerra, workshop of
Visitation
1587-1588, fresco
Cappella Sistina, wall

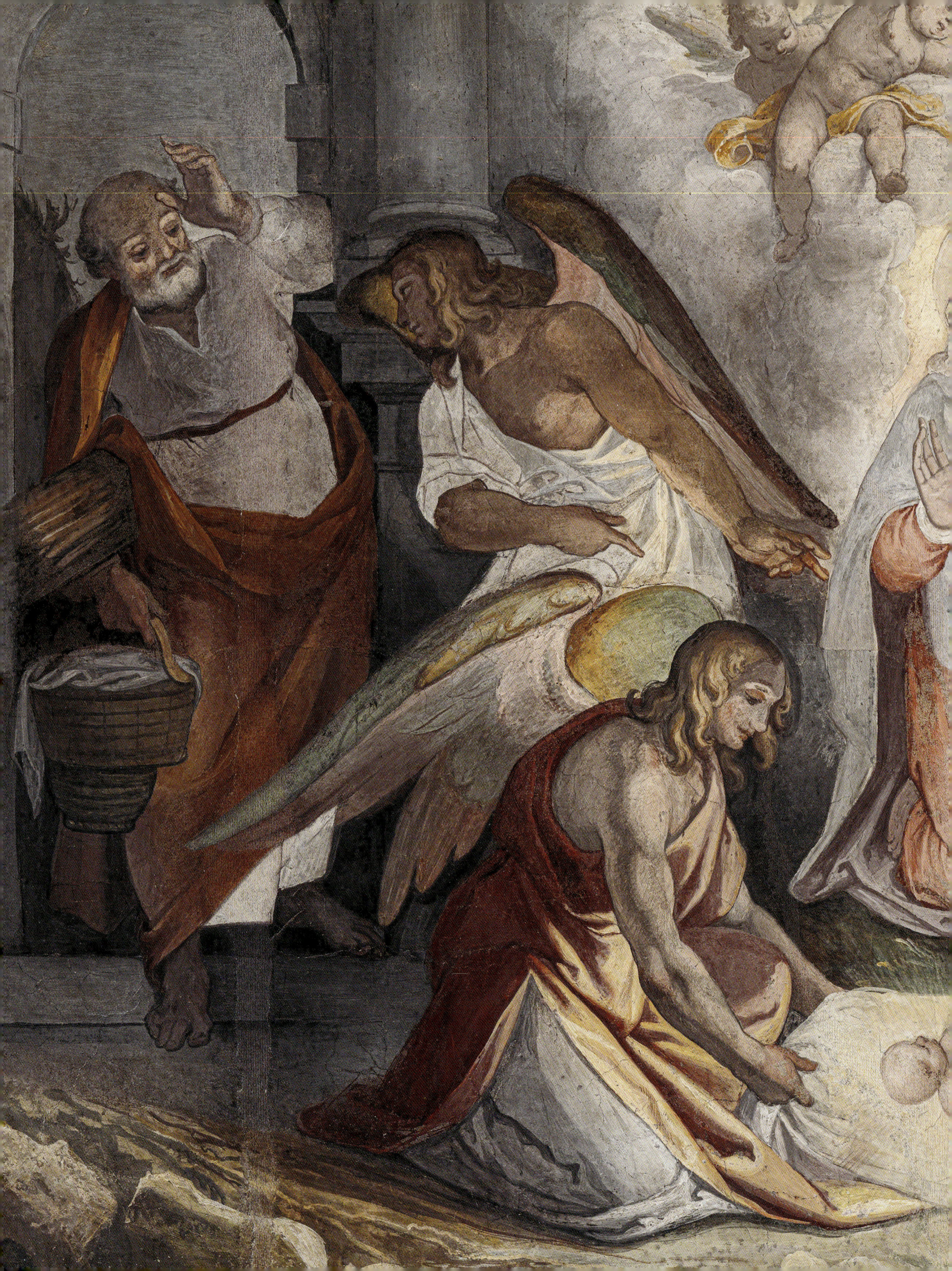

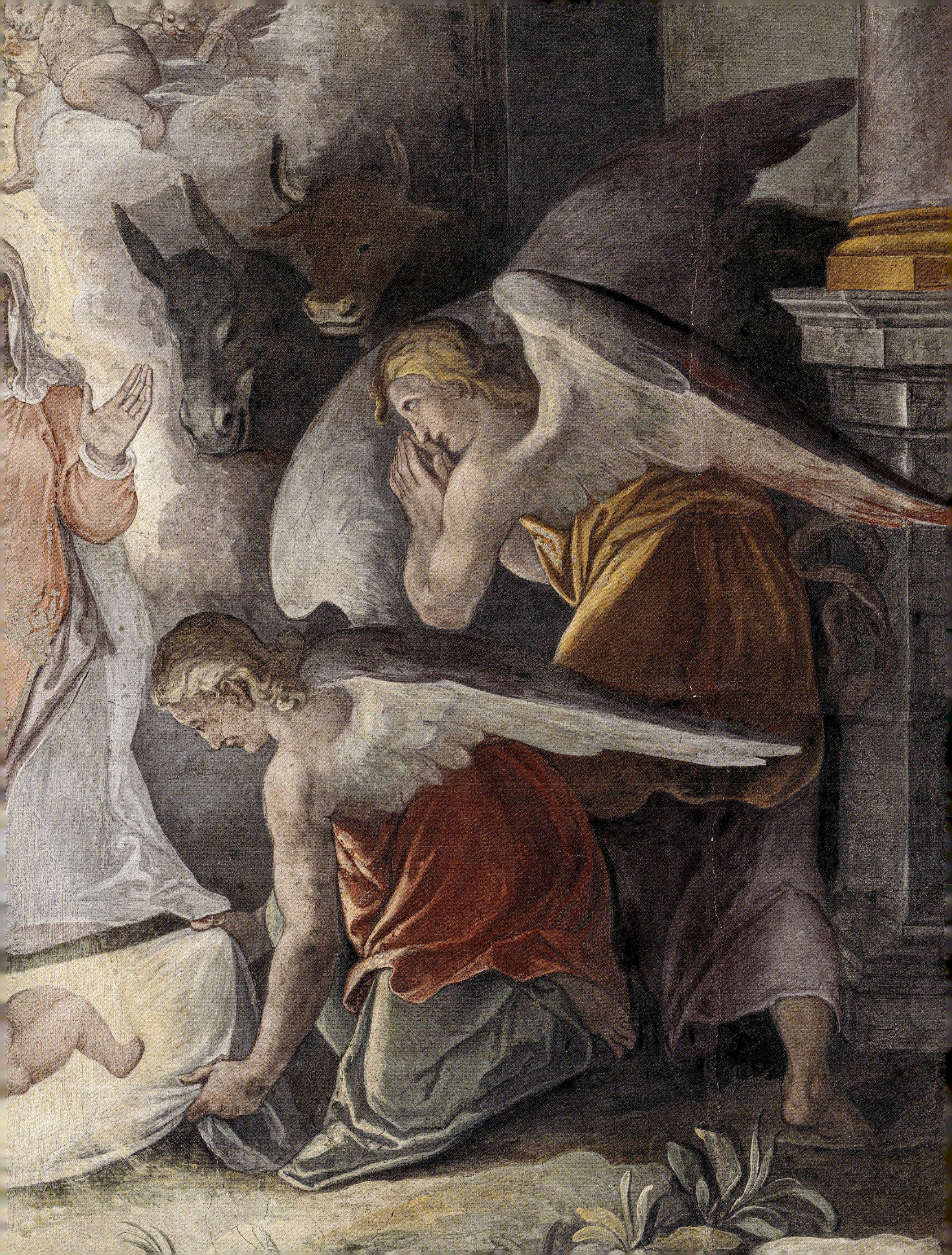

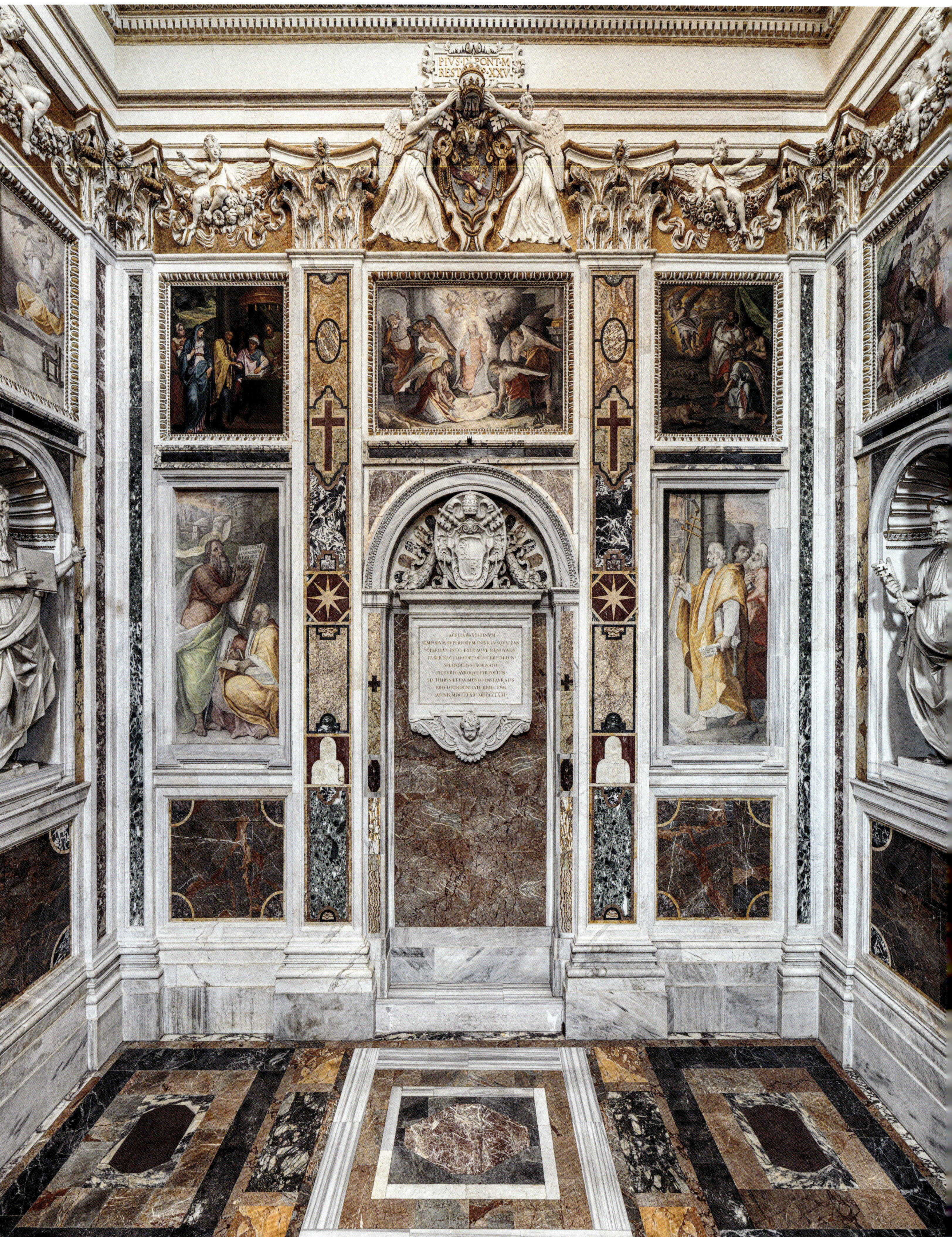

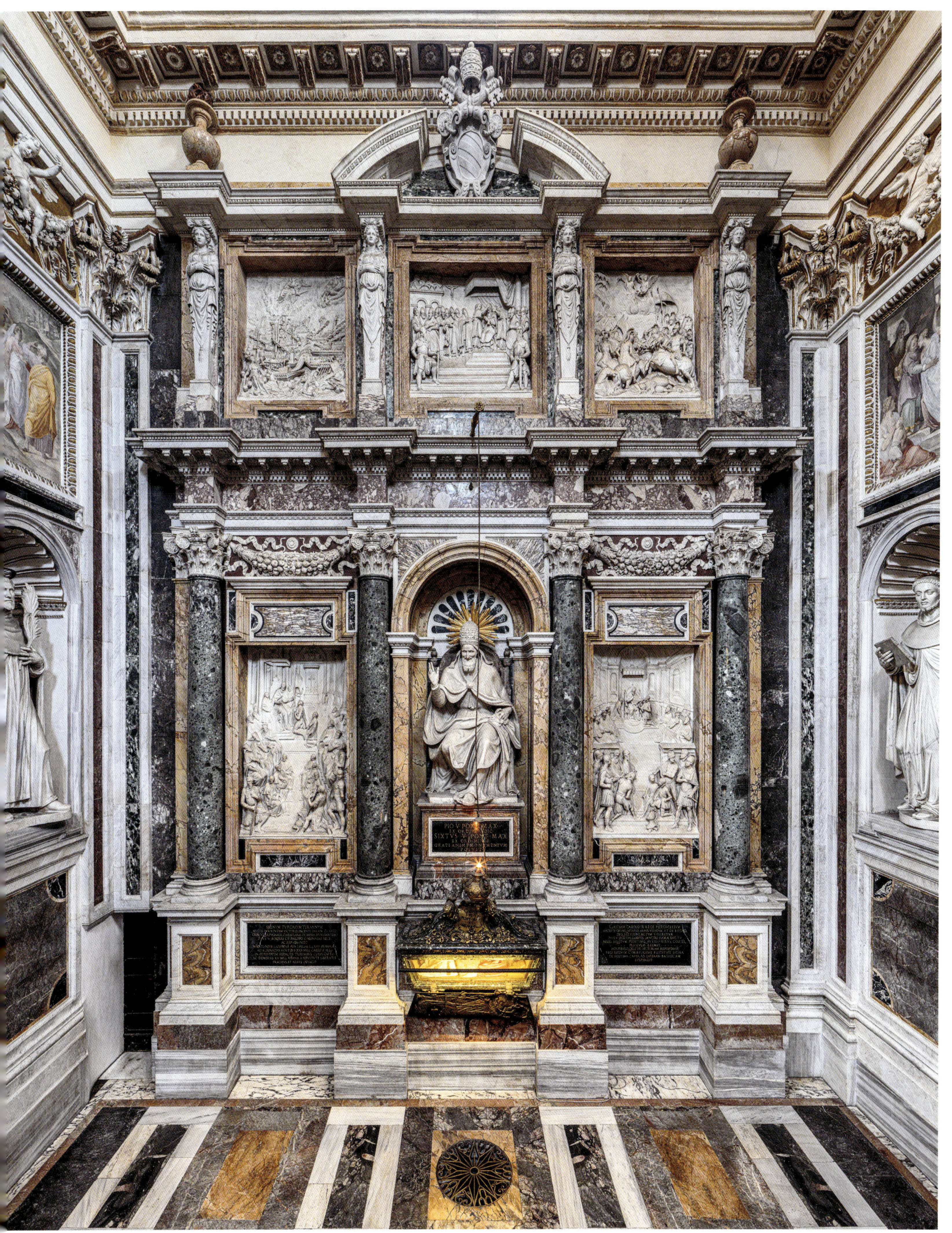
SIXTVS V PONT MAX

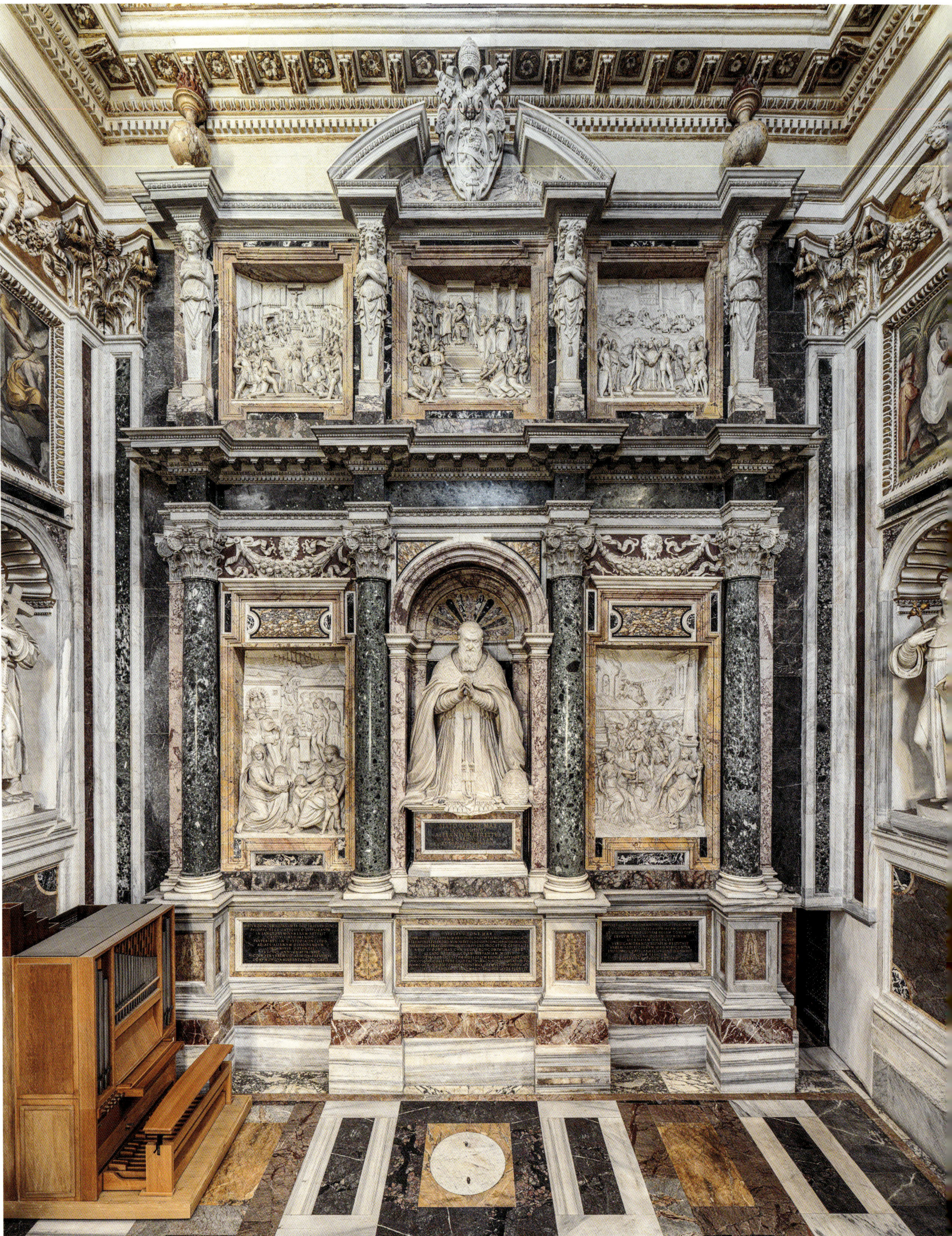

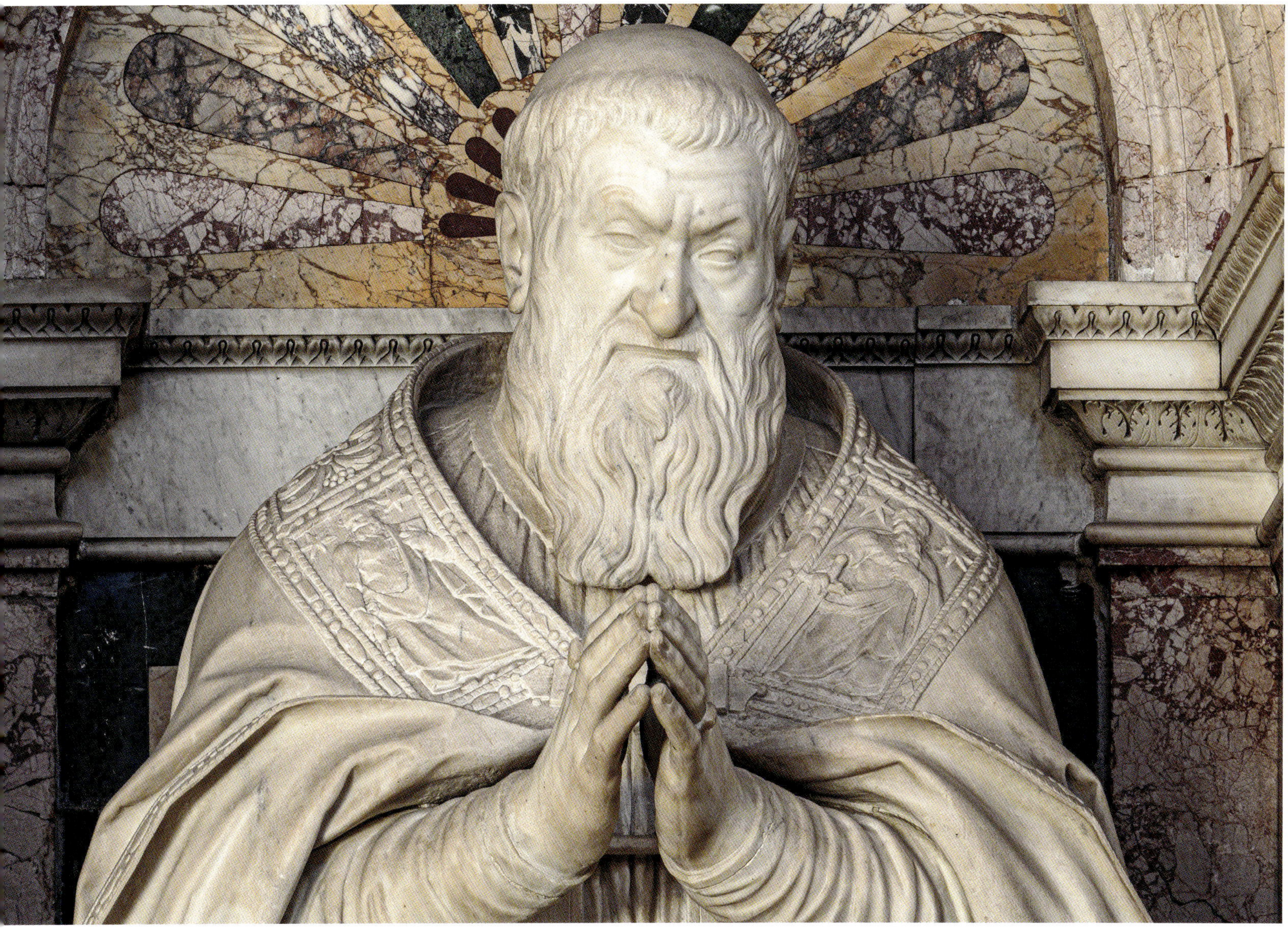

P. 203
Cesare Nebbia e Giovanni Guerra, bottega di
Fuga in Egitto
1587-1588, affresco
Cappella Sistina, parete

PP. 204-205
Cesare Nebbia e Giovanni Guerra, bottega di
Natività
1587-1588, affresco
Cappella Sistina, parete centrale

P. 206
Cappella Sistina
Veduta d'insieme della parete centrale

P. 207
Domenico Fontana e Leonardo Sormani
Monumento funebre di Pio V
1586-1589
Cappella Sistina, parete sinistra

P. 208
Giovanni Antonio Paracca, detto il Valsoldino (c. 1545-1599)
Monumento funebre di Sisto V
1588-1590
Cappella Sistina, parete destra

P. 209
Giovanni Antonio Paracca, detto il Valsoldino
Sisto V in preghiera (dettaglio)
1588-1590
Cappella Sistina, Monumento funebre di Sisto V

P. 203
Cesare Nebbia and Giovanni Guerra, workshop of
Flight into Egypt
1587-1588, fresco
Cappella Sistina, wall

PP. 204-205
Cesare Nebbia and Giovanni Guerra, workshop of
Nativity
1587-1588, fresco
Cappella Sistina, central wall

P. 206
Cappella Sistina
Overall view of the central wall

P. 207
Domenico Fontana and Leonardo Sormani
Funeral Monument to Pius V
1586-1589
Cappella Sistina, left wall

P. 208
Giovanni Antonio Paracca, called the Valsoldino (ca. 1545-1599)
Funeral Monument to Sixtus V
1588-1590
Cappella Sistina, right wall

P. 209
Giovanni Antonio Paracca, called the Valsoldino
Sixtus V at Prayer (detail)
1588-1590
Cappella Sistina, Funeral Monument to Sixtus V

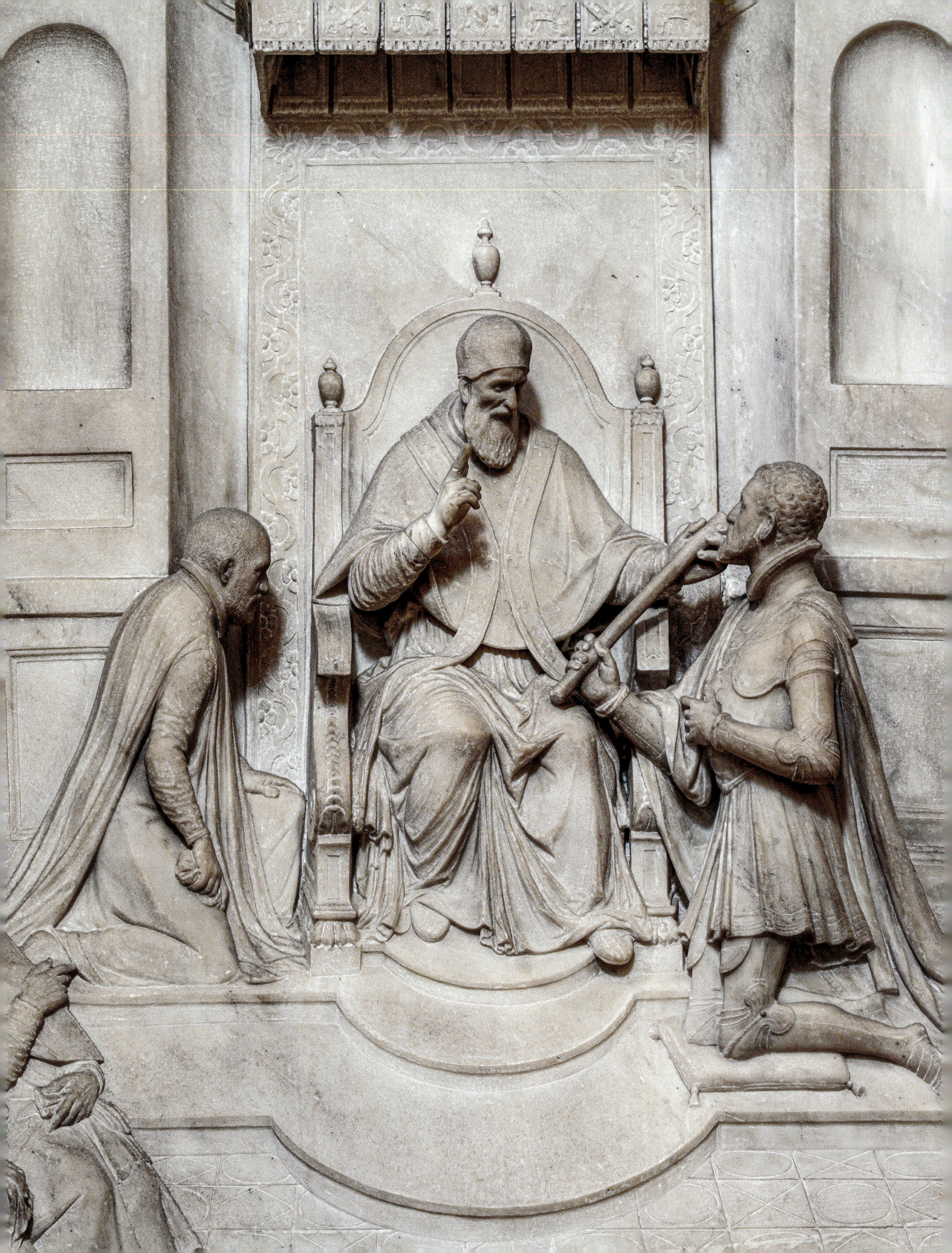

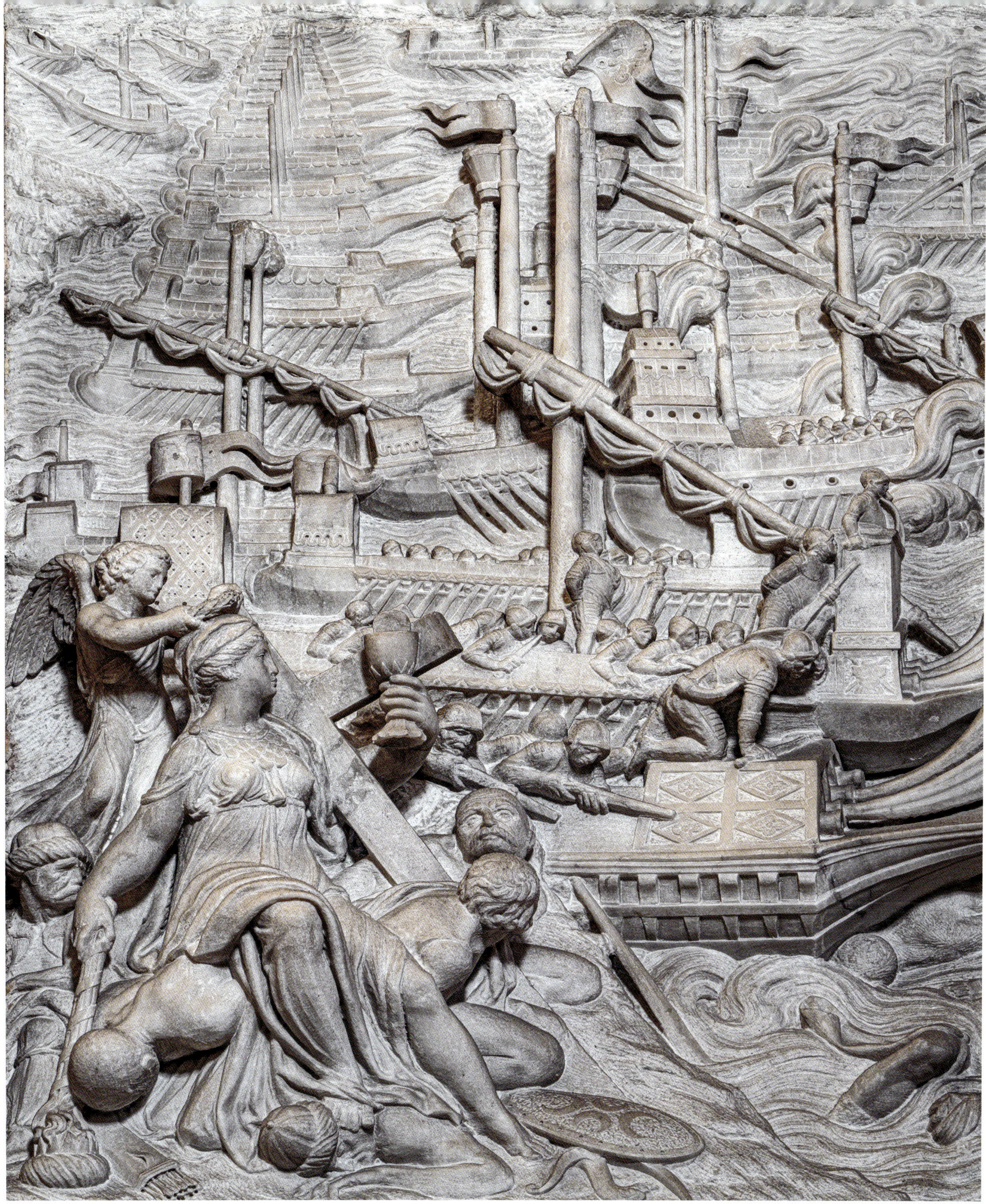

P. 210
Niccolò Pippi (c. 1530-1604)
Consegna del bastone di comando al Conte Sforza di Santa Fiora (dettaglio)
1586-1588, marmo di Carrara
Cappella Sistina, Monumento funebre di Pio V

P. 211
Egidio della Riviera (?-1602)
Battaglia di Lepanto
1586-1588, marmo di Carrara
Cappella Sistina, Monumento funebre di Pio V

P. 210
Niccolò Pippi (ca. 1530-1604)
Delivery of the Baton of Command to Count Sforza di Santa Fiora (detail)
1586-1588, Carrara marble
Cappella Sistina, Funeral Monument to Pius V

P. 211
Aegidius della Riviera (?-1602)
Battle of Lepanto
1586-1588, Carrara marble
Cappella Sistina, Funeral Monument to Pius V

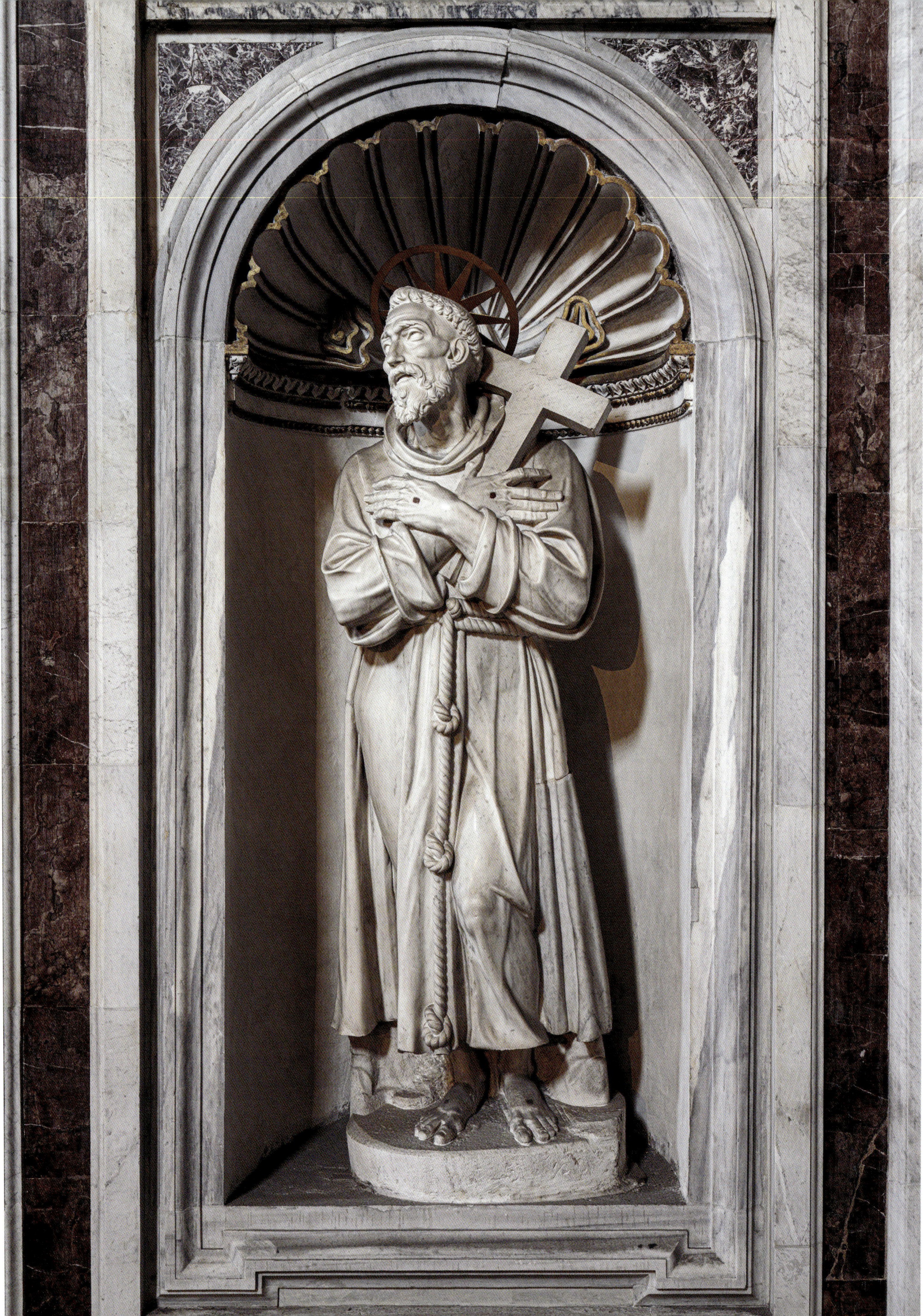

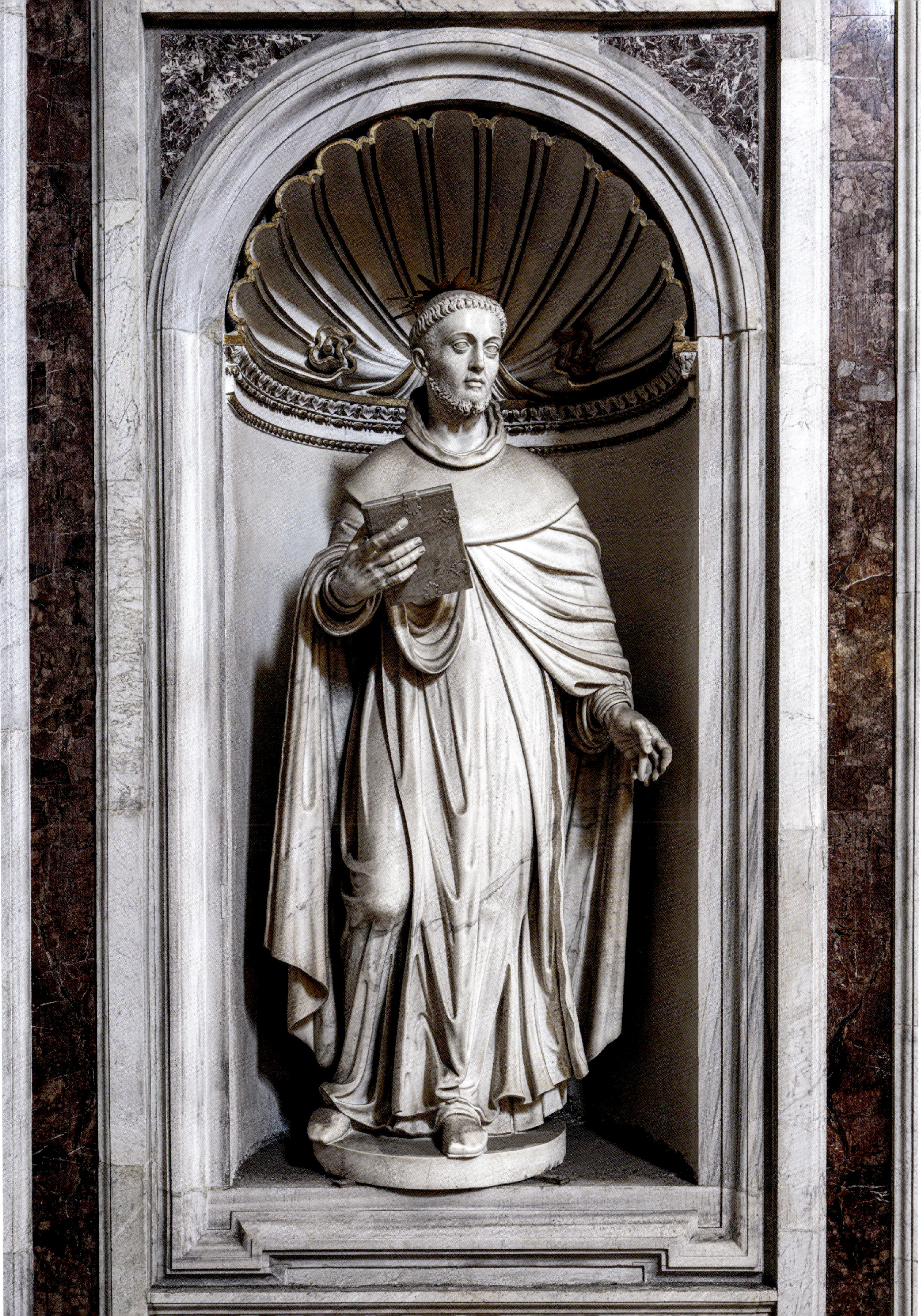

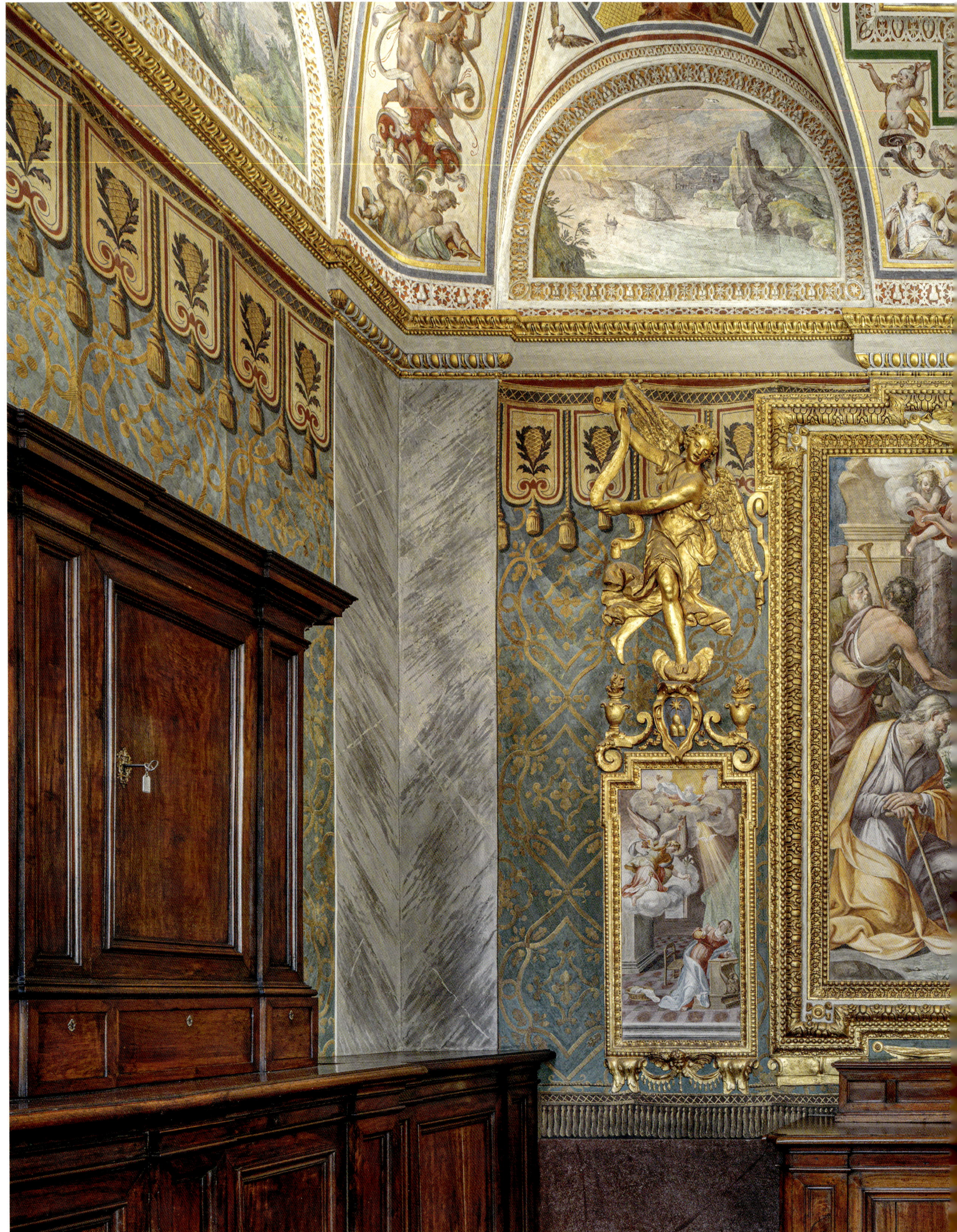

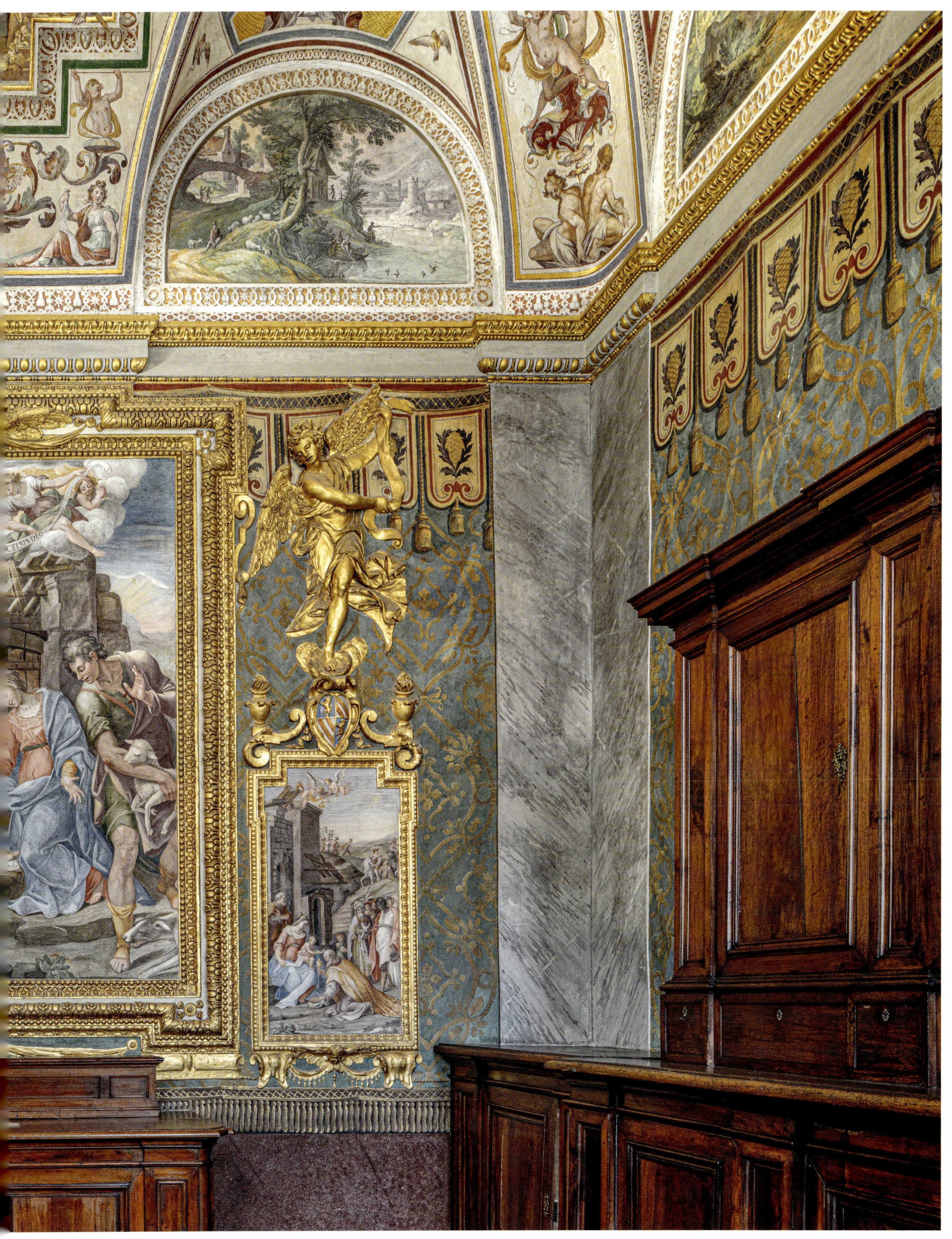
CELSIS DEO

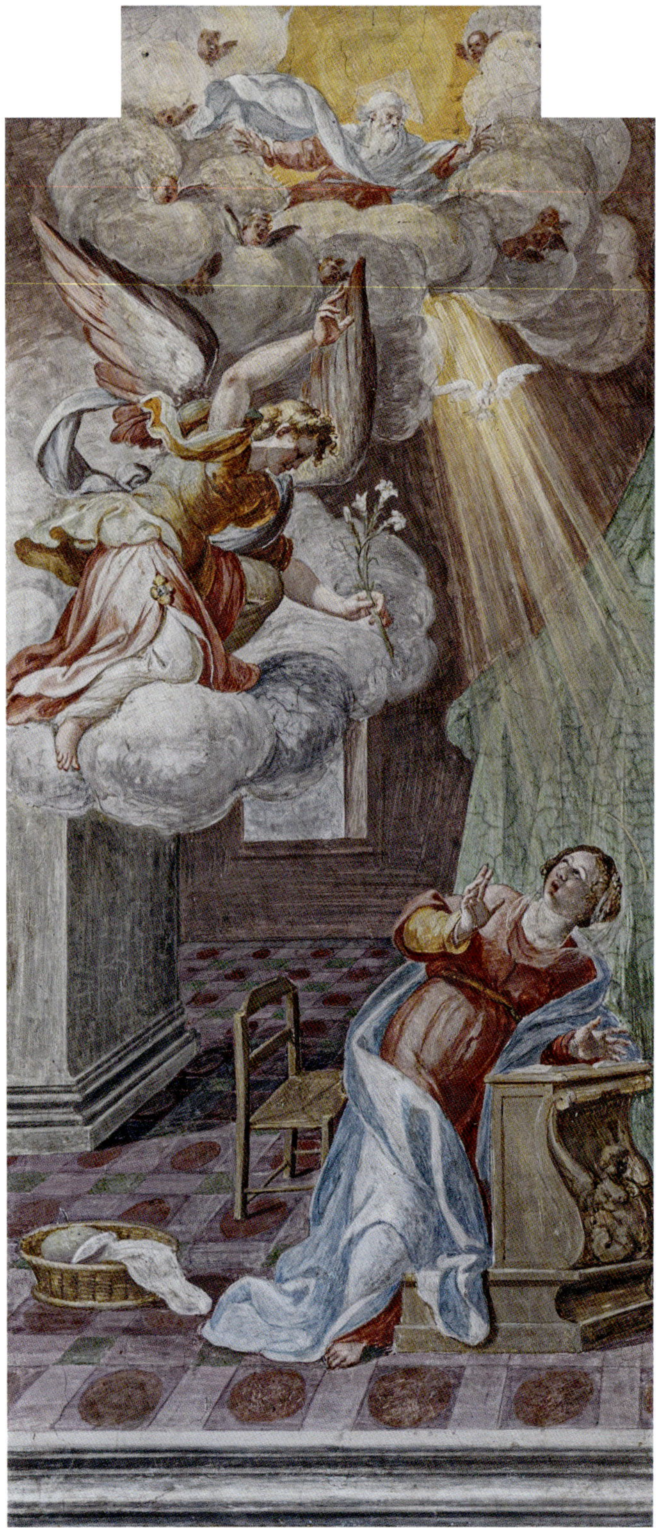

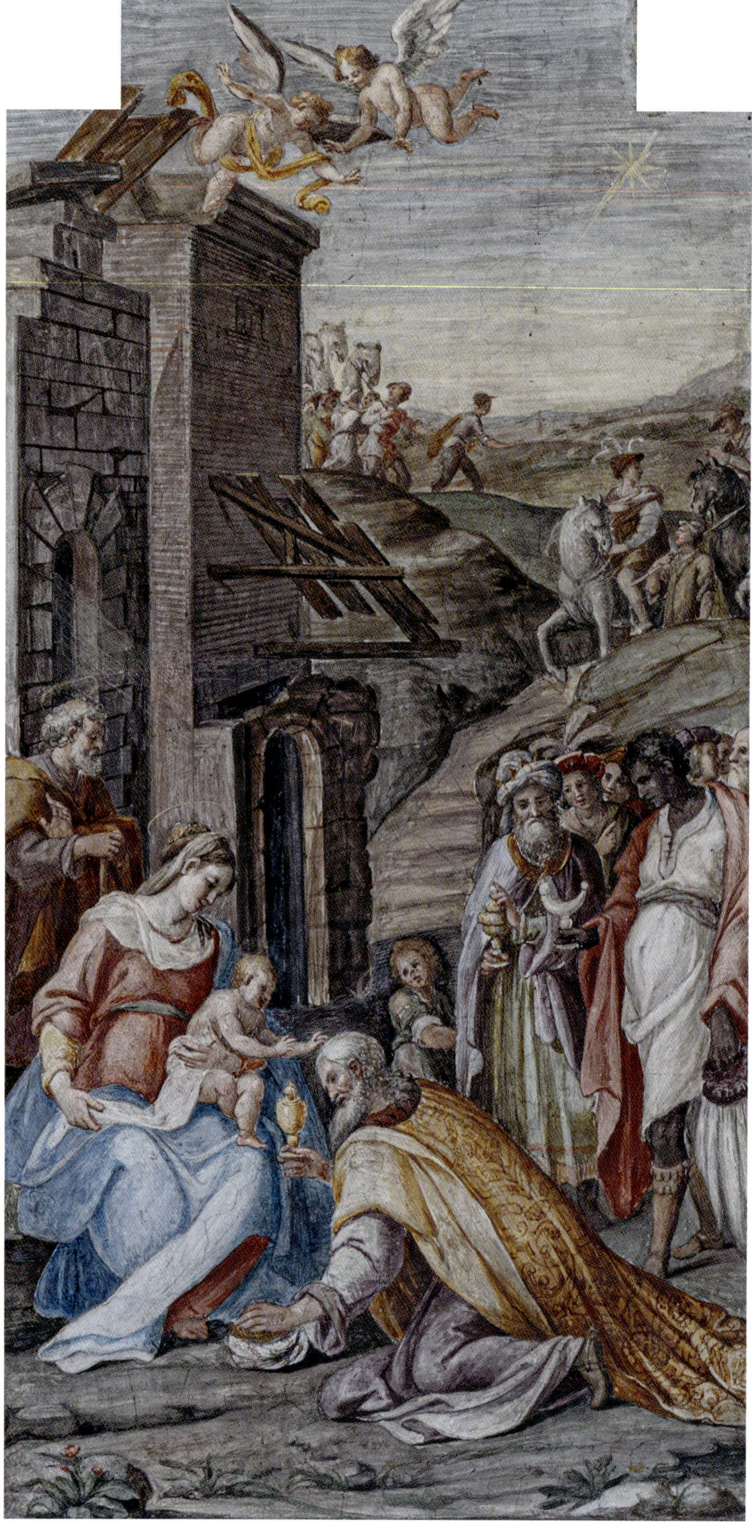

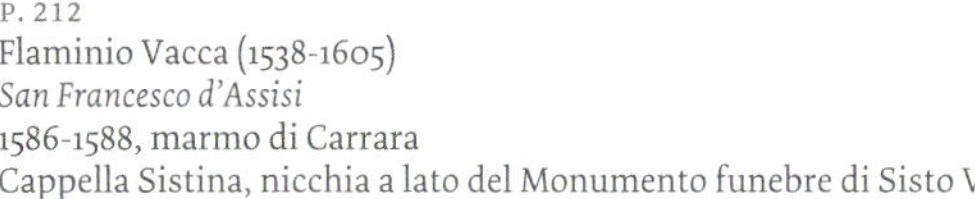

P. 212
Flaminio Vacca (1538-1605)
San Francesco d'Assisi
1586-1588, marmo di Carrara
Cappella Sistina, nicchia a lato del Monumento funebre di Sisto V

P. 213
Giovanni Battista Della Porta (1542-1597)
San Domenico
1586-1588, marmo di Carrara
Cappella Sistina, nicchia a lato del Monumento funebre di Pio V

PP. 214-217
Anonimo pittore sistino (Orazio Zecca?) (doc. XVI e XVII sec.)
Annunciazione e *Adorazione dei Magi* e *Adorazione dei Pastori*
1585-1590, affresco
Sagrestia della Cappella Sistina

P. 212
Flaminio Vacca (1538-1605)
Saint Francis of Assisi
1586-1588, Carrara marble
Cappella Sistina, niche beside the Funeral Monument to Sixtus V

P. 213
Giovanni Battista Della Porta (1542-1597)
Saint Dominic
1586-1588, Carrara marble
Cappella Sistina, niche beside the Funeral Monument to Pius V

PP. 214-217
Anonymous sistine painter (Orazio Zecca?) (doc. 16th and 17th centuries)
Annunciation and *Adoration of the Magi* and *Adoration of the Shepherds*
1585-1590, fresco
Cappella Sistina Sacristy

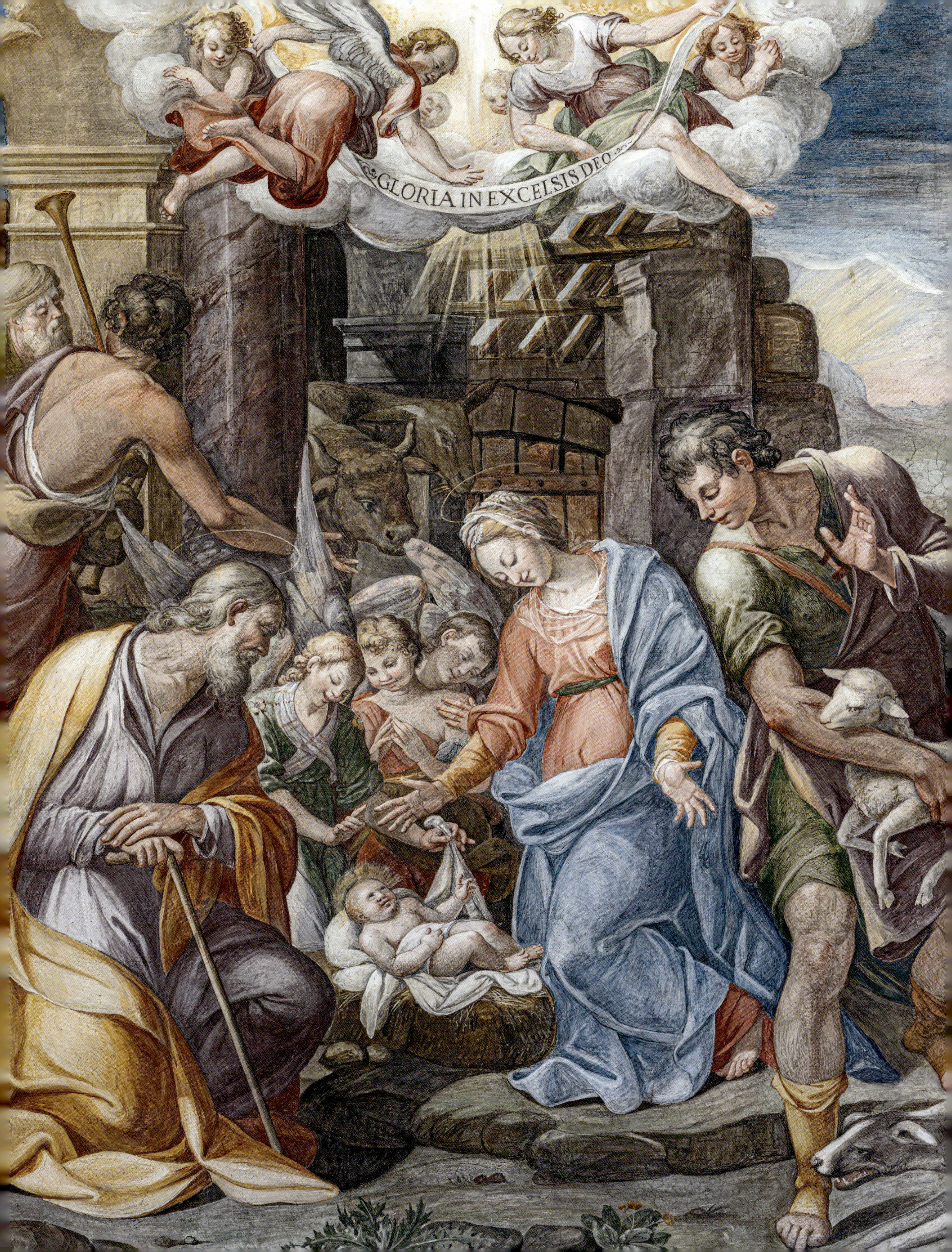
GLORIA IN EXCELSIS DEO

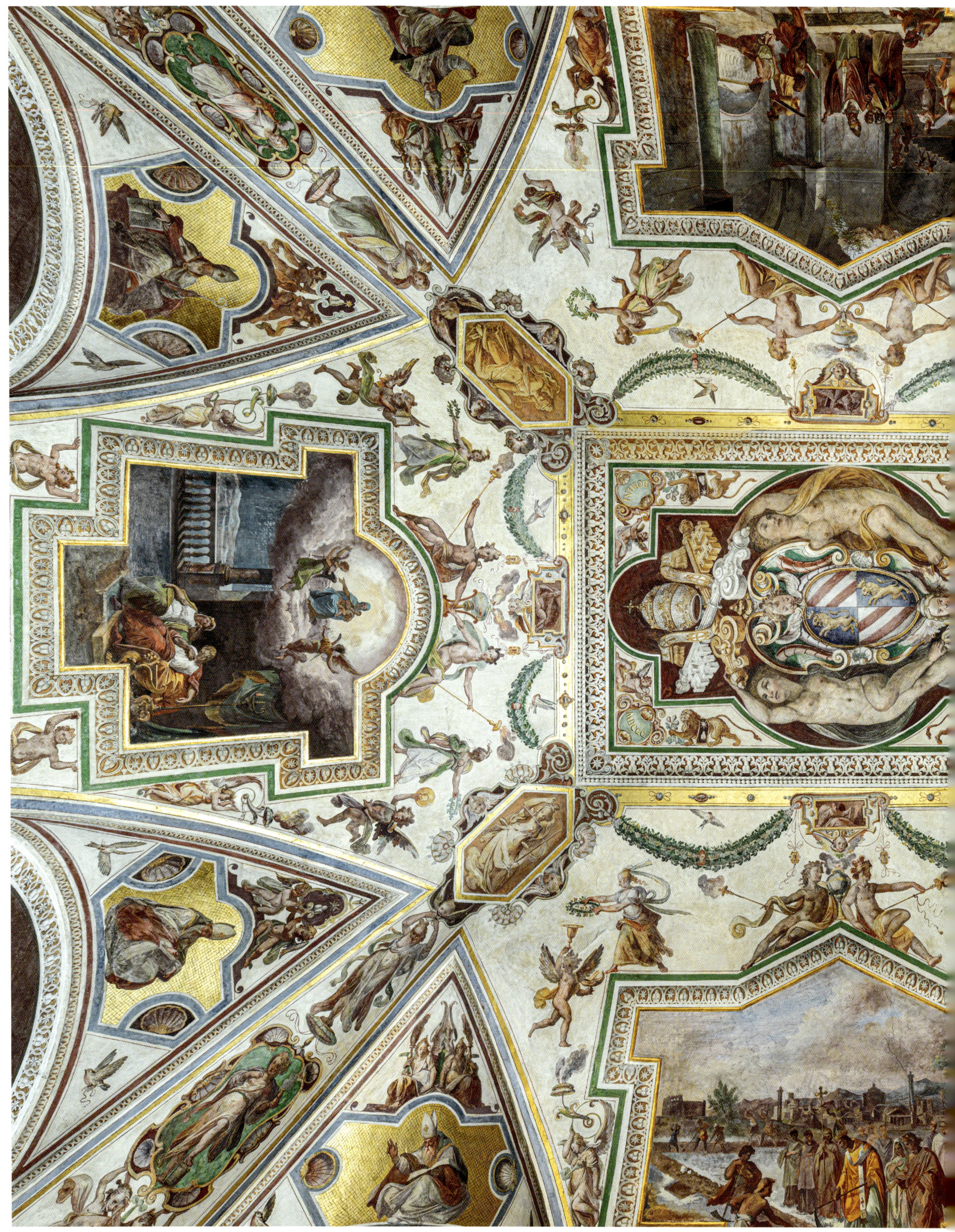

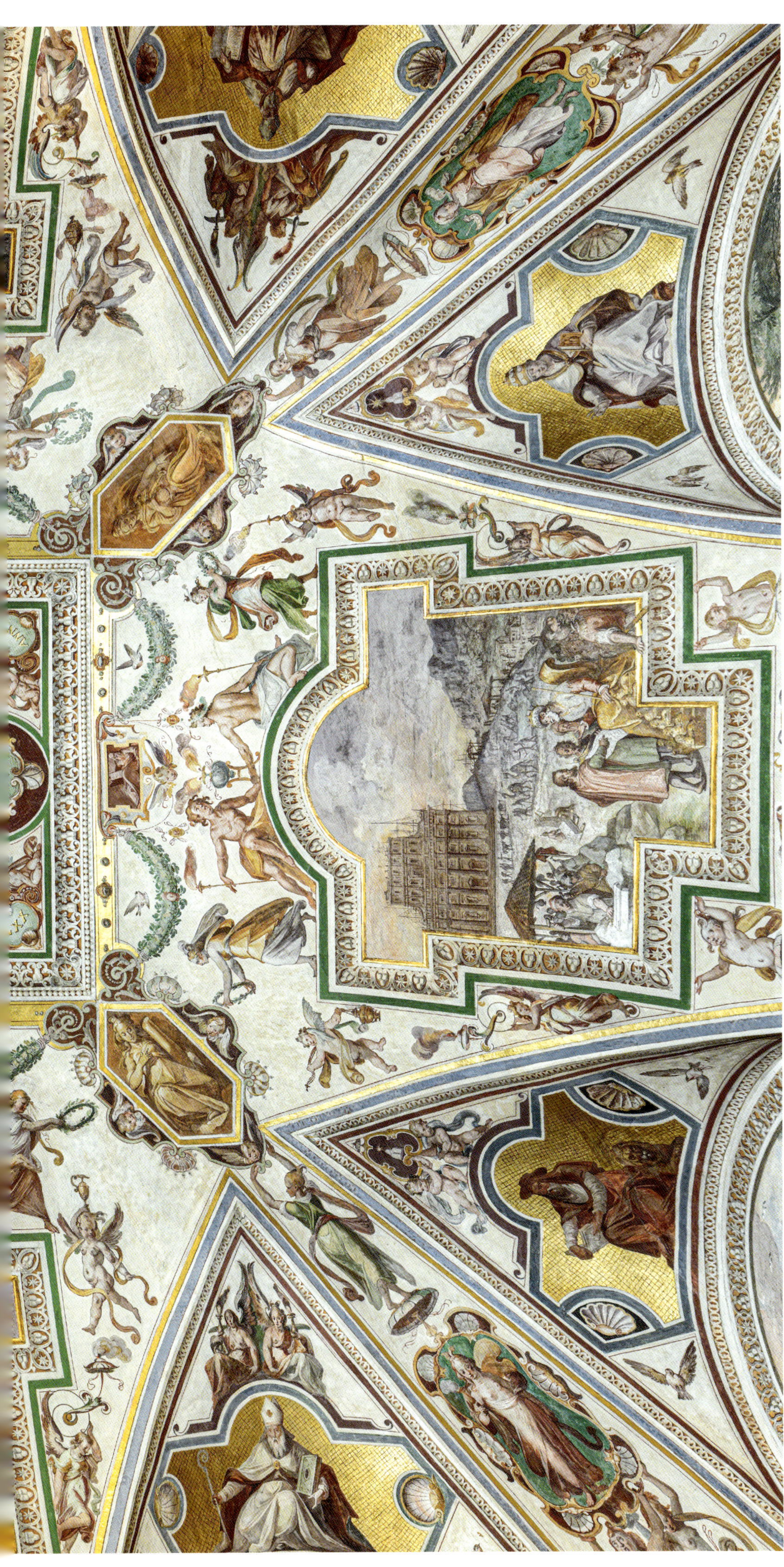

PP. 218-219
Cesare Nebbia e Giovanni Guerra, bottega di, con restauri di Silverio Capparoni (1831-1907) del tempo di Pio IX (1846-1878)
Storia della fondazione di Santa Maria Maggiore
Sagrestia della Cappella Sistina, volta

P. 220
Ferraù Fenzoni (1562-1645)
Fuga in Egitto
1592, affresco
Controfacciata, registro superiore

P. 221
Ferraù Fenzoni
Riposo durante la fuga in Egitto
1593, affresco
Controfacciata, registro superiore

PP. 218-219
Cesare Nebbia and Giovanni Guerra, workshop of, with restorations of Silverio Capparoni (1831-1907) during the pontificate of Pius IX (1846-1878)
History of the Foundation of Santa Maria Maggiore
Cappella Sistina Sacristy, vault

P. 220
Ferraù Fenzoni (1562-1645)
Flight into Egypt
1592, fresco
Counter-façade, upper register

P. 221
Ferraù Fenzoni
Rest during the Flight into Egypt
1593, fresco
Counter-façade, upper register

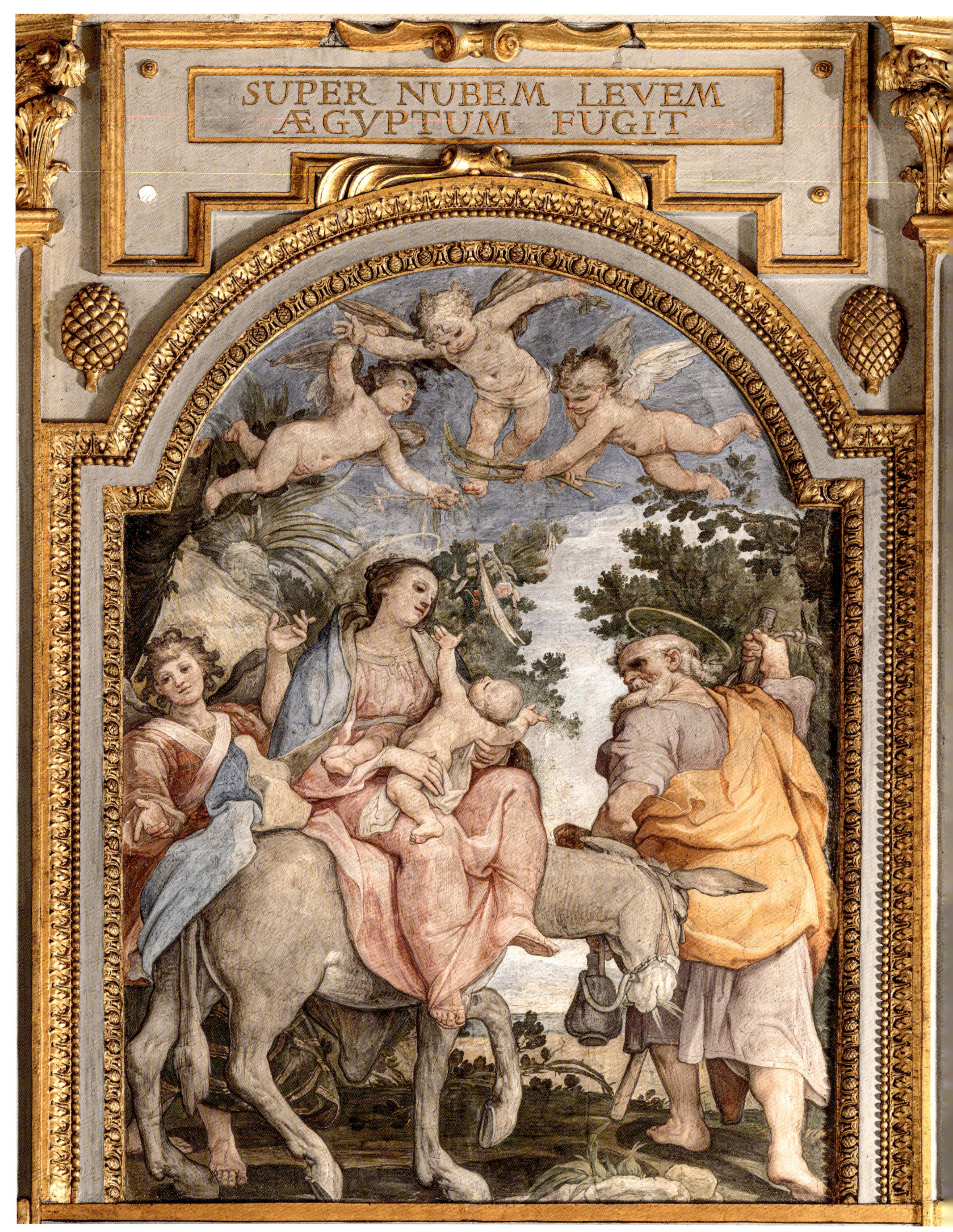
SUPER NUBEM LEVEM
ÆGYPTUM FUGIT

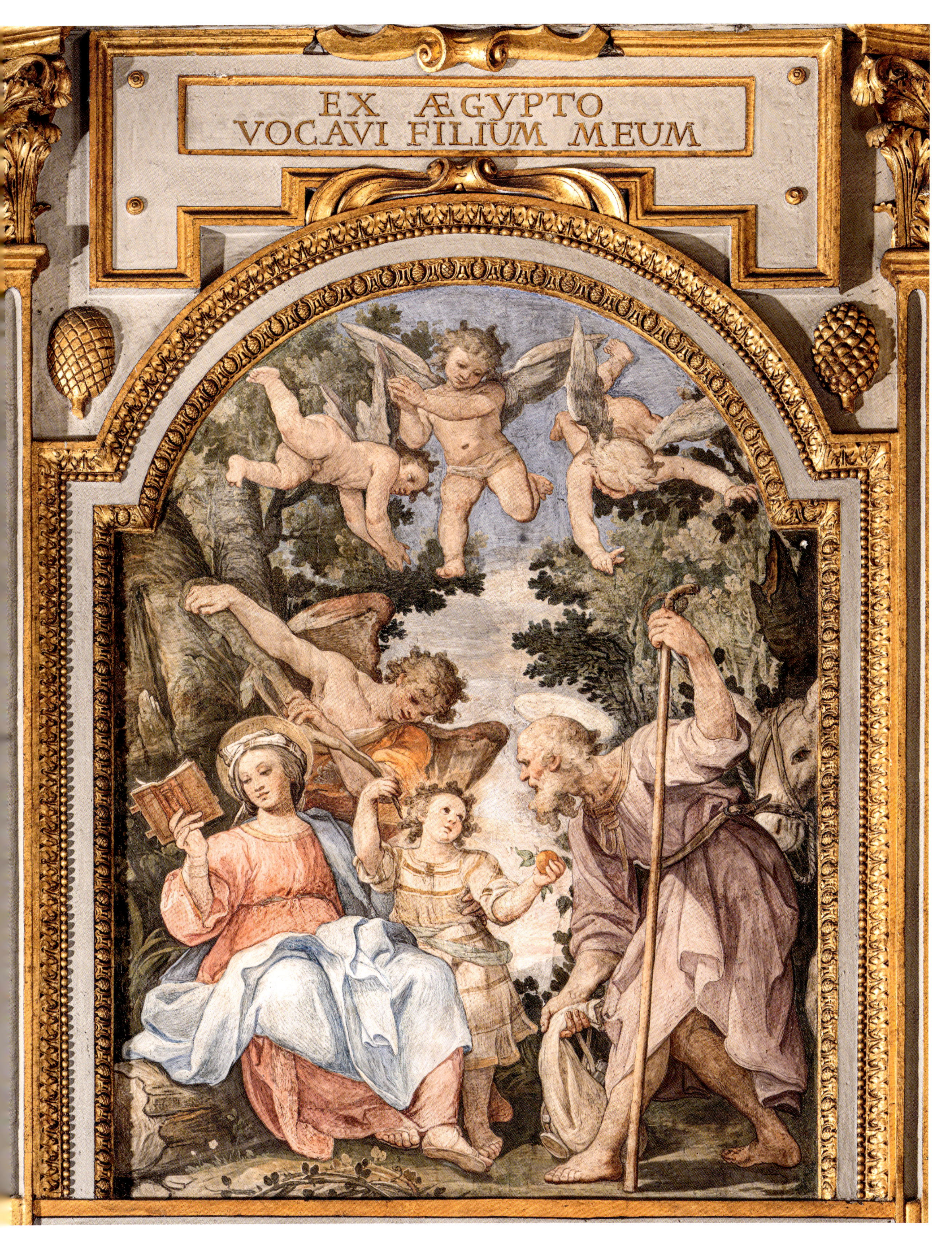
EX ÆGYPTO
VOCAVI FILIUM MEUM

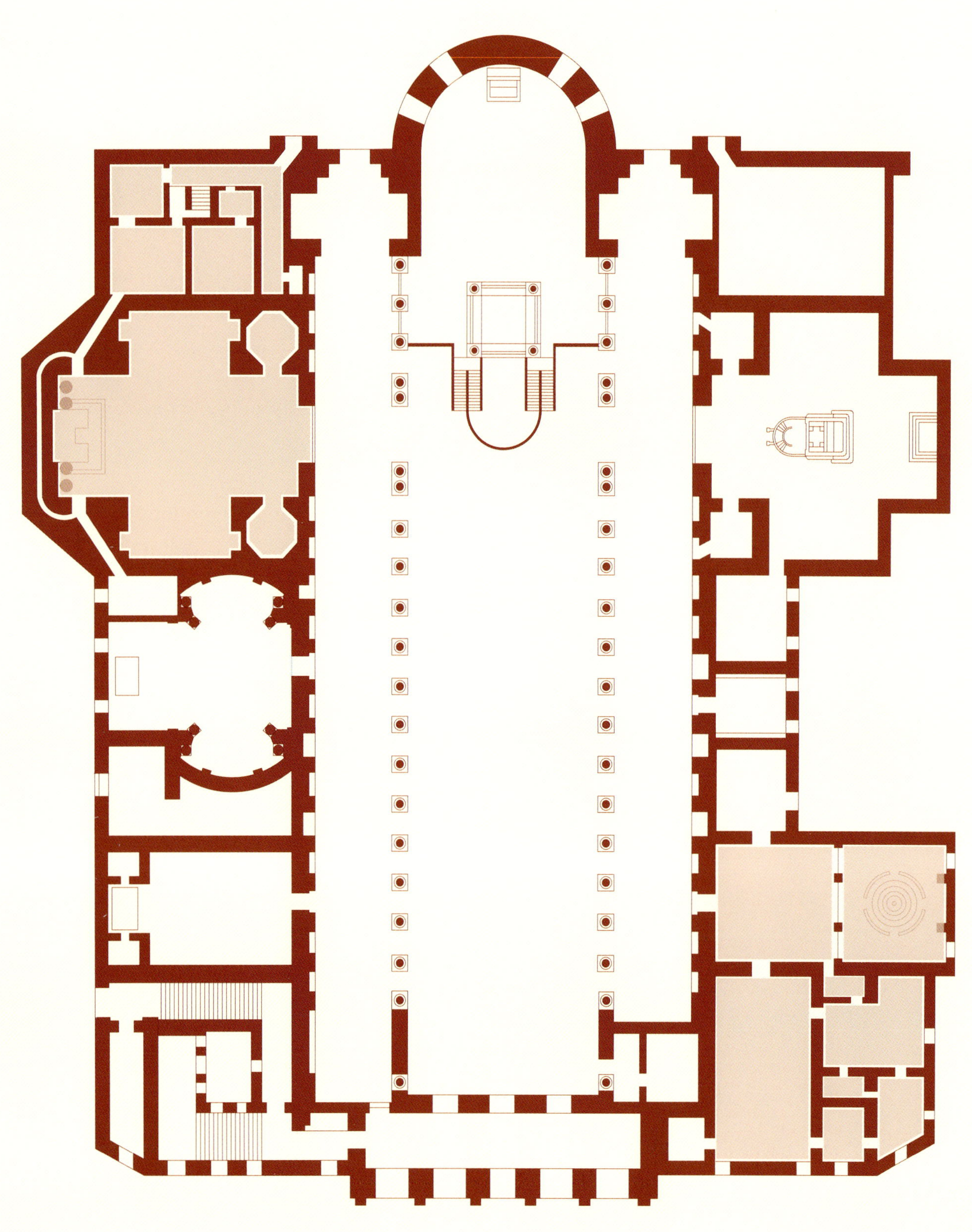

La Cappella di Paolo V. Sala del Trono della Vergine e Porta del Paradiso

The Chapel of Paul V. Throne Room of the Virgin and Gateway to Heaven (1605-1621)

Cappella Paolina
Cappella Paolina

Coro invernale
Winter choir

Sagrestia Piccola e Sagrestia Grande
Small Sacristy and Large Sacristy

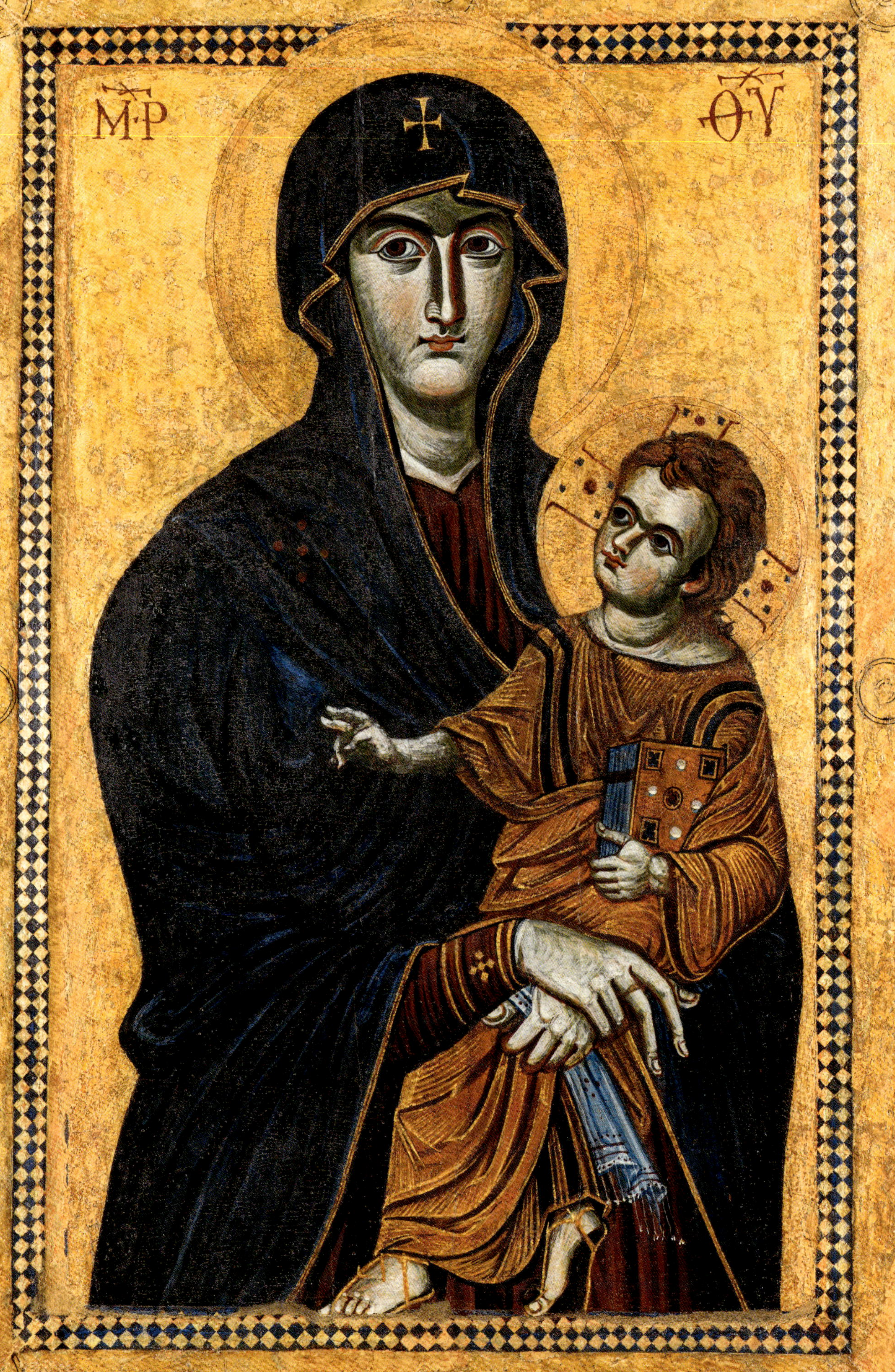

M·P
ΘΥ

La Cappella di Paolo V (1605-1621). Sala del Trono della Vergine e Porta del Paradiso

Fabio Barry

A pochi mesi dall'elezione a pontefice, nel 1605, Paolo V Borghese avviò una decisa ristrutturazione di Santa Maria Maggiore. Il papa si era occupato personalmente della Basilica fin dal 1577, quando ne era stato nominato vicario, cioè il sostituto del cardinale arciprete. Paolo V costruì un palazzo per i canonici con una nuova sagrestia e un Coro invernale, e innalzò la colonna dell'Immacolata nella piazza davanti alla Basilica. Dedicò la massima attenzione alla cappella di famiglia che realizzò contigua alla navatella sinistra e direttamente di fronte alla cappella del suo predecessore Sisto V.

La Cappella Sistina era così massiccia, praticamente un santuario a sé stante, che era inevitabile che un giorno venisse costruito un *pendant* per bilanciarla. L'architetto della nuova Cappella Paolina fu Flaminio Ponzio (1560-1613), supervisionato, almeno all'inizio, dal dilettante pittore-architetto Giovanni Battista Crescenzi (1577-1635). Come la Cappella Sistina, anche la Paolina fu costruita a croce greca sotto un'alta cupola, con due cappelle laterali a destra e a sinistra dell'ingresso. Una sacrestia adiacente era destinata alla vita liturgica della cappella e una cripta sottostante fu destinata alla sepoltura della famiglia Borghese. La cupola fu completata nel 1610, mentre la decorazione della cappella richiese quasi lo stesso tempo della sua costruzione. Il pavimento in marmo fu posato nel 1612, ma gli ultimi ritocchi furono dati solo nel 1618.

LA MADONNA DELLA *SALUS POPULI ROMANI*

L'icona della *Regina Coeli*, che fino ad allora era stata venerata in un grande tabernacolo medievale nella navata centrale vicino all'Altare maggiore, divenne il fulcro della nuova cappella. Questo dipinto raffigura la Vergine, che indossa un manto blu scuro filettato d'oro sopra una veste porpora, con il Bambino Gesù in braccio, che tiene un libro nella mano sinistra, probabilmente un Vangelo, e fa un gesto di benedizione con la destra. L'iscrizione greca ab-

P. 224
L'icona della *Salus Populi Romani*
Tempera su legno di cedro, 117 × 79 cm
Cappella Paolina

The Chapel of Paul V (1605-1621). Throne Room of the Virgin and Gateway to Heaven

Fabio Barry

Within months of being elected pope in 1605, Paul V Borghese began a decisive remodelling of Santa Maria Maggiore. The pope had been personally involved with the basilica since 1577, when he had been appointed its vicar, that is the deputy of the cardinal arch-priest. Paul V began a Winter Choir and palace for the canons, and raised the Column of the Immacolata in the piazza in front of the Basilica. However, he lavished the greatest attention on the family chapel that he now built off the left aisle and facing the chapel of his predecessor Sixtus V.

The Cappella Sistina was so massive, virtually a church apart, that it was inevitable that a pendant would someday be built to balance it. The architect was Flaminio Ponzio (1560-1613), who was supervised, at least to begin with, by the dilettante painter-architect Giovanni Battista Crescenzi (1577-1635). Just like the Cappella Sistina, the Cappella Paolina was built on a Greek cross plan under a high dome, with two side chapels to the right and left of the entrance. Adjoining was a two-storey sacristy supporting the liturgical life of the chapel below which was vault intended for the burials of the Borghese family. The dome was capped out in 1610, but the decoration of the chapel took almost as long as its construction. The marble floor was laid in 1612, but the last touches were not given until 1618.

THE MADONNA OF THE *SALUS POPULI ROMANI*

The icon of the *Regina Coeli* ("Queen of Heaven"), which until then had been venerated in a large medieval tabernacle in the nave near the High Altar, became the fulcrum of the new chapel. This icon depicts the Virgin, wearing a dark blue mantle threaded with gold over a purple robe, with the Christ Child in her arms, who holds a book in his left hand, probably a Gospel, and makes a gesture of blessing with his right. The abbreviat-

P. 224
Icon of the *Salus Populi Romani*
Tempera on cedar wood, 117 × 79 cm
Cappella Paolina

breviata, MP ΘY, identifica Maria come Μήτηρ Θεοῦ ("Madre di Dio"). Secondo gli ultimi studi condotti questa icona risalirebbe ad un periodo compreso tra il VIII e il XII secolo. Tuttavia, nel 1605 si credeva ancora fermamente che l'immagine fosse stata dipinta dal vero da San Luca in persona o, secondo un'altra tradizione, che fosse stata solo abbozzata da Luca e poi completata dagli angeli, il che la rendeva non una mera opera d'arte ma un *acheiropoieton* ("immagine-non-fatta-da-mani-umane").

La veridicità dell'immagine e la sua fabbricazione divina conferirono all'icona il potere di compiere miracoli. Il primo e più famoso di questi avvenne nel 590, quando papa Gregorio Magno portò l'immagine in processione per le strade di Roma nel tentativo di porre fine a una pestilenza che stava devastando la città. Mentre la processione si avvicinava a San Pietro, l'Arcangelo Michele apparve in cima al Mausoleo di Adriano – sin da allora chiamato Castel Sant'Angelo – e sguainò la spada per segnalare la fine della pestilenza. Nel corso del tempo, i numerosi favori miracolosi concessi alla popolazione della città valsero all'icona il titolo di *Salus Populi Romani* ("Salute, o salvezza, del popolo romano"), come viene chiamata fin dal 1870.

L'ALTARE MAGGIORE

Dopo aver commissionato un progetto infruttuoso all'architetto Girolamo Rainaldi (1570-1655), il papa affidò il disegno a Pompeo Targone (1575-1630 c.) e Antonio Tempesta (1555-1630), che risolsero il problema di come rendere un dipinto così piccolo (cm 117 x 79) il fulcro di una cappella così grande attraverso la scala della sua edicola e la ricchezza dei suoi materiali. L'edicola monumentale da loro progettata, con coppie di colonne libere che sostengono un timpano prominente, si innalza fino a toccare il cornicione principale, ingrandendo così il luogo dell'icona alla scala dell'intera cappella.

Inoltre, il fulgore dei dettagli architettonici in bronzo dorato (cornici, architravi, volute, capitelli, basi) e l'abbondanza dei diaspri, lapislazzuli, ametista e altre pietre preziose, rendevano l'altare sontuoso come i più preziosi reliquiari e ingioiellato come la corona della Regina del Cielo. In effetti, l'orafo Targone e il pittore Tempesta portarono nuove idee dalle loro rispettive professioni. Le colonne con fusto in bronzo dorato con le scanalature intarsiate con filetti di diaspro di Barga provengono dal mondo del design dei mobili da palazzo, gli armadietti e 'stipiti' spesso micro-edifici realizzati in ebano e intarsiati con pietre dure. Gli altari decorativi portatili, che miniaturizzano quelli monumentali e anche essi spesso intarsiati con pietre dure e semipreziose, cominciavano a comparire alla fine del XVI secolo e l'altare della Cappella Paolina sembra essere stato concepito come uno di questi oggetti ingranditi in scala massiccia. Altrettanto il papa ha voluto rispecchiare la ricchezza trascendentale del tabernacolo eucaristico sorretto da angeli sopra l'altare centrale della Cappella Sistina di fronte, anche questo in bronzo dorato e intarsiato di pietre semipreziose, la cui scala monumentale ha trasformato la microarchitettura in un maxi-tabernacolo.

ed Greek inscription, MP ΘY, identifies Mary as Μήτηρ Θεοῦ ("Mother of God"). According to the latest studies this icon dates to anywhere between the 8th and 12th centuries. However, in 1605 it was still firmly believed that the image had been painted from life by St. Luke in person or, according to another tradition, that it was only sketched by Luke and then completed by angels, all of which made it not a mere work of art but an *acheiropoieton* ("image-not-made-by-human-hands").

The veracity of the image and its divine fabrication endowed the icon with the power to effect miracles. The earliest and most famous of these occurred in 590, when Pope Gregory the Great carried the image in procession through the streets of Rome in an effort to end a plague that was devastating the city. As the procession neared St. Peter's, the Archangel Michael appeared on top of the Mausoleum of Hadrian – called ever since the Castel Sant'Angelo – and sheathed his sword to signal the end of the pestilence. In the course of time, the many miraculous favours bestowed on the populace eventually earnt the icon the title of *Salus Populi Romani* ("Salvation of the Roman People"), as it has been known since 1870.

THE HIGH ALTAR

After commissioning an unsuccessful design from the architect Girolamo Rainaldi (1570-1655), the pope entrusted the project to Pompeo Targone (1575 – ca. 1630) and Antonio Tempesta (1555-1630), who resolved the problem of how to make such a small painting (117 x 79 cm) the focus of such a large chapel through the scale of the altar-aedicule and the richness materials of its materials. The monumental aedicule they designed, with pairs of free-standing columns that support a prominent tympanum, rises to touch the main cornice and thereby magnifies the place of the icon to the scale of the whole chapel.

Furthermore, the wealth of architectural details in gilt bronze (the cornices, architraves, volutes, capitals, bases) and the abundance of jaspers, lapis lazuli, amethyst, and other precious stones, rendered the altar as sumptuous as the most precious reliquaries and as bejewelled as the crown of the Queen of Heaven. In effect, the goldsmith Targone and the painter Tempesta brought new ideas from their respective professions. The columns with gilded bronze shafts inlaid with filets of Diaspro di Barga come from the world of palace furniture design, the cabinets and 'stipiti' that were often micro-buildings executed in ebony and elaborately with hardstones. Decorative portable altars that miniaturised monumental ones, and also often inlaid with semiprecious stones and hardstones, had begun to appear at the end of the 16th century and the altar in the Cappella Paolina seems to have been conceived as one of these objects enlarged to a massive scale. Likewise, the pope wanted to mirror the transcendental wealth of the Eucharistic tabernacle supported by angels above the central altar of the Cappella Sistina opposite, also in gilded bronze and inlaid with semiprecious stones, whose monumental scale transformed micro-architecture into a maxi-tabernacle.

Poiché l'icona era ancora troppo piccola per la sua massiccia edicola, Targone e Tempesta utilizzarono marmi colorati per ampliare l'ambientazione scenografica, facendo apparire che l'icona fluttuasse davanti a un grande pannello rivestito con pezzi di lapislazzuli che, come prevedeva il contratto, erano "*compartiti in modo che parria aria finta*". Gli scrittori contemporanei si stupirono anche del fatto che le piriti presenti nel lapislazzuli facessero sembrare il vasto pannello un'enorme finestra su un cielo stellato. Questo sfondo celestiale suscitava la suggestiva illusione che l'opera d'arte divina fosse stata trasportata da una dimensione parallela ed oltreterrena, mentre la sua levitazione suggeriva che la Vergine fosse nell'atto di essere portata in alto verso il Paradiso. Che l'icona sia ascendente o discendente, la finestra illusionistica alle sue spalle evocava la Vergine come *Porta Coeli*, un titolo tratto dalle *Litanie*, attraverso la quale i fedeli potevano incanalare le loro speranze e preghiere.

L'idea di sovrapporre gli angeli di bronzo dorato (che trasportano l'icona) al marmo tradisce la mano dell'orafo Targone, che aveva sviluppato una specie di rilievo scultoreo in cui le *appliqué* metalliche *repoussé* erano poste su sfondi di pietra nera o colorata. In questi manufatti a tecnica mista, Targone unificò pittura e scultura combinando il 'rilievo schiacciato' (cioè il rilievo con strati minimi, talvolta di millimetri) con le pietre colorate. Il 'rilievo schiacciato' rivaleggiava con la pittura per la sua capacità di comprimere l'illusione di spazio profondo in una profondità oggettivamente ridotta, mentre gli sfondi colorati appartenevano anch'essi alla pittura perché le pietre erano considerate già intrinsecamente 'dipinte' dalla Natura o dal Creatore. L'intero concetto pittorico di sovrapporre l'apparizione della Vergine su uno sfondo di lapislazzuli deve molto anche al gusto contemporaneo di dipingere le scene religiose su vere e proprie lastre di marmo, genere di cui Antonio Tempesta era specialista. Si realizzava così un quadro nel quadro, uno realizzato da San Luca, l'altro dalla Natura.

La tecnica mista di metallo e marmo dell'inquadramento della *Salus Populi Romani* si ripete nel rilievo del *Miracolo della Neve* di Stefano Maderno (1576-1636 c.), inserito nell'attico dell'edicola. Questa immagine richiamava la leggenda ben nota della fondazione della Basilica. Il marmo di Carrara, cristallino e brillante, riproduce la neve appena caduta su cui papa Liberio tracciò la pianta del santuario e le figure del papa e dei suoi diaconi e accoliti in bronzo dorato sembrano riflettere non solo la loro santità, ma anche la neve celestiale sotto i piedi. Sia la *Salus Populi Romani* che il *Miracolo della Neve* erano immagini della presenza materiale di Dio nel mondo: l'icona mostrava la Vergine con in braccio Cristo, colui che era l'incarnazione di Dio in forma umana, e il dipinto era di per sé un artefatto creato divinamente; il rilievo mostra la neve miracolosa caduta dal cielo come fosse una manna moderna e da cui era emersa la pianta divinamente tramandata della Basilica stessa. Entrambe le immagini richiedevano quindi "materiali incarnativi", cioè materiali il cui luccichio e scintillio sembrassero catturare momentaneamente l'essenza brillante di Dio al loro interno e riflettere il plasma luminoso del cielo.

Because the icon was still too small for its massive aedicule, Targone and Tempesta used coloured marbles to expand the scenographic setting, making the icon appear to float in front of a great panel revetted with pieces of lapis lazuli which, as the contract stipulated, were "joined together such that it seems feigned air." Contemporary writers also marvelled that the specks of pyrite in the lapis made the vast panel seem like a huge window onto a starry sky. This celestial background raised the appealing fiction that the divine artwork had been transported from a parallel and otherworldly, dimension while its levitation suggested that the Virgin was in the act of being carried up to Heaven. Whether the icon is ascending or descending, the illusionist window behind her also evoked the Virgin as *Porta Coeli* ("Gate of Heaven"), a title from the Litanies, through which the faithful could channel their hopes and prayers.

The idea of superimposing the angels (that carry the icon) gilded bronze on top of marble betrays the hand of the goldsmith Targone, who had developed a species of sculptural relief in which *repoussé* metal *appliqués* were placed over backgrounds of black or coloured stone. In these mixed media artefacts, Targone unified painting and sculpture by combining flattened relief (that is, relief with layers sometimes only millimetres deep) with coloured stones. Flattened relief rivalled painting in its ability to compress the illusion of deep space into such objectively shallow depth, while the coloured backgrounds also belonged to painting because the stones were considered to have been intrinsically 'painted' by Nature or the Creator. The whole pictorial concept of setting a vision of the Virgin on a background of lapis lazuli also owed much to the contemporary taste for painting on actual marble slabs, in which genre Antonio Tempesta was a specialist. A painting within a painting was thus achieved, one made by Luke, the other by Nature.

The mixed metal-and-marble technique of the setting of the *Salus Populi Romani* is repeated in the relief of the *Miracle of the Snow* by Stefano Maderno (ca. 1576-1636) that was inserted into the attic of the aedicule. This image recalled the well-known legend of the Basilica's foundation. The crystalline and brilliantly white Carrara marble reproduces the freshly fallen snow in which Pope Liberius traced the plan of the Basilica and the figures of the pope, his deacons, and acolytes in gilded bronze seem to reflect not only their holiness, but also the heavenly snow underfoot. Both the *Salus Populi Romani* and the *Miracle of the Snow* were images of the material presence of God in the world: the icon showed the Virgin holding Christ, the incarnation of God in human form, and the painting was in itself a divinely created artefact; the relief showed the miraculous snow fallen from the sky as if it were modern manna, and from which the 'divine plan' of the Basilica itself had emerged. Both images therefore required 'incarnational materials,' that is materials whose shimmer and sparkle seemed momentarily to capture God's brilliant essence within them and reflect the luminous plasma of Heaven.

Il concetto del rilievo come forma di pittura pervade anche i rilievi delle tombe papali a parete della Cappella Paolina, nelle loro composizioni, texture, lucidature, proiezioni e scorci, che catturano e fondono la capacità di materializzazione della scultura (manifestare le cose "come sono") con la capacità di illusionismo della pittura (rappresentare le cose "come sembrano").

L'altare è il culmine di quest'arte intermediale e solo un pezzo manca al puzzle perché non è mai stato installato. Si tratta del monumentale rilievo di Pietro Bernini – il più grande (m 3,9 x 2,45) realizzato a Roma fino a quel momento – dell'*Assunzione della Vergine*, che oggi costituisce la pala del battistero (prima il Coro invernale). In origine, il rilievo era destinato ad ornare la facciata esterna della Cappella Paolina ed essere allineato con l'Icona della *Salus Populi Romani* sull'altro lato della parete, quasi a comporre una pala d'altare bifronte. Se il rilievo del Bernini fosse mai stato installato nella posizione prevista all'esterno, il pellegrino di passaggio avrebbe potuto rivolgervi una preghiera prima di accedere alla presenza dell'icona all'interno della cappella.

Anche l'intera cappella fu 'dipinta' con marmi colorati che ricoprono ogni centimetro della parete disponibile. Questi rivestimenti non sono segregati in pannelli intarsiati con motivi araldici come nella Cappella Sistina, ma sono piuttosto distribuiti in grandi superfici di rossi, gialli, grigi e verdi delineati in bianco che dividono le pareti dai pilastri e dalle colonne e fanno vibrare di colore l'intera stanza. Oltre le pietre spogliate dalle antiche rovine, sono state utilizzate anche molte pietre di nuova estrazione, provenienti dalla Toscana e dalla Sicilia, alcune piuttosto rare e viste a Roma per la prima volta, e tutte a costi enormi. Per molti è stato come entrare nel Paradiso stesso. Come esclamò un oratore sacro, "chi osserva i marmi, i porfidi, i diaspri, gli ori, gli argenti, i cristalli, i colori... di questo luoco facilmente si raccorderà di quello che dice San Giovanni nell'*Apocalisse* quando descrive la Città del Paradiso: 'è di oro puro, simile a terso cristallo, le mura costruite con diaspro, e di ogni specie di pietre preziose.'"

LE TOMBE PAPALI

Seguendo la disposizione della Cappella Sistina, Paolo collocò due monumenti funebri nei bracci della sua cappella, il suo proprio e quello del suo predecessore Clemente VIII (1592-1605), che lo aveva promosso fino a diventare cardinale-vicario di Roma. Ambedue le tombe sono ibridi tra un arco di trionfo e lo sfondo di un palcoscenico antico (*scenae frons*), un palco dal quale la statua di Paolo V, inginocchiato e con le mani giunte in preghiera eterna, guarda verso l'Icona miracolosa della Vergine, mediatrice nel giorno del giudizio e migliore avvocato a favore dell'anima nel tribunale finale.

Sopra le statue di Paolo V e Clemente VIII si trovano i bassorilievi delle loro incoronazioni, a significare la linea ininterrotta che discende da San Pietro e che legittima la supremazia papale in campo spirituale e temporale. Di fatti gli altri rilievi raffigurano i papi mentre combattono contro infedeli ed eretici, fanno la pace tra i re e ricevono gli ambasciatori, ed esercitano il loro potere unico di canonizzare i santi.

The concept of relief as a form of painting also pervades the reliefs on the papal tombs on the walls of the Cappella Paolina, in their compositions, textures, polishes, projections and foreshortenings, all of which capture and merge sculpture's capacity for materialisation (manifesting things 'as they are') with painting's capacity for illusionism (representing things 'as they seem').

The altar is the culmination of this intermedial art and only one piece is missing from the jigsaw because it was never installed. This is Pietro Bernini's monumental relief – the largest (3.9 x 2.45 m) made in Rome up to that time – of the *Assumption of the Virgin*, which today forms the altarpiece of the Baptistery (formerly the Winter Choir). Originally, the relief was intended to decorate the exterior façade of the Cappella Paolina and be aligned with the icon of the *Salus Populi Romani* on the other side of the wall, as if they composed a two-sided altarpiece. Had Bernini's relief ever been installed, the passing pilgrim could have addressed a prayer to it before entering the presence of the icon within the chapel.

The whole chapel was also 'painted' with coloured marbles that covered every available patch of wall. These revetments are not segregated into inlaid panels of heraldic patterning as they had been in the Cappella Sistina, but are deployed in great surfaces of red, yellow, grey, and green outlined in white strips, that divide the walls from pilasters and columns and make the whole room vibrate with colour. Besides the stones spoliated from the ancient ruins, many newly quarried stones were also used, coming from Tuscany and Sicily, some quite rare and seen in Rome for the first time, and all at enormous cost. For many it was like entering Paradise itself. As one sacred orator remarked, "whoever observes the marbles, porphyries, jaspers, gold, silver, crystal, and the colours... of this place will easily remember what Saint John says in *Revelation* when describing the City of Paradise: "and it was pure gold, like clear crystal, the walls built of jasper and every manner of precious stones.""

THE PAPAL TOMBS

Following the arrangement of the Cappella Sistina, Paul located two funeral monuments in the arms of his chapel, one for himself and the other for his predecessor Clement VIII (1592-1605), who had promoted him up the ranks until he became Cardinal-Vicar of Rome. Each tomb is a hybrid of a triumphal arch and an ancient stage building (*scenae frons*), a platform from which the statue of Paul V, kneeling and with hands joined in eternal prayer, looks across to the miraculous icon of the Virgin, the mediatrix on the Day of Judgment and the best advocate on behalf of the soul in the final court.

Over the statues of both Paul V and Clement VIII are bas-reliefs of their coronations, to signify the unbroken line that descends from Saint Peter and which legitimises papal supremacy in spiritual and temporal matters. Indeed, the other reliefs depict the popes battling infidels and heretics, making peace between kings and receiving ambassadors, and exercising their unique power to canonize saints.

IL CICLO PITTORICO

Se l'Icona della *Salus Populi Romani* era una *vera imago* e il *Miracolo della Neve* riproduceva il 'progetto divino' per la Basilica, era necessario cogliere la loro natura di manufatti divini senza la distrazione o la rivalità della pittura umana. Questa venne sostituita dalla 'scultura-che-sembra-pittura,' sia i 'rilievi schiacciati' in marmo bianco sulle tombe papali sia i loro equivalenti policromi in bronzo dorato su marmo colorato sull'Altare maggiore. Nel corpo della cappella il mondo della pittura umana si limita quindi agli affreschi sopra la trabeazione, che ornano le lunette, i sottarchi, i pennacchi e la cupola. Paolo V reclutò i più esperti e stimati pittori dell'epoca per realizzarli: Giovanni Baglione (1566/71-1644), Lodovico Cardi detto il Cigoli (1559-1613), Guido Reni (1575-1642) e Giuseppe Cesari detto il Cavaliere d'Arpino (1568-1640). I lavori iniziarono nel settembre 1610 e furono completati alla fine del 1612.

La mente dietro il ricco programma simbolico di questi dipinti fu uno dei padri fondatori della Congregazione dell'Oratorio di San Filippo Neri, Tommaso Bozio (1548-1610), assistito dal fratello Francesco. La reputazione di Tommaso per l'erudizione e la pietà era così grande che Paolo V gli offrì un vescovato e un cardinalato, che entrambi egli rifiutò. Tommaso prescrisse meticolosamente ogni soggetto sulle volte della cappella e ne ideò le iscrizioni, attingendo all'*Antico* e al *Nuovo Testamento*, ai primi Padri della Chiesa (latini e greci) e a numerose storie ecclesiastiche.

Utilizzando la storia come armeria, il ciclo pittorico proclama l'immacolatezza di Maria e il suo status di Madre di Dio, il suo ruolo di intercessione per la salvezza umana, l'efficacia delle immagini sacre, la lotta implacabile della Vergine contro i nemici della Chiesa, la sua protezione dei fedeli e la Madonna come simbolo della Chiesa stessa. La storia alternativa del cristianesimo premoderno raccontata dai luterani nei volumi chiamati le *Centurie di Magdeburgo* (1559-1574) aveva preteso di tracciare la graduale degradazione della Chiesa romana dai tempi apostolici fino al XIII secolo. Denunciavano il papato come diabolico, la venerazione delle immagini come idolatrica e ridicolizzavano la credenza in Maria come corredentrice. La risposta da Roma venne dagli *Annales ecclesiastici* (1588-1607) di Cesare Baronio (1538-1607), in dodici volumi, che cercavano negli archivi e nella Biblioteca Vaticana ogni minimo elemento di prova per dimostrare che la Chiesa romana non si era mai allontanata dalla tradizione apostolica con cui era in perfetta continuità. Quasi tutte le scene della Cappella Paolina si trovano negli *Annales* ed era quindi fondamentale che ogni dettaglio dei dipinti fosse corretto. Quando Guido Reni raffigurò per errore un angelo, invece della Vergine, a presentare una casula al santo nel suo affresco *La veste miracolosa di Sant'Ildefonso*, il papa ordinò immediatamente a Giovanni Lanfranco di ridipingere e correggere l'errore.

Il ciclo pittorico iniziava nella navata della Basilica, dove un affresco sopra l'arcone che immette nella navatella antistante la Cappella Paolina rappresentava la *Dormizione della Vergine* (la dottrina secondo cui la sua anima era salita al Cielo senza che il suo corpo

THE PAINTINGS CYCLE

If the icon of the *Salus Populi Romani* was a *vera imago* and the *Miracle of the Snow* reproduced the 'divine plan' for the basilica, it was necessary to apprehend their nature as divine artefacts without the distraction or rivalry of human painting. This was substituted by 'sculpture-that-looks-painting,' whether the flattened reliefs carved in white marble on the papal tombs or their polychrome equivalents of gilded bronze on coloured marble on the High Altar. In the body of the chapel the world of human painting is therefor confined to the frescoes above the entablature, adorning the lunettes, arch soffits, pendentives, and dome. Paul V recruited the most experienced and esteemed painters of the day to paint them: Giovanni Baglione (1566/71-1644), Lodovico Cardi called il Cigoli (1559-1613), Guido Reni (1575-1642), and Giuseppe Cesari known as the Cavaliere d'Arpino (1568-1640). Work began in September 1610 and was complete by the end of 1612.

The brains behind the rich symbolic program of these paintings was a founding father of the Congregation of the Oratory of San Filippo Neri, Tommaso Bozio (1548-1610), assisted by his brother Francesco. Tommaso's reputation for scholarship and piety was so great that Paul V offered him a bishopric and cardinalate, both of which he declined. Tommaso meticulously prescribed each subject on the chapel vaults and devised their inscriptions, drawing on the Old and New Testaments, the Early Church Fathers (Latin and Greek), as well as numerous ecclesiastical histories.

Using history as its arsenal, the paintings cycle proclaims Mary's immaculacy and status as Mother of God, Her role as intercessor in human salvation, the efficacy of sacred images, Her relentless struggle against enemies of the Church, and as the protector of the faithful and symbol of the Church itself. The alternative history of pre-modern Christianity told by the Lutherans in the volumes called the *Magdeburg Centuries* (1559-1574) had claimed to trace the gradual degradation of the Roman Church from apostolic times through the 13th century. They denounced the papacy as diabolical, the veneration of images as idolatrous, and ridiculed belief in Mary as co-redeemer. The response from Rome came in twelve-volume *Annales ecclesiastici* (1588-1607) of Cesare Baronio (1538-1607), which mined the archives and Vatican Library for every scrap of evidence with which to show that the Roman Church had never strayed from the Apostolic tradition with which it was in seamless continuity. Almost every scene in the Cappella Paolina can be found in the *Annales* and it was therefore crucial that every detail of the paintings was right. When Guido Reni mistakenly depicted an angel, instead of the Virgin, presenting a chasuble to the saint in his fresco *The Miraculous Robing of Saint Ildefonso*, the pope immediately ordered Giovanni Lanfranco to repaint and correct the error.

The pictorial program began in the Basilica nave, where a fresco above the great arch into the aisle in front of the chapel represented the *Dormition of the Virgin* (the doctrine that Her soul had ascended

soccombesse alla morte). Una volta varcati i monumentali cancelli di bronzo, il devoto passava tra due Cappelle laterali che Paolo V dedicò a Santa Francesca Romana e a San Carlo Borromeo, due santi che egli stesso canonizzò mentre la cappella era in costruzione (nel 1608 e nel 1610) e di cui depositò le reliquie sotto gli altari. Questa decisione sottolineò l'importanza duratura del culto dei santi per la Chiesa, la prerogativa papale di canonizzarne di nuovi e il potere delle reliquie.

Sulla volta d'ingresso sono affrescati i primi Padri della Chiesa, latini e greci (i santi Gregorio Nazianzeno, Atanasio, Gregorio Magno e Girolamo), divinamente ispirati difensori dell'ortodossia e paladini della perpetua verginità e maternità divina di Maria, ciascuno con un assioma tratto dalle loro opere per esemplificare la dottrina. Tra di loro, negli ovali d'angolo, ci sono episodi della vita di quattro primi papi che si sono svolti a Santa Maria Maggiore o nelle sue vicinanze: *San Gelasio I brucia i libri dei manichei davanti a Santa Maria Maggiore nel 496*, quando questa setta rifiutava il ruolo di Maria come Madre di Dio; la *Processione di Papa Gregorio Magno nel 590*, quando il papa fermò la peste facendo sfilare l'Icona della Vergine; la *Fuga di Martino I dall'esecuzione nel 649*, quando Martino I sfuggì a un assassino inviato dall'imperatore dopo che il papa aveva scomunicato i patriarchi di Costantinopoli per aver rifiutato la dottrina ortodossa sulla Vergine; *Papa Leone IV e il Drago nell'847*, quando Leone IV liberò la città da questa bestia demonica affrontandola con l'Icona della Vergine in processione. L'unione dei Padri della Chiesa greci e latini non solo indicava l'antichità del pensiero cristiano, ma anche l'auspicata riunione delle Chiese d'Oriente e d'Occidente, divise sin dal Grande Scisma, e anche, implicitamente, l'auspicato ritorno dei protestanti a un'unica ortodossia cattolica, che comprendeva l'accettazione della verginità perpetua di Maria nonché molto altro.

Nei sottarchi si trovano gruppi di sedici figure in piedi, uomini e donne, santi e i loro compagni, ciascuno con i propri paramenti o abiti storici, che guardano verso l'alto per assistere all'ascesa finale di Maria nella cupola. Dieci sono identificati da iscrizioni e ognuno di essi era una figura storica di spicco, singolarmente devota alla Vergine, che ne ha sostenuto il culto e ha combattuto l'eresia. Nel sottarco sopra la tomba di Clemente VIII si trova San Cirillo, che aveva combattuto l'eresia nestoriana che negava la realtà dell'Incarnazione e quindi il ruolo di Maria come "Madre di Dio," e che la Vergine consigliò in sogno su come riconciliare i vescovi orientali e occidentali. Di fronte a lui ci sono l'imperatrice bizantina Santa Pulcheria, la regina inglese Santa Ediltrude e la regina polacca la Beata Cunegunda, donne sante che rinunciarono al loro rango, imitarono la Vergine nella loro castità e ne promossero il culto. Infine, i santi Francesco e Domenico compaiono nei quadrangoli sopra la tomba di Paolo V, predicatori al servizio della Vergine per eccellenza.

Le tre lunette che si trovano sopra l'Altare maggiore e le tombe papali laterali sono ancora una volta incentrate sulla difesa delle credenze ortodosse contro l'eresia, sulle apparizioni visionarie della Vergine e sulle ricompense miracolose da Lei concesse a coloro che difendevano la Vera Fede. La lunetta sopra l'altare contiene la *Visione*

to Heaven without Her body succumbing to death). Once through the monumental bronze gates, the devotee passed between two side chapels that Paul V dedicated to Santa Francesca Romana and San Carlo Borromeo, two saints that he canonized himself while the chapel was being built (in 1608 and 1610) and whose relics he deposited under the altars. This decision underlined the enduring importance of the cult of saints to the Church, the papal prerogative to canonize new ones, and the power of relics.

On the entrance vault are frescoes of early Church Fathers, Latin and Greek (Saints Gregory Nazianzus, Athanasius, Gregory the Great, and Jerome), famous and divinely inspired defenders of orthodoxy and champions of the perpetual virginity and divine maternity of Mary, and each shown with an axiom from their works to exemplify the doctrine. Between them in the corner ovals are episodes from the lives of four early popes that took place at or near S. Maria Maggiore: *Saint Gelasius I Burns the Books of the Manichaeans in front of S. Maria Maggiore in 496*, when this sect rejected Mary's role as Mother of God; the *Procession of Pope Gregory the Great in 590*, when the pope halted the plague by parading the icon of the Virgin; the *Escape of Martin I from Execution in 649*, when Martin I escaped an assassin sent by the emperor after the pope had excommunicated the patriarchs of Constantinople for rejecting orthodox doctrine on the Virgin; *Pope Leo IV and the Dragon in 847*, when Leo IV rid the city of this demonic beast by confronting it with the icon of the Virgin in procession. The union of Greek and Latin Fathers of the Church not only indicated the antiquity of Christian thought but also the desired reunion of Eastern and Western churches, divided since the Great Schism, and also, by implication, the desired return of the Protestants to a single Catholic orthodoxy, which included acceptance of Mary's perpetual virginity and much else besides.

In the arch soffits are groups of sixteen standing figures, men and women, saints and their companions, each in their historical vestments or finery, who look upwards to witness Mary's final ascent in the dome. Ten are identified by inscriptions and each was a leading historical figure singularly devoted to the Virgin, who championed her cult, and fought against heresy. In the arch soffit over the tomb of Clement VIII is Saint Cyril, who had fought the Nestorian heresy that denied the reality of the Incarnation and therefore Mary's role as 'Mother of God,' and whom the Virgin advised in a dream on how to reconcile the Eastern and Western bishops. Facing him are the Byzantine Empress Saint Pulcheria, the English Queen Saint Ediltrude, and the Polish Queen the Blessed Cunegunda, holy women who foreswore their rank, imitated the Virgin in their chastity, and promoted her cult. Finally, Saints Francis and Dominic appear in the *quadrangoli* above the tomb of Paul V, preachers at the service of the Virgin par excellence.

The three lunettes over the High Altar and the lateral papal tombs again focus on the defense of orthodox beliefs against heresy, the visionary appearances of the Virgin, and the miraculous rewards bestowed by Her to those who defended the True Faith. The lunette above the altar contains the *Vision of Saint Gregory Thaumaturgus*. This was the earliest Mariophany record-

di San Gregorio Taumaturgo. Si tratta della prima mariofania registrata dalla Chiesa, in cui la Vergine aveva incaricato San Giovanni Evangelista di fornire al vescovo Gregorio Taumaturgo la "formula di fede" (che definisce la natura della Trinità). L'ortodossia della Trinità era particolarmente importante, poiché la Vergine era la madre di un terzo della Divinità, Cristo. Questa dottrina è incisa su una tavoletta che un piccolo angelo tiene in mano, appoggiata a una colonna come se fosse un pilastro della fede, e che divide l'interno da una strada cosparsa dei corpi caduti degli eretici ariani. Al centro del sottarco sopra questa lunetta si trova San Luca, che rivolge lo sguardo verso la Vergine nella cupola, scrivendo il suo *Vangelo*, fonte biblica di tutti i grandi misteri mariani. Come recita l'iscrizione, "Esalta la Vergine con lodi divine". Alla destra e alla sinistra di Luca ci sono i santi Ignazio di Antiochia, che con la penna d'oca in mano guarda verso la cupola come per cercare l'ispirazione divina per i suoi scritti in difesa di Maria, e Teofilo di Antiochia, un altro "martello degli eretici" e con il braccio alzato in segno di stupore. Di fronte a entrambi ci sono i vescovi martiri Ireneo di Lione, autore del *Contro le eresie* che confutava lo gnosticismo, e Cipriano di Cartagine, altrettanto strenuo nei suoi attacchi agli scismatici.

Nella lunetta sopra la tomba di Clemente VIII si trova Sant'Ildefonso di Toledo, che la Vergine visitò nella sua cella e gli donò una casula di colore bianco brillante come riconoscimento per la sua difesa della verginità perpetua. Dall'altra parte della finestra si trova San Giovanni di Damasco, autore di vari trattati contro le eresie dei manichei, dei nestoriani e dei monofisiti, nonché di numerose opere su Maria, in particolare sulla sua morte e sulla sua Assunzione al Cielo, e – cosa forse più importante nel contesto della cappella – della sua difesa dell'uso delle immagini religiose. La scena dipinta raffigura la Vergine che riattacca miracolosamente la sua mano scrivente dopo che questa era stata recisa per punizione dall'imperatore iconoclasta Leone l'Isaurico. Nelle altre lunette si trovano scene del generale bizantino Narses e dell'imperatore Eraclio, le cui vittorie contro i Goti e i Persiani furono attribuite alla Vergine "vincitrice delle eresie," e scene della giusta uccisione, per ordine della Vergine, dell'imperatore Giuliano "l'Apostata," e degli imperatori bizantini iconoclasti Costantino V Copronimo e Leone V "l'Armeno."

Al di sopra delle lunette, i pennacchi dell'incrocio recano le immagini dei quattro "Profeti Maggiori" dell'*Antico Testamento*, Isaia, Geremia, Ezechiele e Daniele. Ognuno di essi è accompagnato da un angelo e brandisce una banderuola con iscritta la propria profezia sul mistero dell'Incarnazione: "Ecco la vergine concepirà e partorirà un figlio" (*Isaia* 7:14); "La donna cingerà l'uomo" (*Geremia* 31:22); "Il Dio d'Israele è entrato per mezzo di Lei" (*Ezechiele* 44:2); e "Una pietra fu tagliata senza opera di mani dal monte [...] divenne un grande monte" (*Daniele* 2:34-35).

ed by the Church, in which the Virgin had instructed Saint John the Evangelist to provide Bishop Gregory Thaumaturgus with the "formula of faith" (which defined the nature of the Trinity). The orthodoxy of the Trinity was particularly important as the Virgin was the mother of one third of the Godhead, Christ. This doctrine is incised on a tablet that a small angel holds, standing against a column as though it were a pillar of faith, and which divides the interior from a street strewn with the fallen bodies of the heretical Arians. Centrally placed in the arch soffit above this lunette is *Saint Luke*, who turns his gaze to the Virgin in the dome whilst writing his gospel, which was the biblical source for all the great Marian mysteries. As the inscription reads, "He extols the Virgin with divine praises." To Luke's left and right are Saints Ignatius of Antioch, who, quill in hand, gazes up to the cupola as if to seek divine inspiration for his writings in defence of Mary, and Theophilus of Antioch, another "hammer of heretics" and with arm raised in awe. Facing both of them are the martyr bishops Irenaeus of Lyons, the author of the *Against Heresies* that refuted gnosticism, and Cyprian of Carthage, equally stalwart in his attacks on schismatics.

In the lunette above the tomb of Clement VIII is Saint Ildefonso of Toledo, whom the Virgin visited in his own cell and gifted a brilliantly white chasuble in recognition of his defence of her perpetual virginity. On the other side of the window is Saint John of Damascus, the author of various tracts against the heresies of the Manichaens, Nestorians, and Monophysites as well as numerous works on Mary, especially on Her death and Assumption into Heaven, and – perhaps most importantly in the context of the chapel – his defence of the use of religious images. Indeed, the scene depicts the Virgin miraculously reattaching his writing hand after it had been severed in punishment by the Iconoclast emperor Leo the Isaurian. In the other lunettes are scenes of the Byzantine general Narses and the emperor Heraclius, whose victories over the Goths and Persians were attributed to the Virgin "conqueror of heresies," and scenes of righteous homicide execution, on the Virgin's command, of the Roman emperor Julian 'the Apostate', and of the iconoclast Byzantine emperors Constantine V Copronymus and Leo V 'the Armenian.'

Above the lunettes, the pendentives in the crossing bear the images of the four 'Greater Prophets' of the Old Testament, Isaiah, Jeremiah, Ezechiel, and Daniel. Each is accompanied by an angel and each brandishes a banderole inscribed with their individual prophecy on the mystery of the Incarnation: "Behold a virgin shall conceive and bear a son" (*Isaiah* 7:14); "A woman shall encompass a man" (*Jeremiah* 31:22); "The God of Israel has entered by Her" (*Ezechial* 44:2); and "A stone was cut without hands from the mountain [...] it became a great mountain" (*Daniel* 2:34-35).

LA CUPOLA

Il crescendo di allusioni mariane nei sottarchi e nelle lunette culmina negli affreschi della cupola (1611-1612), che furono l'ultima opera del Cigoli. Il Cigoli era un esperto di prospettiva e

THE DOME

The crescendo of Marian allusions in the lunettes and arch soffits culminates in the dome frescoes (1611-12), which were the very last work of il Cigoli. Cigoli was an expert in perspective and

la sua *Prospettiva practica* (pubblicata postuma nel 1613) include istruzioni dettagliate su come trasferire disegni ortogonali su una superficie curva, in questo caso una cupola. Da secoli la tradizione aveva voluto che la cupola architettonica rappresentasse la grande volta celeste e nell'arte cristiana era consuetudine rappresentare Dio all'apice circondato dalla sua corte angelica. Nella Cappella Sistina, le nove gerarchie angeliche (descritte nella *Gerarchia Celeste* dello Pseudo-Dionigi) che circondano l'Onnipotente ricoprono l'intera cupola fino alla lanterna che contiene l'immagine della colomba dello Spirito Santo, una vista che si può apprezzare in pieno solo dal basso. Nella Cappella Paolina, Cigoli ha aggiunto altri attori al cast sacro, li ha inseriti in un ambiente più nebuloso, luminoso e apparentemente infinito, e ha gestito con attenzione le aspettative dello spettatore che si muoveva dall'ingresso verso il cuore della cappella.

Sulla soglia della cappella si intravede per la prima volta, sul bordo della cupola, la Vergine vestita di abiti regali, con lo scettro nella mano destra e avvolta in una mandorla di luce dorata. Con una corona di dodici stelle sopra il capo, Maria si trova su un globo lunare appoggiato su un piccolo banco di nuvole che proietta la sua ombra su un serpente arrotolato sottostante. Quattro grandi angeli le si avvicinano dai lati in segno di stupore e di adorazione, mentre sei angeli più piccoli le offrono dei fiori. La Vergine è allo stesso tempo Regina del Cielo e, come recita l'iscrizione alla base della cupola, l'Immacolata Concezione "vestita di sole e con la luna sotto i suoi piedi" (*Apocalisse* 12:1). Schiacciando la testa del serpente sotto i piedi, Lei distrugge il male nel mondo, comprese tutte le eresie. Il dettaglio più rivoluzionario, appena visibile, è la luna crescente sotto i suoi piedi, raffigurata con tutte le sue montagne, i suoi abissi e crateri. Mostrare la luna in questo modo era un allontanamento radicale dalla sua immagine antica di sfera senza alcun difetto, levigata, persino diafana, e riportava la visione che l'amico Galileo Galilei aveva osservato con il suo telescopio e pubblicato un anno prima dell'inizio dell'affresco. Sebbene questa immagine moderna sfidasse certamente la tradizione sacra non sollevava nessuna delle controversie della successiva proposta di Galileo sull'eliocentrismo e la "corruzione" della superficie lunare contrastava solo con la purezza dell'Immacolata.

Avvicinandoci al centro della cappella, l'intera cupola diventa visibile e i nostri occhi vengono quasi inghiottiti dal Cielo che si apre sopra di noi. Passiamo dallo spazio reale a quello virtuale, dal regno terreno a quello divino. Mentre ci avviciniamo alla cupola, vediamo che davanti alla Vergine e intorno alla base della cupola ci sono anche gli Apostoli, in piedi o seduti, e l'Arcangelo Michele direttamente di fronte. Sopra di loro vola un'orchestra di angeli musicisti che cavalcano le nuvole, suonando la musica delle sfere e cantando le laudi della Vergine. Appartengono al primo grado delle nove gerarchie angeliche che, man mano che si allontanano, impallidiscono in anelli concentrici di luce dorata, come si addice alle creature di luce. Solo una volta giunti al centro della cappella si comprende che la meta finale della Regina del Cielo risiede nella lanterna luminosa che contiene l'immagine di Dio Padre. Gli anelli dorati degli angeli sembrano allontanarsi all'infinito in

his *Prospettiva practica* (posthumously published in 1613) includes detailed instructions on how to transfer orthogonal designs onto a curved surface, in this case a dome. Age-old tradition held that the architectural dome represented the great vault of the heavens and in Christian art it had long been custom to represent God at the apex surrounded by his angelic court. In the Cappella Sistina, the nine angelic hierarchies (as described in Pseudo-Dionysius's *Celestial Hierarchy*) that surround the Almighty covered the entire dome all the way to the lantern that contains an image of the dove of the Holy Spirit, a view which one can appreciate fully only from directly below. In the Cappella Paolina, Cigoli added more actors to the sacred cast, inserted them in a more nebulous and seemingly infinite luminous environment, and carefully managed the expectations of the viewer as they moved from the entrance to the heart of the chapel.

On the threshold of the chapel we first glimpse, at the rim of the dome, only the Virgin clothed in regal robes, holding a sceptre in her right hand, and enveloped in a mandorla of golden light. With a crown of twelve stars above her head, Mary stands upon a lunar globe resting on a small bank of clouds that casts a shadow on a coiled serpent below. She is approached from the sides by four large angels in awe and adoration, while six smaller angels offer Her flowers. The Virgin is both Queen of Heaven and, as the inscription around the base of the dome spells out, the Immaculate Conception "clothed with the sun, and the moon under her feet" (*Revelation* 12:1). In crushing the head of the serpent underfoot She destroys evil in the world, including all heresies. The most revolutionary detail, scarcely visible, is the waxing moon under Her feet, depicted with all its mountains, chasms and craters. To show the moon in this way was a radical departure from its ancient image as a flawless, polished, even diaphanous sphere, and reported the view that his friend Galileo Galilei had observed through his telescope and published a year before the fresco was begun. Although this modern image certainly challenged hallowed tradition, it raised none of the controversies of Galileo's later proposition of heliocentrism, and the 'corruption' of the moon's surface only contrasted with the Immacolata's own purity.

As we move closer to the centre of the chapel the whole dome comes into view, and our eyes are almost swallowed up by the Heaven that opens above us. We transit from real to virtual space, from earthly to divine realm. As we draw under the dome we can see that before the Virgin and around the base of the dome are also the Apostles, standing or sitting, and the Archangel Michael directly opposite Her. Above them flies an orchestra of musical angels riding the clouds, playing the music of the spheres and singing the lauds of the Virgin. They belong to the first tier in the nine angelic hierarchies, which, as they recede, pale into concentric rings of golden light, as befits creatures of light. Only once we have arrived at the centre of the chapel do we apprehend that the Virgin's final destination as Queen of Heaven lies within the light-filled lantern that contains the image of God the Father. The golden rings of angels seem to recede to infinity in a great cone

un grande cono di luce il cui vertice è bloccato dal tempietto che sembra trovarsi di fronte. Questo tempietto è, ovviamente, una lanterna reale in cima a una cupola reale, ma sembra un corpo estraneo che fluttua nei cieli dipinti. Guidata attentamente dai cherubini, la lanterna impersona il "Il Tabernacolo di Dio con gli Uomini" che scenderà alla fine dei tempi, quando il Cielo sarà svelato agli occhi umani. Intorno alla base della lanterna si trova la dedica epigrafica dell'intera cappella: *MARIAE CHRISTI MATRI SEMPER VIRGINI. PAVLVS V. P. M.* ("A Maria, Madre di Cristo, sempre Vergine. Paolo V. Pontifex Maximus").

of light whose apex is blocked by the tempietto which seems to lie in front it. This tempietto is, of course, a real lantern on top of a real dome but it seems a foreign body floating in the painted heavens. Carefully steered by putti, the lantern impersonates the "Tabernacle of God amongst men" that will descend at the end of time when Heaven will be unveiled to mortal eyes. Around the base of the lantern is the epigraphic dedication of the entire chapel: MARIAE CHRISTI MATRI SEMPER VIRGINI. PAVLVS V. P. M. ("To Mary, Mother of Christ, Always a Virgin. Paul V. Pontifex Maximus").

PP. 234-236
Flaminio Ponzio (c. 1560-1613), Pompeo Targone (1575-1633)
e Antonio Tempesta (1555-1630)
Tabernacolo-reliquiario della Salus Populi Romani
1610-1616, lapislazzuli, marmi e pietre preziose, bronzo dorato
Cappella Paolina

P. 237
Dettaglio dell'altare con la Rosa d'oro, regalata alla Salus Populi Romani da Papa Francesco l'8 dicembre 2023
2023, argento dorato
Cappella Paolina

PP. 238, 239
Camillo Mariani (1567-1611) e Pompeo Targone
Angeli
1609-1613, bronzo dorato
Cappella Paolina, tabernacolo-reliquiario (dettaglio)

PP. 240-241
Stefano Maderno (1576-1636 c.)
Papa Liberio traccia il perimetro della futura Basilica sulla Neve mandata dalla Vergine
1610 circa, bronzo dorato, marmo e lapislazzuli
Cappella Paolina, tabernacolo-reliquiario (dettaglio)

PP. 242-243
Antonio Asprucci (1723-1808) e Luigi Valadier (1726-1785)
Altare
1760, lapislazzuli, bronzo dorato
Cappella Paolina

PP. 234-236
Flaminio Ponzio (ca. 1560-1613), Pompeo Targone (1575-1633)
and Antonio Tempesta (1555-1630)
Tabernacle-reliquary of the Salus Populi Romani
1610-1616, lapis lazuli, marble and precious stones, gilded bronze
Cappella Paolina

P. 237
Detail of the altar with the Golden Rose, given to the Salus Populi Romani by Pope Francis on 8 December 2023
2023, gilded silver
Cappella Paolina

PP. 238, 239
Camillo Mariani (1567-1611) and Pompeo Targone
Angels
1609-1613, gilded bronze
Cappella Paolina, tabernacle-reliquary (detail)

PP. 240-241
Stefano Maderno (1576-1636 ca.)
Pope Liberius traces the Perimeter of the Future Basilica on the Snow sent by the Virgin
ca. 1610, gilded bronze, marble and lapis lazuli
Cappella Paolina, tabernacle-reliquary (detail)

PP. 242-243
Antonio Asprucci (1723-1808) and Luigi Valadier (1726-1785)
Altar
1760, lapis lazuli, gilded bronze
Cappella Paolina

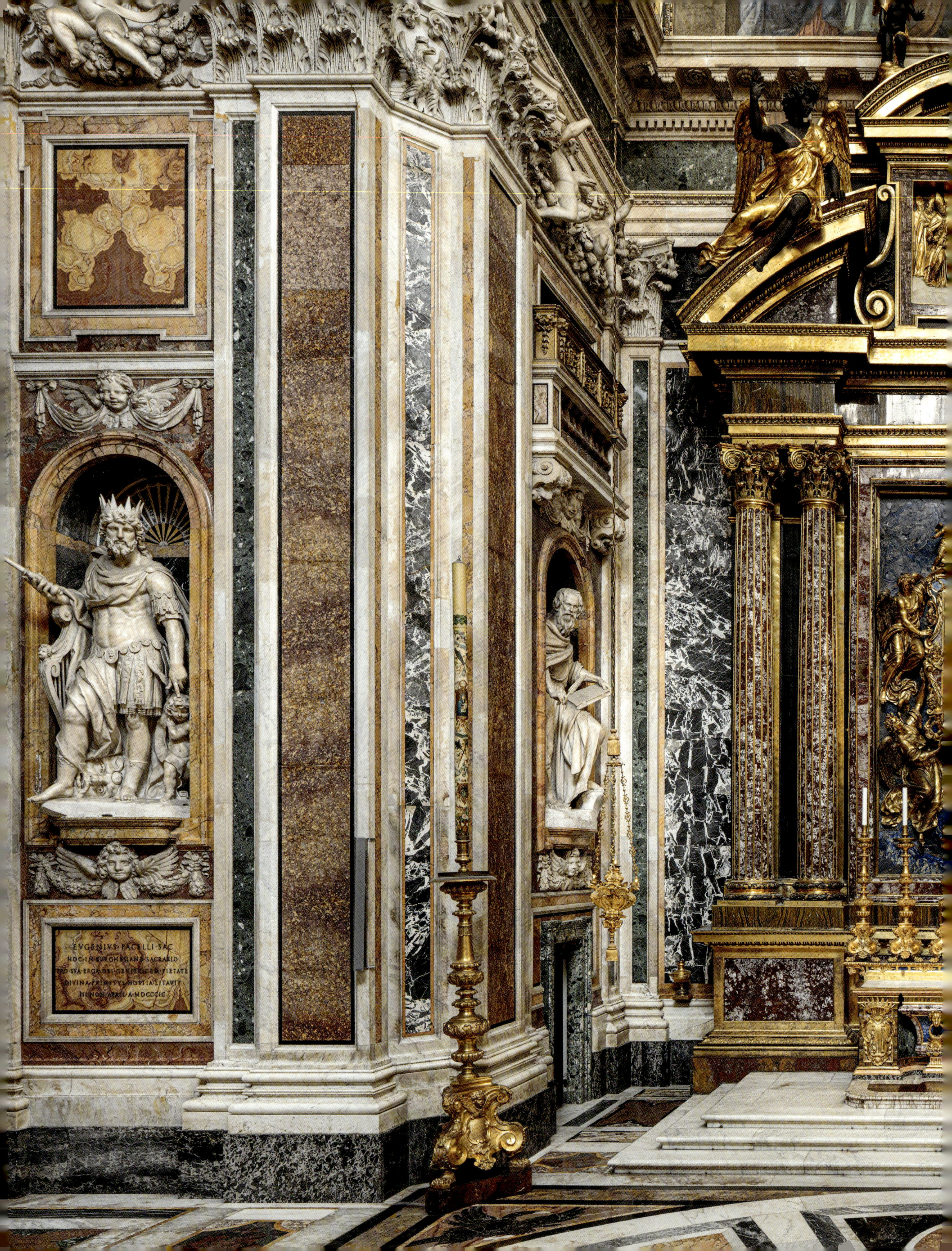
EVGENIVS·PACELLI·SAC
HOC·IN·BVRGHESIANO·SACRARIO
PRO·SVA·ERGA·DEI·GENITRICEM·PIETATE
DIVINA·PRIMITVS·HOSTIA·LITAVIT
III·NON·APRIL·A·MDCCCIC

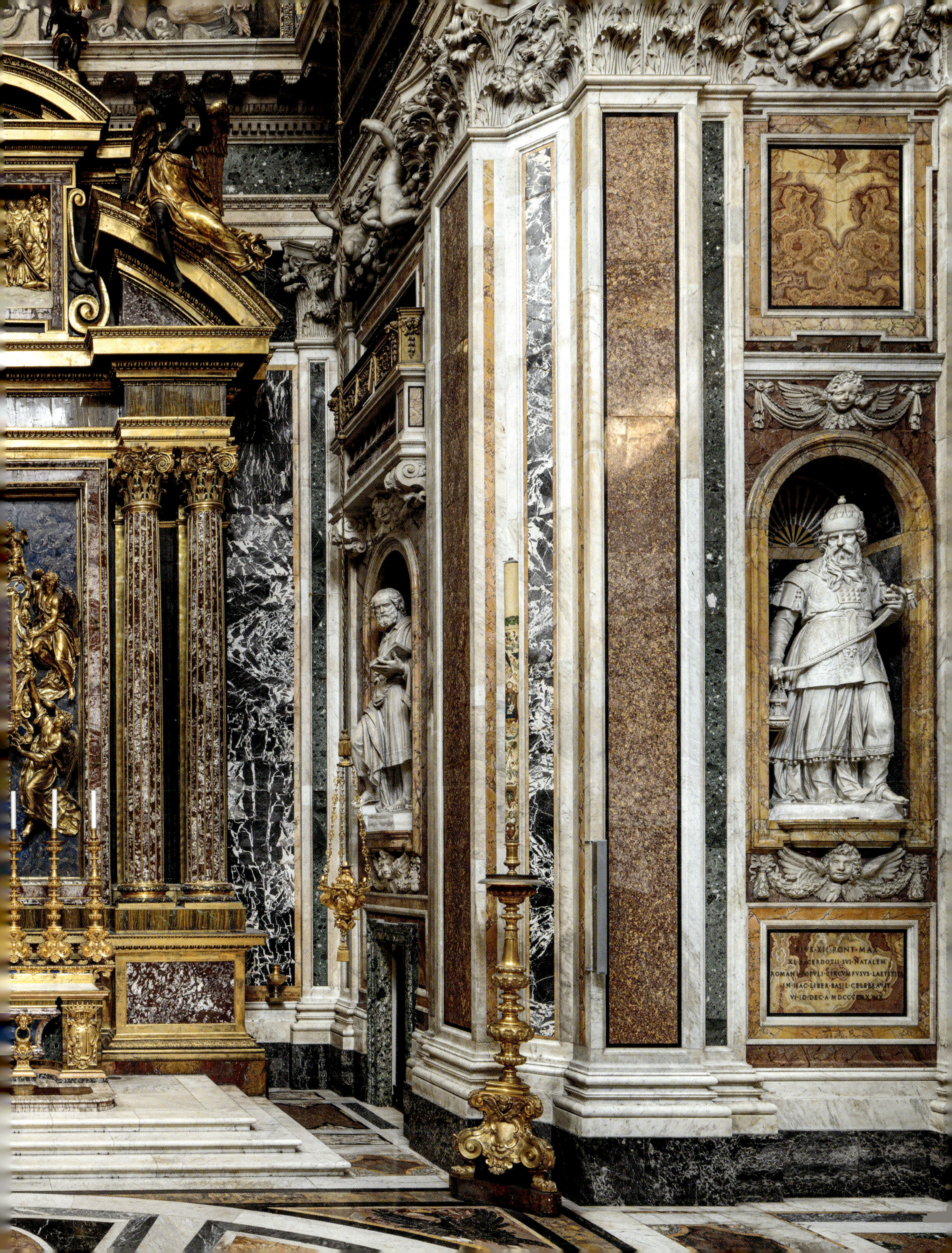
PIVS·XII·PONT·MAX
XL·SACERDOTII·SVI·NATALEM
ROMANI·POPVLI·CIRCVMFVSVS·LAETITIA
IN·HAC·LIBER·BASIL·CELEBRAVIT
VI·ID·DEC·A·MDCCCCXXXIX

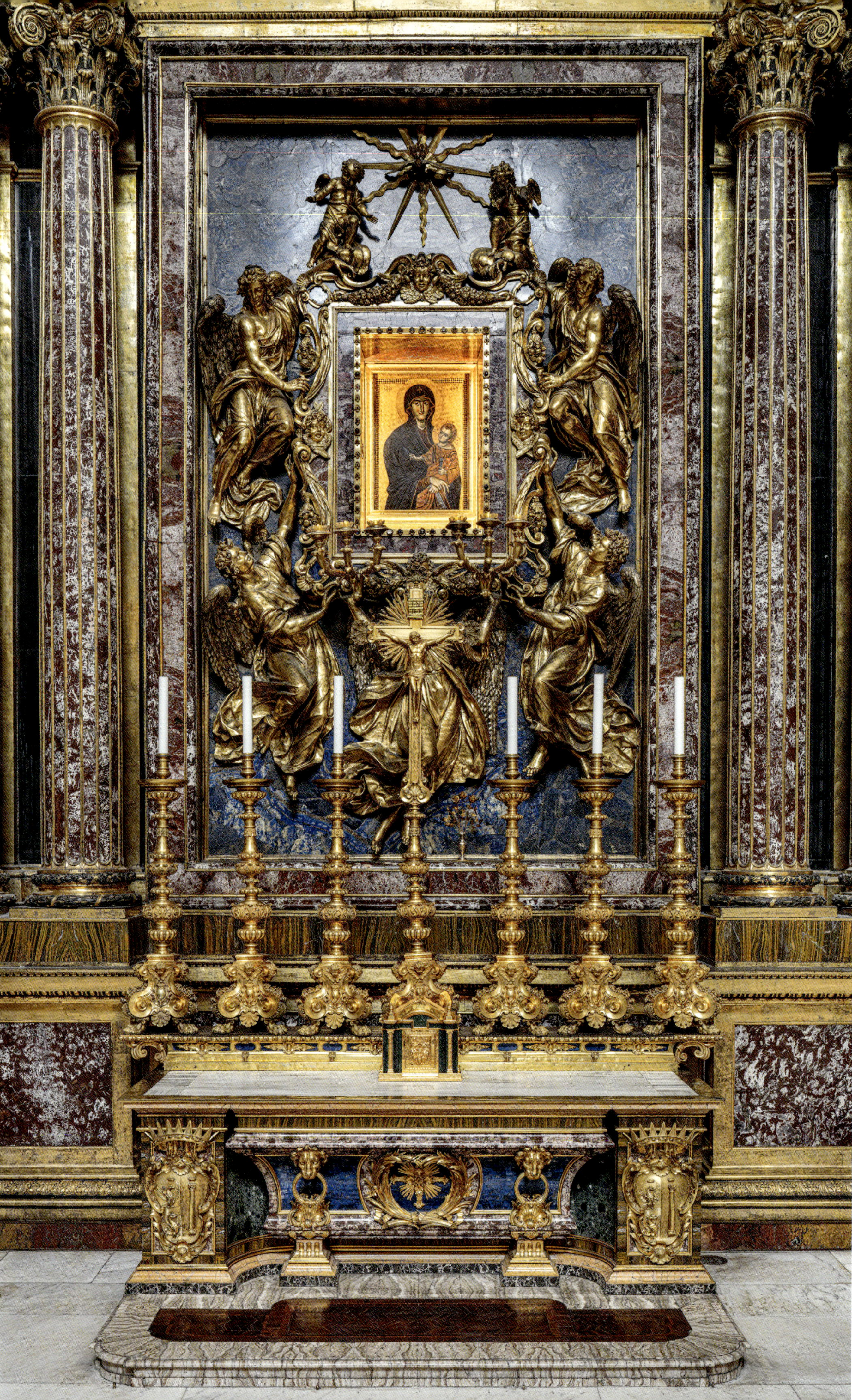

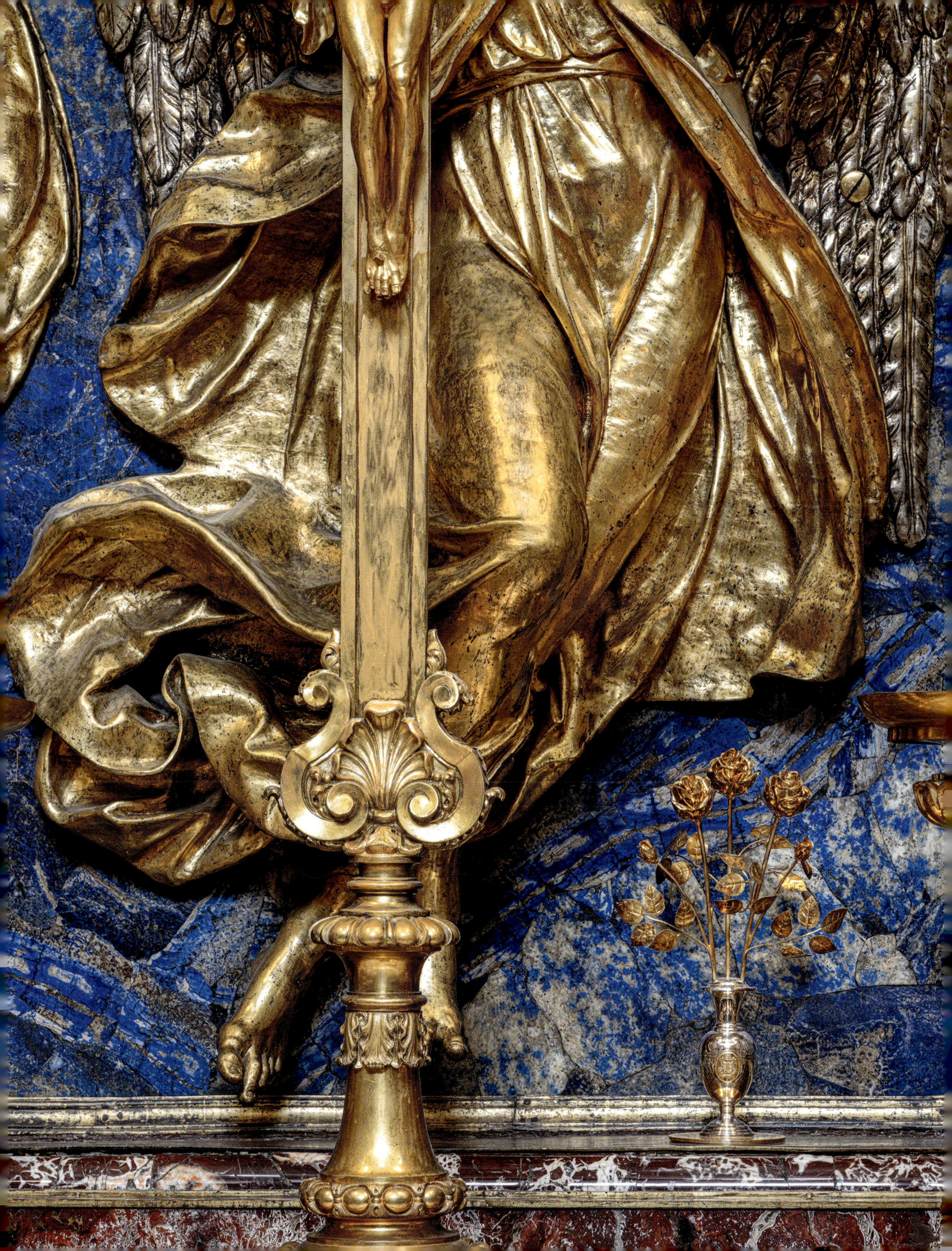

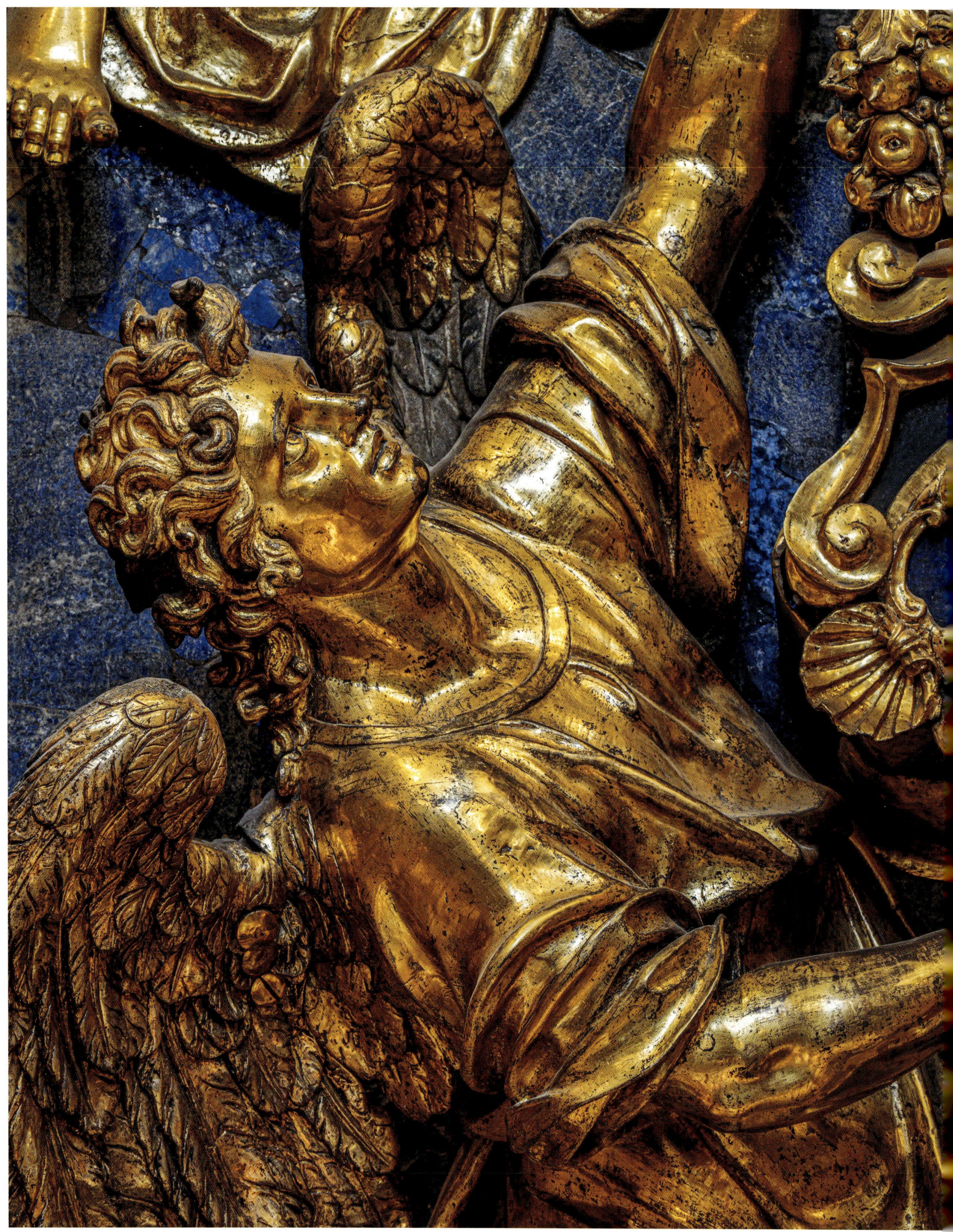

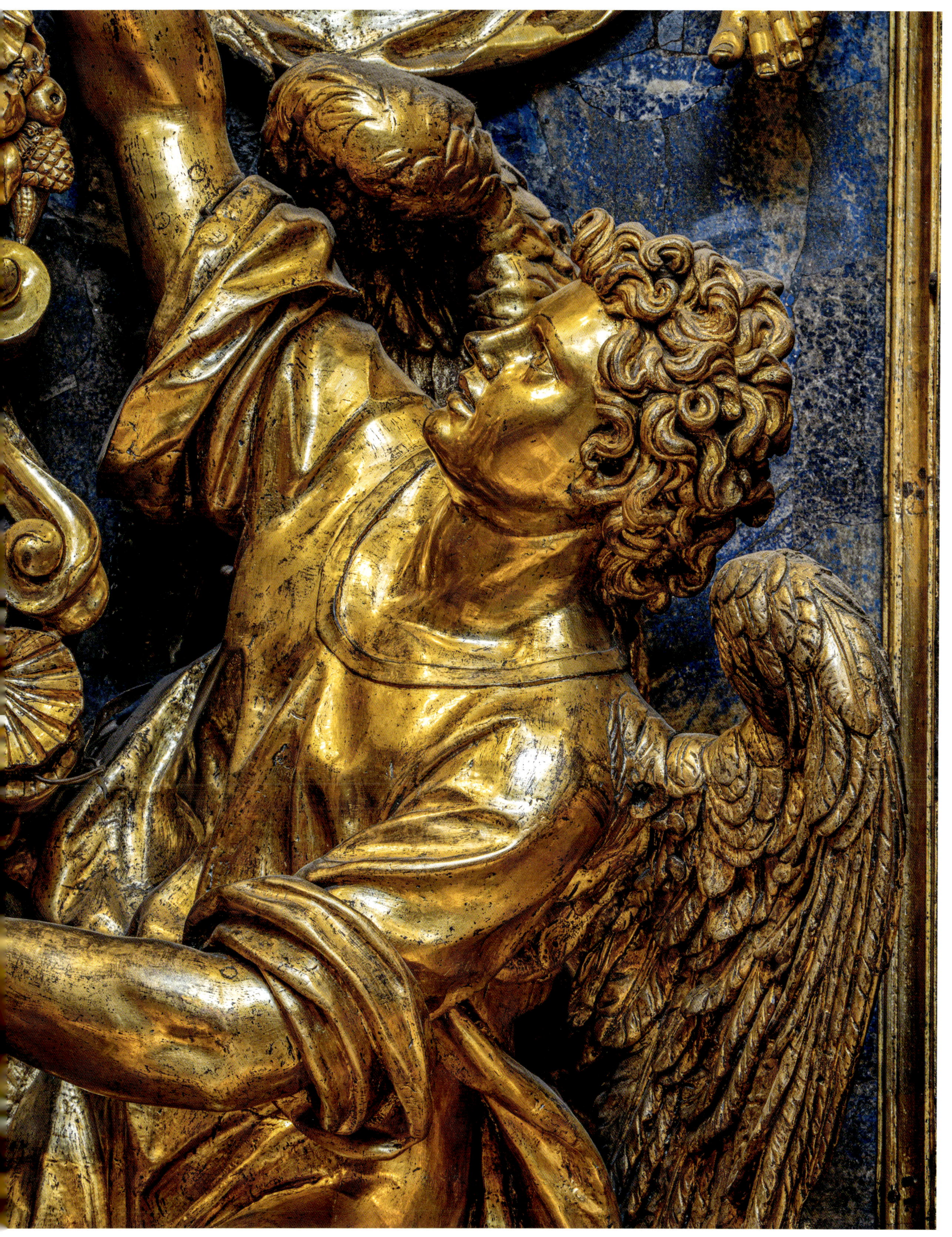

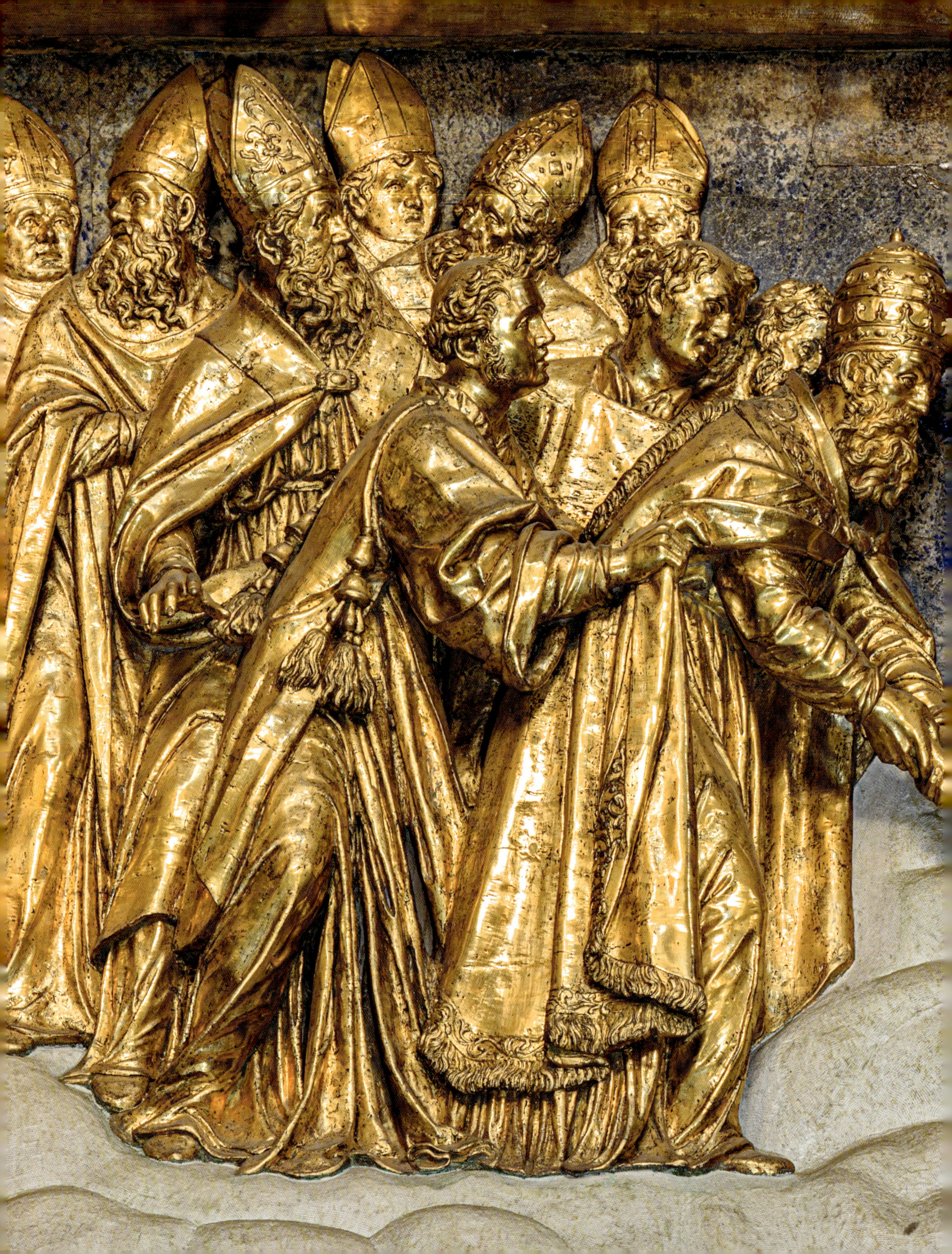

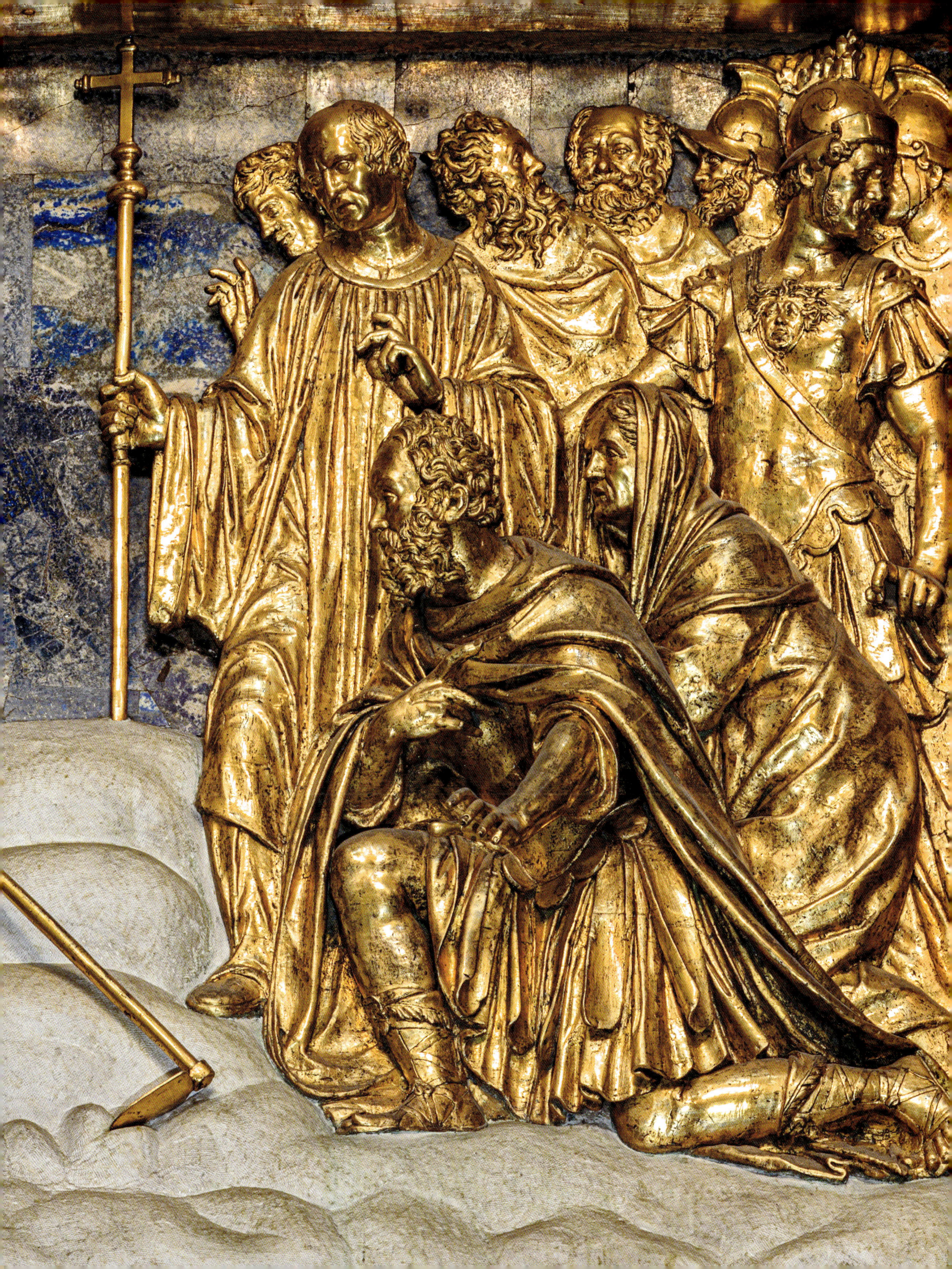

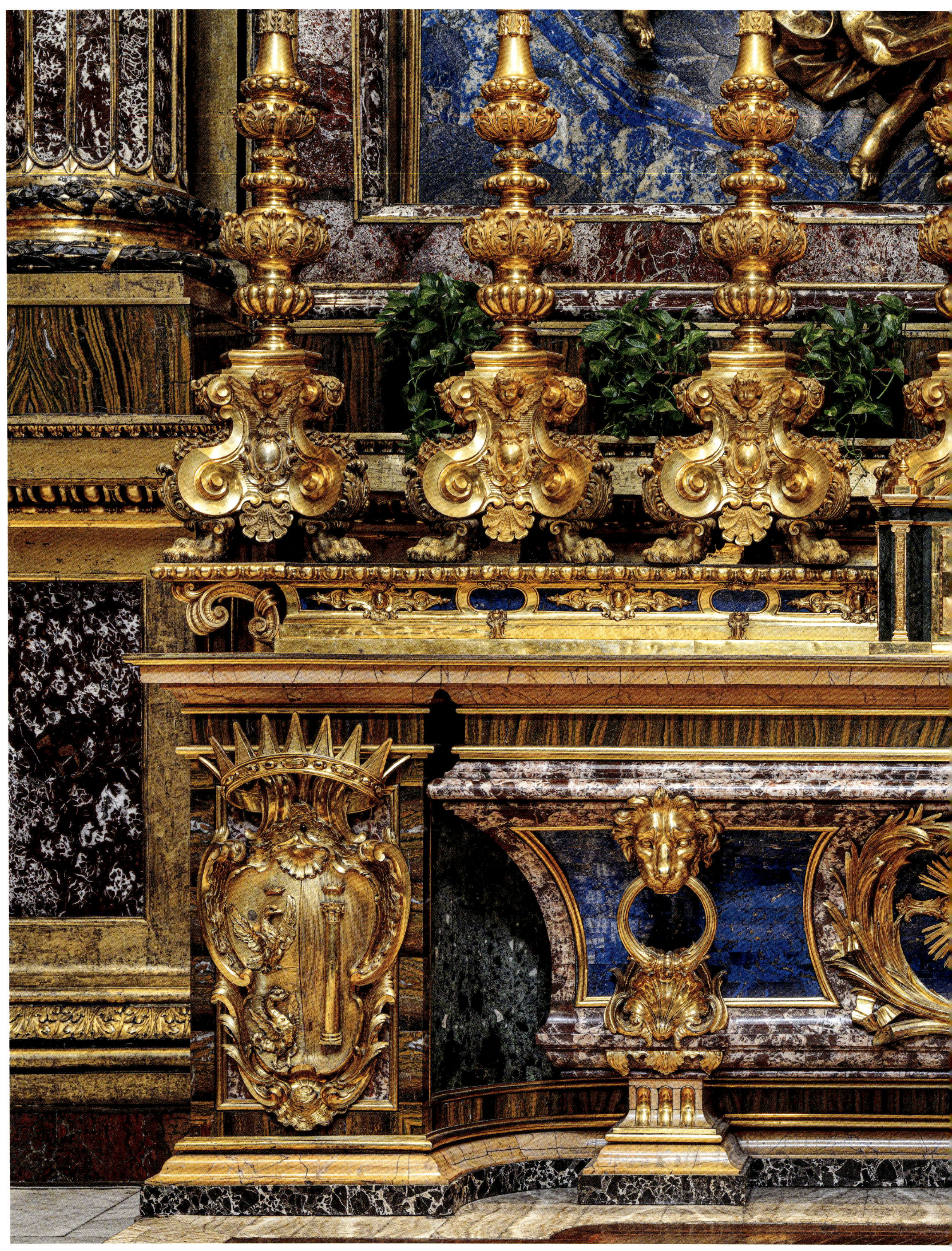

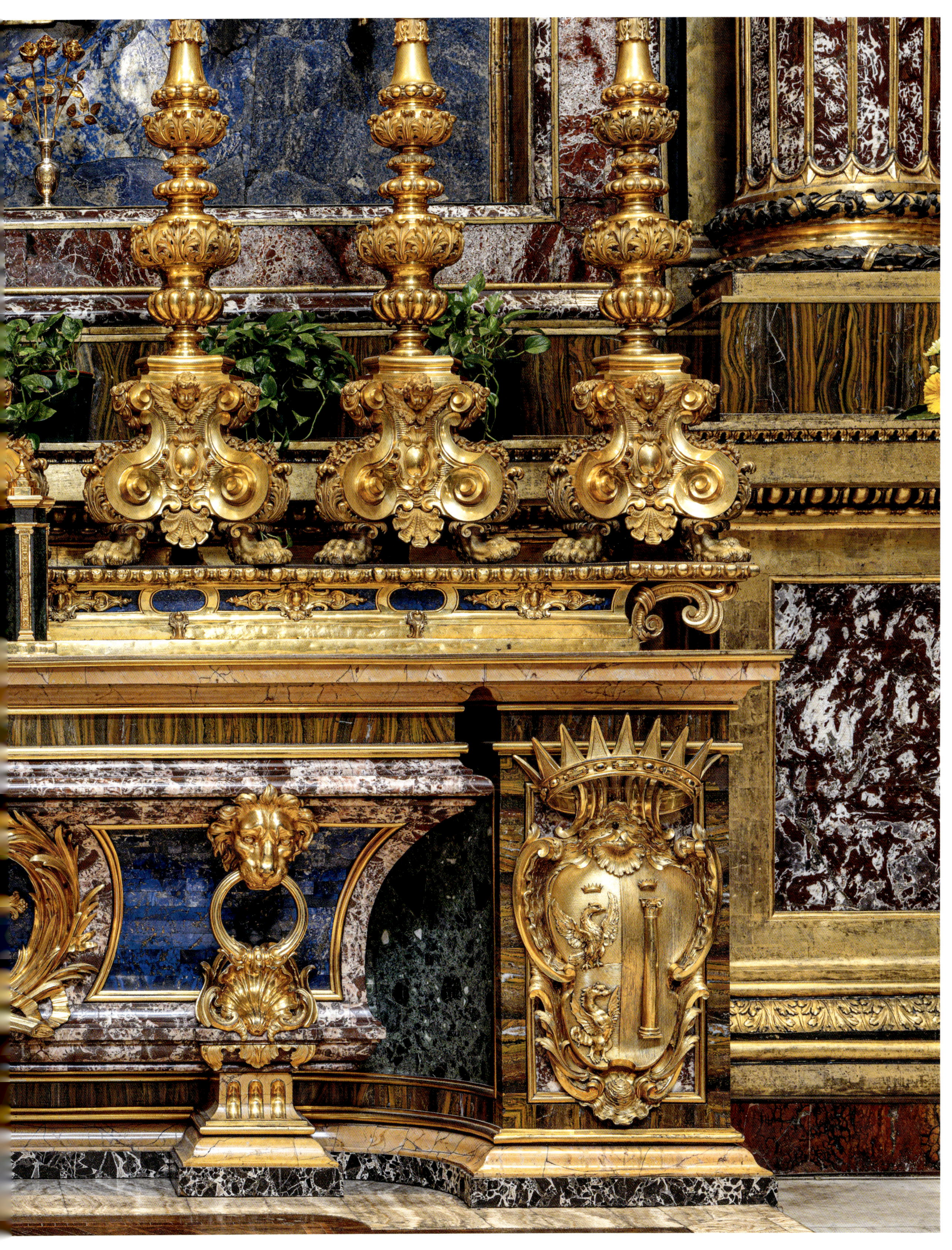

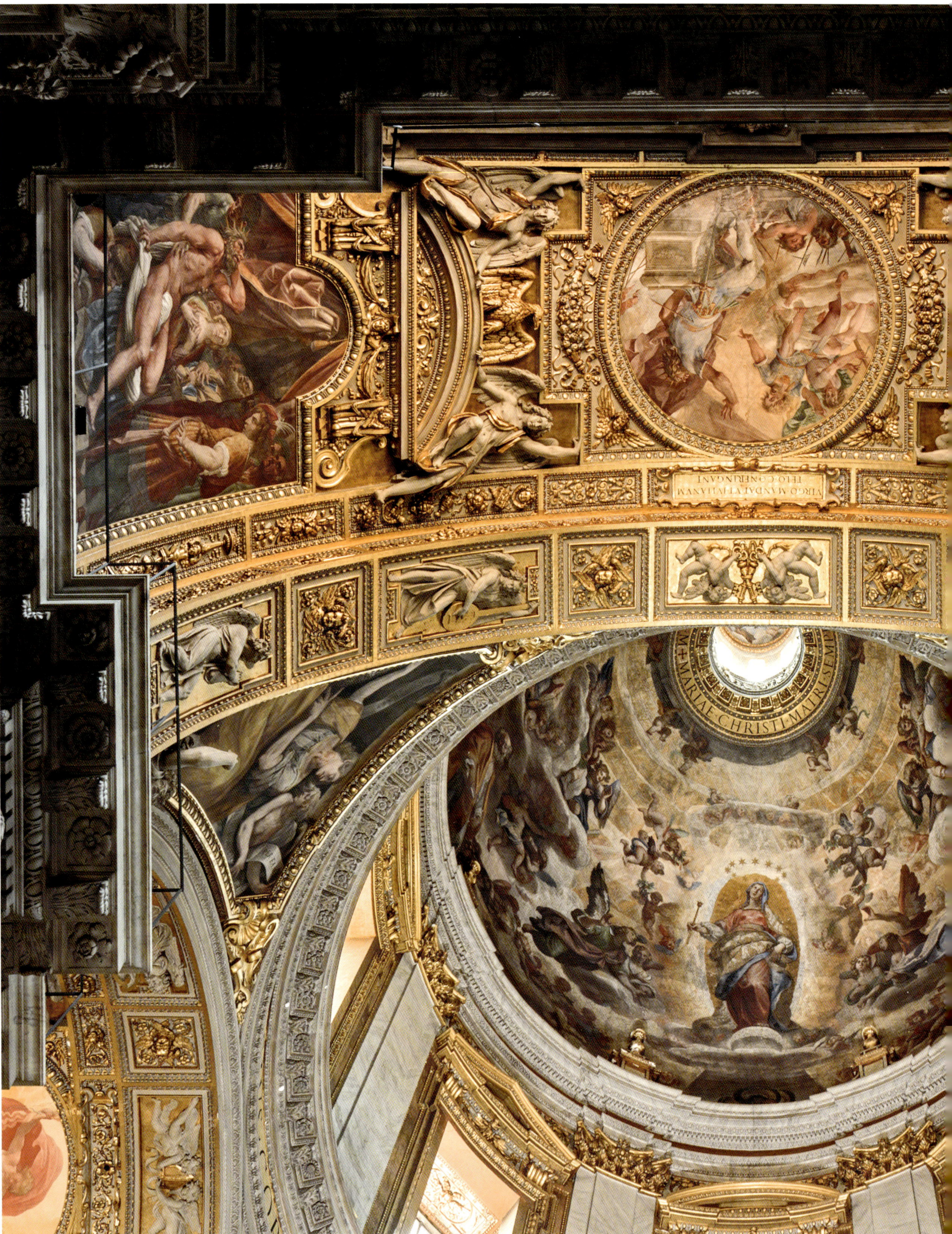

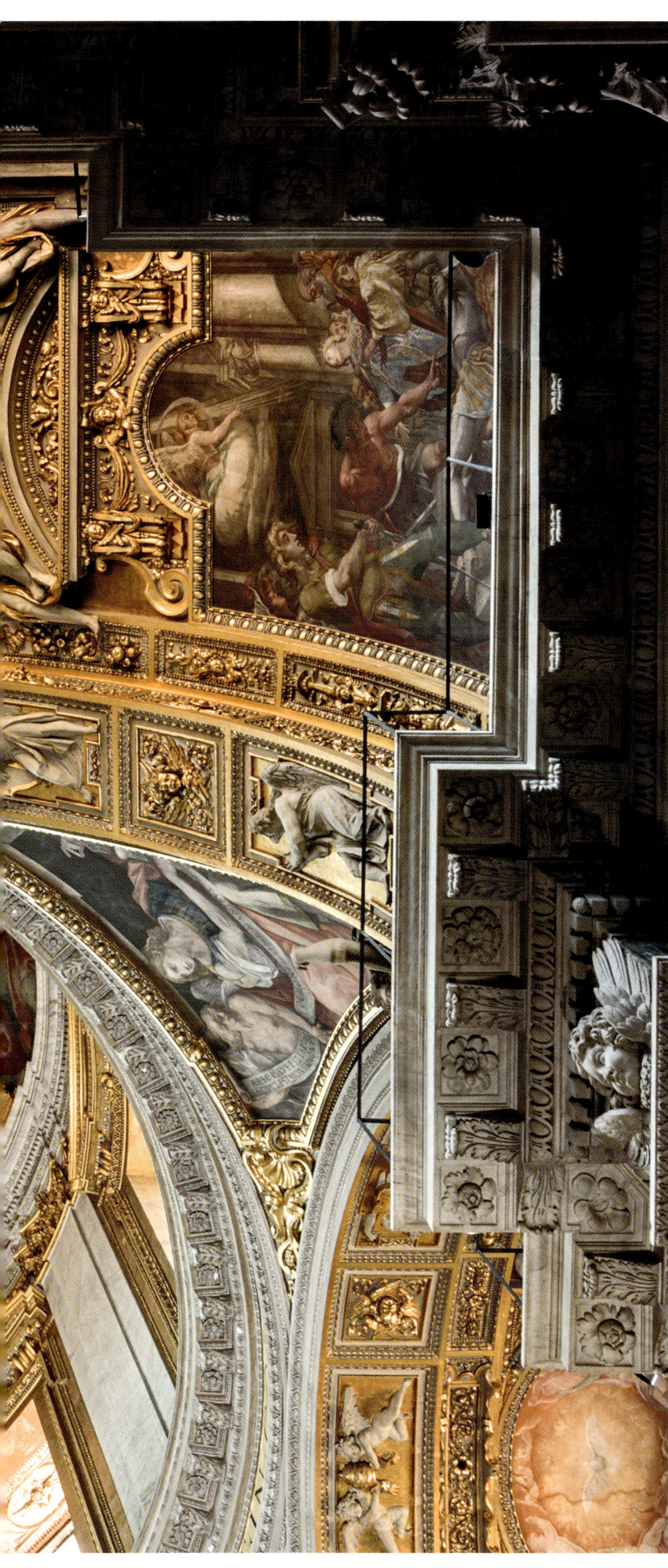

PP. 244-245
Cappella Paolina
Veduta d'insieme della cupola

P. 246
Giuseppe Cesari, detto il Cavalier d'Arpino (1568-1640)
Punizione di Costantino Copronimo
1610 circa, affresco
Cappella Paolina

P. 247
Giuseppe Cesari, detto il Cavalier d'Arpino
Re dei Goti
1610 circa, affresco
Cappella Paolina, lunetta

P. 248
Giuseppe Cesari, detto il Cavalier d'Arpino
Profeta Isaia
1610 circa, affresco
Cappella Paolina, pennacchio

P. 249
Giuseppe Cesari, detto il Cavalier d'Arpino e aiuti
Profeta Ezechiele
1610 circa, affresco
Cappella Paolina, pennacchio

PP. 250-251
Giuseppe Cesari, detto il Cavalier d'Arpino
Apparizione della Madonna e di San Giovanni a San Gregorio taumaturgo
1610 circa, affresco
Cappella Paolina, lunetta centrale

PP. 244-245
Cappella Paolina
Overall view of the dome

P. 246
Giuseppe Cesari, known as Cavalier d'Arpino (1568-1640)
Punishment of Constantine Copronymus
ca. 1610, fresco
Cappella Paolina

P. 247
Giuseppe Cesari, known as Cavalier d'Arpino
King of the Goths
ca. 1610, fresco
Cappella Paolina, lunette

P. 248
Giuseppe Cesari, known as Cavalier d'Arpino
Prophet Isaiah
ca. 1610, fresco
Cappella Paolina, spandrel

P. 249
Giuseppe Cesari, known as Cavalier d'Arpino and workshop
Prophet Ezekiel
ca. 1610, fresco
Cappella Paolina, spandrel

PP. 250-251
Giuseppe Cesari, known as Cavalier d'Arpino
Apparition of the Madonna and Saint John to Saint Gregory the Wonderworker
ca. 1610, fresco
Cappella Paolina, central lunette

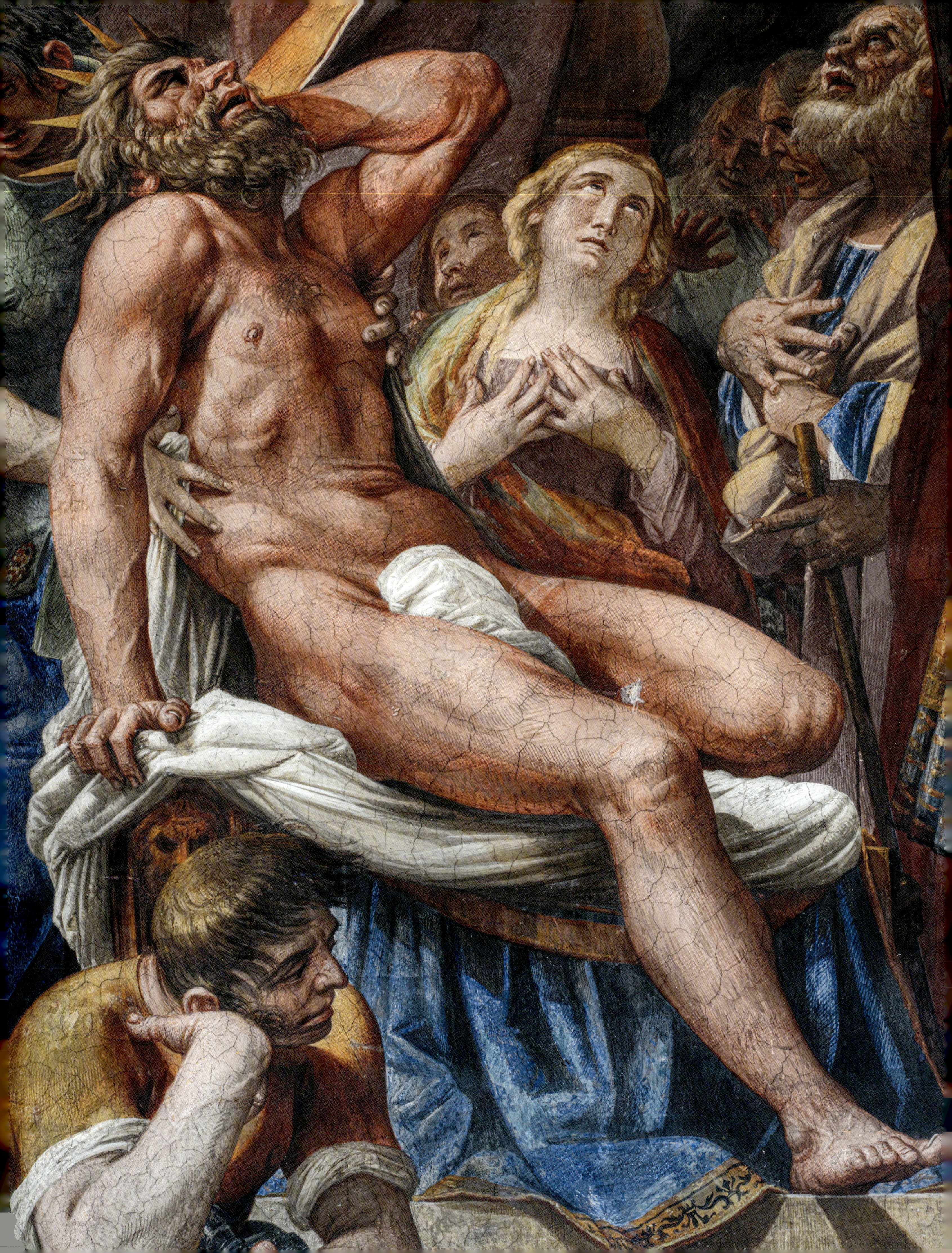

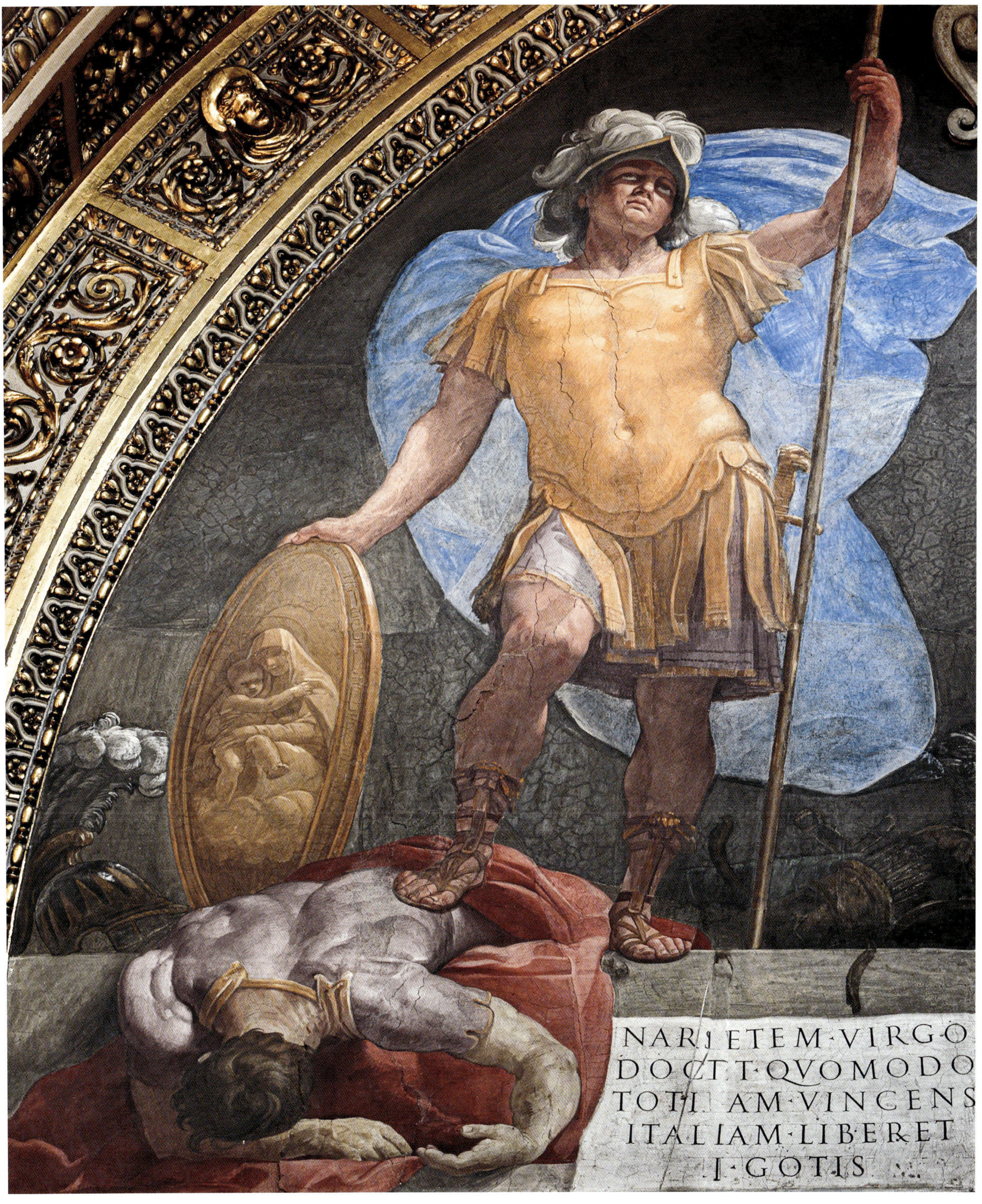
NARIETEM·VIRGO
DOCTT·QVOMODO
TOTI AM·VINCENS
ITALIAM·LIBERET
I·GOTIS

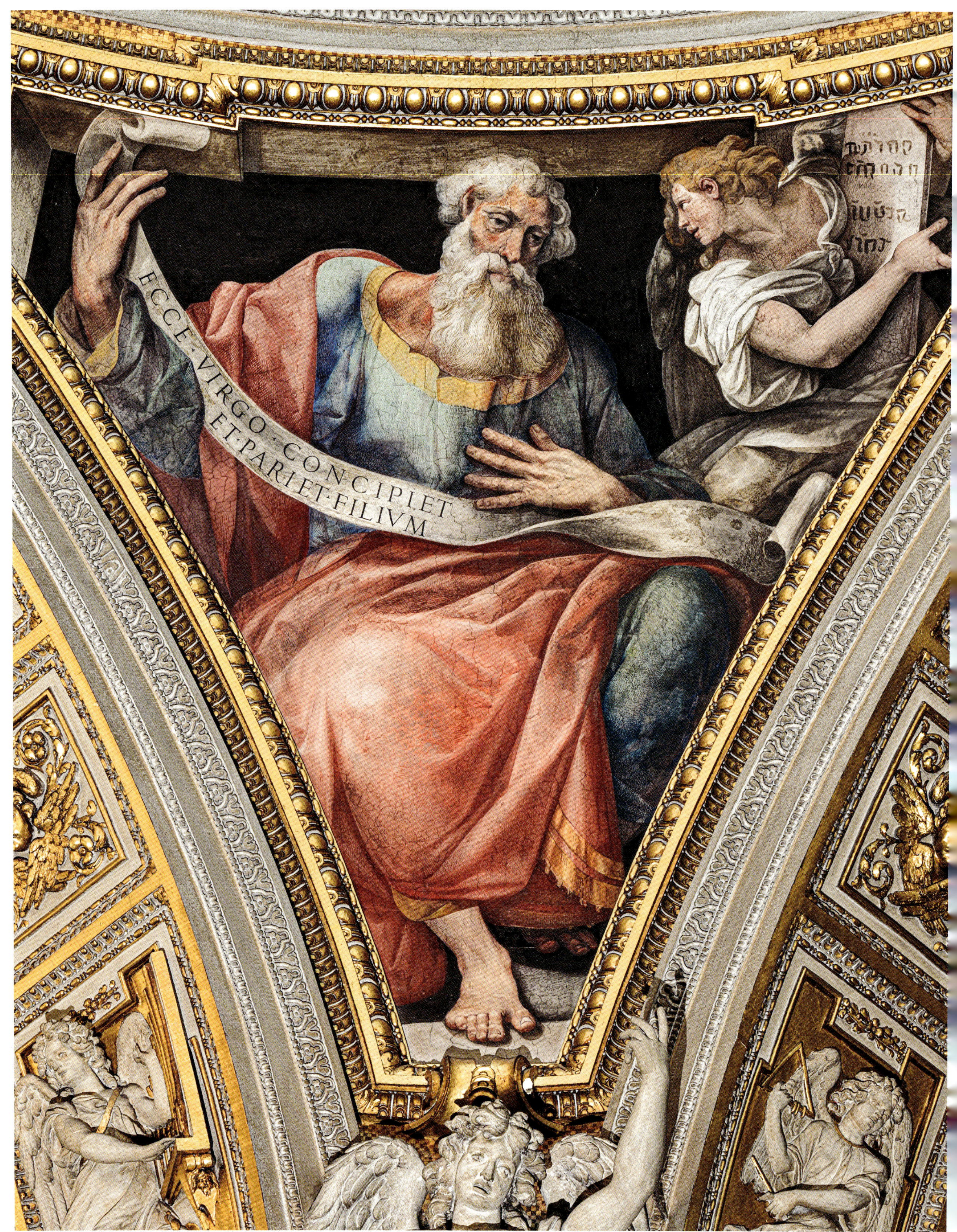
ECCE·VIRGO·CONCIPIET
ET·PARIET·FILIVM

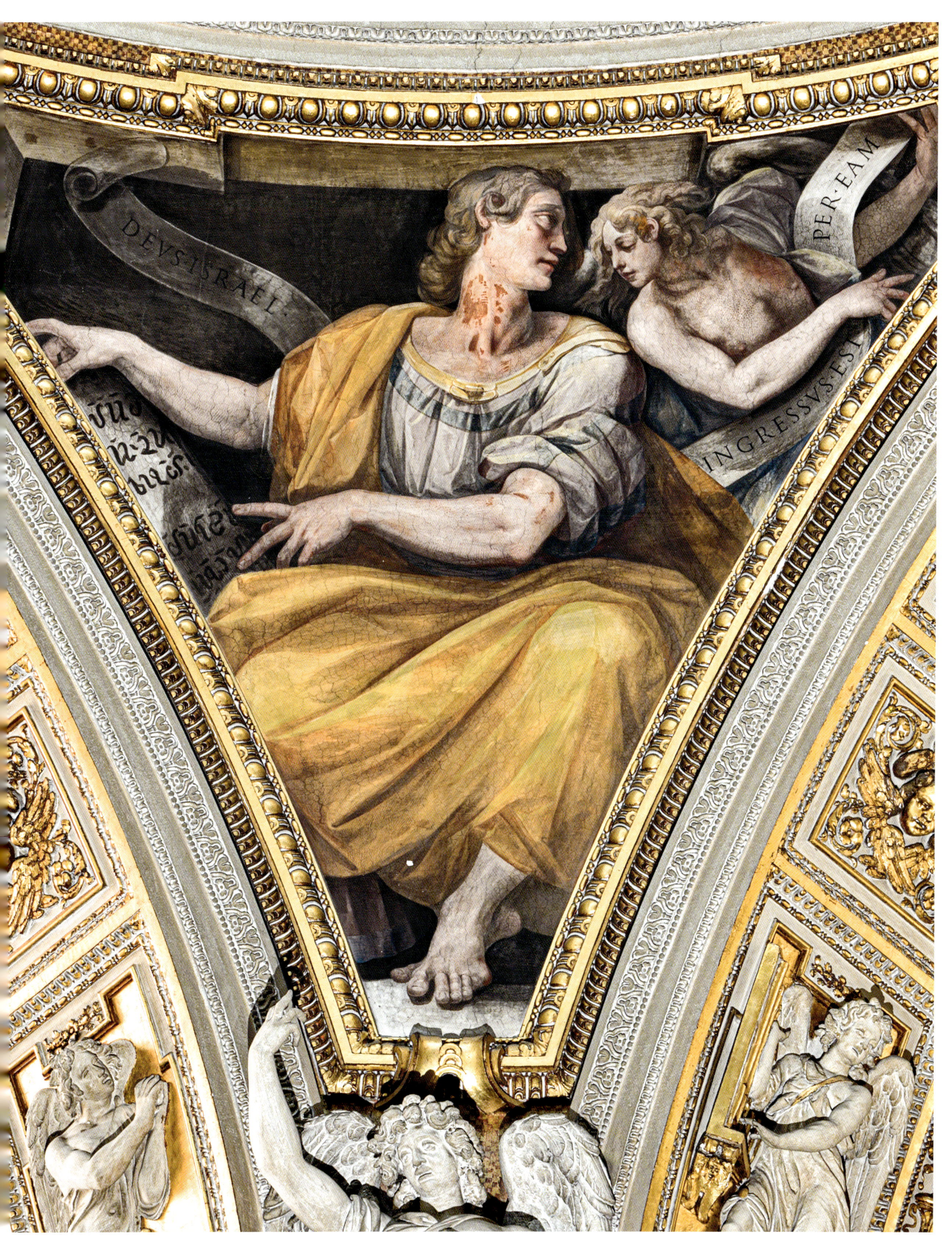
DEVS·ISRAEL·
PER·EAM
INGRESSVS·EST

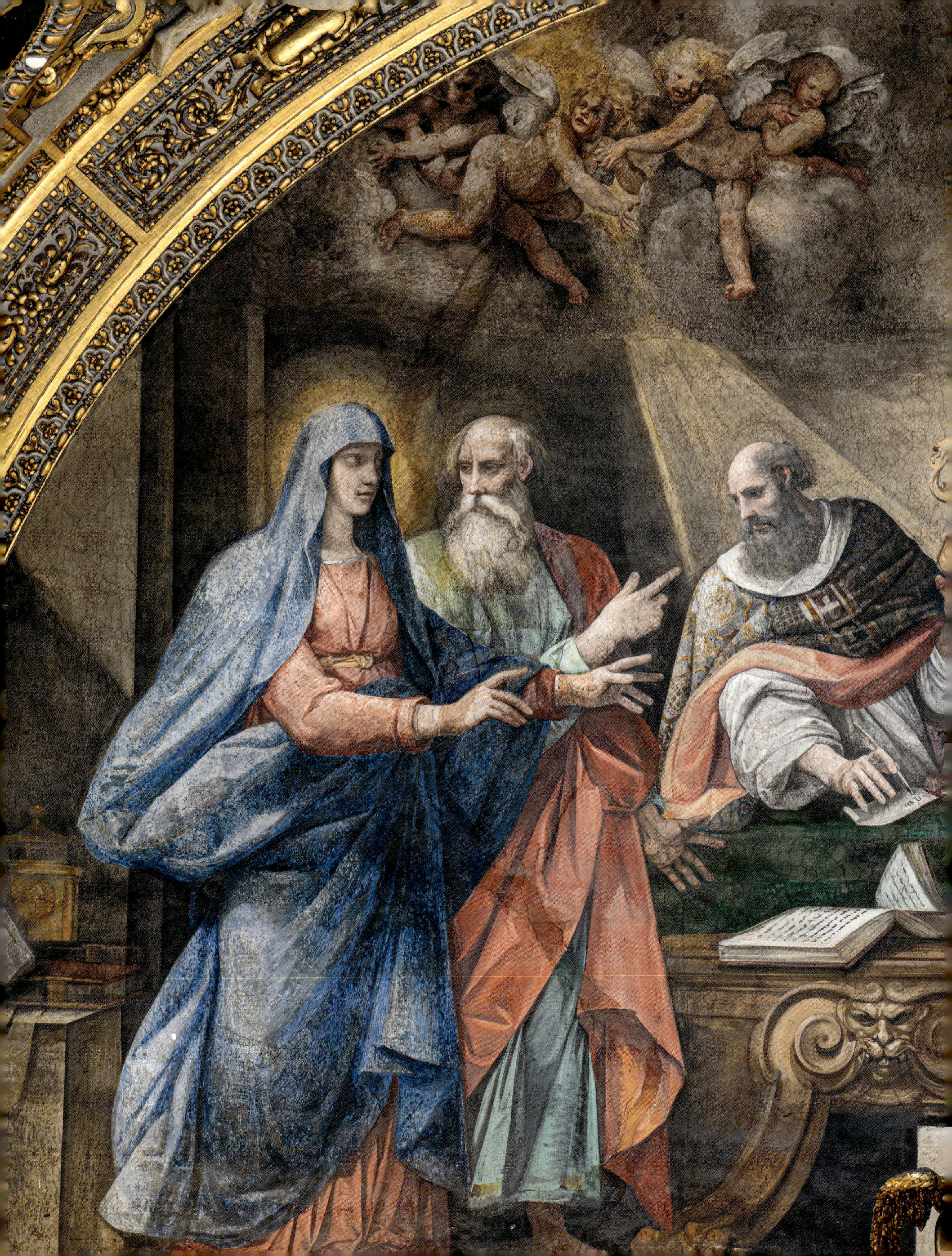

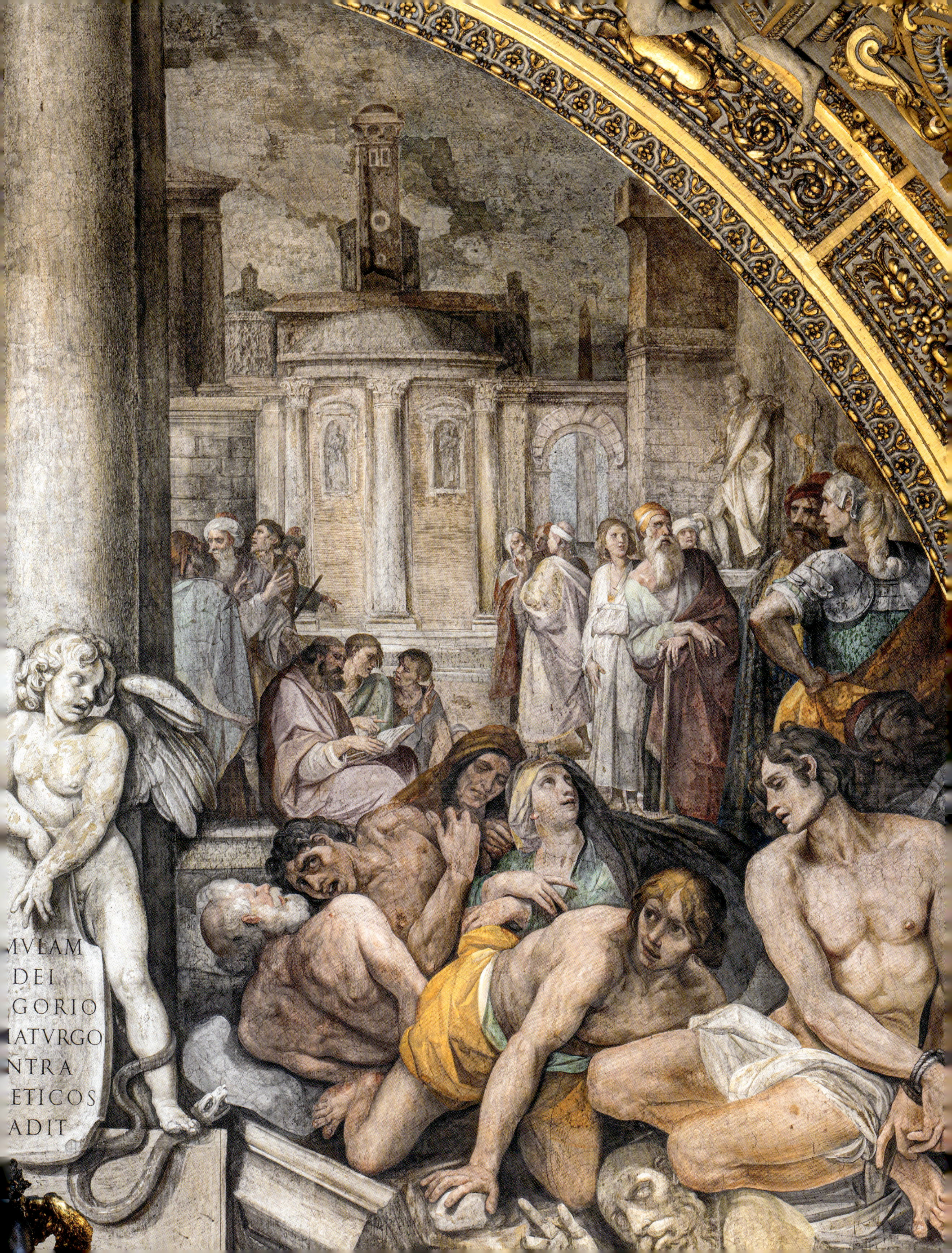
IVLAM
DEI
GORIO
ATVRGO
NTRA
ETICOS
ADIT

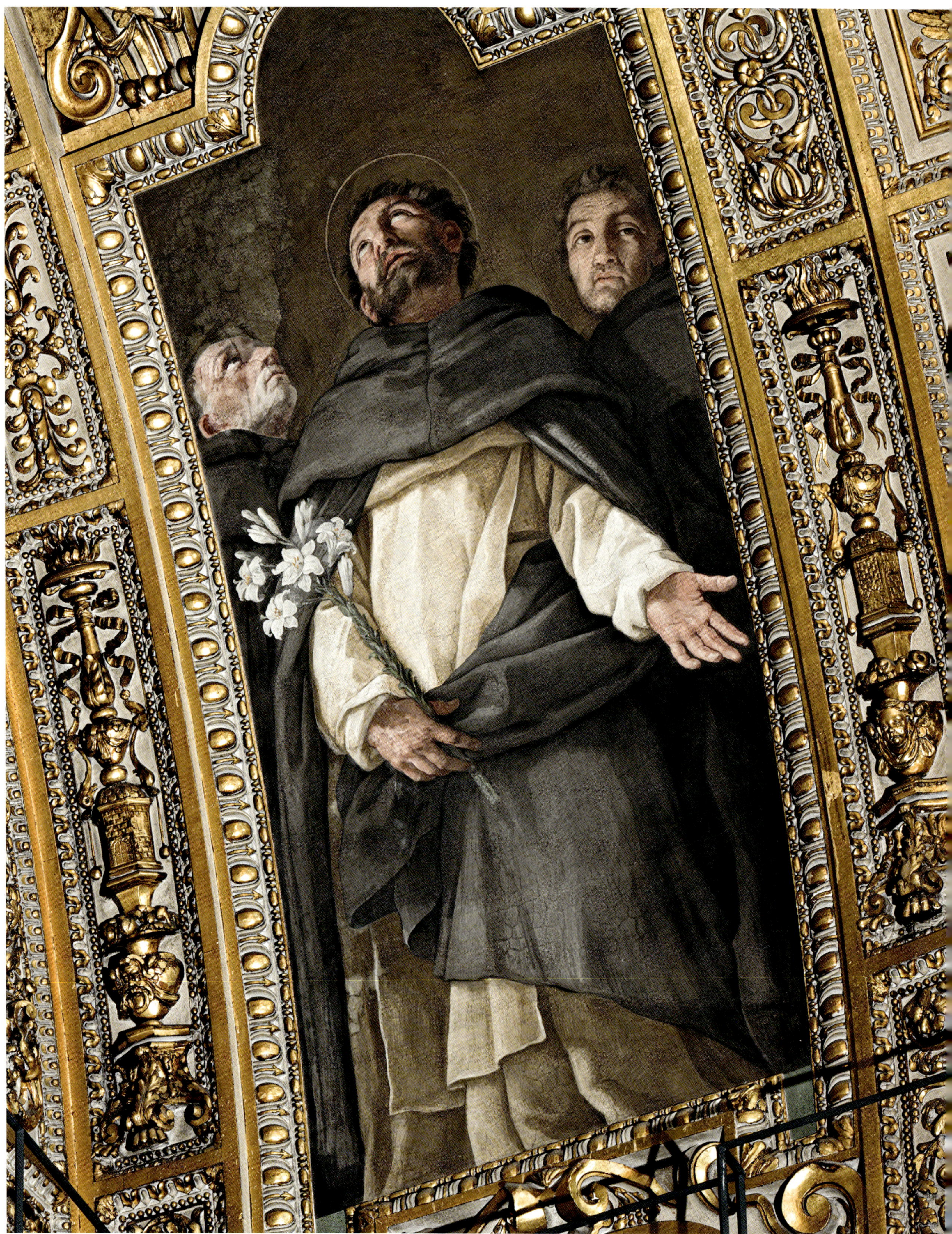

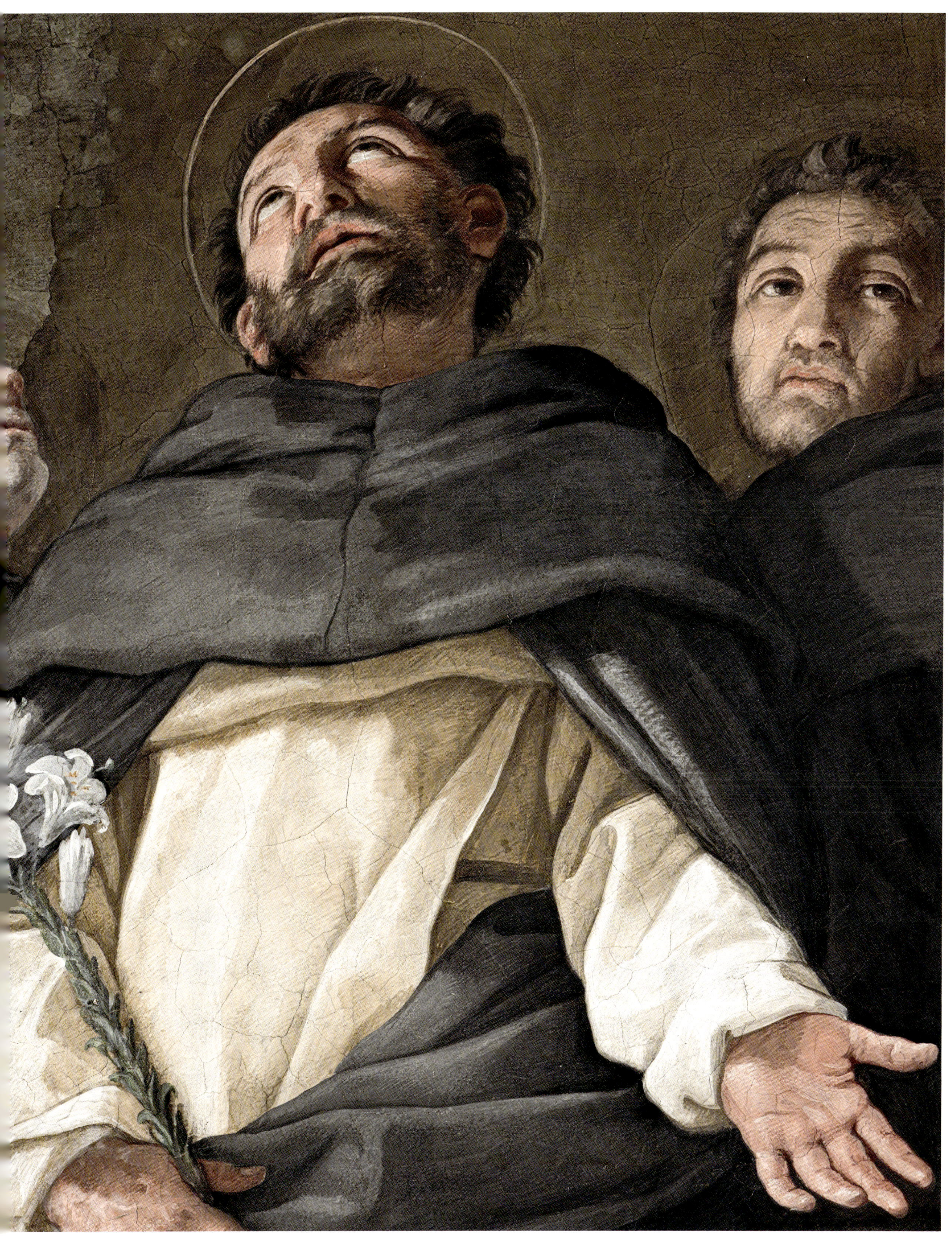

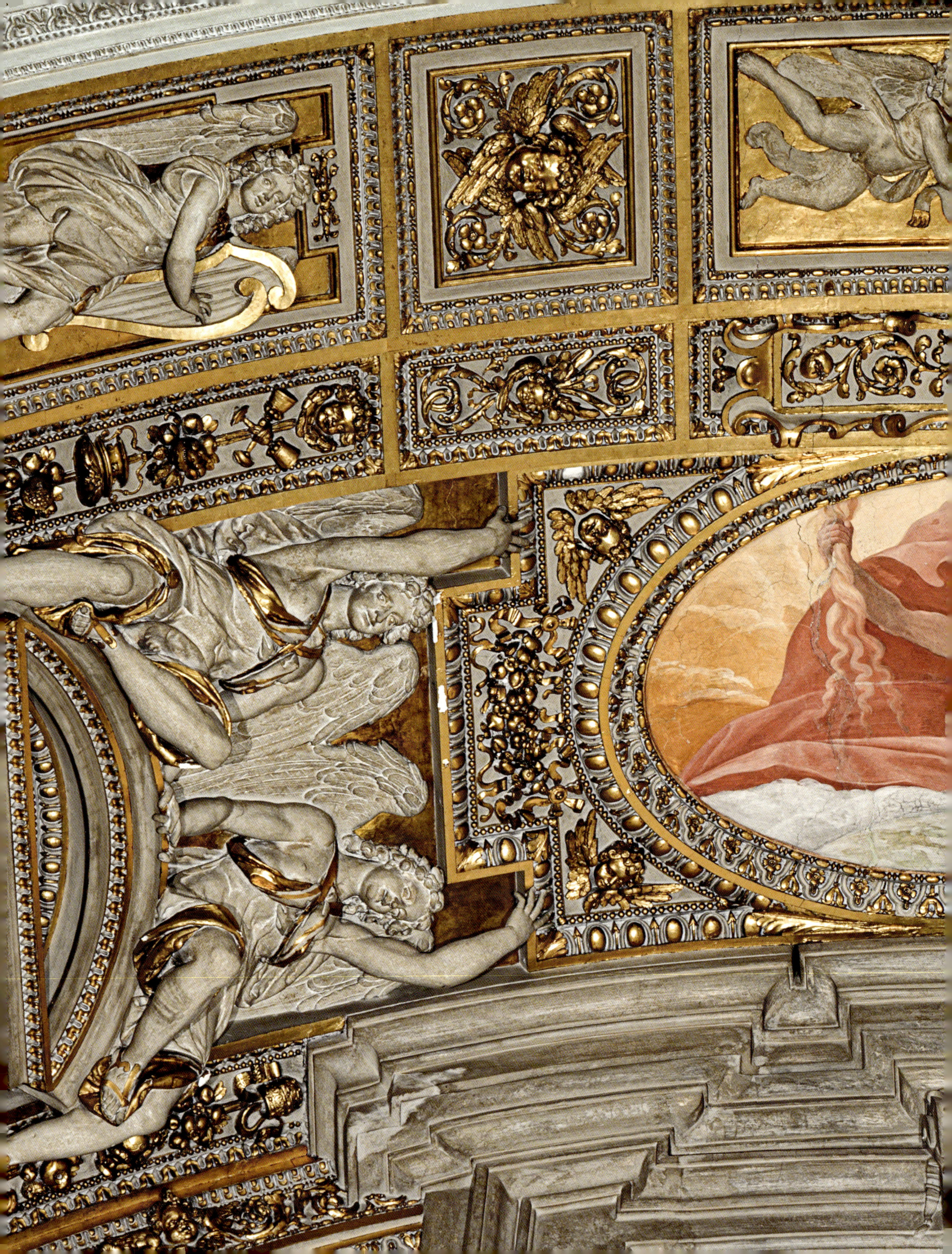

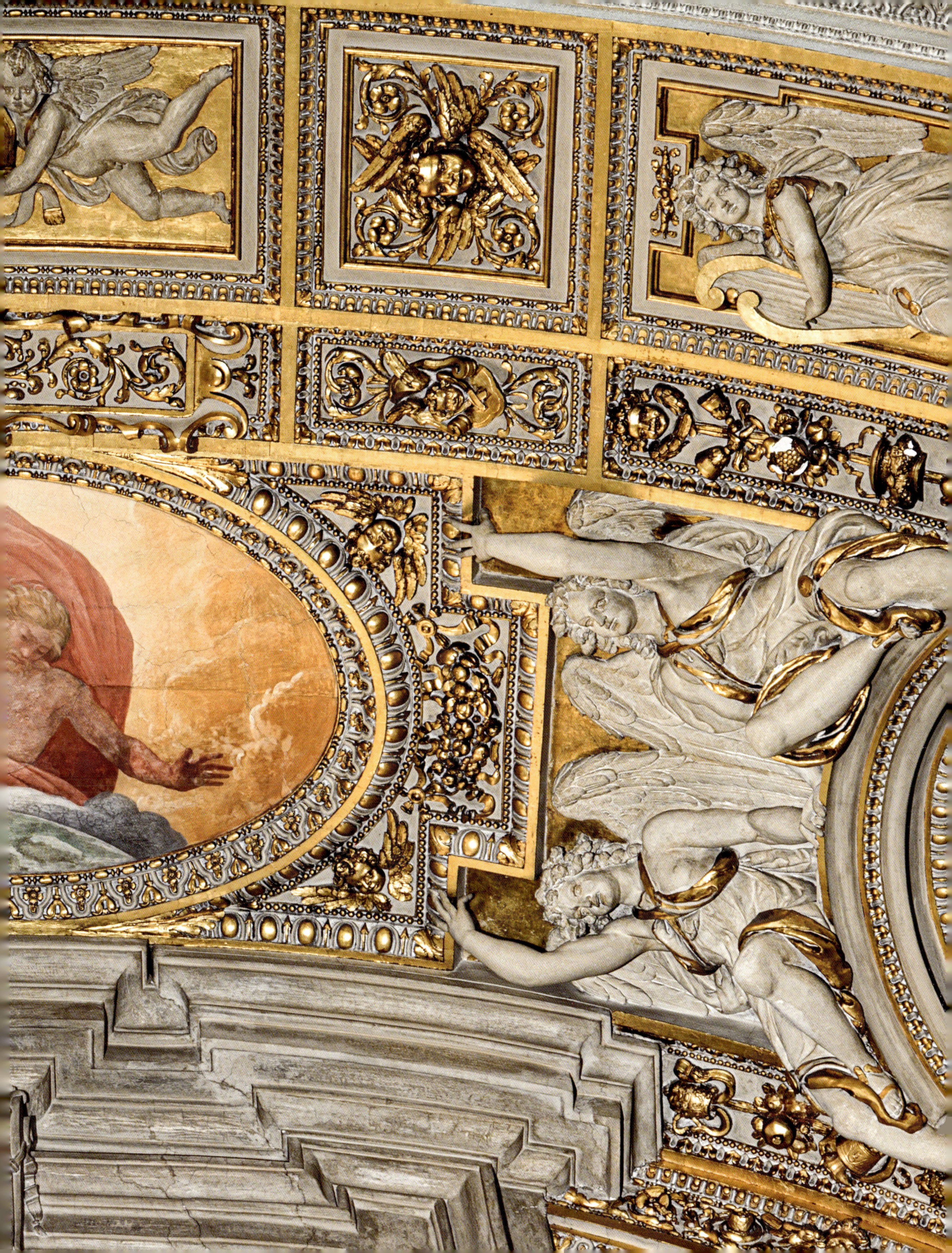

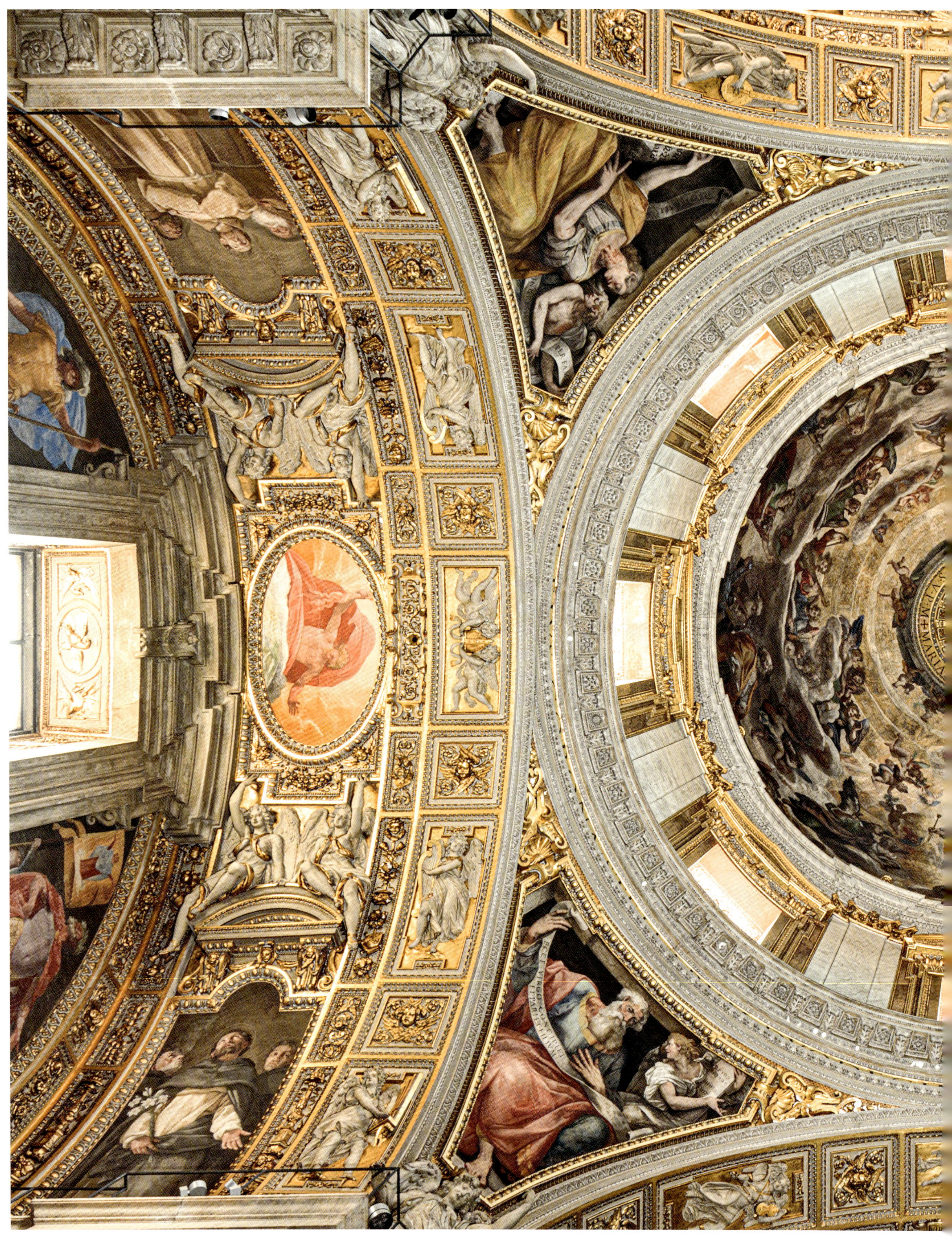

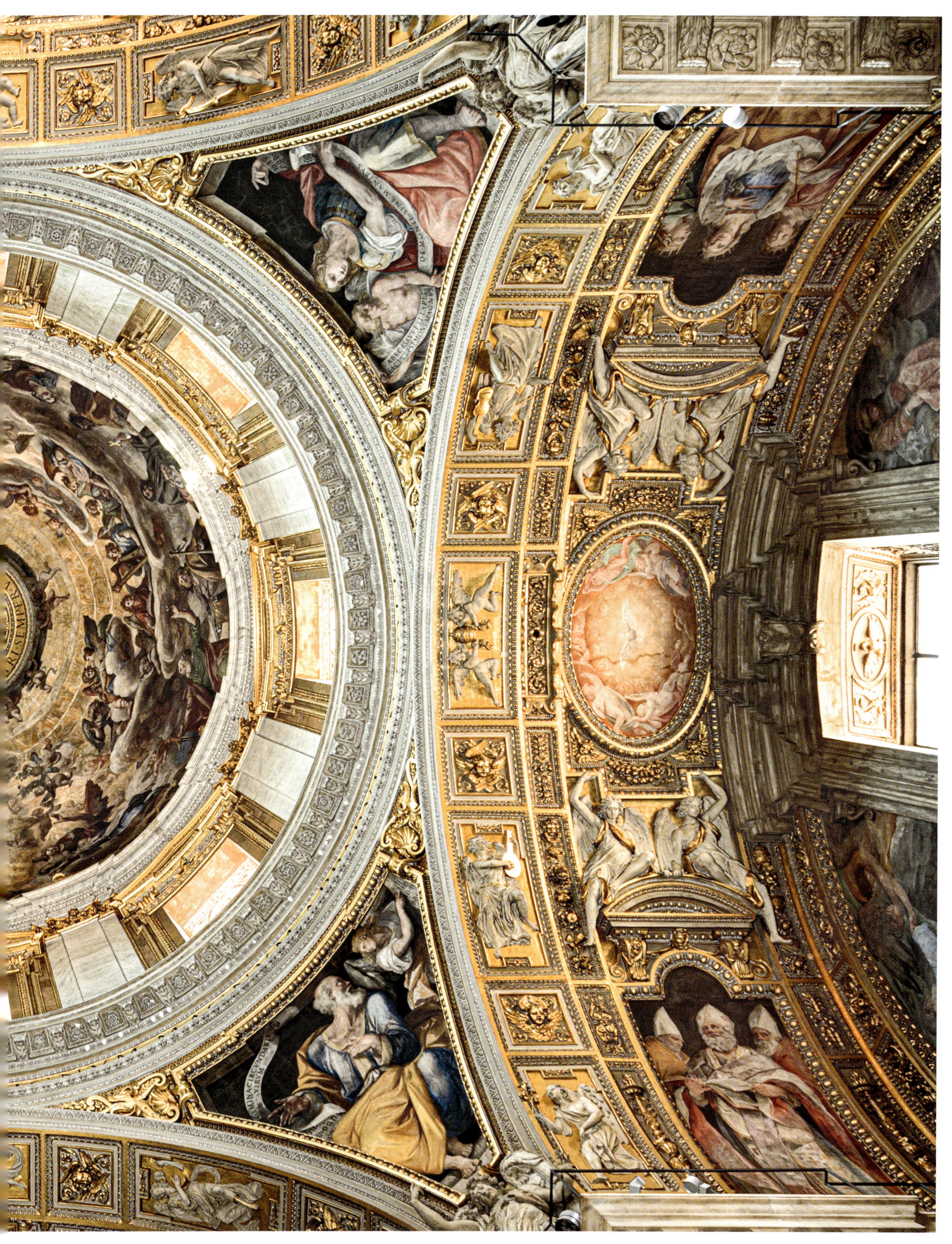

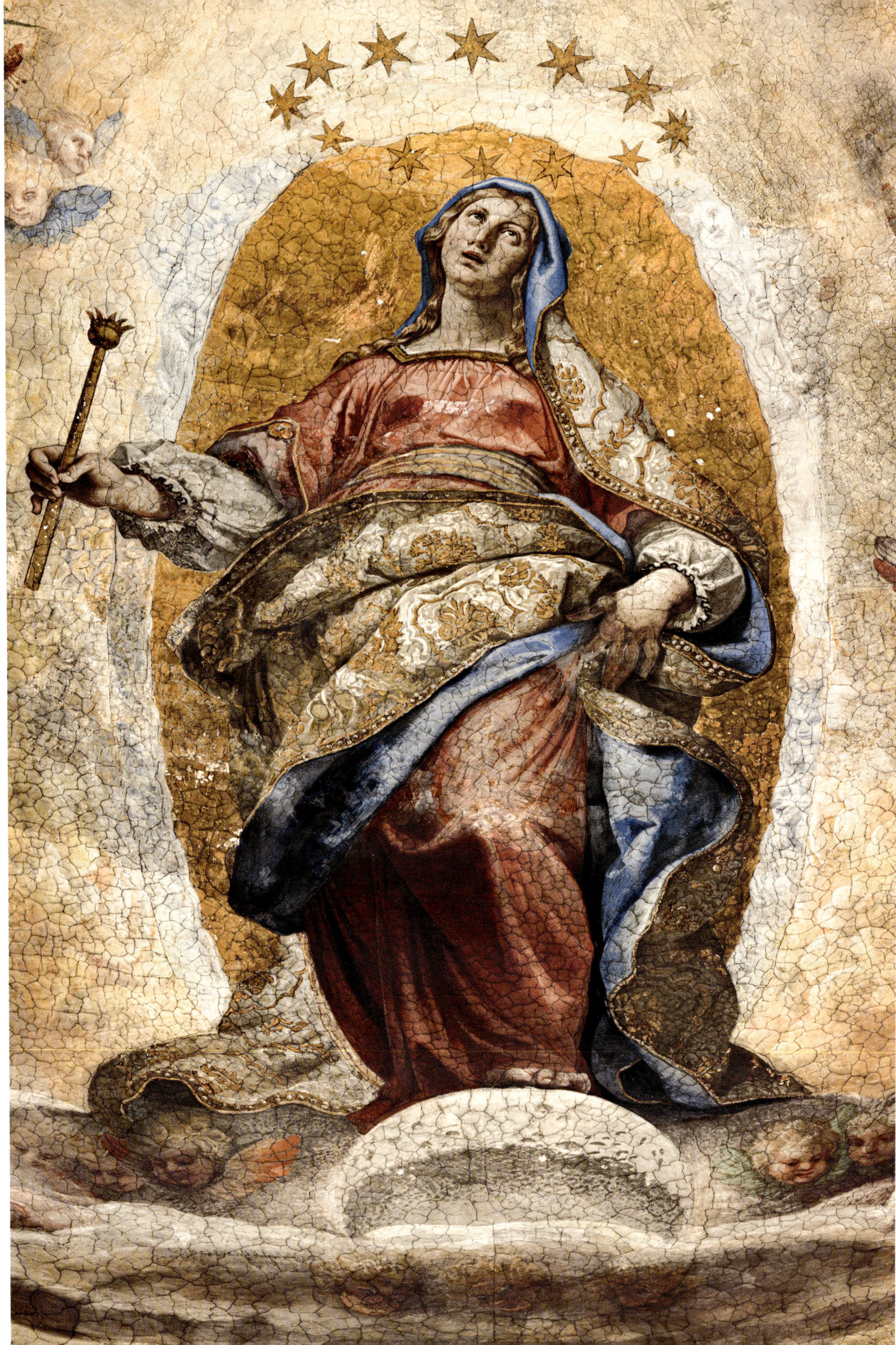

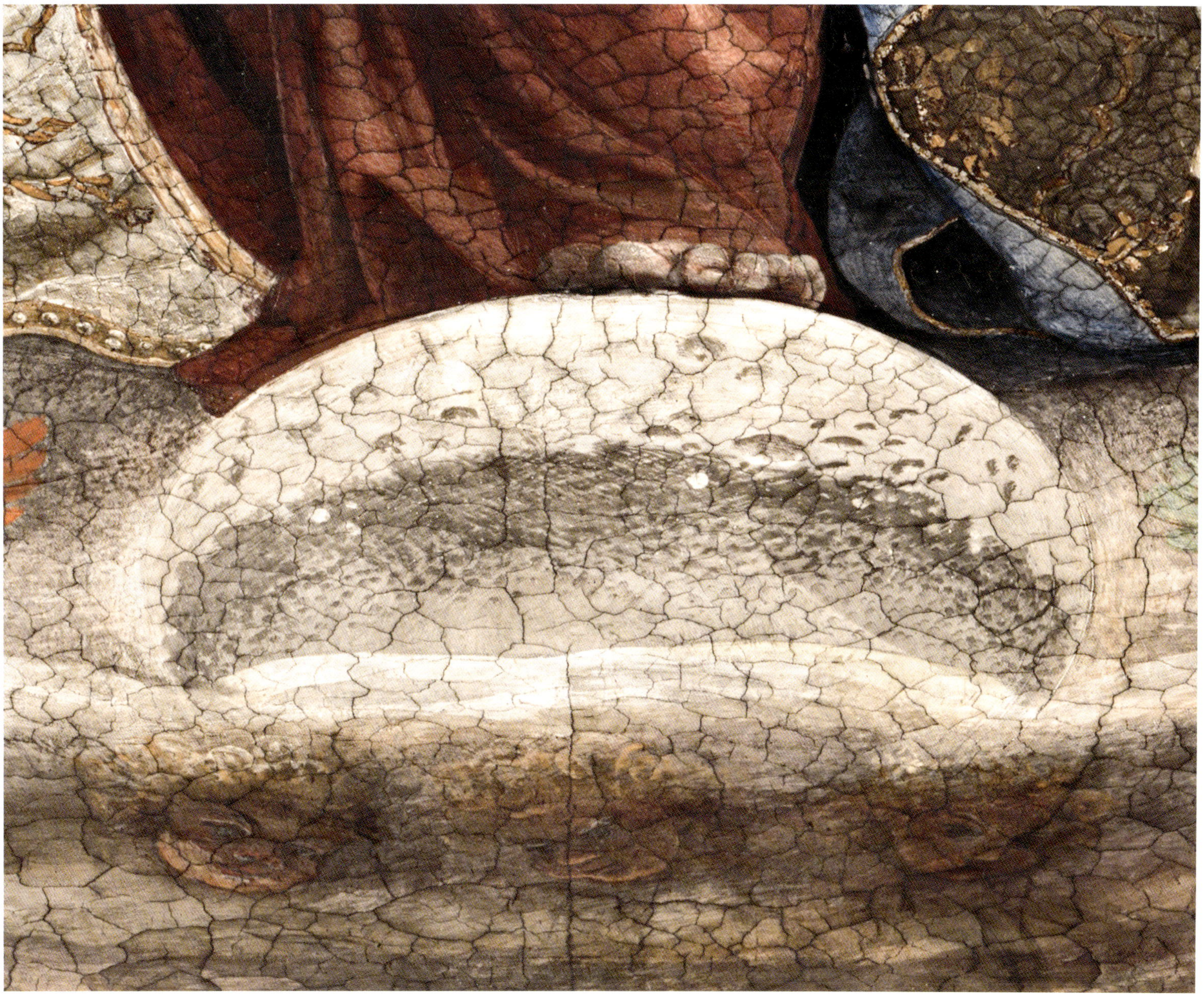

PP. 252, 253
Guido Reni (1575-1642)
San Domenico con due frati domenicani
1610 circa, affresco
Cappella Paolina, volta

PP. 254-255
Guido Reni
Cristo fulmina gli eretici
1610 circa, affresco
Cappella Paolina, volta

PP. 256-257
Cappella Paolina
Veduta d'insieme

P. 258
Lodovico Cardi, detto il Cigoli (1559-1613)
Madonna Immacolata
1610 circa, affresco
Cappella Paolina, cupola

P. 259
Lodovico Cardi, detto il Cigoli
Dettaglio della luna falcata
1610 circa, affresco
Cappella Paolina, cupola

PP. 260-261
Lodovico Cardi, detto il Cigoli
Dio padre benedicente
1610 circa, affresco
Cappella Paolina, lanterna della cupola

P. 262
Flaminio Ponzio
Monumento funebre di Paolo V
1610-1615, marmo di Carrara
Cappella Paolina, parete sinistra

P. 263
Silla Giacomo Longhi (c. 1550-1622)
Paolo V in adorazione perpetua
1610-1615, marmo di Carrara
Cappella Paolina, Monumento funebre di Paolo V

PP. 252, 253
Guido Reni (1575-1642)
Saint Dominic with Two Dominican Friars
ca. 1610, fresco
Cappella Paolina, vault

PP. 254-255
Guido Reni
Christ Strikes Down Heretics
ca. 1610, fresco
Cappella Paolina, vault

PP. 256-257
Cappella Paolina
Overall view

P. 258
Lodovico Cardi, known as Cigoli (1559-1613)
Immaculate Madonna
ca. 1610, fresco
Cappella Paolina, dome

P. 259
Lodovico Cardi, known as Cigoli
Detail of the crescent moon
ca. 1610, fresco
Cappella Paolina, dome

PP. 260-261
Lodovico Cardi, known as Cigoli
God the Blessing Father
ca. 1610, fresco
Cappella Paolina, dome lantern

P. 262
Flaminio Ponzio
Funeral Monument to Paul V
1610-1615, Carrara marble
Cappella Paolina, left wall

P. 263
Silla Giacomo Longhi (ca. 1550-1622)
Paul V in Perpetual Adoration
1610-1615, Carrara marble
Cappella Paolina, Funeral Monument to Paul V

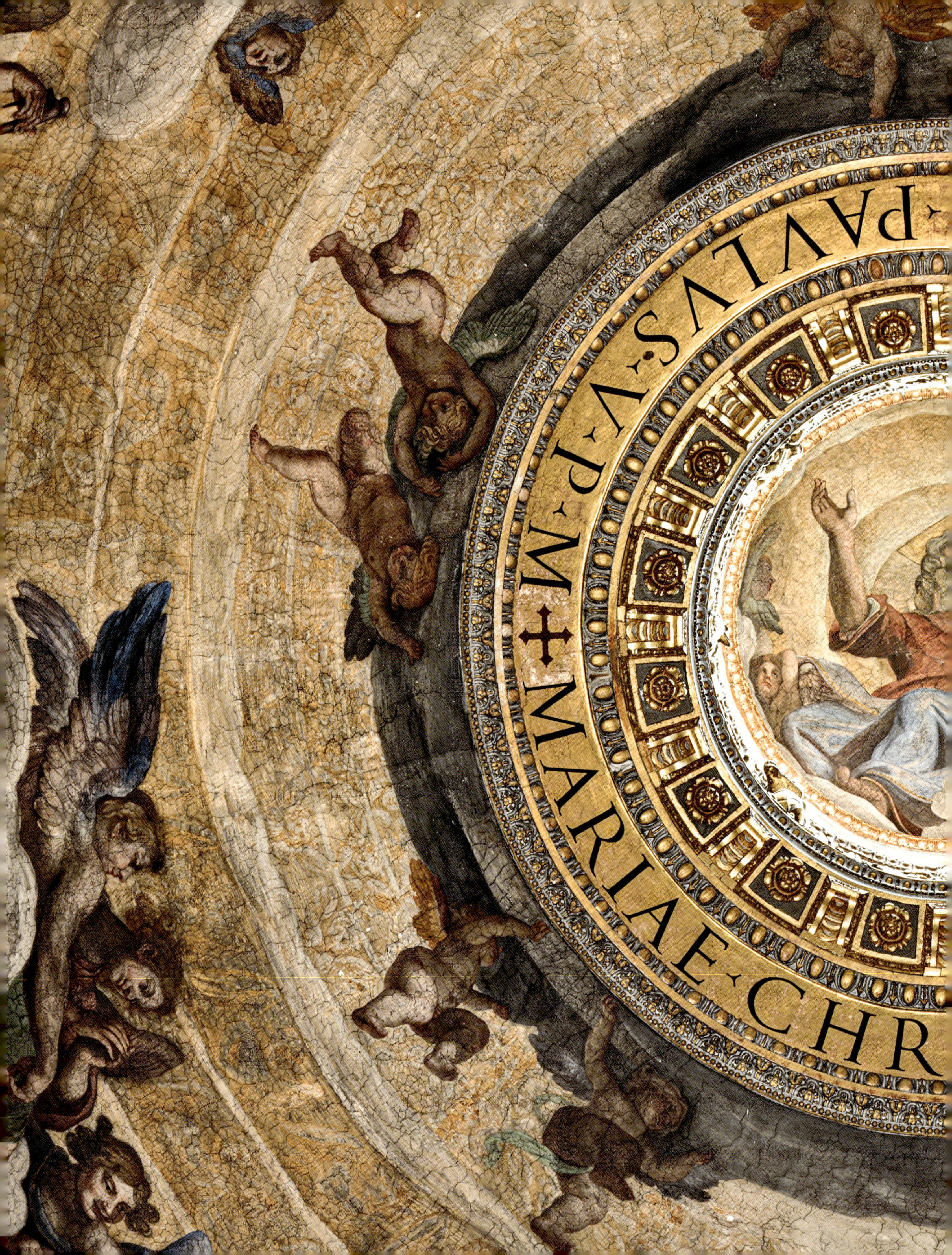
PAVLVS·V·P·M ✠ MARIAE·CHR

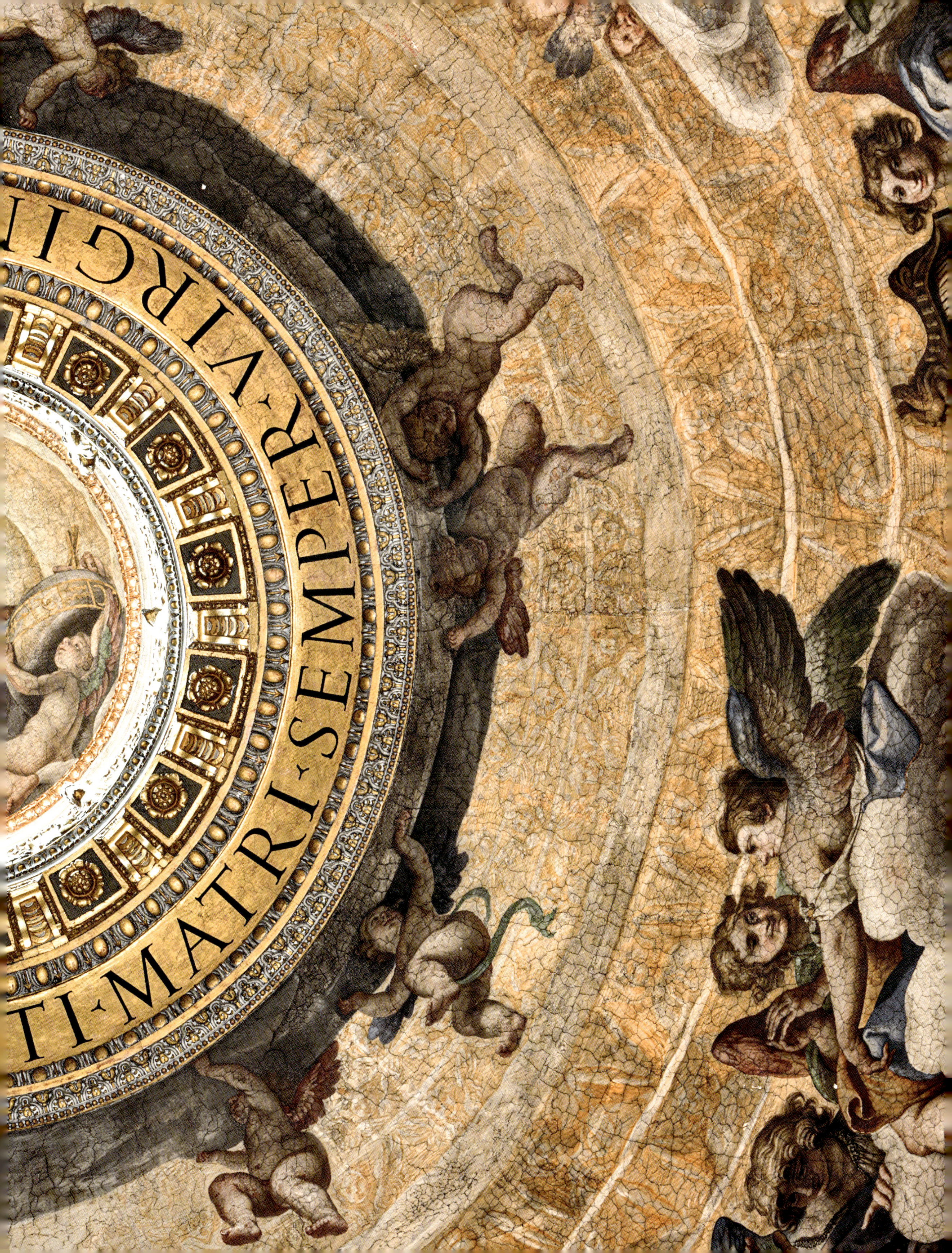
TI·MATRI·SEMPER·VIRGI

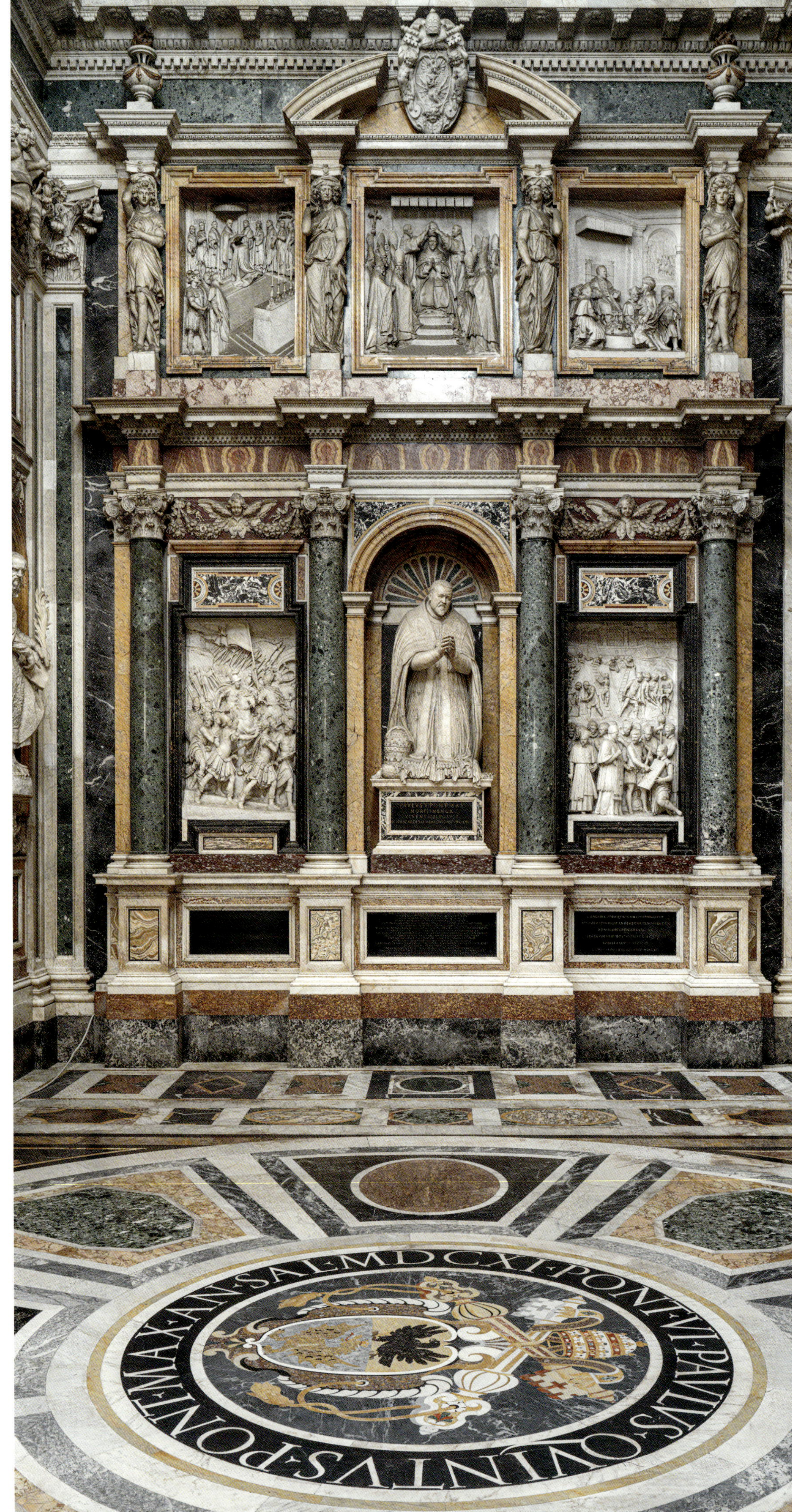

P. 264
Ippolito Buzzi (c. 1562-1634)
Incoronazione di Paolo V
1610-1615, rilievo in marmo di Carrara
Cappella Paolina, Monumento funebre di Paolo V

P. 265
Stefano Maderno
L'imperatore Rodolfo d'Ungheria in armi
1610-1615, rilievo in marmo di Carrara
Cappella Paolina, Monumento funebre di Paolo V

P. 264
Ippolito Buzzi (ca. 1562-1634)
Coronation of Paul V
1610-1615, Carrara marble relief
Cappella Paolina, Funeral Monument to Paul V

P. 265
Stefano Maderno
Emperor Rudolf of Hungary in Arms
1610-1615, Carrara marble relief
Cappella Paolina, Funeral Monument to Paul V

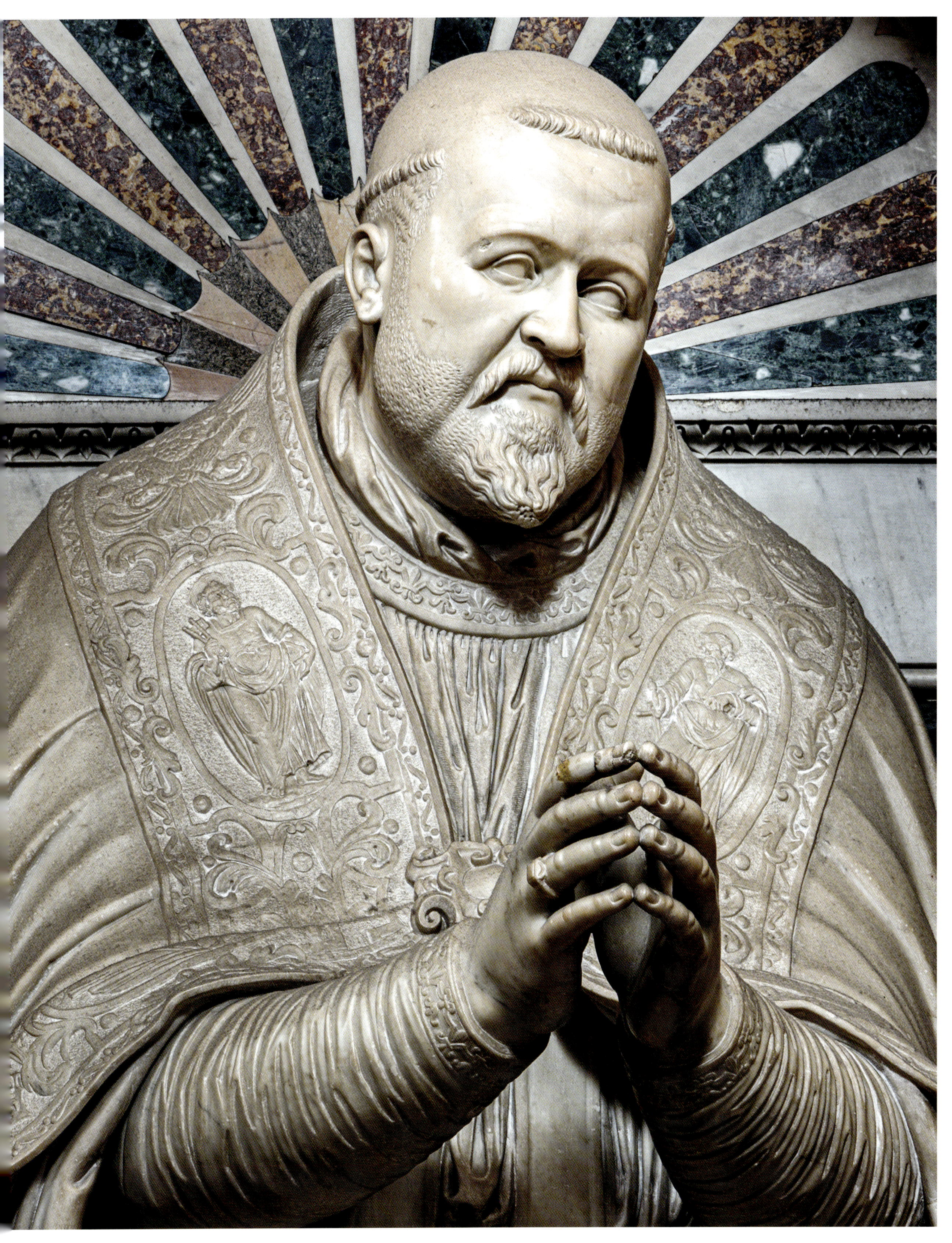

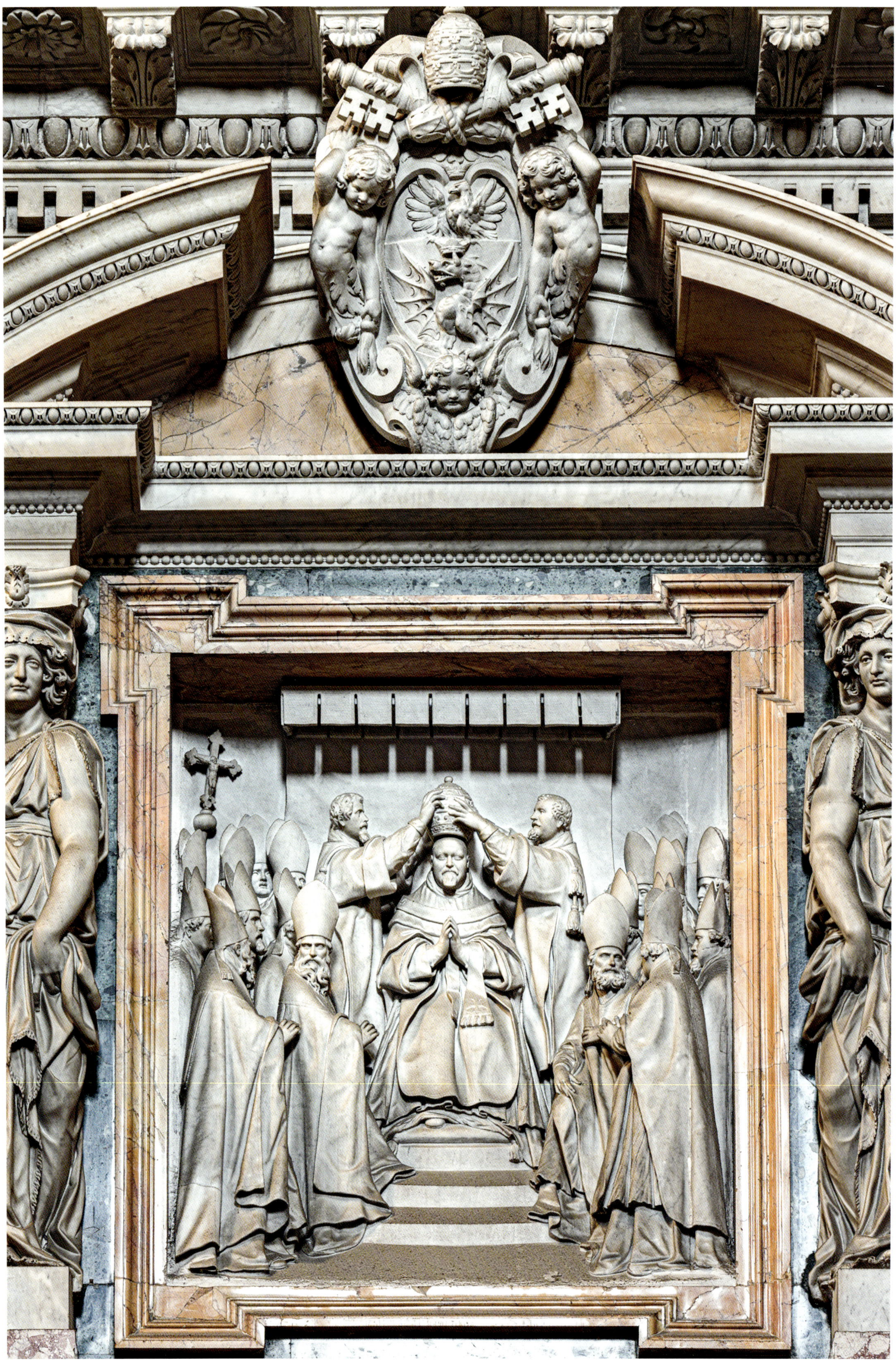

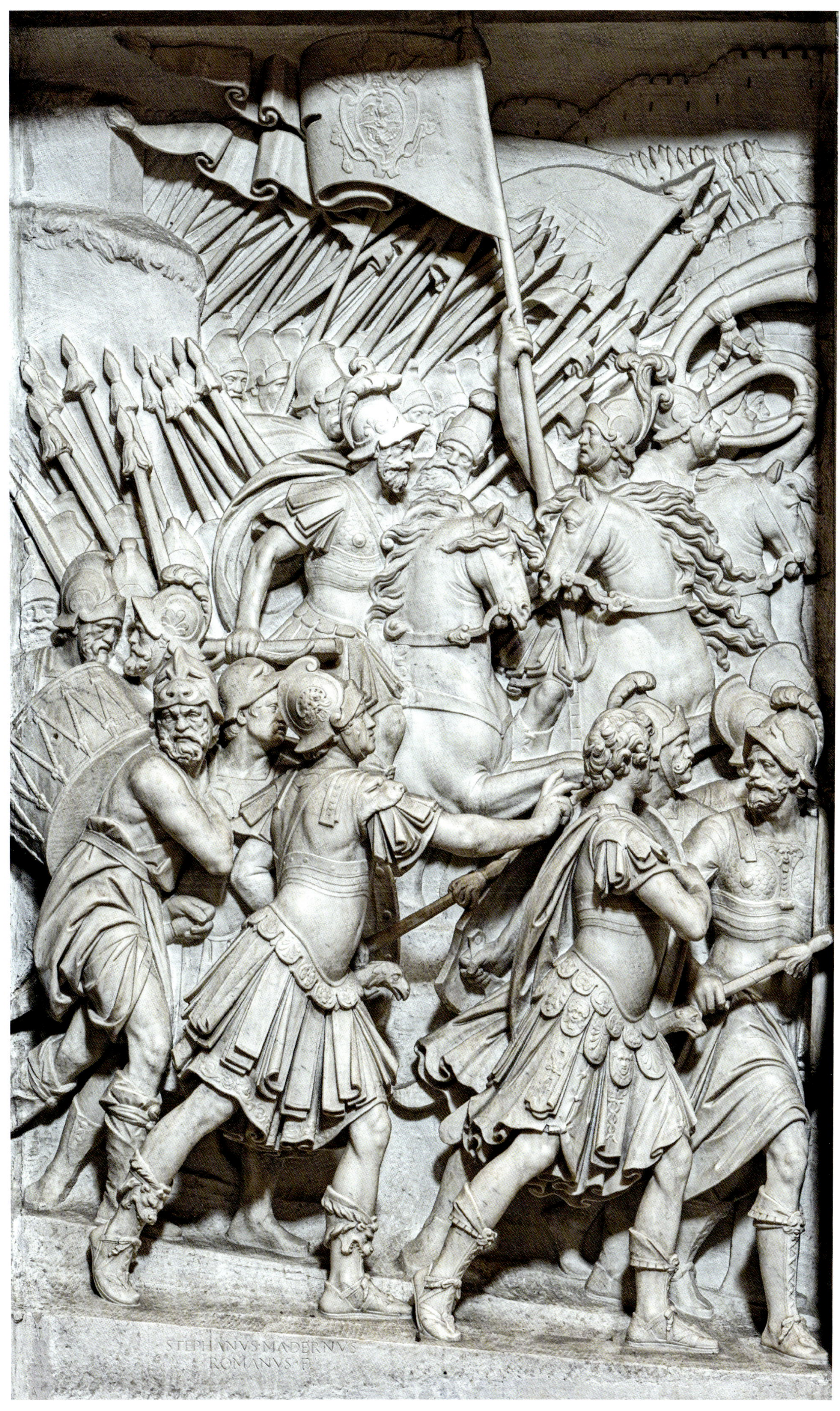
STEPHANVS·MADERNVS
ROMANVS·F.

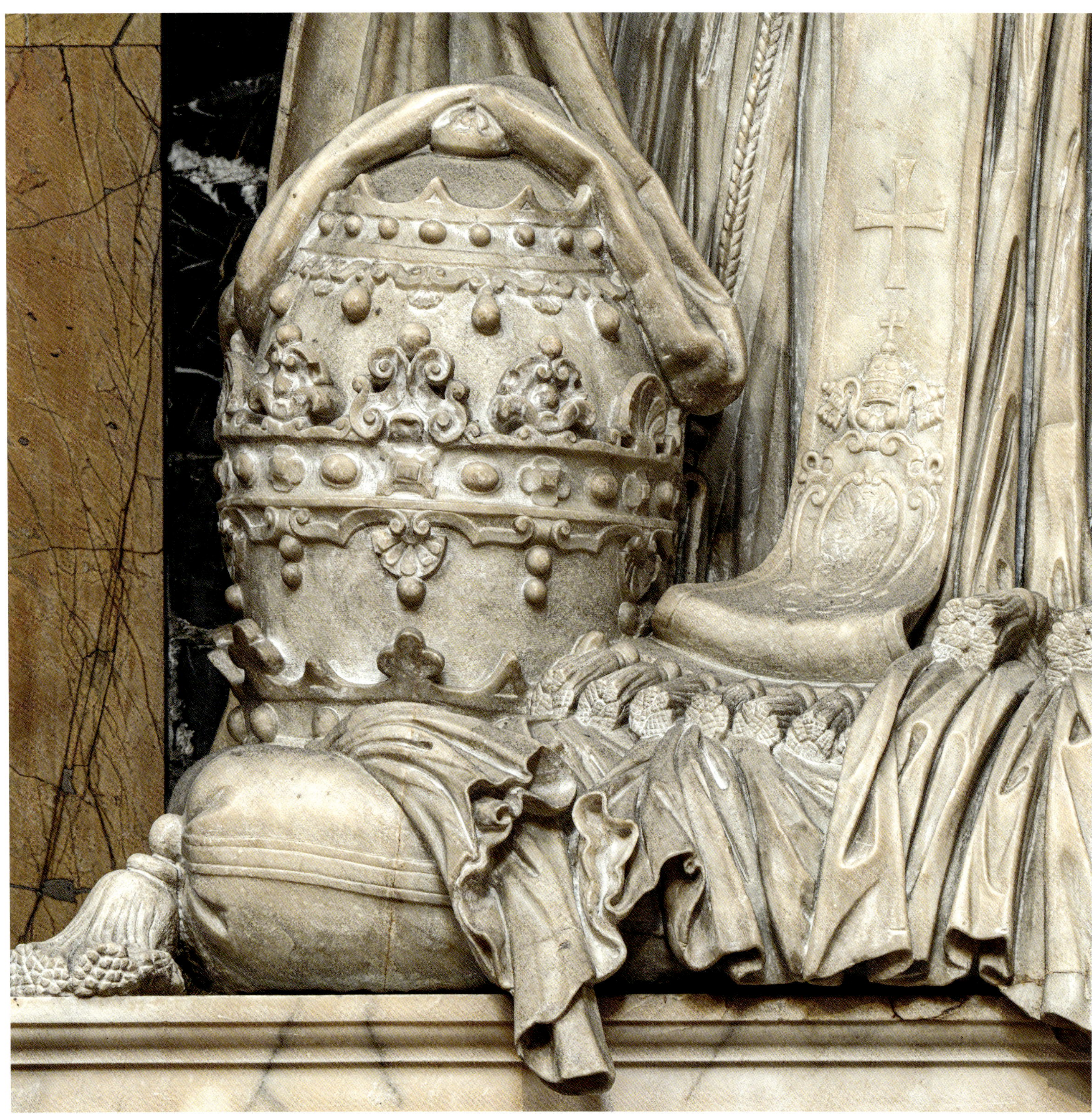

P. 266
Silla Giacomo Longhi
Paolo V in adorazione perpetua (dettaglio)
1610-1615, marmo di Carrara
Cappella Paolina, Monumento funebre di Paolo V

P. 267
Flaminio Ponzio
Veduta d'insieme del pavimento
Intarsio di marmi policromi
Cappella Paolina

P. 266
Silla Giacomo Longhi
Paul V in Perpetual Adoration (detail)
1610-1615, Carrara marble
Cappella Paolina, Funeral Monument to Paul V

P. 267
Flaminio Ponzio
Overall view of the floor
Inlay of polychrome marbles
Cappella Paolina

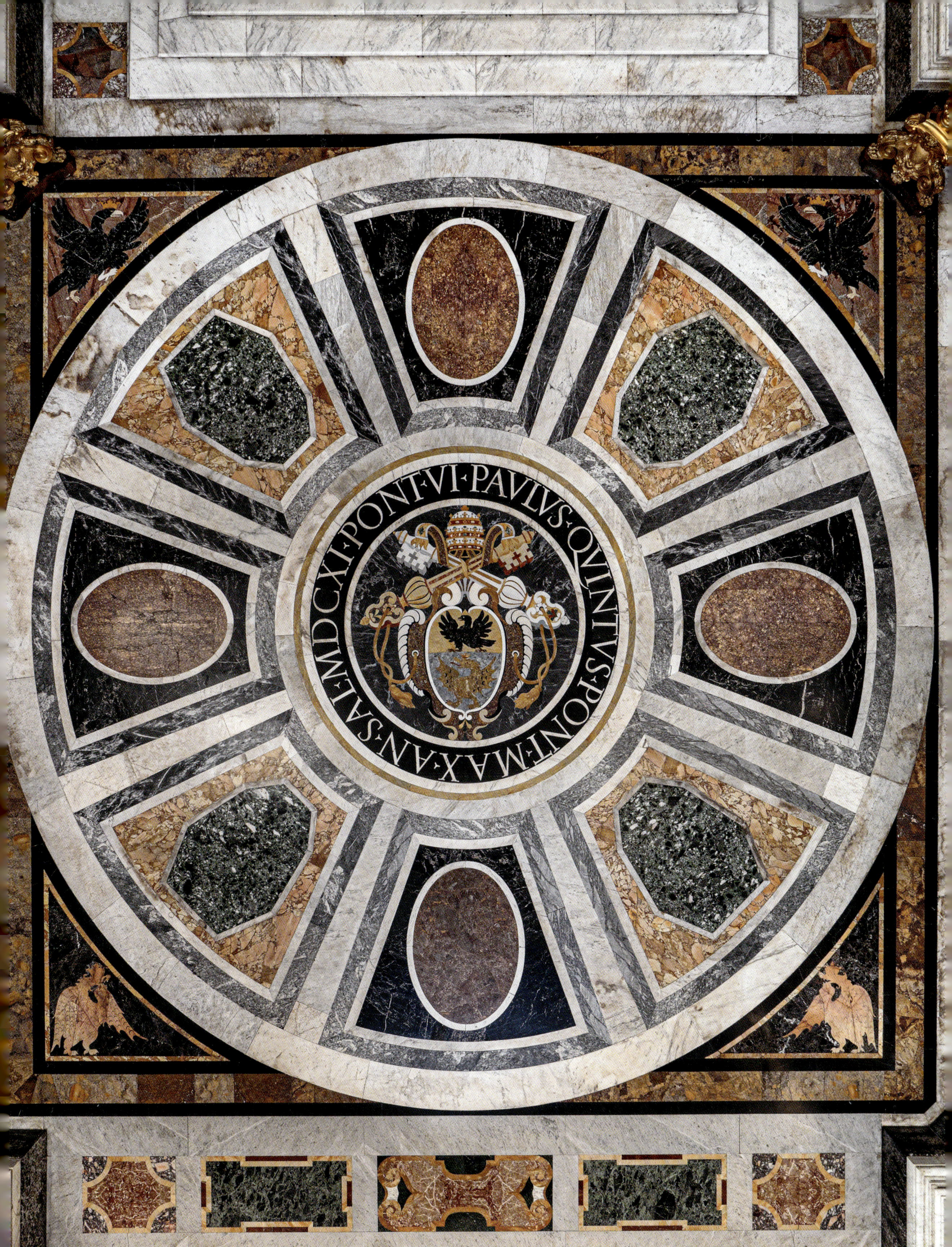
PAVLVS·QVINTVS·PONT·MAX·AN·SAL·MDCXI·PONT·VI·

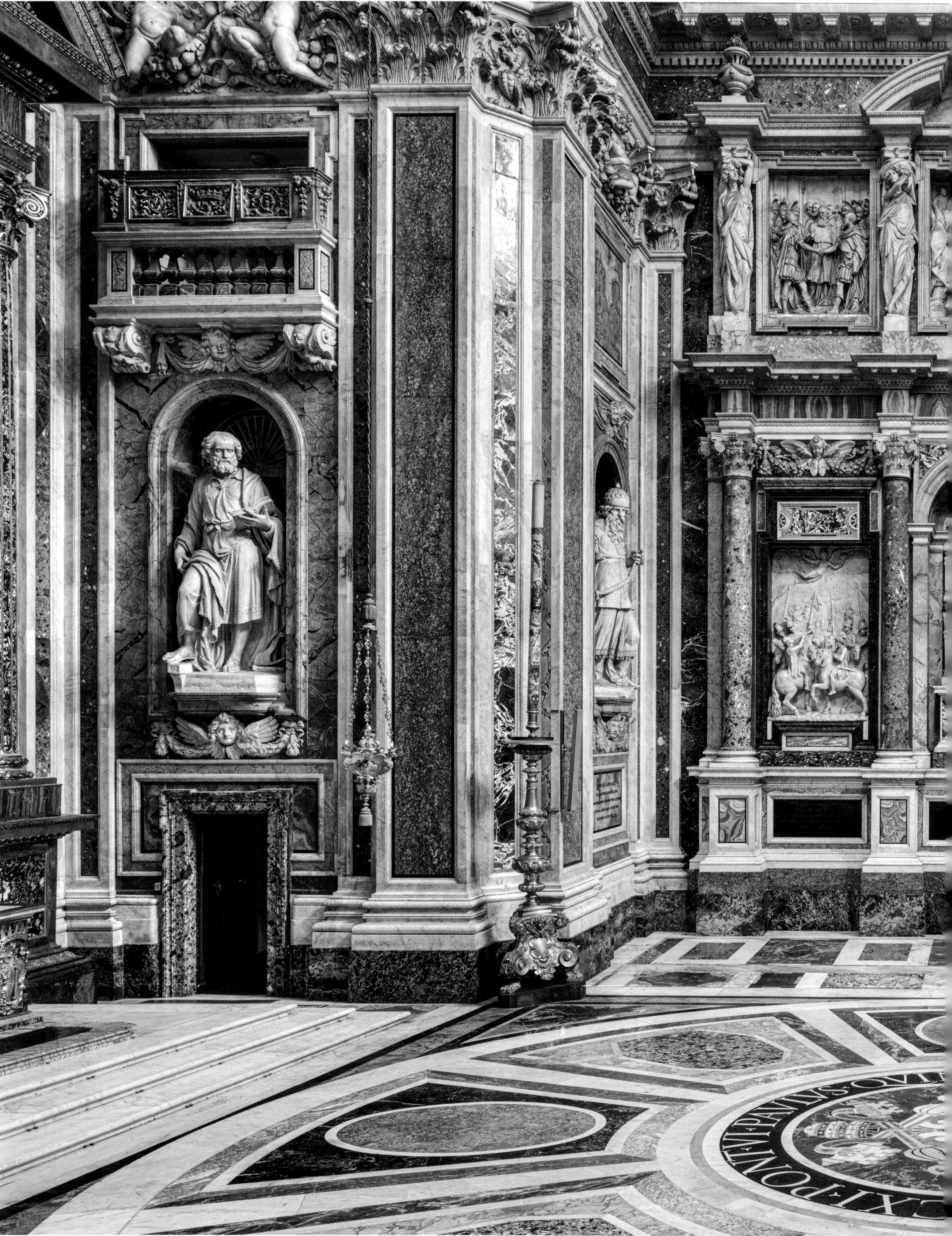
PAVLVS

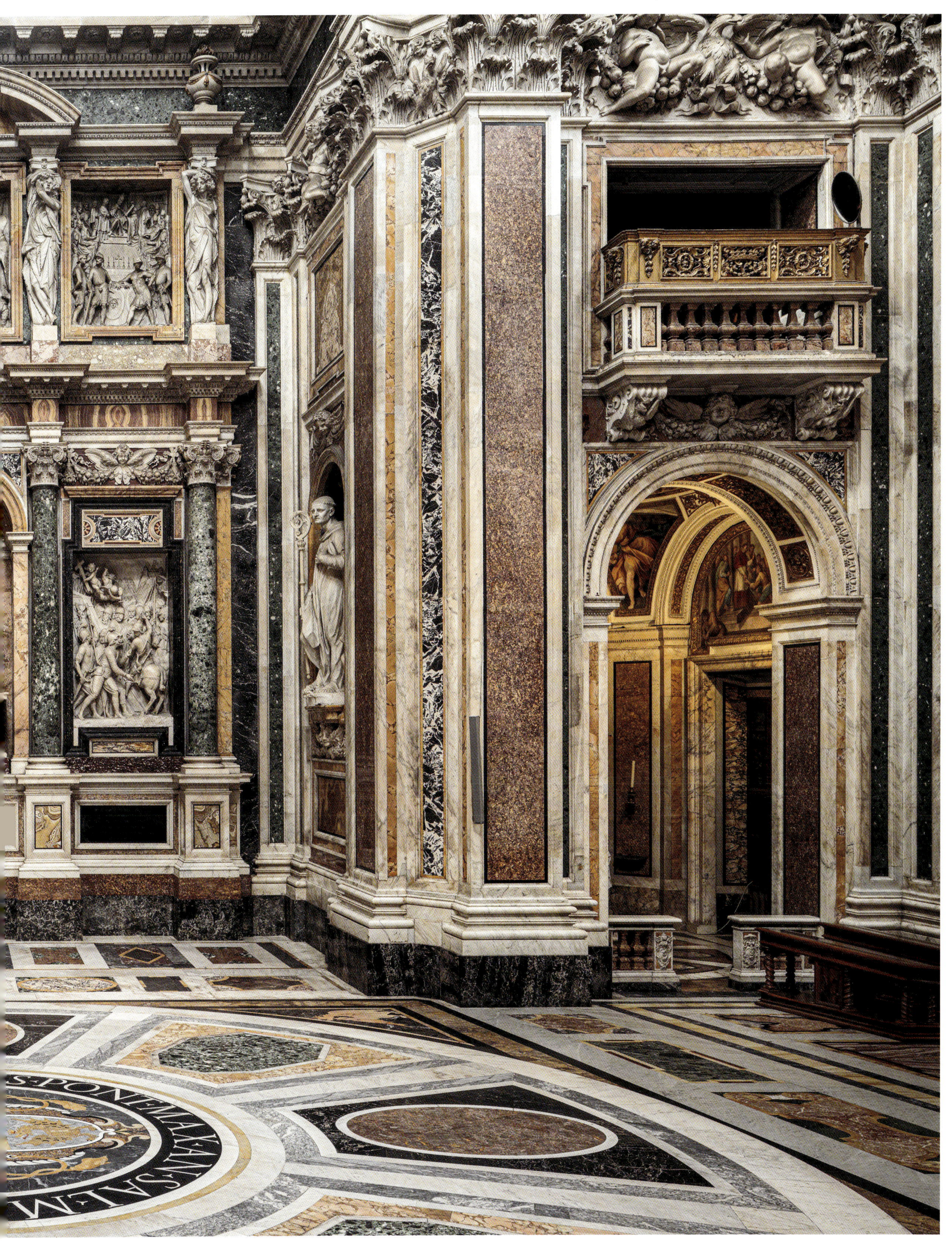
S·PONT·MAX

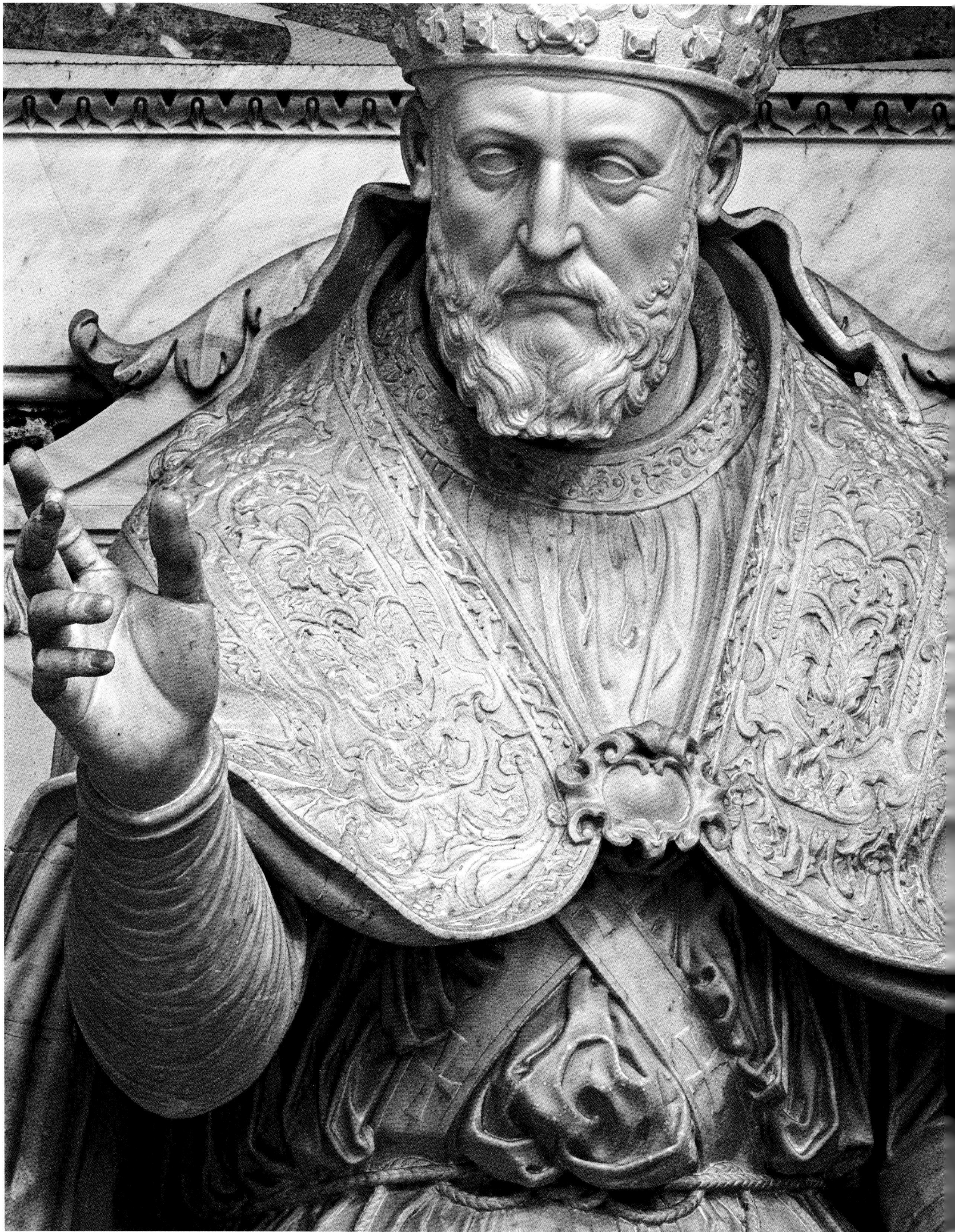

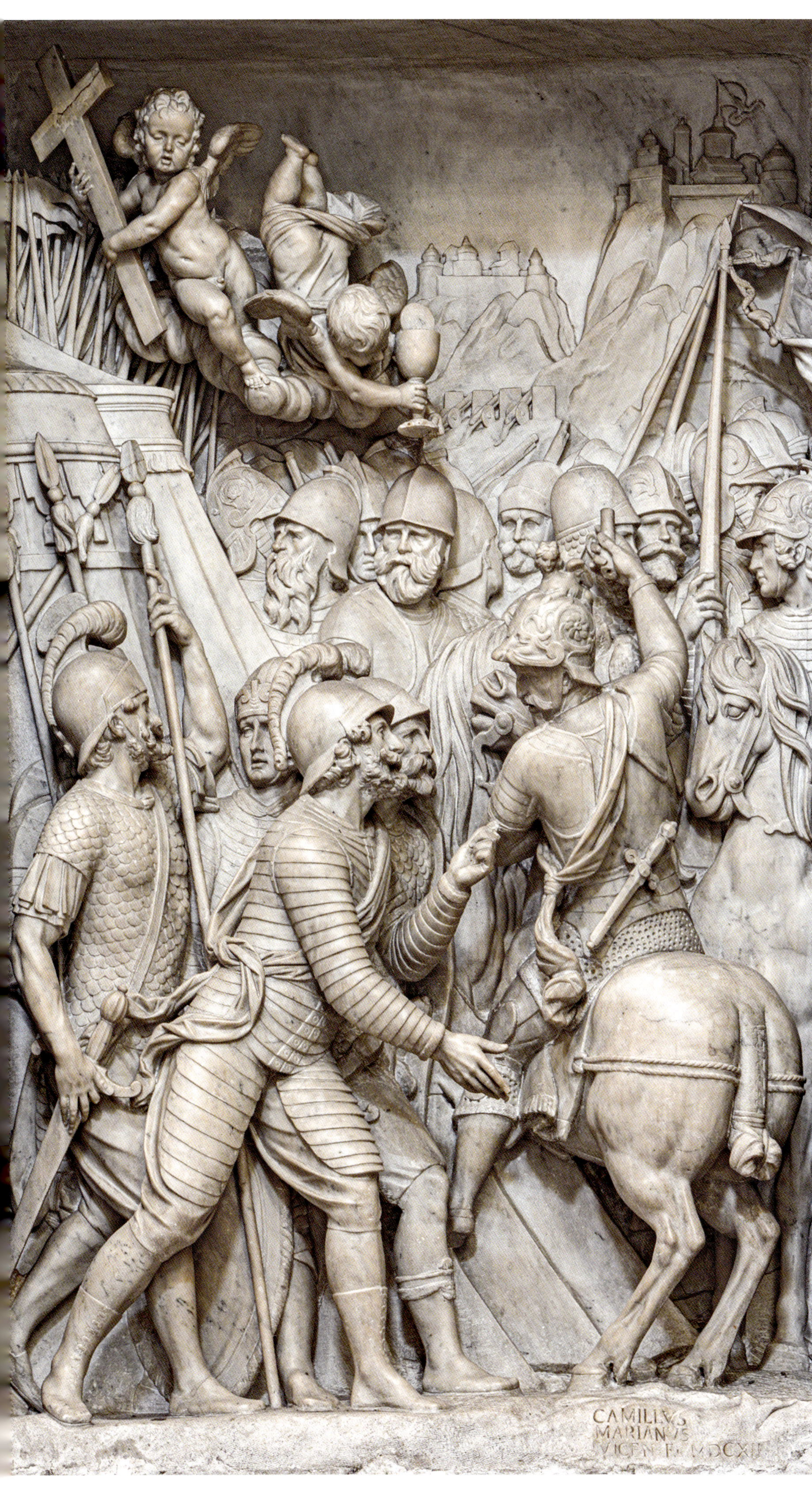

PP. 268-269
Flaminio Ponzio
Monumento funebre di Clemente VIII
1610-1614, marmo di Carrara
Cappella Paolina, parete destra

PP. 268-269
Flaminio Ponzio
Funeral Monument to Clement VIII
1610-1614, Carrara marble
Cappella Paolina, right wall

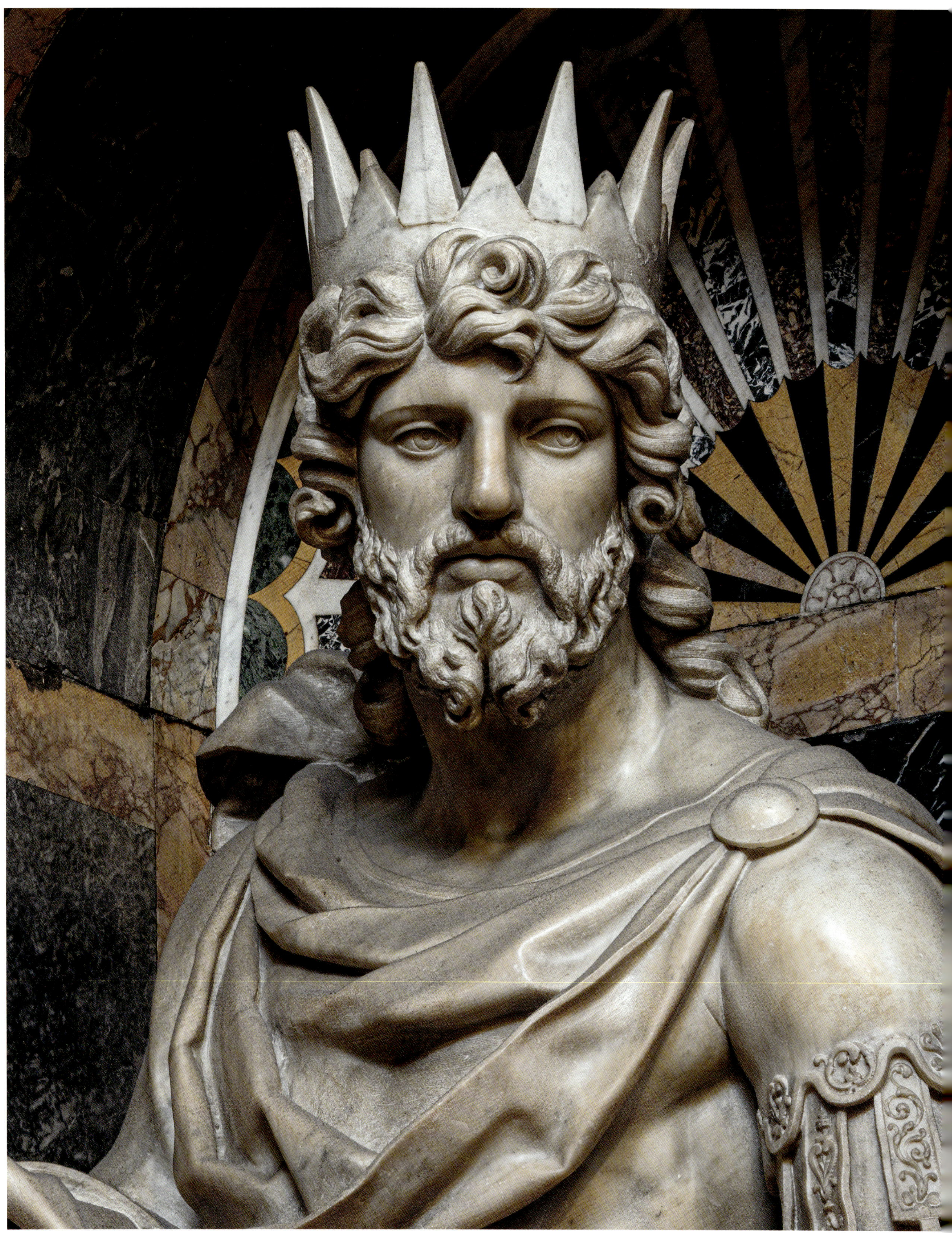

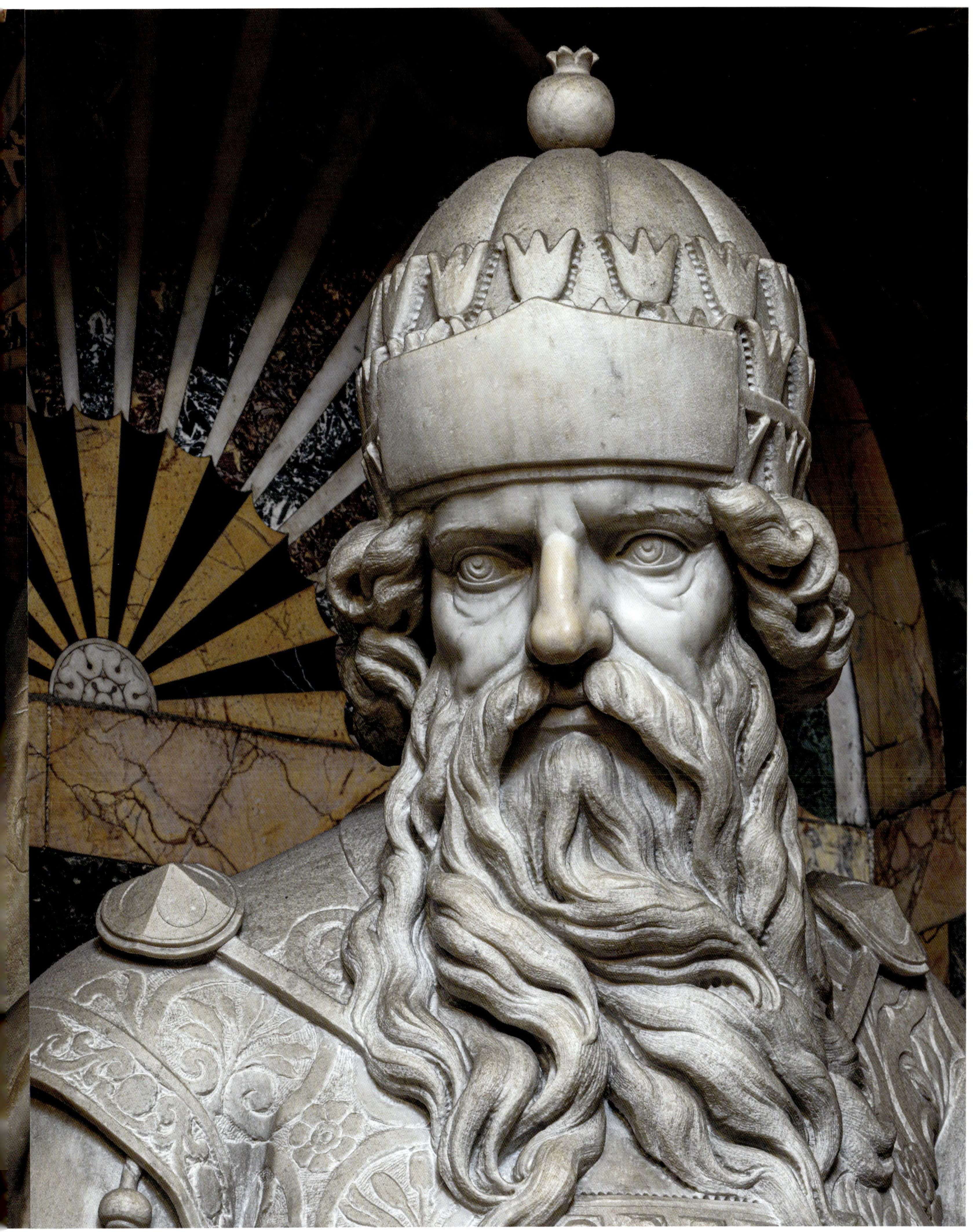

P. 270
Silla Giacomo Longhi
Clemente VIII benedicente (dettaglio)
1610-1614, marmo di Carrara
Cappella Paolina, Monumento funebre di Clemente VIII

P. 271
Camillo Mariani, Francesco Mochi (1580-1654)
Conquista di Strigonia (dettaglio)
1610-1614, rilievo in marmo di Carrara
Cappella Paolina, Monumento funebre di Clemente VIII

P. 272
Nicolas Cordier (c. 1567-1612)
Re Davide (dettaglio)
1610-1612, marmo di Carrara
Cappella Paolina

P. 273
Nicolas Cordier
Aronne (dettaglio)
1610-1612, marmo di Carrara
Cappella Paolina

P. 274
Ambrogio Buonvicino (1552-1662)
San Giuseppe (dettaglio)
1610-1612, marmo di Carrara
Cappella Paolina

P. 275
Camillo Mariani, Francesco Mochi
San Giovanni Evangelista (dettaglio)
1610-1612, marmo di Carrara
Cappella Paolina

P. 270
Silla Giacomo Longhi
Clement VIII Blessing (detail)
1610-1614, Carrara marble
Cappella Paolina, Funeral Monument to Clement VIII

P. 271
Camillo Mariani, Francesco Mochi (1580-1654)
Conquest of Strigonia (detail)
1610-1614, Carrara marble relief
Cappella Paolina, Funeral Monument to Clement VIII

P. 272
Nicolas Cordier (ca. 1567-1612)
King David (detail)
1610-1612, Carrara marble
Cappella Paolina

P. 273
Nicolas Cordier
Aaron (detail)
1610-1612, Carrara marble
Cappella Paolina

P. 274
Ambrogio Buonvicino (1552-1662)
Saint Joseph (detail)
1610-1612, Carrara marble
Cappella Paolina

P. 275
Camillo Mariani, Francesco Mochi
Saint John the Evangelist (detail)
1610-1612, Carrara marble
Cappella Paolina

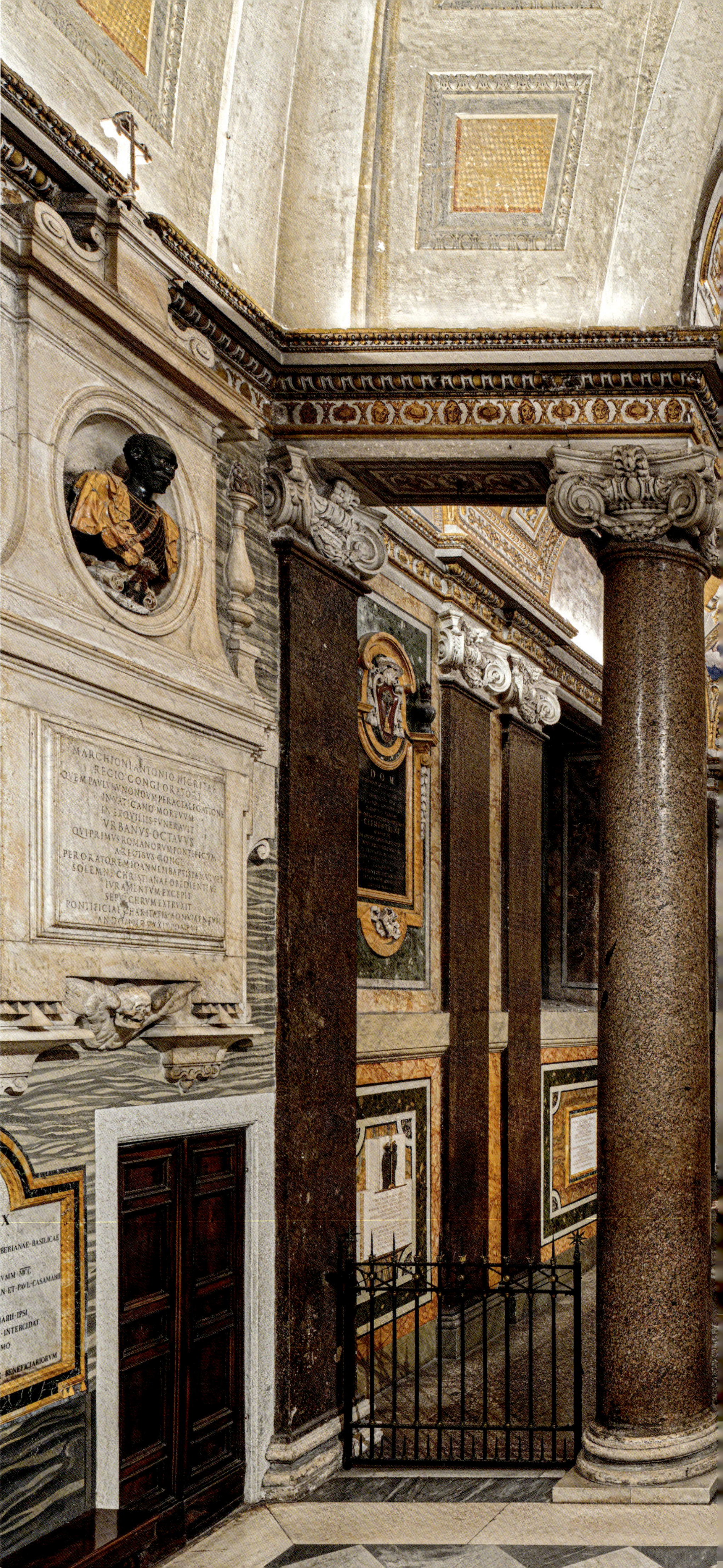

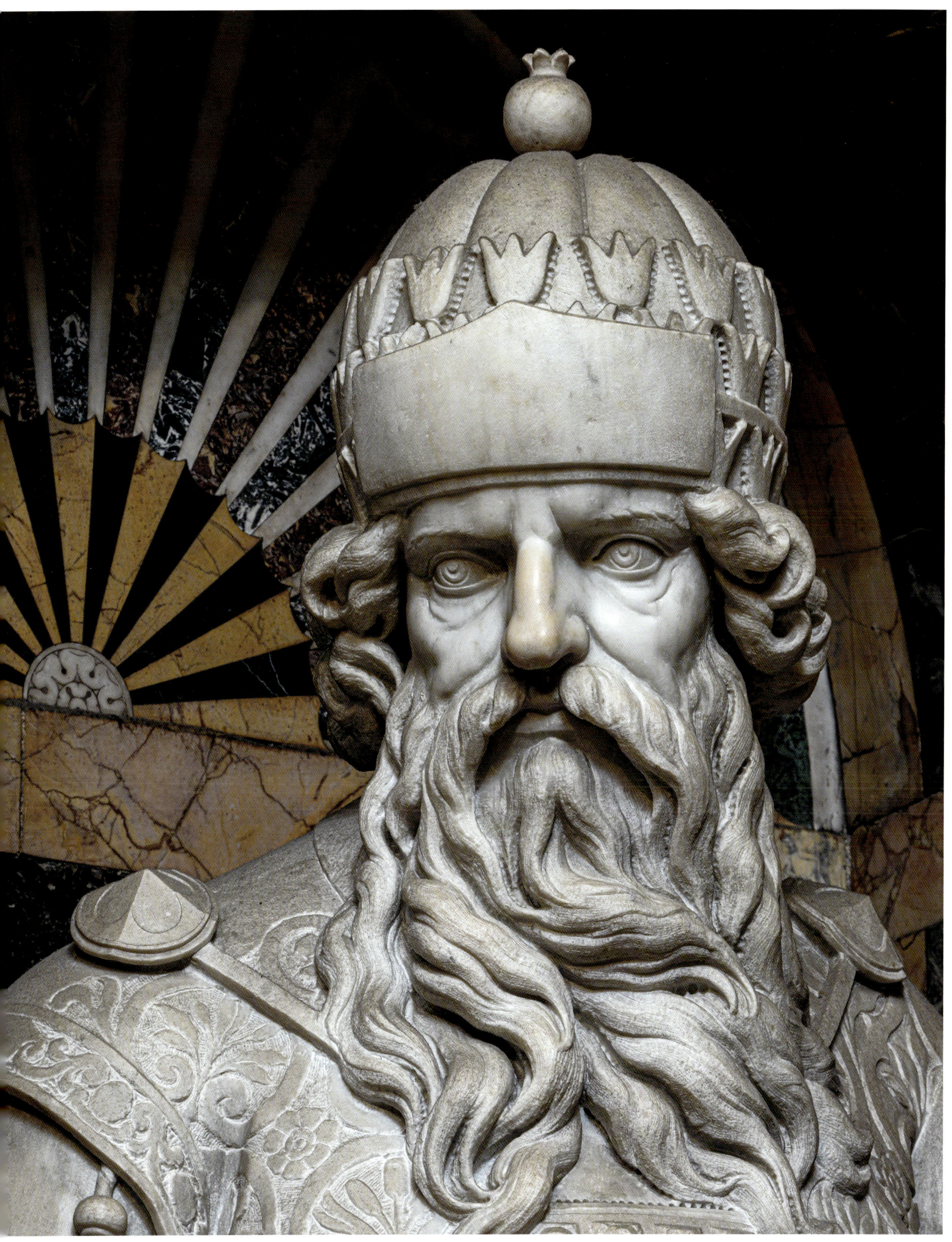

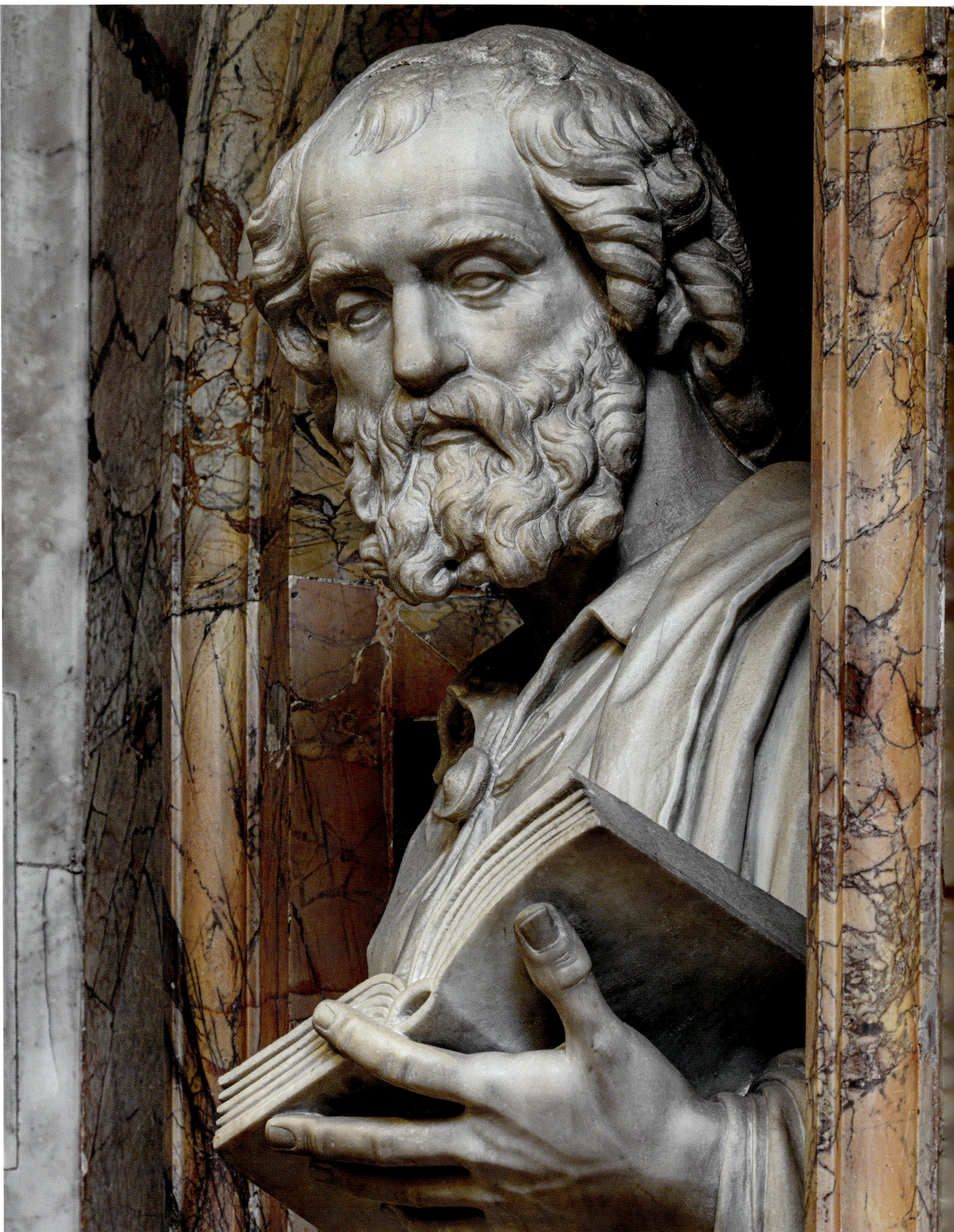

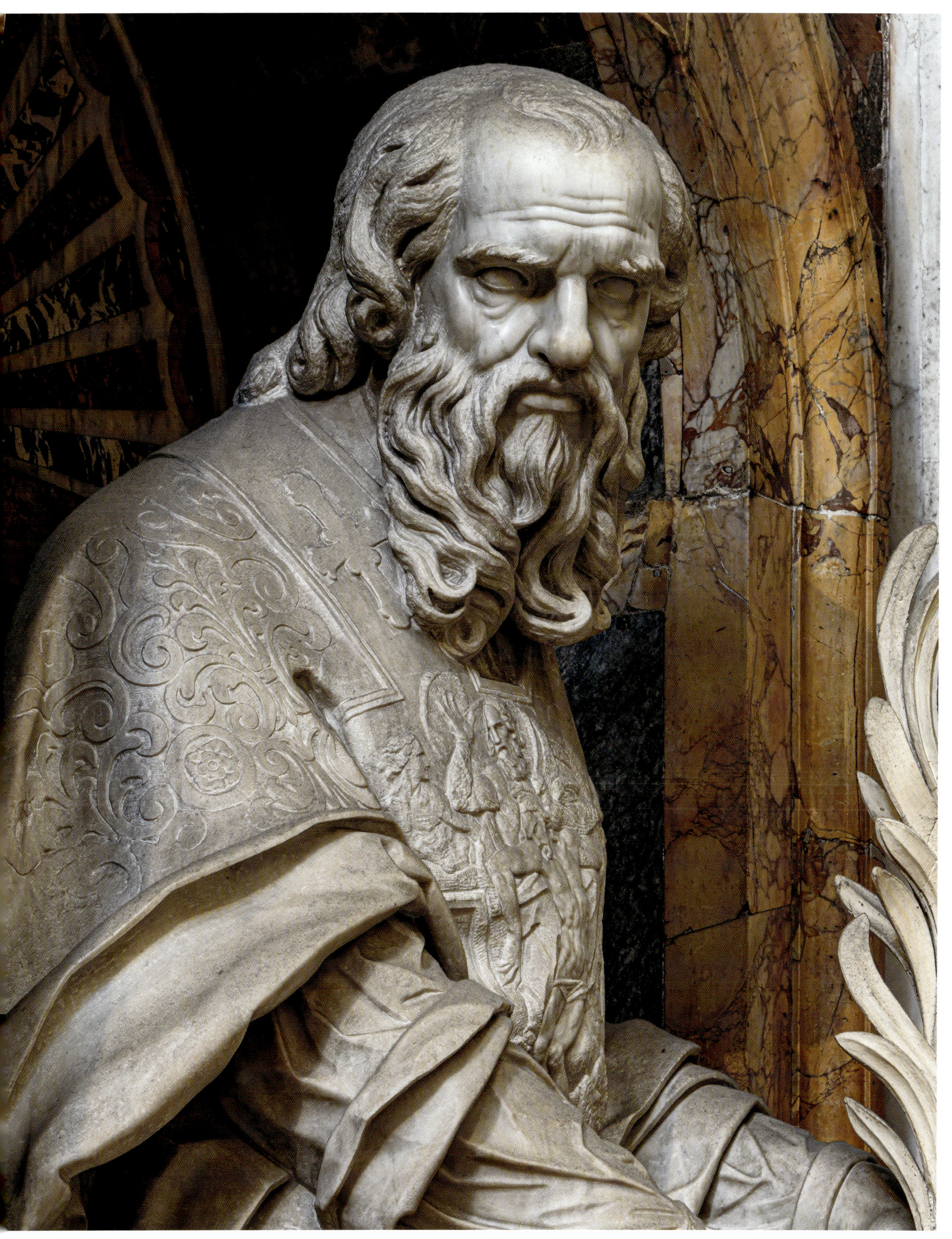

P. 270
Silla Giacomo Longhi
Clemente VIII benedicente (dettaglio)
1610-1614, marmo di Carrara
Cappella Paolina, Monumento funebre di Clemente VIII

P. 271
Camillo Mariani, Francesco Mochi (1580-1654)
Conquista di Strigonia (dettaglio)
1610-1614, rilievo in marmo di Carrara
Cappella Paolina, Monumento funebre di Clemente VIII

P. 272
Nicolas Cordier (c. 1567-1612)
Re Davide (dettaglio)
1610-1612, marmo di Carrara
Cappella Paolina

P. 273
Nicolas Cordier
Aronne (dettaglio)
1610-1612, marmo di Carrara
Cappella Paolina

P. 274
Ambrogio Buonvicino (1552-1662)
San Giuseppe (dettaglio)
1610-1612, marmo di Carrara
Cappella Paolina

P. 275
Camillo Mariani, Francesco Mochi
San Giovanni Evangelista (dettaglio)
1610-1612, marmo di Carrara
Cappella Paolina

P. 270
Silla Giacomo Longhi
Clement VIII Blessing (detail)
1610-1614, Carrara marble
Cappella Paolina, Funeral Monument to Clement VIII

P. 271
Camillo Mariani, Francesco Mochi (1580-1654)
Conquest of Strigonia (detail)
1610-1614, Carrara marble relief
Cappella Paolina, Funeral Monument to Clement VIII

P. 272
Nicolas Cordier (ca. 1567-1612)
King David (detail)
1610-1612, Carrara marble
Cappella Paolina

P. 273
Nicolas Cordier
Aaron (detail)
1610-1612, Carrara marble
Cappella Paolina

P. 274
Ambrogio Buonvicino (1552-1662)
Saint Joseph (detail)
1610-1612, Carrara marble
Cappella Paolina

P. 275
Camillo Mariani, Francesco Mochi
Saint John the Evangelist (detail)
1610-1612, Carrara marble
Cappella Paolina

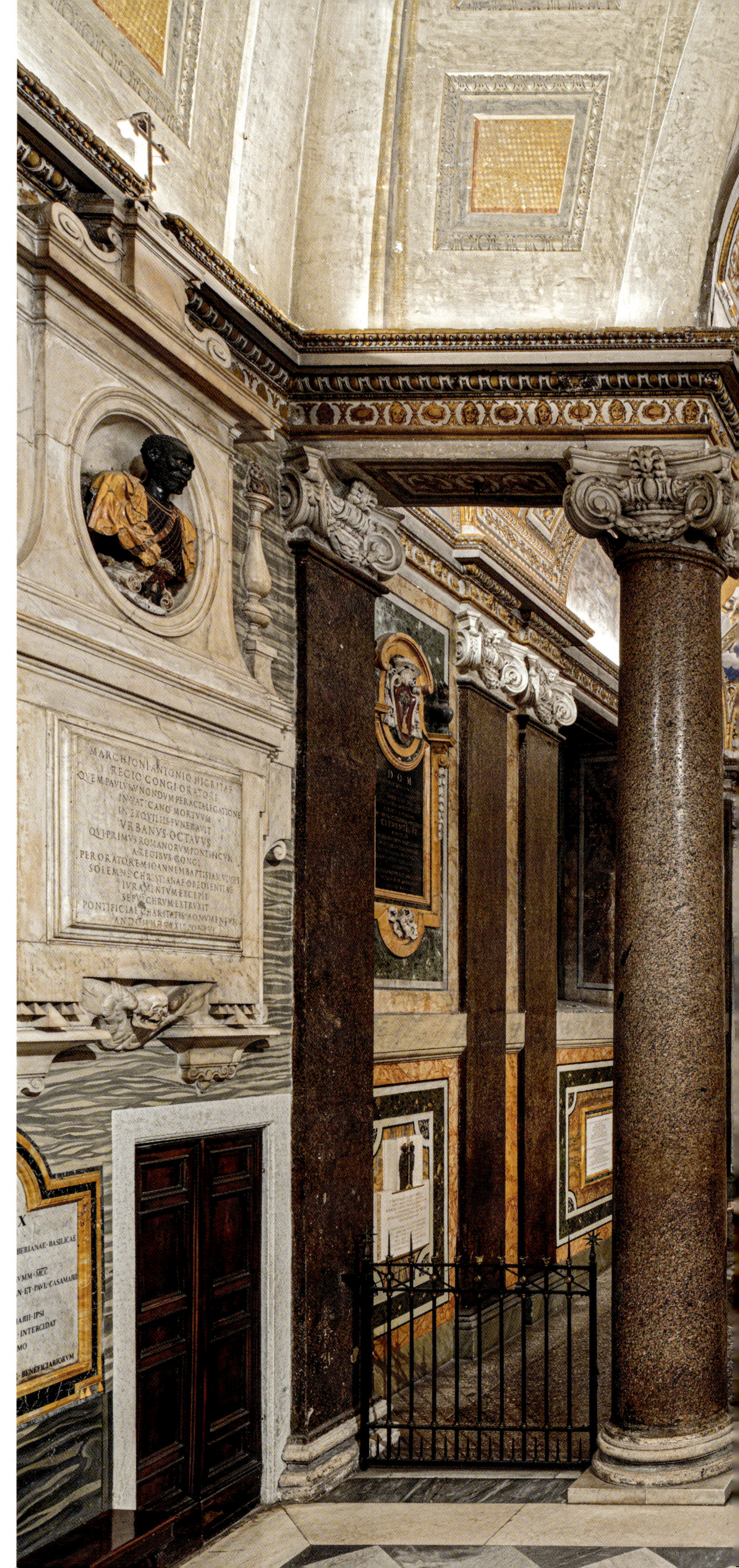

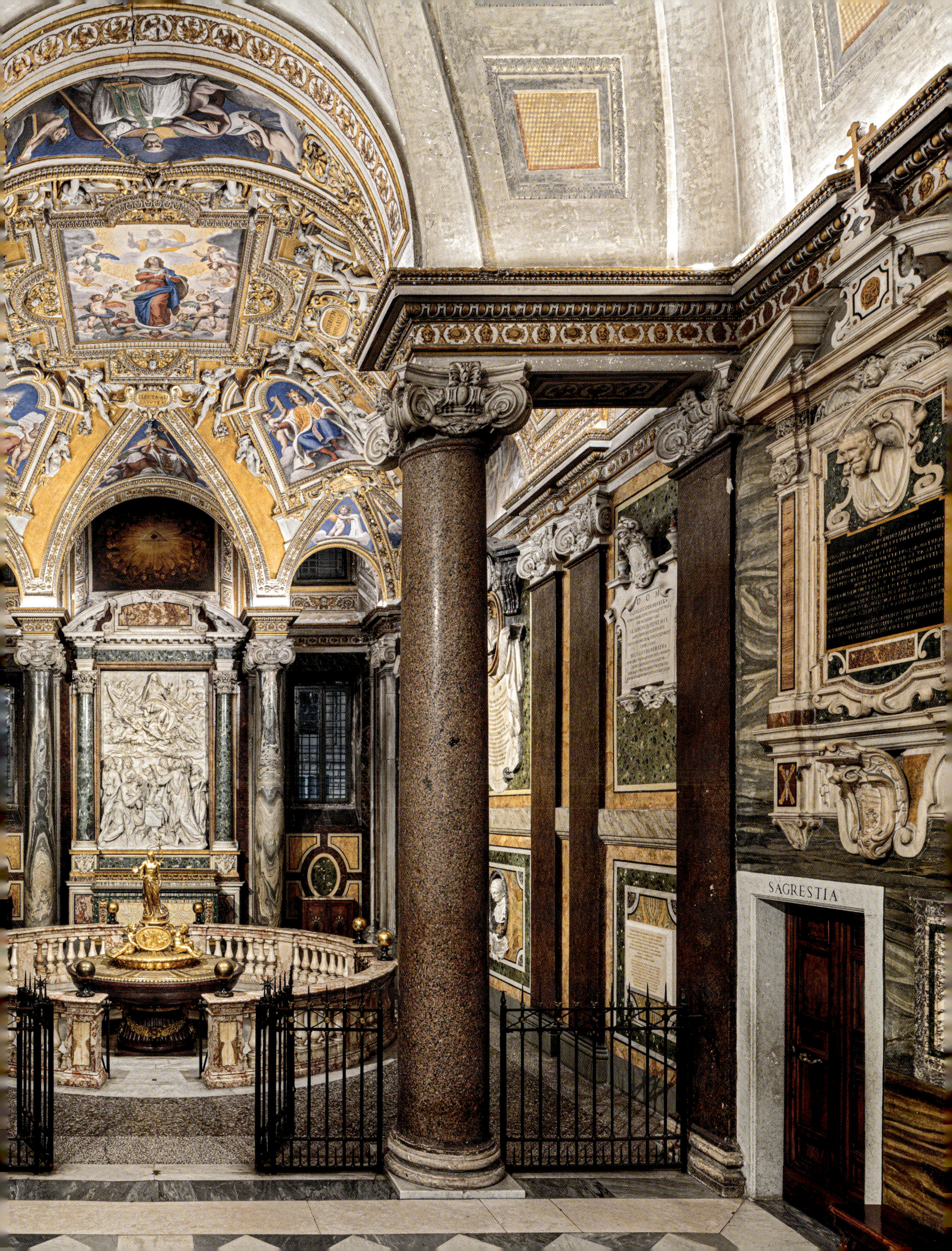
SAGRESTIA

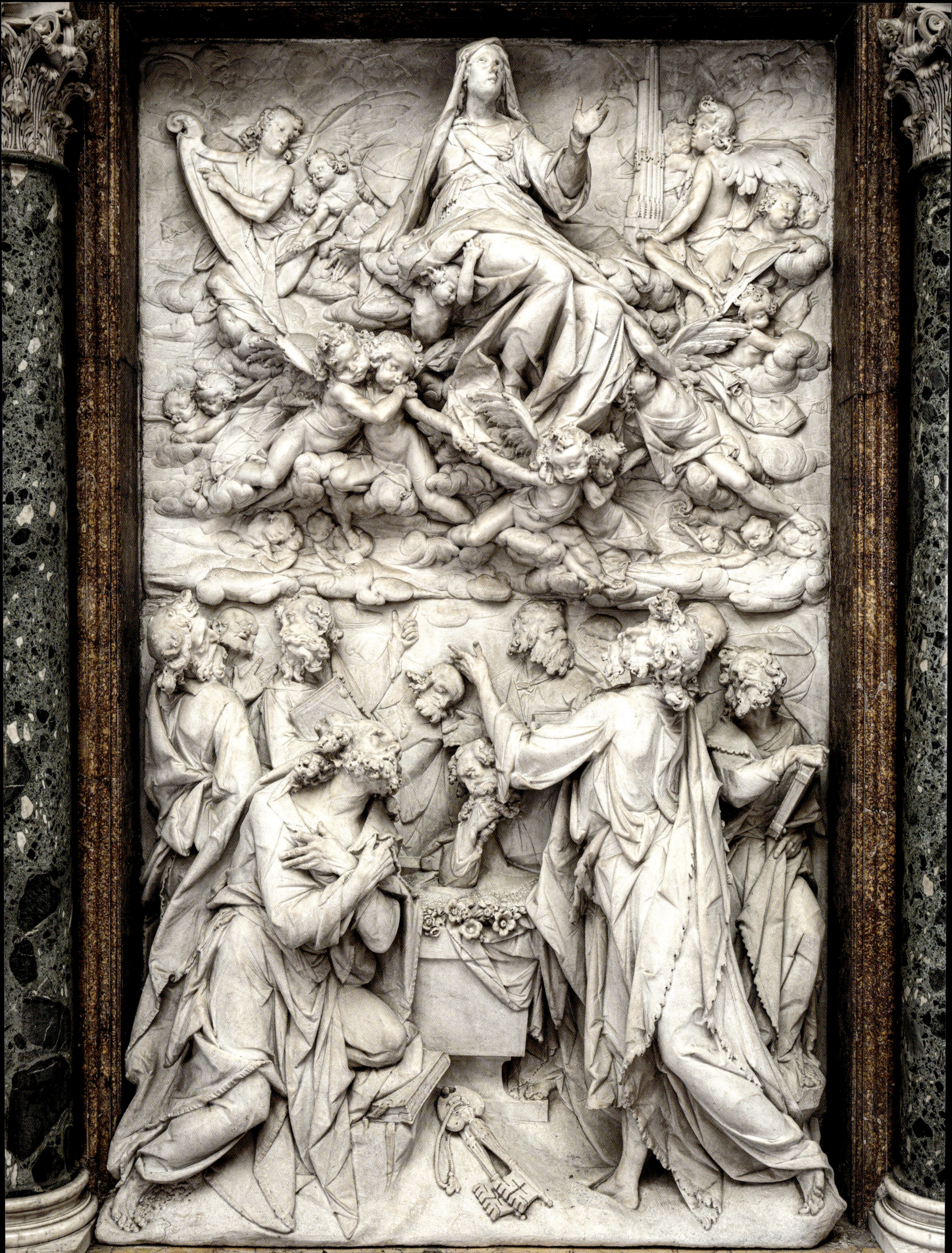

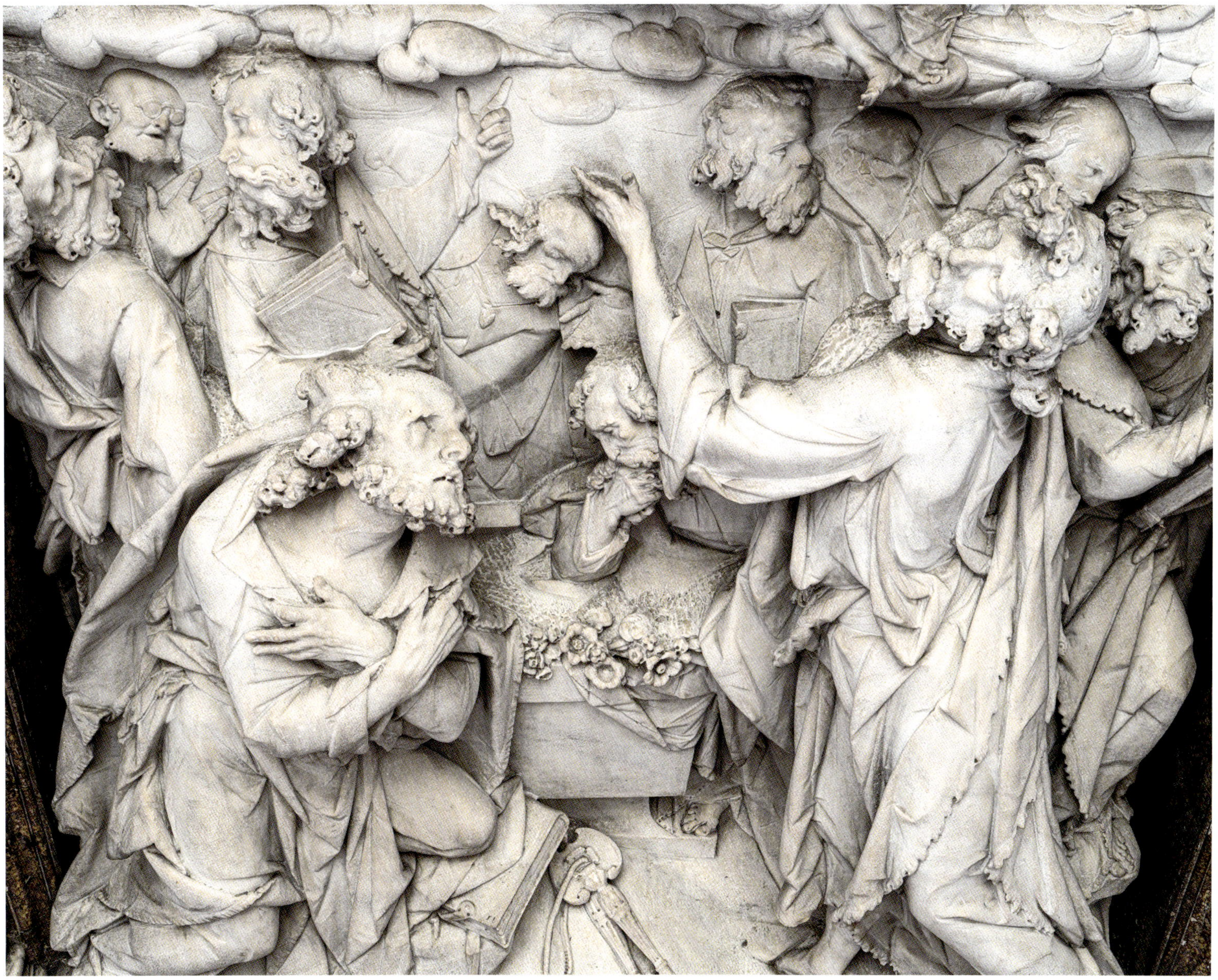

PP. 276-277
Flaminio Ponzio
Battistero (già Coro invernale)
1605-1608 circa

PP. 278, 279
Pietro Bernini (1562-1629)
Assunzione della Vergine
1608-1610, marmo di Carrara
Battistero (già Coro invernale), altare

PP. 276-277
Flaminio Ponzio
Baptistery (formerly Winter Choir)
ca. 1605-1608

PP. 278, 279
Pietro Bernini (1562-1629)
Assumption of the Virgin
1608-1610, Carrara marble
Baptistery (formerly Winter Choir), altar

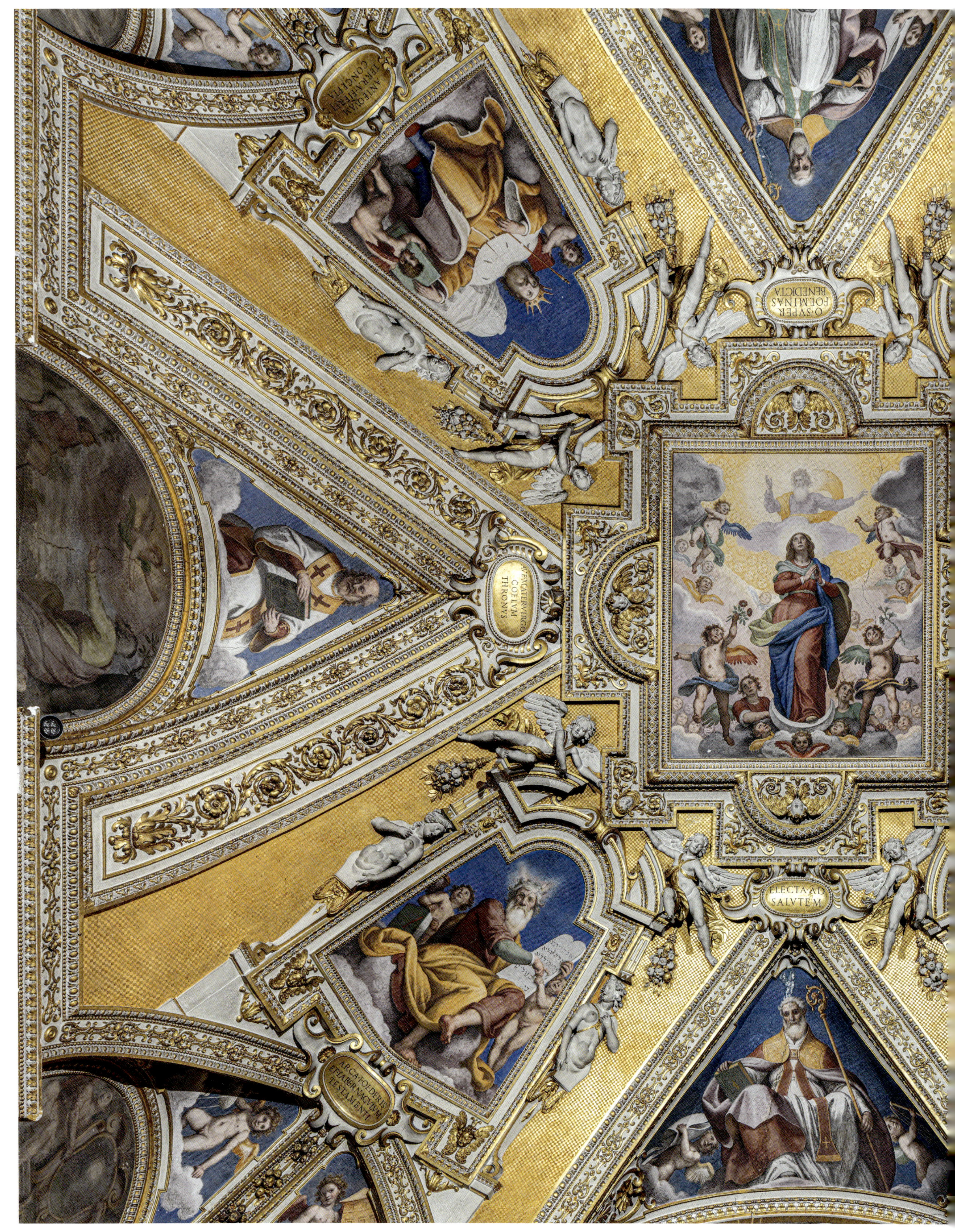
O·SVPER FOEMINAS BENEDICTA
AVE·MATER·VIRGO COELVM THRONVS
ELECTA·AD SALVTEM

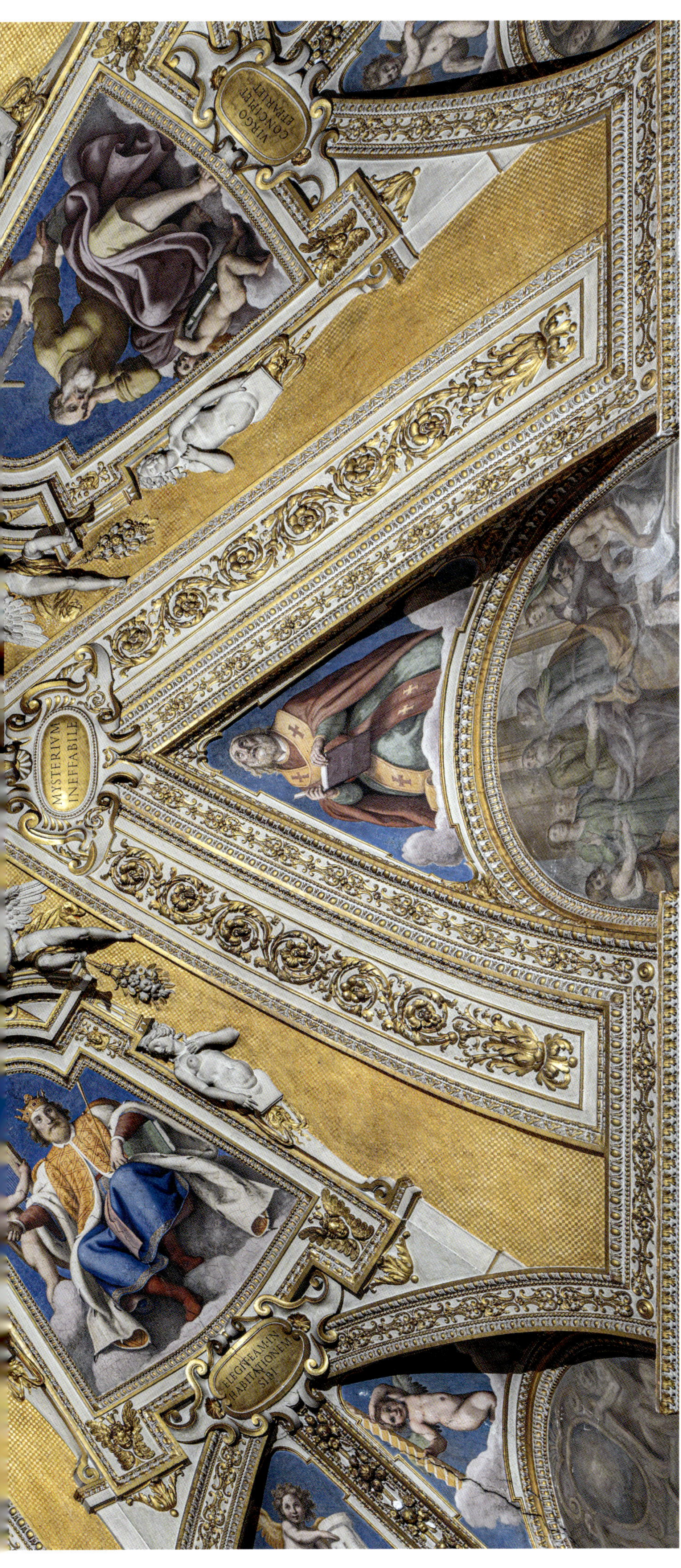

PP. 280-281
Domenico Cresti, detto il Passignano (1559-1638)
Immacolata Concezione con Profeti
1607-1610, affresco
Battistero (già Coro invernale), volta

P. 282
Parete nel vestibolo del battistero (già Coro invernale)
Veduta d'insieme

P. 283
Francesco Caporale (doc. XVI/XVII sec.)
Monumento del marchese Antonio Emanuele Ne Vunda, detto il Nigrita, ambasciatore del Congo
1608, marmo
Battistero (già Coro invernale)

PP. 284-285
Domenico Cresti, detto il Passignano
Angeli musicanti
1607-1610, affresco
Battistero (già Coro invernale), volta del vestibolo

PP. 286-287
Flaminio Ponzio
Sagrestia grande
1605-1610
Veduta d'insieme

PP. 280-281
Domenico Cresti, known as Passignano (1559-1638)
Immaculate Conception with Prophets
1607-1610, fresco
Baptistery (formerly Winter Choir), vault

P. 282
Wall in the vestibule of the baptistery (formerly Winter Choir)
Overall view

P. 283
Francesco Caporale (doc. 16th-17th centuries)
Monument to Marquis Antonio Emanuele Ne Vunda, known as the Nigrita, ambassador of the Congo
1608, marble
Baptistery (formerly Winter Choir)

PP. 284-285
Domenico Cresti, known as Passignano
Musician Angels
1607-1610, fresco
Baptistery (formerly Winter Choir), vestibule vault

PP. 286-287
Flaminio Ponzio
Large Sacristy
1605-1610
Overall view

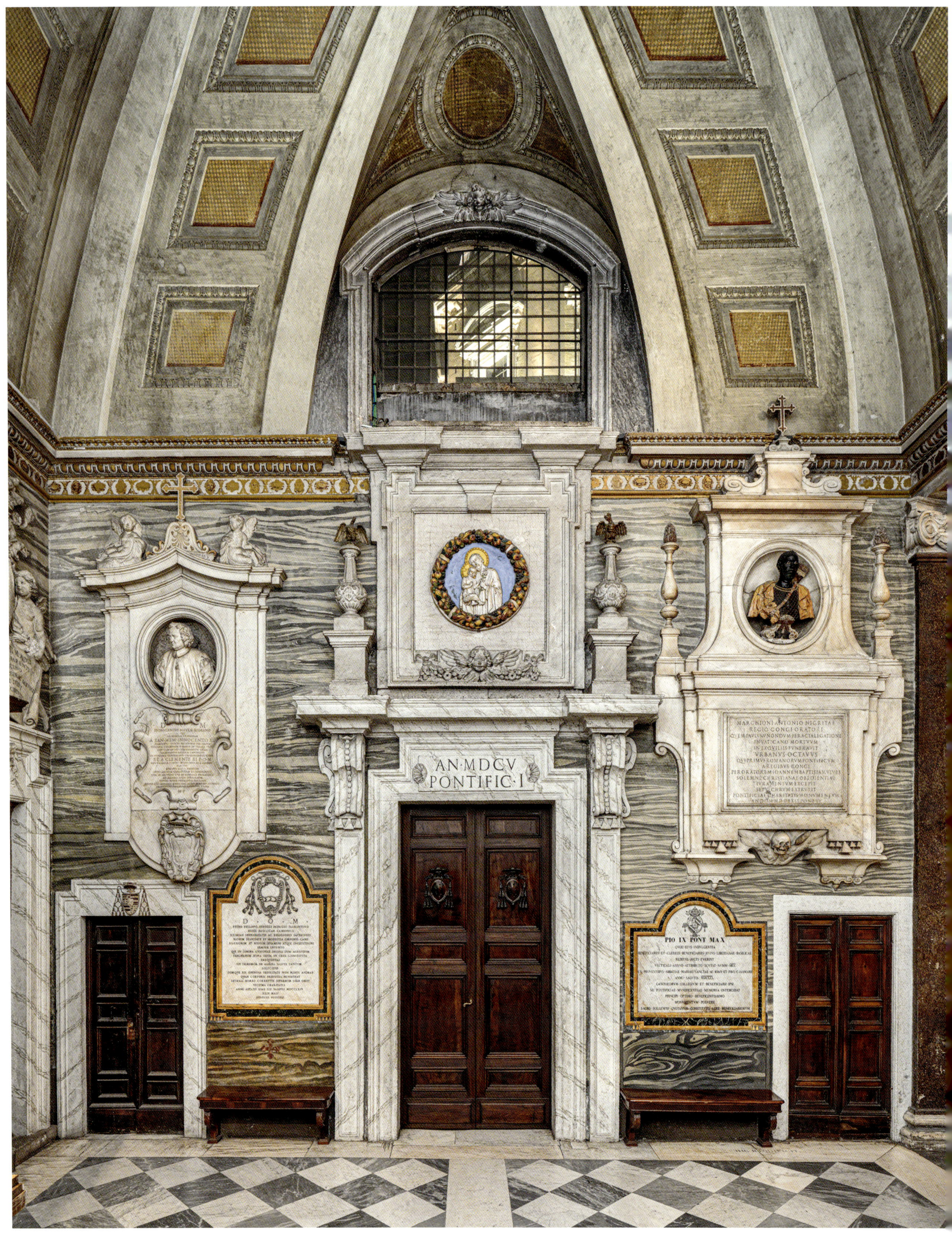
AN·MDCV
PONTIFIC·I
PIO IX PONT MAX

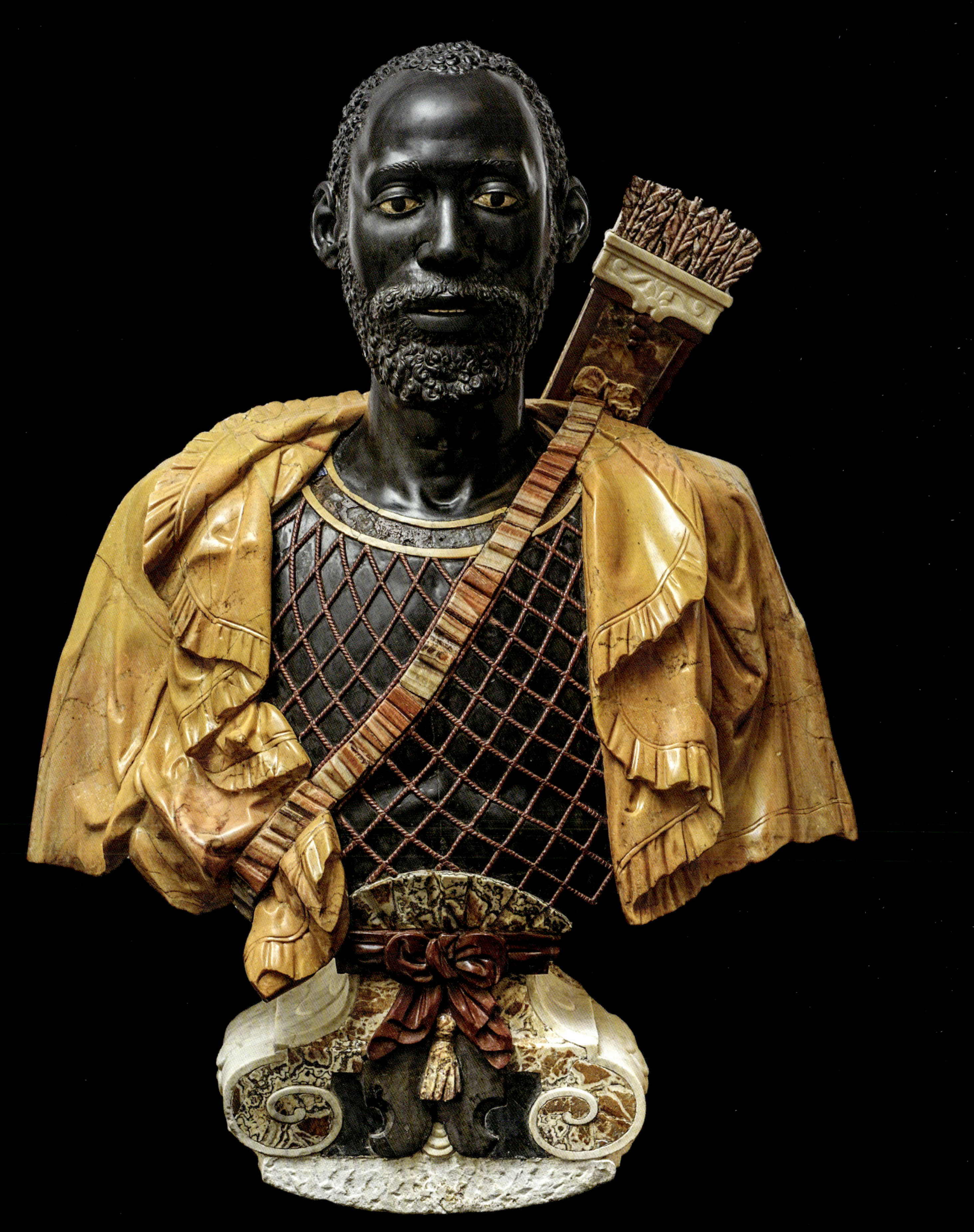

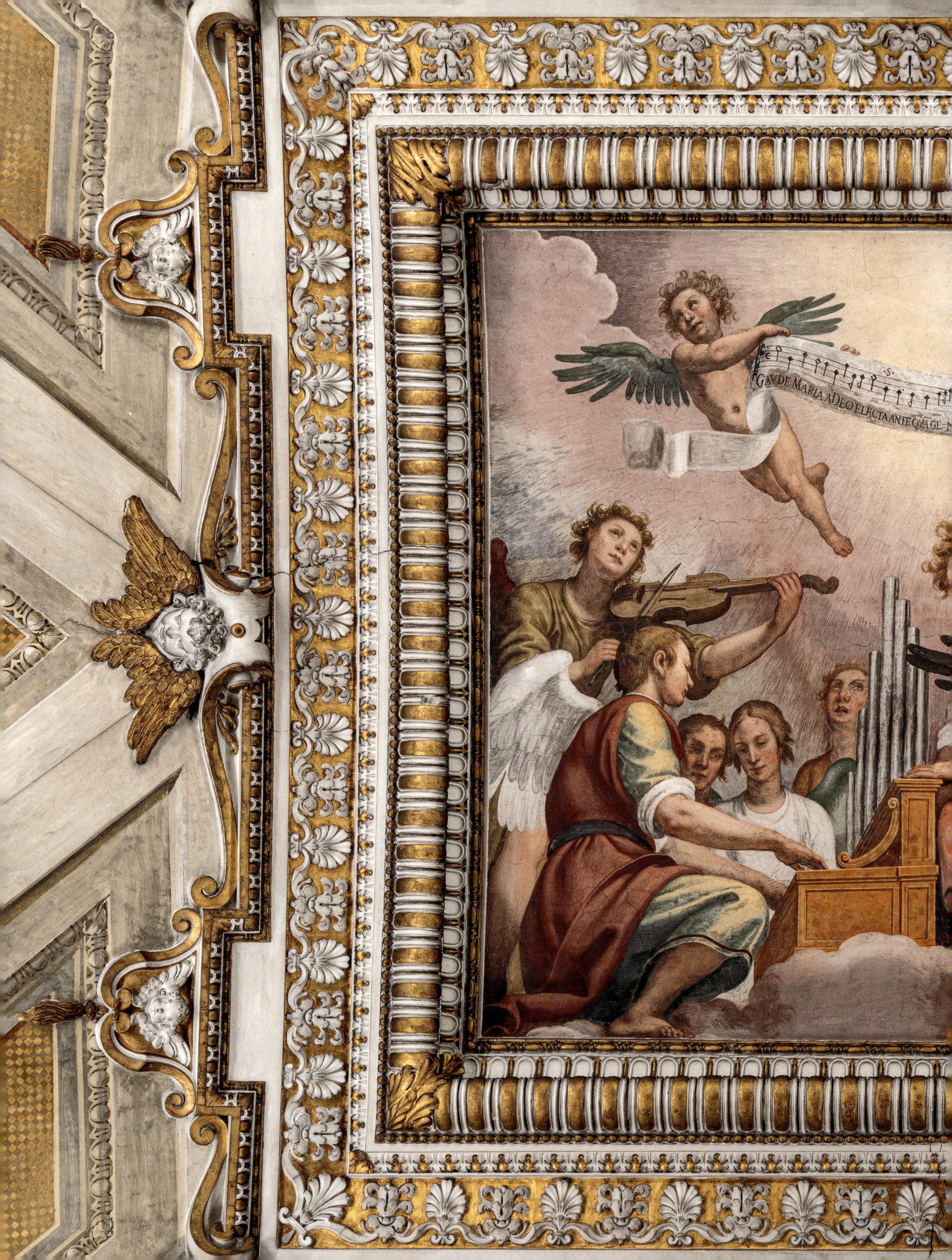
·S·
GAVDE MARIA A DEO ELECTA ANTE QVAGE-

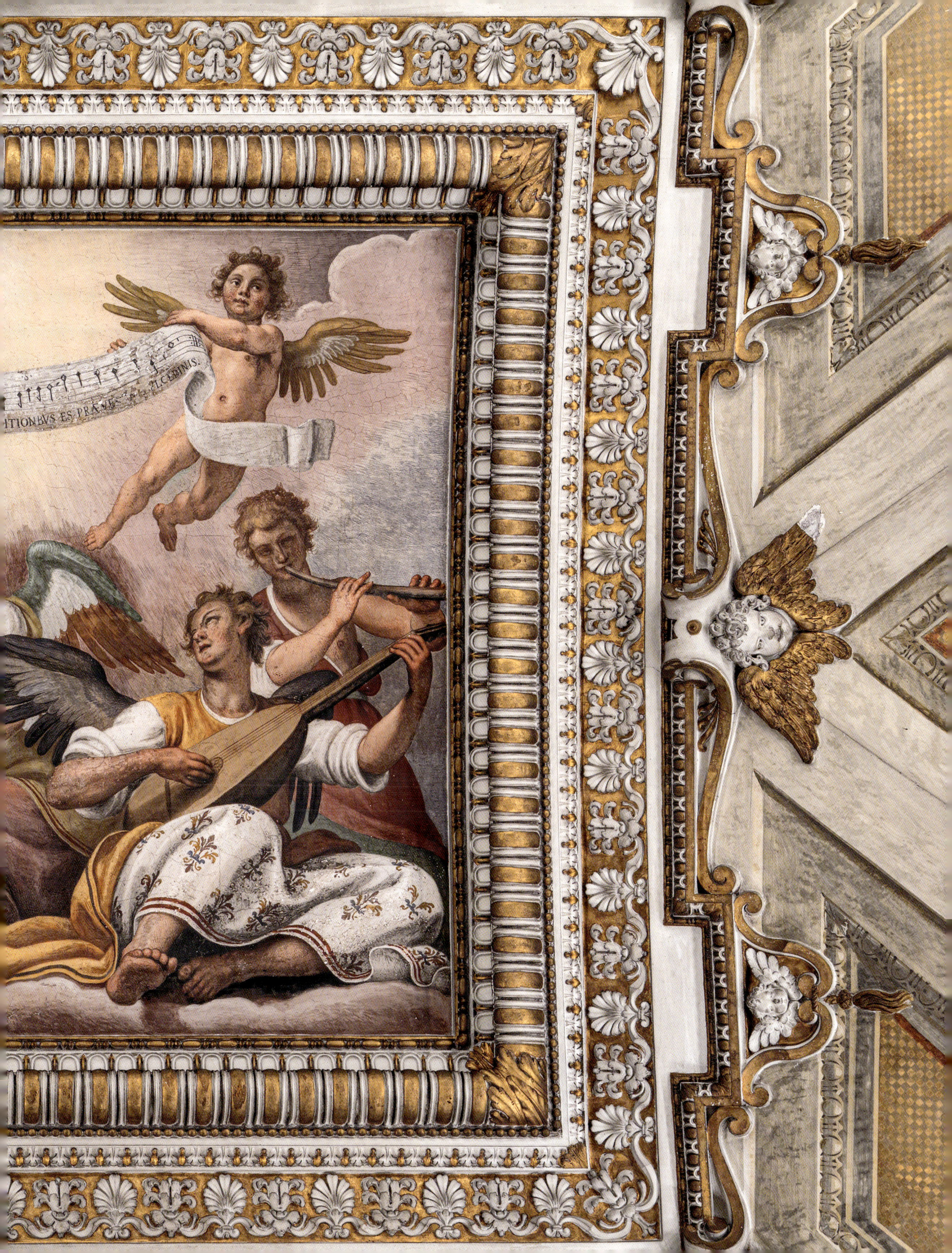
ITIONBVS ES PRÆVE
VLCEDINIS.

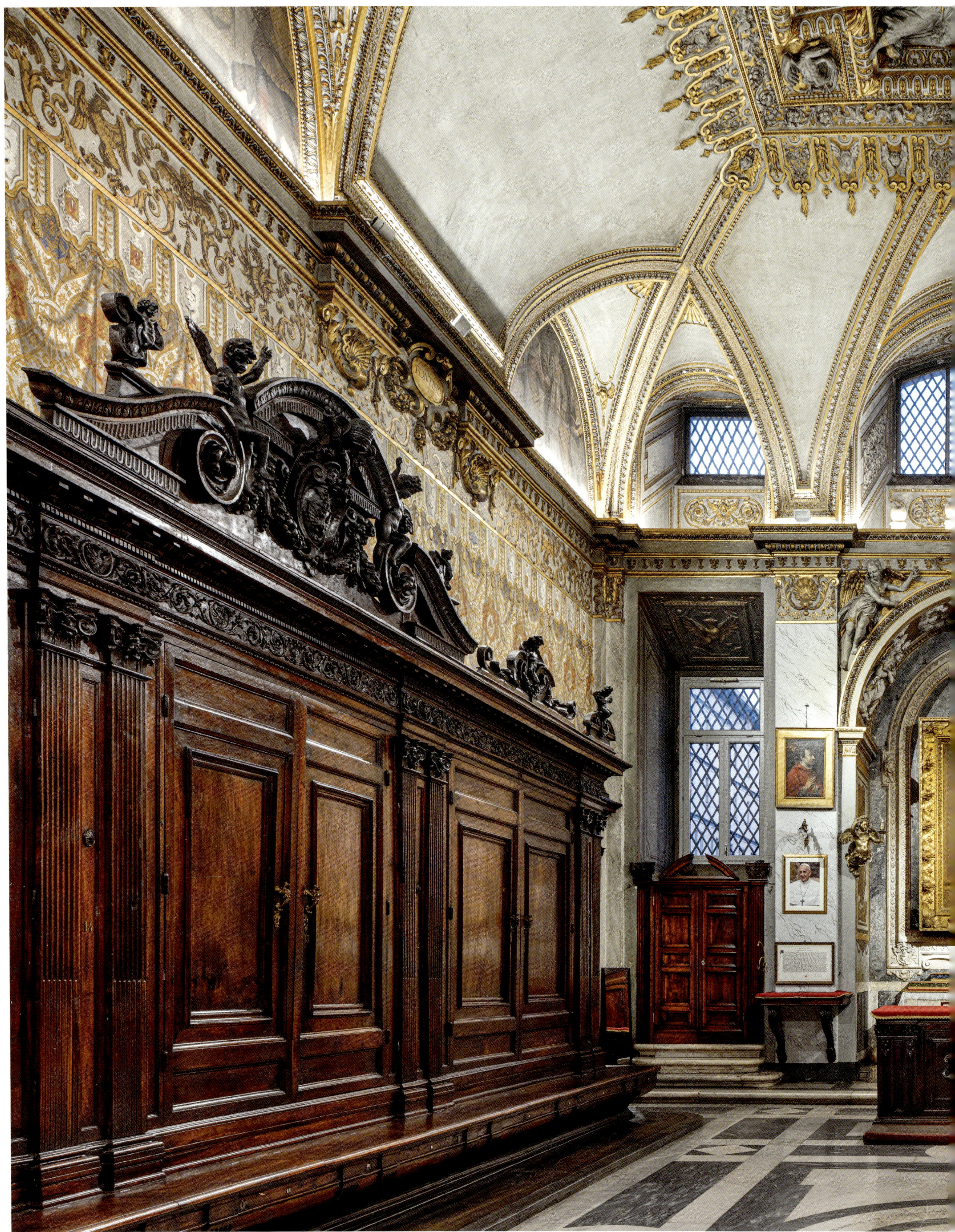

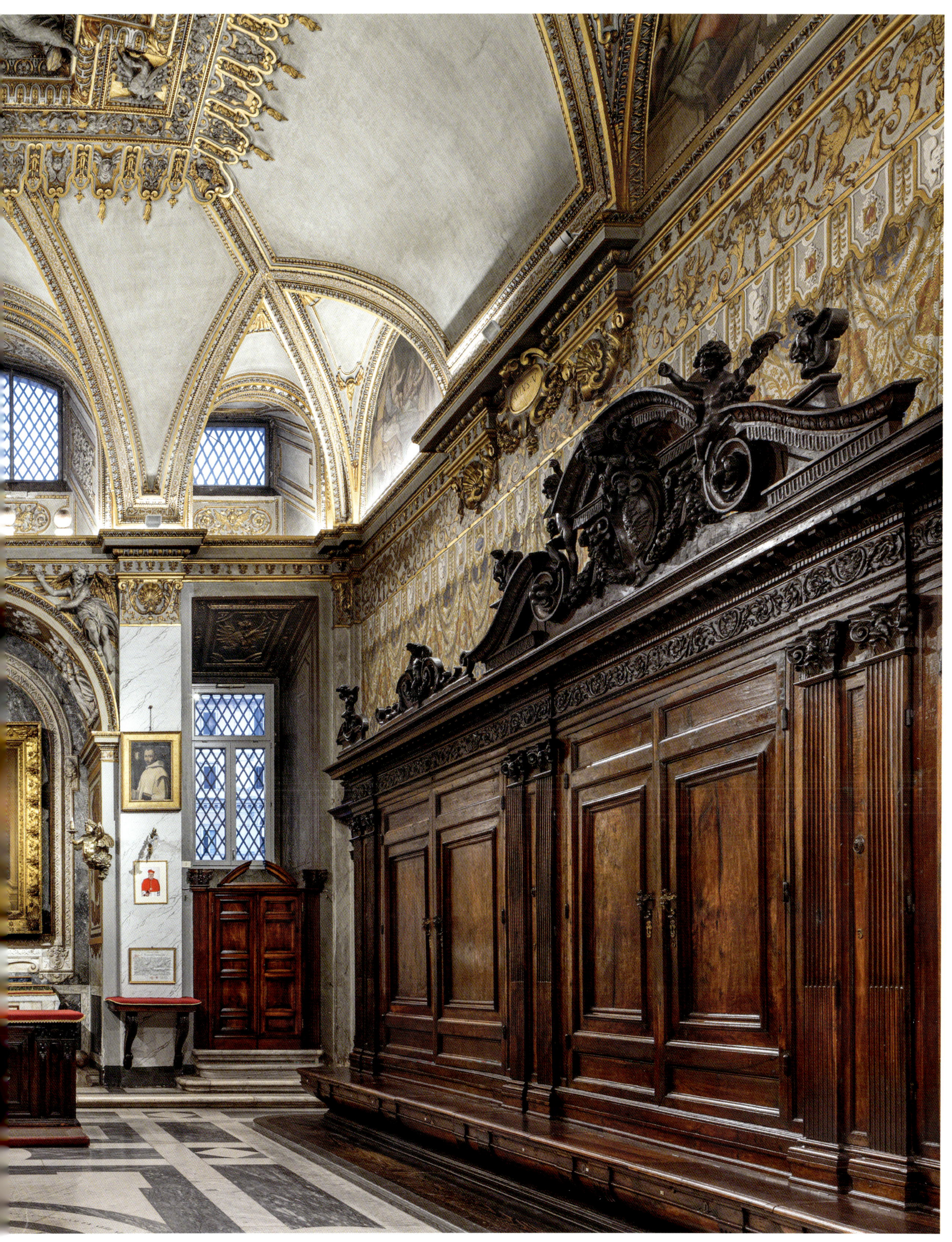

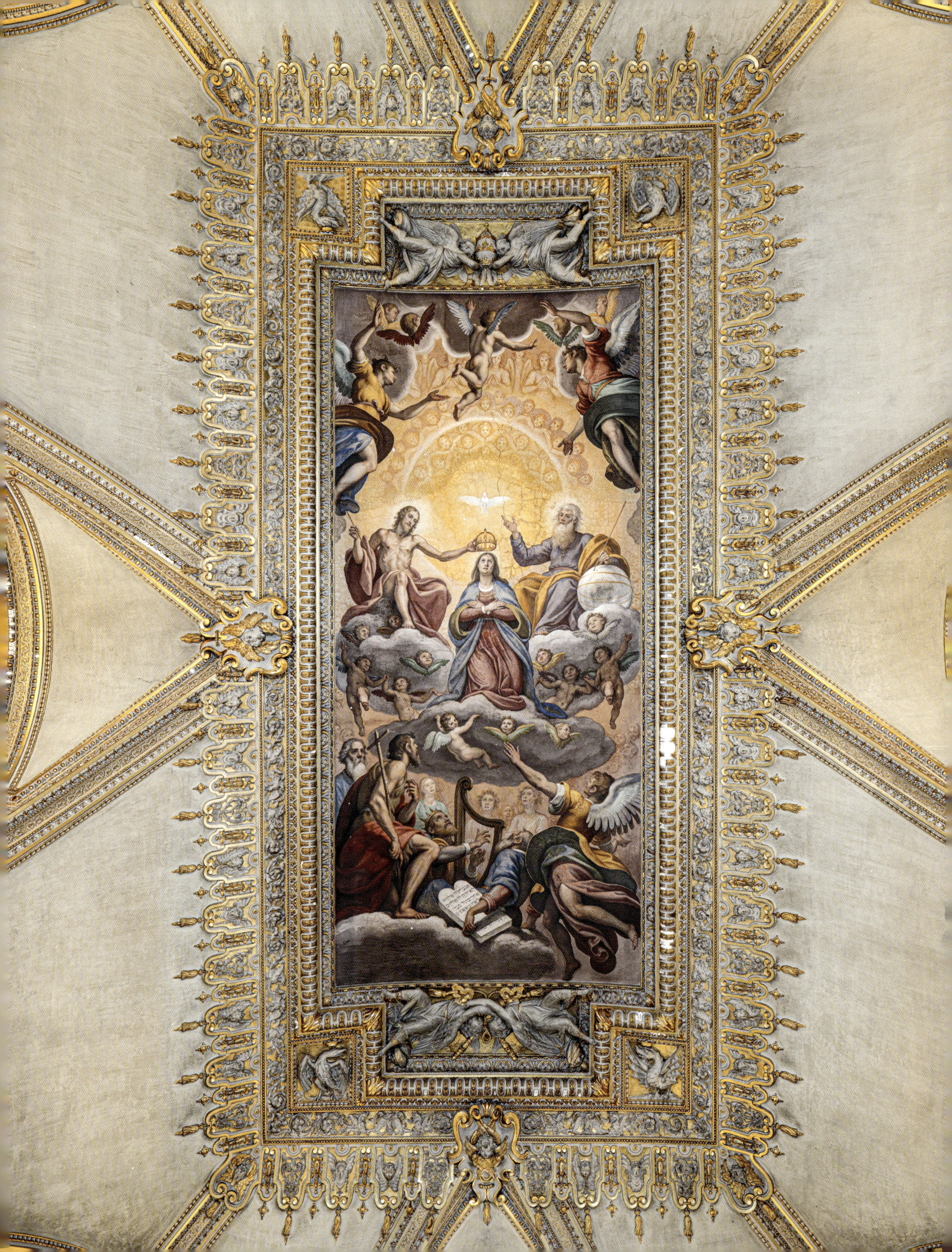

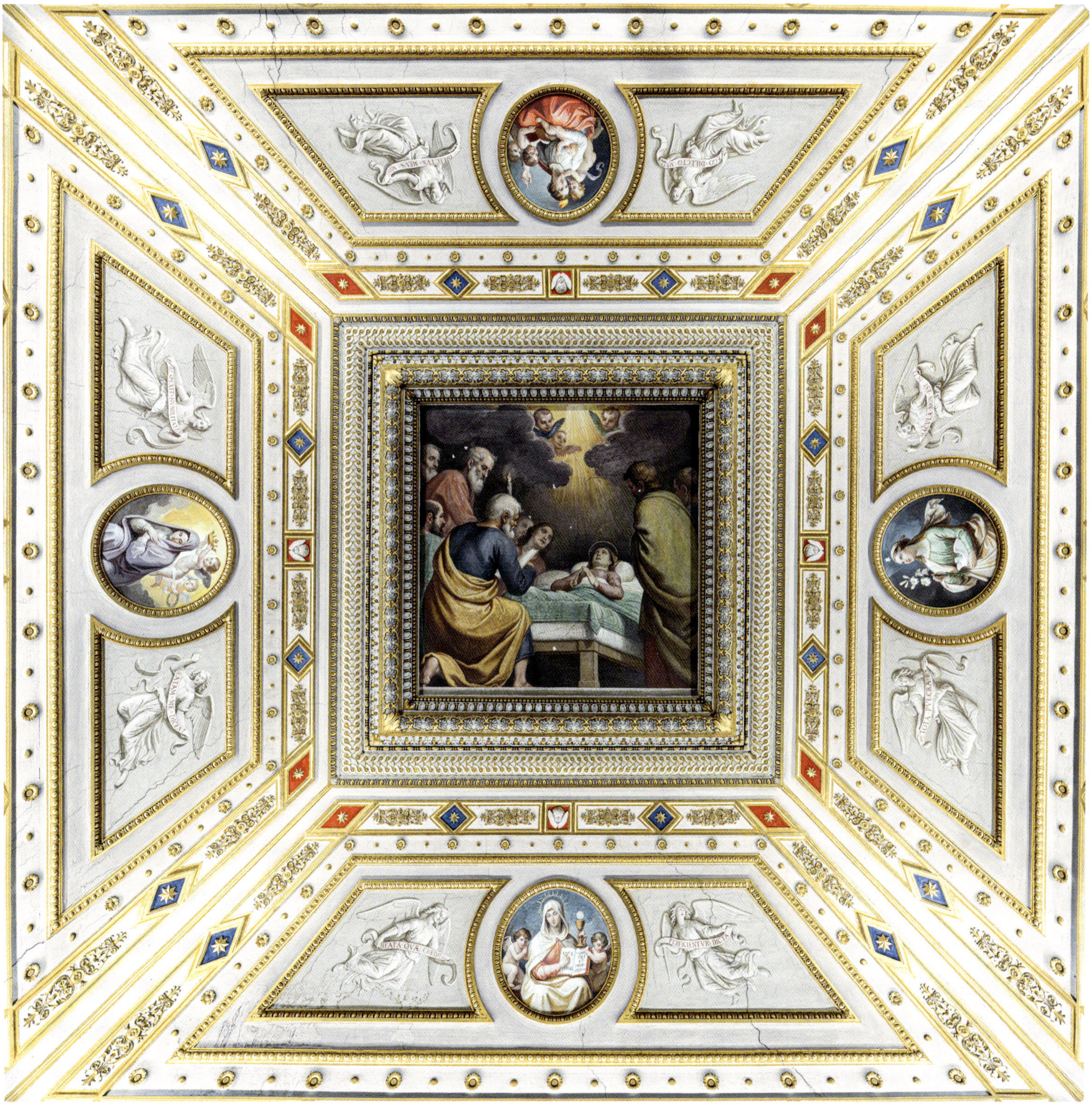

P. 288
Domenico Cresti, detto il Passignano
Incoronazione della Vergine
1607-1610, affresco
Sagrestia grande, volta

P. 289
Domenico Cresti, detto il Passignano
Morte della Vergine
1607-1610, affresco
Sagrestia grande, Sala capitolare

P. 288
Domenico Cresti, known as Passignano
Coronation of the Virgin
1607-1610, fresco
Large Sacristy, vault

P. 289
Domenico Cresti, known as Passignano
Death of the Virgin
1607-1610, fresco
Large Sacristy, Chapter House

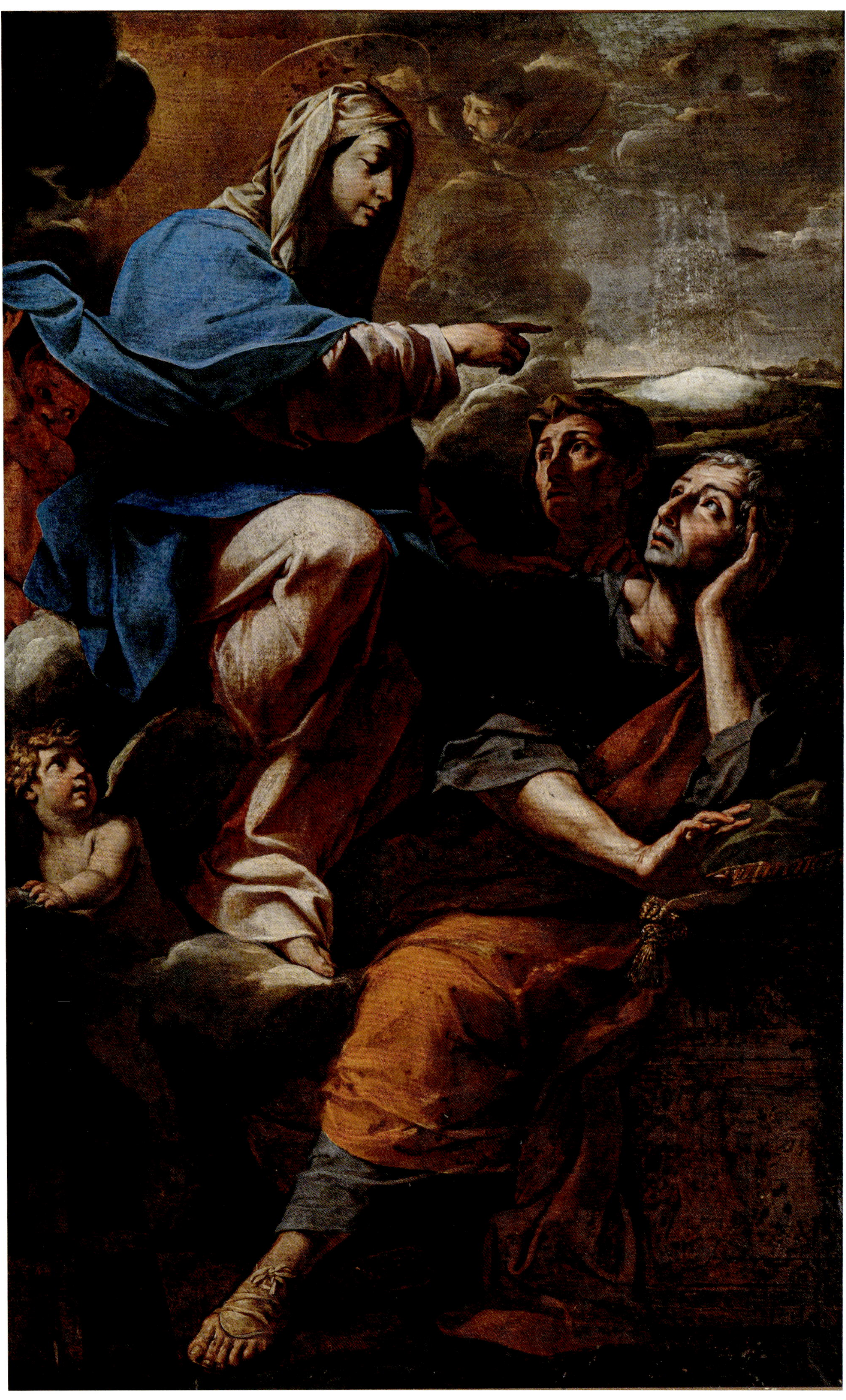

Il Seicento oltre Paolo V

The Seventeenth Century after Paul V

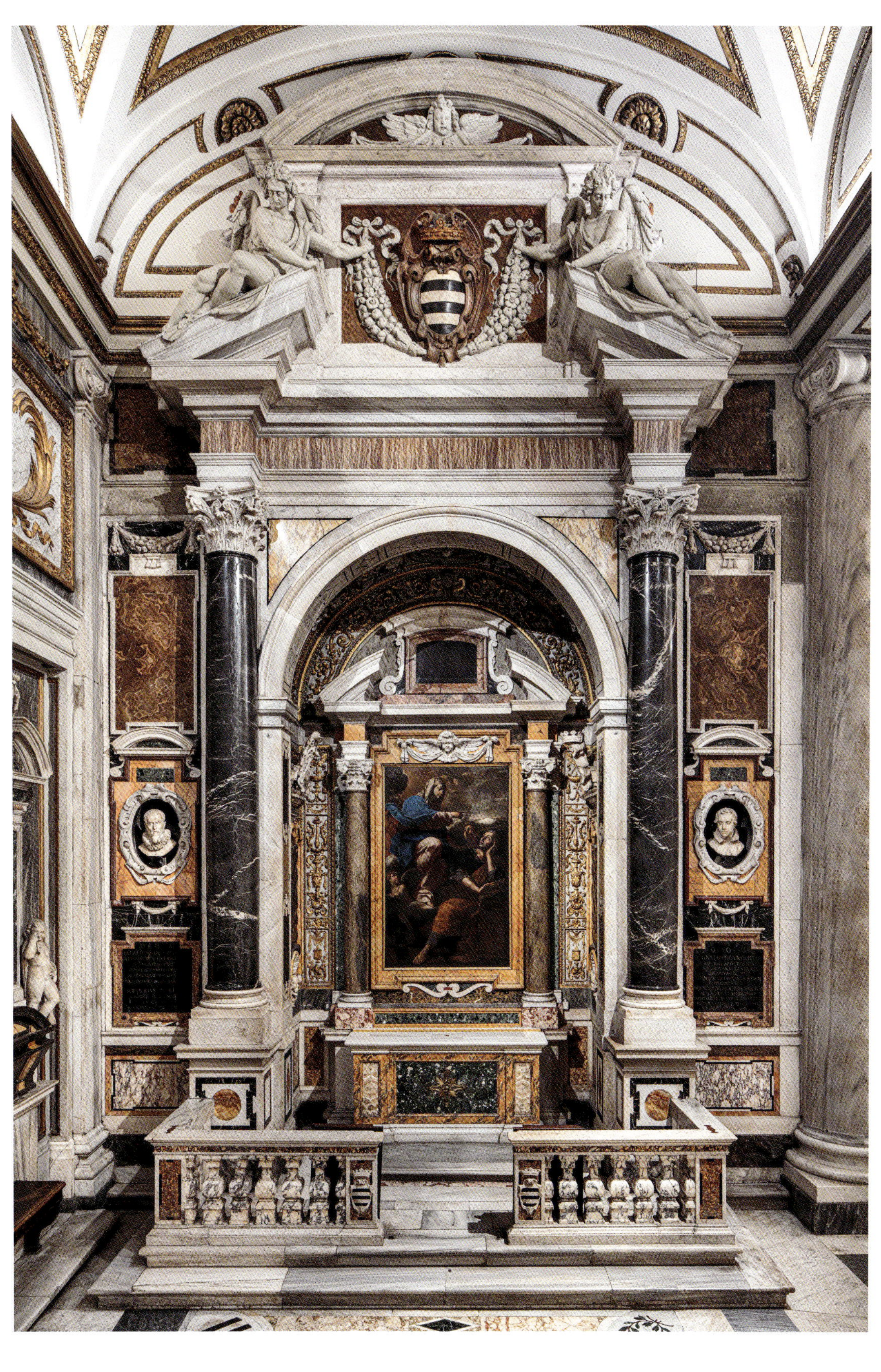

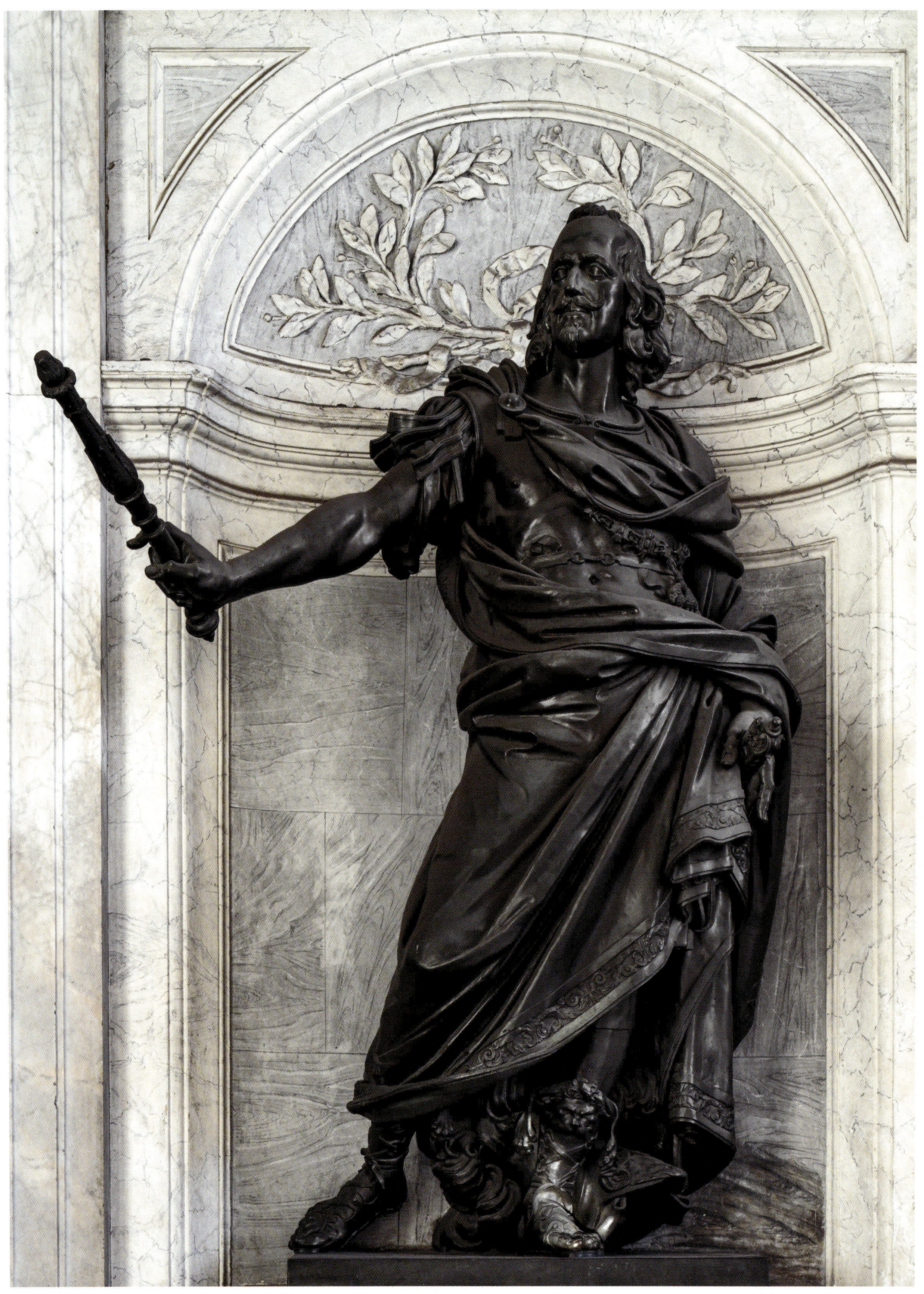

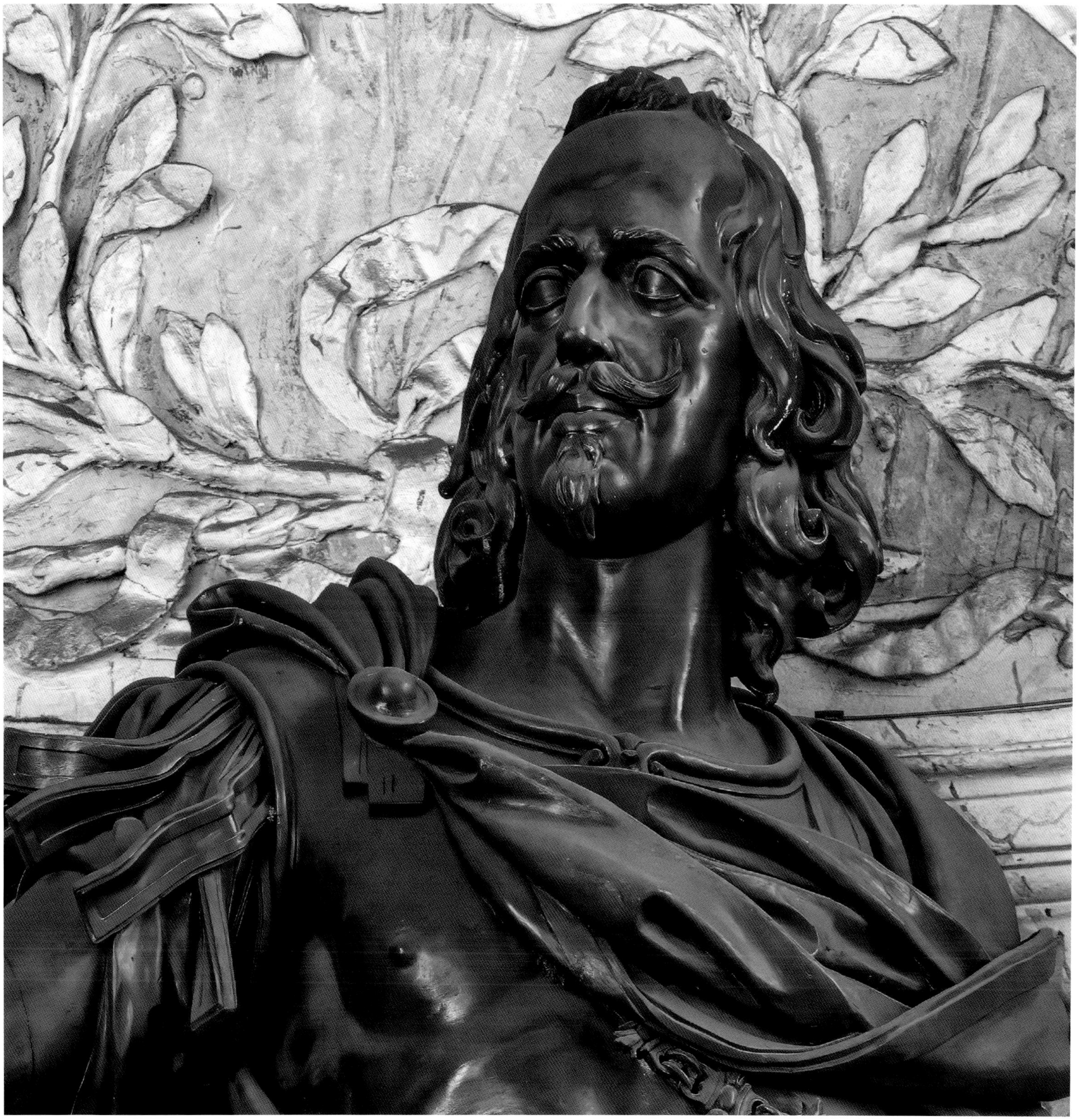

PP. 290, 291
Giuseppe Puglia, detto il Bastaro (1600-1636)
Apparizione della Vergine al patrizio Giovanni e a sua moglie
1636, olio su tela
Navata destra, altare della famiglia Patrizi

PP. 292, 293
Gerolamo Lucenti (1627-1698) su disegno
di Gian Lorenzo Bernini (1598-1680)
Filippo IV di Spagna
1666, bronzo
Portico

PP. 290, 291
Giuseppe Puglia, known as Bastaro (1600-1636)
Apparition of the Virgin to John the Patrician and his Wife
1636, oil on canvas
Right aisle, altar of the Patrizi family

PP. 292, 293
Gerolamo Lucenti (1627-1698) from a design
by Gian Lorenzo Bernini (1598-1680)
Philip IV of Spain
1666, bronze
Portico

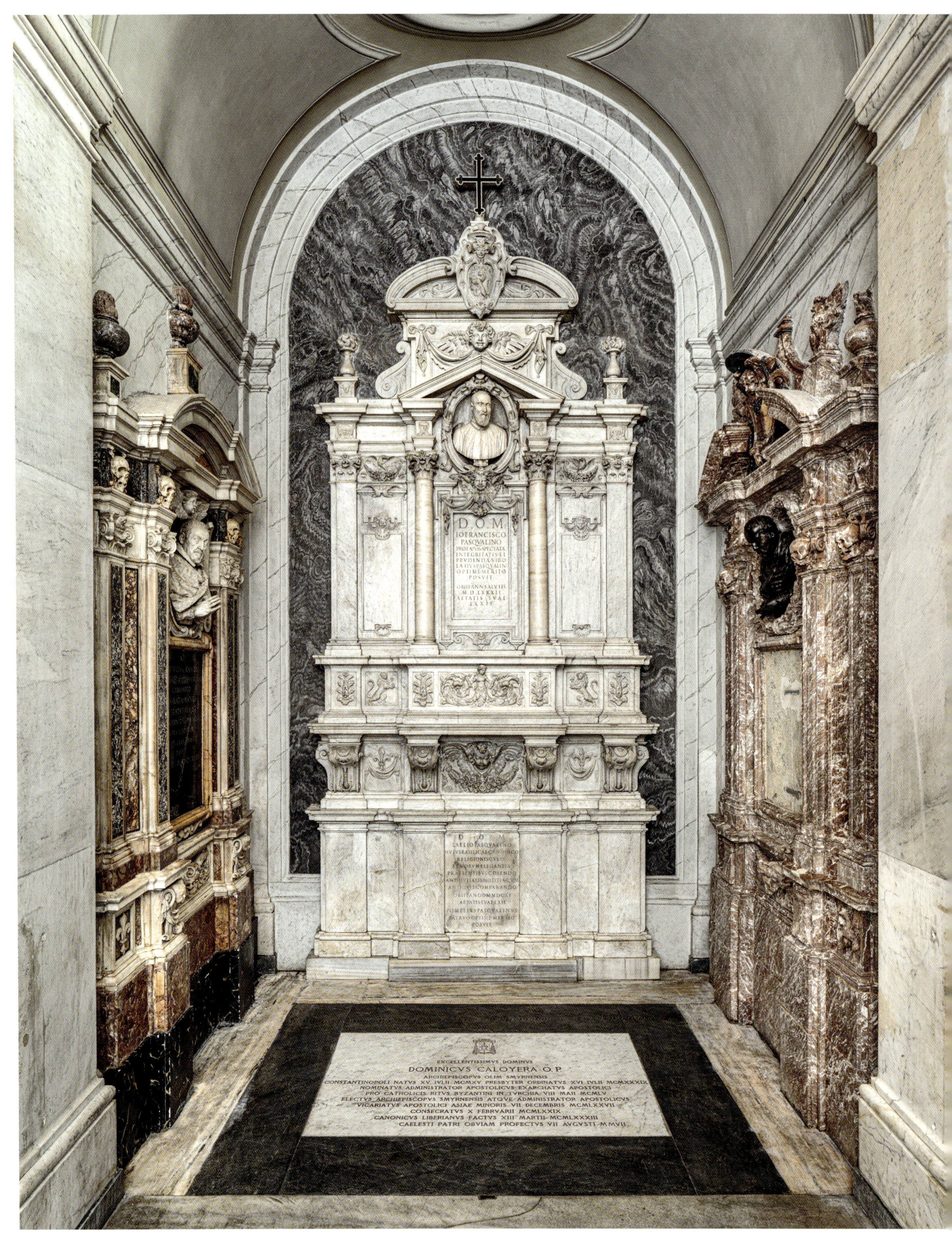
EXCELLENTISSIMVS DOMINVS
DOMINICVS CALOYERA O.P.
ARCHIEPISCOPVS OLIM SMYRNENSIS
CONSTANTINOPOLI NATVS XV IVLII MCMXV PRESBYTER ORDINATVS XVI IVLII MCMXXXIX
NOMINATVS ADMINISTRATOR APOSTOLICVS EXARCHATVS APOSTOLICI
PRO CATHOLICIS RITVS BYZANTINI IN TVRCHIA VIII MAII MCMLV
ELECTVS ARCHIEPISCOPVS SMYRNENSIS ATQVE ADMINISTRATOR APOSTOLICVS
VICARIATVS APOSTOLICI ASIAE MINORIS VII DECEMBRIS MCMLXXVII
CONSECRATVS X FEBRVARII MCMLXXIX
CANONICVS LIBERIANVS FACTVS XIII MARTII MCMLXXXIII
CAELESTI PATRI OBVIAM PROFECTVS VII AVGVSTI MMVII

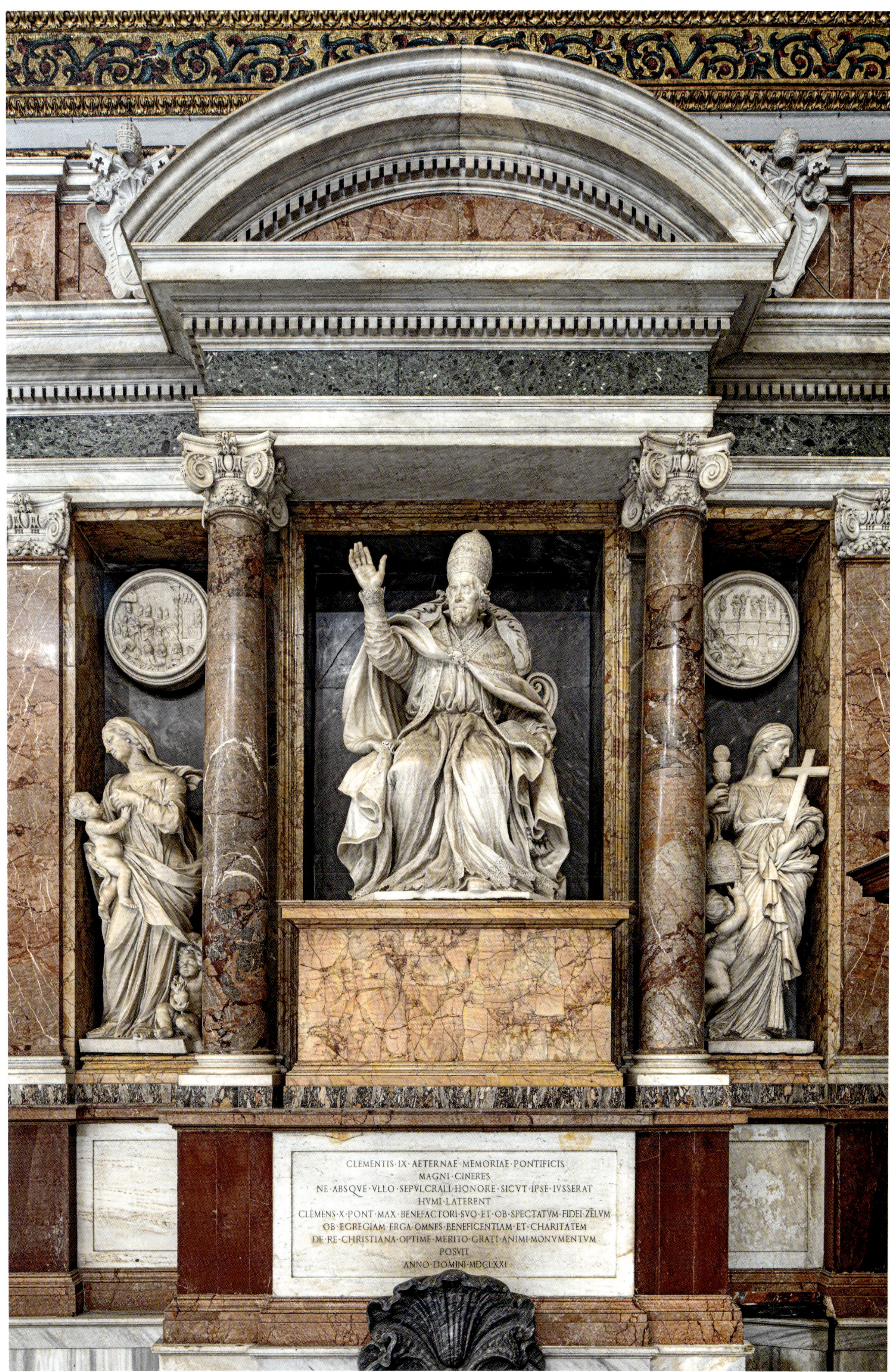
CLEMENTIS·IX·AETERNAE·MEMORIAE·PONTIFICIS
MAGNI·CINERES
NE·ABSQVE·VLLO·SEPVLCRALI·HONORE·SICVT·IPSE·IVSSERAT
HVMI·LATERENT
CLEMENS·X·PONT·MAX·BENEFACTORI·SVO·ET·OB·SPECTATVM·FIDEI·ZELVM
OB·EGREGIAM·ERGA·OMNES·BENEFICENTIAM·ET·CHARITATEM
DE·RE·CHRISTIANA·OPTIME·MERITO·GRATI·ANIMI·MONVMENTVM
POSVIT
ANNO·DOMINI·MDCLXXI

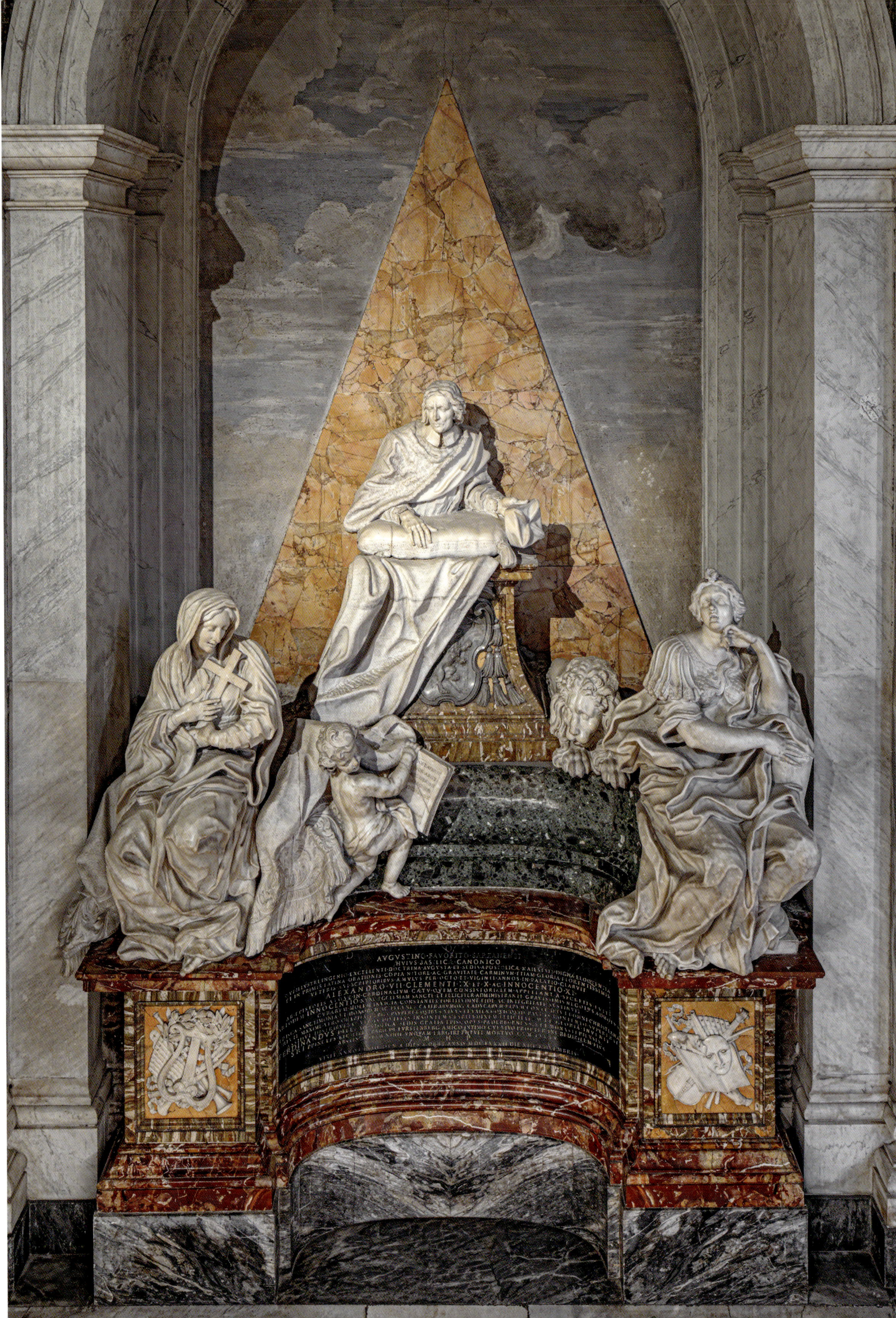
HVIVS · BASILICÆ · CANONICO

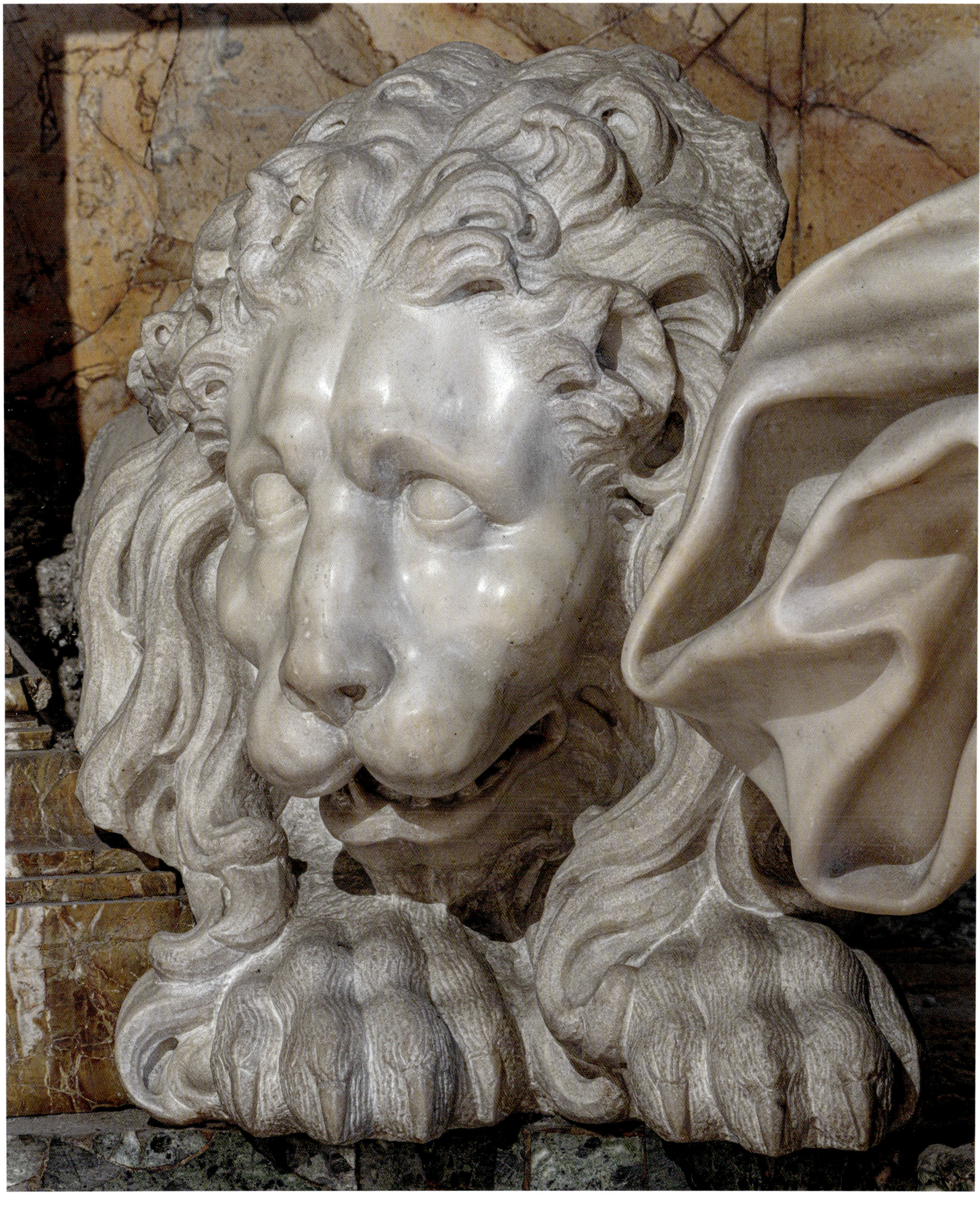

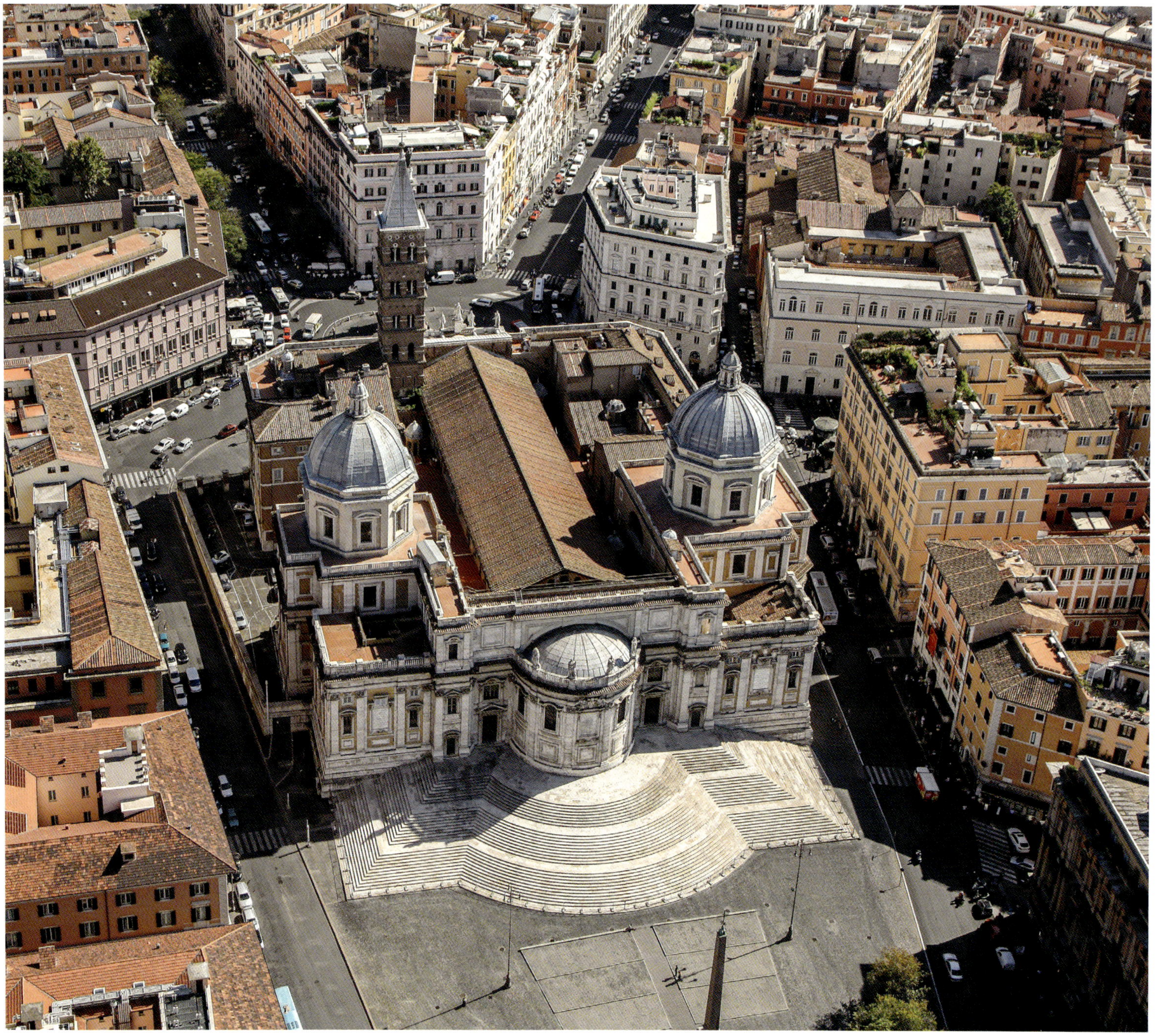

P. 294
Monumenti funebri a Francesco Pasqualino (centro), *Girolamo Manilio* (sinistra) e *Clemente Merlini* (destra)
Navata sinistra

P. 295
Carlo Rainaldi (1611-1691)
Monumento funebre di Clemente IX
1669, marmo di Carrara
Navata centrale (già nella tribuna)

PP. 296, 297
Filippo Carcani (1644-1688)
Monumento funebre di Agostini Favoriti
1685, marmo
Navata sinistra

PP. 298, 299
Veduta del retro della Basilica, complementata nel 1675 da Carlo Rainaldi (1611-1691) su commissione di Clemente X (1670-1676)

P. 294
Funeral Monuments to Francesco Pasqualino (centre), *Girolamo Manilio* (left) and *Clemente Merlini* (right)
Left aisle

P. 295
Carlo Rainaldi (1611-1691)
Funeral Monument to Pope Clement IX
1669, Carrara marble
Central nave (formerly in the tribune)

PP. 296, 297
Filippo Carcani (1644-1688)
Funeral Monument to Agostini Favoriti
1685, marble
Left aisle

PP. 298, 299
View of the back of the Basilica, completed in 1675 by Carlo Rainaldi (1611-1691) on commission of Clement X (1670-1676)

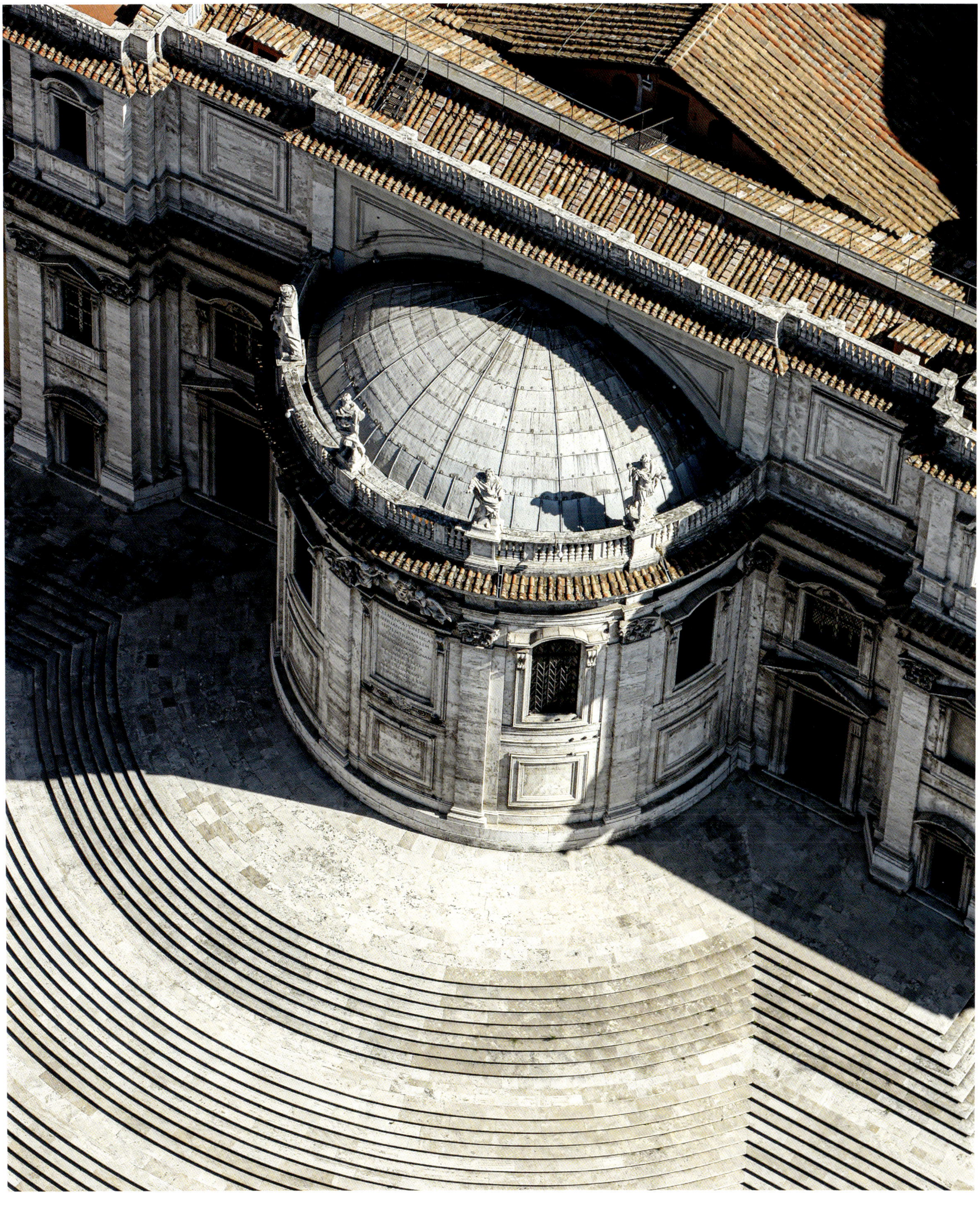

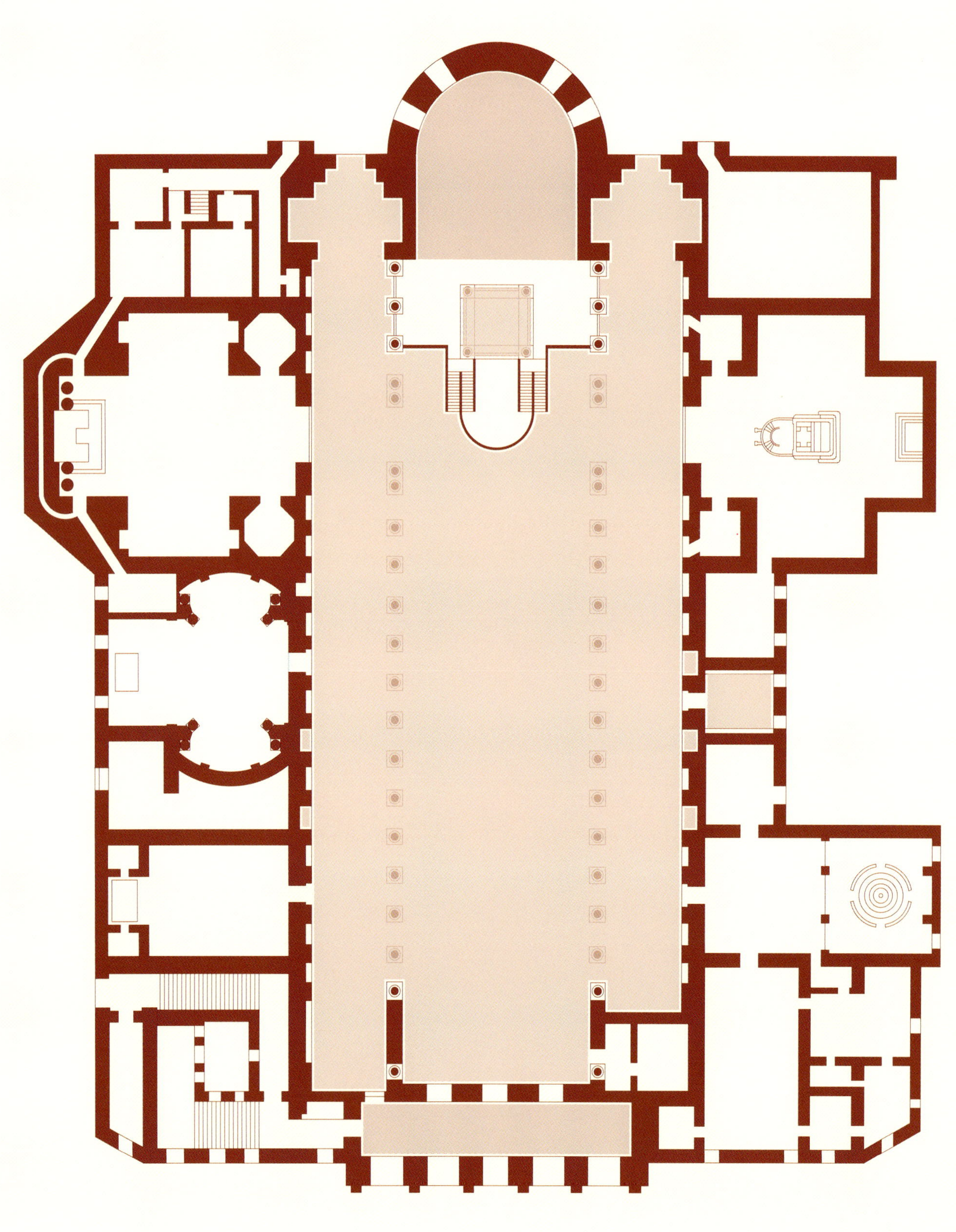

Benedetto XIV. "Tutto riuscito felicissimamente"

Benedict XIV. "A most felicitous outcome" (1740-1758)

Cappella del Crocefisso
Chapel of the Crucifix

Cinque cappelle a nicchia
Five niche chapels

Pavimento
Floor

Altare Maggiore
High Altar

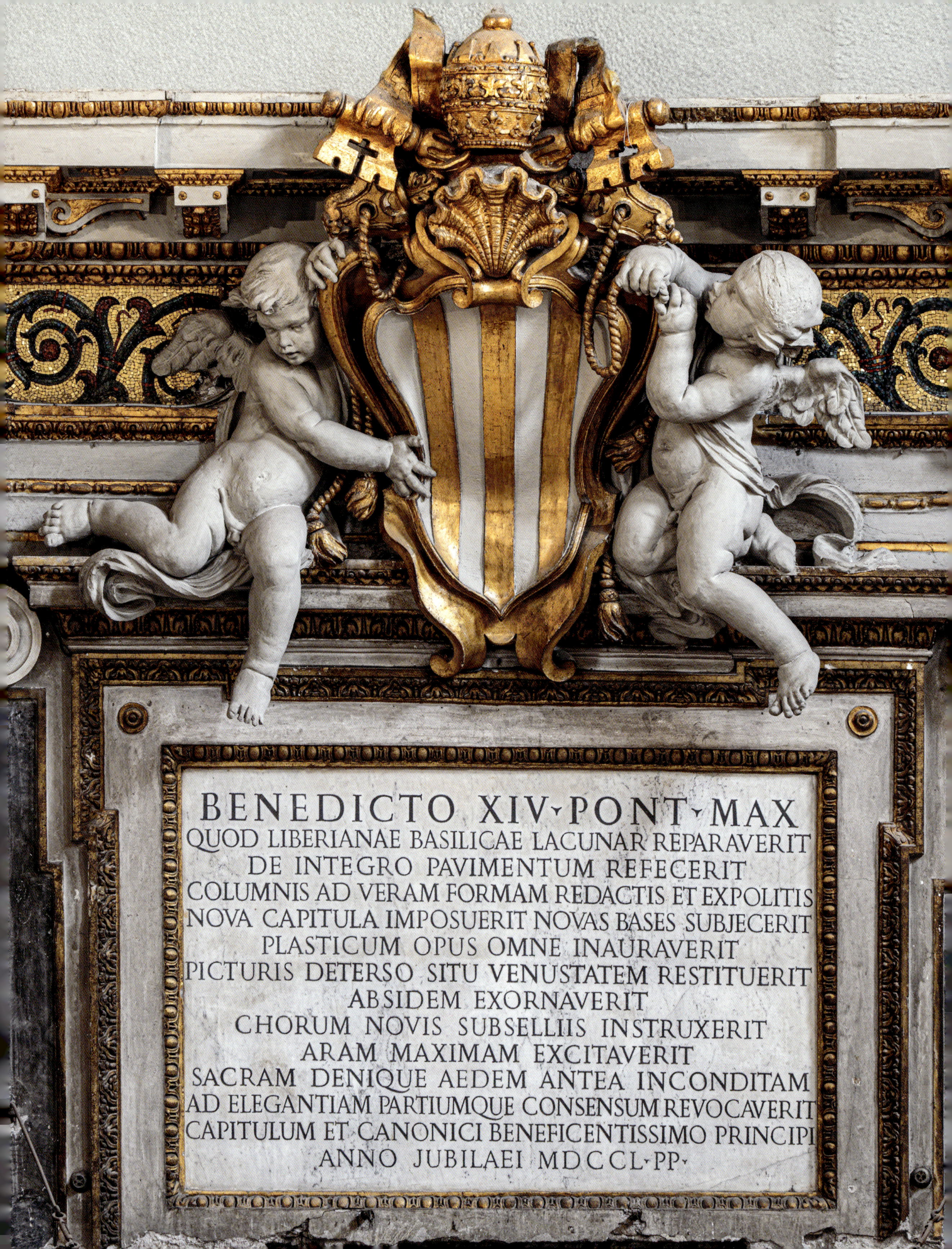
BENEDICTO XIV PONT MAX
QUOD LIBERIANAE BASILICAE LACUNAR REPARAVERIT
DE INTEGRO PAVIMENTUM REFECERIT
COLUMNIS AD VERAM FORMAM REDACTIS ET EXPOLITIS
NOVA CAPITULA IMPOSUERIT NOVAS BASES SUBJECERIT
PLASTICUM OPUS OMNE INAURAVERIT
PICTURIS DETERSO SITU VENUSTATEM RESTITUERIT
ABSIDEM EXORNAVERIT
CHORUM NOVIS SUBSELLIIS INSTRUXERIT
ARAM MAXIMAM EXCITAVERIT
SACRAM DENIQUE AEDEM ANTEA INCONDITAM
AD ELEGANTIAM PARTIUMQUE CONSENSUM REVOCAVERIT
CAPITULUM ET CANONICI BENEFICENTISSIMO PRINCIPI
ANNO JUBILAEI MDCCL PP

Benedetto XIV (1740-1758). "Tutto riuscito felicissimamente"

Elisabeth Kieven

L'aspetto di Santa Maria Maggiore come lo conosciamo oggi è dovuto principalmente ai lavori di restauro e costruzione effettuati nel XVIII secolo. Sotto il pontificato di Clemente XI Albani (1700-1721), fu iniziata la Canonica a ovest del portico della facciata, come controparte dell'edificio di Flaminio Ponzio sul lato orientale. Il portico della facciata della chiesa, rinnovato sotto papa Gregorio XIII (1572-1585) nel 1575, presentava danni strutturali e dovette essere puntellato nel 1735. I canonici chiesero a papa Clemente XII (1730-1740) un aiuto finanziario per ricostruire il portico secondo un progetto dell'architetto pontificio Ferdinando Fuga (1699-1782), che però non fu realizzato. Il 17 agosto 1740 fu eletto il nuovo papa Benedetto XIV (1740-1758). Appena cinque giorni dopo, il Capitolo inviò una lettera di petizione al papa, che promise immediatamente il suo sostegno per la nuova costruzione della facciata e per un risanamento fondamentale della chiesa in vista dell'Anno Santo 1750. Tali lavori comprendevano non solo il rinnovamento dei tetti e il consolidamento della muratura, ma anche una ristrutturazione degli interni. Tutti i lavori furono affidati a Ferdinando Fuga, che dal 1736 era anche l'architetto del Capitolo. I lavori per la nuova facciata iniziarono già alla fine del 1740. Su espresso desiderio del papa si doveva procedere, durante la costruzione della facciata, ad un "restauro rispettuoso" dei mosaici medievali.

Fuga dovette inserire adeguatamente la nuova facciata tra gli edifici esistenti della Canonica, dei quali completò quello di sinistra. Inizialmente progettò solo un portico di un piano per lasciare visibile la retrostante parete della navata centrale della Basilica con i suoi mosaici. In un secondo momento, tuttavia, per creare anche una Loggia delle Benedizioni, si decise di realizzare una nuova costruzione a due piani con cinque assi nel portico inferiore corrispondenti ai cinque portali della Basilica, mentre la loggia superiore fu limitata a tre assi. Fuga sviluppò la struttura della facciata partendo dall'articolazione a paraste di ordine ionico dei due edifici canonici adiacenti, che riprese per aumentarla nell'asse centrale e nei due assi esterni del portico inferiore, fino a trasformarla in un ordine aggettante di colonne coronate da timpani triangolari e nell'asse centrale da un timpano ad arco ribassato. Le tre campate della Loggia delle Benedizioni presentano una struttura colonnare di ordine corinzio, con la campata centrale caratterizzata da un frontone triangolare aggettato che rompe la trabeazione. Una balaustra continua, coronata da statue, completa l'edificio. Le grandi aperture ad arco della Loggia permettono di

Benedict XIV (1740-1758). "A most felicitous outcome"

Elisabeth Kieven

The appearance of Santa Maria Maggiore today is mainly due to the restoration and construction work carried out in the 18th century. Under the pontificate of Clement XI Albani (1700-1721), the Canonry to the west of the facade portico was begun, to match the building by Flaminio Ponzio on the eastern side. The portico of the church façade, which had been renewed under Pope Gregory XIII (1572-1585) in 1575, was structurally damaged and had to be buttressed in 1735. The canons asked Pope Clement XII (1730-1740) for financial aid to rebuild the portico to a design by the papal architect Ferdinando Fuga (1699-1782), but this was not executed. On 17 August 1740, the new Pope Benedict XIV (1740-1758) was elected. Just five days later, the Chapter sent a letter of petition to the Pope, who immediately promised his support in constructing a new façade and a sweeping renovation of the church in time for the Holy Year of 1750. These works entailed not only repairing the roofs and consolidating the masonry, but also a complete restructuring of the interior. All work was entrusted to Ferdinando Fuga, who had been the architect of the Chapter since 1736. Work on the new façade was already begun at the end of 1740. At the express wish of the pope, a "respectful restoration" of the medieval mosaics was to be carried out during construction of the new façade.

It was necessary for Fuga to insert the new facade appropriately between the existing buildings of the Canonry, of which he completed the left half. Initially, he only planned a one-storey portico to leave visible the medieval mosaics on the façade of the Basilica nave. At a later stage, however, in order to add a Benediction Loggia, it was decided to build a new two-storey construction with five openings in the lower portico corresponding to the five portals of the Basilica, while the upper loggia was limited to three. Fuga developed the façade structure, taking his cue from the Ionic pilaster strips articulating the two adjacent Canonries, which he repeated to amplify the central and two external bays of the lower portico, and then transformed into a projecting order of columns crowned by triangular tympanums and over the central bay by a segmental pediment. The three bays of the Benediction Loggia present a columnar structure in the Corinthian order, with the central bay emphasized by a projecting triangular pediment that breaks the entablature. A continuous balustrade, crowned by statues, completes the roofline. The large arched openings of the Loggia allow an unobstructed

vedere senza ostacoli il mosaico della facciata; una speciale illuminazione indiretta nella volta della Loggia assicura un'ulteriore entrata di luce da una fonte nascosta. Con un espediente artistico Fuga riuscì così a combinare un edificio di gusto moderno con la conservazione dei mosaici, conferendo alla facciata un aspetto festoso che si armonizza con gli edifici esistenti.

Papa Benedetto XIV aveva una grande venerazione per la Madre di Dio e per il suo culto, cosa che si riflette anche nella scelta del programma scultoreo per la nuova facciata. Nel 431 il Concilio di Efeso aveva proclamato il dogma della divina maternità di Maria. Per questo motivo la statua della *Vergine con il Bambino* dello scultore Giuseppe Lironi (1679-1749), posta su un basamento rialzato sopra la Loggia, domina la facciata. La statua è fiancheggiata su entrambi i lati da quelle di quattro papi santi. Alla sua destra c'è la statua, scolpita da Bernardino Ludovisi (1693-1749), di *San Sisto III*, vescovo di Roma (432-440), al quale si deve la costruzione della chiesa e la consacrazione alla Vergine. Accanto a lui compare *San Pasquale* (817-824) di Carlo Marchionni (1702-1786), il papa che donò alla Basilica una nuova cattedra papale e forse anche la cosiddetta Icona di San Luca, la *Salus Populi Romani*.

A sinistra segue la statua di *San Gregorio Magno* di Carlo Monaldi (c. 1683-1760). Secondo la leggenda, egli stava portando l'Icona per la città durante una processione per la peste a Pasqua, quando vide apparire miracolosamente l'Arcangelo Michele sopra Castel Sant'Angelo, che infilava nel fodero la spada come segno che l'epidemia di peste era terminata grazie all'intervento della Madonna.

Al suo fianco segue *San Pio V* di Agostino Corsini (1688-1772). Su suggerimento del nipote Carlo Borromeo, egli aveva promosso l'istituzione di un Collegio dei benefiziati presso Santa Maria Maggiore. Il papa, sepolto nella Cappella Sistina della Basilica, fu canonizzato sotto Clemente XI nel 1712. Pare che Benedetto XIV fosse all'epoca un sostenitore della canonizzazione.

Nel frontone aggettato del timpano superiore, sotto la statua della Madonna, è raffigurato lo *Spirito Santo sotto forma di colomba nella raggiera* su una nuvola con teste di cherubini, eseguito da Filippo della Valle (1698-1768), che secondo una fonte dell'epoca "alude al Sommo Pontefice quando dà la benedizione al Popolo dalla detta loggia".

Su entrambi i lati della Loggia sopra il portico seguono altre due statue: a destra si trova la statua di *San Carlo Borromeo* di Francesco Queirolo. Il cardinale era stato arciprete e benefattore della Basilica dal 1564 al 1572.

A sinistra compare, per espressa volontà di papa Benedetto XIV, il *Beato Niccolò Albergati* (1373-1443), cardinale, vescovo di Bologna e ugualmente arciprete della Basilica, opera di Filippo della Valle. Albergati era originario di Bologna come il papa. Con decreto del 24 settembre 1744, Benedetto XIV aveva riconosciuto ad Albergati il titolo di Beato e la sua venerazione, che fino ad allora era avvenuta secondo tradizione, ma senza conferma papale.

Sui fianchi del timpano della campata centrale del portico si appoggiano due statue con allegorie della Vergine Maria: a destra la *Verginità* con l'unicorno, simbolo d'illibatezza, opera di Giovanni Battista Maini (1690-1752); a sinistra l'*Umiltà* con l'agnello

view of the mosaic façade; specially devised indirect lighting in the vault of the Loggia provides additional light from a hidden source. By these expedients, Fuga thus succeeded in combining a building of modern taste with the preservation of the mosaics, giving the façade a festive appearance that harmonises with the existing buildings.

Pope Benedict XIV had a great veneration for the Mother of God and her cult, which is reflected in the sculptural programme chosen for the new facade. In 431, the Council of Ephesus had proclaimed the dogma of Mary's divine motherhood. For this reason the statue of the *Virgin and Child* by sculptor Giuseppe Lironi (1679-1749) is placed on a raised plinth above the loggia and dominates the facade. On both sides, the statue is flanked by those of four sainted popes. On Her right, sculpted by Bernardino Ludovisi (1693-1749), is *Saint Sixtus III*, Bishop of Rome (432-440), to whom we owe the construction of the church and its consecration to the Virgin Mary. Next to him stands *Saint Paschal* (817-824), by Carlo Marchionni (1702-1786), the pope who had donated a new papal throne to the Basilica and possibly also the so-called icon of Saint Luke, the *Salus Populi Romani*.

The statue of *Saint Gregory the Great* by Carlo Monaldi (ca. 1683-1760) is next, on the left. According to legend, he carried the icon around the city during a plague procession at Easter, when he saw the Archangel Michael miraculously appear above Castel Sant'Angelo, sheathing his sword as a sign that the plague had ended thanks to the intervention of the Virgin Mary.

Saint Pius V, by Agostino Corsini (1688-1772), stands at his side. On the suggestion of this pope's nephew, Carlo Borromeo, Pius had promoted the establishment of a Collegio dei Benefiziati at Santa Maria Maggiore. The Pope, buried in the Cappella Sistina within the Basilica, was canonised under Clement XI in 1712. It seems that Benedict XIV was also a supporter of the canonisation at the time.

A relief of the *Holy Spirit in the form of a dove with a gloria* set on a cloud with cherubs' heads, was executed by Filippo della Valle (1698-1768) in the projecting gable of the upper gable, below the statue of the Madonna. According to a contemporary source, the Holy Spirit "aludes to the Supreme Pontiff when he gives the blessing to the people from the said Loggia".

There are two more statues on either side of the Loggia above the portico: on the right is the statue of *San Carlo Borromeo* by Francesco Queirolo. Cardinal Borromeo had been archpriest and benefactor of the Basilica from 1564 to 1572.

At the left, and at the express wish of Pope Benedict XIV, is a statue by Filippo Della Valle of the *Blessed Niccolò Albergati* (1373-1443), cardinal, bishop of Bologna, and also archpriest of the Basilica. Albergati was a native of Bologna, like the pope. By a decree of 24 September 1744, Benedict XIV recognised Albergati's title of Blessed and his official veneration, which until then was practised by tradition, but without papal confirmation.

Two statues with allegories of the Virgin Mary recline on the sides of the tympanum of the central bay of the portico: on the right, *Virginity* with a unicorn, a symbol of chastity, by Giovanni Battista Maini (1690-1752); on the left, *Humility* with a lamb in her

in braccio di Pietro Bracci (1700-1763). Sopra i due frontoni dei portali laterali compaiono rispettivamente *Due putti con triregno* e *Chiavi incrociate del regno temporale e spirituale* del papa, opere di Peter Anton von Verschaffelt (1710-1793) e Michelangelo Slodtz (1705-1764). I putti sostengono la tiara, che sembra librarsi.

Il programma statuario presenta riferimenti alla storia della Basilica e alle personalità ad essa associate, ma mostra anche alcuni elementi inseriti su indicazione personale del papa, che si ritrovano anche nelle raffigurazioni dei tre rilievi all'interno del portico inferiore. Lo spazio è concepito in modo rigorosamente architettonico come la facciata, con un ordine di paraste ioniche e frontone triangolare sopra il portale principale; furono utilizzate anche le otto colonne di porfido granitico dell'antico portico. Sopra i portali laterali si trovano campi in rilievo e pannelli con iscrizioni. Fuga collocò la statua celebrativa di Filippo IV di Spagna (1605-1665), posta originariamente davanti alla Sacrestia e realizzata nel 1666 su progetto di Bernini, nella parte frontale del portico, presentando così il re come protettore della Basilica.

Come le statue, anche i rilievi all'interno del portico sono dedicati a temi storici e religiosi legati alla Basilica. Sopra la statua del re compare la raffigurazione *Il Fondatore della Basilica che porge a Liberio Papa il danaro per la costruzione della medesima* di Bernardino Ludovisi. Si tratta della leggenda legata alla fondazione della chiesa, secondo la quale la Madre di Dio sarebbe apparsa in sogno a Giovanni Patrizio e contemporaneamente a papa Liberio (352-366) nella notte tra il 4 e il 5 agosto, incaricandoli di costruire una chiesa in suo onore, nel luogo dove sarebbe caduta la neve. Gli altri rilievi si basano su descrizioni tratte dal *Liber pontificalis*. Il *Concilio di Sant'Ilario Papa* di Pietro Bracci rimanda al concilio convocato dal papa a Santa Maria Maggiore nel 465. Papa Ilario (461-468) fu particolarmente attivo contro gli attacchi eretici che negavano la divina maternità della Madre di Dio. Segue *San Gelasio I, che fa bruciare avanti alle porte della Basilica i libri de' Manichei, de' Pelagiani, e di altri eretici* di Giovanni Battista Maini. Al centro della scena sta l'Icona della Madonna col Bambino, la *Salus Populi Romani*, conservata nella Basilica. I Pelagiani, come anche altri eretici, negavano la divina maternità della Vergine. Al centro delle rappresentazioni pittoriche c'è dunque il tema di Maria genitrice di Dio, messo continuamente in evidenza.

L'ultimo rilievo a sinistra è *Martino I, che miracolosamente sfugge all'attentato preparato dall'esarca Olimpio* di Giuseppe Lironi. Stando al *Liber pontificalis*, Martino (649-653) aveva convocato un sinodo, nel corso del quale i patriarchi di Costantinopoli erano stati condannati per un attacco all'Immacolata. L'imperatore Costanzo inviò allora l'esarca Olimpio con un esercito contro la Chiesa, ma, non avendo successo, progettò allora di far uccidere il papa mentre somministrava la comunione ad Olimpio. Il mercenario ingaggiato a questo scopo fu però accecato dall'intervento divino. Qui si può forse ipotizzare un riferimento politico alla pressante situazione politica in cui versava all'epoca il papato. Il programma è interamente incentrato sui papi e sul dogma della divina maternità di Maria come deìpara (*Theotókos*).

arms, by Pietro Bracci (1700-1763). Above the two pediments of the side portals appear *Two Putti with the Papal Tiara* and *Crossed Keys of the Pope's Temporal and Spiritual Realms*, works by Peter Anton von Verschaffelt (1710-1793) and Michelangelo Slodtz (1705-1764) respectively. The putti support the tiara, which appears to hover.

The sculptural programme presents references to the history of the Basilica and the personalities associated with it, but also some elements inserted on the pope's personal instructions, which reappear in the three reliefs inside the lower portico. This space is conceived in as rigorously architectural manner as the façade, with an order of Ionic pilasters and a triangular pediment above the main portal; the eight granite porphyry columns of the ancient portico were also reused here. Above the side portals are reliefs and panels with inscriptions. Fuga set the commemorative statue of Philip IV of Spain (1605-1665), originally placed in front of the Sacristy and made in 1666 to a design by Bernini, at one end the portico, thereby presenting the Spanish king as protector of the Basilica.

Like the statues, the reliefs inside the portico are dedicated to the historical and religious themes of the Basilica. Above the statue of the king is depicted *The Founder of the Basilica donating Pope Liberius the Money for its Construction*, by Bernardino Ludovisi. This relates the legend bound to the foundation of the church, according to which the Mother of God appeared simultaneously in the dreams of John the Patrician and to Pope Liberius (352-366) on the night between 4 and 5 August, instructing them to build a church in Her honour, on a site where snow had fallen. The other reliefs are based on descriptions in the *Liber pontificalis*. *The Council of Pope Saint Hilarius*, by Pietro Bracci, refers to the council convened by the pope in Santa Maria Maggiore in 465. Pope Hilarius (461-468) was particularly active in combatting the heretical attacks that denied the divine motherhood of the Virgin. This is followed by *Saint Gelasius I, who burns the Books of the Manicheans, Pelagians, and other Heretics before the Gates of the Basilica*, by Giovanni Battista Maini. In the centre of the scene stands the icon of the Madonna and Child, the *Salus Populi Romani*, preserved within the Basilica. The Pelagians, like other heretics, denied the Virgin's divine motherhood. At the heart of the scenes is therefore the theme of Mary as the Mother of God, which is repeatedly emphasised.

The last relief, on the left, is *Martin I, Who Miraculously Escapes the Attack Prepared by the Exarch Olympius* by Giuseppe Lironi. According to the *Liber Pontificalis*, Pope Martin (649-653) had convened a synod at which the patriarchs of Constantinople were condemned for their attack on the doctrine of the Immaculate Conception. The Emperor Constans then sent the exarch Olympius with an army against the Church, but, when this proved unsucccssful, designed to have the pope killed while giving communion to Olympius. The attack was foiled, however, when the assassin was blinded by divine intervention. Here one may hypothesise a political reference to the pressing political situation in which the papacy found itself at the time. The programme focuses entirely on the popes and the dogma of Mary's divine motherhood as deity (*Theotókos*).

INTERNO

Fino al 1745, l'attenzione fu rivolta soprattutto alle misure di consolidamento e alle riparazioni; la ristrutturazione dell'interno della Basilica iniziò nel gennaio 1746. Ferdinando Fuga fu incaricato di rendere l'interno più uniforme e quindi più armonioso per i gusti dell'epoca. Anche questa volta si dovevano conservare i mosaici realizzati sotto papa Sisto III (432-440). I mosaici della tribuna furono puliti e furono completati gli ornamenti musivi del fregio sopra le colonne della navata centrale. Il pavimento cosmatesco della navata, danneggiato, fu parzialmente ricostruito, rimuovendo le vecchie lastre tombali soprattutto nei lati.

Aspirando ad un aspetto simmetrico, fu aperto un arco dalla navata centrale verso la Cappella Sistina analogamente a quello esistente verso la Cappella Paolina. Ove necessario, le rispettive venti colonne della navata centrale furono dotate di basi e capitelli uniformi di ordine ionico, in modo da eliminare le irregolarità esistenti e uniformare i fusti delle colonne. In corrispondenza delle colonne della navata centrale, nelle navate laterali furono collocate paraste marmoree dello stesso ordine in fila regolare per tutta la lunghezza di entrambe le navate, creando così in ogni intervallo fra i pilastri nuove nicchie rettangolari per altari dalle linee uniformi con cornici ovali per nuovi dipinti, alle quali dovevano lasciare il posto i vecchi altari e le tombe. Anche le facciate delle Cappelle Cesi e Sforza dovettero cedere alla nuova rigorosa simmetria e furono incorporate in questo nuovo ordine. Fuga rivestì anche la tribuna sotto il mosaico absidale con fasci di paraste ioniche, creando così un legame unificante tra le navate e l'abside. Decorò le volte delle navate laterali con rami di palma incrociati, festoni, rosoni stellati e linee dorate nello stile dell'epoca, il che portò anche alla critica "sembra essere una sala da ballo".

Anche le due tombe di papa Niccolò IV (1288-1292) e di papa Clemente IX (1667-1669) di Carlo Rainaldi nella tribuna dovettero cedere a questa rigorosa simmetrizzazione. Fuga le collocò all'inizio della navata centrale come cornice accanto al portale principale.

L'ALTARE MAGGIORE DI FUGA

La situazione degli altari nella Basilica non rispecchiava più i dettami del Concilio di Trento, che richiedeva solo un altare maggiore. In Santa Maria Maggiore, alla fine della navata centrale davanti alla tribuna, c'erano due altari reliquiari medievali a due piani, poggiati su colonnine di porfido, ognuno rivolto verso un lato; dietro questa costruzione c'era l'Altare maggiore a un livello più alto. Durante la ristrutturazione questi altari furono demoliti. Inizialmente si pensò di collocare nuovi altari reliquiari nella navata centrale, ma poi si rinunciò e si abbassò il livello del pavimento della tribuna.

Il nuovo altare a baldacchino della Basilica si ispira a quello di San Pietro, ma al posto delle colonne a vite qui furono utilizzate quattro monumentali colonne di porfido avvolte da viticci di alloro dorati. Come mensa d'altare fu utilizzato il sarcofago in porfido,

INTERIOR

Until 1745 the focus had been mainly on consolidation and repairs. Restructuring the Basilica interior began in January 1746. Ferdinando Fuga was commissioned to make the interior more uniform and thus more agreeable to contemporary tastes for harmony. Again the mosaics that had been made under Pope Sixtus III (432-440) were to be preserved. The mosaics of the tribune were cleaned and the mosaic ornaments in the frieze above the nave columns were completed where missing. The Cosmatesque floor of the nave, damaged over the centuries, was partially reconstructed, and old tombstones removed, especially at the sides.

To achieve symmetry, an arch was opened in the nave wall in front of the Cappella Sistina to correspond with that existing in front of the Cappella Paolina. Where necessary, the forty columns of the nave were fitted with uniform bases and capitals of the Ionic order, to eliminate existing irregularities and make the columns uniform. To correspond with the nave columns marble pilasters of the same order were placed in regular rows down each aisle, and in the intervals between them rectangular niches for new altars of uniform design with oval frames for new paintings, and for which the old altars and tombs were swept away. Even the façades of the Cesi and Sforza Chapels were removed to yield to this strict symmetry and subsumed into the new order. Fuga also clad the apse wall under the apsidal mosaic with Ionic pilaster strips, thus unifying the nave, aisles and apse. He decorated the vaults of the aisles with braided palm branches, festoons, starry rosettes, and gilded outlines in the style of the time, all of which eventually led to the criticism that the Basilica "looks like a ballroom."

Even the two tombs of Pope Nicholas IV (1288-1292) and Pope Clement IX (1667-1669), by Carlo Rainaldi, in the choir had to yield to this strict symmetry. Fuga now moved them to the beginning of the nave to frame the main portal.

THE HIGH ALTAR BY FUGA

The proliferation of altars in the old Basilica could no longer respect the dictates of the Council of Trent, which demanded only one, High Altar. At the end of the nave in front of the tribune, stood two double-storey medieval reliquary altars resting on porphyry columns, each facing one side of the nave; behind them was the High Altar on a higher level. During the renovation, these altars were demolished. Initially it was planned to place new reliquary altars in the nave, but this plan was abandoned and the floor level of the tribune was instead lowered.

The Basilica's new altar under a baldachin was inspired by that at St Peter's, but instead of twisted columns, four monumental porphyry columns wrapped in gilt laurel tendrils were used. A porphyry sarcophagus, which legend held was that of John the

secondo la leggenda quello di Giovanni Patrizio e di sua moglie, che in precedenza si trovava all'altare del crocefisso. I quattro angeli marmorei con rami di palma e gigli di Pietro Bracci e Giovanni Battisti Maini, che originariamente si trovavano sopra le colonne dell'altare a baldacchino di Fuga, furono rimossi nel 1932 per consentire una migliore visione dei mosaici della Tribuna e da allora si trovano nella Loggia delle Benedizioni della facciata. Al loro posto ci sono solo una tiara e delle chiavi incrociate a coronare il baldacchino. Purtroppo, ciò ha compromesso notevolmente l'aspetto originariamente molto dinamico e scultoreo dell'altare.

L'unico edificio nuovo costruito nel corso del restauro è la Cappella del Crocefisso, realizzata su progetto di Fuga al posto di una cappella più antica, a pianta quadrata nella navata destra. Le colonne di porfido dell'altare provengono dagli antichi altari a ciborio della navata centrale. Nelle pareti laterali sono incastonati gli scrigni per le reliquie a forma di edicola. Le pareti sono rivestite di marmi preziosi che, assieme alle ricche dorature, creano l'atmosfera di un "tesoro". Gli armadi contengono vasi con elementi liturgici e reliquie.

Papa Benedetto XIV scrisse che "il risarcimento ed ornamento che abbiamo fatto di quella basilica" era "tutto riuscito felicissimamente". In occasione dell'Anno Santo del 1750, si rinunciò alle consuete decorazioni festive per consentire al pubblico di vedere la chiesa restaurata e con la nuova decorazione. In definitiva, la creazione da parte di Fuga di una struttura quasi uniforme portò a una sorta di versione idealizzata del concetto dell'antica Basilica.

Patrician and his wife, and which had been previously used for the Altar of the Crucifix, became the new altar. The four marble angels with palm branches and lilies by Pietro Bracci and Giovanni Battisti Maini, which originally stood over the columns of Fuga's baldachin, were removed in 1932 to allow a better view of the Choir mosaics and have been ever since located in the Benediction Loggia of the façade. What remain are only the tiara and crossed keys crowning the canopy. Unfortunately, this change has greatly compromised the once highly dynamic and sculptural appearance of the original baldachin.

The only new addition to the restorations was the Chapel of the Crucifix built to a design by Fuga in the right aisle to replace an older and rectangular chapel. Its porphyry altar columns were garnered from the ancient ciborium altars in the nave. On the side walls are reliquaries in the form of aedicules. The walls are covered with precious marbles, which, together with the rich gilding, create the atmosphere of a 'treasury.' The cupboards contain vessels with liturgical elements and relics.

Pope Benedict XIV wrote that "the restoration and ornamentation we have made of that Basilica" was "all most felicitously successful." When the Holy Year came in 1750 the Chapter of Santa Maria Maggiore renounced traditional festive decorations to allow the public to see the church alone in all its renewed glory. At the end of his endeavours, Fuga's creation of an almost uniform structure had recreated an idealised vision of an ancient Basilica.

P. 302
Targa dedicatoria in commemorazione dei lavori di restauro svolti in occasione del Giubileo 1750 per volere di Benedetto XIV
Navata centrale, controfacciata

P. 308
Ferdinando Fuga (1699-1782)
Facciata
Veduta dall'alto
1740-1748

P. 309
Ferdinando Fuga
Loggia delle Benedizioni
1743-1748

P. 310
Ferdinando Fuga
Ingresso della Canonica
1741-1743
Portico

P. 311
In alto: Giuseppe Lironi (1679-1749)
L'esarca Olimpio e papa Martino I
1741-1743, rilievo in marmo
Portico
In basso: Bernardino Ludovisi (1693-1749)
Giovanni Patrizio offre a papa Liberio il danaro per la costruzione di Santa Maria Maggiore
1741-1743, rilievo in marmo
Portico

P. 302
Dedicatory plaque commemorating the restoration work carried out on the occasion of the 1750 Jubilee at the behest of Benedict XIV
Central nave, counter-façade

P. 308
Ferdinando Fuga (1699-1782)
Façade
View from above
1740-1748

P. 309
Ferdinando Fuga
Benediction Loggia
1743-1748

P. 310
Ferdinando Fuga
Entrance to the Canonry
1741-1743
Portico

P. 311
Above: Giuseppe Lironi (1679-1749)
Exarch Olympius and Pope Martin I
1741-1743, marble relief
Portico
Below: Bernardino Ludovisi (1693-1749)
John the Patrician offers Pope Liberius the fundings for the construction of Santa Maria Maggiore
1741-1743, marble relief
Portico

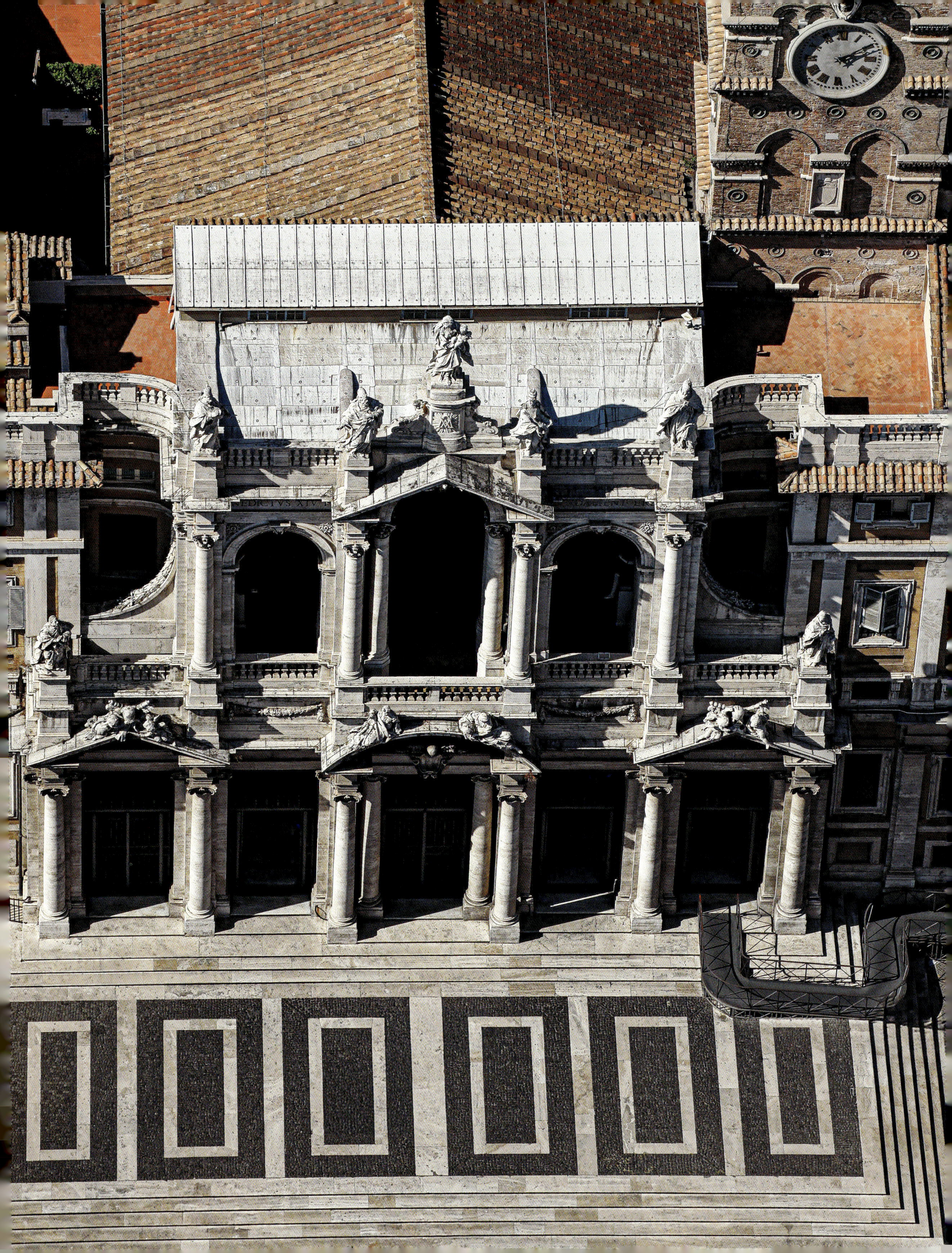

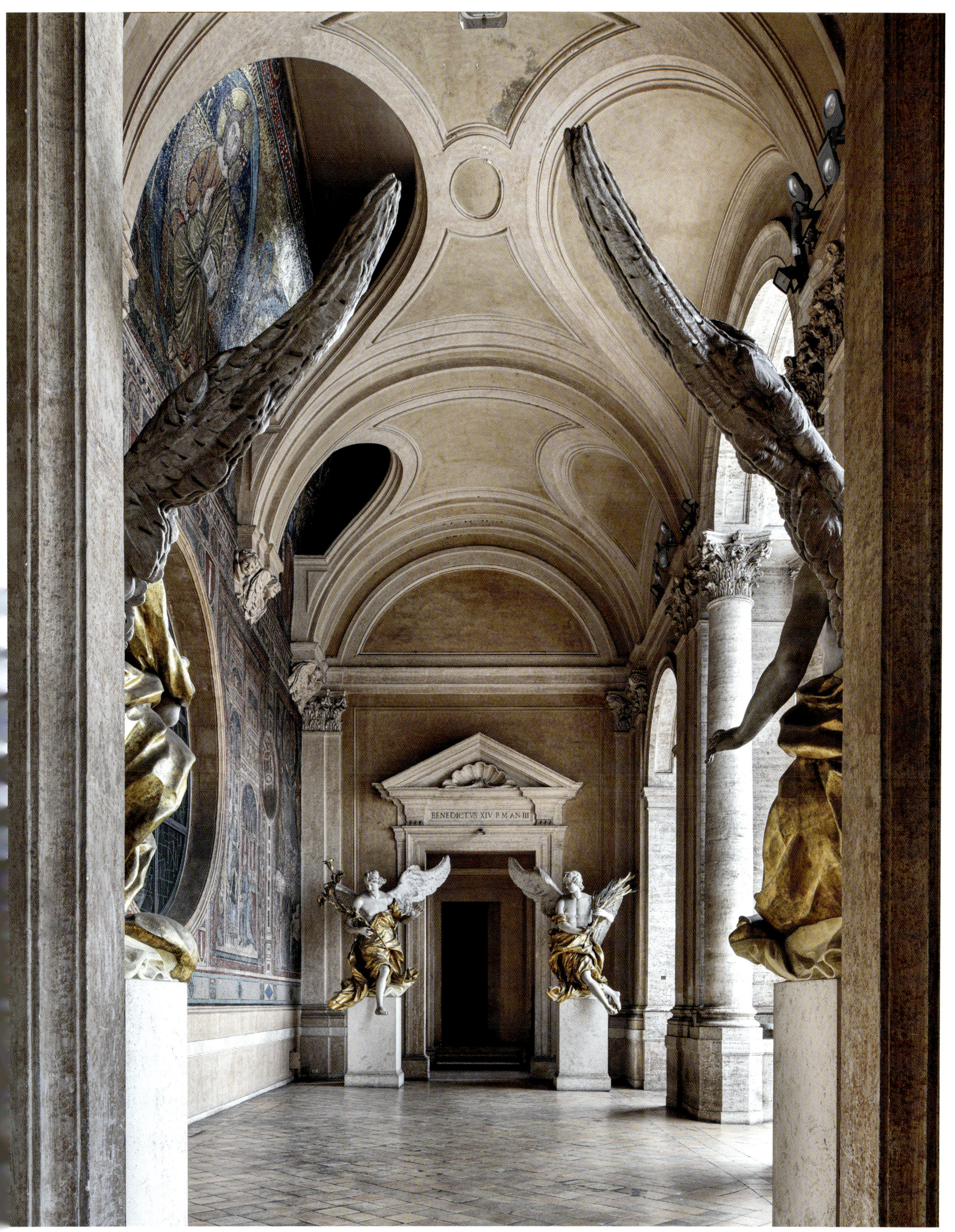
BENEDICTVS XIV P M AN III

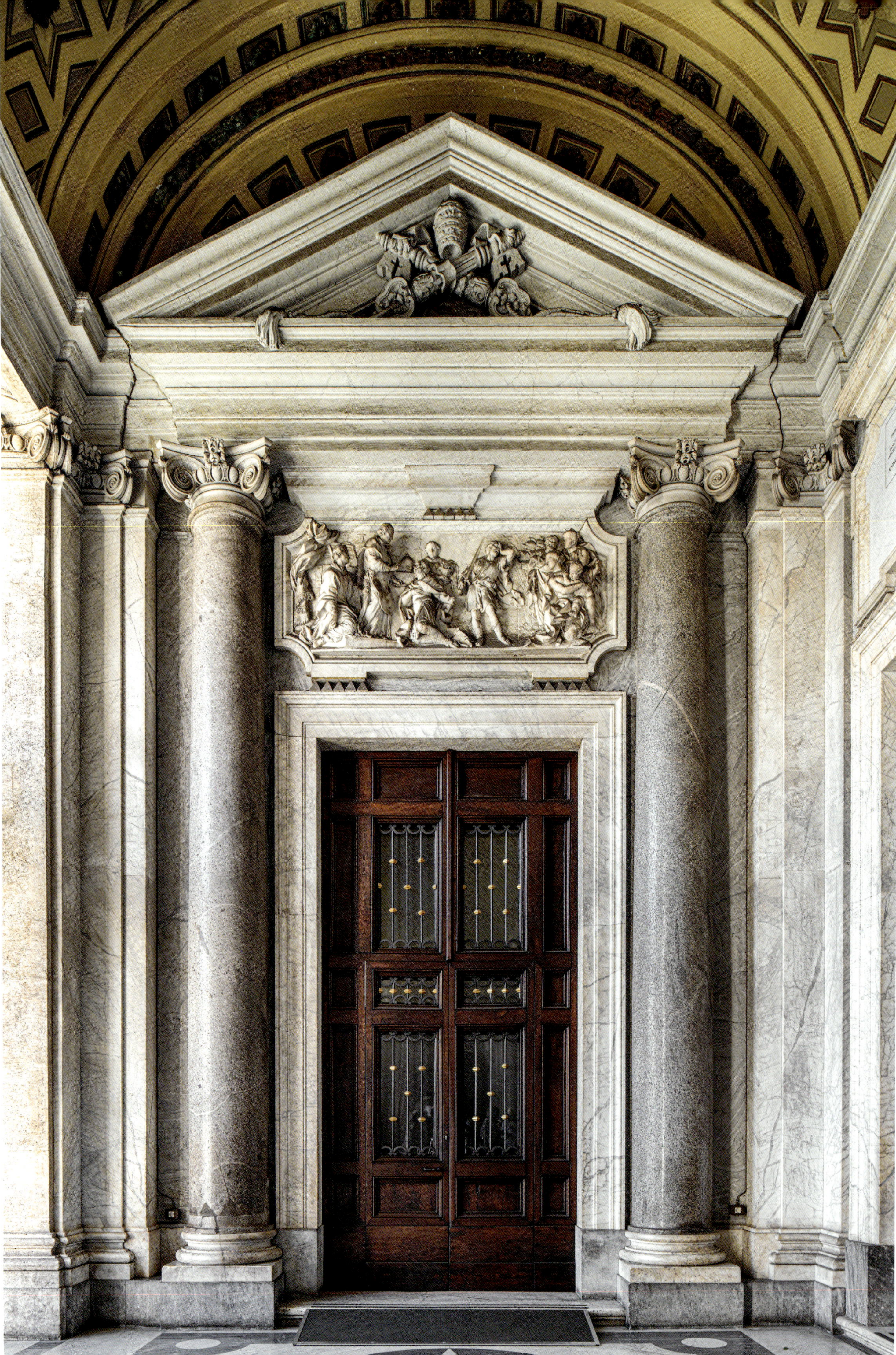

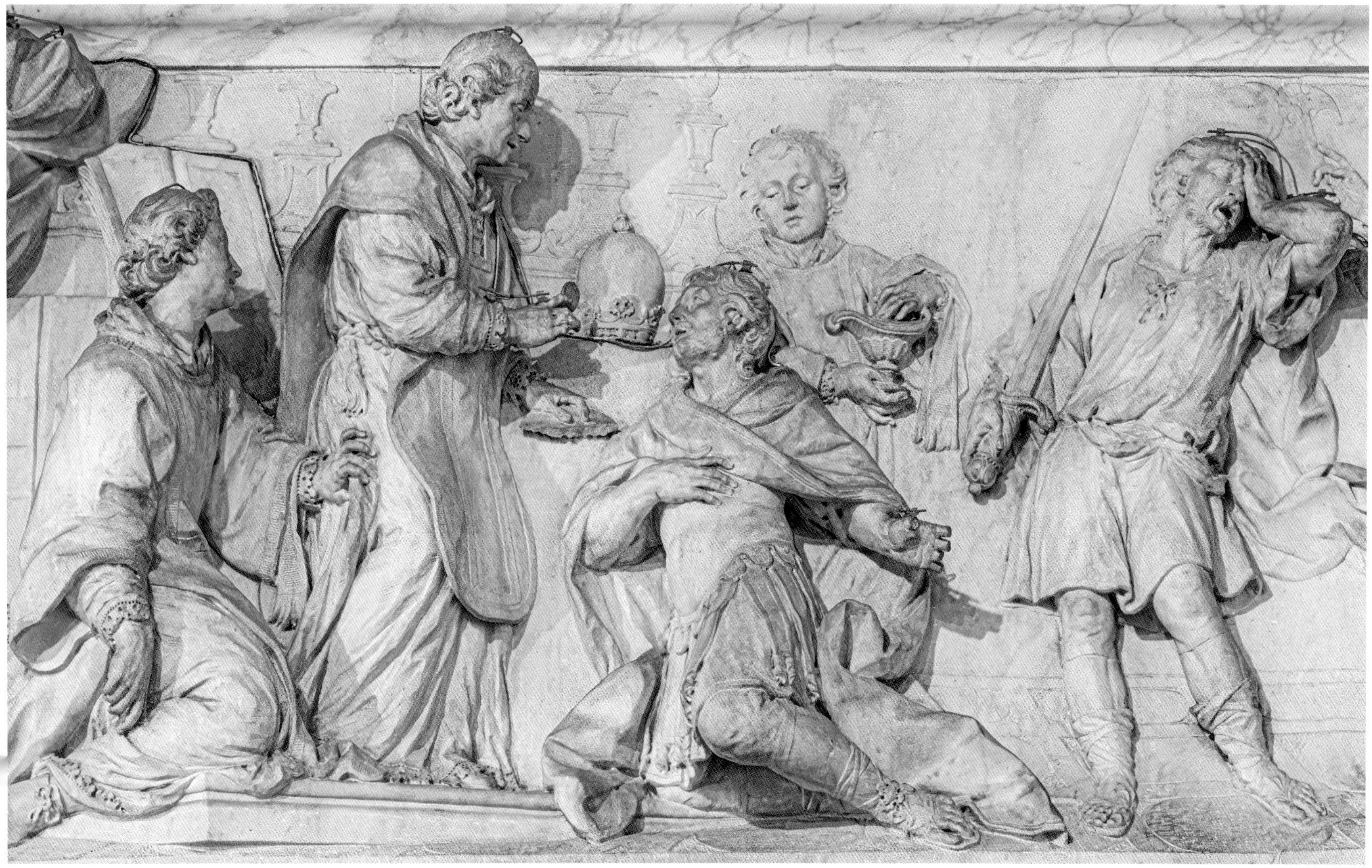

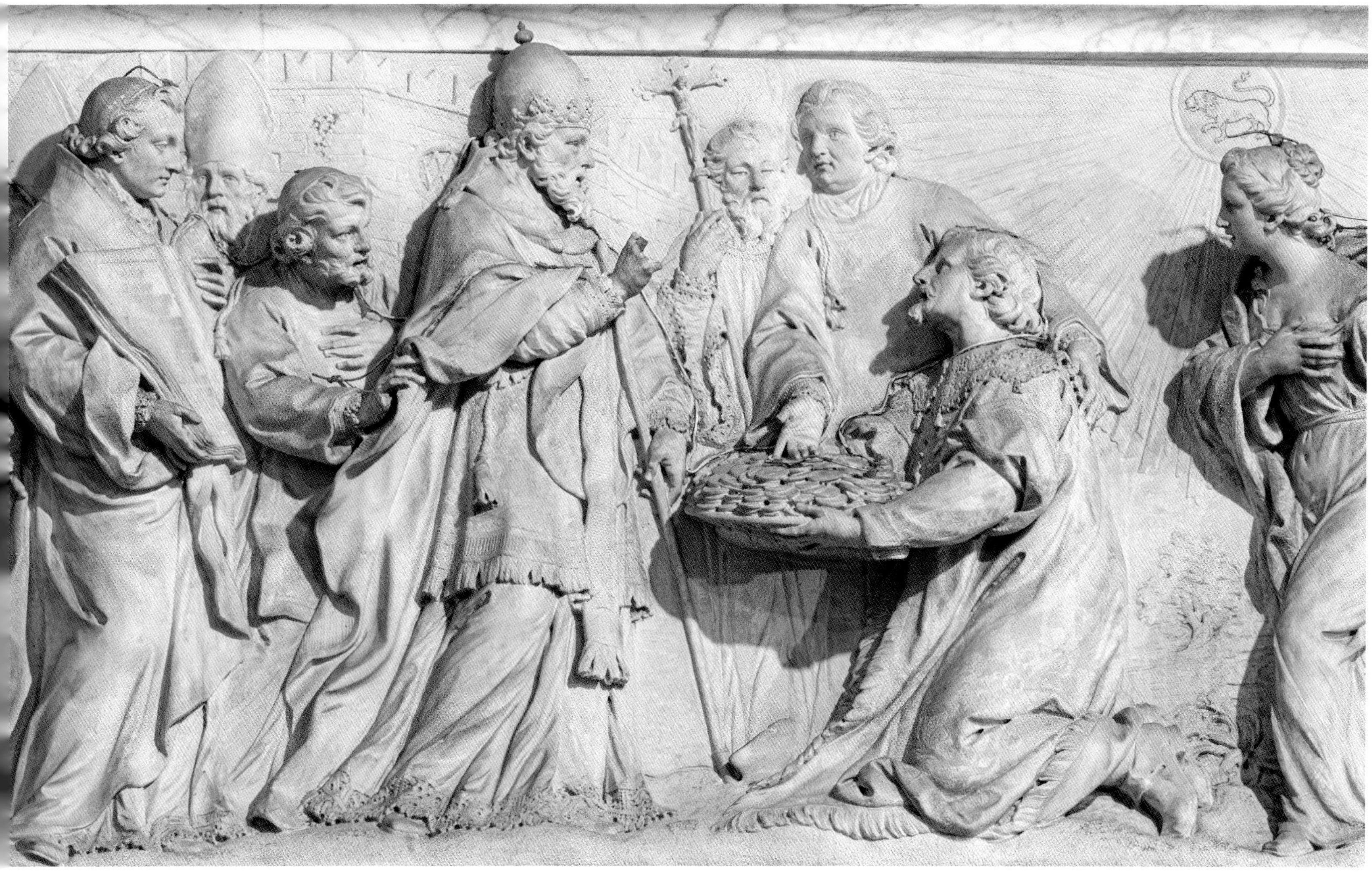

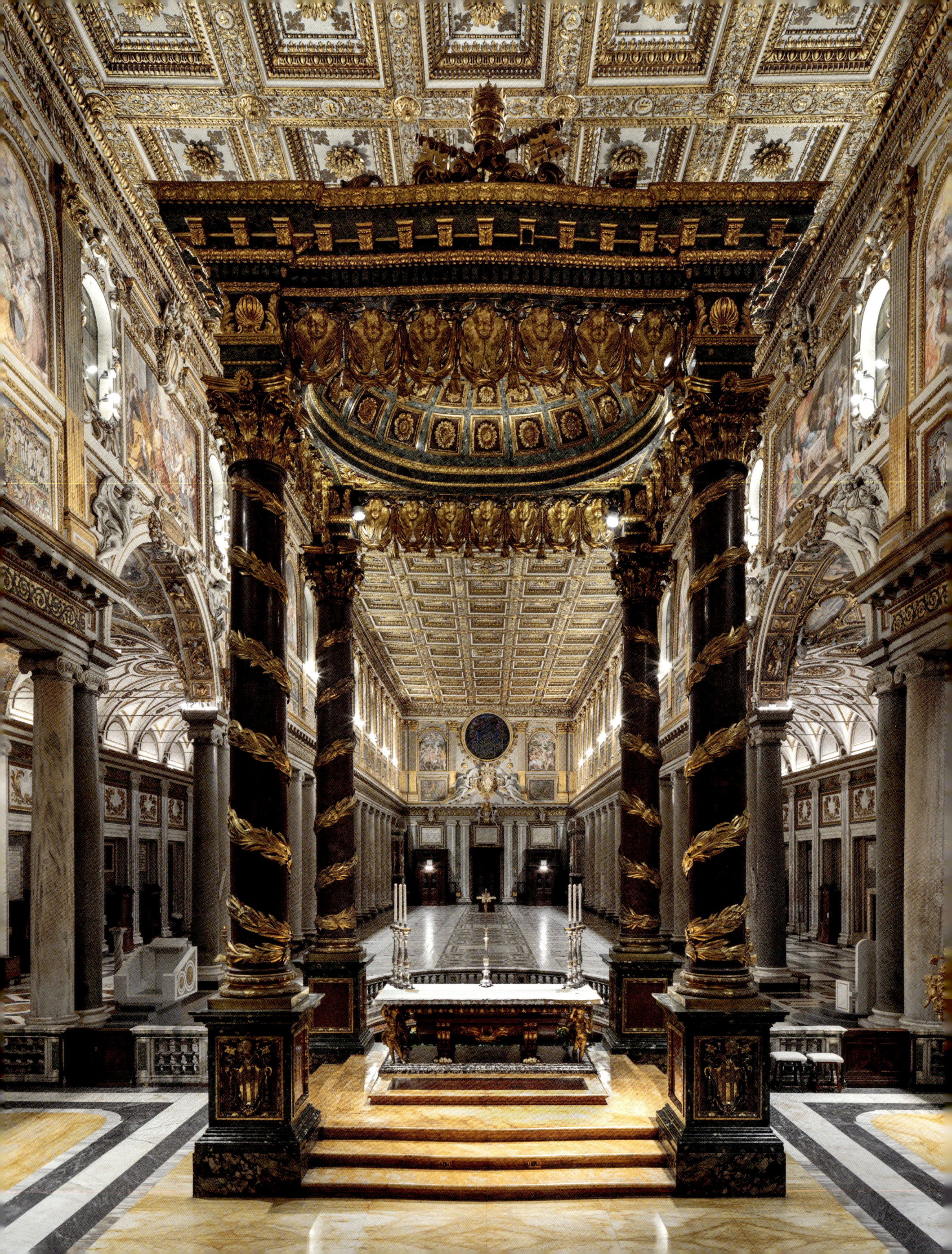

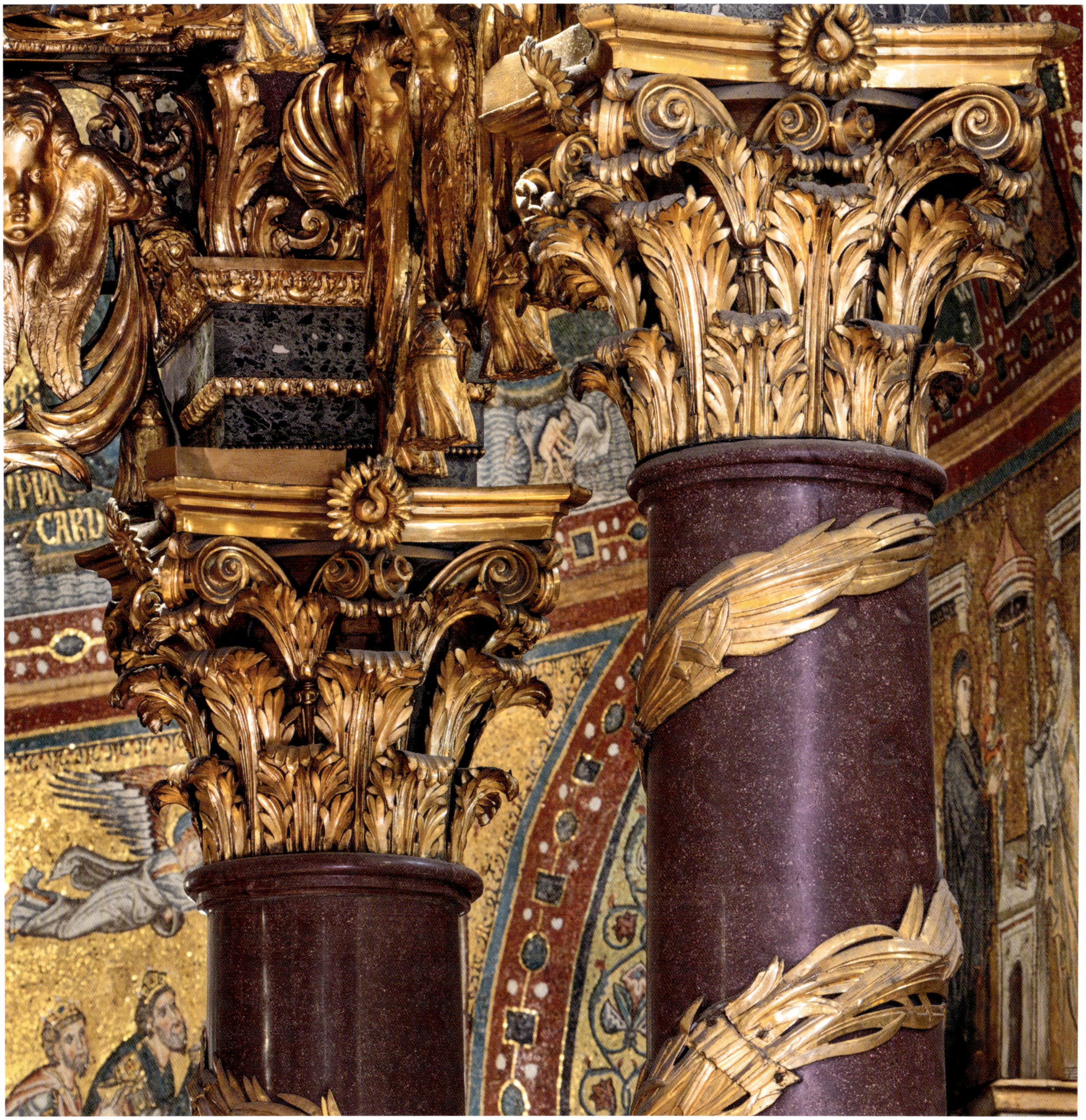

PP. 312, 313
Ferdinando Fuga
Baldacchino
1741 circa, porfido, marmi, legno, bronzo dorato

PP. 314, 315
Pietro Bracci (1700-1773)
Angeli
1741 circa, marmo e bronzo dorato
Loggia delle Benedizioni (già in cima al Baldacchino)

PP. 312, 313
Ferdinando Fuga
Baldachin
c. 1741, porphyry, marble, wood, gilded bronze

PP. 314, 315
Pietro Bracci (1700-1773)
Angels
c. 1741, marble and gilded bronze
Benediction Loggia (formerly on the top of the Baldachin)

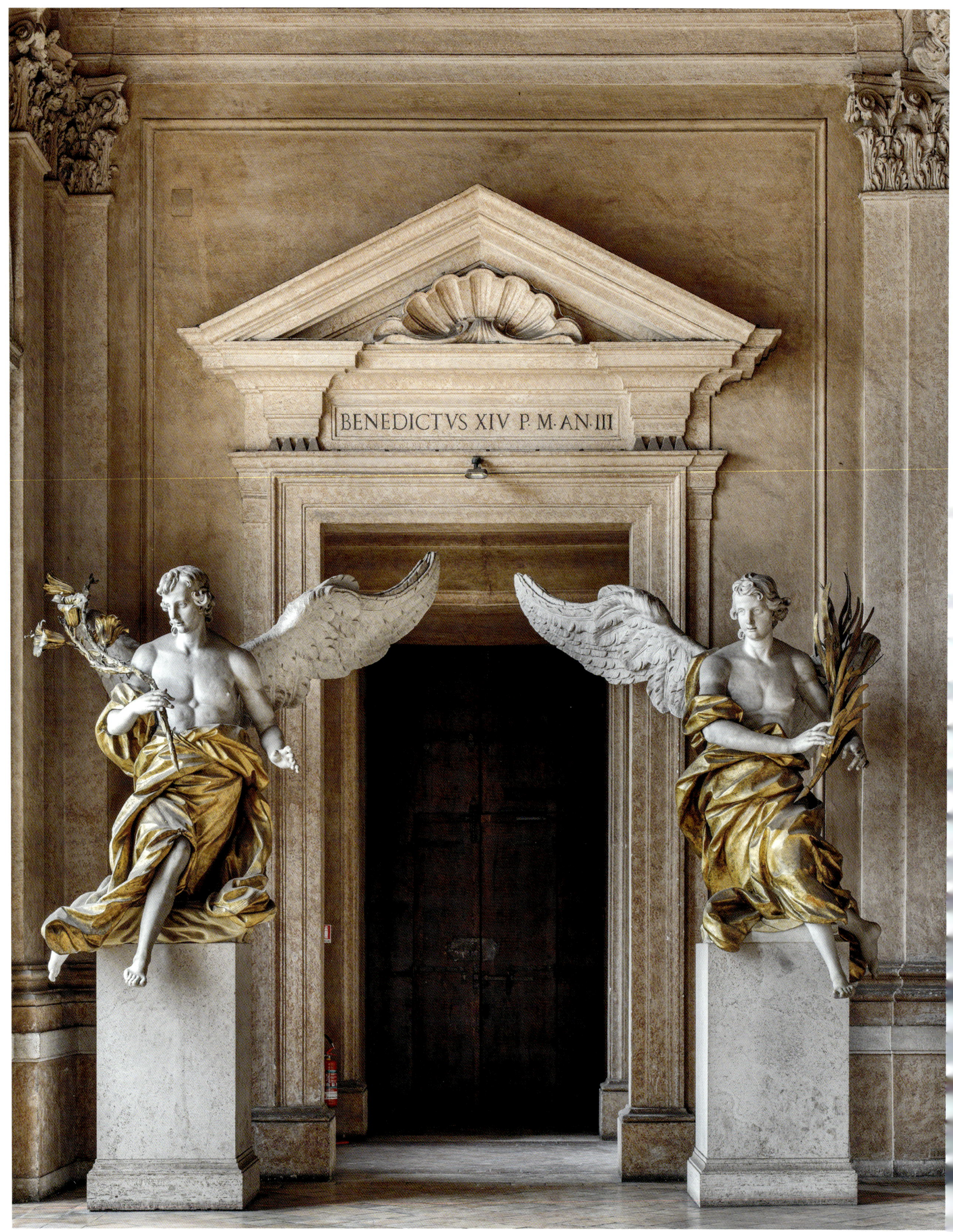
BENEDICTVS XIV P·M·AN·III

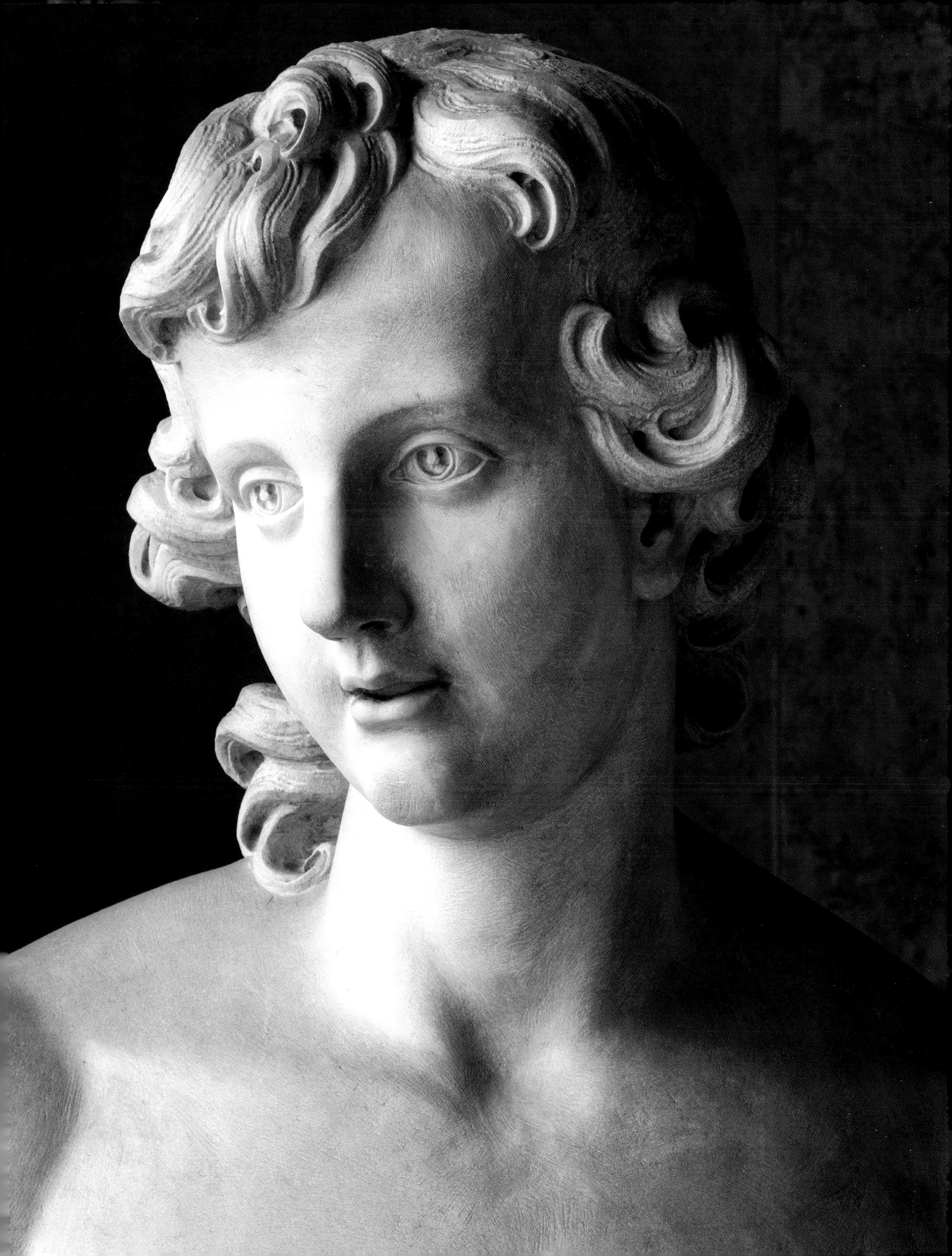

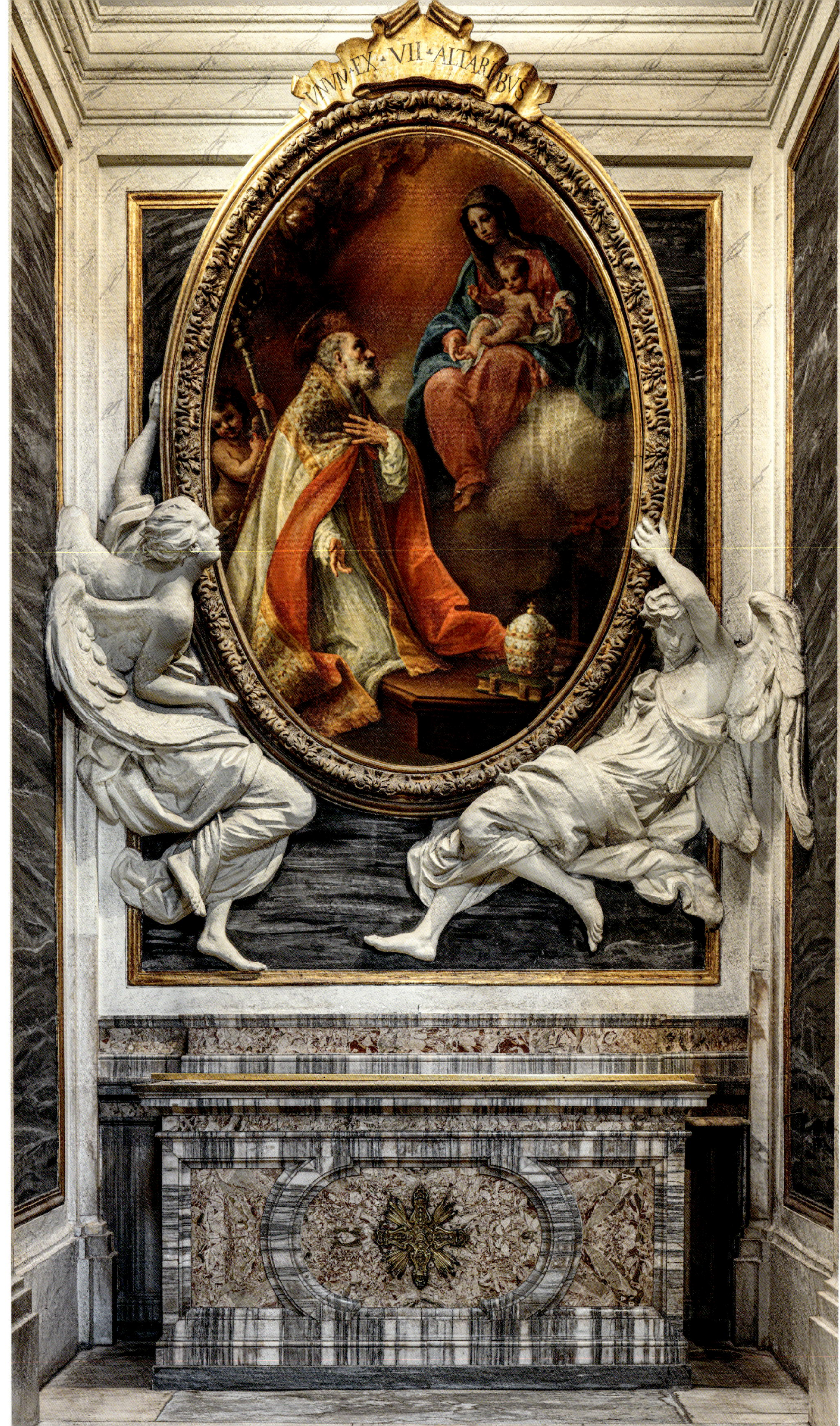
VNVM EX VII ALTARIBVS

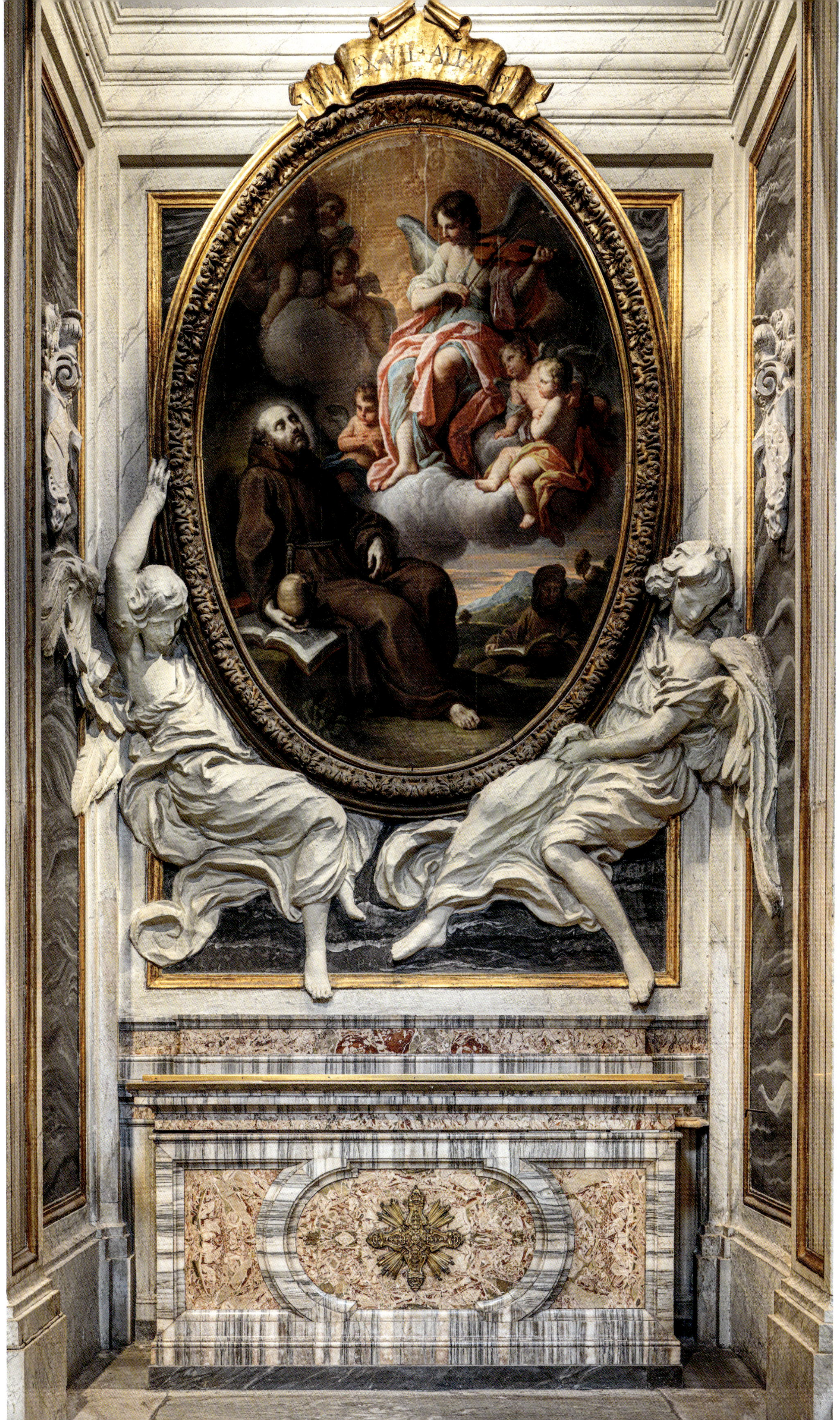

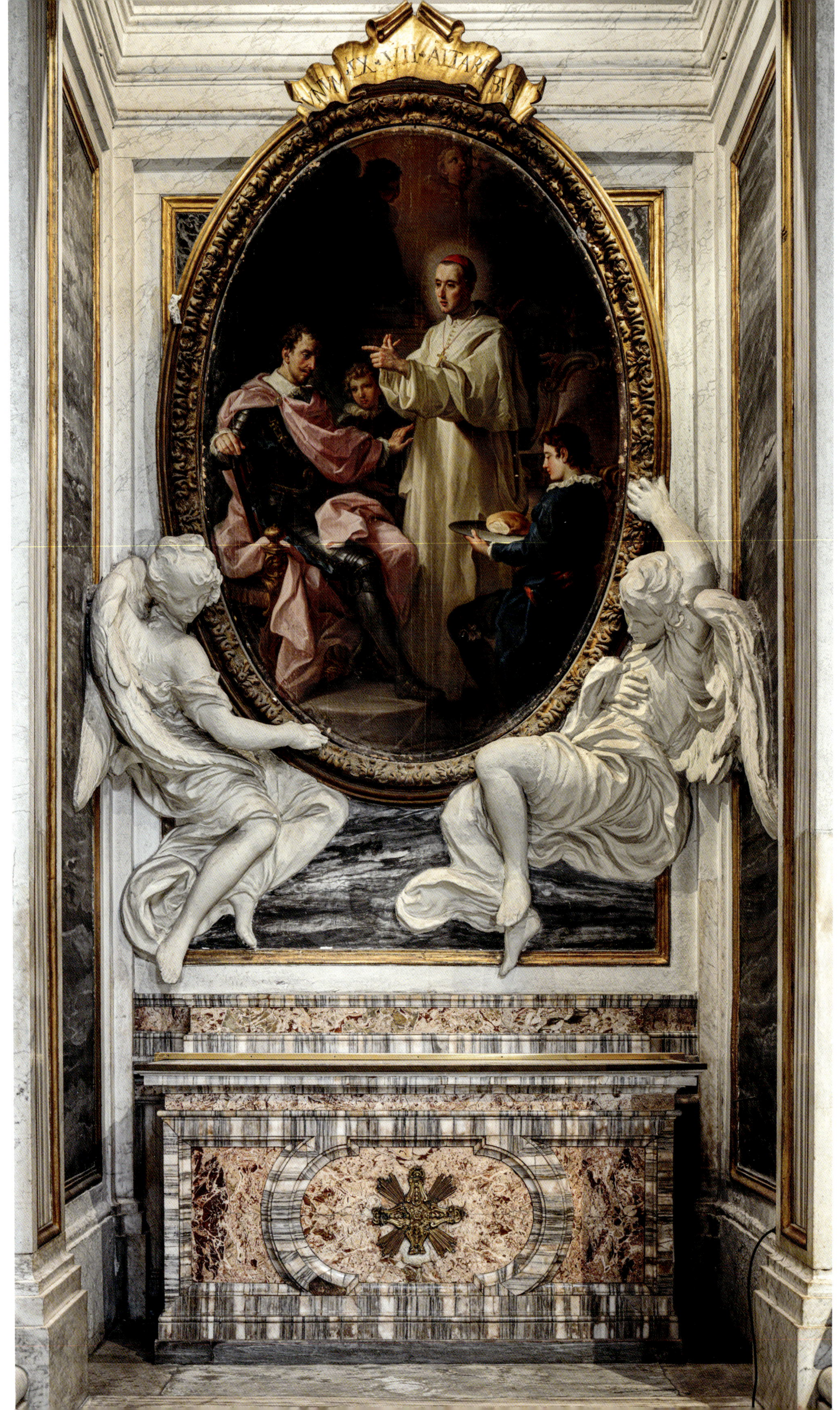
IX · VII · ALTARI
BV

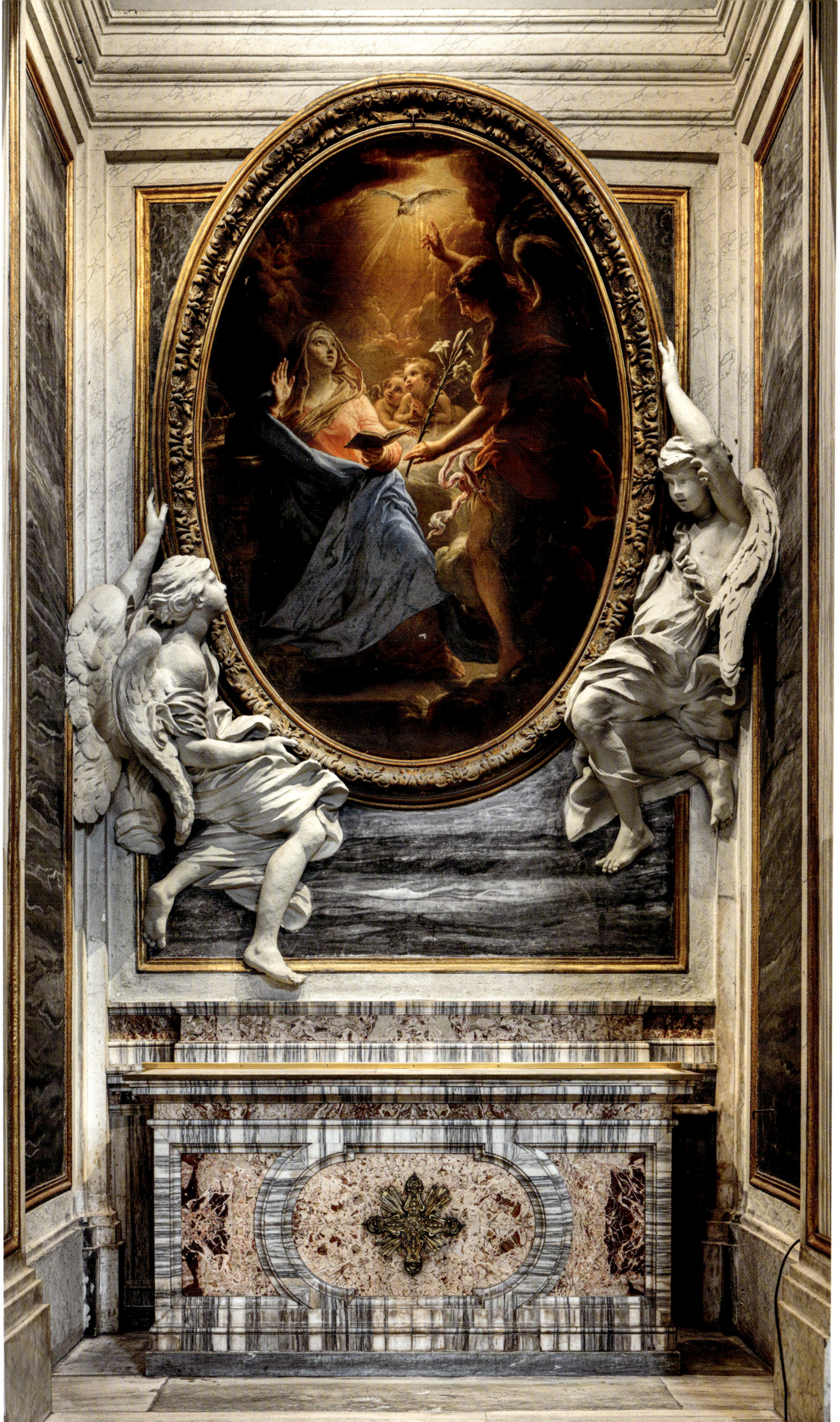

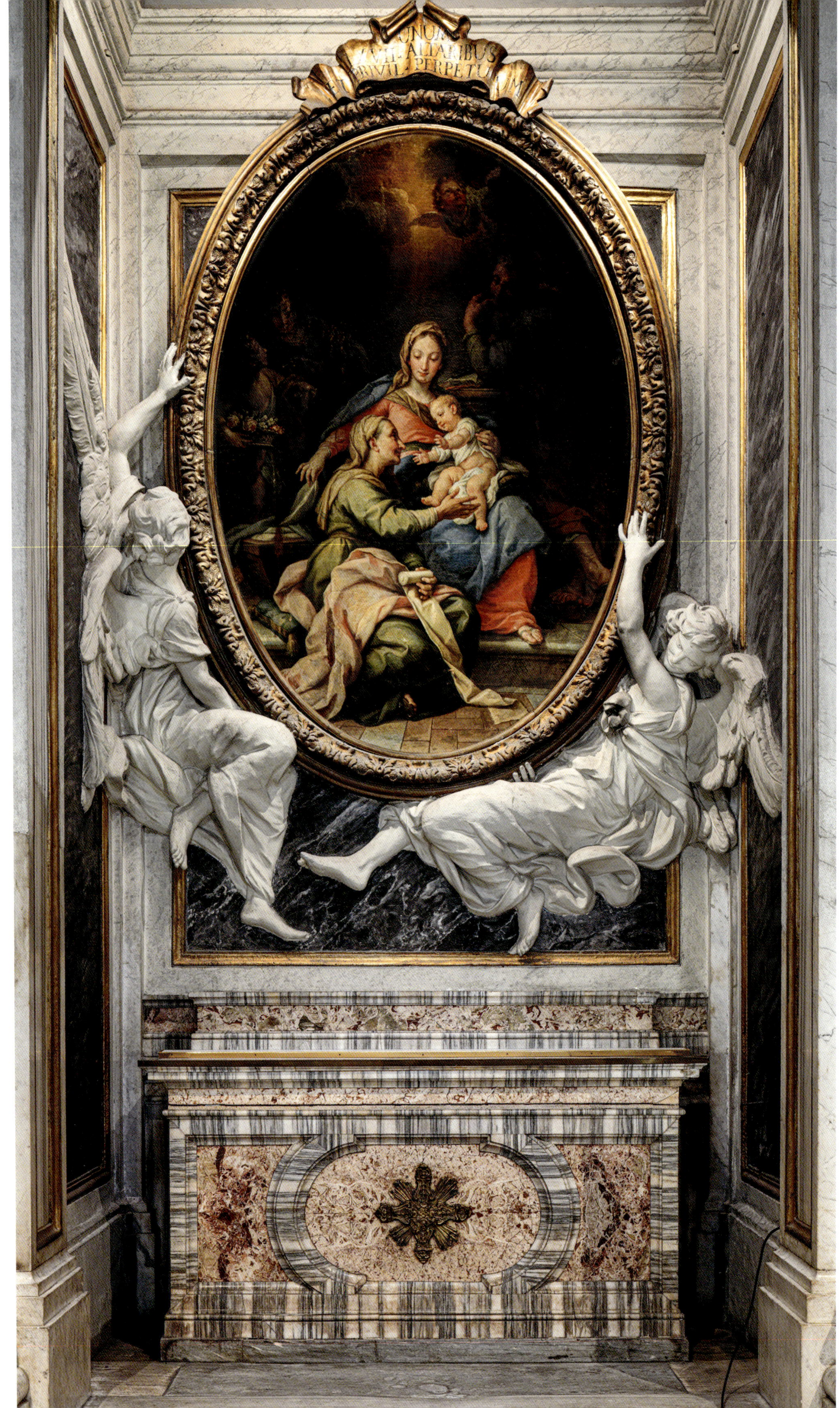
ALTARIBUS

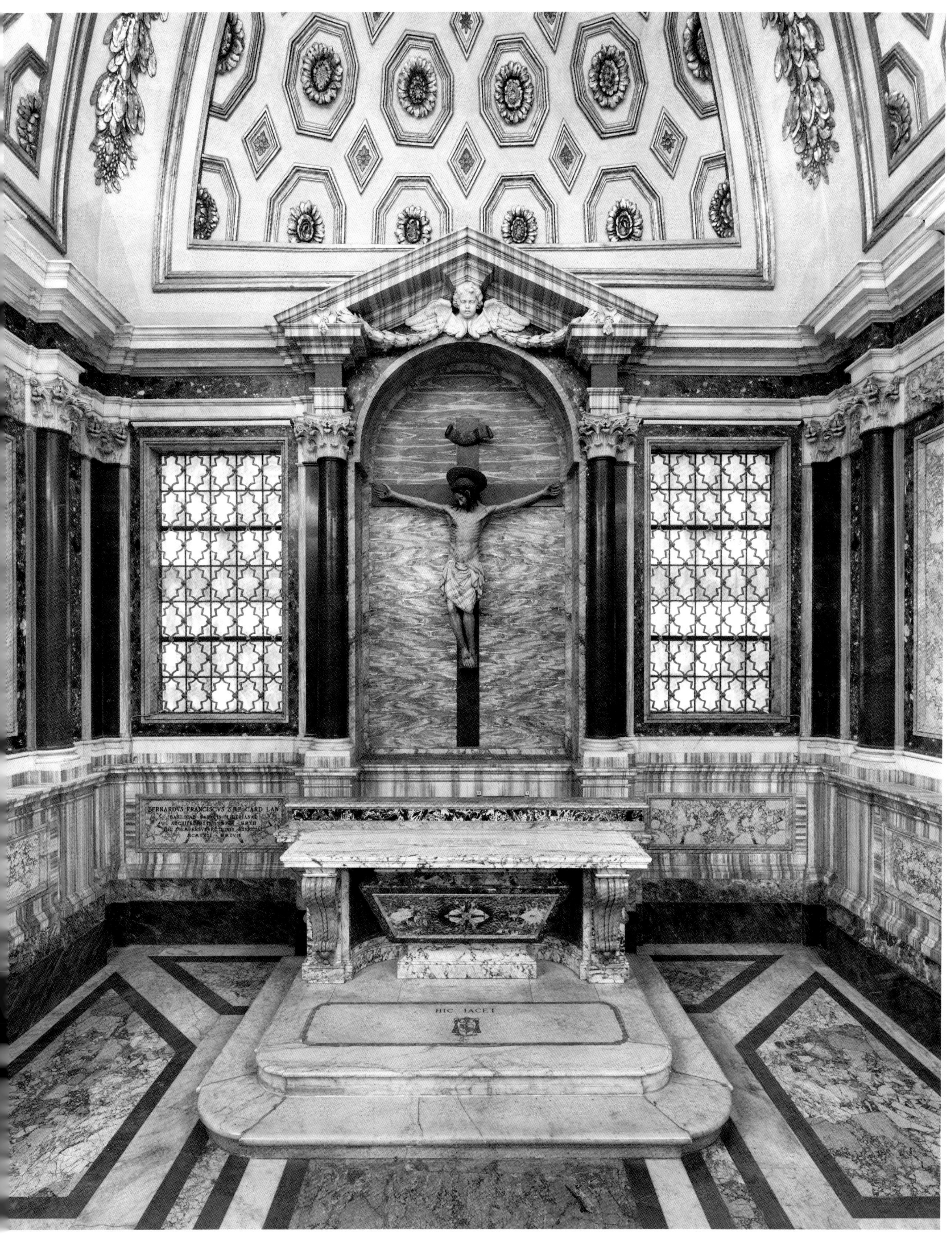
BERNARDVS FRANCISCVS S.R.E. CARD LAW
HIC IACET

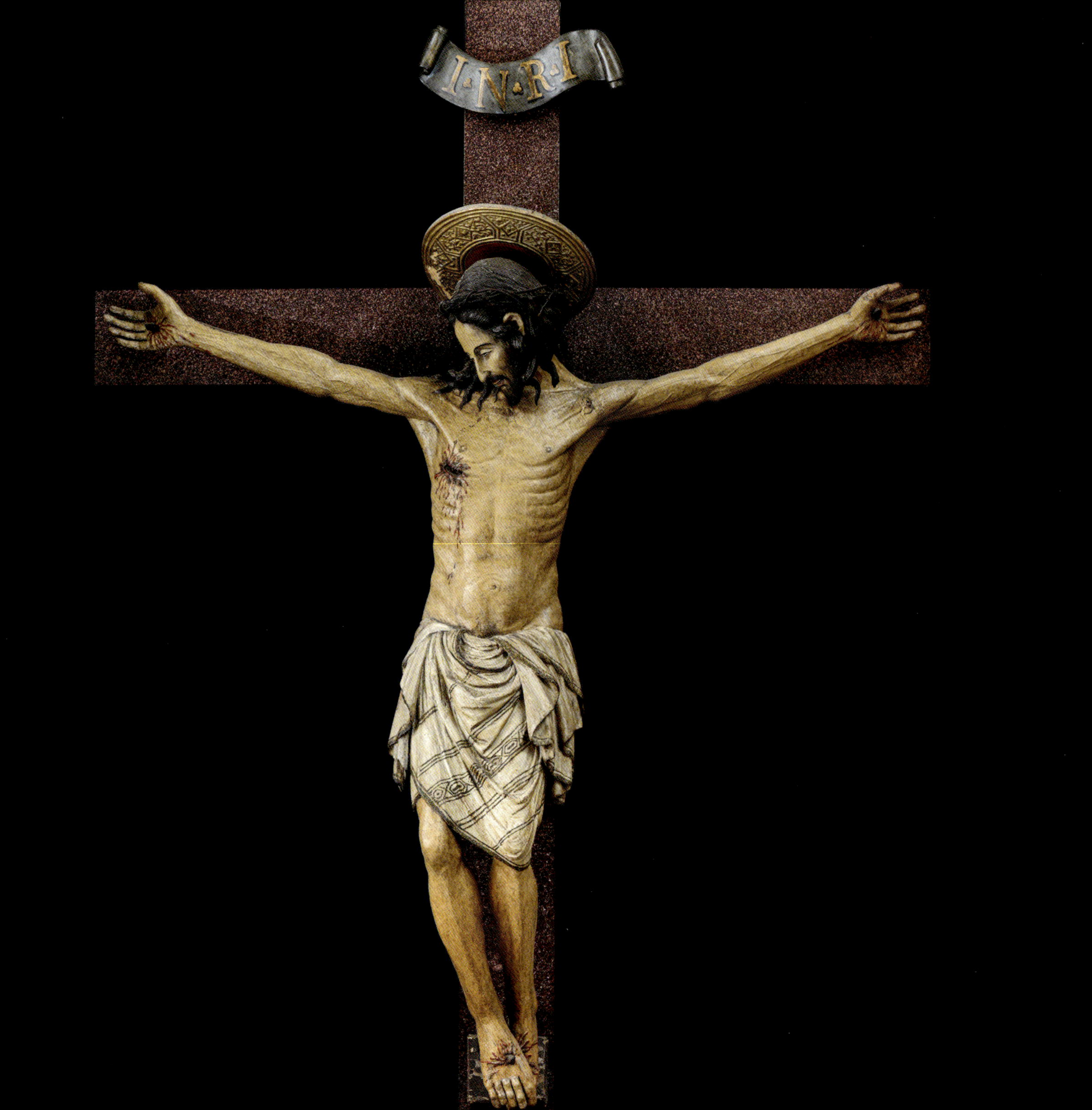
I·N·R·I

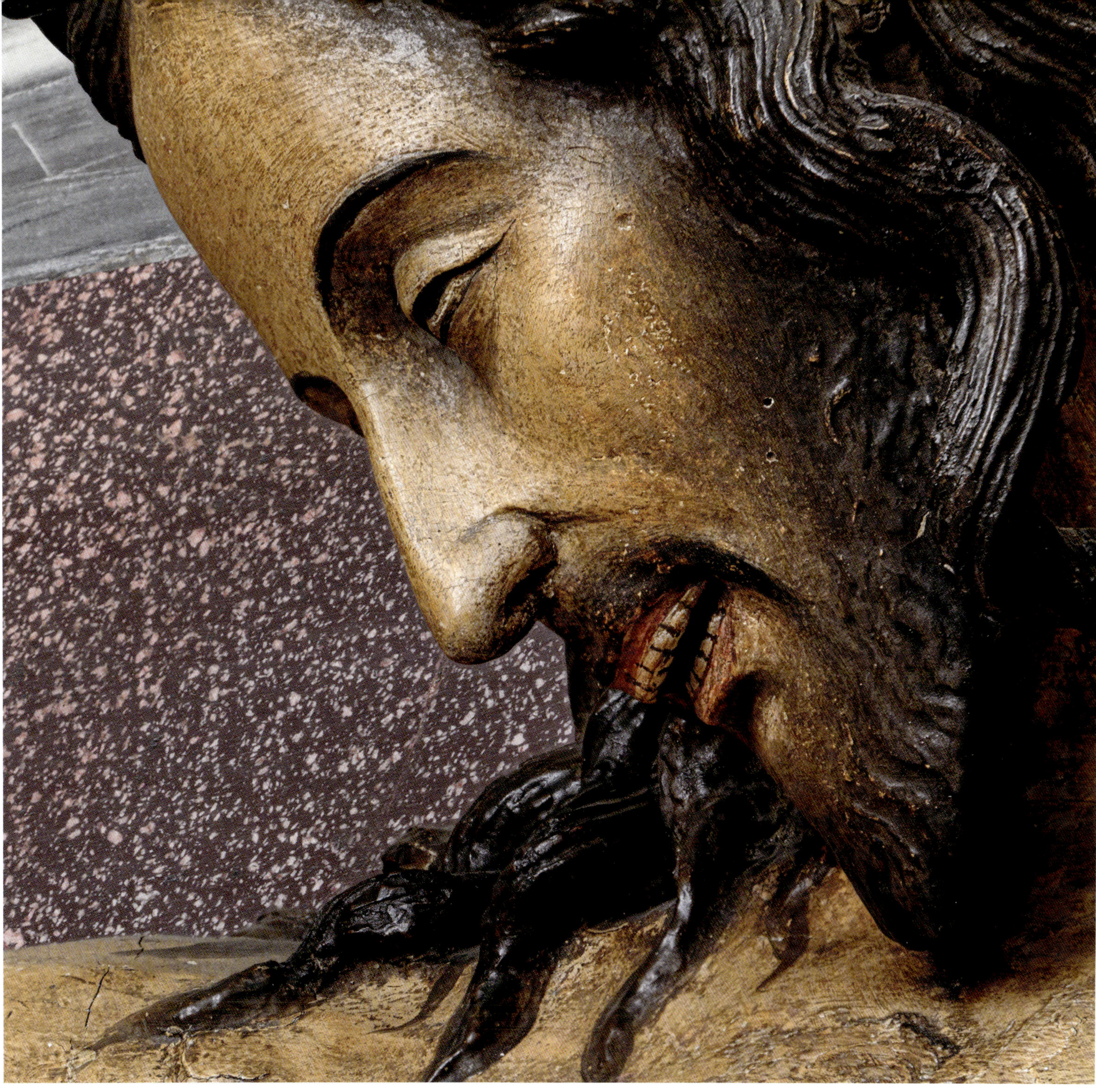

P. 316
Sebastiano Ceccarini (1703-1783)
Visione di San Leone Magno
1743-1750, olio su tela
Navata sinistra, altare laterale

P. 317
Placido Costanzi (1702-1759)
Estasi di San Francesco
1743-1750, olio su tela
Navata sinistra, altare laterale

P. 318
Stefano Pozzi (1699-1768)
Beato Nicola Albergati
1723, olio su tela
Navata destra, altare laterale

P. 319
Pompeo Batoni (1708-1787)
Annunciazione
1743-1750, olio su tela
Navata destra, altare laterale

P. 320
Agostino Masucci (1690-1758)
La famiglia della Vergine
1743-1750, olio su tela
Navata destra, altare laterale

P. 321
Ferdinando Fuga
1743-1750
Cappella del Crocifisso

P. 316
Sebastiano Ceccarini (1703-1783)
Vision of Saint Leo the Great
1743-1750, oil on canvas
Left aisle, side altar

P. 317
Placido Costanzi (1702-1759)
Ecstasy of Saint Francis
1743-1750, oil on canvas
Left aisle, side altar

P. 318
Stefano Pozzi (1699-1768)
The Blessed Nicola Albergati
1723, oil on canvas
Right aisle, side altar

P. 319
Pompeo Batoni (1708-1787)
Annunciation
1743-1750, oil on canvas
Right aisle, side altar

P. 320
Agostino Masucci (1690-1758)
The Family of the Virgin
1743-1750, oil on canvas
Right aisle, side altar

P. 321
Ferdinando Fuga
1743-1750
Chapel of the Crucifix

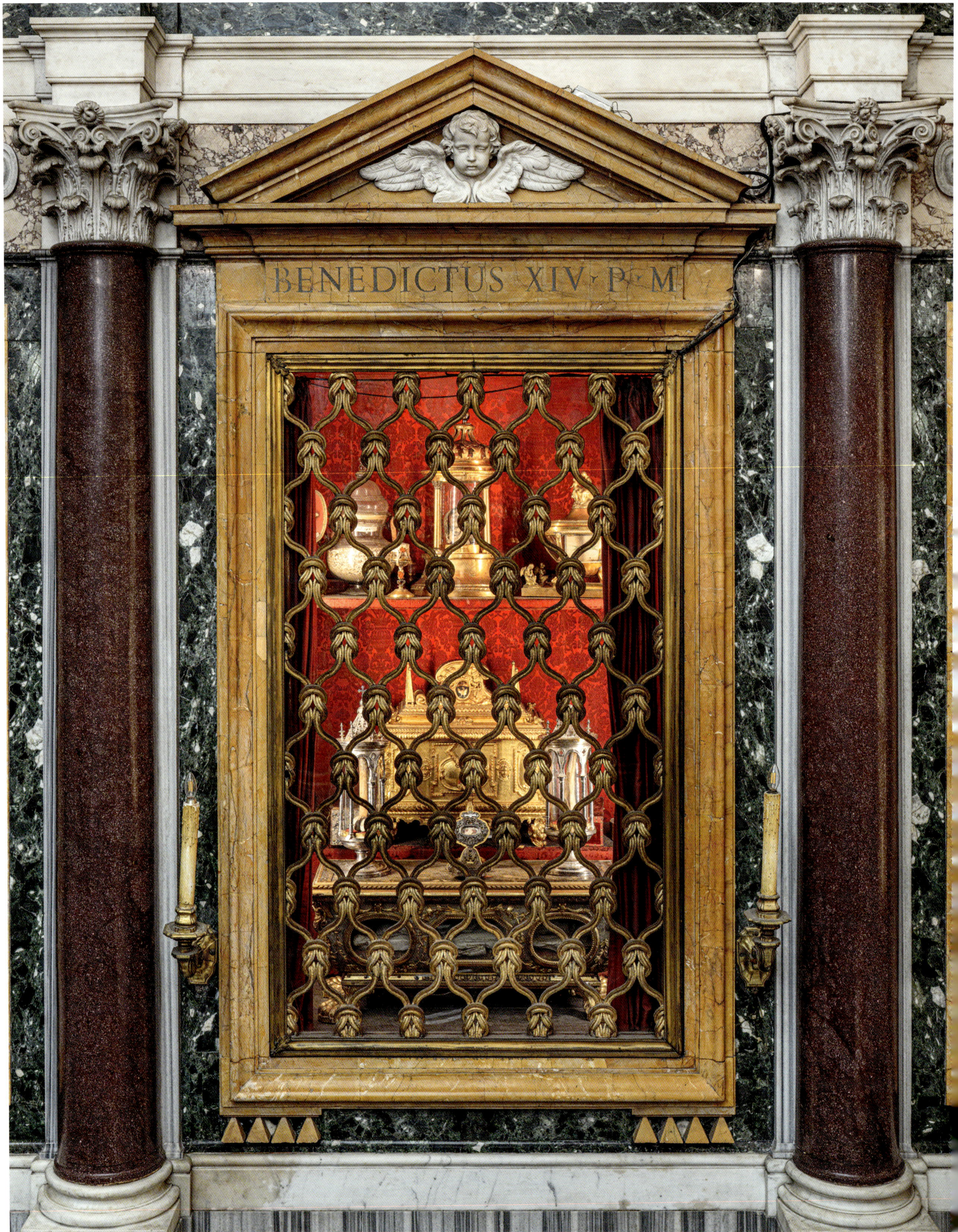
BENEDICTUS XIV P M

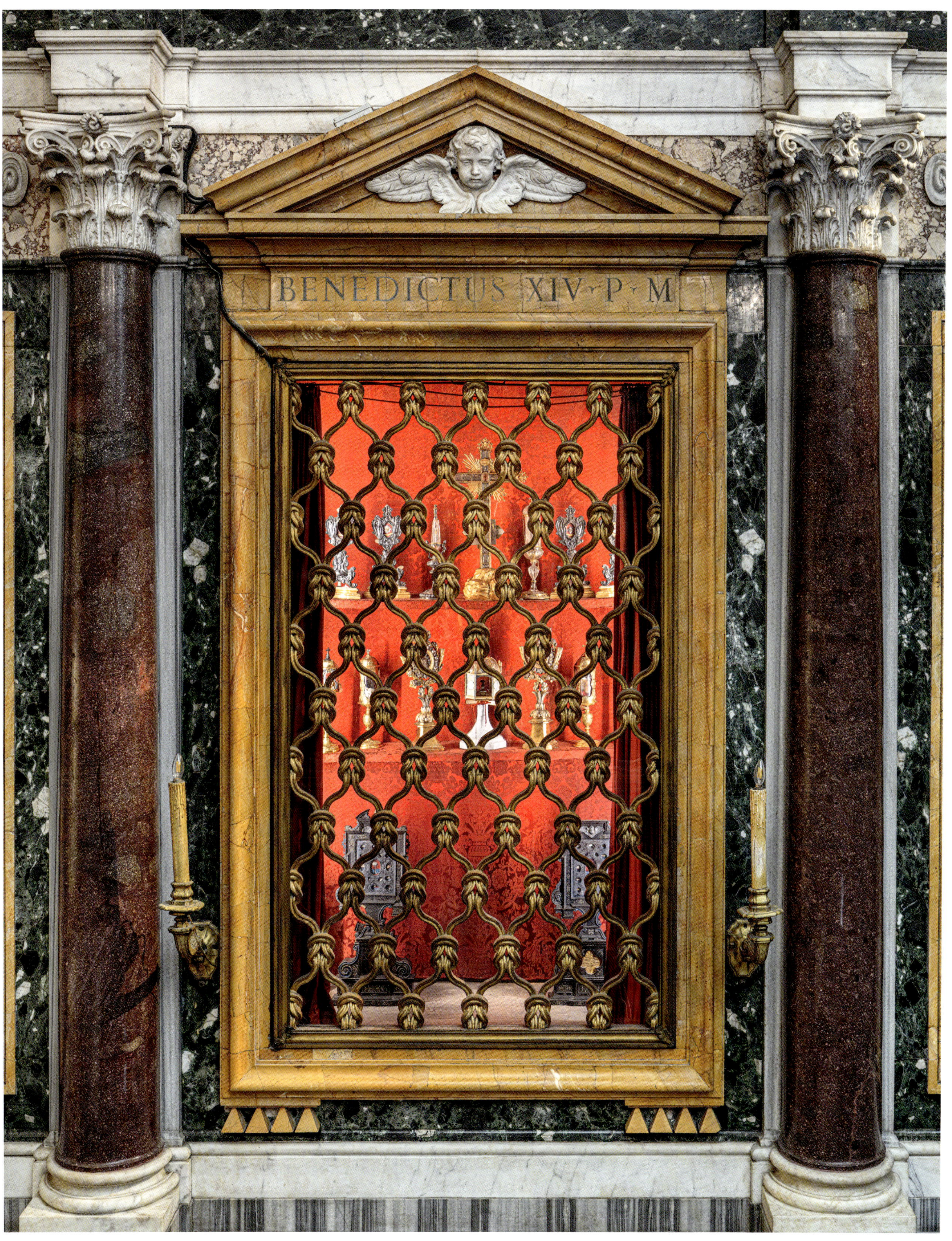
BENEDICTUS XIV·P·M

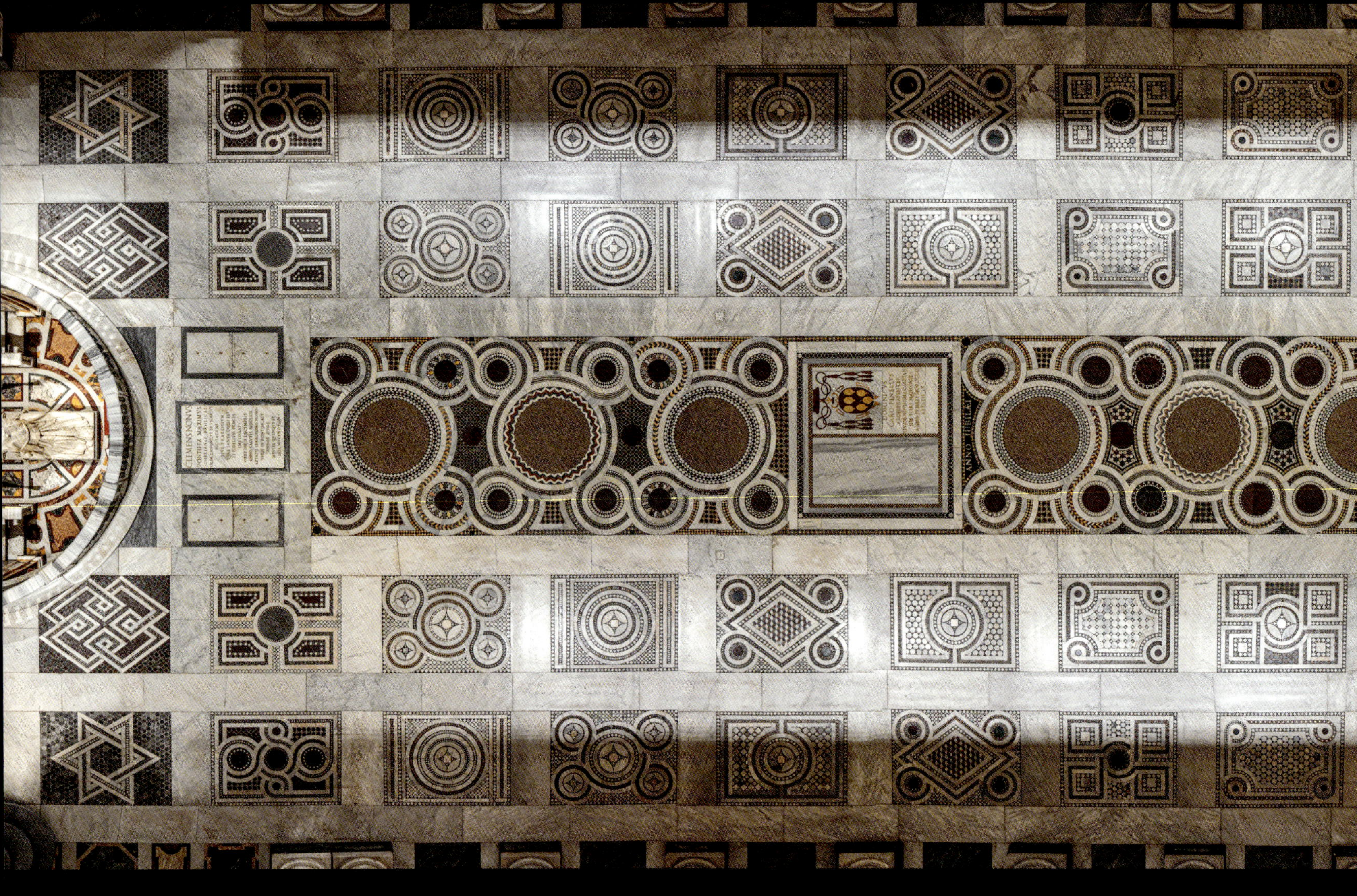

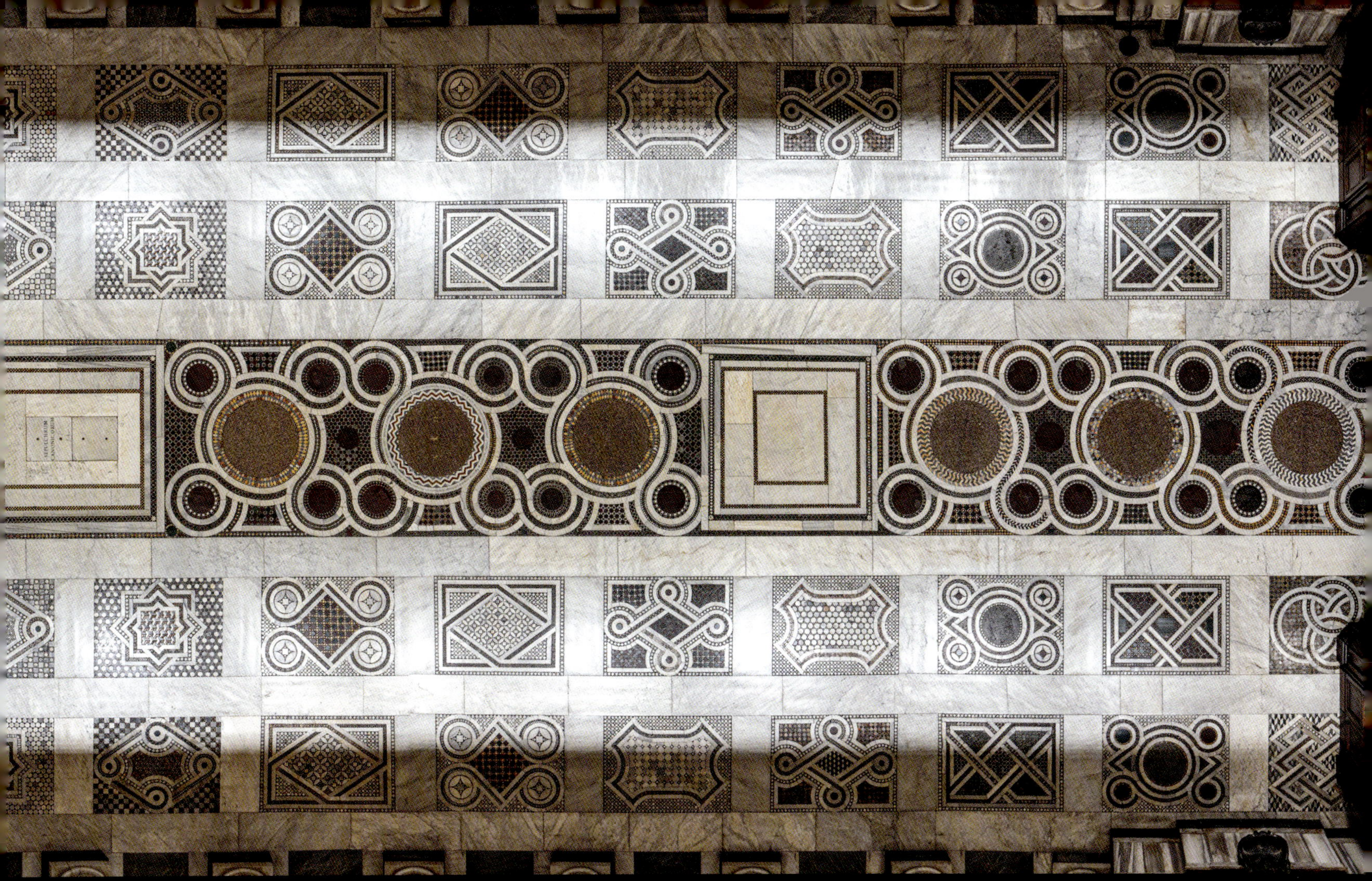

PP. 322, 323
Anonimo scultore
Crocifisso
XV sec., legno policromo
Cappella del Crocefisso

PP. 324, 325
Ferdinando Fuga
Nicchie delle reliquie
1743-1750
Cappella del Crocifisso

PP. 326-327
Navata centrale, pavimento
restaurato da Ferdinando Fuga in occasione del Giubileo del 1750
Veduta d'insieme

PP. 322, 323
Anonymous sculptor
Crucifix
15th century, polychrome wood
Chapel of the Crucifix

PP. 324, 325
Ferdinando Fuga
Niches of Relics
1743-1750
Chapel of the Crucifix

PP. 326-327
Central Nave, floor
restored by Ferdinando Fuga on the occasion of the Jubilee of 1750
Overall view

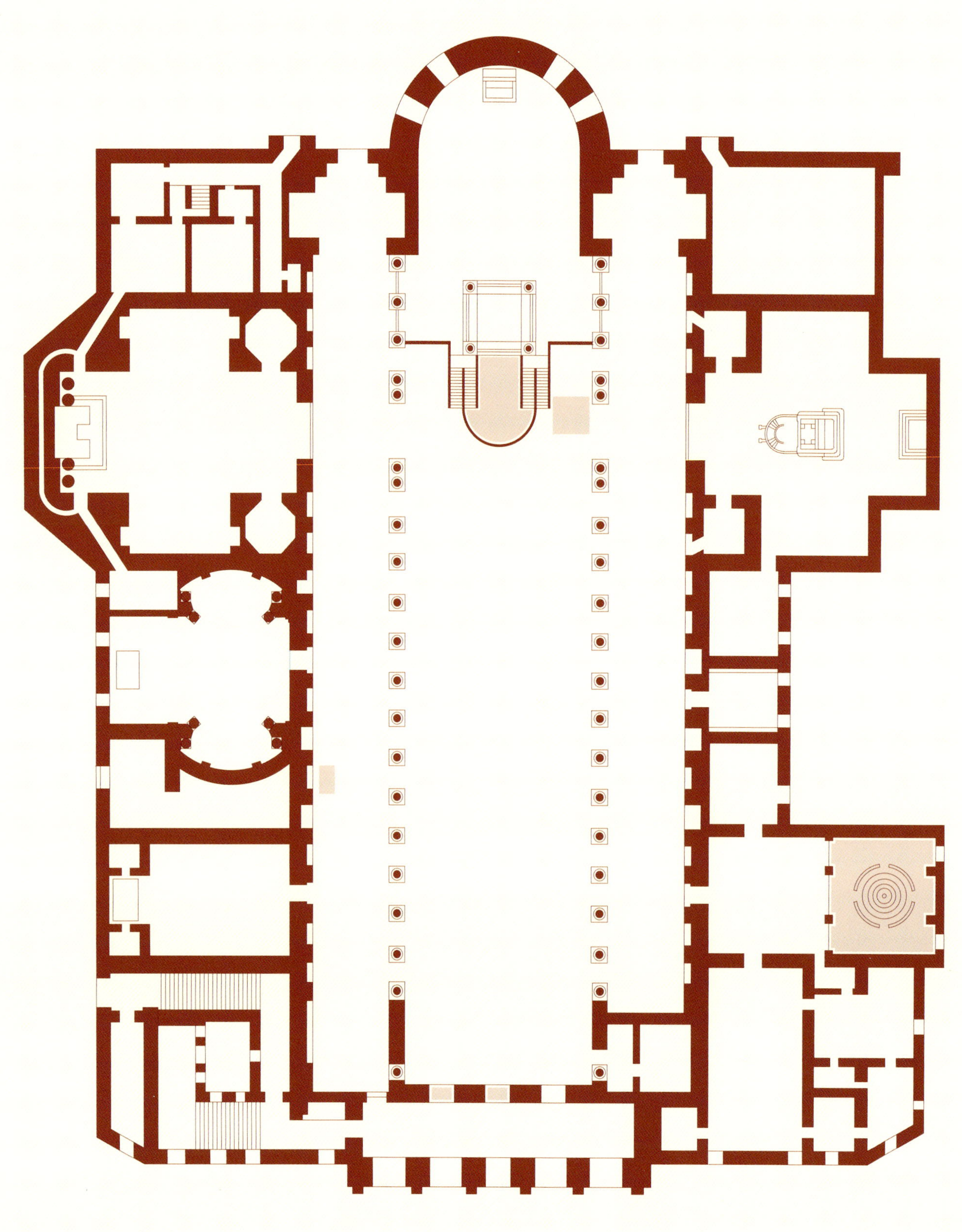

La Basilica tra il XIX e il XXI secolo

The Basilica from the Nineteenth to Twenty-First Centuries

Battistero
Baptistery

Confessio
Confessio

Regina Pacis
Regina Pacis

Porta centrale
Central door

Porta Santa
Holy Door

Ambone
Ambo

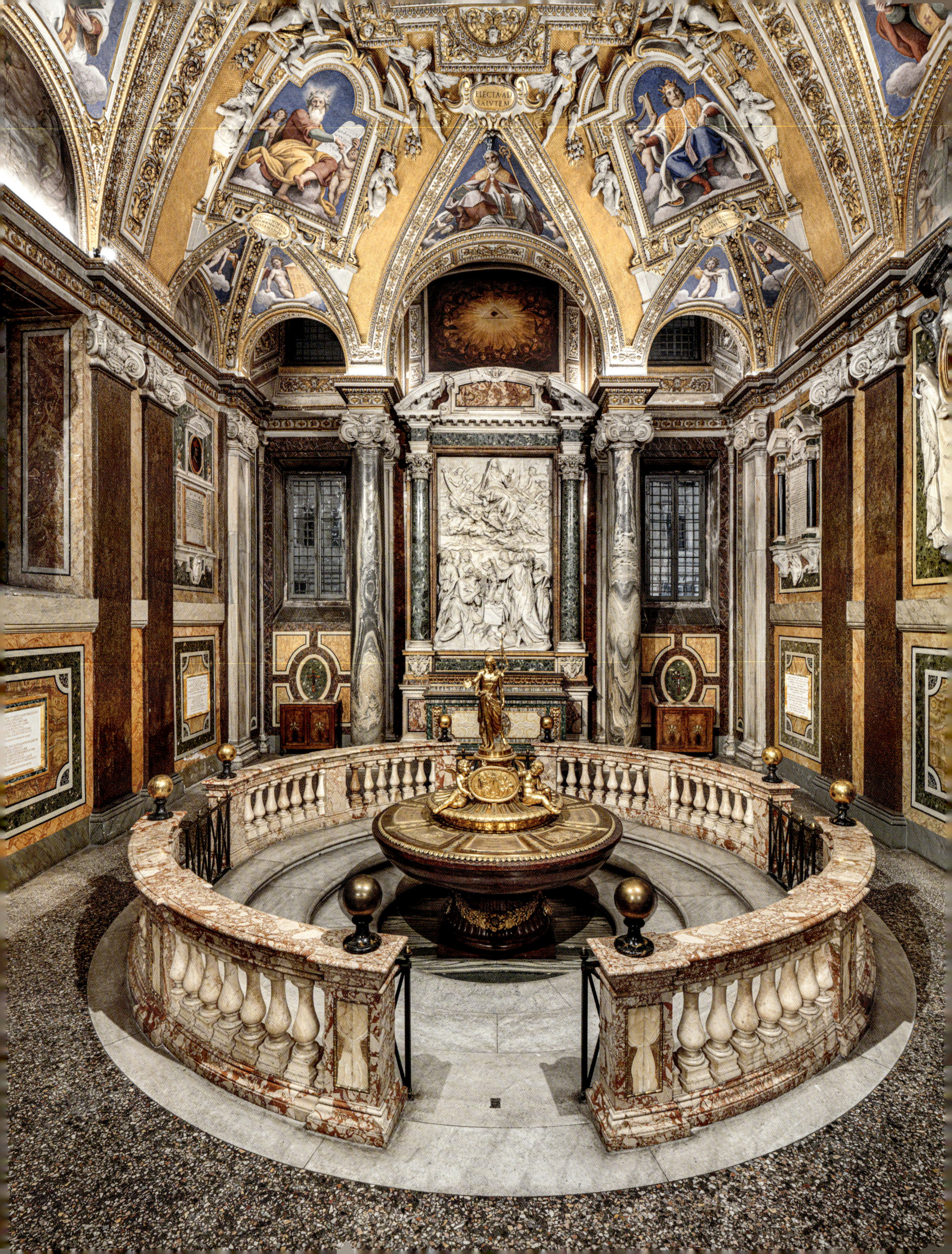
ELECTA·AD SALVTEM

La Basilica tra il XIX e il XXI secolo

Sante Guido

La Basilica di Santa Maria Maggiore nel XIX secolo è stata apparentemente oggetto di minori interventi rispetto a quanto realizzato nel Cinquecento con la costruzione di importanti "aggiunte" al corpo basilicale paleocristiano quali le Cappelle Cesi e Sforza, sul lato sinistro, e soprattutto la Cappella Sistina sulla navata destra; lo stesso vale per gli interventi seicenteschi come l'edificazione della Cappella Paolina o ancor più con il restauro e le modifiche apportate da Ferdinando Fuga (1699-1782) in occasione del Giubileo del 1750. Tuttavia, anche l'Ottocento fu un secolo che apportò novità alla struttura e alle decorazioni della Basilica, molte delle quali improntate non a modifiche strutturali quanto alla sua conservazione nel segno dalla secolare storia dell'edificio e della sua primaria funzione di luogo di fede e di vita liturgica.

Si tratta delle requisizioni di oggetti di valore rese necessarie per soddisfare quanto accordato nel Trattato di Tolentino del 19 febbraio 1797 con l'esercito francese guidato dal generale Bonaparte nella Campagna d'Italia, al fine di evitare l'occupazione di parte dello Stato della Chiesa, con il pagamento di un "rimborso" già pattuito in 21 milioni di lire e successivamente salito a 36 milioni, oltre a un considerevole numero di capolavori d'arte antica e rinascimentale. I documenti dell'archivio della Basilica attestano che il legno della *Sacra Culla*, una volta estratto dal reliquiario andato distrutto per ricavarne oro e argento, rimase custodito in una semplice cassa rivestita di velluto, ma soprattutto rimarcano che nelle celebrazioni natalizie la reliquia non poteva essere adorata dai fedeli che da ogni parte accorrevano la notte di Natale a Santa Maria Maggiore.

Grazie all'elargizione di un'ingente somma di denaro da parte di María Emanuela Pignatelli de Aragón y Gonzaga (1753-1816), duchessa di Villahermosa, il Capitolo liberiano incaricò il celebre architetto ed erede della più famosa bottega orafa romana, Giuseppe Valadier (1762-1839), di realizzare un nuovo preziosissimo reliquiario in oro, argento, bronzo dorato e cristallo, assieme a un grande sostegno ligneo decorato con lastre e bassorilievi in argento raffiguranti le storie dell'*Infanzia di Cristo*, al fine di portare la reliquia in processione. Capolavoro dell'oreficeria tardo neoclassica, la teca riprende in parte le forme del precedente reliquiario seicentesco, trasformandone le proporzioni e allargandone le aperture al fine di

P. 330
Battistero (già Coro invernale)
Veduta d'insieme

The Basilica from the Nineteenth to Twenty-First Centuries

Sante Guido

To all appearances, during the nineteenth century the Basilica of Santa Maria Maggiore underwent fewer interventions than during the sixteenth century, when several important 'additions' were made to the body of the early Christian Basilica, such as the Cesi and Sforza Chapels off the left aisle, and above all the Cappella Sistina off the right aisle; the same holds for seventeenth-century interventions such as the Cappella Paolina and, even more so, the restoration and modifications made by Ferdinando Fuga (1699-1782) for the Jubilee of 1750. However, the nineteenth century also saw innovations in the structure and decorations of the Basilica, many aimed less at radical alteration than material preservation in keeping with its centuries-old history and its primary function as a place of faith and liturgical life.

The preface to all this was the requisitioning of valuables, fulfilling the Treaty of Tolentino (19 February 1797), to the French army led by Napoleon, to avoid outright occupation of the Papal States, with a 'compensation' of 21 million lire, later increased to 36 million alongside a considerable number of ancient and Renaissance artistic masterpieces. The documents in the Basilica archives attest that the wood of the *Holy Crib*, once removed from the destroyed reliquary to obtain its gold and silver, was kept in a simple velvet-covered case; they also show that during the Christmas celebrations the relic could not be worshipped by the faithful who flocked to Santa Maria Maggiore from all parts.

A large donation from María Emanuela Pignatelli de Aragón y Gonzaga (1753-1816), Duchess of Villahermosa, allowed the Basilica Chapter to commission Giuseppe Valadier (1762-1839), not only a celebrated architect but also heir to the most famous goldsmiths' workshop in Rome, to create a new and extremely precious reliquary in gold, silver, gilded bronze, and crystal, together with a large wooden bier, decorated with silver plated bas-reliefs depicting the stories of the *Infancy of Christ*, for carrying the relic in procession. This masterpiece of late-neoclassical goldsmiths resumed in part the shape of the previous seventeenth-century reliquary, but transformed

P. 330
Baptistery (formerly Winter Choir)
Overall view

mettere ancor più in vista le cinque assi di legno di sicomoro (*ficus sycomorus*), inviata a papa Teodoro I (642-649) da Gerusalemme nel 644, circa, per essere custodite a Roma nel primo e più importante edificio di culto in Occidente dedicato a Maria Madre di Dio.

Gli avvenimenti politici ai quali si è accennato portarono, inoltre, alla soppressione dell'anno giubilare del 1800, nuovamente celebrato nel 1825 da papa Leone XII (1823-1829) in occasione del quale furono realizzati nella Basilica importanti interventi di restauro quali, ad esempio, la pulitura, il consolidamento e la realizzazione di parziali integrazioni dei mosaici paleocristiani dell'arco trionfale. Il pontefice affidò nuovamente a Giuseppe Valadier nel 1826, in occasione del conferimento alla Basilica del ruolo di parrocchia, l'incarico di trasformare in battistero la grande aula del Palazzo della Canonica, edificato da papa Paolo V (1605-1621) e utilizzata quale Coro invernale, sito presso la sacrestia che si apre all'inizio della navata destra. All'interno dell'ambiente, diviso da due colonne di granito rosso, venne posto il nuovo fonte battesimale e ove, sulla parete di fondo, venne collocato nel 1610 il monumentale altorilievo in marmo di Carrara raffigurante l'*Assunzione della Vergine*, capolavoro dello scultore Pietro Bernini (1562-1629), padre del più celebre Gian Lorenzo (1598-1680). Circondato da una transenna in marmi antichi e alabastro del monte Circeo, il grande contenitore dell'acqua benedetta è costituito da una pregevole tazza di età romana imperiale di porfido rosso di Assuan, appositamente donata da papa Leone XII, arricchita da una raffigurazione di *San Giovanni Battista* posta sul coperchio, su ideazione dello scultore Adamo Tadolini (1788-1868), e adornata da un articolato coperchio, ghirlande e teste di cherubini in bronzo dorato eseguite dall'orafo Giuseppe Spagna (1765-1839), cognato e sodale di Giuseppe Valadier.

Altro importante intervento che caratterizza il XIX secolo nella Basilica Liberiana, sempre orientato a una migliore funzione devozionale, è la realizzazione della Confessione ove collocare alla quotidiana adorazione la *Sacra Culla* e il ripristino dalla Cappella delle reliquie di San Mattia, poste da Ferdinando Fuga nell'urna antica di porfido rosso utilizzata come altare maggiore. Su volontà di papa Pio IX (1846-1878) i lavori, iniziati nel 1862 e ultimati il 17 aprile 1864, furono affidati all'architetto Virginio Vespignani (1808-1882), al momento il massimo esponente della cultura post-neoclassica. Di Francesco Podesti (1800-1895) sono gli affreschi che arricchiscono l'ipogeo, mentre le sculture di angeli oranti in ottone dorato sono opera di Achille Stocchi (m. 1870); sulla volta sono collocate cinque lampade in ottone dorato e malachite donate dall'arciprete cardinale Costantino Patrizi Naro. La Confessione è costituita da due rampe di scale che permettono di accedere alla Cappella di San Mattia sull'altare della quale è collocato, in una nicchia tra preziose colonne di marmo "rosso antico", il reliquiario della *Sacra Culla*.

Le cronache del tempo descrivono dettagliatamente il grande successo che ricevette questo intervento e il plauso del pontefice verso Vespignani che venne insignito dell'onorificenza di commendatore dell'Ordine Piano, istituito da Pio IX per coloro che si erano distinte nella cura della Chiesa Cattolica Romana. Ciò che sottende l'intero progetto è la diretta volontà di Pio IX di far realizzare un'opera architettonica che si accordasse per forma,

its proportions and enlarged its openings to make still more visible the five sycamore planks (*ficus sycomorus*) that had been sent to Pope Theodore I (642-649) from Jerusalem in about 644 to be kept in Rome at the earliest and most important building of worship in the West dedicated to Mary Mother of God.

Although the aforementioned political events resulted in the suppression of the Holy Year of 1800 Pope Leo XII (1823-1829) renewed the event in 1825 and important restorations were carried out to the Basilica including the cleaning, consolidation, and partial reintegration of the Early Christian mosaics on the Triumphal Arch. In 1826, when the Basilica was made a parish church, the pontiff turned again to Giuseppe Valadier to transform into a baptistery the large hall in the Canonry near the sacristy, at the beginning of the right nave, which Pope Paul V (1605-1621) had built as a Winter Choir. Over the altar on the back wall of this room, which is divided by a screen of two red granite columns, had been placed in 1610 the monumental high-relief and Carrara marble of the *Assumption of the Virgin*, a masterpiece by the sculptor Pietro Bernini (1562-1629), father of the more famous Gian Lorenzo (1598-1680). Now a new baptismal font was installed. Surrounded by a balustrade of ancient marble and alabaster (from Monte Circeo), the large vessel for the Holy Water consists of a valuable basin from the Imperial Roman age made of red porphyry, specially donated by Pope Leo XII, and enriched with a new lid, designed by sculptor Adamo Tadolini (1788-1868), and adorned with a depiction of *St. John the Baptist*, garlands and cherubs' heads in gilded bronze, made by goldsmith Giuseppe Spagna (1765-1839), brother-in-law and colleague of Giuseppe Valadier.

Another important nineteenth-century intervention, again to enhance devotion, was to excavate a Confessio in front of the High Altar in which to receive the *Holy Crib* for daily adorations, and to restore the Chapel of St. Matthew, whose relics Ferdinando Fuga had placed in the ancient porphyry urn used as high altar. At the behest of Pope Pius IX (1846-1878) the works, which begun in 1862 and were completed on 17 April 1864, were entrusted to the architect Virginio Vespignani (1808-1882), at the time the greatest exponent of post-neoclassical culture in Rome. The frescoes that enrich the Confessio are by Francesco Podesti (1800-1895), while the sculptures of praying angels in gilded brass are by Achille Stocchi (d. 1870); on the vault are five lamps in gilded brass and malachite donated by archpriest Cardinal Costantino Patrizi Naro. The Confessio consists of two flights of stairs that lead down to the Chapel of St. Matthew, on the altar of which the reliquary of the *Holy Crib* is set within in a niche between precious columns of "rosso antico" marble.

The chronicles of the era report in detail the applause this intervention received and the Pontiff's praise for Vespignani, whom he rewarded with the honour of Commendatore dell'Ordine Piano, a commendation instituted by Pius IX for those who had distinguished themselves in the care of the Roman Catholic Church. What underlay the entire project was Pius IX's personal desire to realise an architectural work that would harmonise with the rest of

proporzione e scelta dei materiali al resto dell'edificio senza stravolgerne le linee e l'armonia, ma soprattutto di creare anche visivamente una continuità teologica tra la *Sacra Culla*, posta nell'ipogeo e il sovrastante altare nel quale erano state collocate nel 1749 molte reliquie di santi e i resti mortali di San Girolamo, Dottore della Chiesa. L'architetto nobilitò l'intero intervento con un'attenta scelta delle decorazioni e in particolar modo dei marmi utilizzati per rivestire le superfici che si accordano perfettamente con quelli delle limitrofe Cappelle Sistina e Paolina. La corposa documentazione, conservata presso l'Archivio Apostolico Vaticano, costituita da una dettagliata descrizione del progetto, attesta l'utilizzo di più di settanta fra pietre dure, diaspri, marmi antichi utilizzati per rivestire pavimento e pareti, specificando che si tratta della più ricca e completa raccolta di materiali preziosi e rari litotipi esistenti a Roma. I marmorari Sante Cianfarani, da tempo impegnato nella Basilica, e Francesco Viti, stretto collaboratore di Vespignani, concretizzarono un ambizioso progetto decorativo nel taglio e nella giustapposizione delle pietre in un armonico concerto di colori attestato anche da un modello in legno dipinto in scala, tutt'oggi conservato nei depositi museali dalla Basilica.

Sempre alla volontà di Pio IX vanno attribuiti due interventi finalizzati al restauro di importanti opere d'arte in Santa Maria Maggiore. Il primo è la sistemazione della Sala capitolare, posta presso la sacrestia seicentesca della Basilica, alle cui pareti vennero murati numerosi rilievi del celebre scultore toscano Mino da Fiesole (si veda il capitolo *Neve, Marmo, Oro. La trasformazione della Basilica nel Quattrocento*), non riutilizzati nel 1749 da Ferdinando Fuga per decorare l'abside e provenienti dal rimosso ciborio quattrocentesco già posto sull'Altare maggiore. Intorno all'affresco del Passignano (1559-1638) che adorna la volta, nel corso del medesimo intervento svoltosi, secondo un'iscrizione, nel 1863 sotto la direzione di Giovanni Battista Benedetti (1807-1867), il pittore e restauratore Luigi Fontana (1827-1908) dipinse le quattro allegorie che raffigurano la *Carità*, l'*Umiltà*, la *Fede* e la *Purezza*. Il secondo e più importante intervento voluto da Pio IX, datato 1870-1871, è il restauro della Cappella Sistina che versava in cattive condizioni e che coinvolse il rifacimento dell'impermeabilizzazione della cupola nonché il restauro di tutti gli affreschi, il consolidamento e la ridoratura degli stucchi, e la risistemazione del pavimento marmoreo. Anche il prezioso tabernacolo del 1584, capolavoro di Bastiano Torrigiani (c. 1542-1596), autore dei grandi angeli stanti, e Lodovico Del Duca (153(?) - dopo il 1603), artefice del tempietto, fu oggetto di restauro con la doratura degli otto rilievi con *Storie della Passione di Cristo*, il rifacimento di alcune statuette mancanti raffiguranti di *Apostoli* e *Profeti* ma anche la sostituzione dello stemma papale alla base del piccolo edificio in scala, e il completamento dei rivestimenti in pietre dure, diaspri, lapislazzuli, agate, corniole e malachite. Gli stemmi di papa Sisto V (1585-1590) furono sostituiti con quelli di Pio IX anche sulla grande cancellata in ferro, ottone e bronzi dorati che chiude la cappella; una grande lapide commemorativa che ricorda l'impostato restauro fu ubicata sulla parete di fondo.

Ben minori gli interventi effettuati nel XX secolo, fatta eccezione per le necessarie operazioni di manutenzione dei tetti e delle

the building in form, proportion, and choice of materials without distorting its lines and harmony and, above all, create visually a theological continuity between the *Holy Crib*, located in the *Confessio*, and the altar above it, in which had been deposited in 1749 many relics of the saints including the remains of Saint Jerome, Doctor of the Church. The architect ennobled the entire intervention with a careful choice of ornament, especially the marble used to cover the surfaces, which match perfectly with those of the neighbouring Cappella Sistina and Cappella Paolina. The extensive documentation, preserved in the Vatican Apostolic Archive, describes the project in detail and enumerates more than seventy semiprecious stones, jaspers, and ancient marbles used to clad the floor and walls, specifying that this is the richest and most complete collection of precious and rare stones existing in Rome.

The marbleworkers Sante Cianfarani, who had been working in the Basilica for some time, and Francesco Viti, a close collaborator of Vespignani, achieved an ambitious decorative outcome in the cutting and juxtaposing stones in such a harmonious concert of colours, and the project is also recorded by a preparatory wooden model, painted to scale, which is still preserved in the museum storerooms of the Basilica.

Two other interventions aimed at restoring important artworks in Santa Maria Maggiore can also be attributed to the initiative of Pius IX. The first was the arrangement of the Chapter House, located in the seventeenth-century Sacristy of the Basilica. In its walls were immured numerous reliefs by the famous Tuscan sculptor Mino da Fiesole (see chapter *Snow, Marble, Gold. The Transformation of the Basilica in the Fifteenth Century*) that had not been reused in 1749 by Ferdinando Fuga to decorate the apse and which came from the dismantled 15th-century ciborium formerly on the High Altar. In the course of the same intervention, according to an inscription executed in 1863 under the direction of Giovanni Battista Benedetti (1807-1867), the painter and restorer Luigi Fontana (1827-1908) painted the four allegories depicting *Charity*, *Humility*, *Faith* and *Purity* around the fresco by Passignano (1559-1638) adorning the vault. The second and more important intervention ordered by Pius IX, in 1870-1871, was the restoration of the Cappella Sistina, which was in a poor condition. This involved re-waterproofing the dome, restoring all the frescoes, consolidating and regilding the stuccoes, and relaying the marble floor. The precious tabernacle from 1584, a masterpiece of Bastiano Torrigiani (ca. 1542-1596), who made the large standing angels, and Ludovico del Duca (153(?) - after 1603), who created the tempietto, was also restored: the eight reliefs with *Scenes from the Passion of Christ* were gilded, some missing statuettes of the *Apostles* and *Prophets* were remade, and the papal coat of arms at the base of the miniature building was replaced, and the cladding in various hardstones, jaspers, lapis lazuli, agates, carnelian and malachite was completed. The arms of Pope Sixtus V (1585-1590) were replaced with those of Pius IX also on the large iron, brass, and gilded bronze gates enclosing the chapel; a large plaque commemorating the important restoration was placed on the back wall.

Far fewer interventions were carried out in the twentieth century, except for necessary maintenance of the roofs and

pareti esterne. In occasione del Giubileo straordinario del 1933 nel corso del pontificato di Pio XI (1922-1939) si intervenne con una serie di lavori che riguardarono il ripristino del transetto già riedificato da papa Niccolò IV (1288-1292) nel tentativo di ritrovare gli affreschi delle pareti. I lavori iniziarono nel 1931 e videro l'abbattimento degli archi e delle volte del presbiterio dipinte nel 1593 da Giovan Battista Ricci (1537-1627) e Paris Nogari (1536-1601) con le raffigurazioni dei *Quattro Dottori della Chiesa Latina*, su commissione del cardinale arciprete liberiano Domenico Pinelli. L'operazione vide inoltre il restauro dei pochi lacerti degli originali affreschi dell'arco absidale duecentesco e il loro rifacimento, sulla base di cartoni forniti dal noto medievista monsignor Giuseppe Wilpert (1856-1944), al quale venne affidato il compito di sovrintendere ai lavori. Un intervento che le cronache dell'epoca attestano essere stato da molti aspramente criticato. Mentre da una parte vi erano i sostenitori e fautori dell'integrazione, dall'altra c'era chi sosteneva che un simile intervento non fosse necessario, un contrasto ideologico che diede vita a una vera e propria polemica, al termine della quale si vide la vittoria della prima fazione, sostenuta dal pontefice in persona, favorevole all'intervento vista la natura liturgica e non museale della Basilica stessa. Inoltre, al fine di rendere più fruibile la visione del mosaico absidale dell'*Incoronazione della Vergine* di Jacopo Torriti, venne sciaguratamente demolita la parte terminale del ciborio del 1749 disegnato da Ferdinando Fuga e ispirato al baldacchino del 1633 di Gian Lorenzo Bernini nella Basilica di San Pietro in Vaticano. Dell'opera, nella sua totalità, si conservano progetti e disegni: le grandi foglie di palma di sostegno del globo e della croce terminale sono purtroppo andate perdute, altri elementi decorativi sono conservati nei depositi della Basilica; grandi putti in legno dorato furono trasferiti ai Musei Vaticani mentre vennero ricollocati nella Loggia i *quattro grandi angeli* in marmo e bronzo dorato, opere dello scultore Pietro Bracci (1700-1773) e, come da recenti indagini in occasione del loro restauro, del fonditore Andrea Valadier (1695-1759) nonno del già citato Giuseppe e padre di Luigi, il celebre orafo romano della seconda metà del Settecento. Anche nei confronti di quest'operazione vennero mosse aspre critiche, ma di portata assai minore rispetto all'ancor più sventurato progetto di eliminare *in toto* il ciborio settecentesco. In concomitanza con tali lavori vennero restaurati e parzialmente rifatti i mosaici di papa Sisto III (432-440) sulle pareti della navata centrale, ad opera del mosaicista veneziano Goffredo Gregorini (1900-1970). Il nuovo transetto, anche in questo caso oggetto di accese polemiche, venne inaugurato l'11 ottobre 1933.

Al XX secolo si devono, inoltre, opere come la statua della *Regina Pacis* commissionata da papa Benedetto XV (1914-1922) ad opera di Guido Galli (1873-1955), per celebrare la conclusione della Prima Guerra Mondiale, collocata nella navata sinistra e inaugurata il 4 agosto 1918, in concomitanza con l'annuale celebrazione per ricordare la miracolosa nevicata di fondazione della Basilica.

Del 1949 sono i battenti bronzei della porta principale realizzati dal milanese Lodovico Pogliaghi (1857-1950), riccamente decorati con formelle che illustrano il mistero dell'Incarnazione. Nell'atrio si trovano inoltre: sul lato sinistro la *Porta Santa*, benedetta da San Giovanni Paolo II (1978-2005) l'8 dicembre del

outer walls. On the occasion of the Extraordinary Jubilee of 1933, during the pontificate of Pius XI (1922-1939), a series of works were carried out to restore the transept, which had been rebuilt by Pope Nicholas IV (1288-1292), in an attempt to recover the wall frescoes. Work began in 1931 and saw the demolition of the arches and vaults of the presbytery painted in 1593 by Giovan Battista Ricci (1537-1627) and Paris Nogari (1536-1601) with depictions of the *Four Doctors of the Latin Church*, commissioned by the Cardinal Archpriest Domenico Pinelli. The few remaining fragments of the original frescoes on the 13th-century apsidal arch were recuperated and the gaps reconstructed, on the basis of cartoons provided by the well-known medievalist Monsignor Giuseppe Wilpert (1856-1944), who supervised the works. Contemporary chronicles record that this intervention met with harsh criticism from several quarters. Some applauded the reconstruction, others maintained it was unnecessary, and the contrasting ideologies gave rise to a real controversy, at the end of which the advocates of the restoration, supported by the Pontiff in person, won the day, arguing for the liturgical life of the Basilica over its role as some museum. Furthermore, to make Jacopo Torriti's apsidal mosaic of *Coronation of the Virgin* more visible, the superstructure of the baldachin that Ferdinando Fuga had built in 1749, inspired by Gian Lorenzo Bernini's 1633 baldachin in St Peter's, was unfortunately demolished. Plans and drawings survive of the work in its entirety: the great palm fronds supporting the globe and cross at the pinnacle have unhappily been lost, but other decorative elements are preserved in the Basilica storage rooms; the large putti in gilded wood were transferred to the Vatican Museums while the *four large angels* in marble and gilt bronze by the sculptor Pietro Bracci (1700-1773) were relocated in the Benediction Loggia; according to research carried out during their restoration, collaborating with Bracci was the founder Andrea Valadier (1695-1759), grandfather of the aforementioned Giuseppe and father of Luigi, the famous Roman goldsmith of the second half of the 18th century. This dismantling provoked harsh criticism, and even more so the idea of demolishing the whole baldachin. Alongside this campaign, the mosaics of Pope Sixtus III (432-440) on the walls of the nave were restored and partially remade by the Venetian mosaicist Goffredo Gregorini (1900-1970). The new transept was again the subject of heated controversy, it was inaugurated on 11 October 1933.

Other works from the twentieth century include the statue of *Regina Pacis* commissioned by Pope Benedict XV (1914-1922) from Guido Galli (1873-1955) to celebrate the end of the First World War, placed in the left aisle and inaugurated, on 4 August 1918, to coincide with the annual celebration of the miraculous snowfall.

From 1949 date the bronze doors of the main entrance made by the Milanese Lodovico Pogliaghi (1857-1950), richly decorated with panels illustrating the Mystery of the Incarnation. The vestibule also contains: the *Holy Door* (on the left side), blessed by Saint John Paul II (1978-2005) on 8 December 2001, a work by the Bolognese sculptor Luigi Enzo Mattei (b. 1945) and donated by the

2001, opera dello scultore bolognese Luigi Enzo Mattei (n. 1945), donata dall'Ordine Equestre del Santo Sepolcro di Gerusalemme, per volontà dell'allora Gran Maestro, il cardinale Carlo Furno, arciprete della Basilica Liberiana; sul lato destro è la *Porta del Rosario*, opera del bergamasco Mario Toffetti (1948-2013) inaugurata il 5 agosto 2006 dal cardinal arciprete Bernard Francis Law sulla quale sono raffigurati i cinque *Misteri della Luce*, introdotti da San Giovanni Paolo II nella recita del Rosario. Infine, tra gli interventi del secolo scorso va ricordata la grande vetrata circolare, che occupa lo spazio del rosone della facciata medievale, realizzata nel 1995 dall'ungherese János Hajnal (1913-2010) su commissione del cardinal arciprete Ugo Poletti raffigurante *Maria in trono tra i simboli del Vecchio e del Nuovo Testamento*.

Sotto il pontificato di Papa Francesco (2013-2025), è stata realizzata una campagna di restauri che ha visto interventi sulle Cappelle Paolina e Sistina, sulla Confessione, sul fonte battesimale; il presbiterio è stato rimodernato con l'aggiunta della cattedra e dell'ambone, in prossimità dell'assemblea dei fedeli.

Papa Francesco ha espresso il desiderio di essere seppellito a Santa Maria Maggiore, così come altri sette suoi predecessori, quali: Onorio III (1216-1227), Niccolò IV, San Pio V (1566-1572), Sisto V, Clemente VIII (1592-1605), Paolo V e Clemente IX (1667-1669).

Il 26 aprile 2025, il corpo di Papa Francesco è stato deposto nella sua tomba, ubicata nella navata laterale sinistra, tra la Cappella Paolina e la Cappella Sforza, in prossimità dell'altare dedicato a San Francesco d'Assisi. La lapide della tomba consiste in una semplice lastra, recante inciso il nome FRANCISCVS, mentre sulla parete frontale si trova una rappresentazione della croce pettorale che il Pontefice era solito indossare.

Equestrian Order of the Holy Sepulchre of Jerusalem, at the behest of the then Grand Master, Cardinal Carlo Furno, archpriest of the Liberian Basilica; on the right side is the Door of the Rosary, a work by the Bergamese Mario Toffetti (1948-2013) and inaugurated on 5 August 2006 by Cardinal Archpriest Bernard Francis Law, on which are depicted the five *Mysteries of Light*, introduced by Saint John Paul II into the recitation of the Rosary. Finally, among works carried out in the last century one must highlight the large circular stained-glass window, occupying the space of the rose window of the medieval façade, created in 1995 by the Hungarian János Hajnal (1913-2010) on the commission of the Cardinal Archpriest Ugo Poletti, and depicting *Mary Enthroned between the Symbols of the Old and New Testaments*.

Restoration work was carried out under the pontificate of Pope Francis (2013-2025), on the Cappella Paolina and Cappella Sistina, the Confessio, and the Baptismal Font; in the Choir a cathedra (episcopal throne) and ambo (pulpit) were added in proximity to the congregation.

Pope Francis had expressed his wish to be buried at Santa Maria Maggiore, like seven of his predecessors: Honorius III (1216-1227), Nicholas IV, St Pius V (1566-1572), Sixtus V, Clement VIII (1592-1605), Paul V and Clement IX (1667-1669).

On 26 April 2025, the body of Pope Francis was laid to rest in a niche located in the left aisle between the Cappella Sforza and Cappella Paulina, close to the altar dedicated to St Francis of Assisi. The tombstone consists of a simple slab, bearing the name FRANCISCVS. On the wall is depicted a representation of the pectoral cross the pontiff used to wear.

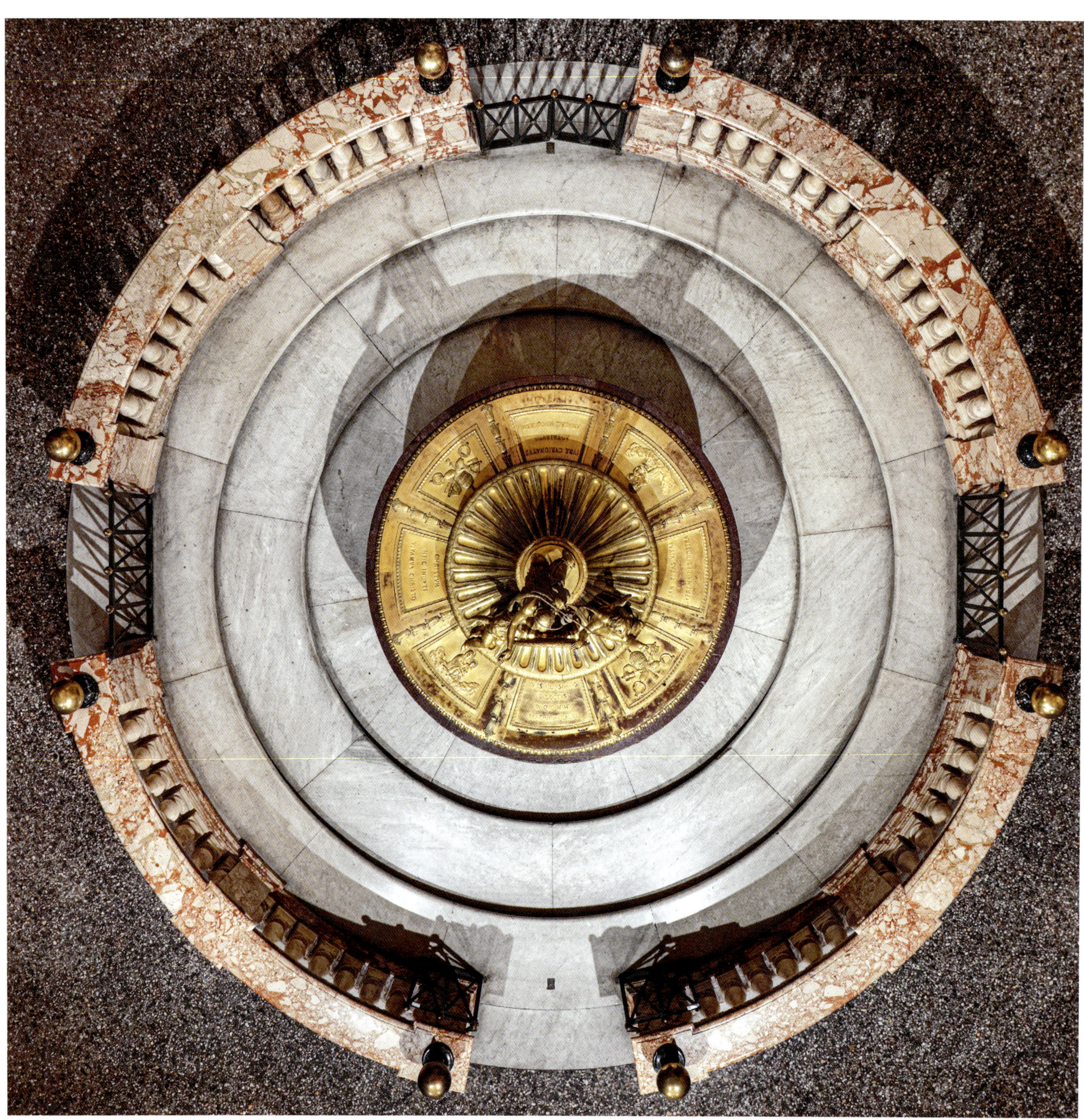

P. 336
Giuseppe Valadier (1762-1839), Adamo Tadolini (1788-1868)
Vasca battesimale
1826, marmo, porfido, bronzo dorato
Battistero (già Coro invernale)

P. 337
Adamo Tadolini
San Giovanni Battista (dettaglio)
1826, bronzo dorato
Battistero (già Coro invernale)

P. 336
Giuseppe Valadier (1762-1839), Adamo Tadolini (1788-1868)
Baptismal Basin
1826, marble, porphyry, gilded bronze
Baptistery (formerly Winter Choir)

P. 337
Adamo Tadolini
Saint John the Baptist (detail)
1826, gilded bronze
Baptistery (formerly Winter Choir)

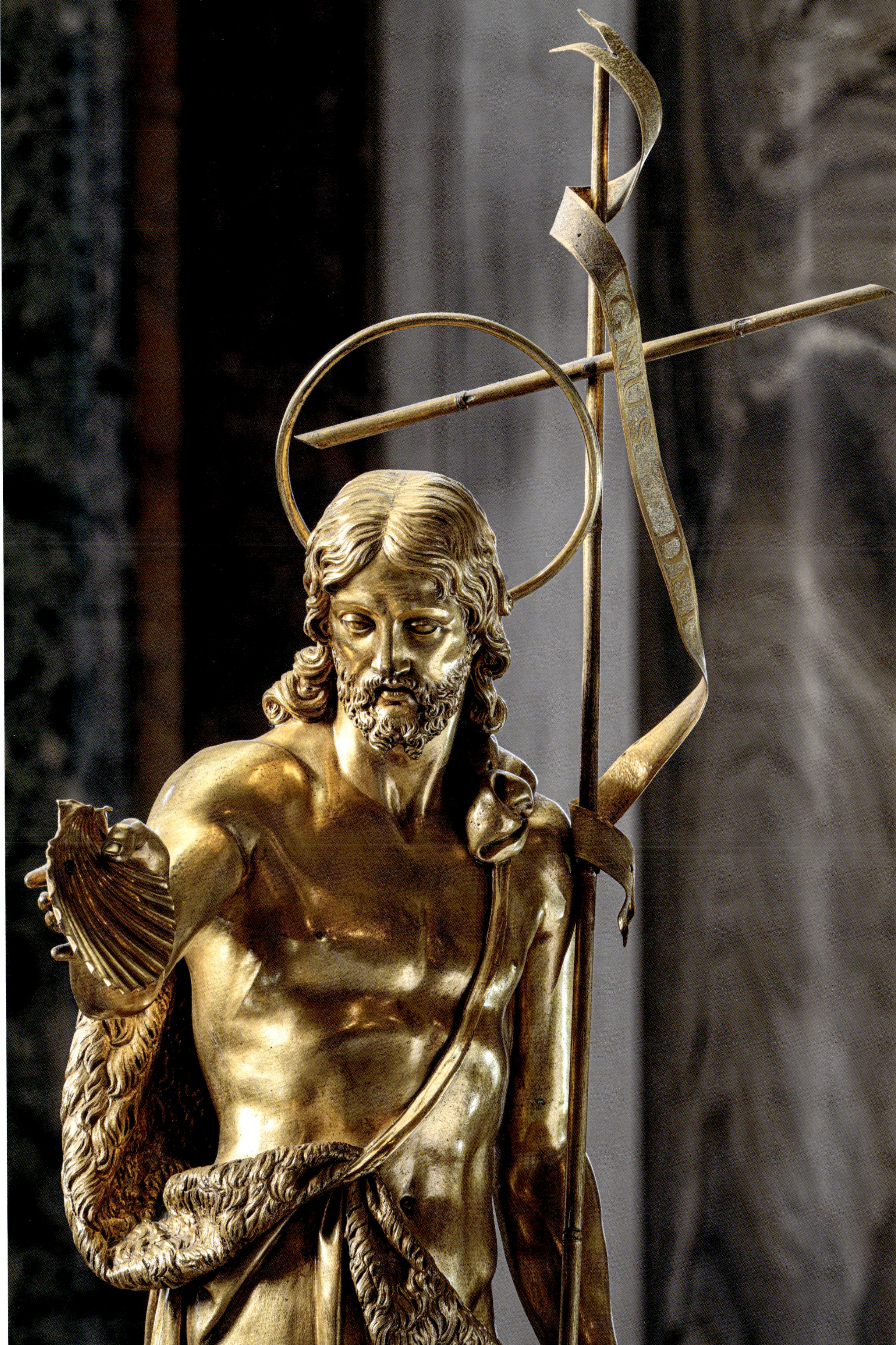
AGNUS DEI

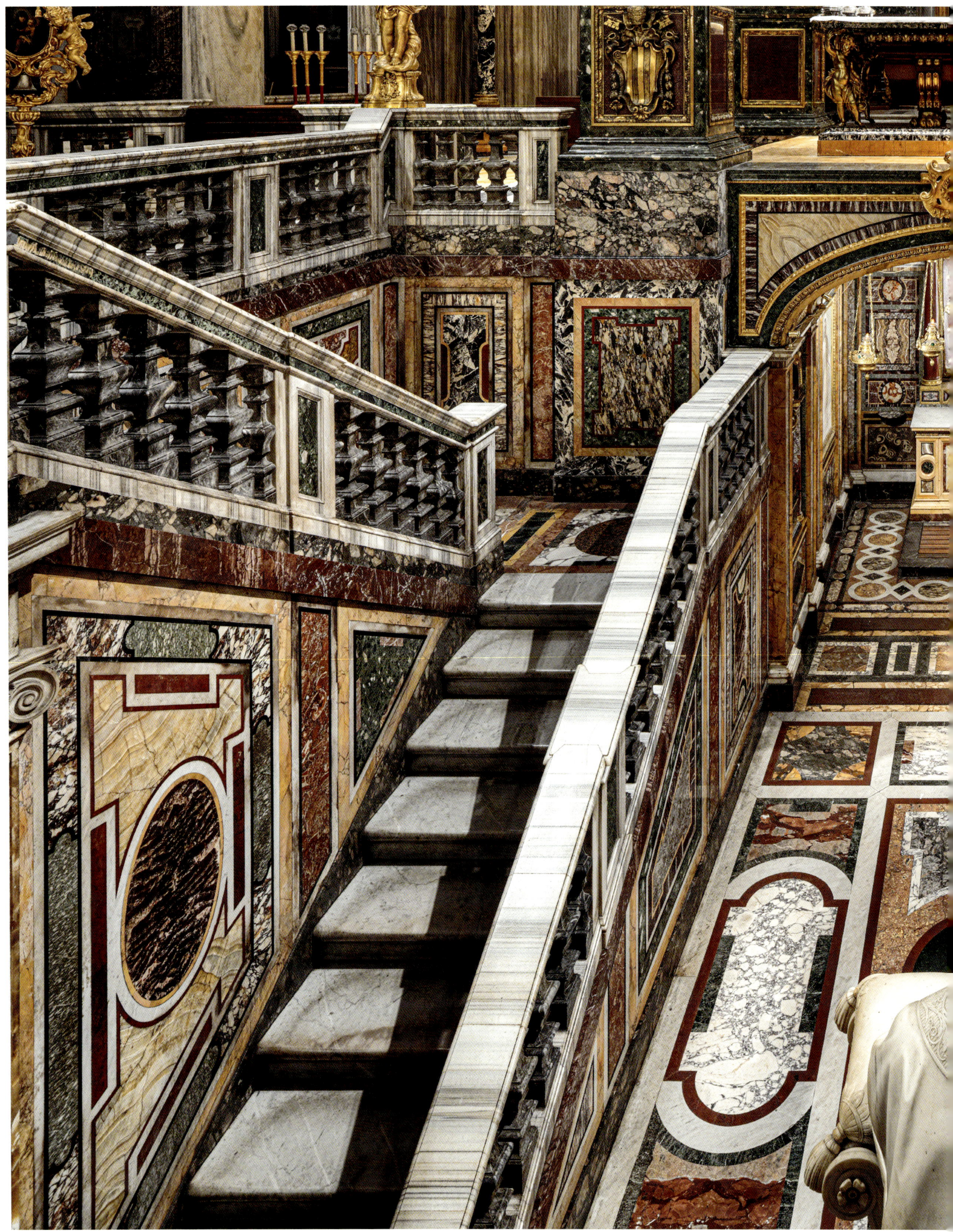

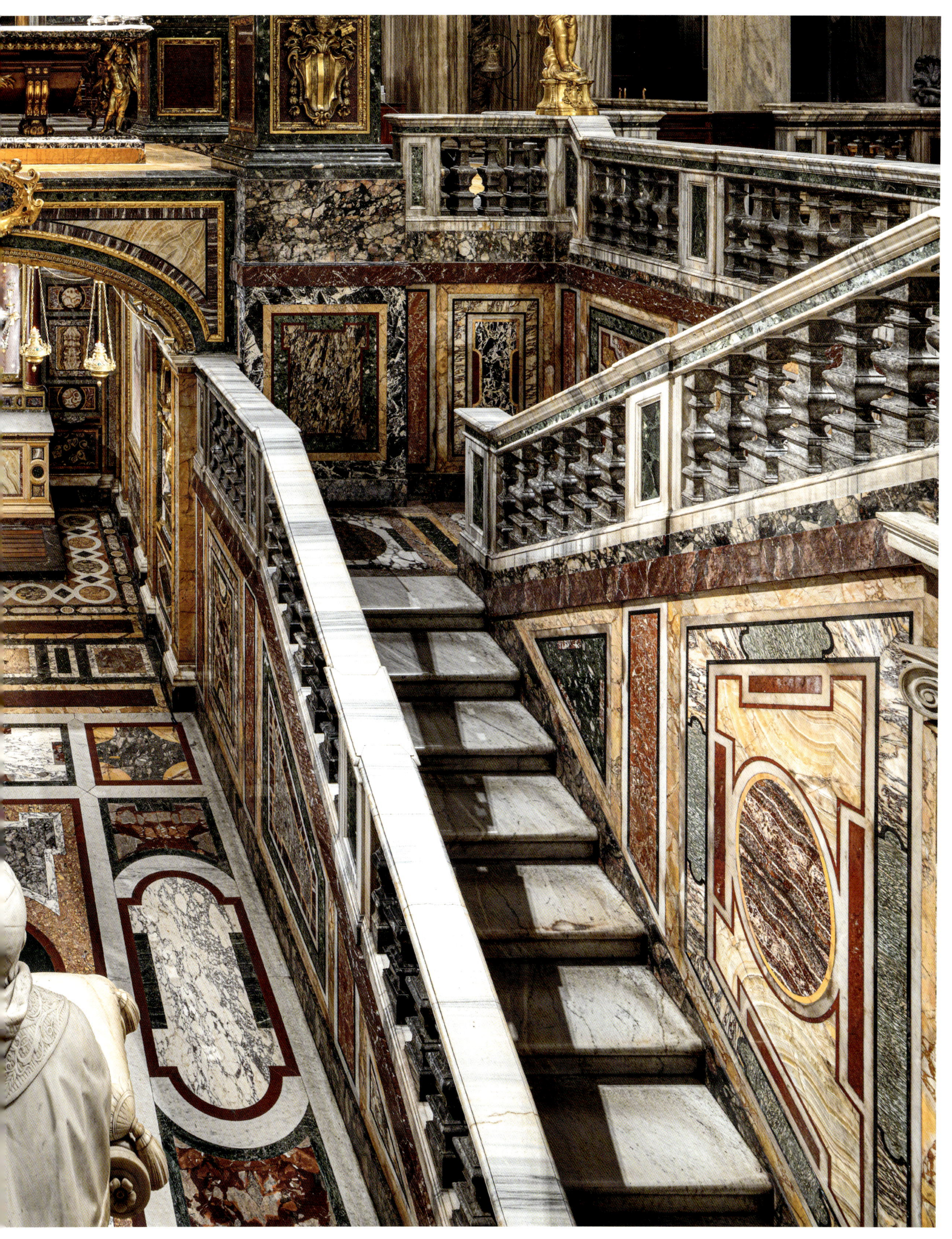

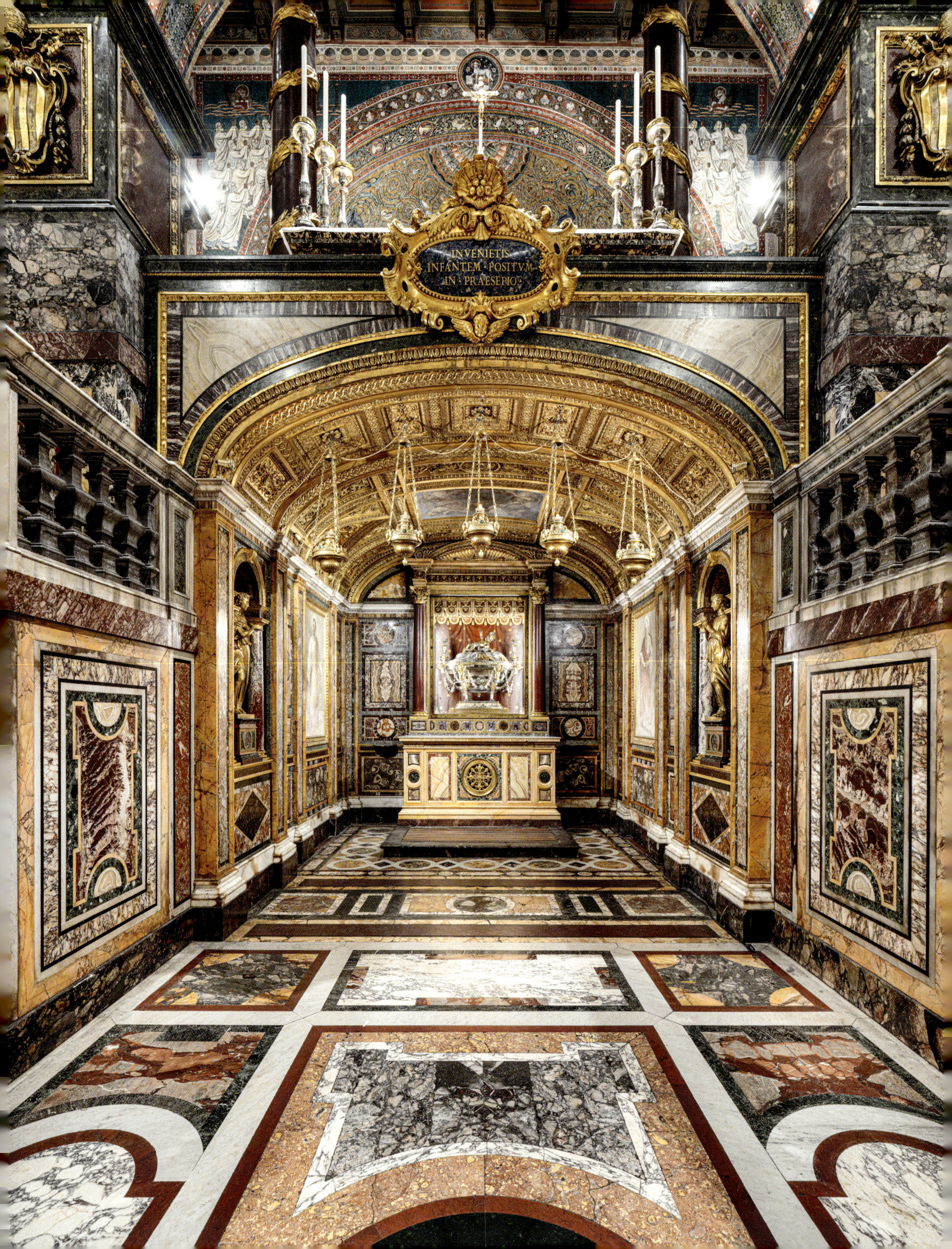
INVENIETIS
INFANTEM POSITVM
IN PRAESEPIO

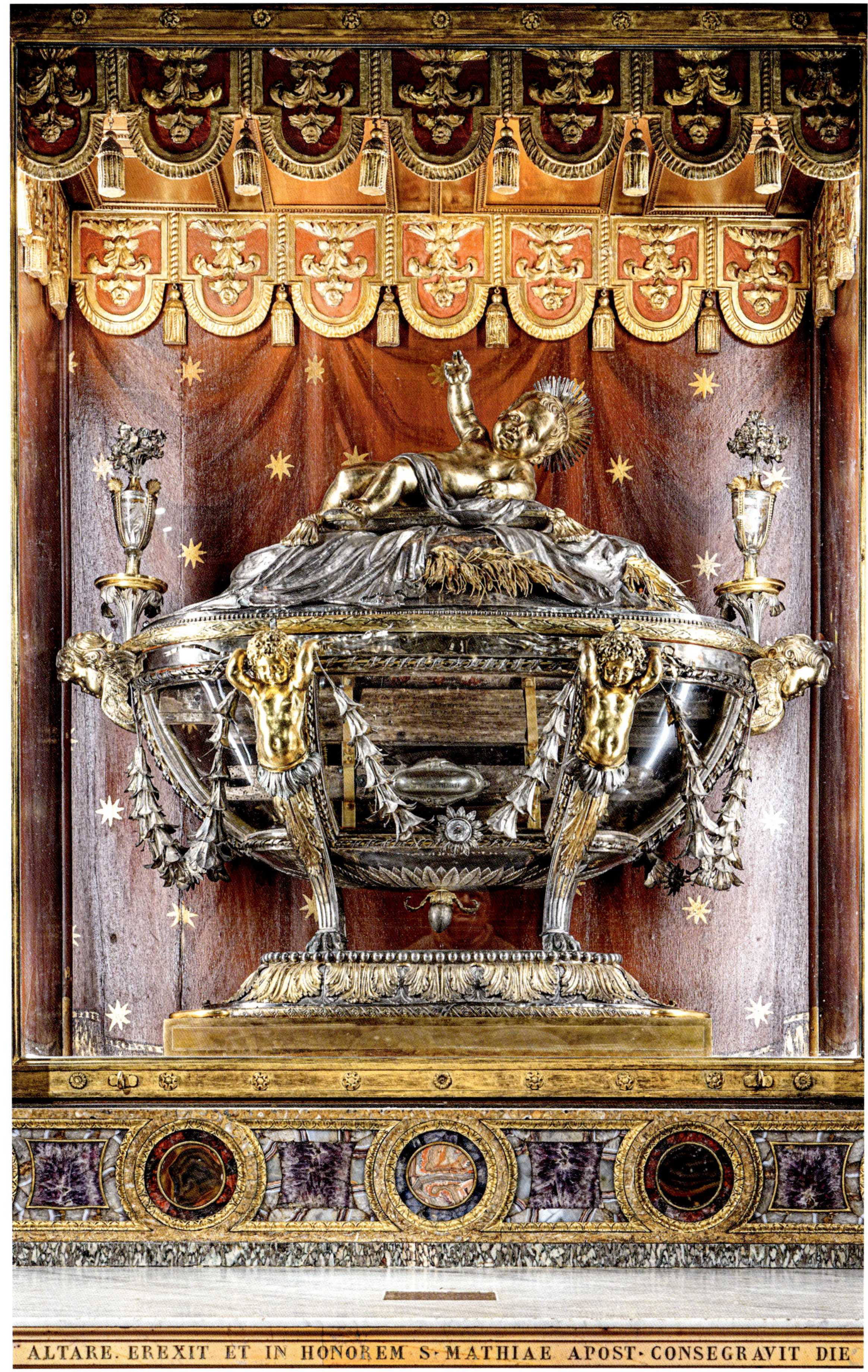

PP. 338-339
Virgilio Vespignani (1808-1882)
Confessio
1862-1864, marmi policromi

PP. 340, 341
Giuseppe Valadier
Sacra Culla
1802, cristallo di rocca, metallo dorato
Confessio di fronte l'Altare maggiore

P. 342
Virginio Vespignani
Confessio (dettaglio)
1862-1864, marmi policromi
Confessio di fronte l'Altare maggiore

P. 343
Guido Galli (1873-1956)
Maria Regina Pacis
1918, marmo e metallo dorato
Navata sinistra

PP. 338-339
Virgilio Vespignani (1808-1882)
Confessio
1862-1864, polychrome marbles

PP. 340, 341
Giuseppe Valadier
Holy Crib
1802, rock crystal, gilded metal
Confessio in front of the High Altar

P. 342
Virginio Vespignani
Confessio (detail)
1862-1864, polychrome marbles
Confessio in front of the High Altar

P. 343
Guido Galli (1873-1956)
Maria Regina Pacis
1918, marble and gilded metal
Left aisle

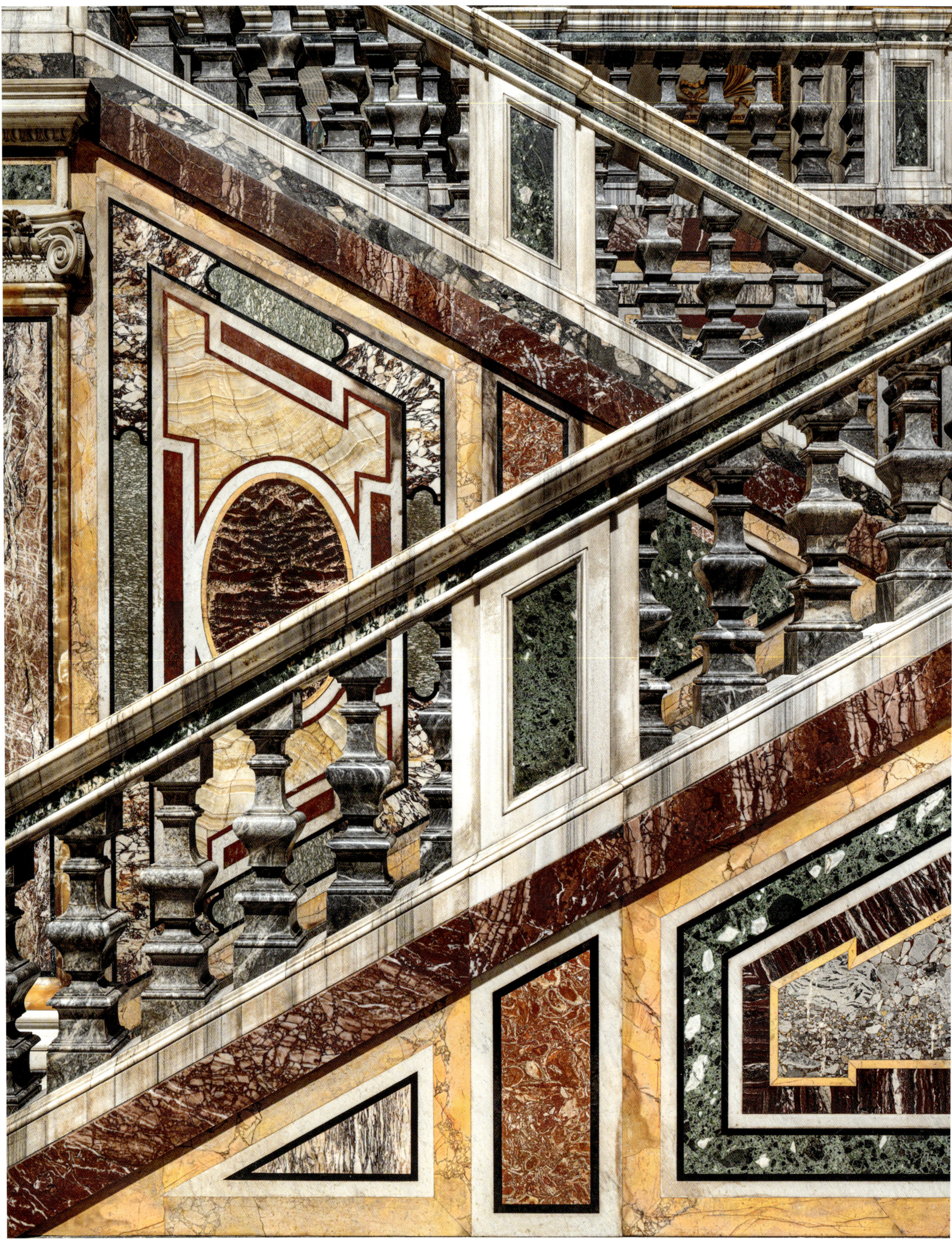

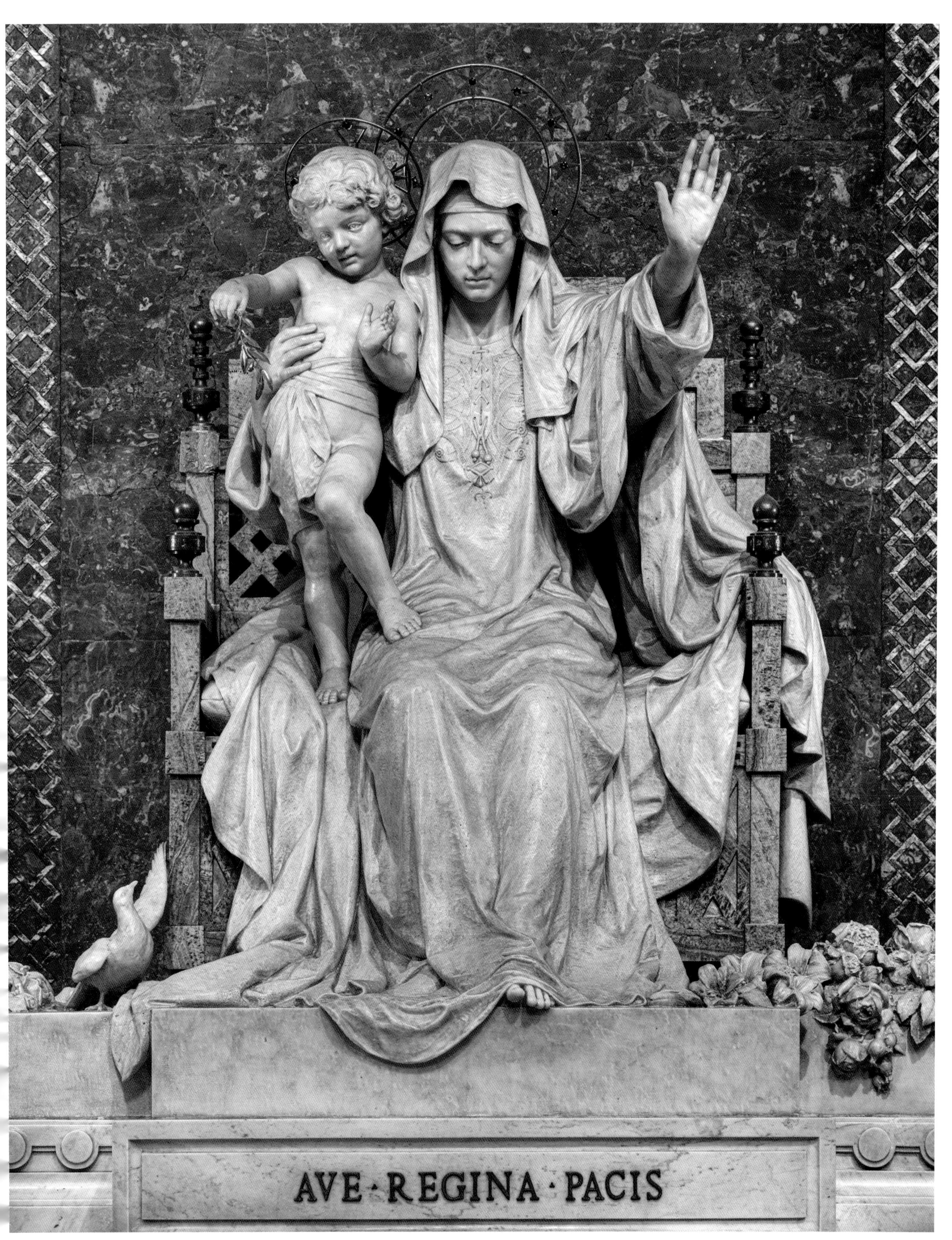
AVE · REGINA · PACIS

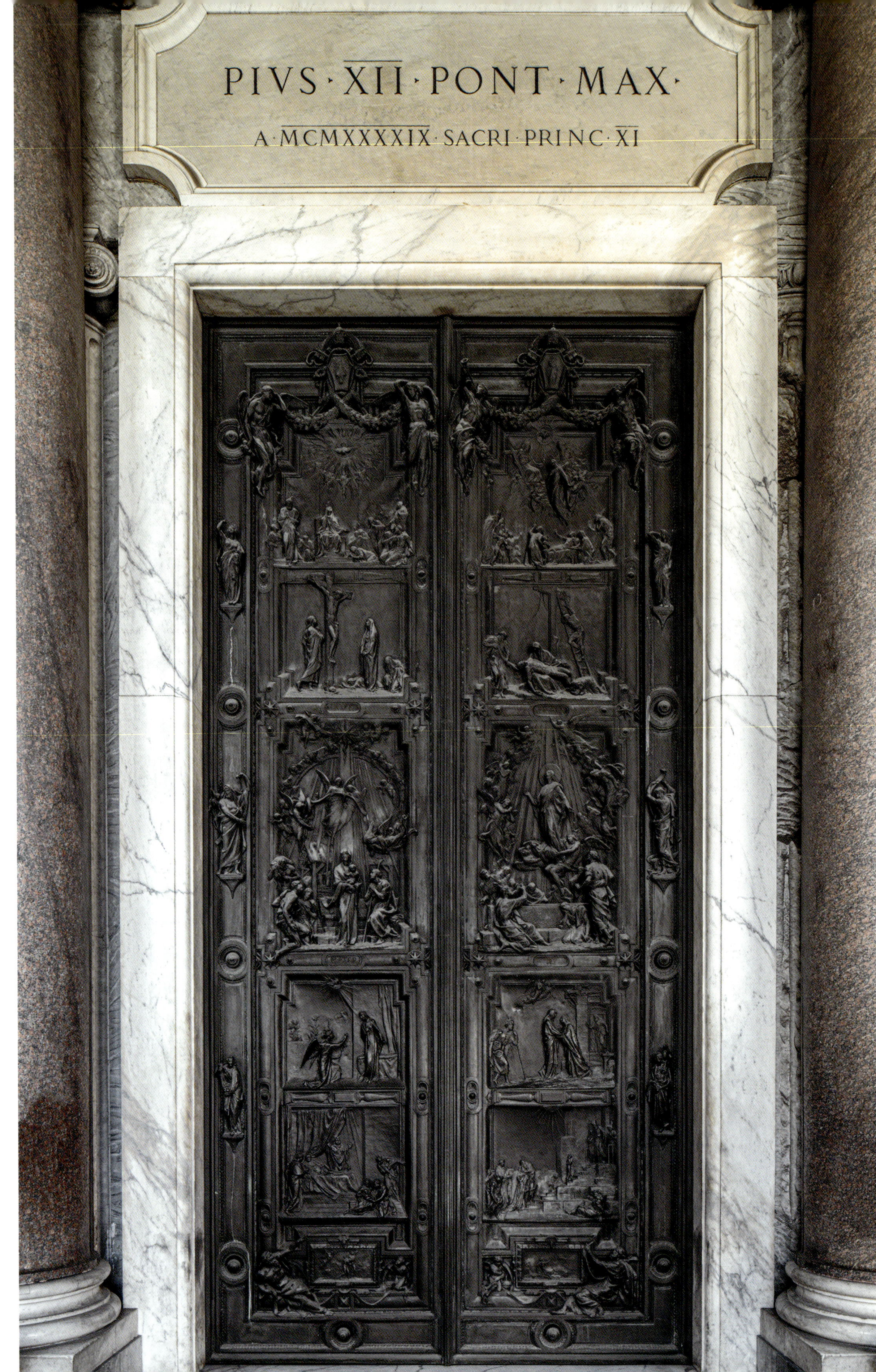
PIVS · XII · PONT · MAX ·
A · MCMXXXXIX · SACRI · PRINC · XI

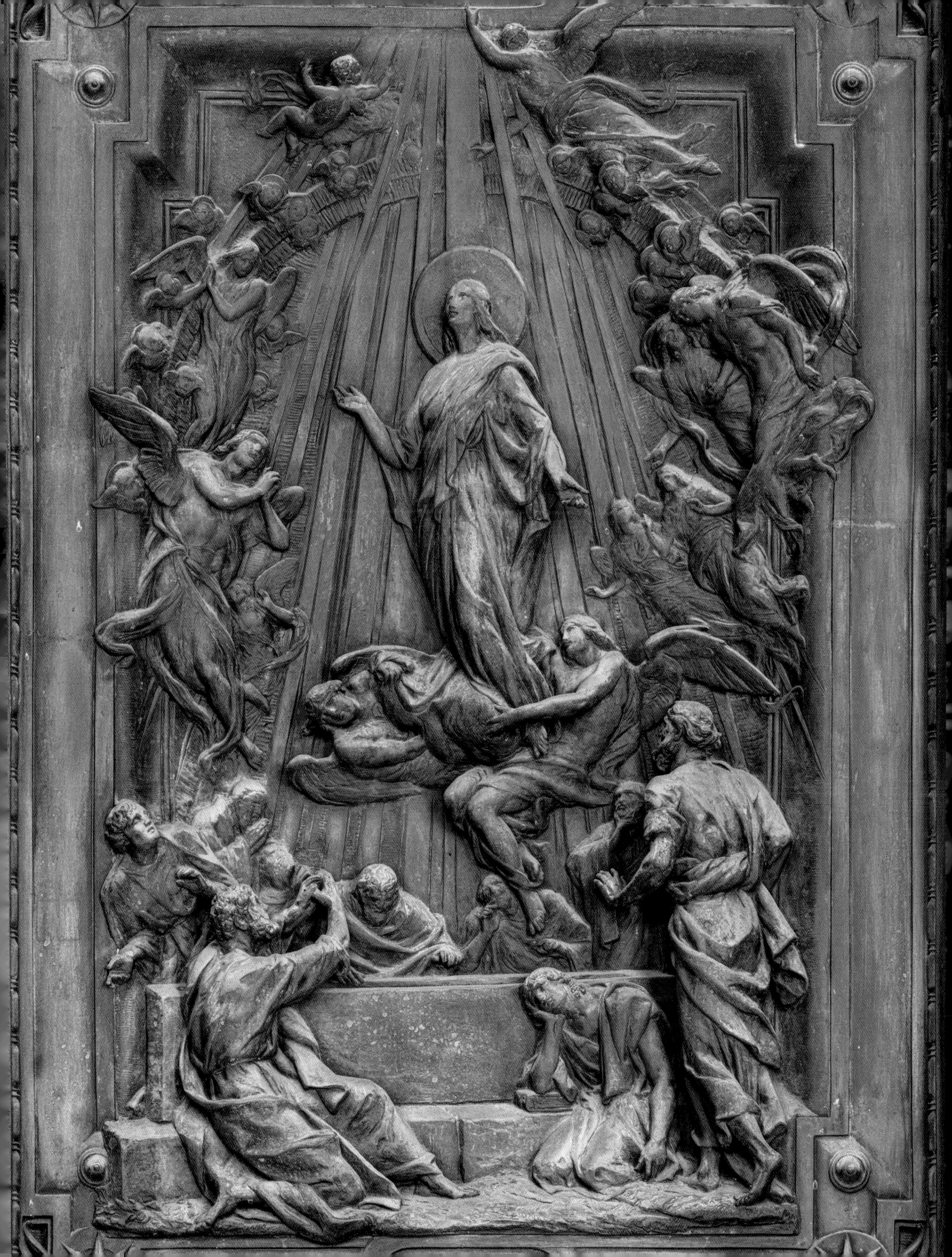

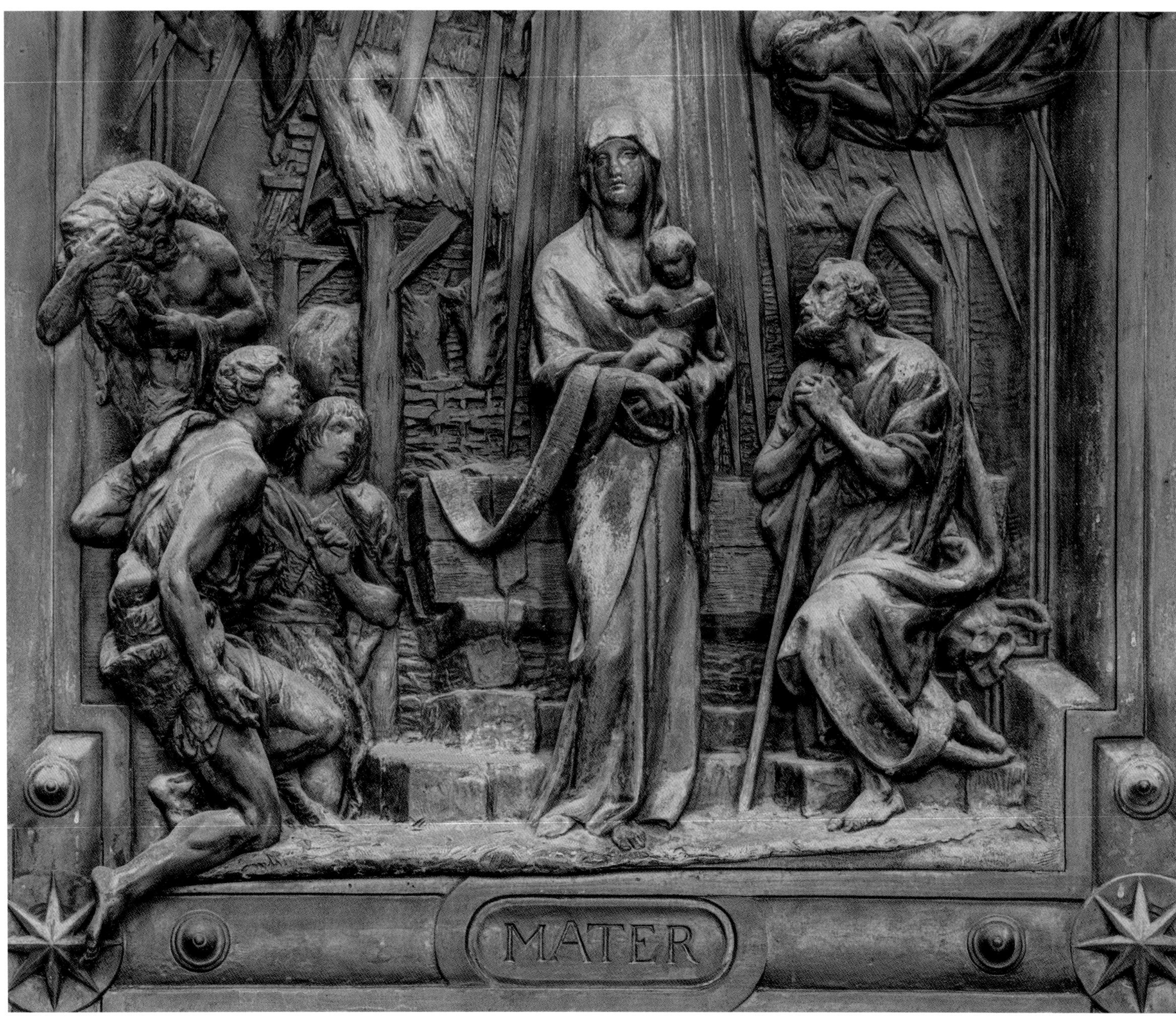

PP. 344, 345, 346
Lodovico Pogliaghi (1857-1950)
Porta principale
1949, bronzo
Portico

P. 347
Luigi Enzo Mattei (1945-)
Porta Santa
2000, bronzo
Portico, lato sinistro

P. 348
Suore Pie Discepole del Divin Maestro, Roma
Ambone e cero pasquale
2023, marmo, pietre e bronzo dorato
Navata centrale

P. 349
Rosa d'oro, regalata l'8 dicembre 2023 da Papa Francesco alla *Salus Populi Romani*
2023, metallo dorato
Cappella Paolina, altare centrale

PP. 344, 345, 346
Lodovico Pogliaghi (1857-1950)
Main entrance
1949, bronze
Portico

P. 347
Luigi Enzo Mattei (1945-)
Holy Door
2000, bronze
Portico, left side

P. 348
Sister Disciples of the Divine Master, Rome
Ambo and Paschal Candle
2023, marble, stones and gilded bronze
Central nave

P. 349
Golden Rose given to the *Salus Populi Romani* by Pope Francis on 8 December 2023
2023, gilded metal
Cappella Paolina, central altar

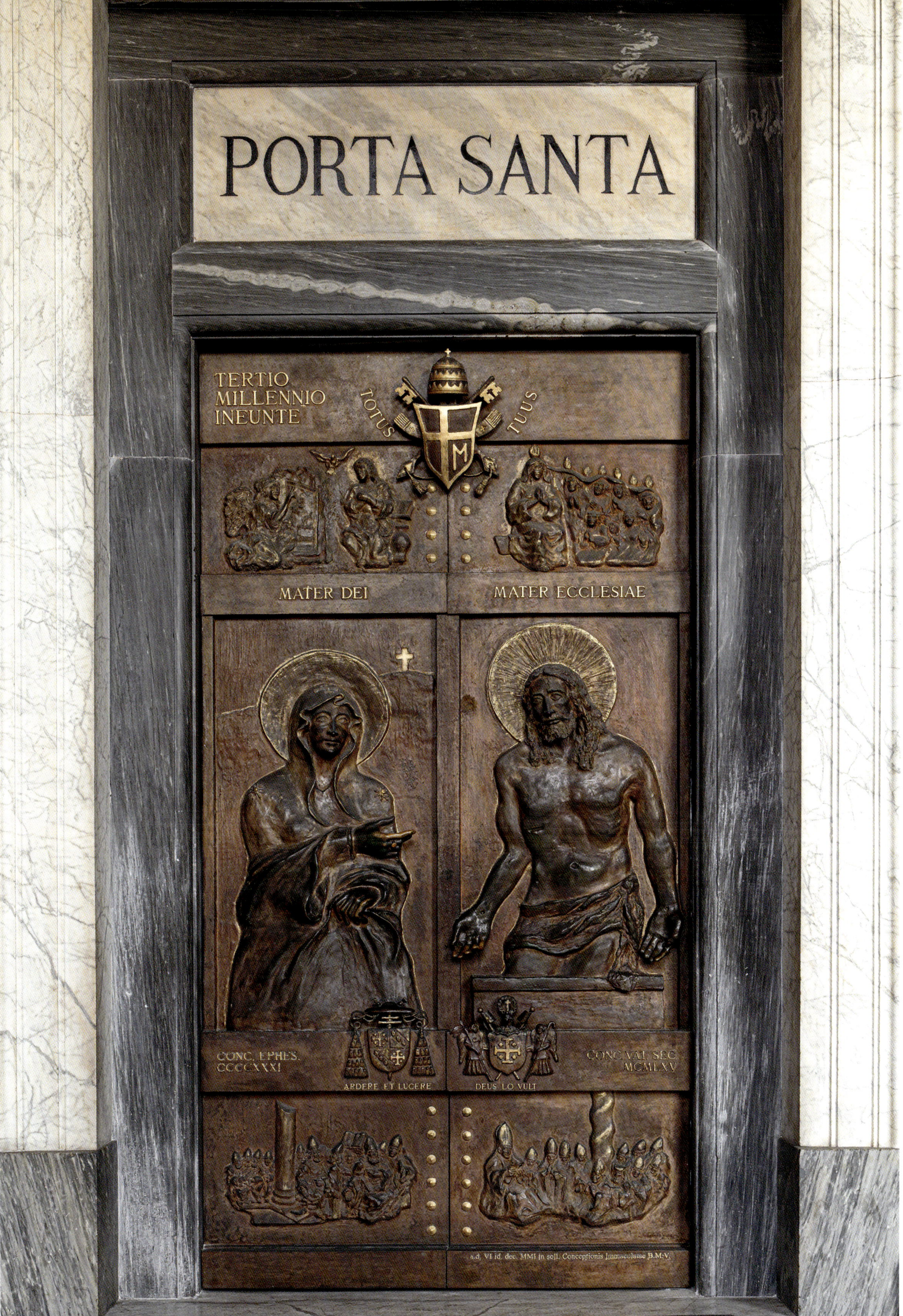
PORTA SANTA
TERTIO
MILLENNIO
INEUNTE
TOTUS TUUS
MATER DEI
MATER ECCLESIAE
CONC. EPHES.
CCCCXXXI
ARDERE ET LUCERE
DEUS LO VULT
CONC. VAT. SEC.
MCMLXV
a.d. VI id. dec. MMI in soll. Conceptionis Immaculatae B.M.V.

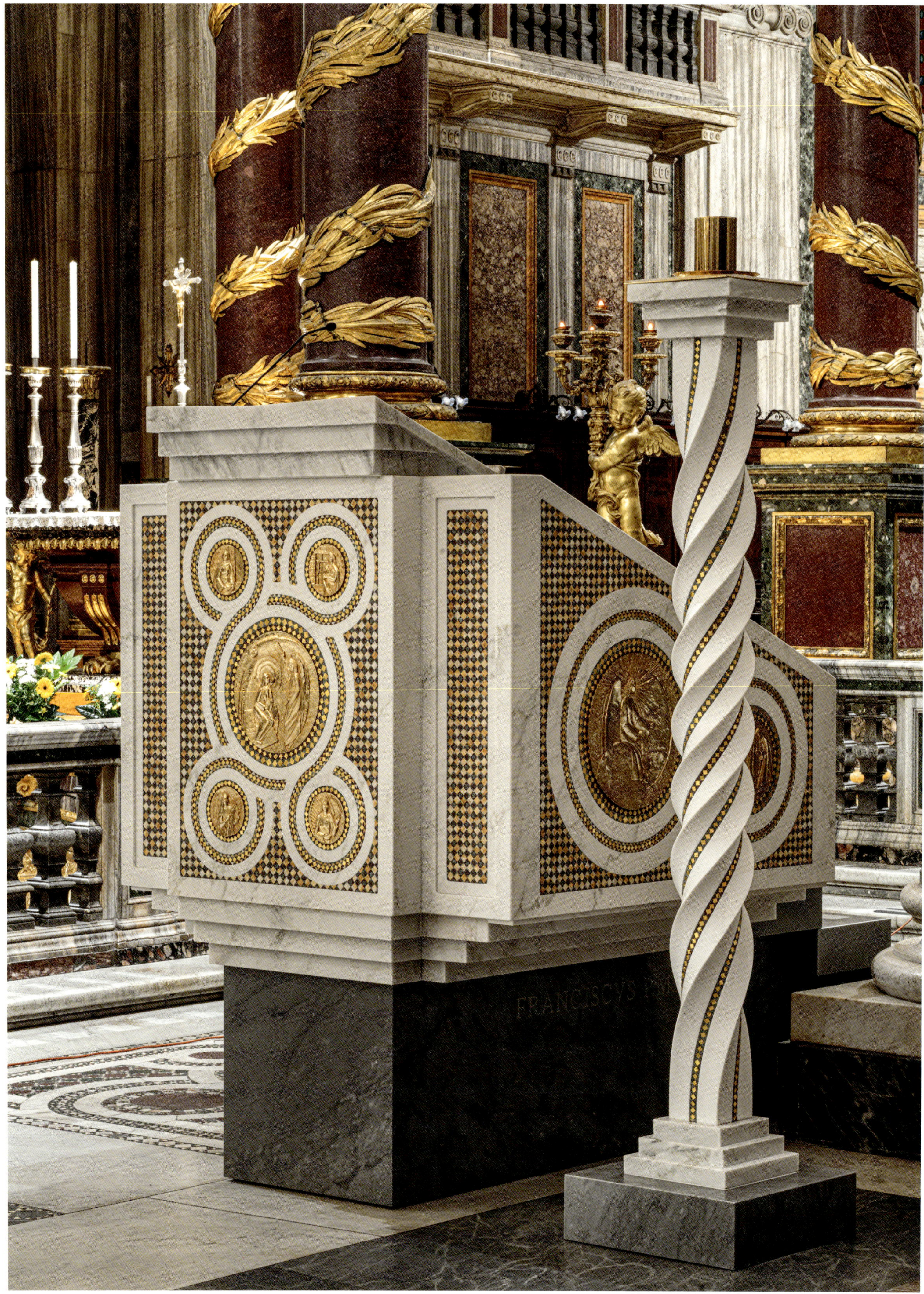
FRANCISCVS

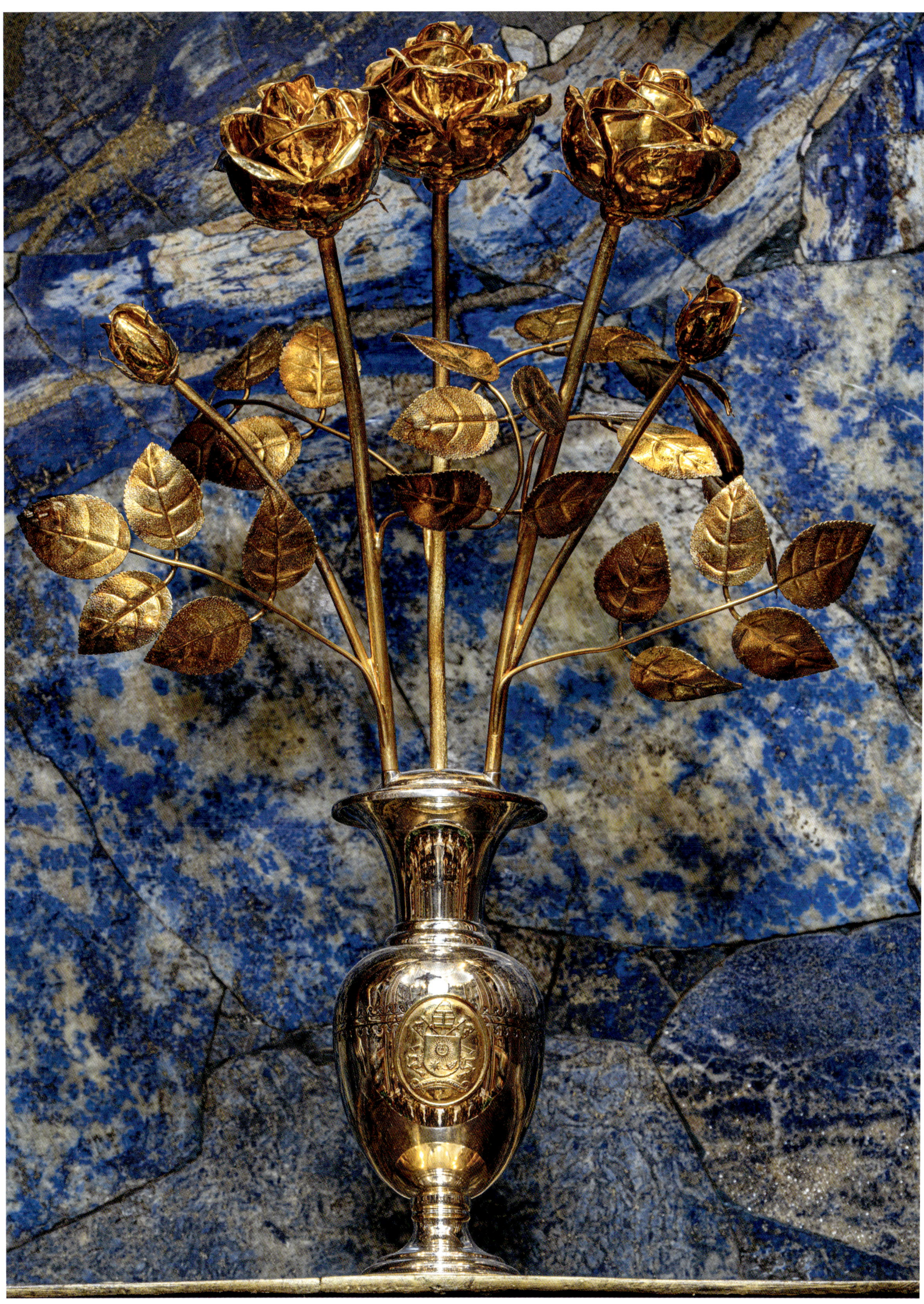

Il Polo Museale Liberiano

The Polo Museale Liberiano

Area Archeologica
Archaeological Area

Loggia delle Benedizioni
Benediction Loggia

Sala Capitolare
Chapter House

Museo
Museum

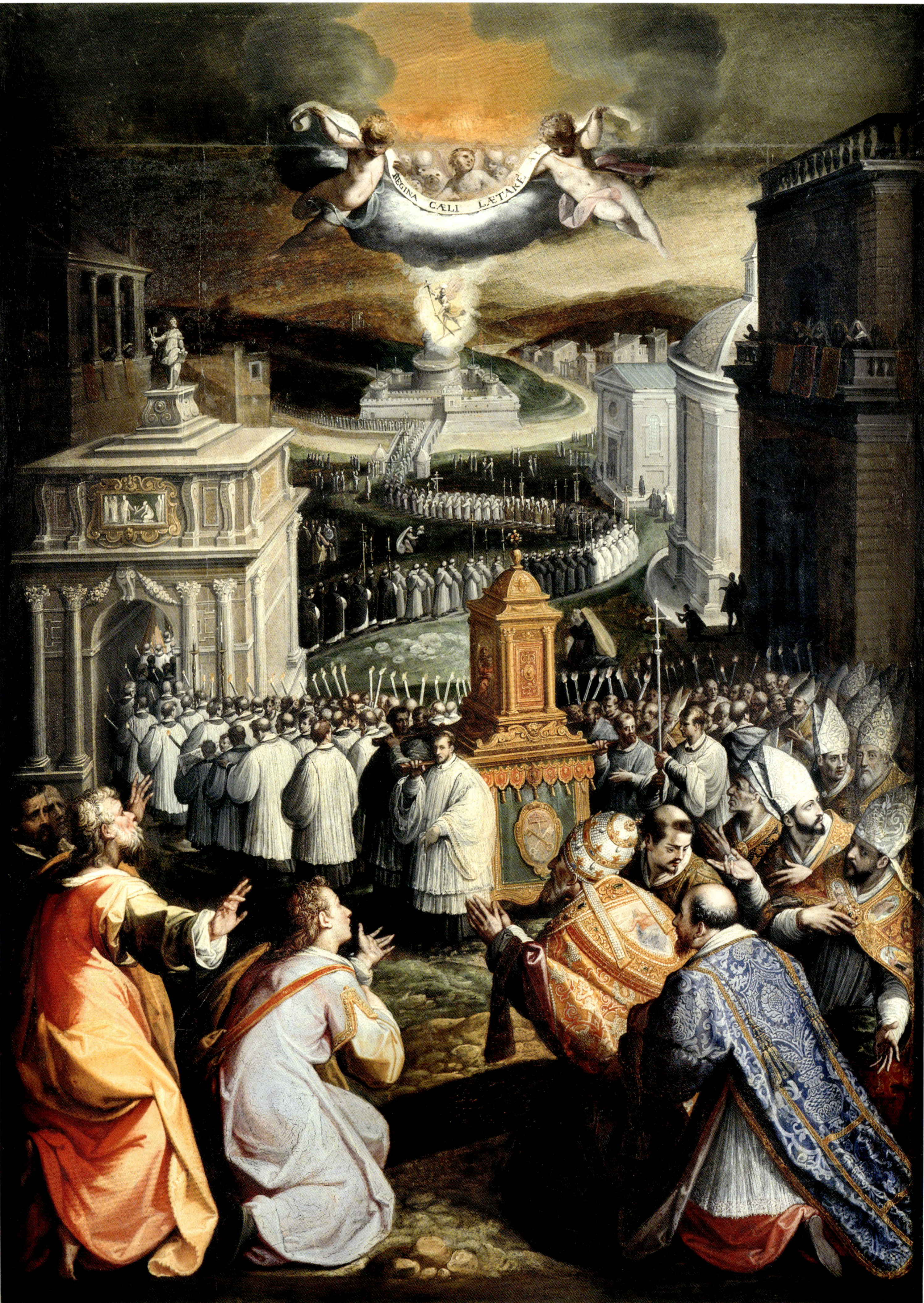
REGINA CÆLI LÆTARE

Introduzione

Andreas Raub

Il Polo Museale Liberiano designa l'intera realtà museale presso la Basilica Papale di Santa Maria Maggiore.

Il Museo Storico Liberiano fu inaugurato nel dicembre 2001 con la finalità di rendere più profonda l'esperienza culturale e catechetica dei numerosi visitatori, esponendo i più preziosi oggetti storico-artistici appartenenti al santuario.

L'Area archeologica, il risultato di una grande campagna di scavi eseguiti tra il 1966 e il 1971, conduce all'affascinante ambiente dei sotterranei. Tra le fondazioni della basilica paleocristiana si scoprono i resti di una sontuosa residenza di età romana, decorata con un grande calendario dipinto che costituisce un *unicum* nel suo genere.

Il percorso museale si estende allo Scalone della Canonica Benedettina, alla Loggia delle Benedizioni e alla Sala Capitolare, detta "dei Papi", annessa all'elegante Scala a chiocciola. La Loggia introduce all'antica decorazione musiva della facciata, l'unica conservata tra le basiliche papali. Il mosaico annuncia all'esterno ciò che costituisce l'identità del santuario all'interno, i santi ivi operanti e le origini dovute al *Miracolo della Neve*.

In vista del Giubileo 2025, le opere più importanti del museo sono state allestite all'interno della Canonica Paolina. Creando una narrazione in linea con il mosaico della Loggia, il Museo della Canonica Paolina si trova in sale decorate con affreschi, che rappresentano due momenti cruciali della storia di Santa Maria Maggiore: la *Processione di San Gregorio Magno con la Salus Populi Romani* e il *Miracolo della Neve*.

Consapevole del potenziale dell'arte sacra per l'evangelizzazione e l'acculturazione, il Polo Museale Liberiano vuole creare un ponte tra i numerosi visitatori provenienti da tutto il mondo e la ricca eredità artistica del più antico santuario mariano dell'Occidente.

P. 352
Jacopo Zucchi (c. 1542-1592)
Processione di San Gregorio Magno
1580 circa, olio su tavola, 197 x 156,5 cm
Polo Museale Liberiano

Introduction

Andreas Raub

The Polo Museale Liberiano is the museum of the Papal Basilica of Santa Maria Maggiore.

It was inaugurated in December 2001 with the aim of deepening the cultural and catechetical experience for the numerous visitors to the basilica with a permanent exhibition of the most precious historical and artistic objects belonging to the sanctuary.

The Archaeological Area, the result of a large excavation campaign carried out between 1966 and 1971, encompasses a fascinating labyrinth of subterranean rooms. Among the foundations of the early Christian Basilica the remains of a sumptuous residence from the Roman period have been discovered, decorated with a large painted calendar that is a unique of its kind.

The museum itinerary includes the Staircase of the Benedictine Canonry, the Benediction Loggia, and the Chapter House (known as the "Hall of Popes"), connected to the elegant Spiral Staircase. The Loggia contains the medieval mosaic façade, the only example preserved among all papal basilicas. The mosaic proclaims to the outside world the dedication of the shrine within, the saints at work there, and the building's foundation after the *Miracle of the Snow*.

In occasion of the 2025 Jubilee, the most important works of the museum have been installed within the Pauline Canonry. Creating a narrative in accordance with the mosaic of the Benediction Loggia, the Museum of the Pauline Canonry is integrated in rooms decorated with frescoes that depict two crucial moments in the history of Santa Maria Maggiore: the *Procession of Saint Gregory the Great with the Salus Populi Romani* and the *Miracle of the Snow*.

Conscious of the potential of sacred art to evangelise and acculturate, the Polo Museale Liberiano aims to create a bridge between the many visitors from all over the world and the rich artistic heritage of the oldest Marian shrine in the West.

P. 352
Jacopo Zucchi (ca. 1542-1592)
Procession of Saint Gregory the Great
ca. 1580, oil on panel, 197 x 156.5 cm
Polo Museale Liberiano

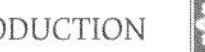

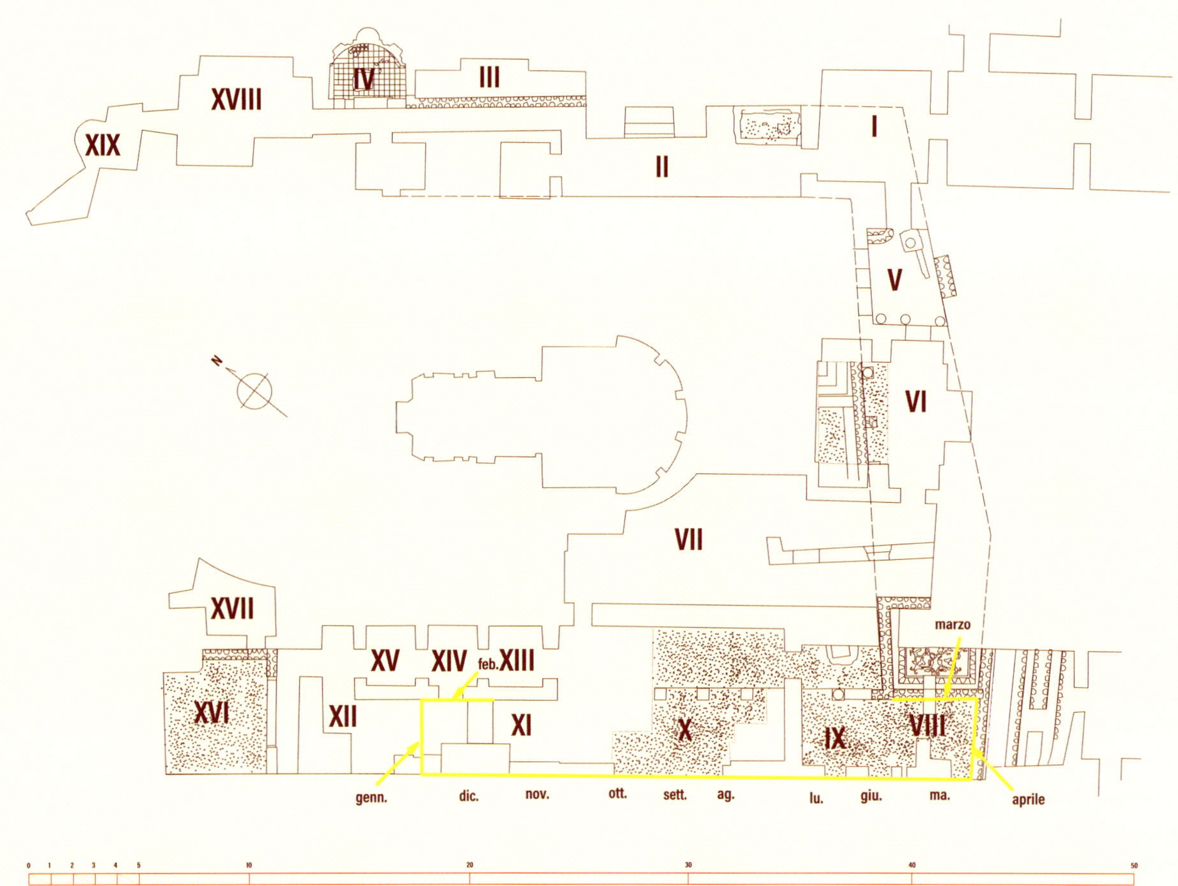

XIX
XVIII
IV
III
I
II
V
N
VI
VII
XVII
marzo
XV
XIV
feb.
XIII
XVI
XII
XI
X
IX
VIII
genn.
dic.
nov.
ott.
sett.
ag.
lu.
giu.
ma.
aprile
0 1 2 3 4 5 10 20 30 40 50

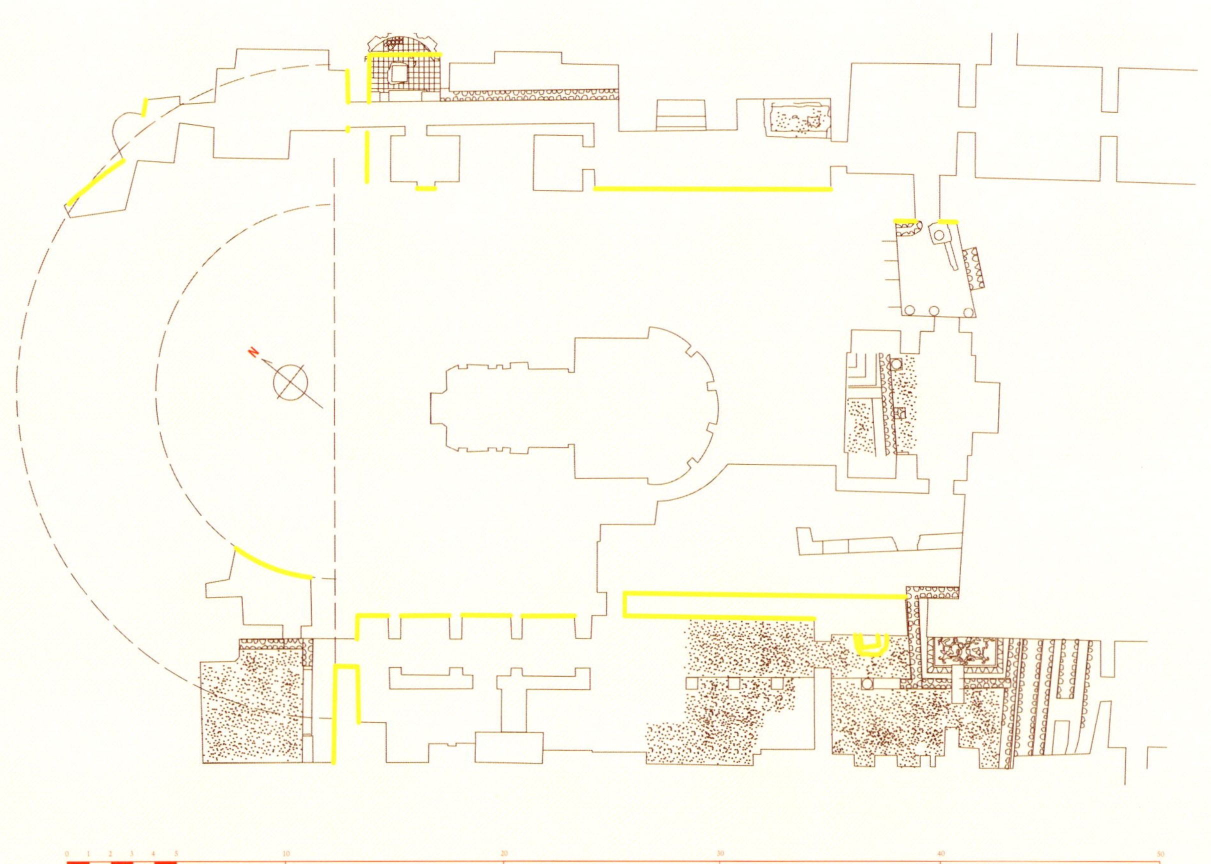

N
0 1 2 3 4 5 10 20 30 40 50

L'Area Archeologica

Olof Brandt

The Archaeological Area

Olof Brandt

STORIA DEGLI SCAVI E DEGLI STUDI

L'area archeologica è il risultato di una grande campagna di scavo eseguita tra il 1966 e il 1971 sotto la parte nord della Basilica, diretta da Filippo Magi dell'ufficio archeologico del Governatorato, oggi confluito nei Musei Vaticani. Tra le fondazioni della basilica paleocristiana si scoprono i resti di un complesso di età romana, fondato nel I secolo d.C. Nel 1971 Magi pubblica un volume in cui si occupa dell'edificio e soprattutto di un grande calendario dipinto su una parete. Magi interpreta l'edificio come il *Macellum Liviae*, un edificio menzionato nel IV secolo d.C., presso cui papa Liberio (352-366) avrebbe costruito la sua basilica, la Basilica Liberiana, poi trasformata in Santa Maria Maggiore da Sisto III (432-440), secondo quanto narra il *Liber pontificalis*.

La maggior parte degli studiosi segue oggi invece Paolo Liverani, che nel 1988 propone che si tratti di una parte di un cortile porticato di una ricca residenza, una *domus*, di cui buona parte doveva trovarsi fuori dal perimetro della Basilica. Liverani precisa anche meglio la successione di fasi dal primo secolo a.C. fino alla costruzione della Basilica.

Restauri delle pitture hanno poi permesso di mettere ancora meglio a fuoco le fasi. Nel 2010 viene così pubblicato un nuovo studio delle pitture da parte di Stephan T. A. M. Mols ed Eric M. Moormann, che datano il calendario dipinto tra il 176 e il 200, individuano due mesi che Magi non aveva identificato e dimostrano che tutti i mesi dell'anno potevano trovarsi su un unico lato del cortile anziché su due come pensava Magi. Simultaneamente Liverani fa il punto sulle nuove conoscenze del complesso, ipotizzando una fase di declassamento e interro della *domus* prima della costruzione della Basilica.

Questi studi più recenti permettono di ricostruire la storia della zona. Useremo per comodità i numeri romani usati da Magi per identificare i diversi vani moderni nella zona archeologica. Per semplicità diremo che l'abside della Basilica è rivolta a nord: così est e ovest corrispondono ai lati delle navatelle e sud alla facciata della Basilica.

HISTORY AND HISTORIOGRAPHY OF THE EXCAVATIONS

The archaeological area is the result of a large excavation campaign carried out between 1966 and 1971 under the northern part of the basilica, directed by Filippo Magi of the Archaeological Office of the Vatican Governorate, now part of the Vatican Museums. Between the foundations of the Early Christian Basilica Magi found the remains of a Roman-era complex, founded in the 1st century AD. In 1971, he published a book that analysed the building and especially the large calendar painted on one wall. Magi identified the remains as the *Macellum Liviae*, a building mentioned in the 4th century AD, and where Pope Liberius (352-366) is said to have built his basilica, the Basilica Liberiana, later transformed into Santa Maria Maggiore by Sixtus III (432-440), according to the *Liber Pontificalis*.

Nowadays, most scholars instead follow Paolo Liverani, who in 1988 proposed that the remains were part of a porticoed courtyard in a wealthy residence, a *domus*, much of which must have been outside the perimeter of the Basilica. Liverani also identified more successfully the sequence of building phases from the 1st century BC up to the construction of the Basilica.

Restorations of the murals have made it possible to bring these phases into even sharper focus. Thus, in a new study Stephan T. A. Mols and Eric M. Moormann (2010) dated the painted calendar to between 176 and 200, identified two months that escaped Magi, and showed that all months of the year could have fitted on one side of the courtyard instead of two, as Magi thought. In a parallel study, Liverani recapitulated our new knowledge of the complex and hypothesised that the *domus* underwent a phase of decline and burial before the construction of the Basilica.

These more recent studies help us to reconstruct the history of the area. For convenience we will use Magi's Roman numerals to identify the different modern rooms in the archaeological area. To simplify matters, we will also assume that the apse of the basilica faces north, the façade south, and therefore that the aisle side walls face east and west.

LE FASI

UN MURO DI TERRAZZAMENTO DEL PRIMO SECOLO A.C.

La fase più antica è rappresentata da un muro di terrazzamento di opera quasi reticolata del primo secolo a.C. che attraversa lo spazio sotto le navate e separa il terreno più alto verso sud da

THE PHASES

A RETAINING WALL OF THE FIRST CENTURY BC

The most ancient phase is represented by a retaining wall of *opus quasi reticulatum* from the 1st century BC that traverses the space under the nave and aisles and separates the higher ground

quello molto più basso verso nord. Parte di questo muro si vede oggi in una nicchia sul lato sud del vano V.

IL CORTILE DI ETÀ NERONIANA

La fase dominante è invece la seconda, quella del grande cortile porticato di metri 37 x 30, costruito nel primo secolo d.C. usando il muro di terrazzamento come muro di fondo. La sua pianta condizionerà poi l'orientamento della basilica paleocristiana. Per l'uso dei laterizi, raro in quell'età augustea alla quale Magi voleva datare l'edificio, Liverani preferisce pensare a una data neroniana, confermata anche da Mols e Moormann per le prime pitture.

Del cortile si conservano resti di tre lati, ma quasi nulla del lato nord. Il lato sud segue il muro di terrazzamento e resti del suo colonnato si vedono in VI. Il lato ovest è stato usato come fondazione della navatella sinistra della Basilica. Dove si incontravano i due colonnati, in IX, si vede il pilastro d'angolo del portico e la base della prima colonna del lato ovest. Il muro del lato est è stato trovato sotto la navatella destra (II-III). Del suo colonnato non si sa nulla.

La *domus* doveva, secondo Liverani, avere uno dei suoi limiti nel muro ovest del porticato, perché è l'unico muro riutilizzato per la costruzione della Basilica. Un altro limite doveva essere il muro di terrazzamento verso sud, oltre il quale si estendeva un'altra *domus* a una quota più alta di oltre due metri, orientata diversamente. Il dislivello verso nord porta Liverani a ritenere che la *domus* poteva estendersi solo a est. Su quel lato c'erano diverse porte e, sul suo lato esterno, un piccolo vano (IV) con il pavimento riscaldato (per Liverani termale), che in questa fase non era collegato al portico ma ad altre strutture ad est. Un altro ambiente esterno (XVI) è stato trovato a nord-ovest, unito al portico da una porta.

Della decorazione della fase neroniana Mols e Moormann hanno individuato nel vano XII pochi resti di pittura. Il lato ovest del portico, su cui poi si dipinse il calendario, doveva essere tutto rivestito di marmi con uno zoccolo alto.

INTERVENTI DEL SECONDO SECOLO

Tra la fine del primo e l'inizio del secondo secolo d.C., per problemi di umidità si fodera il muro di terrazzamento a sud con un muro di mattoni con bolli di Domiziano e Adriano.

Sempre a partire dal secondo secolo d.C. il portico sud viene riempito di nuove costruzioni e ambienti. Il colonnato viene chiuso da un muro (visibile in VI), totalmente o in parte. All'esterno di VI almeno una stanza con pavimento musivo occupa lo spazio prima libero del cortile.

A ovest del portico sud viene costruita una piccola stanza (in VIII) con un pavimento musivo.

A poca distanza verso est segue (in VII) una parete piuttosto lunga con due porte e che termina con un'anta, come se fosse parte di un grande ambiente aperto verso il cortile.

to the south from the much lower ground to the north. Part of this wall can be seen today in a niche on the south side of room V.

THE COURTYARD OF THE NERONIAN ERA

The second and most important phase dates to the first century AD, when a great porticoed courtyard measuring 37 x 30 metres was built using the retaining wall as its back wall. This disposition would dictate the later orientation of the Early Christian Basilica. Because of the use of bricks, rare in the Augustan age to which Magi wanted to date the building, Liverani prefers to date this structure to the Neronian era, which is confirmed by the dating that Mols and Moormann assign the early paintings.

Three sides of the courtyard are preserved, but almost nothing of the north side. The south side follows the retaining wall and remains of its colonnade can be seen in VI. The west side was used as the foundation of the left aisle of the basilica. The two colonnades met in IX, where we see the corner pillar of the portico and the base of the first column of the west side. The wall of the east side has been found under the right aisle (II-III); nothing is known of its colonnade.

According to Liverani, one of the limits of the *domus* must have been the west wall of the portico, because it is the only wall that was reused for the construction of the Basilica. Another limit must have been the retaining wall on the south, beyond which another *domus* extended at a level more than two metres higher and differently oriented. The difference in level towards the north led Liverani to believe that the *domus* could only have extended east. On that side there were several doors and, on its outer side, a small room (IV) with a heated floor (which Liverani considers thermal), which in this phase did not communicate with the portico but was connected to other structures to the east. Another external room (XVI) was found to the northwest, connected to the portico by a door.

Mols and Moormann found a few remains of painting from the Neronian phase in room XII. The west side of the portico, on which the calendar was subsequently painted, must have been entirely covered with marble on a high socle.

SECOND-CENTURY INTERVENTIONS

Between the end of the first and the beginning of the second century AD, the south retaining wall was given a brick lining (with Domitianic and Hadrianic brickstamps) to insulate it against moisture.

Again from the 2nd century AD, the south portico was filled with new walls and rooms. The colonnade was closed off by a wall (visible in VI), either totally or in part. Outside VI at least one room with a mosaic floor occupies the previously free space of the courtyard.

To the west of the south portico a small room was built (in VIII) with a mosaic floor.

Not far to the east follows (in VII) a rather long wall with two doors, which turns east to form a doorjamb, as if it were part of a large room open to the courtyard.

Magi pensava che si trattasse di un sacello nel *Macellum Liviae*, ma dato che ormai si pensa che si tratti di un complesso residenziale bisogna trovare un'altra interpretazione. Il lato interno presenta tracce di un rivestimento marmoreo, mentre l'esterno ha una decorazione pittorica: sul lato ovest quadrati rossi, bianchi, gialli e verdi formano grandi losanghe, mentre sul lato nord quadrati colorati e altre forme geometriche creano un effetto prospettico di travicelli sporgenti.

UN CALENDARIO DIPINTO DOPO IL 176

Un intervento particolarmente importante è quando, sul lato ovest, il rivestimento marmoreo viene rimosso per sostituirlo con un calendario dipinto sopra uno zoccolo marmoreo.

Scene agresti, in alto, e urbane, in basso, si alternano con fasce verticali rosse su cui sono dipinte le feste di ogni mese. Si possono vedere i mesi di luglio (IX), settembre-ottobre (X) e novembre-dicembre (tra X e XI). Mols e Moormann hanno potuto datare il calendario tra il 176 e il 200 studiando la presenza o assenza di diverse feste.

Magi aveva visto i mesi da luglio a dicembre sulla parete ovest e pensava che i restanti sei mesi si trovassero sulla parete est. Mols e Moormann hanno invece dimostrato che la parete ovest conteneva i mesi da maggio a dicembre, mentre gli altri mesi si trovavano negli ambienti che terminavano il portico verso nord e sud: a sud aprile (in VIII) e a sud-est marzo (VIII-IX); a nord gennaio (in XII) e a nord-est febbraio (in XI). L'anno raffigurato inizia con marzo come nel calendario romano tradizionale, prima di quello giuliano.

INTERVENTI NEL TERZO SECOLO

Segue una ristrutturazione con pitture architettoniche intorno al 200 (in II, III e VII). Si ricostruisce la parte alta dei due lati lunghi del cortile (in II e X). In questa fase si rifà lo zoccolo marmoreo nella parte bassa delle pareti.

La piccola stanza V in questa fase doveva essere un ambiente di servizio a giudicare da un bancone e tre anfore prive di collo lungo la parete, databili non dopo la metà del terzo secolo.

Probabilmente anche le pitture con imitazioni di marmo nel vano XVI risalgono al terzo secolo come i graffiti che le coprono.

Viene rifatto l'ambiente all'esterno del lato est (IV), ora collegato al portico come un'esedra raffinata. Sul pavimento marmoreo, riscaldato da un ipocausto, si costruisce una parete di fondo curva con tre nicchie e pitture del primo quarto del terzo secolo.

L'ULTIMA FASE PRIMA DELLA BASILICA

Dopo le ultime pitture trovate sul lato est, datate al quarto secolo, Liverani ipotizza una fase di declassamento e interro par-

Magi thought this was a shrine in the *Macellum Liviae*, but since the complex is now thought to have been residential, another interpretation must be found. Its interior bears traces of marble facing, while the exterior has pictorial decorations: on the west side red, white, yellow and green squares form large lozenges, while on the north side coloured squares and other geometric shapes create a perspective effect of small protruding beams.

A CALENDAR PAINTED AFTER 176

A particularly important intervention occurred when the marble revetment was removed from the west wall and replaced with a calendar painted above a marble socle.

Rural scenes, at the top, and urban scenes, at the bottom, alternate with red vertical bands on which the festive days of each month are painted. One can see the months of July (IX), September-October (X) and November-December (between X and XI). Mols and Moormann were able to date the calendar between 176 and 200 by checking which festive days were recorded and which not.

Magi had seen the months from July to December on the west wall and concluded that the remaining six months had been painted on the east wall. By contrast, Mols and Moormann showed that the west wall actually contained the months from May to December, while the other months were located in the rooms that terminated the portico to the north and south: to the south April (in VIII) and to the southeast March (VIII-IX); to the north January (in XII) and to the northeast February (in XI). The year begins with March as in the traditional Roman calendar, before the arrival of the Julian calendar.

RENOVATIONS IN THE THIRD CENTURY

Another renovation followed around 200 AD with architectural paintings (in II, III and VII). The upper part of the two long sides of the courtyard was reconstructed (in II and X). In this phase, the marble socle on the lower part of the walls was rebuilt.

The little room V must have been a service room in this phase, judging by the counter and three neckless amphorae along the wall, which can date to no later than the middle of the 3rd century.

Paintings with marble imitation in room XVI probably also date to the 3rd century, as do the graffiti covering them.

The room on the outside of the east side (IV), was rebuilt and now connected to the portico as a refined exedra. On the marble floor, heated by a hypocaust, a curved back wall was built with three niches and paintings from the first quarter of the 3rd century.

THE LAST PHASE BEFORE THE BASILICA

After the last campaign of paintings found on the east side, dated to the 4th century, Liverani hypothesises that there followed a phase

ziale. All'ultima fase deve infatti appartenere una cisterna (in IX) la cui imboccatura viene realizzata contro terra a una quota più alta di quella del cortile porticato. Dentro la cisterna è stato trovato un frammento del calendario dipinto, per cui Liverani conclude che la sua realizzazione deve essere contemporanea alla demolizione della *domus*. Il fatto che l'imboccatura venga rialzata insieme a un interro della zona porta Liverani a pensare a un'ultima fase di uso prima della Basilica. Si potrebbe però trattare invece di un pozzo per il cantiere della stessa Basilica. Un argomento a favore di quest'ultima interpretazione può essere il fatto che la fondazione del colonnato sinistro della Basilica, in X, è stata costruita sul livello del pavimento del cortile neroniano, cioè prima del rialzamento del terreno e del pozzo. Come si vede in pianta, il pozzo praticamente è stato costruito addossato alla fondazione della Basilica, che quindi deve essere precedente.

LE FONDAZIONI DELLA BASILICA

La progettazione della Basilica può essere stata condizionata dal muro ovest del cortile porticato, riutilizzato come fondazione per la navatella sinistra. Questo muro poteva segnare un limite di proprietà, ma anche un cambiamento di quota (Liverani).

Le fondazioni della Basilica indicano la presenza di dislivelli nella zona dell'area archeologica. I fori per ponteggi sono assenti sul lato esterno della fondazione del colonnato destro (in II) tranne che sulla parte più a nord (di fronte a IV), ma si vedono sul lato interno (in V), dove una risega nella fondazione indica un livello di cantiere piuttosto alto. All'esterno della fondazione del colonnato sinistro (in X) i fori pontai iniziano poco sopra la quota del portico. Il sito del cantiere sembra quindi essere stato più alto verso est.

Le fondazioni sono tutte fatte in opera listata con un corso di tufelli alternato a uno o due di mattoni. Nell'area archeologica sono visibili le fondazioni della parte nord dei colonnati della navata centrale, della fine delle navatelle e dell'abside.

La fondazione del colonnato destro si vede in II e di fronte a IV (lato esterno) e in V (lato interno). Quella del colonnato sinistro è ben visibile in X, XIII, XIV e XV (esterno) e in VII (interno).

I due muri che terminavano le navatelle sono visibili vicino a IV e in XVIII (navatella destra) e tra XV e XVI (navatella sinistra).

In XVII si vede l'inizio dell'esterno del muro curvo dell'abside paleocristiana, demolita nel XIII secolo per inserire un transetto tra le navate e la nuova abside. Le fondazioni del transetto in blocchetti di tufo ("opera saracinesca"), sono visibili in XVI (transetto sinistro) e in XVIII (transetto destro).

In XIX si vede a sinistra la fondazione dell'abside medievale nella stessa opera saracinesca. Di fronte si trova un muro leggermente curvo nella stessa opera listata delle fondazioni della Basilica. È stato Sible de Blaauw nel 1986-1987 a capire che questo muro faceva parte delle fondazioni della basilica paleocristiana, vedendoci le fondazioni di un deambulatorio dietro l'abside paleocristiana. Dato che il muro curvo poi sembra piegare verso est, De Blaauw ipotizza una forma ge-

of decline and that the building was partially buried. To the last phase must in fact belong a cistern (in IX) whose mouth is built at a higher ground level than that of the porticoed courtyard. Since a fragment of the painted calendar was found inside the cistern Liverani concludes that it must have been built while the *domus was being demolished*. Moreover, the fact that the mouth was raised to match a partial burial of the building in this area led Liverani to think this the last phase before the construction of the Basilica. On the other hand, it could instead have been made as a well for the construction of the Basilica itself. An argument in favour of the latter interpretation may be the fact that the foundations of the left colonnade of the Basilica, in X, were built on the floor level of the Neronian courtyard before the raising of the ground and the wellhead. As can be seen in the plan, the well was practically built against the foundation wall of the basilica, which must therefore be earlier.

THE FOUNDATIONS OF THE BASILICA

The plan of the Basilica may have been dictated by the west wall of the porticoed courtyard, which was reused as a foundation for the left aisle. This wall may have marked a property boundary, but also a change in level (Liverani).

The foundations of the basilica show several changes in level across the area of the archaeological site. Scaffolding holes are absent on the outer side of the foundation of the right colonnade (in II) except on the northernmost part (facing IV), but they are visible on the inner side (in V), where a setback in the foundation wall indicates a rather high building level. On the outside of the foundation of the left colonnade (in X) the putlog holes begin just above the level of the portico. The site of the building site thus seems to have been higher towards the east.

The foundations are all made of *opus vittatum* with a course of *tufelli* alternating with one or two of bricks. In the archaeological area it is possible to see the foundations of the northern part of the colonnades of the nave, the end of the aisles and the apse.

The foundations of the right colonnade can be seen in II and IV (exterior side) and V (interior side). Those of the left colonnade are clearly visible in X, XIII, XIV and XV (exterior) and in VII (interior).

The two walls that terminated the aisles are visible near IV and in XVIII (right aisle) and between XV and XVI (left aisle).

In XVII it is possible to observe the beginning of the exterior of the curved wall of the Early Christian apse, demolished in the 13th century to insert a transept between the nave, aisles, and the new apse. The foundations of the transept made of tuff blocks (*opus saracinescum*), are visible in XVI (left transept) and XVIII (right transept).

In XIX, on the left we can see the foundation of the medieval apse in the same *opus saracinescum*. Opposite is a slightly curved wall in the same *opus vittatum* as the foundation of the Basilica. In 1986-1987 Sible de Blaauw realised that this wall was part of the foundations of the Early Christian Basilica, interpreting it as the foundations of an ambulatory behind the Early Christian

ometrica complessa con un ambiente quadrangolare al posto del transetto destro che poi si sviluppa in un deambulatorio all'esterno dell'abside. Altri studiosi hanno interpretato il muro curvo come un terrazzamento per il forte dislivello. Sembra probabile che si tratti del resto di un deambulatorio, ma molte questioni devono ancora essere chiarite. Per ricostruire la forma del deambulatorio bisogna comunque tenere presente che la prima parte che si vede entrando in XIX è il restauro in stile di un taglio moderno, fatto negli scavi di Magi, non necessariamente un angolo del muro antico, come è stato interpretato da De Blaauw. Il breve tratto di muro verso est potrebbe anche far parte di un ambiente esterno al deambulatorio. Il muro curvo sembra compatibile con un deambulatorio a semicerchio, largo quanto la Basilica.

L'area archeologica racconta così la storia della zona della Basilica nei primi secoli della nostra era. È una storia che inizia con la costruzione di una grande residenza, di cui la maggior parte doveva trovarsi ad est della Basilica, e il cui portico nel secondo secolo viene decorato con un grande calendario dipinto. Il portico della residenza attraversa diverse ricostruzioni e forse una fase di declino, per poi diventare il cantiere dove si costruiscono le fondazioni della basilica paleocristiana, la cui forma precisa rimane ancora da chiarire soprattutto nella zona dell'abside.

apse. Since the curved wall then appears to turn east, De Blaauw hypothesised a complex geometric form with a rectangular room in place of the right transept, which then developed into an ambulatory outside the apse. Other scholars have interpreted the curved wall as a retaining wall on a steep slope. It seems probable that it is the remains of an ambulatory, but many questions still need to be clarified. When reconstructing the shape of the ambulatory, however, it must be kept in mind that the first part one sees when entering XIX is a modern restoration of a wall cut through during the excavations of Magi, not necessarily a corner of the ancient wall, as De Blaauw interpreted it. The short section of wall towards the east could also be part of a room outside the ambulatory. The curved wall seems compatible with a semicircular ambulatory, the width of the Basilica.

The archaeological area thus narrates the history of the Basilica area in the first centuries of our era. It is a history that begins with the construction of a large residence, most of which must have been to the east of the Basilica, and whose portico was decorated in the 2nd century with a large painted calendar. The portico of the residence went through several reconstructions and perhaps a phase of decline, before becoming a building site for the foundations of the Early Christian Basilica, the precise shape of which remains to be clarified, especially in the area of the apse.

P. 354
Pianta schematica dell'area archeologica
(Olof Brandt)

P. 354
Schematic ground plan of the archeological area
(Olof Brandt)

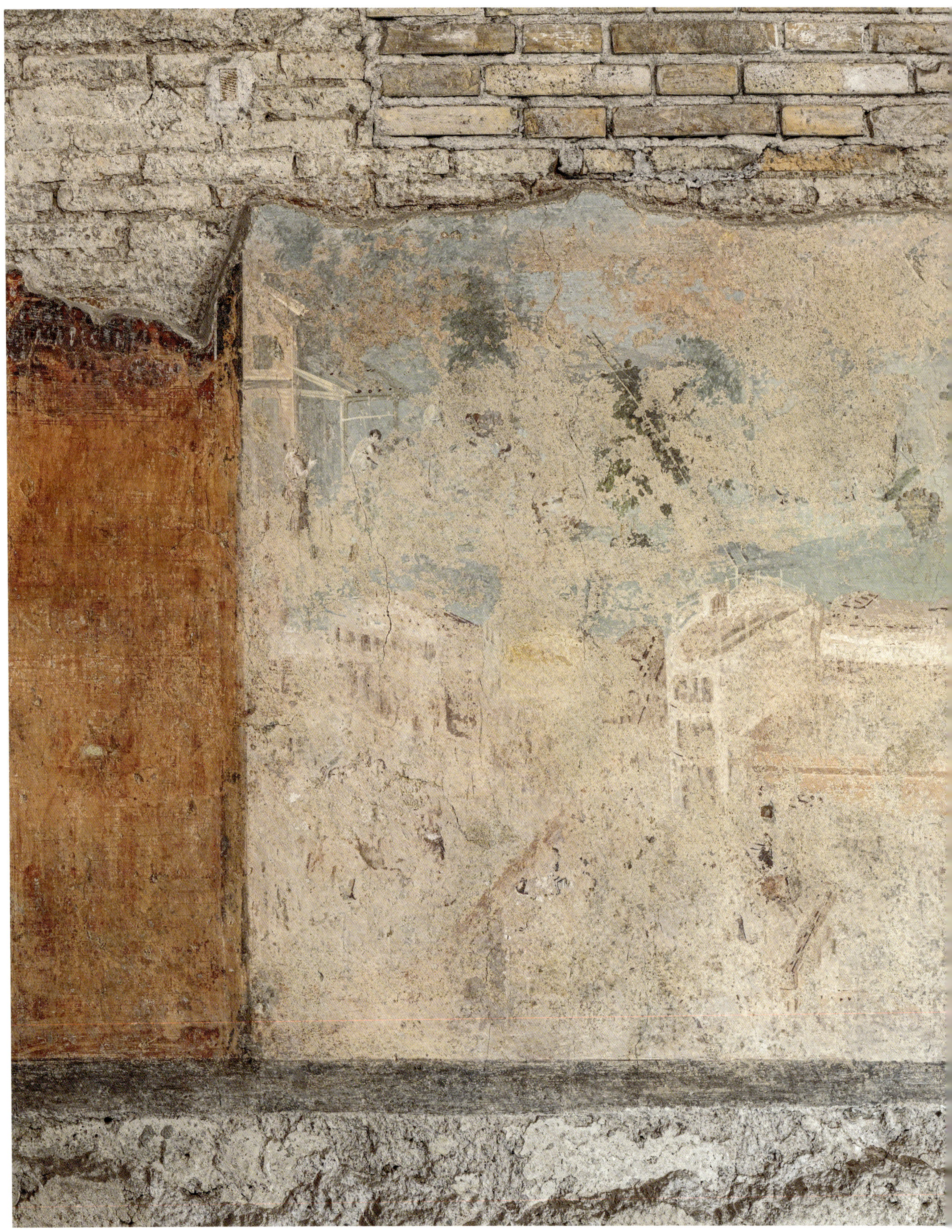

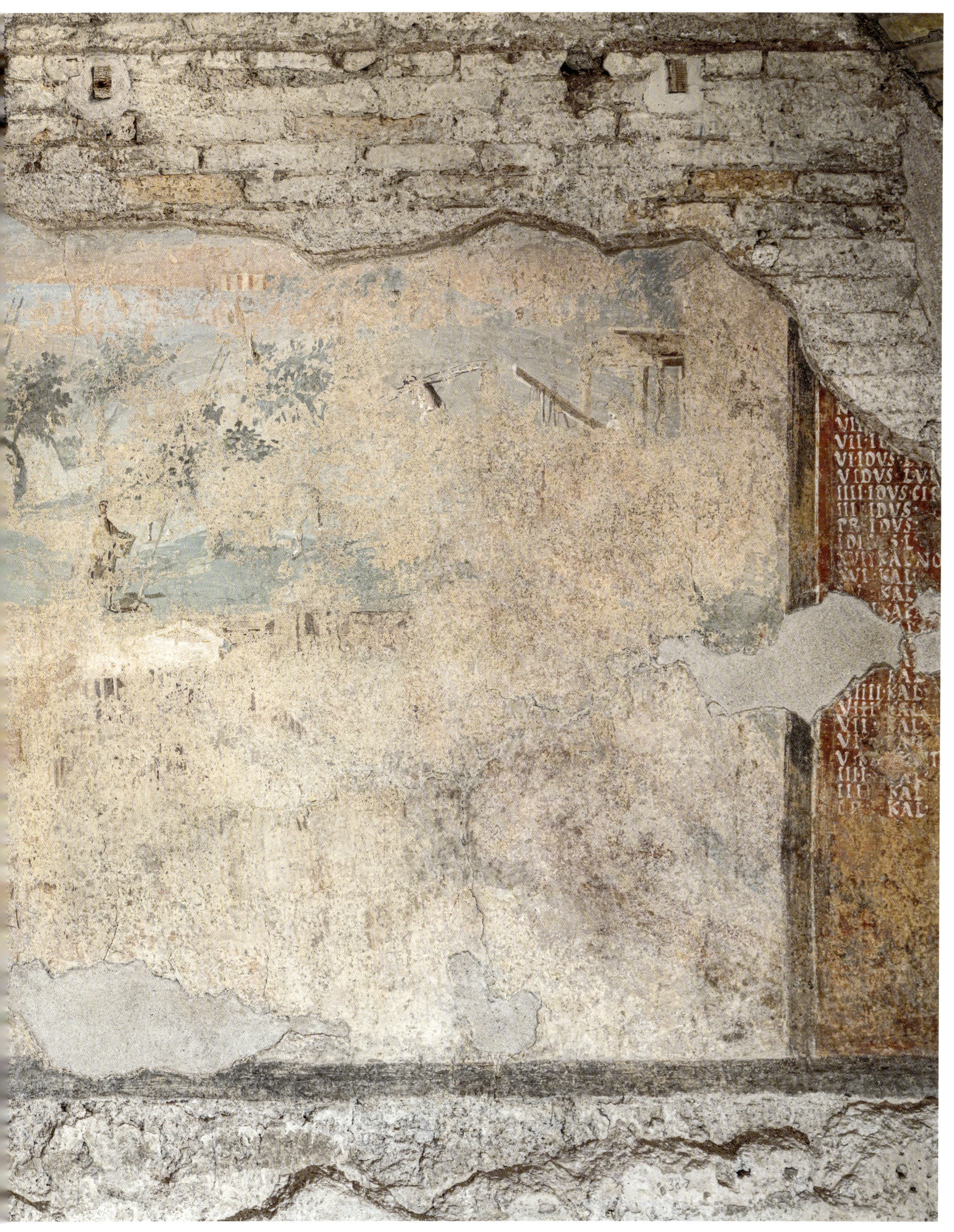
VI IDVS
V IDVS
IIII IDVS
III IDVS
PR IDVS
IIII KAL
VII KAL
KAL

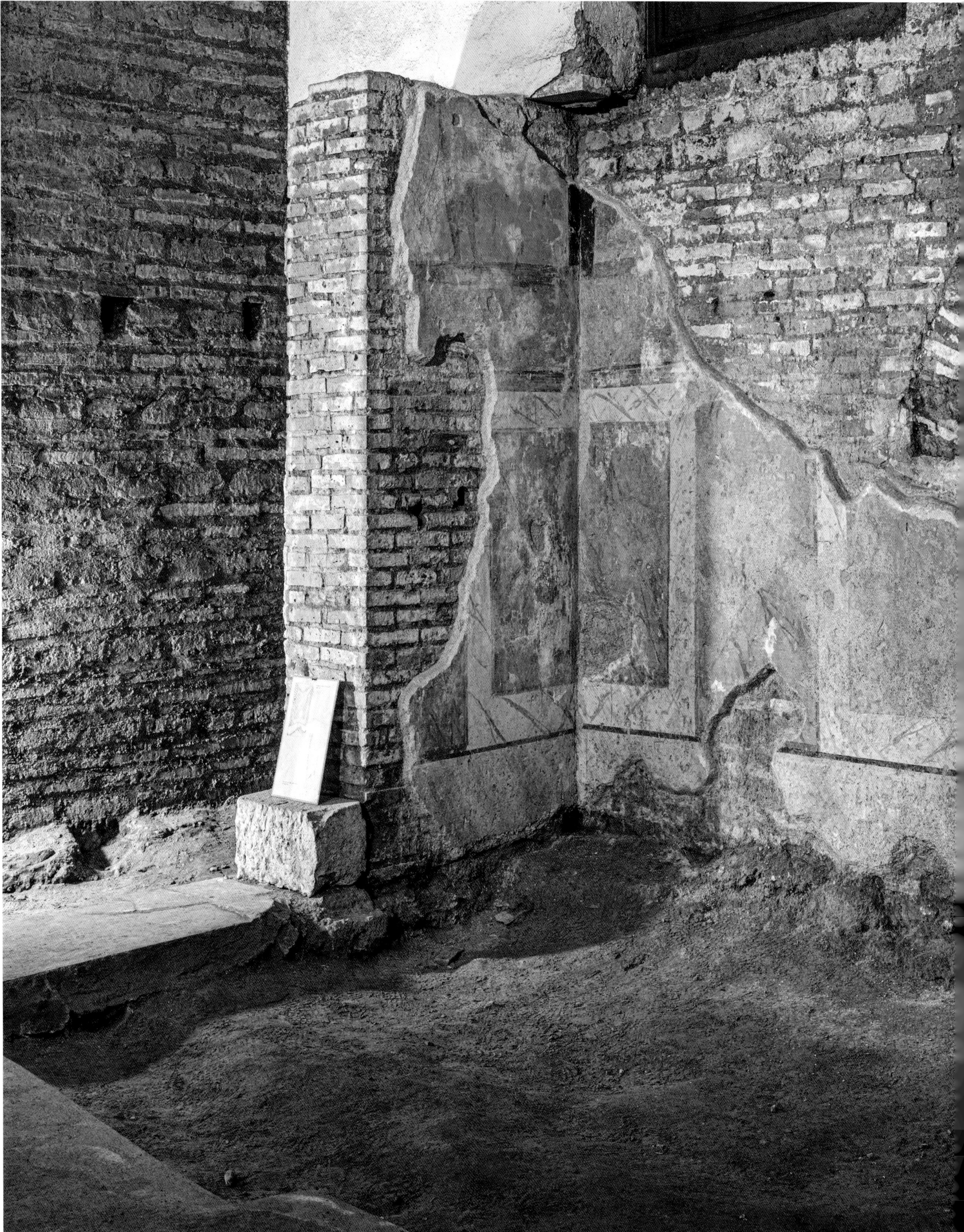

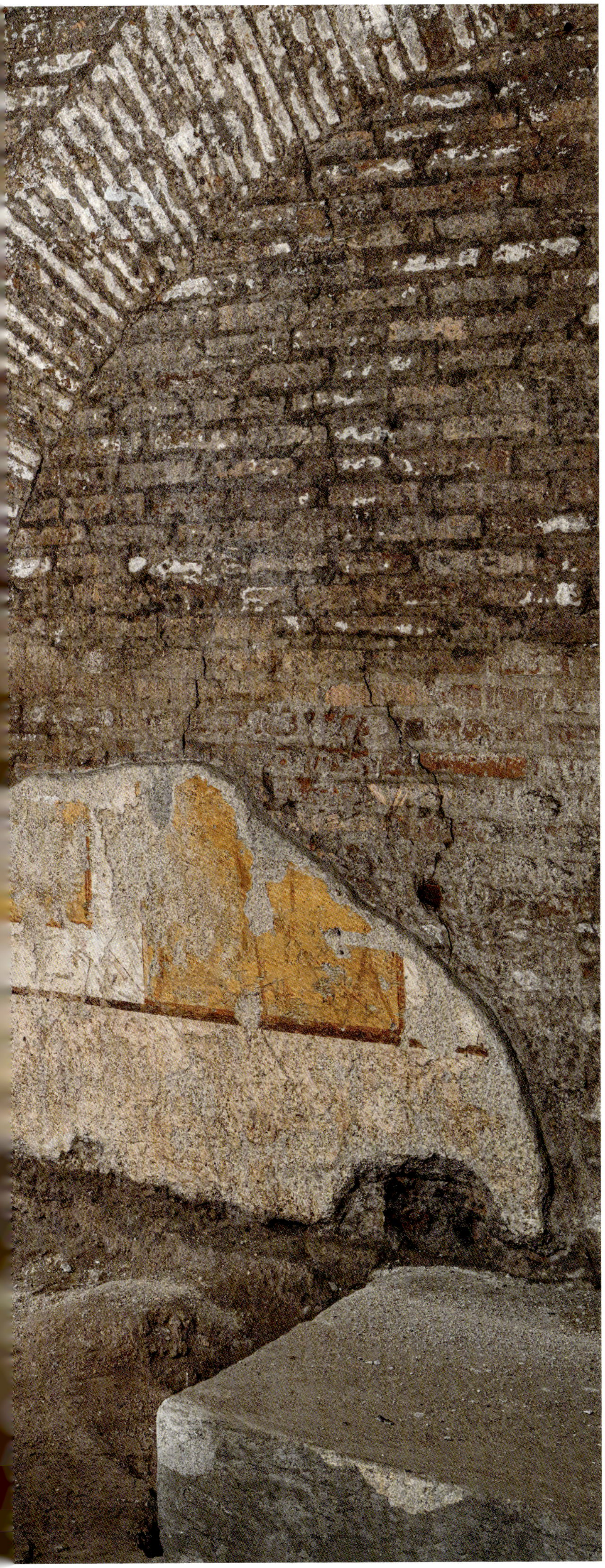

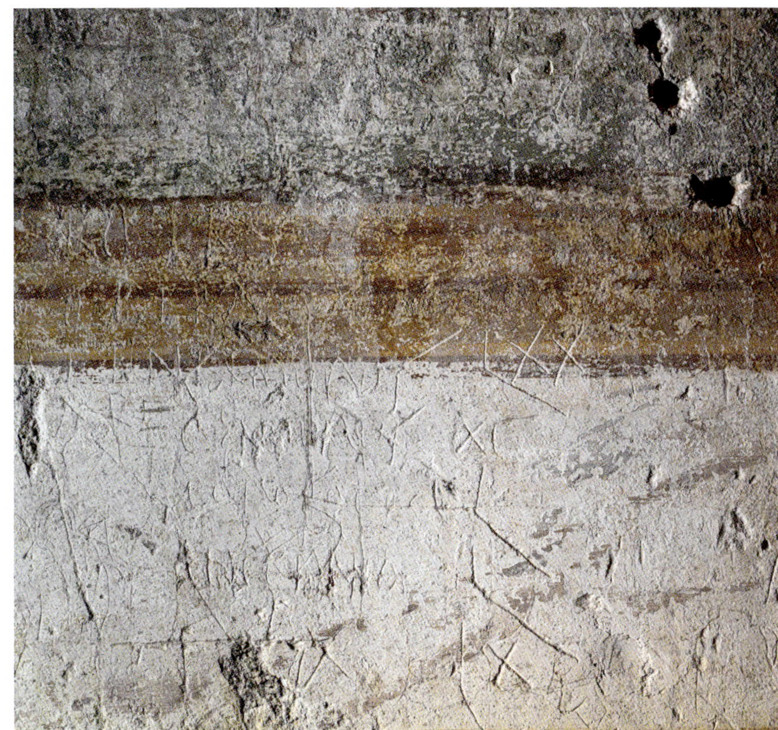

PP. 360-361
Calendario dipinto (mese settembre)
post 176 d.C., affresco
Area archeologica, vano X

PP. 362-363
Dipinti murali con imitazioni di marmo e graffiti antichi
III sec., affresco
Area archeologica, vano XVI

PP. 364, 365
Collezione delle tegole antiche che appartenevano al soffitto della Basilica e affresco geometrico del II sec.
Area archeologica, vano VII

P. 366
Dettaglio del rivestimento del portico
I/II sec., marmi policromi
Area archeologica, vano VIII

P. 367
Esedra, riscaldata da un ipocausto
III sec., marmi policromi, affresco
Area archeologica, vano IV

PP. 360-361
Painted Calendar (September)
after 176 A.C., fresco
Archaeological Area, room X

PP. 362-263
Paintings with Marble Imitation and Ancient Graffiti
3rd century, fresco
Archaeological Area, room XVI

PP. 364, 365
Collection of antique tiles of the ceiling of the Basilica and Geometric fresco of the 2nd century
Archaeological Area, room VII

P. 366
Detail of the Portico Covering
1st-2nd century, polychrome marbles
Archaeological Area, room VIII

P. 367
Exedra heated by a Hypocaust
3rd century, polychrome marbles, fresco
Archaeological Area, room IV

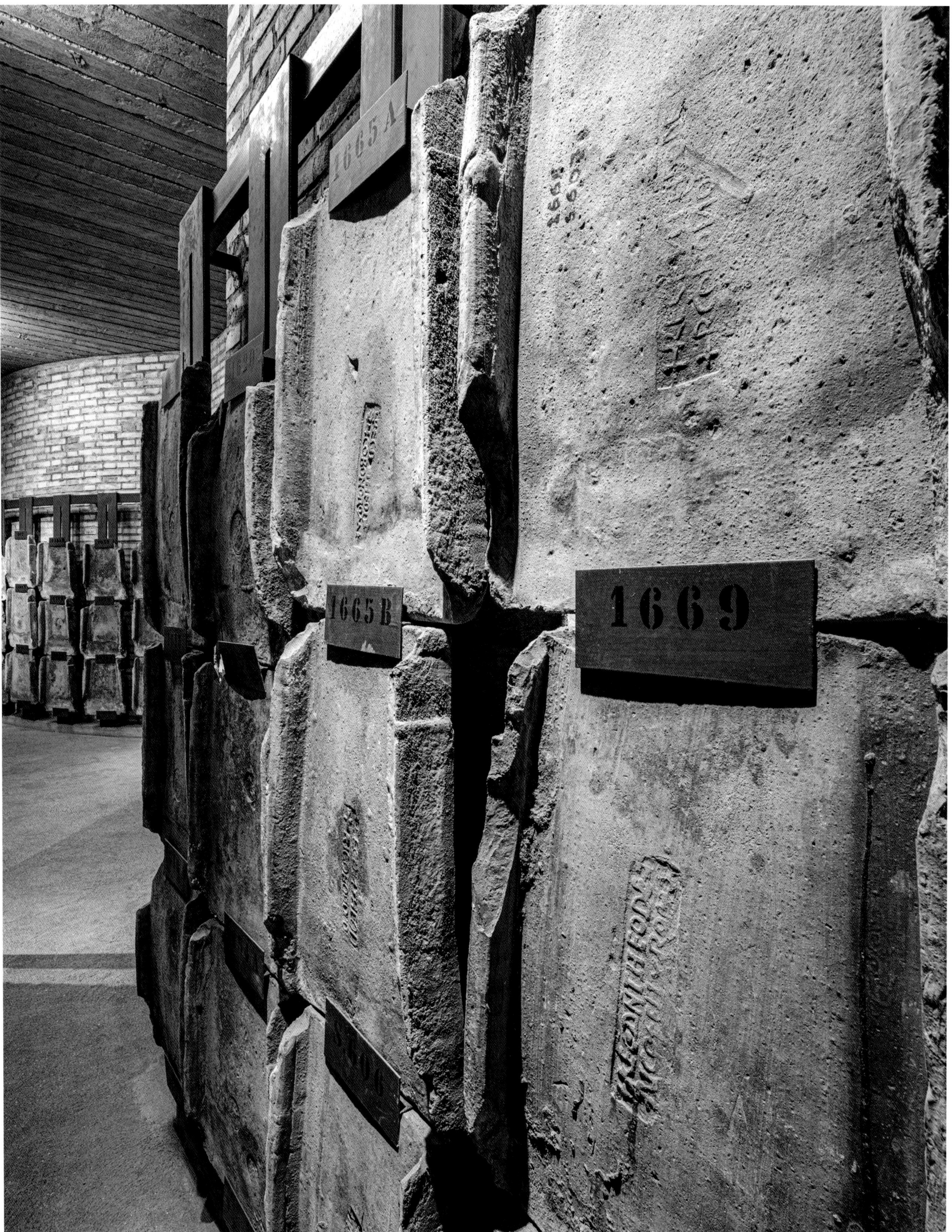
1665A
1665B
1669

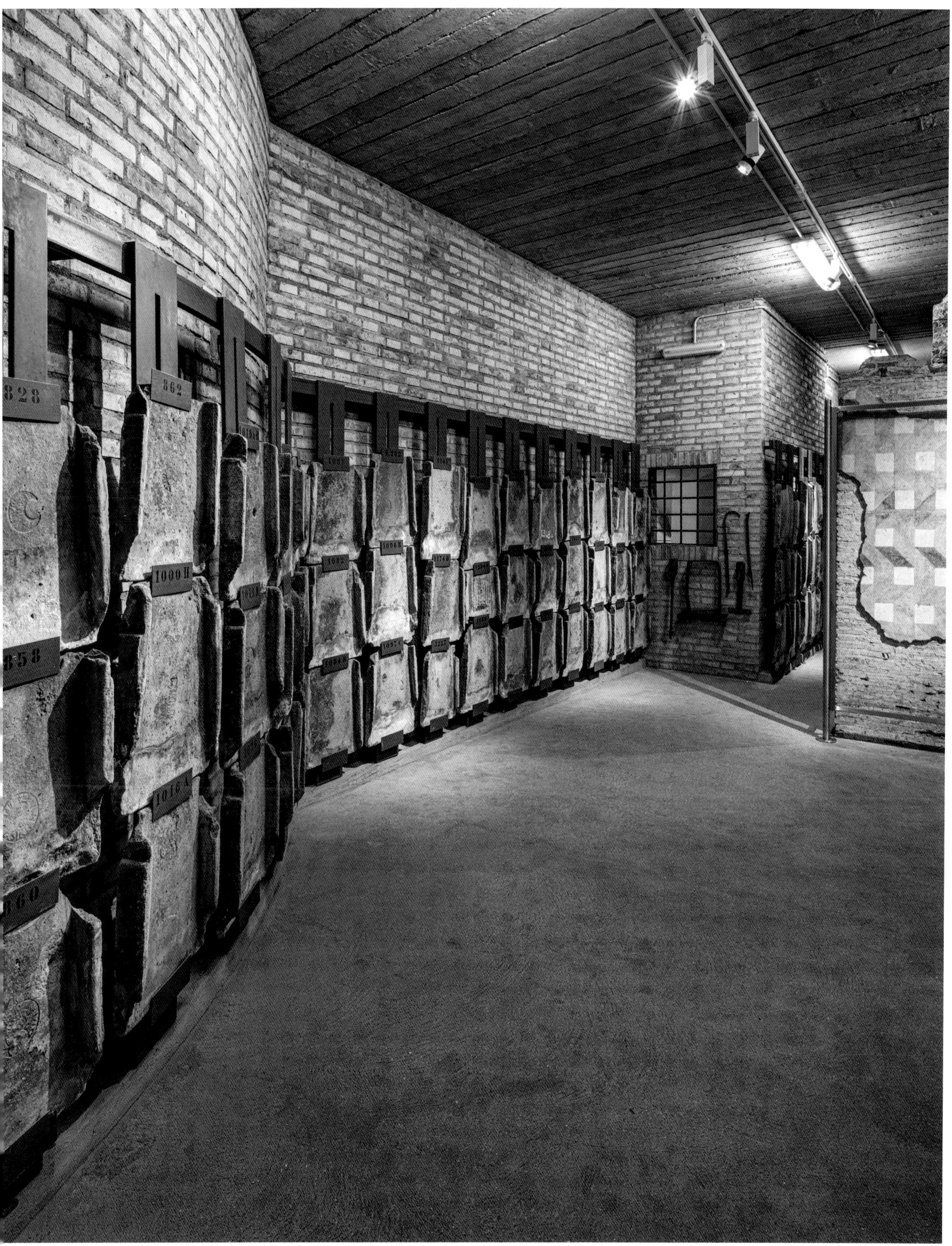
828
862
1000 H
858
1016 A
860

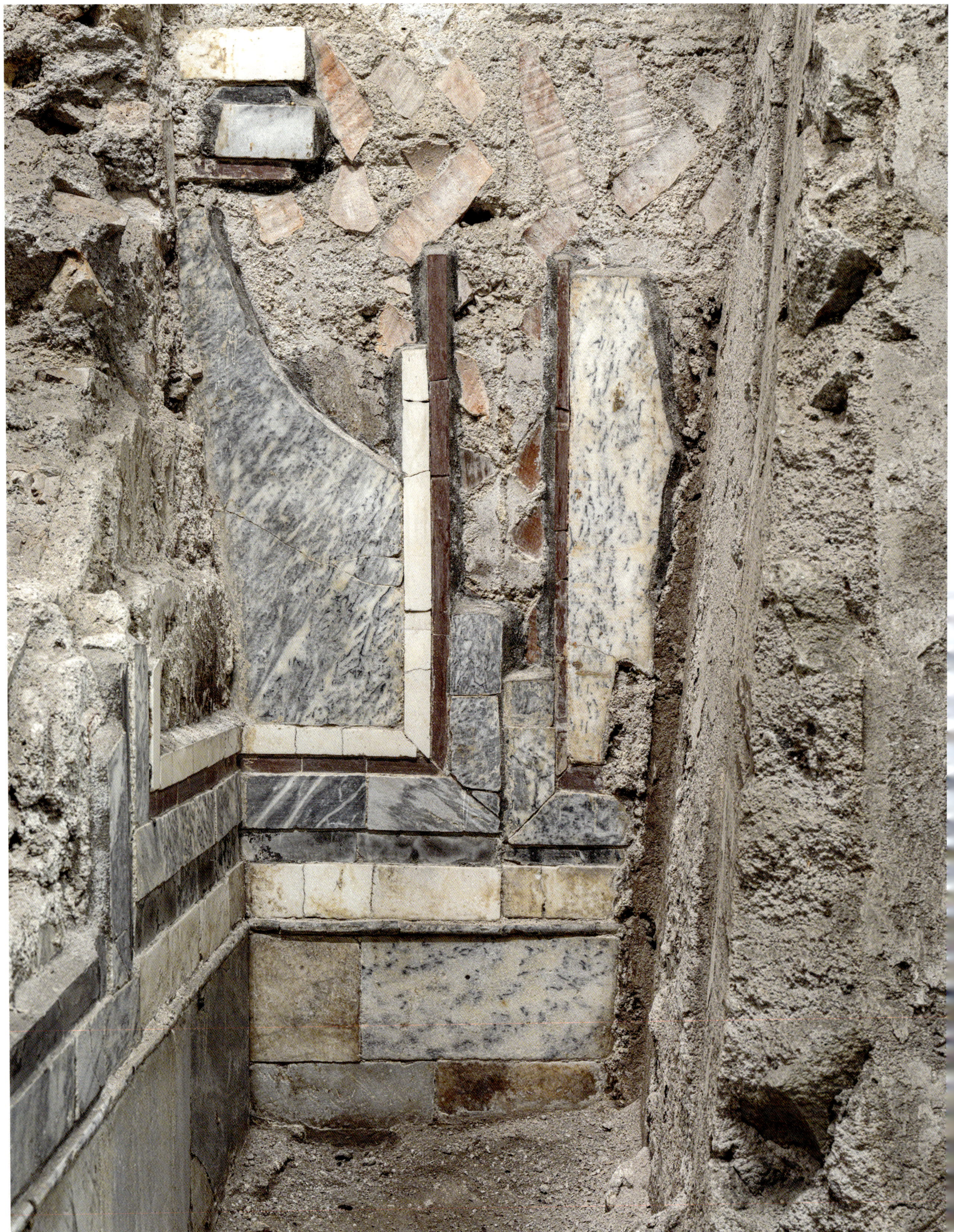

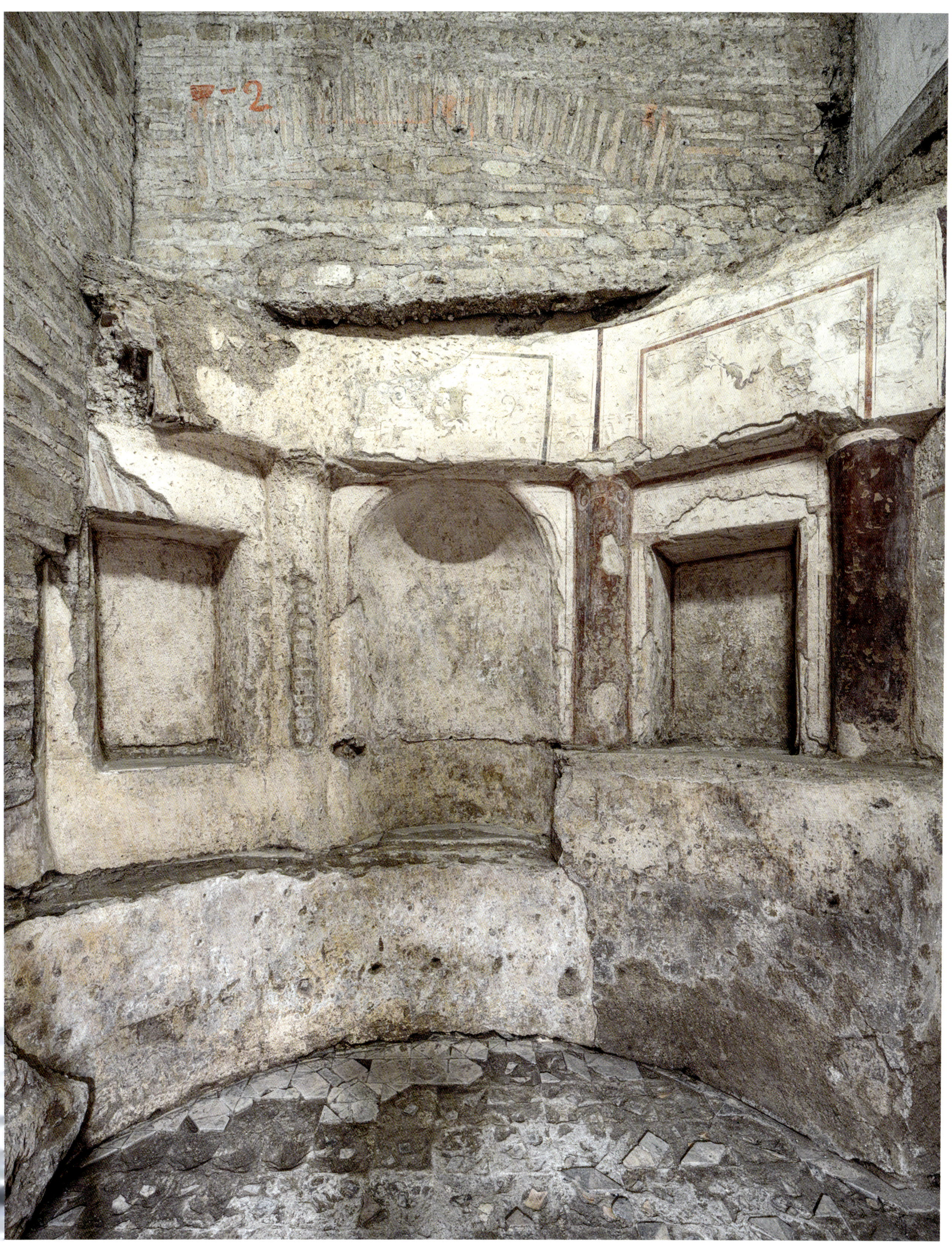

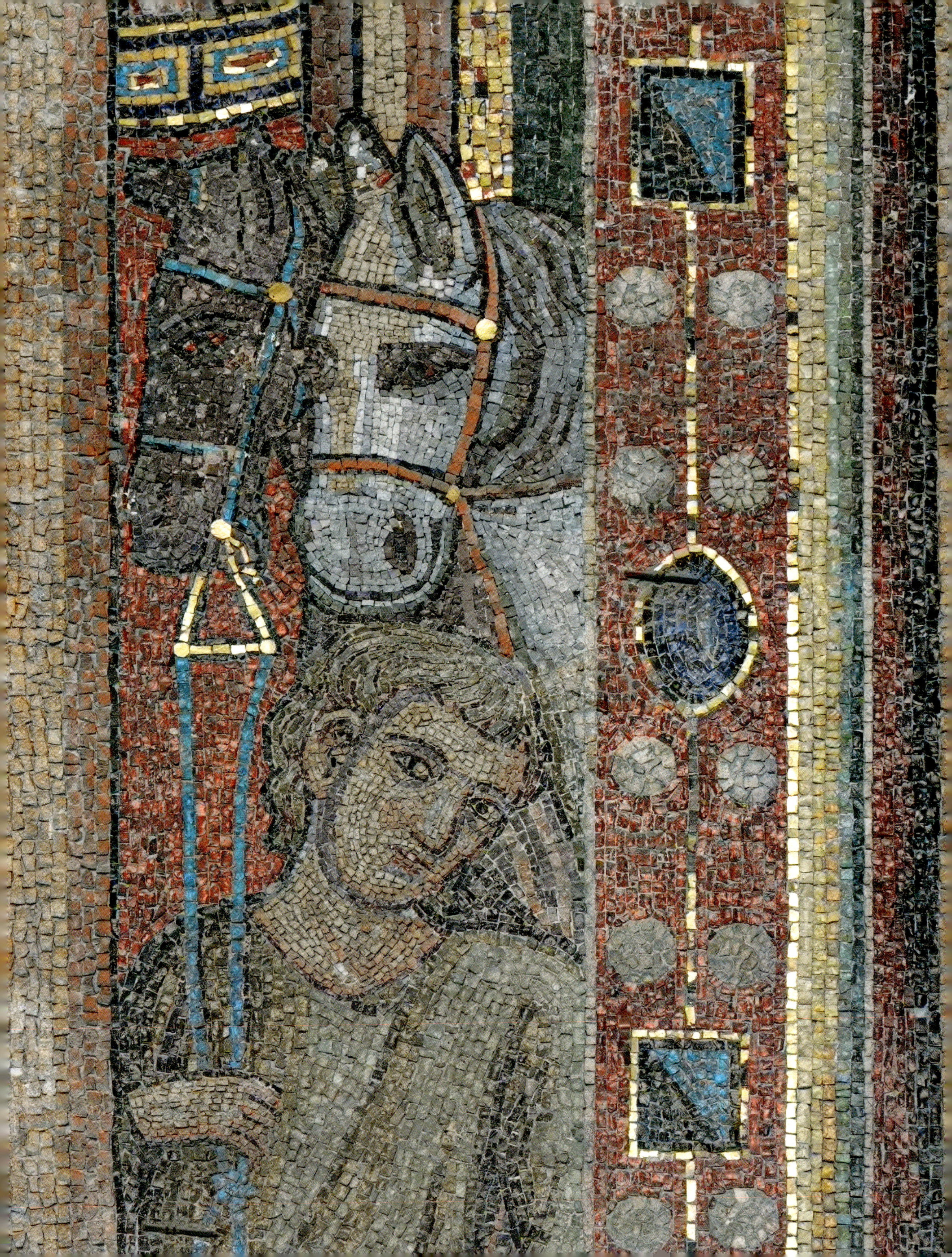

Il Mosaico della Facciata

Andreas Raub

Il mosaico della facciata si presenta inglobato dalla Loggia delle Benedizioni, realizzata da Ferdinando Fuga in occasione dell'Anno Giubilare 1750. L'intervento dell'architetto fiorentino provocò la distruzione di alcune parti musive, specialmente afferenti al registro superiore. Inoltre, nascose la facciata medievale riducendone la visibilità. D'altra parte, Fuga contribuì a preservare il mosaico. Dalla piazza antistante si comprende il ruolo della facciata: un mantello per il santuario mariano, una nuova cornice che inquadra l'antico mosaico del Cristo in trono attraverso l'arco trionfale della Loggia. Quando nelle ricorrenze principali, il pontefice, vicario di Cristo in terra, impartiva la sua Benedizione perfettamente in asse col Pantocratore, la sovrapposizione visiva che ne scaturiva doveva sicuramente suscitare un effetto stupefacente nella folla riunita in piazza.

Tra le Basiliche Papali, Santa Maria Maggiore è l'unica che presenta ancora l'antica decorazione della facciata. Visibile già da lontano, essa costituisce il suo biglietto da visita: dall'esterno viene annunciato ciò che costituisce l'identità dell'interno, le origini e i Santi ivi operanti.

Nel Medioevo, facciate e mura decorate ricorrevano per tutta la città: la Basilica di San Pietro era abbellita dal mosaico del Cristo in trono tra la Vergine e il Santo patrono, accompagnato dai quattro evangelisti; chi entrava a San Giovanni in Laterano e a San Paolo fuori le Mura era accolto dal Pantocratore e da angeli e Santi che lo affiancavano.

Il mosaico di Santa Maria Maggiore copre una superficie di quasi 100 mq[2] ed è diviso in due registri. Quello superiore, su una parete ricurva, un "cavetto" di circa 4 metri di altezza, è di carattere ieratico-iconico. Un fondo dorato ospita attorno al Cristo sul trono otto Santi e i simboli dei quattro evangelisti. Il registro inferiore su parete liscia funge da enorme predella e narra in quattro scene il *Miracolo della Neve*, ovvero la fondazione della Basilica Liberiana. Una fascia rossa rettilinea, decorata con gemme squadrate e ogivali blu e verdi, incornicia la raffigurazione in alto e le quattro scene del racconto della neve. Queste ultime appaiono disposte come su un palcoscenico teatrale, ordinatamente inserite in una finta architettura composta da un soffitto cassettonato prospettico e da colonne riccamente decorate. Anche le tre finestre circolari si inseriscono in modo ritmico e omogeneo nel concetto spaziale della facciata. Un più grande rosone centrale, originariamente con trafori a raggi, e due oculi laterali, decorati da quadrilobi di marmo, fungevano da fonte di luce naturale all'interno del santuario. La sovrapposizione del Redentore in mandorla alla finestra centrale rimanda al Suo titolo di "Luce del Mondo", leggibile anche sulla pagina biblica aperta tra le Sue mani.

The Façade Mosaics

Andreas Raub

Today the façade mosaics are englobed within the Benediction Loggia erected by Ferdinando Fuga for the Jubilee Year of 1750. The Florentine architect's intervention caused the destruction of some parts of the mosaic, especially in its upper register, and generally hid the medieval façade from view. On the other hand, Fuga's Loggia also helped to preserve the mosaic. From the square in front, one can understand the role of the façade: a mantle for the Marian shrine, a new frame for the ancient mosaic of the *Enthroned Christ* visible through the triumphal arch of the Loggia. When on major feast days, the pontiff, Christ's vicar on earth, imparted his blessing and perfectly aligned with the image of the Pantocrator behind him, the resulting visual overlay must have had an astonishing effect on the crowds gathered in the square.

Of all the Papal Basilicas, Santa Maria Maggiore is the only one that retains its medieval façade decoration. Visible from afar, it is the Basilica's calling card: from the outside it announces its internal identity, its origins, and the saints active there.

During the Middle Ages, decorated façades and walls recurred throughout the city: the façade of Old Saint Peter's was adorned with a mosaic of *Christ Enthroned between the Virgin and the Patron Saint, accompanied by the Four Evangelists*; those entering the Lateran Basilica and Saint Paul Outside the Walls were greeted by the Pantocrator and angels and saints flanking Him.

The mosaic at Santa Maria Maggiore covers an area of nearly 100 mq[2] and is divided into two registers. The upper one, on a vertically curving wall, or 'cavetto,' about 4 metres high, is hieratic-iconic in character. Around the enthroned Christ, the gilded background hosts eight saints and the symbols of the Four Evangelists. The lower register on a plain wall functions as an enormous predella and narrates in four scenes the *Miracle of the Snow, that is* the foundation myth of the Liberian Basilica. A rectilinear red band, decorated with square and ogival blue and green gems, frames the depiction at the top and the four scenes of the narrative of the divine snow. These scenes are arranged as if on a theatre stage, neatly inserted into a fictive architecture composed of a perspectival coffered ceiling and richly decorated columns. The three circular windows also fit rhythmically and evenly into the spatial fiction of the façade. A larger, central rose window, originally with radial tracery, and two side oculi, decorated with marble quadrilobes, served as natural light sources for the church interior. The superimposition of the Redeemer in a *mandorla* over the central window recalls His title of "Light of the World," which can also be read on the page of the opened Bible in His hands.

Cristo, di doppia grandezza rispetto ai Santi che lo accompagnano, siede su un sontuoso trono dorato, riccamente ornato con pietre preziose e gemme, e abbellito da un ampio schienale dalla ripetuta fantasia a fiori. La Sua aura divina è enfatizzata dai quattro angeli che circondano la mandorla e portano incenso e candele. Il Pantocratore, che rivolge lo sguardo al fedele mentre alza la Sua destra per la benedizione, è presentato al centro di una *Deesis*, ovvero il gruppo che lo affianca a Sua madre – alla quale spetta il posto d'onore a destra – e il Battista, l'ultimo dei profeti e intercessore prediletto. I tre costituiscono una sorta di Giudizio Universale, poiché immortalano il momento della seconda venuta, quando saranno "giudicati i vivi e i morti". Il ruolo preminente della Madonna e di Giovanni Battista come intercessori nell'invocazione di pietà e clemenza si completa nella scelta dei Santi laterali, parte della grande corte celeste. Ai patroni delle Basiliche di Santa Maria Maggiore e San Giovanni in Laterano seguono i Santi delle Basiliche di San Pietro e San Paolo. La presenza di San Giacomo Maggiore si lega al suo ruolo di protettore dei pellegrini e patrono di uno dei committenti del mosaico, il cardinale Giacomo Colonna, mentre Sant'Andrea Apostolo, fratello di Pietro, ricorda la presenza della vicina chiesa paleocristiana di Sant'Andrea Catabarbara, demolita nel 1930. L'intervento di Ferdinando Fuga provocò la copertura delle due figure alle estremità laterali, San Girolamo e San Mattia Apostolo, di cui si possono scorgere soltanto le teste. Si tratta di due Santi le cui spoglie sono custodite in Basilica e che all'epoca dell'esecuzione del mosaico godevano di una diffusissima venerazione, tant'è che sono presentati anche nei mosaici dell'abside.

La parte inferiore è del tutto originale e innovativa. Non solo propone per la prima volta il racconto della fondazione di Santa Maria Maggiore, ma anche la prima conosciuta illustrazione della neve nella Storia dell'Arte. La rappresentazione corrisponde alla narrazione del frate domenicano Bartolomeo da Trento, una delle prime testimonianze letterarie del miracolo. Nel suo *Liber miraculorum beatae Mariae virginis*, scritto attorno al 1254, Bartolomeo riporta la vicenda risalente al pontificato di papa Liberio, quando il patrizio Giovanni e sua moglie, una coppia romana senza figli, chiesero a Dio come avrebbero dovuto disporre delle loro ricchezze. La Vergine apparve loro, in sogno, per domandare la costruzione di una chiesa in Suo onore, di cui avrebbe Lei stessa indicato l'estensione e il luogo con un manto di neve fuori stagione, avvisando simultaneamente il pontefice. Il mattino seguente, il 5 di agosto, la neve fu trovata sul colle Esquilino e il papa fu il primo a gettare le fondamenta per l'edificio. Dopo la nevicata seguì un secondo miracolo: il terreno si aprì per lasciare posto alle fondamenta, dove la Basilica successivamente venne costruita e portata a termine da papa Sisto III.

Il racconto visibile comincia con un evento invisibile, ovvero col simultaneo sogno notturno dei due protagonisti. Liberio e Giovanni, sdraiati sui rispettivi letti, si trovano in sontuose camere dei loro palazzi, insieme a persone di servizio. Accanto al letto del patrizio compare, inoltre, la moglie seduta in preghiera. La congruenza del sogno viene raffigurata tramite l'identica apparizione

Christ, twice the size of the accompanying saints, sits on a sumptuous gilded throne, richly adorned with precious stones and gems, and embellished by an ample backrest with a repeated floral pattern. His divine aura is emphasised by the four angels surrounding the mandorla and carrying incense and candles. The Pantocrator, Who turns his gaze to the faithful as He raises His right hand in blessing, sits at the centre of a *Deesis*, the group flanking Him with His mother – Who takes the place of honour at His right hand - and the Baptist, the last of the prophets and beloved intercessor. Together the three of them constitute a sort of Last Judgement, since they immortalise the moment of the Second Coming, when "the living and the dead will be judged." The prominent role of Our Lady and John the Baptist as intercessors in the invocation of mercy and clemency is completed by the choice of the saints at the sides, part of the great heavenly court. The patron saints of the Basilicas of St. Peter's and San Paolo fuori le Mura, accompany the patron saints of the Basilicas of Santa Maria Maggiore and San Giovanni in Laterano. The presence of Saint James the Great is linked to his role as protector of pilgrims and patron saint of one men that commissioned the mosaic, Cardinal Giacomo Colonna, while the Apostle Andrew, brother of Saint Peter, recalls the proximity of the Early Christian church of Saint Andrew Catabarbara, demolished in 1930. The new structure of Fuga's Benediction Loggia covered over the two figures at the lateral extremities, Saints Jerome and Matthias the Apostle, and only their heads can now be seen. These two saints, whose remains are preserved in the Basilica, were so widely venerated at the time the façade mosaic was made that they are also present in the apse mosaics.

The lower part of the mosaic is completely innovative. Not only does it present the story of the foundation of Santa Maria Maggiore for the first time, but also contains the first known depiction of snow in the history of Art. The representation reproduces the narrative of the Dominican friar Bartholomew of Trent, one of the first literary accounts of the miracle. In his *Liber miraculorum beatae Mariae virginis*, written around 1254, Bartholomew relates how, during the pontificate of Pope Liberius (352-366), the patrician John and his wife, a childless Roman couple, asked God how they should dispose of their wealth. The Virgin appeared to them in a dream, requesting that they build a church in Her honour, the extent and location of which She would indicate with an unseasonable blanket of snow, and simultaneously alerting the pontiff. The next morning, on 5 August, the snow was found lying on the Esquiline Hill and the pope was the first to lay the foundations for the building. After the snowfall a second miracle occurred: the ground opened up to make way for the foundations, where the Basilica was subsequently built and completed by Pope Sixtus III.

Our visible story begins with an invisible event, namely the simultaneous nighttime dream of the two protagonists. Liberius and John lie on their respective beds in the sumptuous rooms of their respective palaces, tended to by servants. Next to the patrician's bed appears his wife seated in prayer. The fact that Liberius and Giovanni share the same dream at the same time is signalled by the

della Madonna col Bambino all'interno di un clipeo circondato da angeli. Dalle nubi sotto la Vergine si origina un raggio che entra nell'orecchio dei dormienti, prendendo in prestito un espediente iconografico comune per l'Annunciazione dell'Angelo a Maria (il raggio diretto al papa fu tolto durante un intervento di restauro). Per la creazione di una tale inedita raffigurazione, l'artista si poteva ispirare a famosi modelli notturni, biblici e più recenti: dal sogno di Giacobbe e di San Giuseppe a quello dell'imperatore Costantino, a cui erano apparsi Pietro e Paolo. Riferimento principale sembrano, tuttavia, gli affreschi nella Basilica superiore di San Francesco ad Assisi. In una scena Cristo esorta il Santo alla conversione, in un'altra Innocenzo III sogna Francesco, al quale Cristo richiede di ricostruire la Sua Chiesa.

Alla simultaneità della rivelazione notturna segue, il mattino successivo, l'incontro dei protagonisti al palazzo papale per una riunione di oniromanzia, un incontro di interpretazione dei rispettivi sogni. Successivo all'episodio all'interno del palazzo, nella quarta scena è presentato l'evento miracoloso all'esterno. Il Pontefice sembra aver convocato una processione alla quale prende parte tutto il popolo di Roma: religiosi, laici, donne con bambini e Giovanni in testa alla folla. Arrivati sull'Esquilino, tutti possono riscontrare che Cristo e la Vergine mandano dall'alto gocce di acqua che, grazie al soffio di due angeli, si trasformano in fiocchi di neve fitti. Privo di edifici, ma vivacizzato da una boscaglia, il colle è coperto da un manto bianco, area della Basilica Liberiana da costruire.

Mentre la datazione e la paternità del mosaico dell'abside sono documentate grazie ad una firma, le circostanze dell'esecuzione della facciata sono da lungo oggetto di un acceso dibattito. I rifacimenti seguiti ai moderni restauri costituiscono la difficoltà principale nella lettura dell'insieme. Specialmente quelli eseguiti negli anni Venti dell'Ottocento, sotto la direzione di Vincenzo Camuccini, ispettore delle Pitture Pubbliche, apportarono mutamenti nel registro inferiore, in particolare nei primi due riquadri sinistri. Da descrizioni e disegni antichi, come quello conservato alla Scottish National Gallery, si intuisce, tuttavia, che tali interventi hanno rispettato il dettato compositivo e iconografico esistente. L'apparente discrepanza stilistica e concettuale tra il registro superiore e quello inferiore ha suscitato diverse ipotesi riguardanti la loro esecuzione. La parte alta, su fondo d'oro, viene da alcuni studiosi attribuita al periodo precedente la caduta in disgrazia dei cardinali Giacomo e Pietro Colonna, avvenuta nel 1297, mentre quella inferiore sarebbe successiva al 1306, anno in cui Giacomo ricevette nuovamente l'arcipresbiterato a Santa Maria Maggiore. Tuttavia, queste apparenti differenze si possono, in buona parte, spiegare tramite i successivi interventi di restauro e i diversi ruoli che le due zone svolgono. La concezione d'insieme della facciata sembra nascere da un progetto unitario: mentre al Cristo e ai Santi spetta il posto d'onore in alto, il racconto di fondazione costituisce il sacro *incipit* del santuario dove essi operano. L'ornamento rettilineo rosso che scorre attorno all'intero schermo musivo è un segno dell'uniformità del progetto, come la collocazione dei Principi degli Apostoli sopra le colonne

identical apparition in each scene of the Madonna and Child within a clipeus surrounded by angels. A ray issues from the clouds below the Virgin and enters the ears of the sleepers, borrowing a common iconographic device from scenes of the Annunciation (the ray directed at the pope was removed during a restoration). To create such a novel depiction the artist drew inspiration from famous models nocturnal, biblical, and more recent; from the dreams of Jacob and Saint Joseph to that of the Emperor Constantine, to whom Peter and Paul had appeared in his sleep. However, the main inspiration seems to come from the frescoes in the Upper Basilica of Saint Francis at Assisi. In one scene Christ exhorts the Saint to conversion, in another Innocent III dreams of Francis, whom Christ asks to rebuild His Church.

After their simultaneous nocturnal revelations, the next scene shows the meeting of the protagonists in the morning at the papal palace when they jointly attempted to interpret their common dream. After this episode within the palace, the fourth and final scene shows the miraculous snowfall outside. The pontiff appears to have summoned a procession in which all the people of Rome take part: religious and secular, women with children, and the patrician John at the head of the crowd. Having arrived on the Esquiline, everyone can see that Christ and the Virgin are pouring down drops of water from on high, which, thanks to the blowing of two angels, turn into thick snowflakes as they fall. Without a building in sight and animated by scrubland, the hill is covered by a white mantle, the area on which the Liberian Basilica will be built.

While the dating and authorship of the apse mosaic is documented by a signature, the circumstances for the execution of the façade mosaics have long been the subject of heated debate. The alterations of modern restorations pose the main obstacle to interpreting the ensemble, especially those carried out in the 1820s under the direction of Vincenzo Camuccini, Inspector of Public Paintings, who made alterations in the lower register, particularly in the first two panels on the left. However, one may infer from old descriptions and drawings, like that preserved in the National Gallery of Scotland, that these interventions respected the existing compositional and iconographic regime. The apparent stylistic and conceptual discrepancy between the upper and lower registers has given rise to various hypotheses regarding their execution. Some scholars attribute the upper part, on a gold background, to the period before the fall from grace of the cardinals Giacomo and Pietro Colonna in 1297, while the lower part would date to after 1306, the year in which Giacomo resumed the post of Archpriest at Santa Maria Maggiore. Such apparent differences can, however, be explained to a large extent by the subsequent restoration work as well as the different functions the two areas fulfill.

The overall conception of the façade seems to arise from a unitary design: while Christ and the Saints are given pride of place at the top, the foundation narrative constitutes the sacred *incipit* of the sanctuary where they are active. The rectilinear red ornament running around the entire mosaic screen is a sign of the uniformity of the project, as is the placement of the Princes of the Apostles directly over the fictive columns dividing the lower register. The

del registro inferiore. La sovrapposizione è forse interpretabile come un'allusione al supporto fornito dai cardinali Colonna al successore di Pietro e Paolo, che sul loro sostegno *si appoggiava*.

I Colonna, amministratori patrimoniali di Niccolò IV (1288-1292), e il loro preminente ruolo come mecenati del mosaico della facciata, si rivelano non soltanto tramite la presenza dei loro santi protettori – Giacomo e Pietro – e la loro originale raffigurazione inginocchiati dietro gli angeli portacandele, ma anche, in modo palese, grazie ai quattro stemmi famigliari attorno al rosone. Questo chiaro riferimento al mecenatismo della famiglia non si riscontra soltanto nel progetto della facciata, ma rappresenta un timbro costante distintivo per l'intera impresa artistica della Basilica.

Tali osservazioni non entrano in contrasto con l'evidente "impronta francescana" della facciata e il suo stretto legame con le storie di San Francesco nella Basilica superiore ad Assisi. La facciata musiva è una viva testimonianza della fervente continuità di artisti e idee visive circolanti tra Assisi e Roma, cantieri entrambi commissionati da Niccolò IV. L'impostazione francescana vale già per la tradizione letteraria del racconto del Miracolo: furono, infatti, proprio i frati francescani a dare impulso al culto della Madonna della Neve in tutta la Chiesa, da quando il loro Capitolo generale impose all'Ordine di celebrare la *dedicatio sanctae Mariae ad Nives*. Fu precisamente una bolla papale di Niccolò IV a legare la festa della dedicazione del 5 agosto al Miracolo della Neve. L'evento di fondazione, come viene riportato per iscritto nel Duecento, condivide elementi centrali con la *Leggenda maggiore* di San Francesco, composta da San Bonaventura, e redatta dal suo successore, il Ministro generale dell'Ordine francescano, futuro Niccolò IV. Il poverello di Assisi e il patrizio romano condividono una iniziale e inappagante ricchezza che li lascia insoddisfatti. La "conversione" di entrambi si avvia di notte quando a Giovanni appare la Vergine e Francesco coglie l'invito di Cristo a seguire la croce. Il comandamento di "vendere tutto" per ottenere "un tesoro nei cieli" è riferimento fondamentale per i due protagonisti. Espediente artistico per illustrare la "conversione" del patrizio è il netto contrasto tra il suo sontuoso palazzo, i suoi preziosi vestiti, il suo entourage di servitù e la sua presentazione nell'ultima scena: a piedi nudi sull'erba e con le mani alzate, espressione di sottomissione completa alla volontà di Cristo.

Bisogna presupporre che l'artista di un lavoro così innovativo e originale fosse in contatto diretto con il rivoluzionario cantiere sperimentale di Assisi. La sua autoconsapevolezza viene documentata dall'iscrizione posta sotto i piedi di Cristo *PHILIPP(VS) RVSVTI FECIT HOC O(P)VS*. Filippo Rusuti è stato uno dei più importanti artisti a Roma alla fine del Duecento. Con ogni probabilità lavorò già accanto a Jacopo Torriti ad Assisi, dove aveva la possibilità di vedere da vicino come gestire grandi pareti murali. Come in Umbria, Rusuti narra storie di una realtà concreta e sacra allo stesso tempo, ambientate sia all'interno di ricche architetture strutturate sia all'esterno, in scene naturali.

Che il Rusuti fosse un personaggio di altissimo rango, a cui spettarono committenze papali, cardinalizie e regie viene dimostrato dai suoi incarichi. Infatti, egli fu un vero artista di corte, chiamato nel 1301, insieme al figlio Giovanni, da Filippo

superimposition can perhaps be interpreted as an allusion to the support provided by the cardinals Colonna ("column"), to the successor of Peter and Paul, *who leaned* on their support.

The Colonnas, as testamentary executors of Nicholas IV (1288-1292), and preeminent in their role as patrons of the façade mosaic, reveal their presence not only by their patron saints – James and Peter – and being originally depicted kneeling behind the candle-bearing angels, but also, more blatantly by the four coats of arms above and below the central oculus. This clear reference to the patronage of the family is not just a merely signature of the façade, but of the entire artistic enterprise of the Basilica, which bears their constant stamp.

These observations do not contradict the façade's evident 'Franciscan branding' and its close connection with the *Stories of Saint Francis* in the Upper Basilica in Assisi. The mosaic façade is vivid evidence of the fervent continuity between artists and their visual ideas at Assisi and Rome, both campaigns commissioned by Nicholas IV. The Franciscan approach is already present in the literary tradition of the *Miracle of the Snow*: that is, it had been Franciscan friars themselves who gave impetus to the cult of Our Lady of the Snow throughout the Church, since their General Chapter ordered the Order to celebrate the *dedicatio sanctae Mariae ad Nives*. It was precisely a Papal Bull of Nicholas IV that linked the feast of the dedication on 5 August to the Miracle of the Snow. The founding event, as written down in the thirteenth century, shares many parallels with the *Legenda Major* of Saint Francis, composed by Saint Bonaventure, and written down by his successor, the Minister General of the Franciscan Order, the future Nicholas IV: at the beginning, the 'poor man of Assisi' and the Roman patrician enjoy wealth that leaves them unfulfilled; both are 'converted' at night when the Virgin appears to John, and when Francis accepts Christ's invitation to follow the cross; both protagonists are commanded to "sell everything" to obtain "treasure in Heaven." One artistic expedient for illustrating the patrician's 'conversion' is the stark contrast the artist makes between his sumptuous palace, his precious clothes, his entourage of servants, and his appearance in the last scene, where we see him barefoot on the grass and with his hands raised in complete submission to the will of Christ.

It must be presumed that the artist of such an innovative and original work was in direct contact with the crucible of invention at in Assisi. His self-confidence is documented by the inscription under the feet of Christ *PHILIPP(VS) RVSVTI FECIT HOC O(P)VS* (*"Filippo Rusuti made this work"*). Rusuti was one of the most important artists in Rome at the end of the thirteenth century. Most likely he already worked alongside Jacopo Torriti in Assisi, where he would have seen at firsthand how to handle large wall murals. As in Umbria, Rusuti narrates stories of a concrete and sacred reality at the same time, set both inside richly structured architecture and also outside in natural scenes.

That Rusuti was a personage of the highest rank, who received commissions from popes, cardinals, and kings is demonstrated by his assignments. Indeed, he was a true court artist, summoned in 1301, together with his son Giovanni, by Philip IV the Fair

IV il Bello (1285-1314), Re di Francia, come *pictor regis*. Al genio di Rusuti sarebbe anche possibile attribuire un creativo accenno autoreferenziale. È interessante constatare che le azioni e gli sguardi di tutti i personaggi del registro inferiore rimangono limitati all'interno della finzione del racconto. Solamente una figura fa eccezione: lo stalliere che assiste dall'esterno all'udienza papale, il quale regge con delicatezza le briglie dei due cavalli. È qui che Filippo, letteralmente dal greco antico *l'amico dei cavalli*, vuole mostrarci un altro esempio della sua originalità?

Con l'innovazione della prima illustrazione della neve nella Storia dell'Arte, il maestro e la sua bottega sono operatori di straordinarie meraviglie tra Roma, Assisi e Francia.

(1285-1314), King of France, to become *pictor regis*. A certain creatively self-referential accent may also be attributed to Rusuti's genius. It is interesting to note that the actions and expressions of all the characters in the lower register remain confined within the fiction of the narrative. Only one figure is an exception: the stableman watching the papal audience from the outside, who delicately holds the reins of the two horses. Is it here that Philip, literally from ancient Greek the *friend of the horses*, wants to show us another example of his originality?

By presenting the first depiction of snow in the history of Art, the master created extraordinary marvels between Rome, Assisi, and France.

P. 368
Filippo Rusuti (c. 1255-1325 c.)
Stalliere
1292-1297, mosaico
Facciata, registro inferiore

PP. 374-375
Filippo Rusuti
Cristo sul trono con Santi e il Miracolo della Neve
1292-97, mosaico
Facciata

P. 368
Filippo Rusuti (ca. 1255-1325 ca.)
Stableman
1292-1297, mosaic
Façade, lower register

PP. 374-375
Filippo Rusuti
Christ Enthroned with Saints and the Miracle of the Snow
1292-97, mosaic
Façade

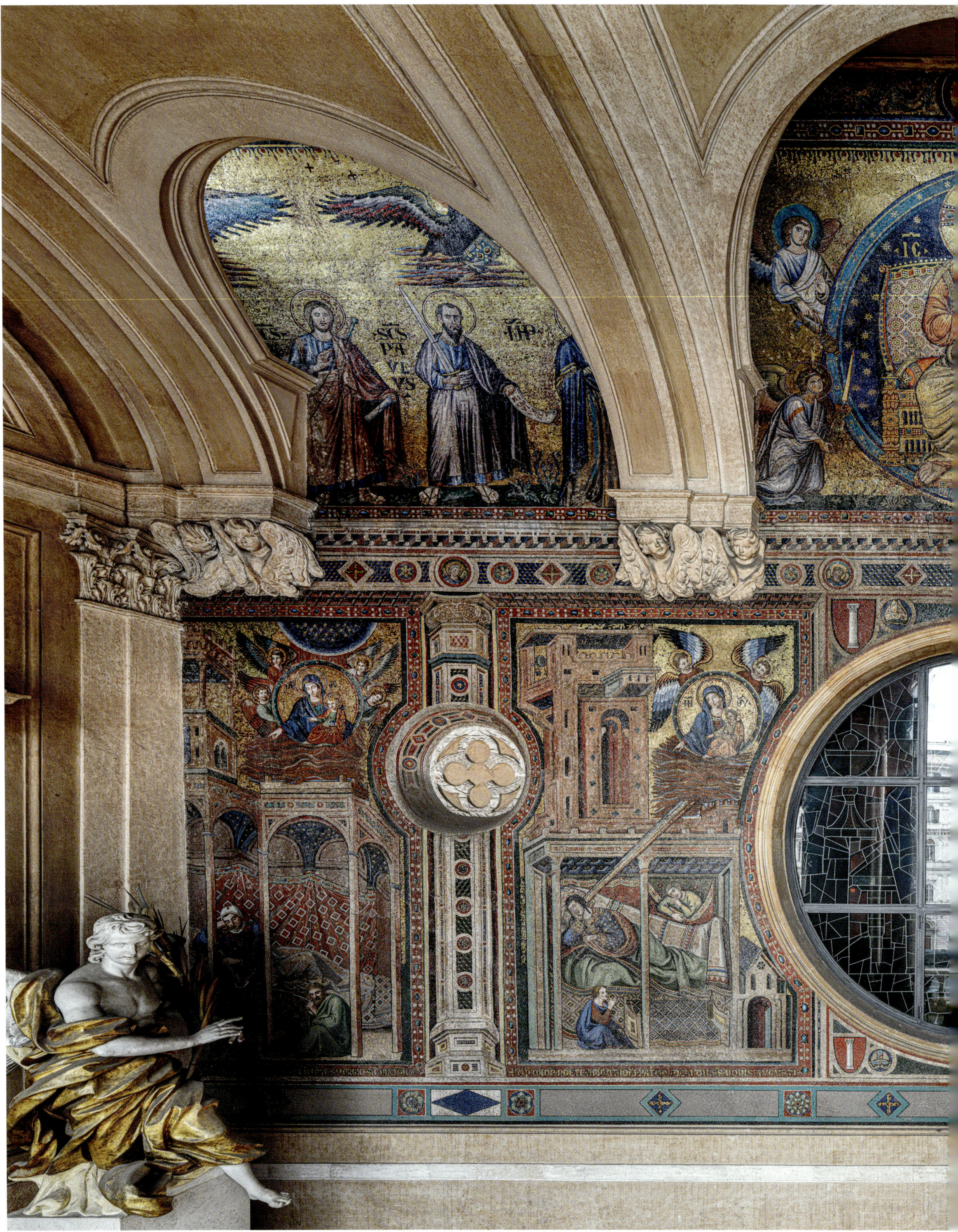
SCS
PA
VL
VS

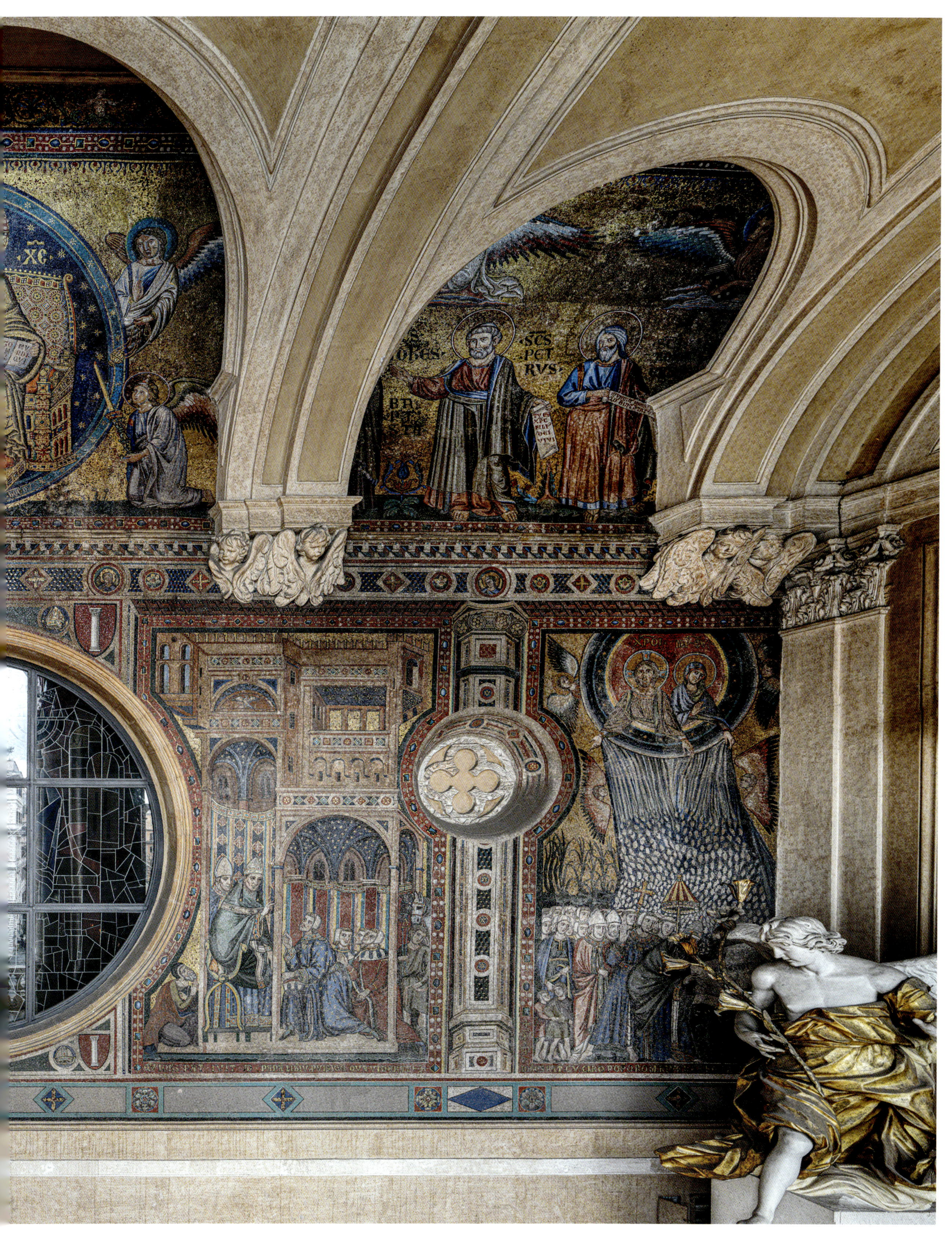

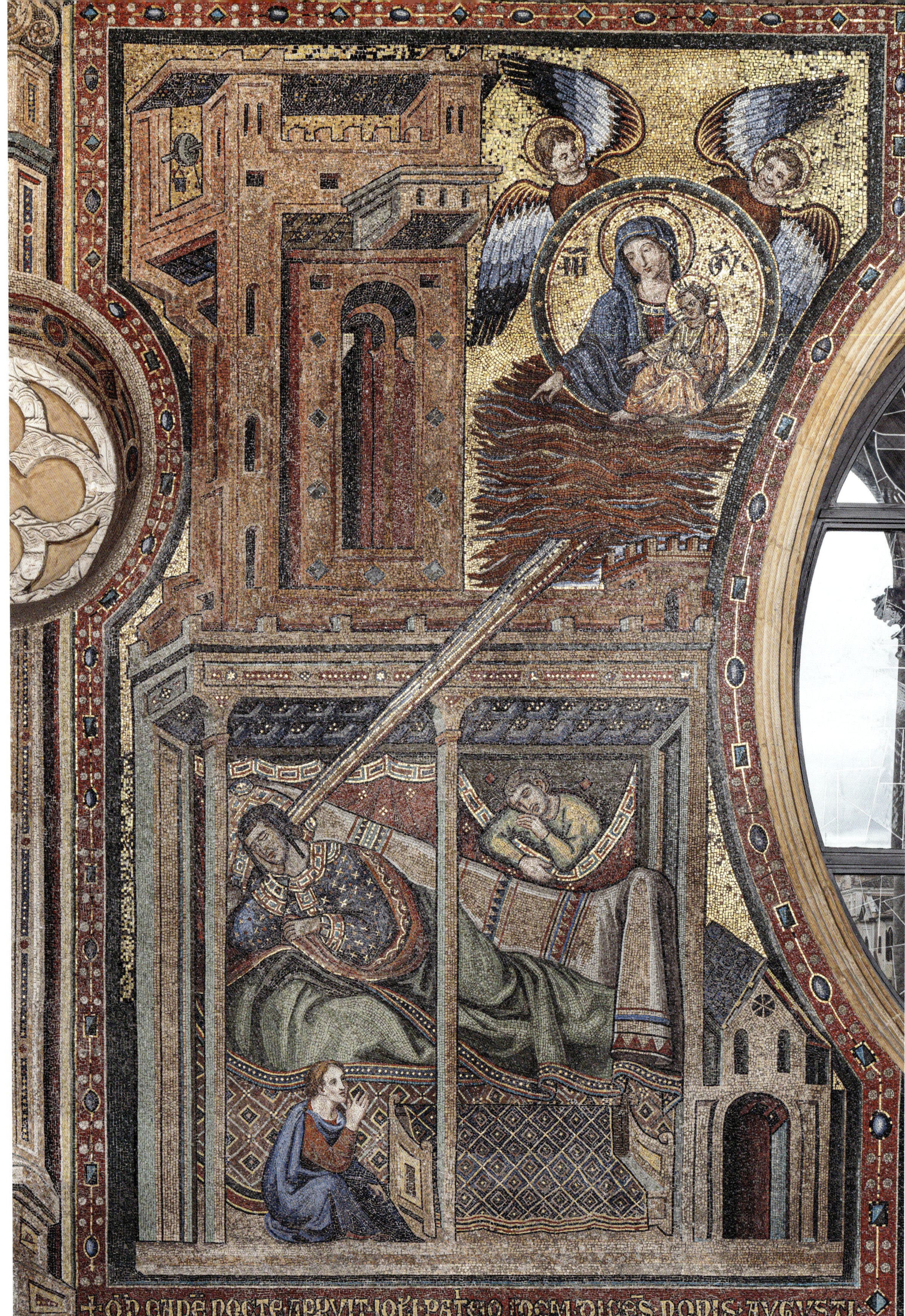
+ QN EADE NOCTE APPVIT IOHI PATRICIO IOCM DICES NONIS AVGVSTI

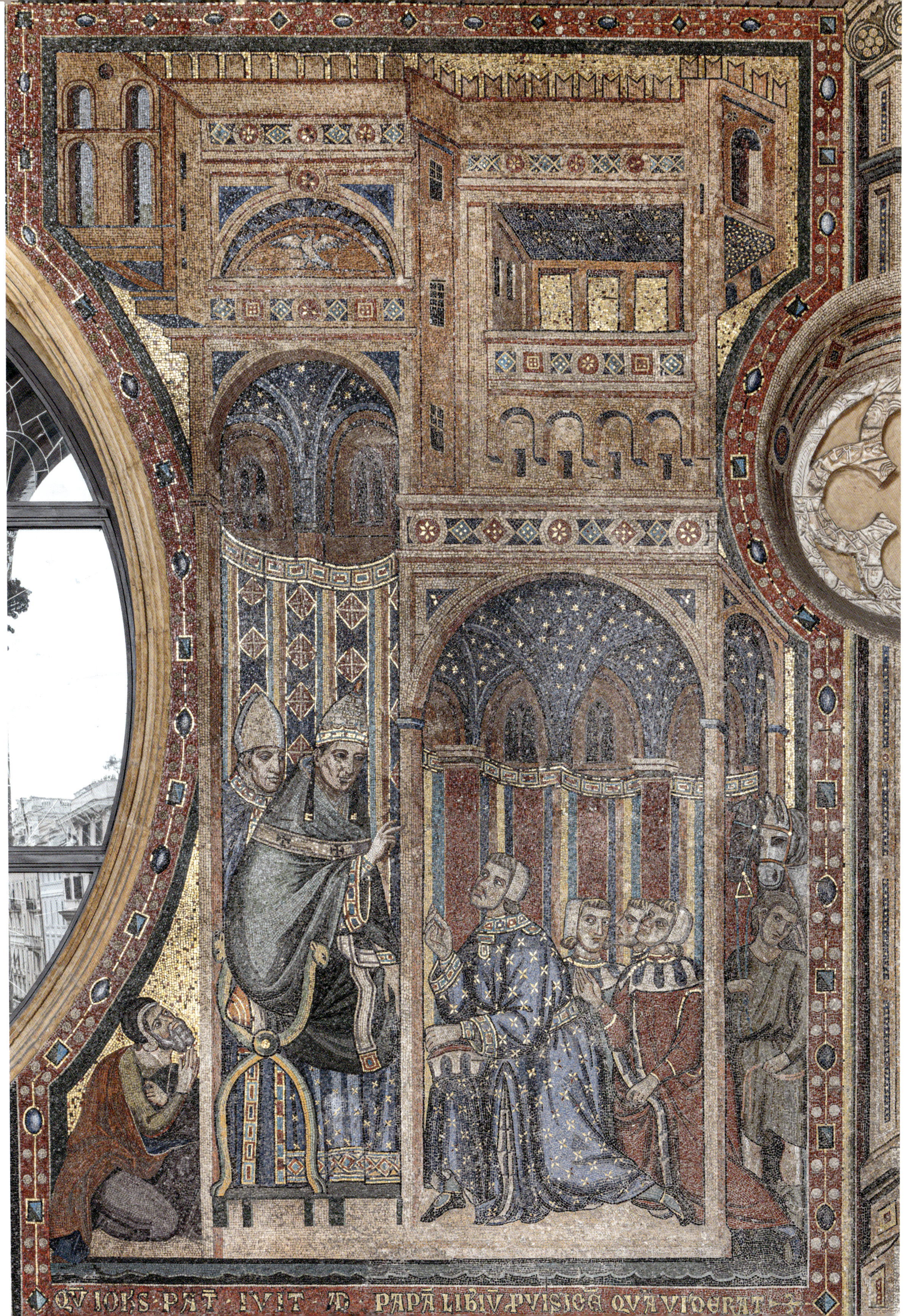
QV IOKS PAT IVIT AD PAPĀ LIBIV PVISICĀ QVĀ VIDERAT

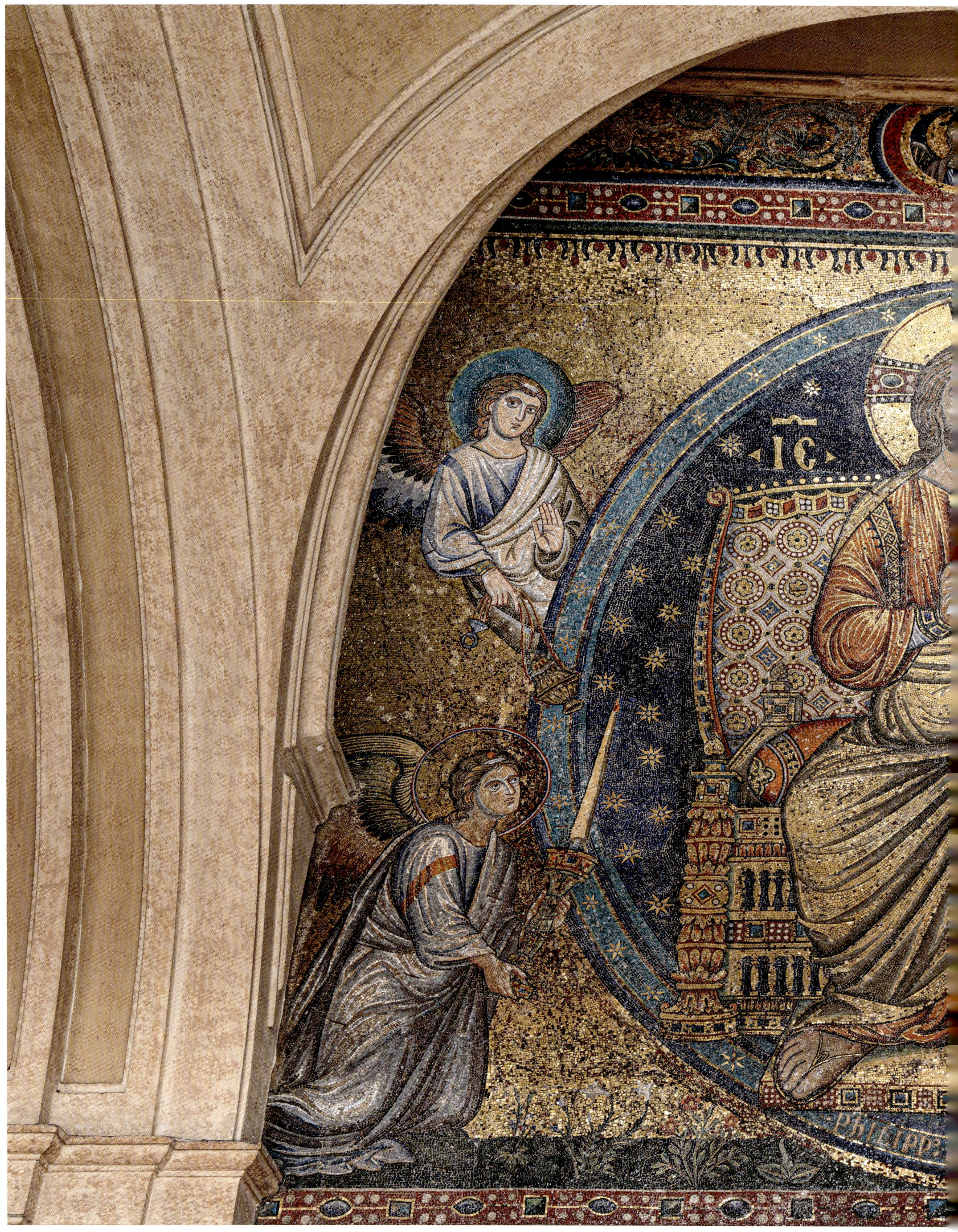
IC

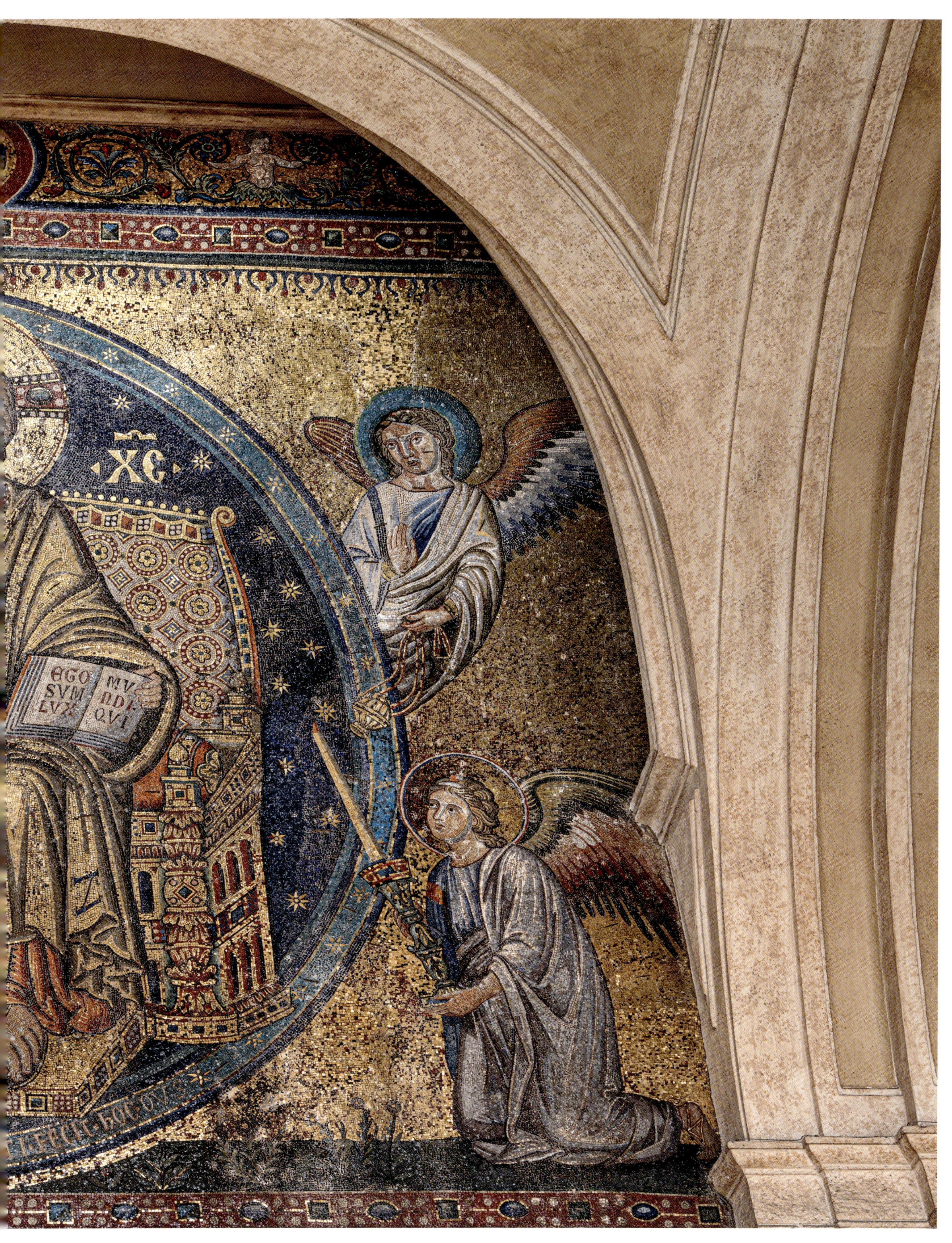
XC
EGO MV
SVM NDI
LVX QVI

P. 376
Filippo Rusuti
Sogno del patrizio Giovanni
1292-1297, mosaico
Facciata, registro inferiore

P. 377
Filippo Rusuti
Il patrizio Giovanni in udienza da papa Liberio
1292-1297, mosaico
Facciata, registro inferiore

PP. 378-379
Filippo Rusuti
Cristo in gloria
1292-1297, mosaico
Facciata, registro superiore

PP. 380, 381
Filippo Rusuti
Miracolo della Neve
1292-1297, mosaico
Facciata, registro inferiore

P. 376
Filippo Rusuti
Dream of John the Patrician
1292-1297, mosaic
Façade, lower register

P. 377
Filippo Rusuti
John the Patrician in Audience with Pope Liberius
1292-1297, mosaic
Façade, lower register

PP. 378-379
Filippo Rusuti
Christ in Glory
1292-1297, mosaic
Façade, upper register

PP. 380, 381
Filippo Rusuti
Miracle of the Snow
1292-1297, mosaic
Façade, lower register

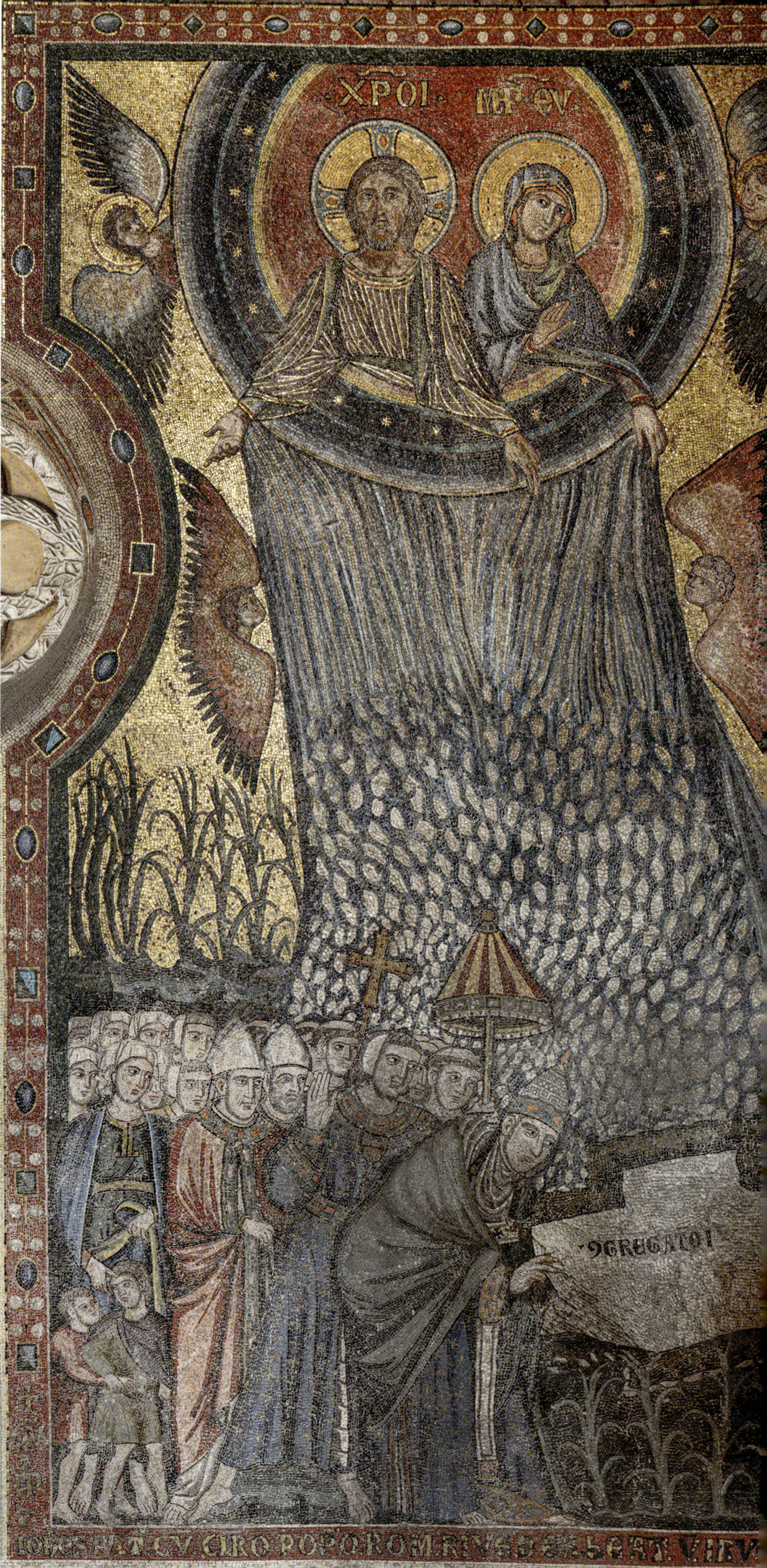

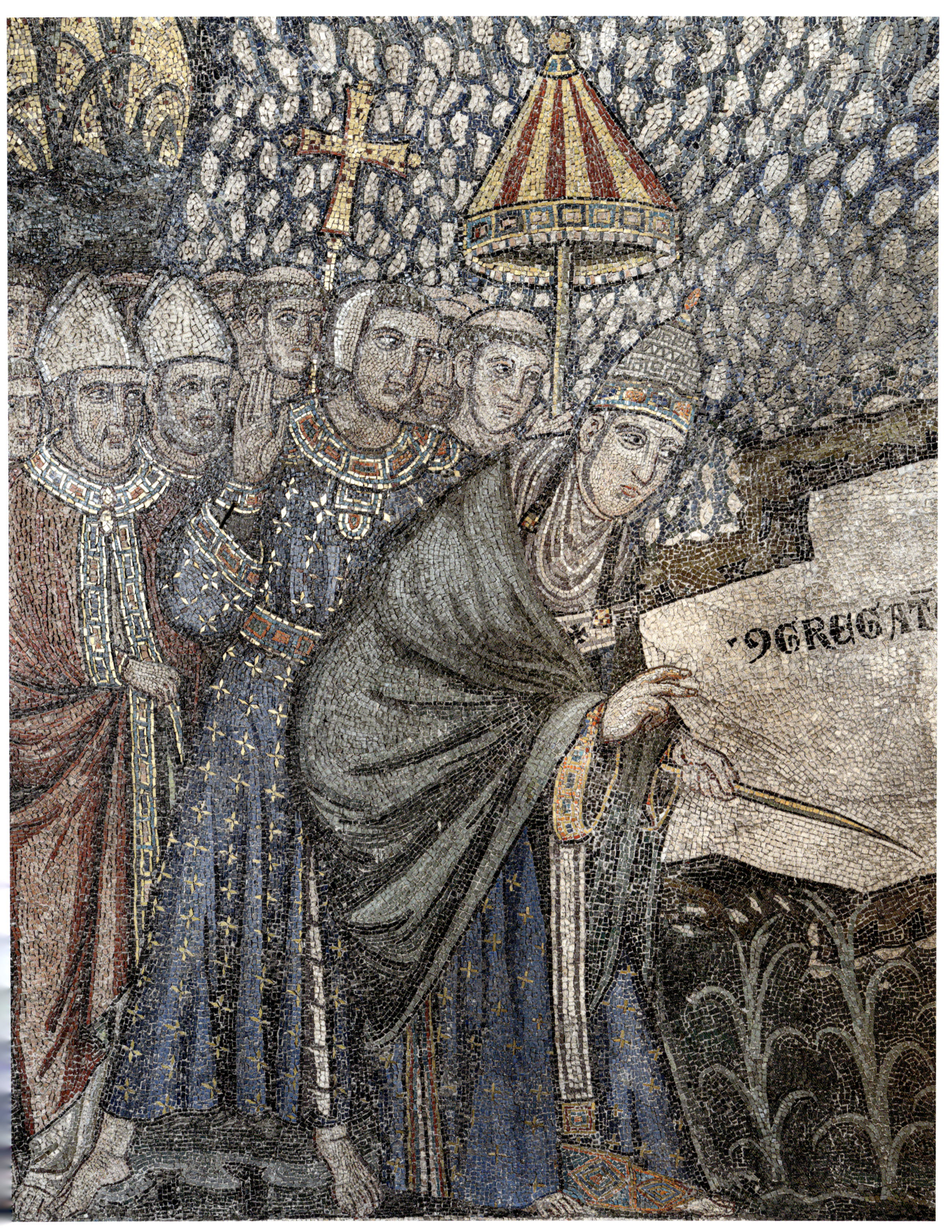
·9GREGAT

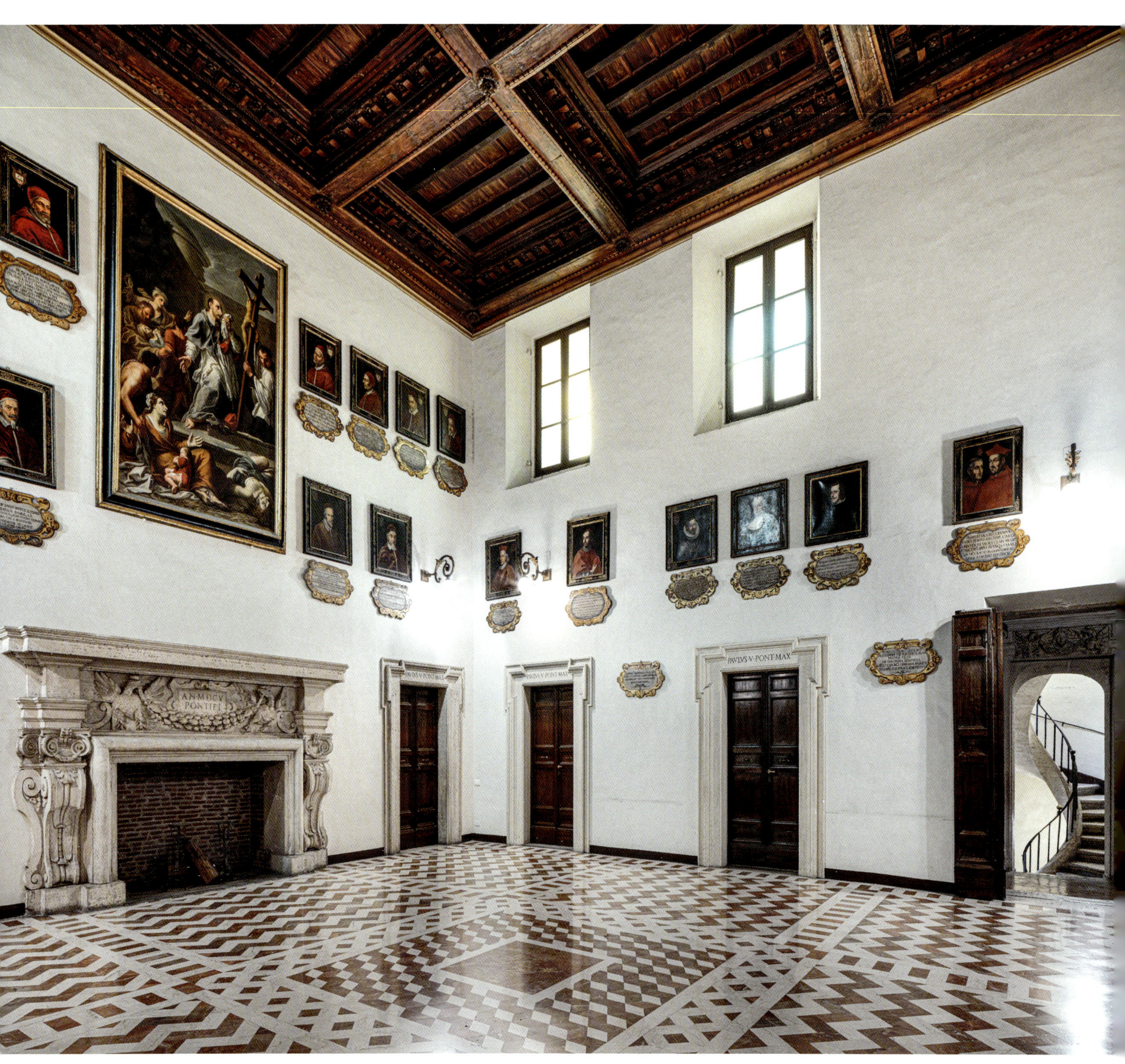
PAVLVS·V·PONT·MAX

La Sala Capitolare

Andreas Raub

La Sala Capitolare, per la presenza dei ritratti dei pontefici anche chiamata "dei Papi", è la più grande sala all'interno della Canonica Paolina. Il sontuoso palazzo, situato sul lato destro della Basilica, costituisce insieme alla Cappella Paolina la seconda monumentale impresa artistica del pontefice Borghese presso Santa Maria Maggiore. Le vicende di questi due vastissimi progetti edilizi sono strettamente collegate, non solo per la contemporanea presenza delle maestranze, organizzate sotto la direzione dell'architetto lombardo Flaminio Ponzio (1560-1613), ma anche per motivi pratici. La creazione della nuova Cappella Paolina, nel 1605, infatti, comportò la distruzione dell'esistente sagrestia grande che si sarebbe dovuta ricostruire altrove. La Canonica Paolina risulta, dunque, conseguenza diretta della nuova cappella papale. Inoltre, essendo precedentemente stato vicario dell'arciprete, Paolo V (1605-1621) era ben consapevole delle esigenze concrete del Capitolo che, col nuovo palazzo multifunzionale, cercava di soddisfare.

Ponzio creò un compatto edificio dalla pianta squadrata, un maestoso complesso destinato ad ospitare gli spazi di servizio della Basilica, divisi su cinque piani. Il piano terra era composto dalla sagrestia grande – detta dei Canonici –, dalla più piccola sagrestia dei beneficiati dotata di una cappellina, da una sala di riunione, da un archivio e dal Coro invernale (nel 1826 trasformato in battistero). Sopra questa parte, riservata alla vita liturgica, furono predisposte abitazioni per il clero liberiano, "habitatione commoda per il Capitolo, e suo Vicario; acciò li Ministri della Chiesa, con più assiduità e facilità possano servirla" (Severano 1630, p. 710).

La Sala Capitolare, ampia aula adibita a incontri e riunioni, ne costituisce il cuore. Nella sua declinazione architettonica, la Canonica corrisponde perfettamente alle indicazioni formulate durante il Concilio di Trento (1545-1563), che cercavano di strutturare e ordinare anche la vita religiosa dei canonici.

La documentazione delle spese elenca gli svariati artisti e artigiani, i fornitori di materiali e servizi che contribuirono alla realizzazione del progetto. Tutta l'impresa artistica fu seguita personalmente dal pontefice e direttamente finanziata dalla Camera Apostolica. Flaminio Ponzio era assistito dai misuratori camerali Giovanni Bonazzini, Bernardino Valperga e Giulio Burratti e da una squadra di muratori, proveniente in gran parte dalla Lombardia.

I lavori cominciarono nella seconda metà del 1605, primo anno del pontificato Borghese, come ricorda l'iscrizione posta sul camino della Sala Capitolare. Nel settembre del 1607, un certo Luca de Lucis da Bagnaia, mercante di legname, fu pagato per la fornitura di travi per il tetto e per i solai delle stanze soprastanti la sagrestia nuova. Entro la fine dell'anno la costruzione grezza

The Chapter House

Andreas Raub

The Chapter House is the largest hall inside the Pauline Canonry, and due to the presence of portraits of the pontiffs it also called the "Hall of the Popes." The sumptuous palace, located on the right side of the Basilica, constitutes, after the Cappella Paolina, the second monumental artistic endeavour of the Borghese pope at Santa Maria Maggiore. The progress of these two vast building projects was closely connected, not only because building crews worked on them simultaneously, and under the direction of the Lombard architect Flaminio Ponzio (1560-1613), but also for practical reasons. In fact, the creation of the Cappella Paolina in 1605 entailed the destruction of the existing large sacristy, which now had to be rebuilt elsewhere. The Pauline Canonry is therefore a direct consequence of the new papal chapel. Moreover, having previously been the vicar of the Archpriest, Paul V (1605-1621) was well aware of the concrete needs of the Chapter that he sought to satisfy with the new multifunctional palace.

By creating a compact building with a square floor plan, and spread over five floors, Ponzio designed a majestic complex to house the service areas of the Basilica. The ground floor consisted of the large sacristy ("Sacristy of the Canons"), the smaller "Sacristy of the Beneficiaries" with its small chapel, a meeting room, an archive, and a Winter Choir (in 1826 transformed into the Baptistery). Above all this, reserved for liturgical life, dwellings were provided for the Basilica clergy, "a comfortable inhabitation for the Chapter, and its Vicar; so that the Ministers of the Church, may serve it with greater assiduousness and ease" (Severano 1630, p. 710).

At its heart is the Chapter House, a large hall used for meetings and gatherings. In its architectural design, the Canonry corresponds perfectly with the specifications formulated during the Council of Trent (1545-1563), which also sought to structure the religious life of the canons.

The account books list the various artists and craftsmen, the suppliers of materials and services, who contributed to realize the project. The entire artistic enterprise was followed closely by the pontiff and directly financed by the Apostolic Chamber. Flaminio Ponzio was assisted by the Chamber surveyors Giovanni Bonazzini, Bernardino Valperga, and Giulio Burratti, and a team of masons, mostly hailing from Lombardy.

Work began in the second half of 1605, the first year of the Borghese pontificate, as an inscription records on the fireplace in the Chapter House. In September 1607, a certain Luca de Lucis da Bagnaia, a timber merchant, was paid for the supply of beams for the roof and the floors of the rooms above the new sacristy. By the end of the year, the rough construction was finished. In November

fu terminata. Nel novembre del 1610, il pontefice consegnò ai canonici l'intero edificio. Presto la nuova sagrestia fu definita dai contemporanei "la più bella di tutta Roma".

La Sala Capitolare si sviluppa su una pianta quadrata, larga circa undici metri. Per riscaldare l'ambiente Ponzio creò un grande camino, ornato da una cornice in travertino recante un festone di frutta tra i simboli araldici del committente, l'aquila e il dragone. Nonostante il solenne soffitto cassettonato in legno, siglato dallo stemma Borghese al centro, conferisca una spiccata magnificenza alla grande aula, alta c. 8,75 metri, il carattere generale dell'ambiente risulta austero, al fine di assolvere al ruolo profano e pratico nei confronti del santuario.

La Sala è raggiungibile tramite una scala a chiocciola in travertino che collega tutti i cinque piani del palazzo, dalla sagrestia all'entrata del campanile. Illuminata alla sommità da una lanterna, la scala, larga 125 cm, si sviluppa attraverso cento gradini in un potente slancio dinamico. L'elegante movimento di ascensione si origina attorno ad una sfera in travertino la cui forma viene ripresa da ventidue sferette in ottone, che ritmicamente ne cadenzano la ringhiera. Dalla documentazione delle spese si deduce che la scala fu terminata entro il luglio 1608, quando il fonditore Orazio Censori ricevette il suo compenso per l'esecuzione "di ventidue palle di ottone messe per parapetto alla scala a lumaca della sagrestia nuova di S. Maria Maggiore" (Corbo 1995, p. 65).

Oggi la Sala Capitolare rappresenta una sorta di pantheon di Santa Maria Maggiore, poiché riunisce, sopra e attorno due splendidi armadi in legno di noce, una galleria dei più illustri benefattori al servizio del Capitolo Liberiano.

La galleria nacque sotto il pontificato di Urbano VIII. Nelle parole di Antonio Maria Santarelli, il quale stese appositamente una breve pubblicazione, utilizzando lo pseudonimo *Antonio Fascia*, si deduce l'intenzione di creare memoria dei benefattori: "Essendo tanto lodato per consentimento pubblico, la gratitudine, bisogna confessar, che sia stato un pensiero degno di gran lode, quello, che hanno avuto i Signori Canonici di Santa Maria Maggiore di mettere in pubblico le Memorie de' Benefattori della loro Chiesa, verso i quali hanno voluto mostrarsi grati, non solo con esporre i loro Ritratti, ma con aggiungervi Elogij, corrispondenti al merito di ciascheduno" (Fascia 1634, pp. 7-8).

Santarelli riporta la collocazione originale della galleria, alle pareti della sagrestia grande. Sopra la porta dell'ingresso, si trovava il ritratto del pontefice regnante, Urbano VIII, mentre ai lati dell'Altare maggiore erano, sulla sinistra, Sisto V e, sulla destra, Paolo V, i papi predecessori ed illustri committenti delle monumentali cappelle gemelle. Seguivano sul lato destro i papi Sisto III, Clemente III, Niccolò V e Clemente VIII, il cardinale Capocci, i cardinali Giacomo e Pietro Colonna, il cardinale Paolo Cesi, i cardinali Ascanio e Guido Sforza e il cardinale Francisco de Toledo Herrera. Sul lato sinistro erano rappresentati i papi Onorio III, Niccolò IV, Alessandro VI, Gregorio XV, e i cardinali Landi, D'Estouteville, Borromeo e Filippo Boncompagni. Completavano la galleria i ritratti di Filippo III e di sua moglie Margherita di Spagna, collocati ai lati della porta centrale.

1610, the pontiff handed over the entire building to the canons. Soon the new sacristy was described by contemporaries as "the most beautiful in all Rome".

On a square plan, the Chapter House is about eleven metres wide. To warm the hall, Ponzio created a large fireplace adorned with a travertine frame bearing a festoon of fruit between the client's heraldic symbols, the eagle and the dragon. Although the solemn coffered wood ceiling, emblazoned with the Borghese coat of arms in the centre, gives the great hall, 8.75 metres high, a distinct magnificence, the general character of the room is austere, in order to fulfil its profane and practical role in the sanctuary.

A travertine spiral staircase connects all five floors of the building, from the Sacristy to the access door of the bell tower. Illuminated at the top by a lantern, the staircase, 125 cm wide, ascends in one hundred steps with powerful momentum. The elegant ascending movement originates around a travertine sphere whose shape is resumed in the twenty-two small brass spheres that rhythmically cadence the railing. Payment records show that the staircase was completed by July 1608, when the founder Orazio Censori was paid for making "twenty-two brass balls placed ass a parapet on the spiral stair of the new sacristy of Santa Maria Maggiore" (Corbo 1995, p. 65).

Nowadays, the Chapter House has become a sort of pantheon of Santa Maria Maggiore, as a gallery of the most illustrious benefactors to the Basilica Chapter are gathered there, above and around two splendid walnut wardrobes.

This gallery was born in the pontificate of Urban VIII (1623-1644). From the words of Antonio Maria Santarelli we can deduce the intention to create a memorial to the Benefactors: "Since gratitude is so praised by public consensus, it must be confessed that it was worthy of great praise the thought of the Lord Canons of Santa Maria Maggiore to display publicly Remembrances of the Benefactors of their Church, to whom they wished to show their gratitude, not only by exhibiting their portraits, but also by adding Eulogies relating the merit of each one" (Fascia 1634, pp. 7-8).

Santarelli records the original location of this gallery of portraits, on the walls of the great sacristy. Above the entrance door, there was a portrait of the reigning pontiff, Urban VIII, while to either side of the High Altar were the preceding popes Sixtus V (on the left) and Paul V (on the right), both illustrious patrons of the monumental twin chapels. Popes Sixtus III, Clement III, Nicholas V and Clement VIII, Cardinal Capocci, Cardinals Giacomo and Pietro Colonna, Cardinal Paolo Cesi, Cardinals Ascanio and Guido Sforza, and Cardinal Francisco de Toledo Herrera followed on the right side. On the left side were represented popes Honorius III, Nicholas IV, Alexander VI, Gregory XV, and Cardinals Landi, D'Estouteville, Borromeo, and Filippo Boncompagni. The gallery was completed by portraits of Philip III and his wife, Margaret of Spain, placed on either side of the central door.

With twelve portraits of popes, nine of cardinals and two of Spanish rulers, the first gallery is almost entirely preserved. This also applies to the corresponding wooden cartouches,

La prima galleria, composta da dodici ritratti di papi, nove di cardinali e due di sovrani spagnoli è quasi interamente conservata. Ciò vale anche per i corrispondenti cartigli lignei, che recano il nome del personaggio e le sue gestae, i suoi meriti nella tutela della Basilica. Eseguiti tra il 1631 e il 1632 dal pittore Ascanio Barigioni (doc. nel XVII sec.), i quadri rappresentano una straordinaria testimonianza dell'attenzione e della cura da parte del capitolo liberiano nei confronti dei benefattori del santuario mariano. Santarelli ribadisce che i personaggi devono costituire un *exemplum* per le generazioni future, "per istruttione de' Canonici successori che possono servire al Capitolo per tenere difesa la manutenzione [...] de beni della Chiesa per tutte le occorrenze che possano venire *perpetuis futuris temporibus*"(Santarelli 1647, p. 19).

La galleria rappresenta quindi una memoria, un'ammonizione e un'esortazione a tutelare e curare il patrimonio culturale e artistico della Basilica.

Il nucleo originale di ventitré ritratti, ad oggi quasi del tutto integro nella Sala, fu successivamente ampliato. Nel 1655 se ne contavano ventisette e nel 1706 quarantadue. Il ritratto di Filippo IV, attribuito al pittore morisco Juan de Pareja (1606-1670), collaboratore di Velázquez, è databile al 1650 circa. L'opera ricorda il ruolo centrale dei sovrani spagnoli come mecenati e benefattori di Santa Maria Maggiore, della quale, dal 1603, sono Protocanonici.

La grande tela, 275 x 192 cm, di Domenico Maria Muratori (1662-1744) sopra il camino rappresenta *San Carlo Borromeo in processione durante la peste* e fu donata nel 1740 da Monsignor Crispo, arcivescovo di Ravenna. L'arcivescovo di Milano fu il primo e l'unico arciprete santo, canonizzato nel 1610 proprio dal pontefice Borghese.

Con l'intervento di Ferdinando Fuga, la Sala Capitolare si aprì verso la nuova Loggia delle Benedizioni e fu collegata al mosaico duecentesco della facciata. In tal modo, i primi benefattori della Basilica, papa Liberio e Giovanni Patrizio, esaltati nell'opera musiva di Filippo Rusuti, sono legati ai loro successori, protagonisti delle vicende storico-artistiche e conservative del santuario mariano.

La galleria nella Sala Capitolare ricorda, secondo l'intenzione dei committenti, il valore del patrimonio culturale, la sua fragilità e il suo ruolo fondamentale per l'identità di ogni società, sia religiosa sia laica.

which bear the name of the personage and his *gestae*, his merits in protecting the Basilica. Executed between 1631 and 1632 by the painter Ascanio Barigioni (doc. 17th century), the paintings represent, an extraordinary testimony of the attention and care of the Basilica Chapter towards the benefactors of the Marian shrine. Santarelli reiterates that the figures should constitute an *exemplum* for future generations, "for the instruction of the succeeding Canons that may serve the Chapter in continuing to defend the maintenance [...] of the property of the Church against every event that may occur *perpetuis futuris temporibus*" (Santarelli 1647, p. 19).

The gallery therefore represents not only a remembrance but also an admonition and exhortation to protect and care for the cultural and artistic heritage of the Basilica.

The original nucleus of twenty-three portraits, which is almost completely intact in the Hall today, was later enlarged. In 1655 there were twenty-seven portraits and in 1706 forty-two. The portrait of Philip IV, attributed to the Morisco painter Juan de Pareja (1606-1670), a collaborator of Velázquez, dates from around 1650. The work recalls the central role of the Spanish sovereigns as patrons and benefactors of Santa Maria Maggiore, of which they have been Protocanons since 1603.

The large canvas above the fireplace, 275 x 192 cm, by Domenico Maria Muratori (1662-1744), depicts Saint Charles Borromeo in procession during the plague and was donated in 1740 by Monsignor Crispo, Archbishop of Ravenna. The Archbishop of Milan was the first and only archpriest to become a saint, canonised in 1610 by Pope Borghese himself.

After the intervention of Ferdinando Fuga, the Chapter House opened towards the new Benediction Loggia and was now connected to the 13th-century mosaic on the façade. In this way, the first benefactors of the Basilica, Pope Liberius and the patrician John, exalted in Filippo Rusuti's mosaic work, are linked with their successors, protagonists of the historical-artistic and conservation history of the Marian shrine.

According to the intention of the patrons, the gallery in the Chapter House recalls the value of cultural heritage, its fragility, and its fundamental role in the identity of every society, both religious and secular.

P. 382
Flaminio Ponzio (1560-1618)
Sala Capitolare
1605-1610
Palazzo della Canonica Paolina

P. 382
Flaminio Ponzio (1560-1618)
Chapter House
1605-1610
Palace of the Pauline Canonry

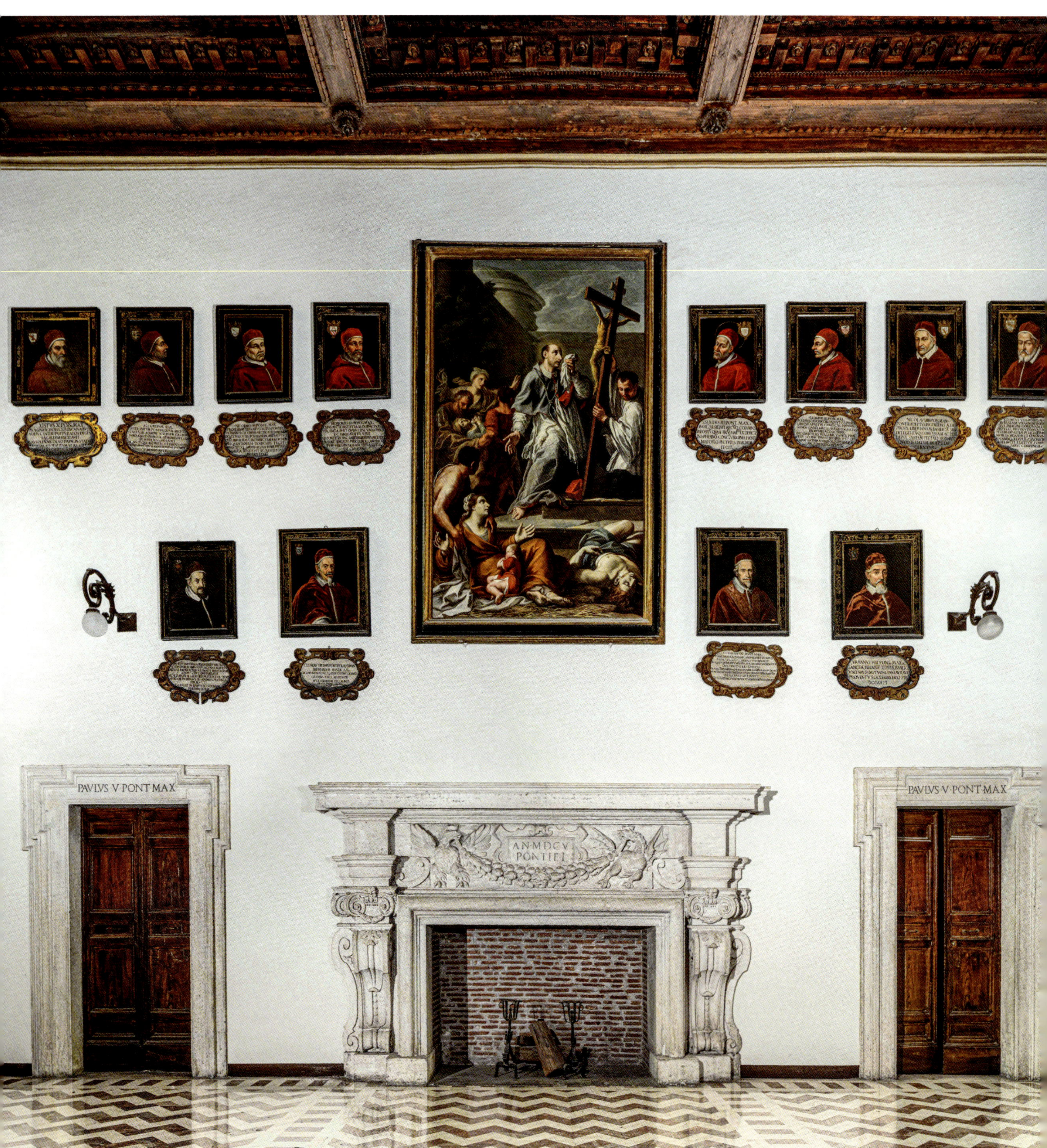
PAVLVS V PONT MAX
AN MDCV
PONTIFI
PAVLVS V PONT MAX

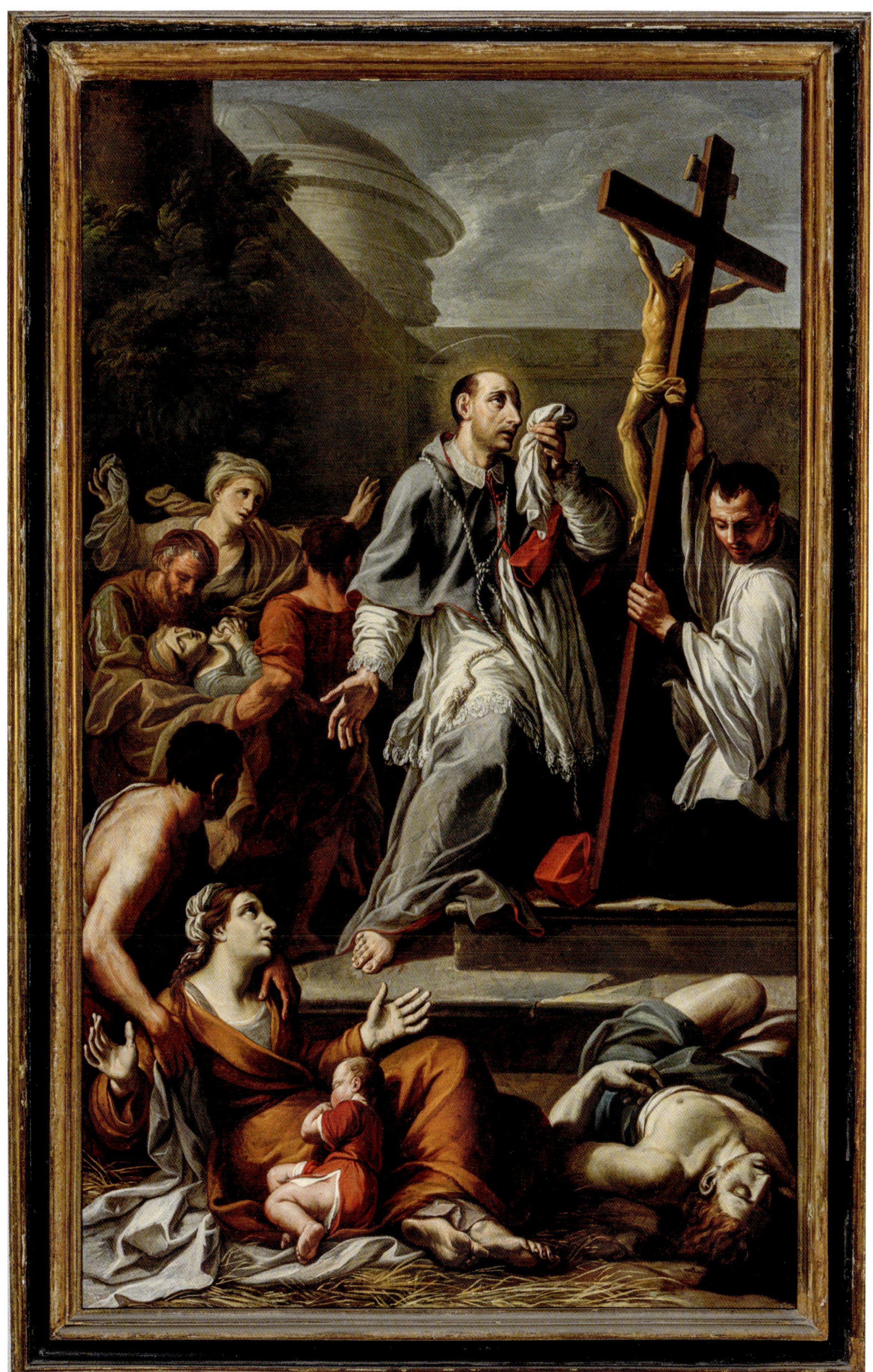

P. 386
Parete centrale con la galleria dei ritratti dei pontefici, creata a partire dal 1631 dal pittore Ascanio Barigioni (doc. XVII sec.).

P. 387
Domenico Maria Muratori (1662-1744)
San Carlo Borromeo in processione durante la peste
1740, olio su tela, 275 x 192 cm
Sala Capitolare

P. 386
Central wall with the portrait gallery of the popes, started in 1631 by the painter Ascanio Barigioni (doc. 17th century).

P. 387
Domenico Maria Muratori (1662-1744)
Saint Charles Borromeo in Procession during the Plague
1740, oil on canvas, 275 x 192 cm
Chapter House

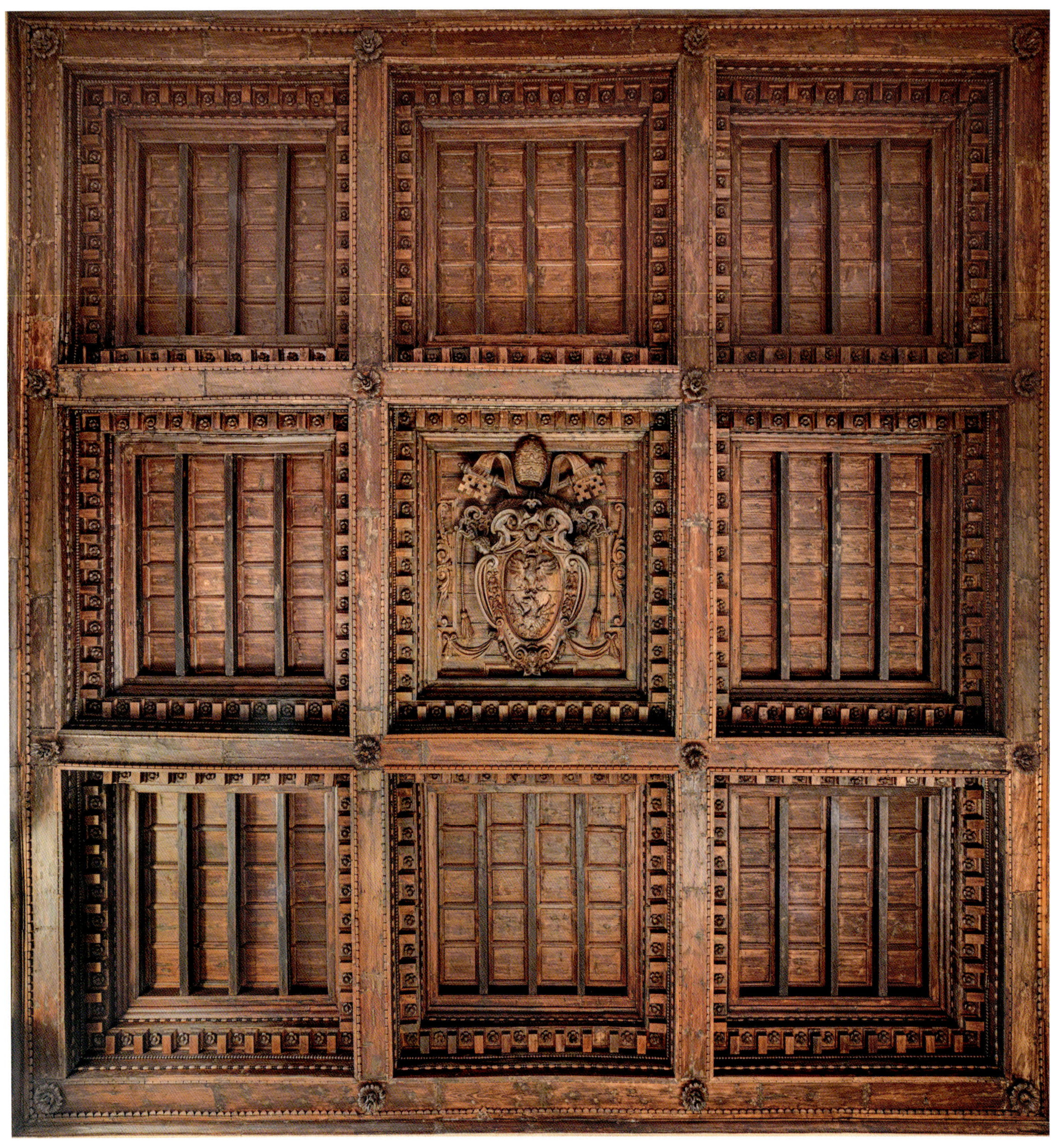

PP. 388, 389
Soffitto di legno con lo stemma di Paolo V
1607-1610
Sala Capitolare

PP. 388, 389
Wooden Ceiling with the Coat of Arms of Paul V
1607-1610
Chapter House

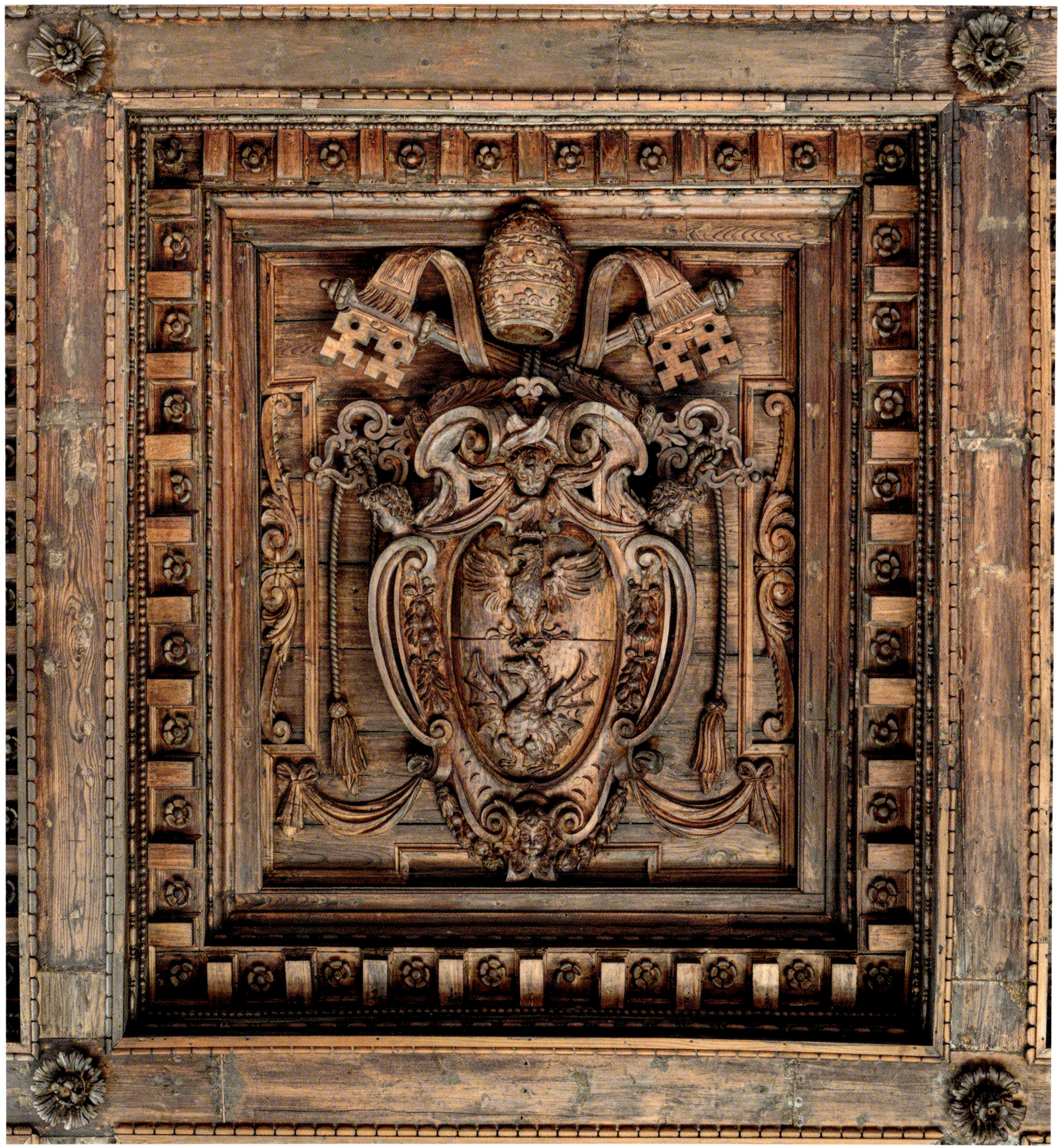

PP. 390-391
Sala Capitolare
Veduta d'insieme

PP. 390-391
Chapter House
Overall view

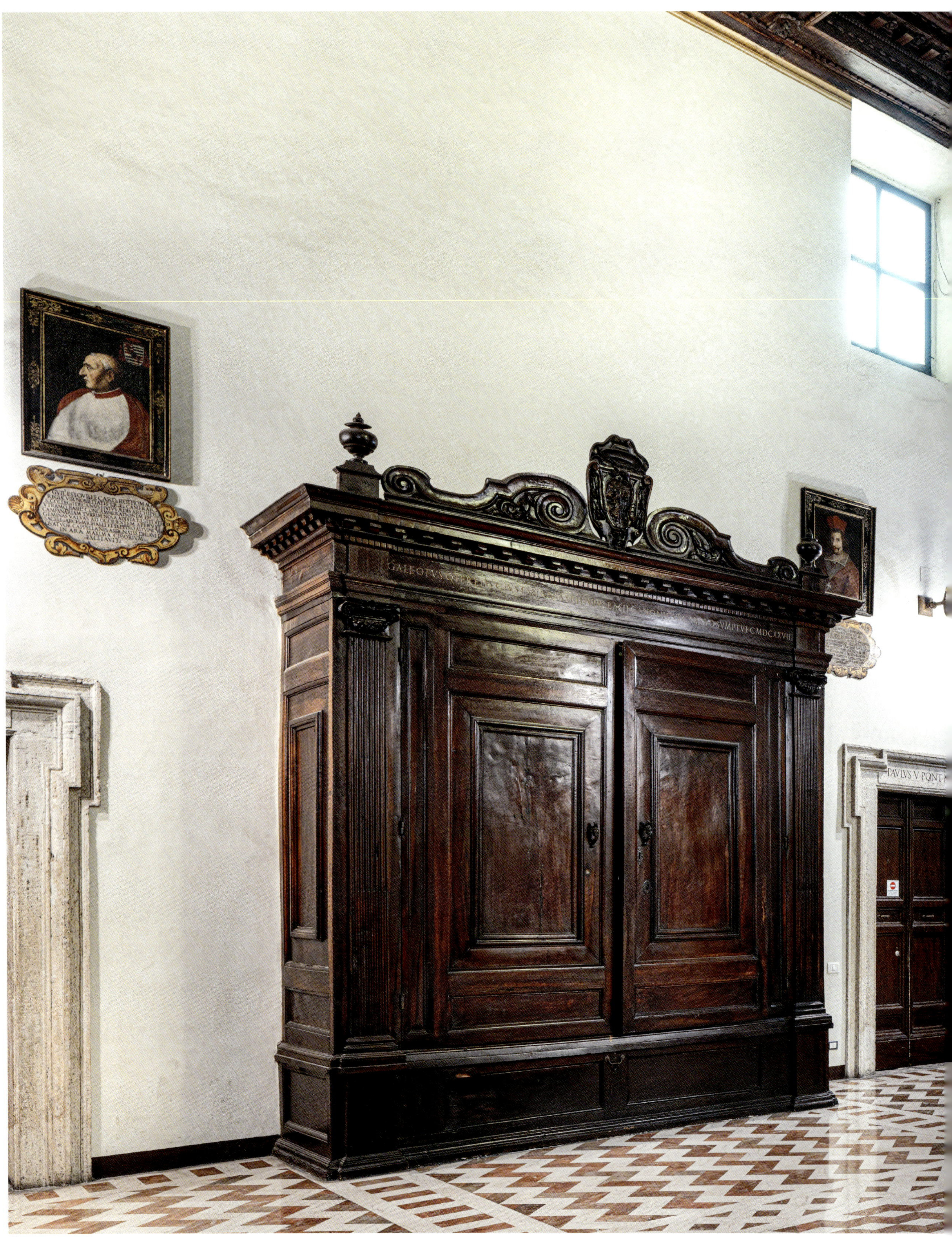
GALEOTVS
SVMPTV F C MDCXXVIII
PAVLVS V PONT

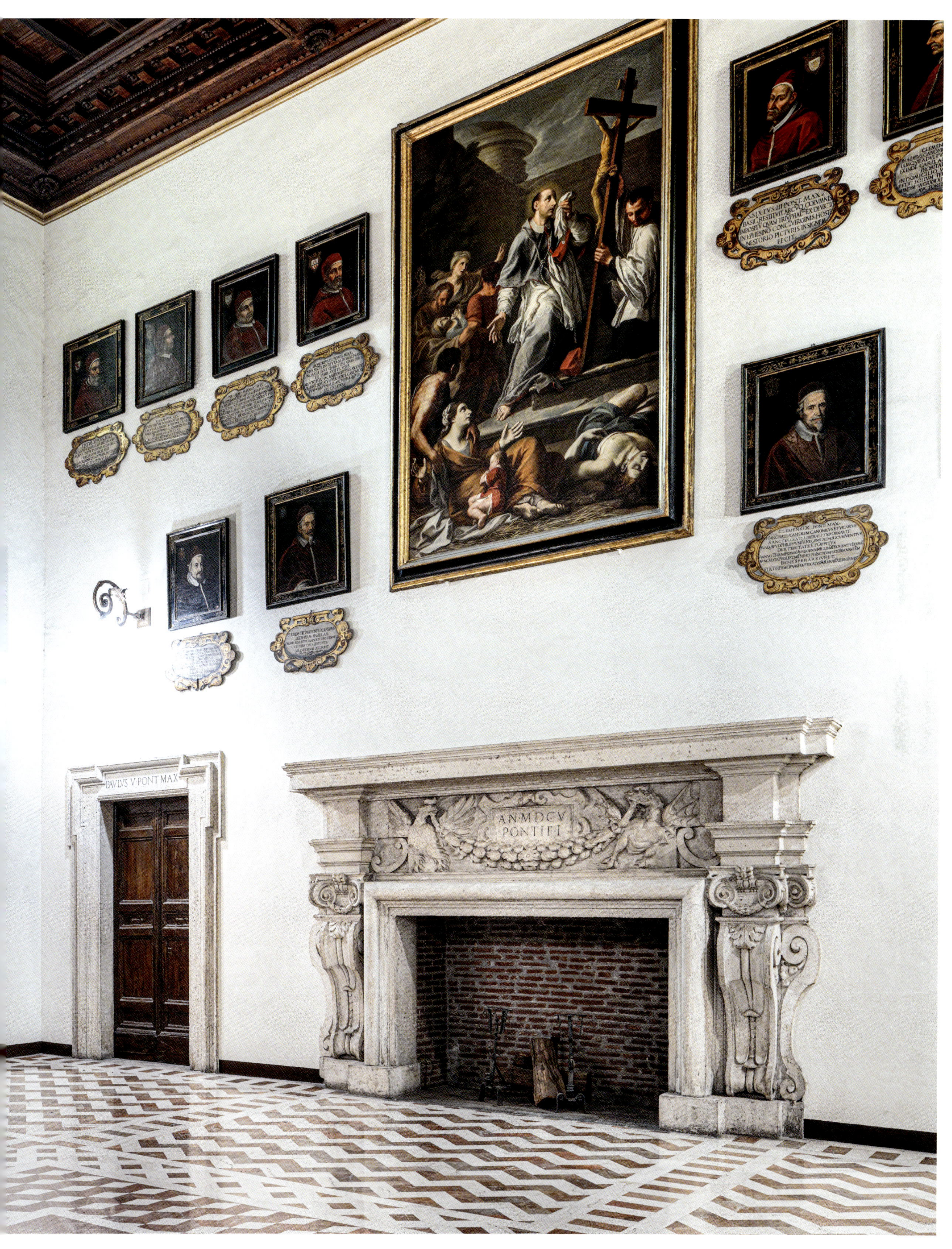
PAVLVS V PONT MAX
AN MDCV

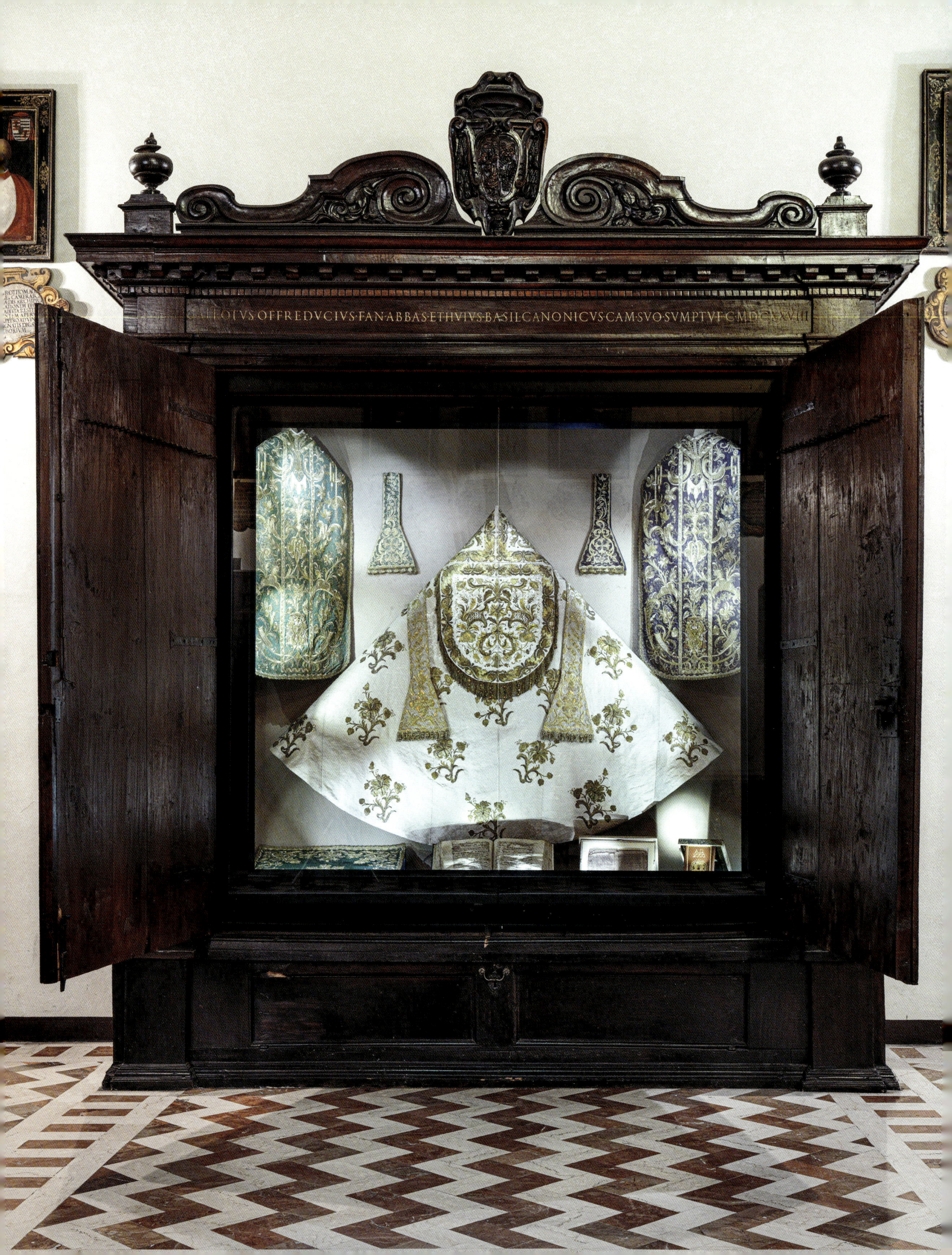
OFFREDVCIVS·FAN·ABBAS·ETHVIVS·BASIL·CANONICVS·CAM·SVO·SVMPTV

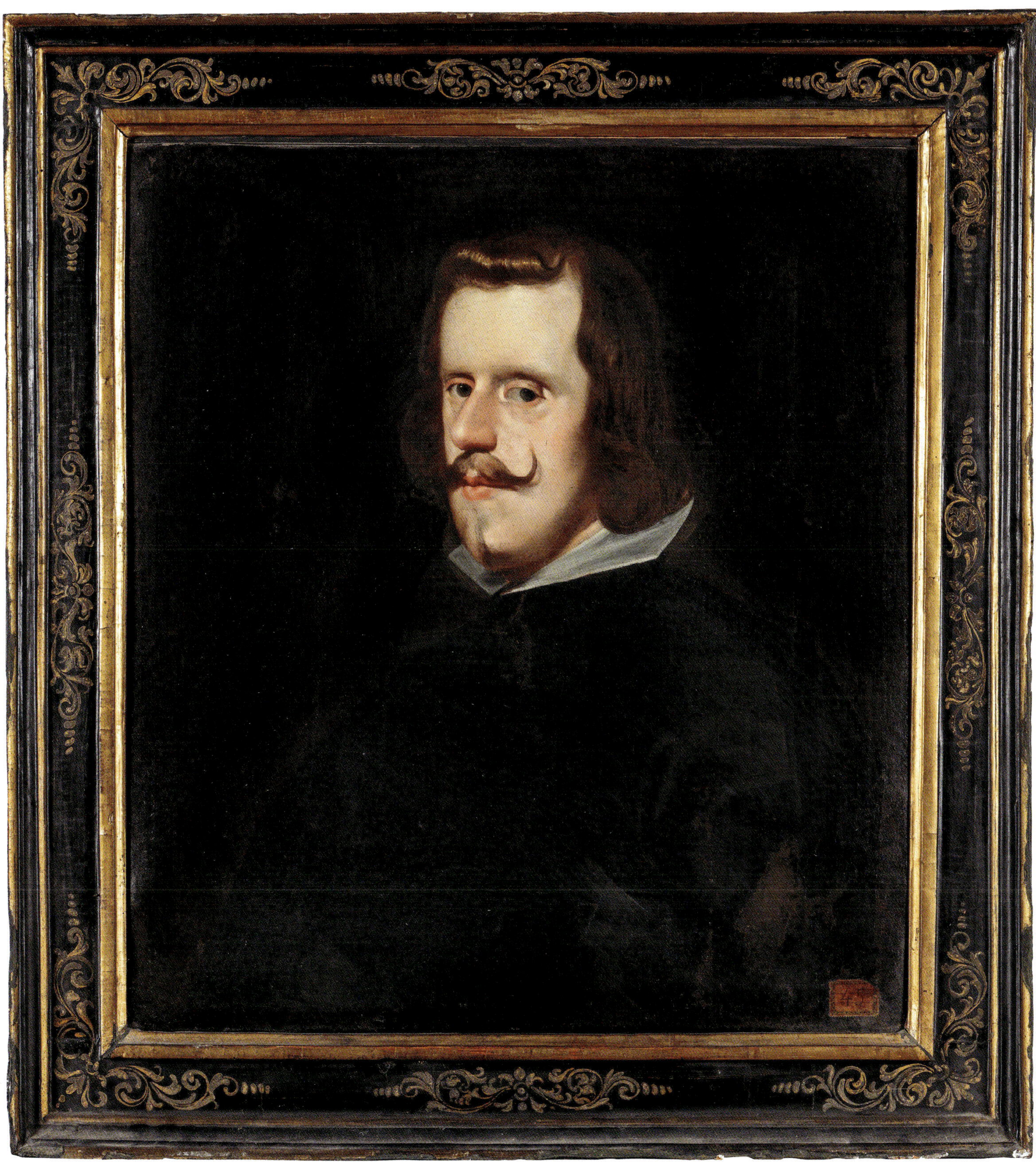

p. 392
Armadio del camerlengo Galeotto Uffreducci (1565-1643)
1628, legno di noce lastrato e pioppo, 360 x 335 cm
Sala Capitolare

p. 393
Juan de Pareja (c. 1606-1670)
Ritratto di Filippo IV, Re di Spagna
1650, olio su tela, 76 x 62 cm
Sala Capitolare

p. 392
Chamberlain Galeotto Uffreducci's Wardrobe (1565-1643)
1628, veneer walnut and poplar wood, 360 x 335 cm
Chapter House

p. 393
Juan de Pareja (ca. 1606-1670)
Portrait of Philip IV, King of Spain
1650, oil on canvas, 76 x 62 cm
Chapter House

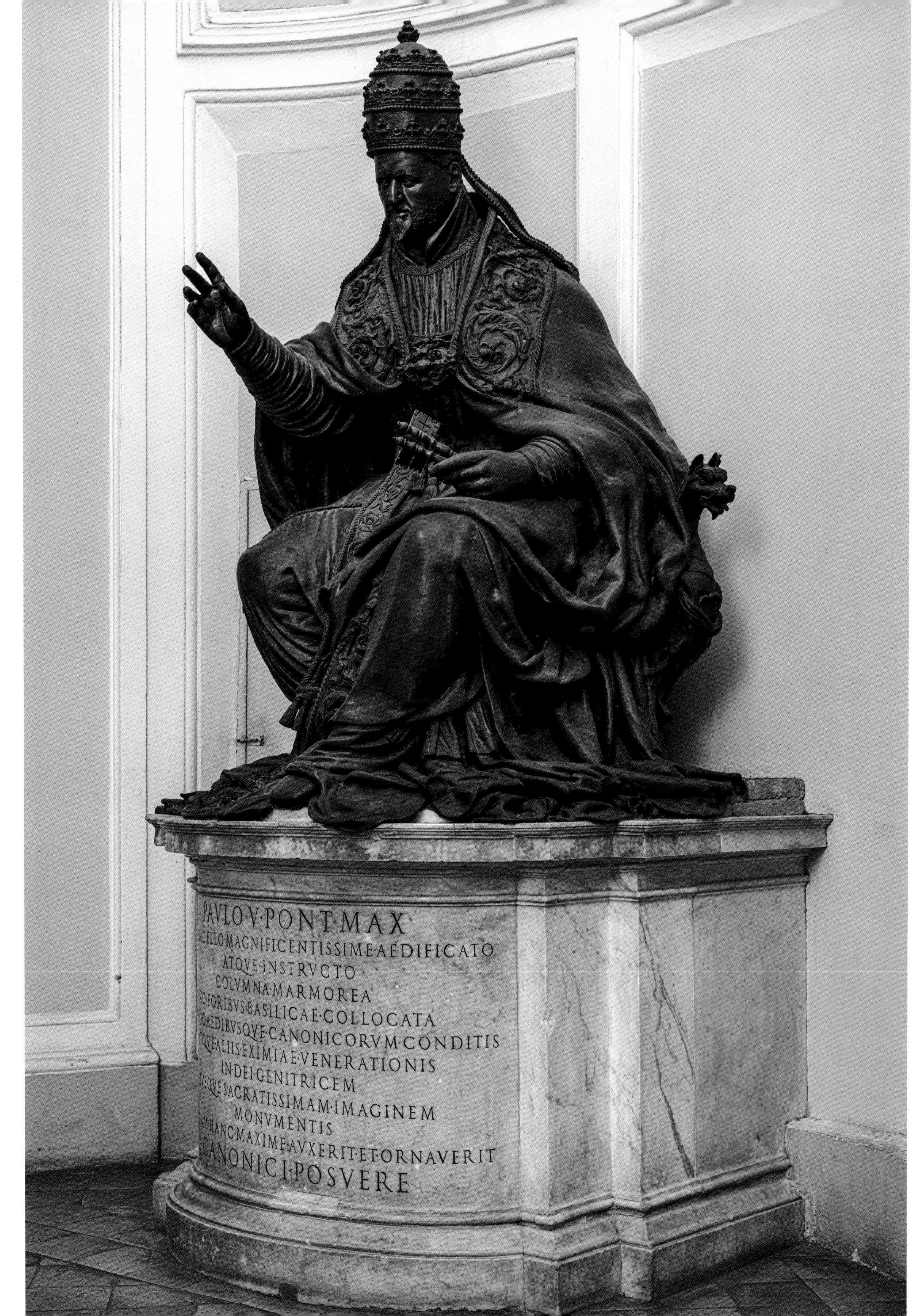
PAVLO·V·PONT·MAX
ACELLO·MAGNIFICENTISSIME·AEDIFICATO
ATQVE·INSTRVCTO
COLVMNA·MARMOREA
RO·FORIBVS·BASILICAE·COLLOCATA
AEDIBVSQVE·CANONICORVM·CONDITIS
TQVE·ALIIS·EXIMIAE·VENERATIONIS
IN·DEI·GENITRICEM
VSQVE·SACRATISSIMAM·IMAGINEM
MONVMENTIS
HANC·MAXIME·AVXERIT·ET·ORNAVERIT
CANONICI·POSVERE

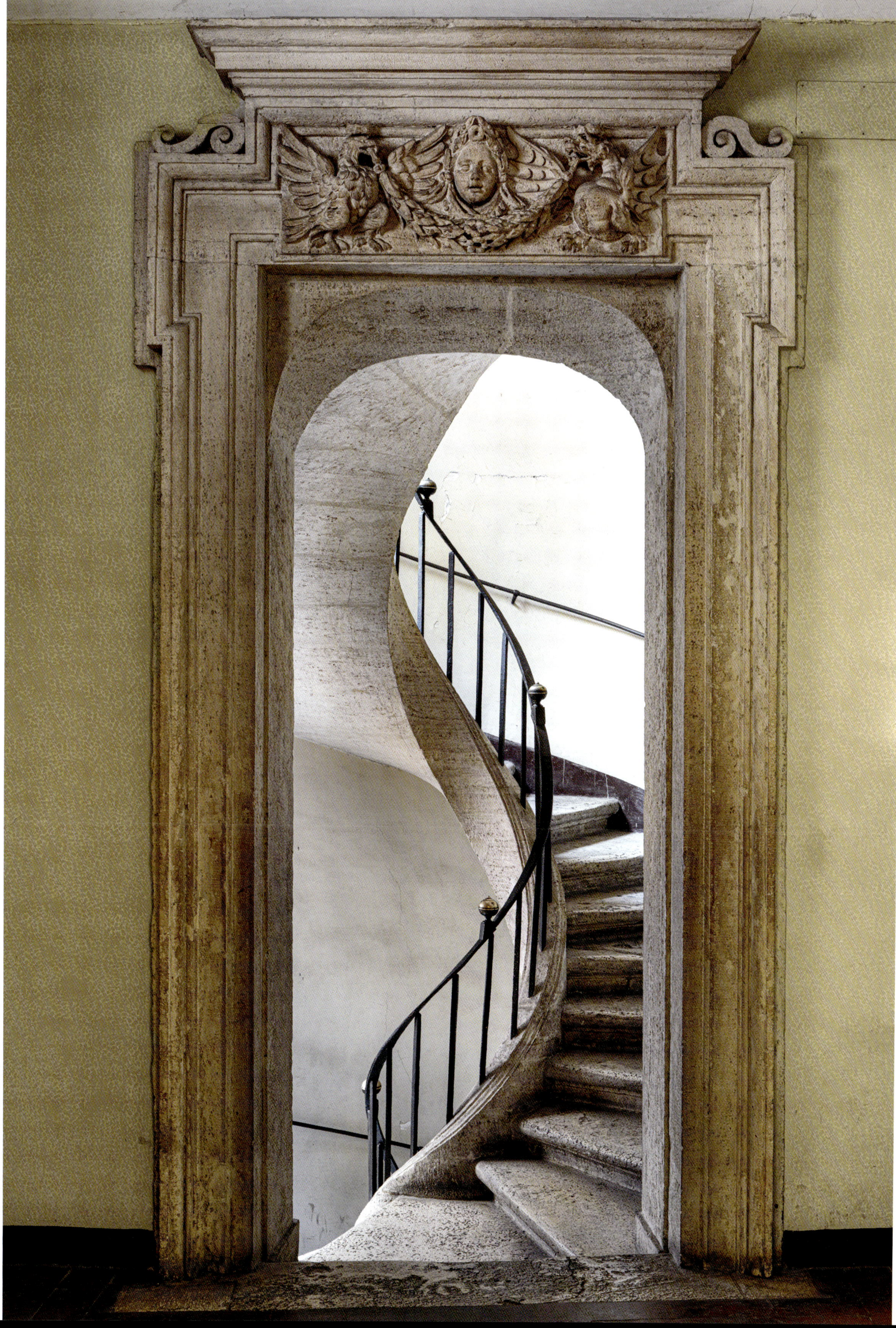

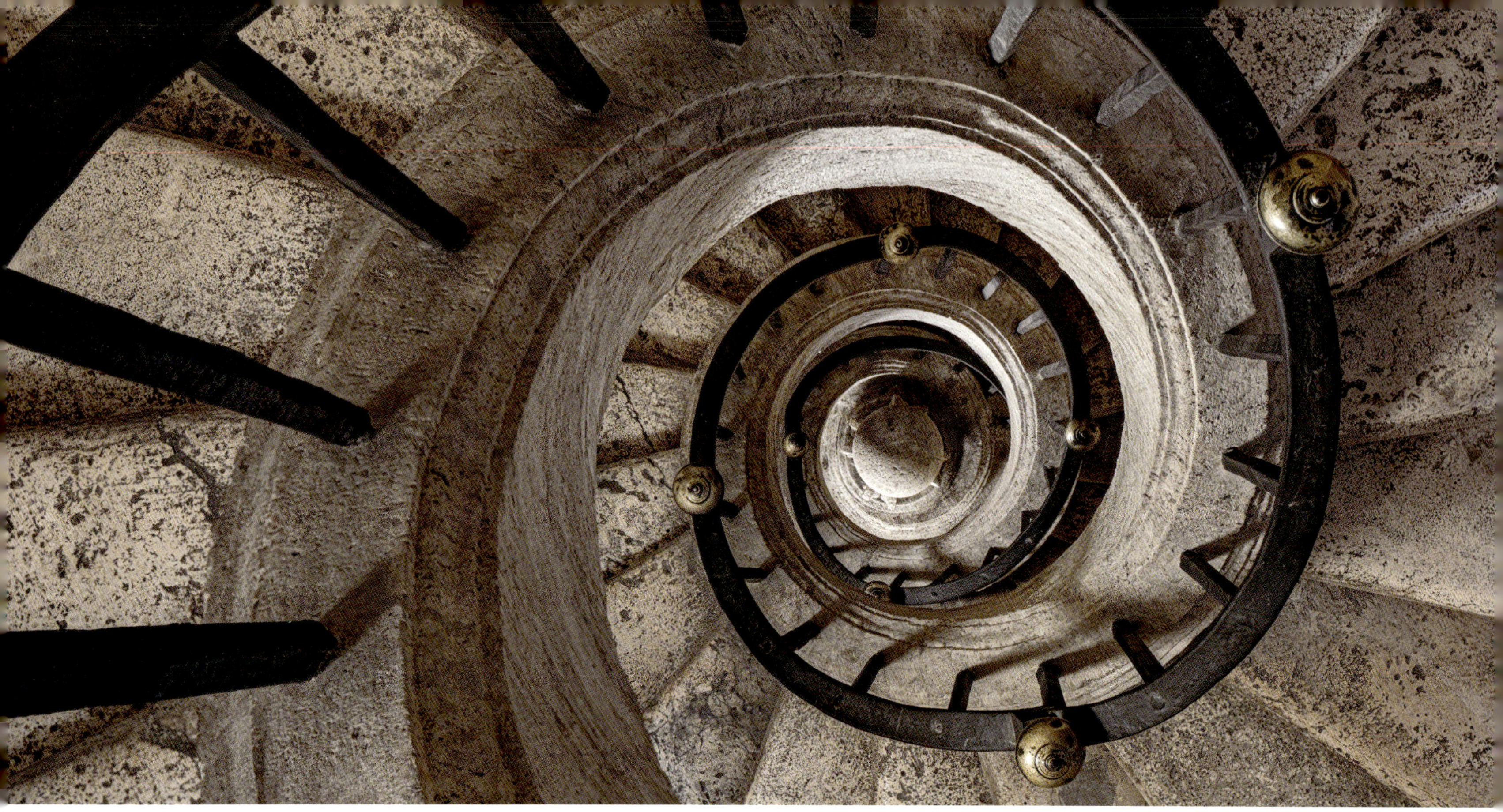

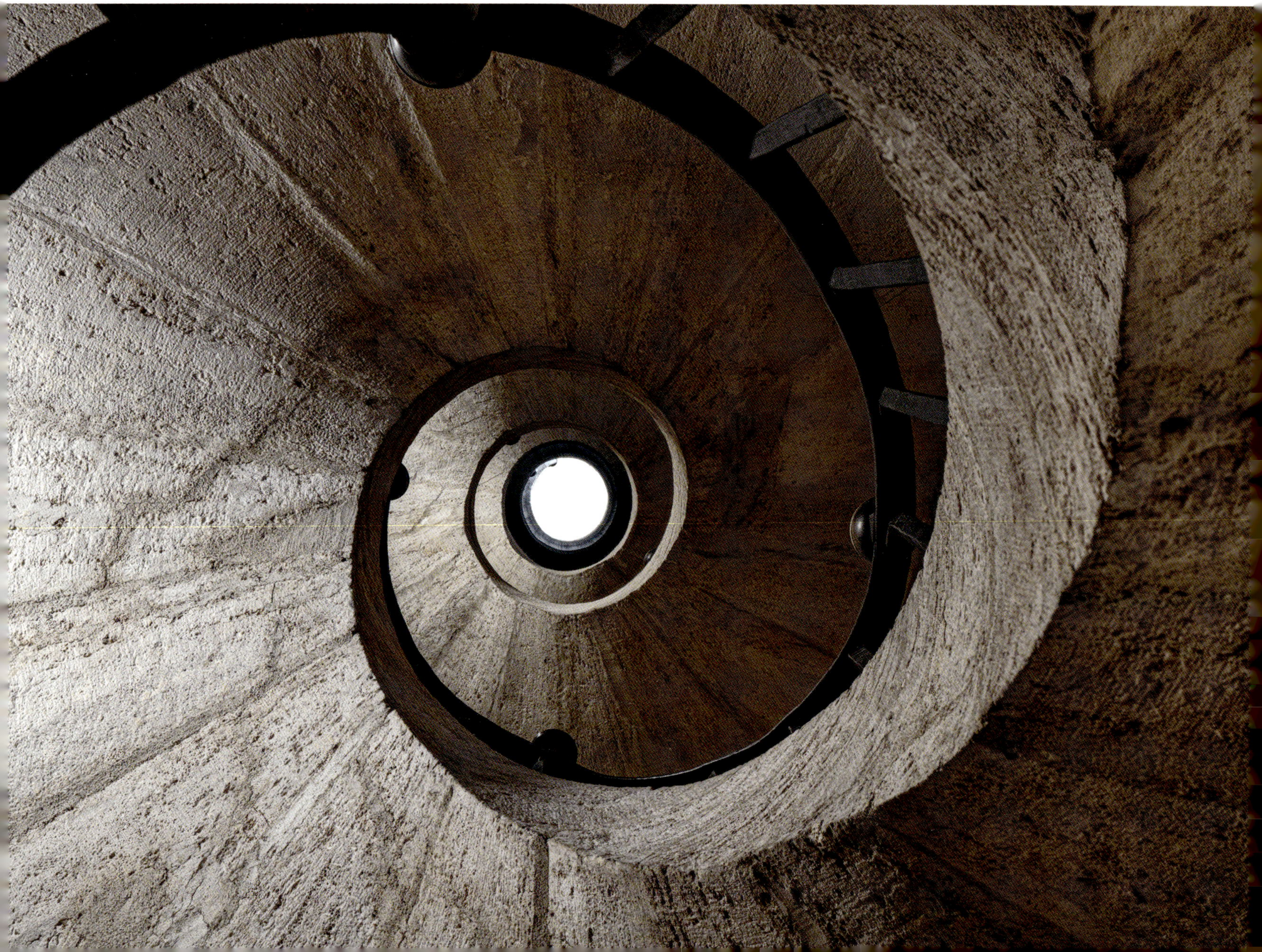

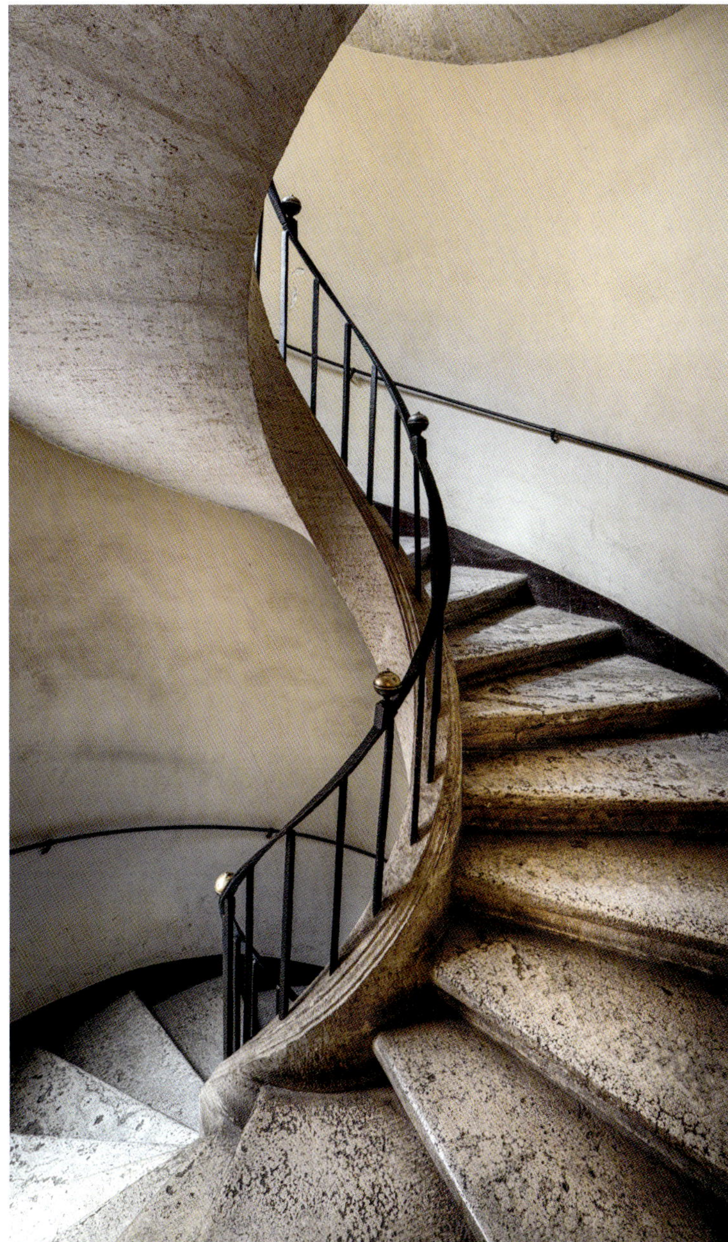

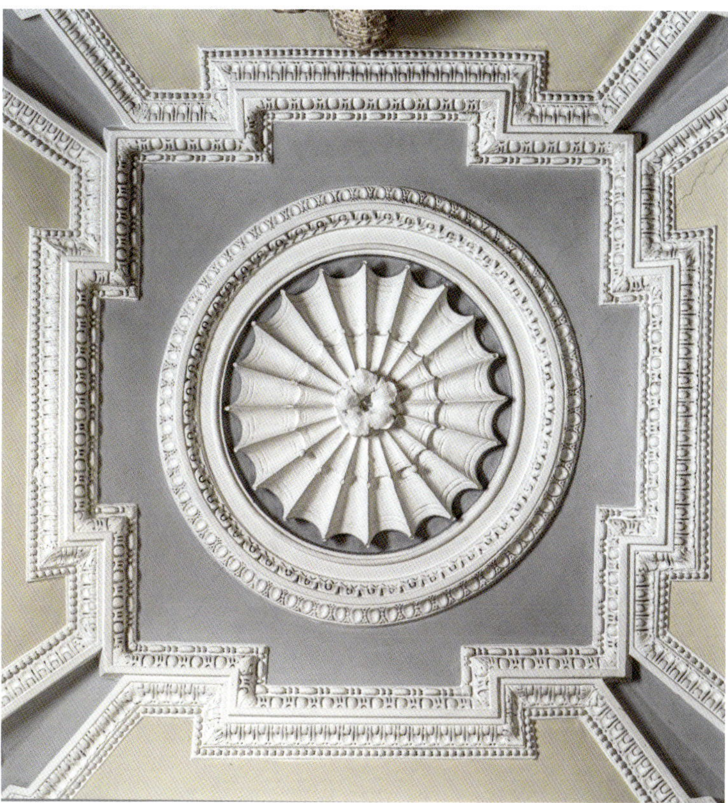

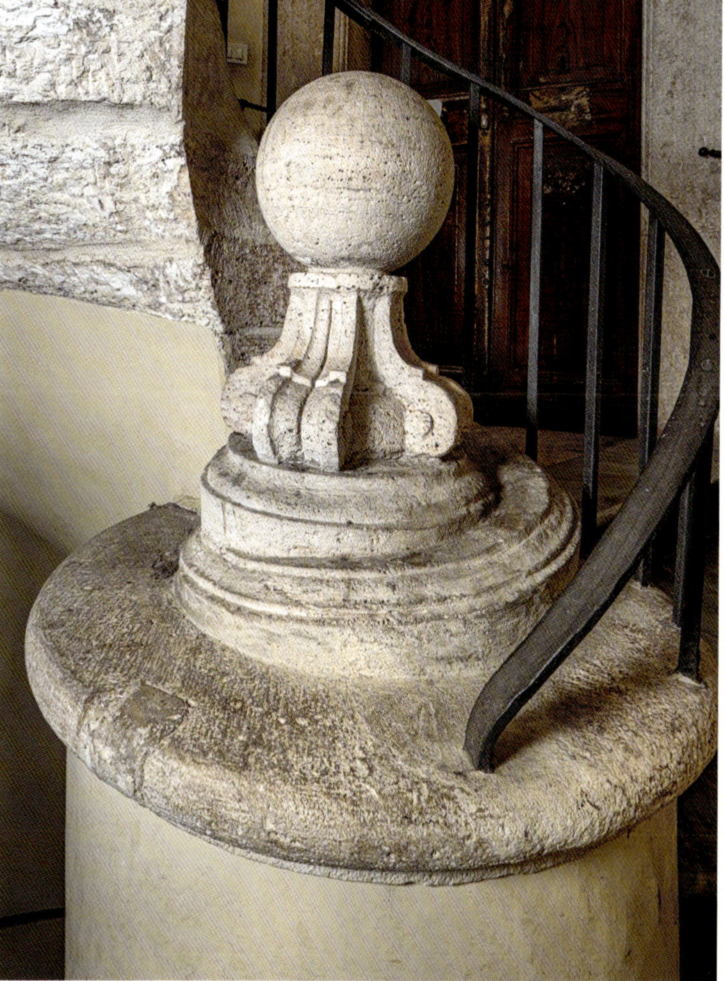

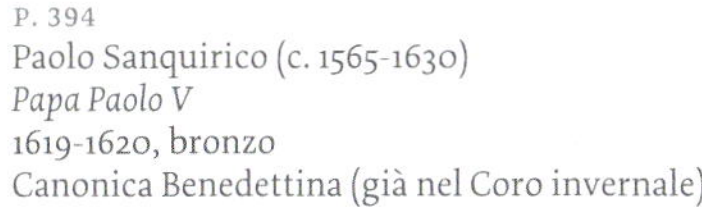

P. 394
Paolo Sanquirico (c. 1565-1630)
Papa Paolo V
1619-1620, bronzo
Canonica Benedettina (già nel Coro invernale)

PP. 395-397
Flaminio Ponzio (1560-1618)
Scala Elicoidale
1605-1608, marmo, travertino e ottone
Palazzo della Canonica Paolina

P. 394
Paolo Sanquirico (ca. 1565-1630)
Pope Paul V
1619-1620, bronze
Benedictine Canonry (formerly in the Winter Choir)

PP. 395-397
Flaminio Ponzio (1560-1618)
Spiral Staircase
1605-1608, marble, travertine and brass
Palace of the Pauline Canonry

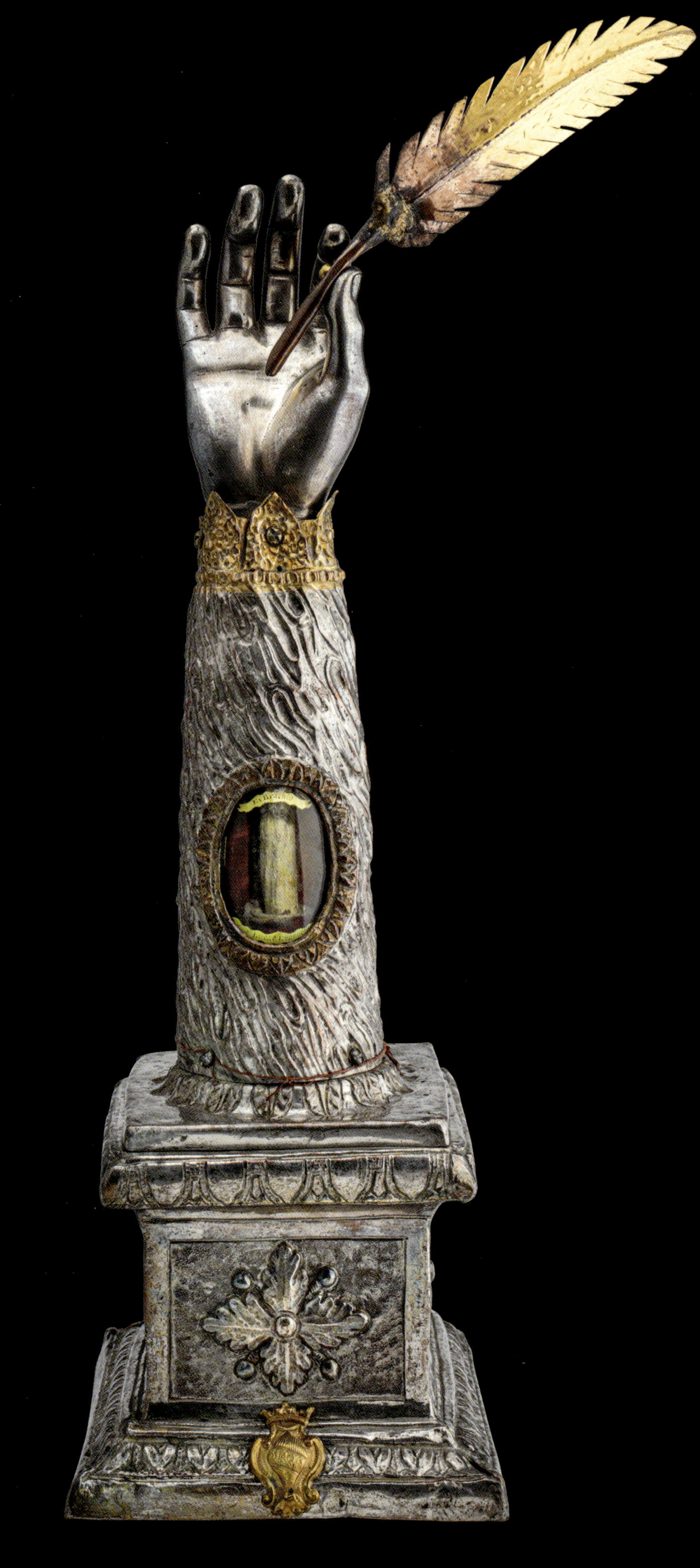

IL MUSEO

THE MUSEUM

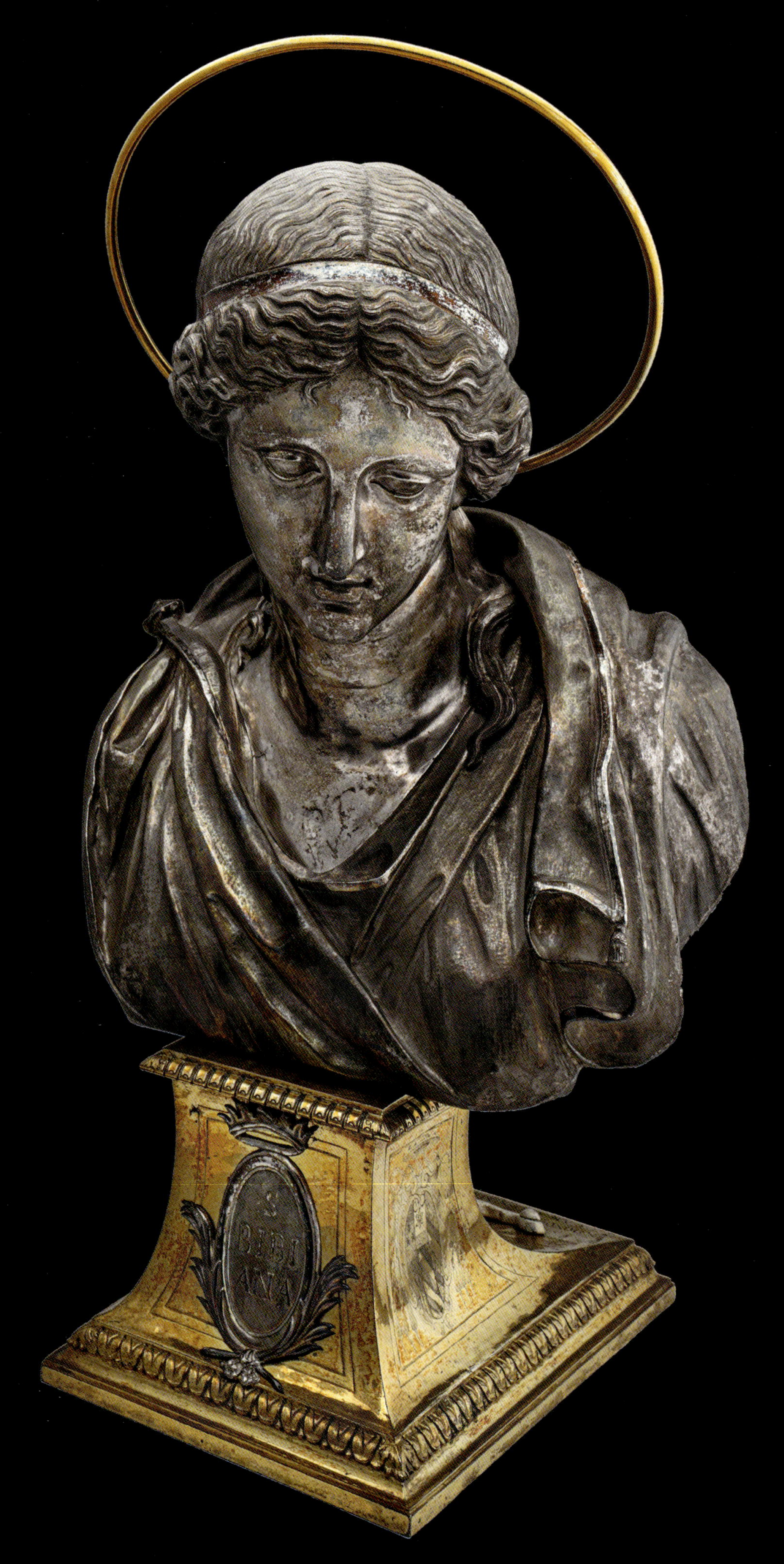

Il Museo

Andreas Raub

Il Museo della Basilica Papale di Santa Maria Maggiore custodisce un'eccellente varietà di arredi ecclesiastici, mobilia, paramenti, addobbi, suppellettili, dipinti e stampe, legati alla liturgia, alla storia e all'identità del primo santuario mariano in Occidente. Ogni oggetto è integrato al racconto della Basilica, luogo di culto della *plebs Dei*, invocata sull'arco trionfale da ormai milleseicento anni.

A partire da Sisto III (432-440), Santa Maria Maggiore è stata destinataria prediletta di lasciti suntuari e doni artistici, non solo da parte dei pontefici, ma anche di nobili, sovrani, tra cui i re di Spagna, arcipreti, cardinali e laici. Dunque, la Basilica, oggi monumento unificato e coerente, si compone di diversi strati storici, ognuno dotato di un proprio specifico spessore. Un analogo processo di stratificazione interessa anche la collezione museale. Le memorie artistiche custodite nel museo rispecchiano, tuttavia, anche le vicende politiche e sociali della città. Nonostante l'elevato rango del santuario e l'importanza dei loro mecenati, molte di esse rimangono solo documentabili nelle carte dell'archivio. Per esempio, la maggior parte delle suppellettili del Medioevo e del Rinascimento è andata persa durante il Sacco di Roma del 1527. Svariati oggetti della ricca collezione di argenteria e oreficeria del Sei e Settecento, inoltre, furono sottratti in seguito al Trattato di Tolentino del 1797. Decine di preziosi reliquiari, in argento o oro, ornati con pietre preziose, suppellettili *ex voto* donate dai pontefici alla *Salus Populi Romani* e numerosi calici furono fusi, dunque persi in modo irrecuperabile. L'articolo 12 del Trattato costrinse papa Pio VII a pagare "alla Repubblica Francese in contanti, diamanti e altro valore la somma di 15 milioni di lire tornesi di Francia, dei quali dieci milioni dentro il mese di Marzo e cinque milioni nel mese di Aprile prossimo". Un confronto degli inventari pre e post 1797 dimostra l'enorme perdita, conseguenza del dettato. Ma, allo stesso tempo, dimostra che ai sequestri del tardo Settecento seguirono nuove commissioni e donazioni all'inizio dell'Ottocento, realizzate dai più importanti argentieri romani dell'epoca, come Giuseppe Valadier (1762-1839) o Pietro Paolo Spagna (1793-1861).

Un esempio dei preziosi manufatti, sopravvissuto agli anni turbolenti del periodo napoleonico e della Repubblica Romana, è il *Busto*

P. 398
Orafo anonimo
Reliquiario del braccio di San Luca Evangelista
XVI/XVII sec., argento, cristallo di rocca
Museo

P. 400
Pietro Gentili (1563-1626)
Busto di Santa Bibiana
1609, argento cesellato (la base è del XVIII sec.)
Museo

The Museum

Andreas Raub

The Museum of the Papal Basilica of Santa Maria Maggiore holds an excellent variety of ecclesiastical furnishings, vestments, ornaments, paintings, and prints, all deeply connected with the liturgy, history, and identity of the first Marian shrine in the West. Each object is integrated in the history of the Basilica, a place of worship of that *plebs Dei* invoked on the triumphal arch for the past sixteen hundred years.

From Pope Sixtus III (432-440) onwards, Santa Maria Maggiore has been the favoured recipient of lavish legacies and artistic gifts, not only from popes, but also nobles, sovereigns – including the kings of Spain – archpriests, cardinals, and lay people. Thus, although the Basilica seems today a unified and coherent monument, it is composed of several historical layers, each with its own specific depth. The museum collection bears witness to this stratification and the artistic testimonies stored there reflect the political and social events of the city. Despite the high status of the shrine and the importance of its patrons, many of its original artworks are now only recorded in the archive papers. For example, most of the medieval and Renaissance ecclesiastical furnishings were lost during the Sack of Rome in 1527. Several objects from the rich collection of silver- and goldwork of the 17th and 18th centuries were also removed after the Treaty of Tolentino in 1797. Dozens of precious reliquaries, in silver or gold, adorned with precious stones, *ex-voto* furnishings donated by the popes to the *Salus Populi Romani*, and numerous chalices were melted down and irretrievably lost. Article 12 of the Treaty forced the Church to pay "to the French Republic in cash, diamonds, and other valuables the sum of 15 million French lire, of which ten million within the month of March and five million within the month of April next." A comparison of the pre- and post-1797 inventories shows the enormous loss due to this dictate. Yet, at the same time, it shows that the seizures of the late 18th century were followed by new commissions and donations in the early 19th century, made by the most important Roman silversmiths of the time, such as Giuseppe Valadier (1762-1839) or Pietro Paolo Spagna (1793-1861).

Among the precious artefacts, which survived the turbulent years of the Napoleonic period and the Roman Republic, is

P. 398
Anonymous goldsmith
Arm Reliquary of Saint Luke the Evangelist
16th-17th century, silver, rock crystal
Museum

P. 400
Pietro Gentili (1563-1626)
Bust of Saint Bibiana
1609, chiselled silver (the base is from the 18th century)
Museum

di Santa Bibiana. La giovane Santa, martirizzata durante il pontificato di papa Liberio (352-366), svolse un ruolo importante per il Capitolo Liberiano, che per secoli fu incaricato della gestione dell'omonima chiesa. Il reliquiario fu commissionato nel 1609, per assecondare le disposizioni testamentarie del canonico Girolamo Manili, al maestro di oreficeria e argenteria Pietro Gentili (1563-1626), assaggiatore della Zecca pontificia, per contenere la calotta della Santa. Gentili raffigura la giovane in atteggiamento calmo e meditativo e con un'espressione rilassata e imperturbabile. Attraverso i suoi riferimenti classici, quali il panneggio della tunica, fermato da una fibula, la capigliatura a ciocche e il profilo ellenistico, rappresenta il più immediato precedente iconografico per la statua berniniana, sull'altare della chiesa romana dedicata alla stessa.

Gian Lorenzo (1598-1680) si formò in stretto rapporto con gli artisti del cantiere paolino, di cui il padre faceva parte. Il legame della famiglia Bernini con la Basilica è documentato dalla loro tomba a pavimento posta al termine della navata di destra, al cui interno fu ritrovato, nel 1931, il frammento di uno spadino. Del prezioso cimelio, simbolo onorifico per i Cavalieri del Supremo Ordine di Cristo, sono rimasti l'attacco della lama in acciaio e l'impugnatura lignea rivestita in filigrana bronzea. L'elsa del medesimo materiale termina con un pomo in ottone dorato.

Fortunatamente, anche il prezioso corredo di cartagloria di Luigi Valadier (1726-1785) è sopravvissuto alla fusione. Luigi era l'esponente più illustre di una famiglia di argentieri di origine francese che a Roma mantenne il primato nell'arte per un intero secolo. Dopo aver lavorato in Basilica già in vista del Giubileo del 1750 con il padre Andrea Valadier (1695-1759), fu chiamato dal Principe Borghese e dalla consorte Agnese Colonna tra il 1759 e il 1762 per eseguire un nuovo altare nella Cappella Paolina. Il servizio di cartagloria fa parte di questa commissione. Si tratta di un corredo d'altare che reca alcuni testi invariabili della Messa Tridentina. La targa centrale contiene al centro le parole dell'istituzione, il *Gloria*, il *Credo* e altri testi liturgici. Le due carteglorie laterali contengono, a destra (*cornu Epistolae*), il testo del *Lavabo* e la formula della *Benedizione dell'acqua*, a sinistra (*cornu Evangelii*), l'inizio del *Vangelo secondo Giovanni*, *"In principio erat Verbum"*, letto in chiusura della messa. Valadier esalta i sacri testi tramite una cornice in contrasto con l'argento dorato e col blu lapislazzuli, entrambi materiali presenti nell'altare della Cappella Paolina. Ogni carta è simmetricamente strutturata e movimentata da graziose ondulazioni ramificate in riccioli; i tralci di vite rimandano al mistero dell'eucaristia. L'opera costituisce un esempio straordinario di un rococò romano sofisticato ed equilibrato, elaborato dalla bottega Luigi Valadier di Via del Babuino.

Nel 1785, a ventitré anni, suo figlio Giuseppe Valadier divenne erede della bottega. Oltre che importante architetto papale, Giuseppe fu artigiano chiave nella produzione di argenteria e

P. 403
In alto: *Spadino di Gian Lorenzo Bernini* (frammento)
sec. XVII, acciaio, bronzo con oro, legno e rame
In basso: *Tomba di Pietro e Gian Lorenzo Bernini*
Basilica, navata destra, presso l'Altare maggiore

the *Bust of Saint Bibbiana*. The young Saint, martyred during the pontificate of Pope Liberius (352-366), played an important role for the Basilica Chapter, which for centuries was in charge of the running the said church. The reliquary was commissioned in 1609, to comply with the testamentary dispositions of Canon Girolamo Manili, that the master goldsmith and silversmith Pietro Gentili (1563-1626), assayer of the Papal Mint, to make a vessel for the saint's skull. Gentili depicts the young woman in an attitude of calm and meditation and with a relaxed and imperturbable expression. The drapery of the tunic, fastened by a fibula, the locks of hair, and the Hellenistic profile provided the most immediate iconographic model for Bernini's statue on the altar of the Roman church dedicated to her.

Gian Lorenzo (1598-1680) was trained in close contact with the artists of the Pauline projects at the Basilica, in which his own father participated. The Bernini family's connection with the Basilica is documented by their tomb at the end of the right aisle, in which a fragment of a rapier was found in 1931. Of this precious relic, an honorary symbol for the Knights of the Supreme Order of Christ, remain the attachment for the steel blade and the wooden guard plated in filigree bronze. The hilt of the same material terminates in a gilded brass pommel.

Fortunately, the valuable silverware by Luigi Valadier (1726-1785) also survived the melting pot. Luigi was the most illustrious exponent of a family of silversmiths of French origin who dominated the art in Rome for an entire century. After working in the Basilica for the Jubilee of 1750 with his father Andrea Valadier (1695-1759), he was called upon by Prince Borghese and his consort Agnese Colonna between 1759 and 1762 to construct a new altar in the Cappella Paolina. A suite of *cartagloria* was part of the commission, that is decorative metal frames enclosing excerpts from the invariable Tridentine Mass. The central cartouche contains the words of the institution, the *Gloria*, the *Creed*, and other liturgical texts; the two lateral ones contain, on the right (*cornu Epistolae*), the text of the *Lavabo* and the formula of the *Blessing of the Water*, and on the left (*cornu Evangelii*), the beginning of the *Gospel according to John*, *"In principio erat Verbum,"* read at the close of the Mass. Valadier enhanced the sacred texts with contrasting frames of gilt silver and blue lapis lazuli, both materials that appear on the altar aedicule of the Cappella Paolina. Each panel is symmetrically structured and enlivened by graceful undulations that branch out in curls; the vine shoots refer to the mystery of the Eucharist. This work is an extraordinary example of a sophisticated and balanced Roman rococo, designed by the workshop of Luigi Valadier in the Via del Babuino.

When he was twenty-three years old, in 1785, Luigi's son Giuseppe Valadier became heir to the workshop. In addition to being an important papal architect, Giuseppe was a key craftsman in the production

P. 403
Above: *Dagger of Gian Lorenzo Bernini* (fragment)
17th century, steel, bronze with gold, wood and copper
Below: *Tomb of Pietro and Gian Lorenzo Bernini*
Basilica, right aisle, close to the High Altar

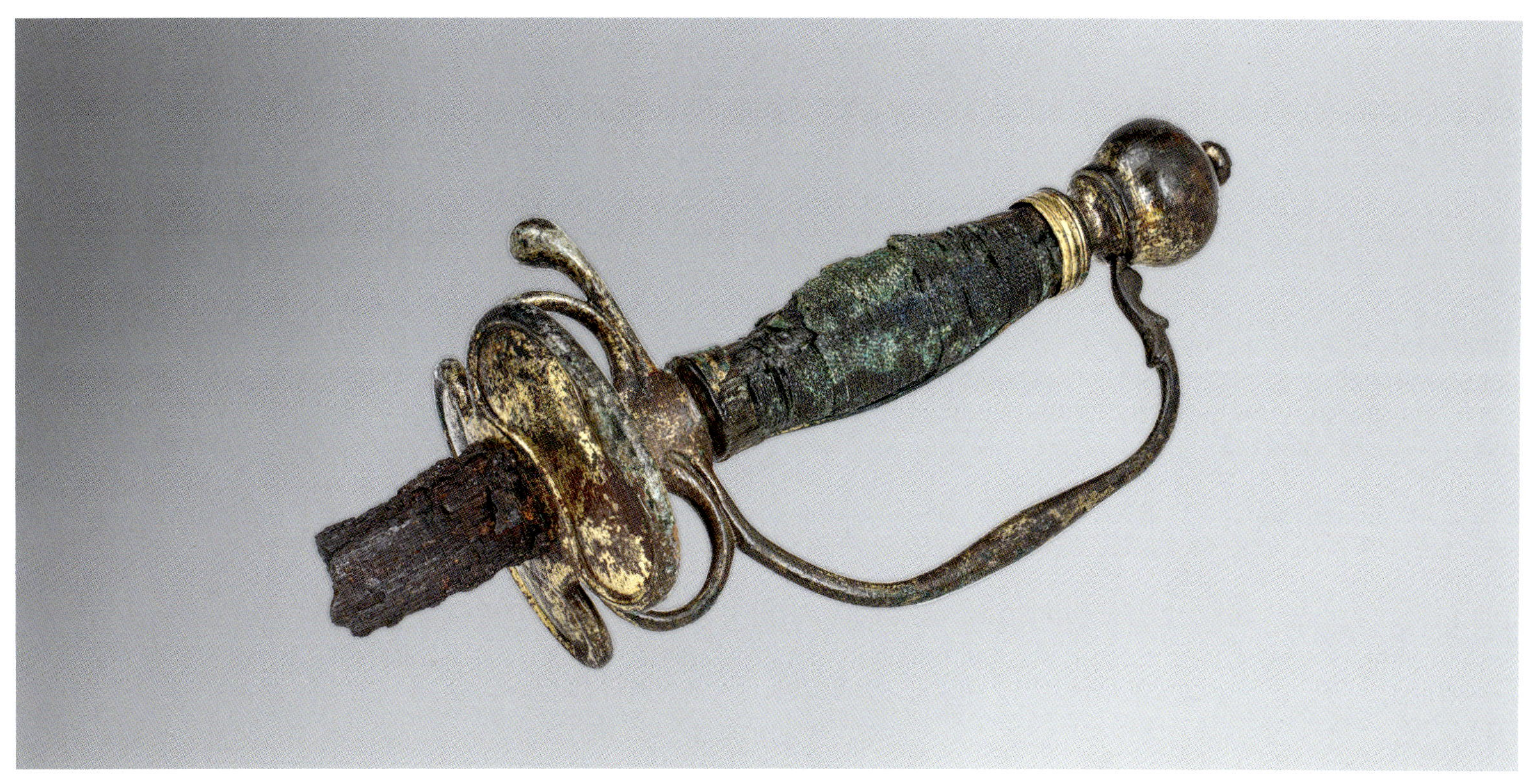

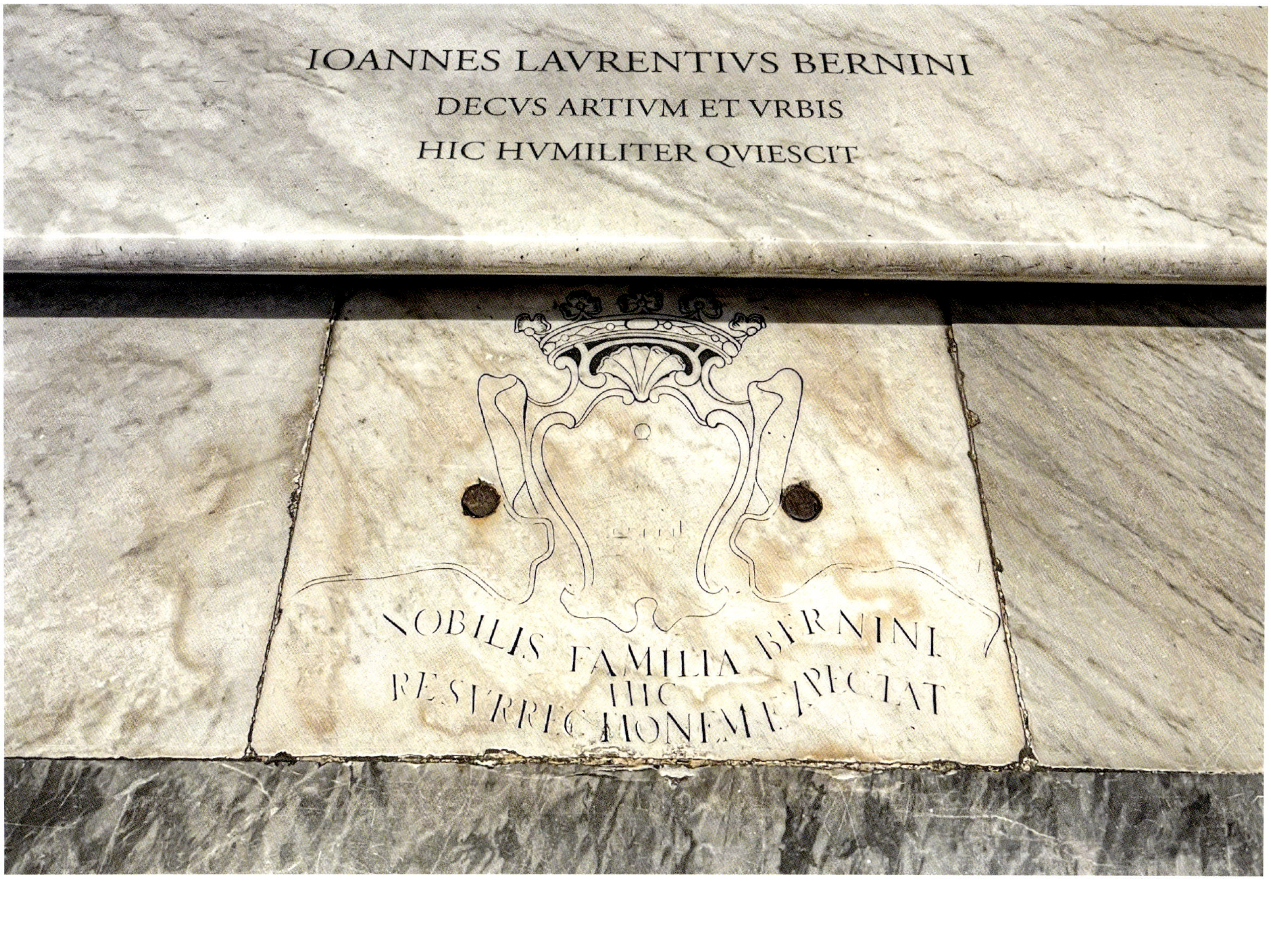

IOANNES LAVRENTIVS BERNINI
DECVS ARTIVM ET VRBIS
HIC HVMILITER QVIESCIT
NOBILIS FAMILIA BERNINI
HIC
RESVRRECTIONEM EXPECTAT

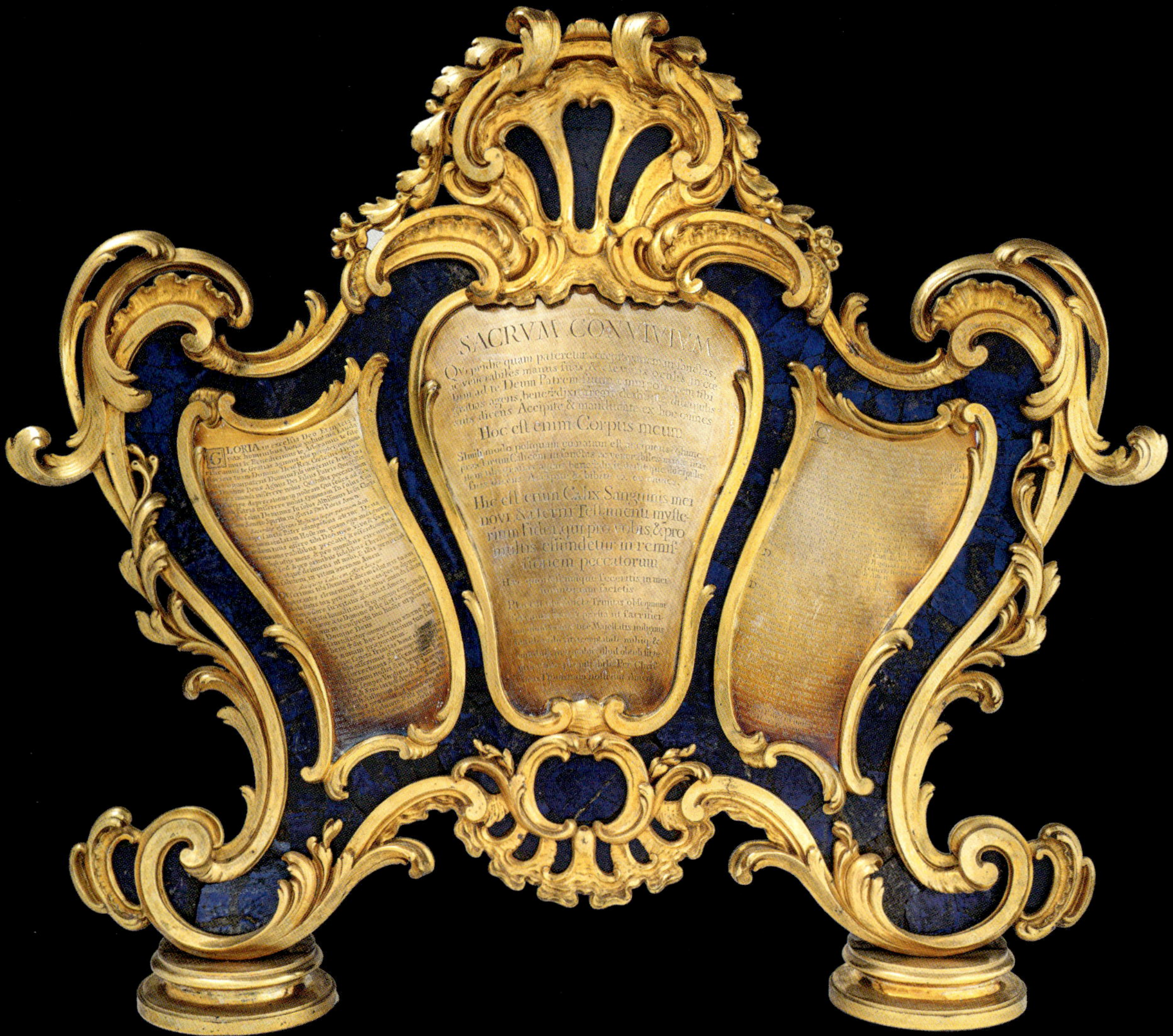

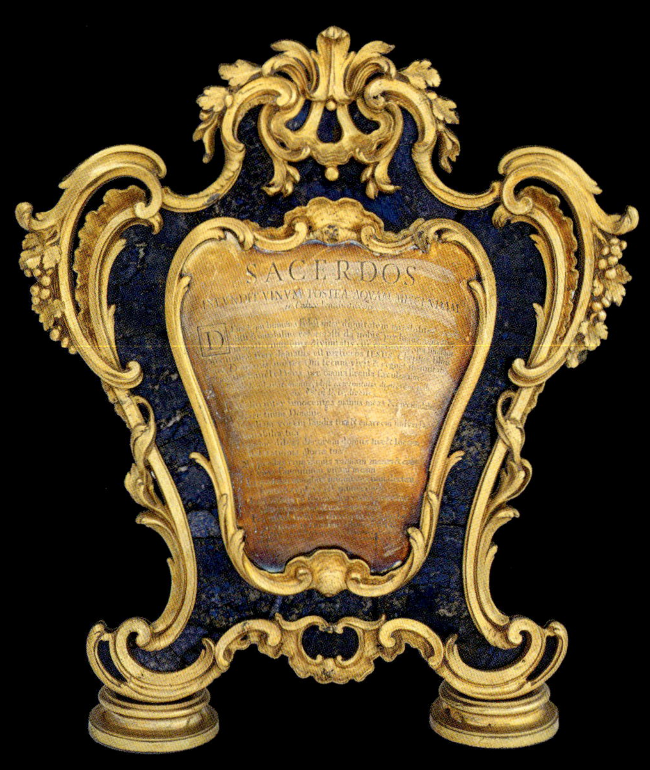
SACERDOS

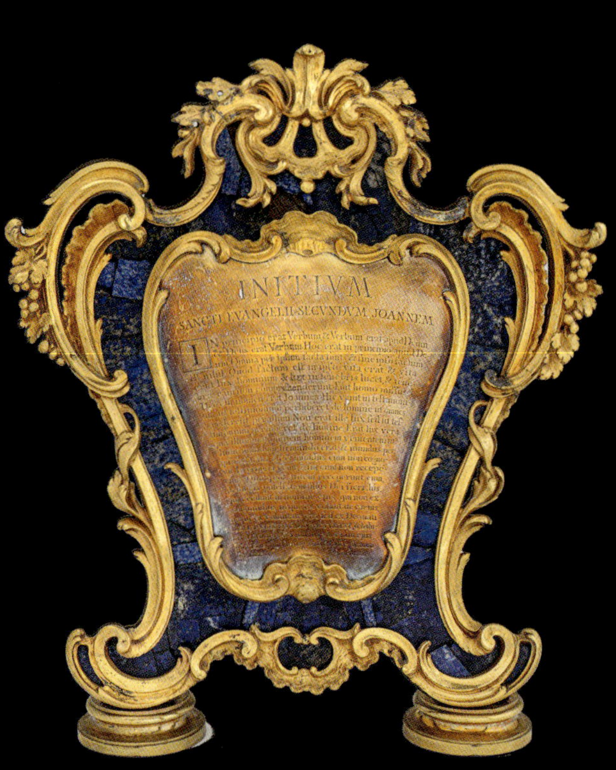
INITIVM

oreficeria a Roma nei primi decenni dell'Ottocento. Già incaricato nel 1797 da Pio VI (1775-1799) quale responsabile dell'operazione di consegna del tributo stabilito dal Trattato di Tolentino alla Repubblica Francese, divenne protagonista del "rinascimento" dell'oreficeria nel periodo successivo.

Nel 1802, finanziato dalla duchessa di Villahermosa, María Manuela Pignatelli y Gonzaga, eseguì il nuovo reliquiario per la *Sacra Culla* su commissione di Pio VII. Così facendo, la nobildonna spagnola emulò la Regina di Spagna Margherita, illustre mecenate del reliquiario precedente, anch'esso perduto a causa della fusione. Valadier concepì un alto reliquiario, composto da due parti, poiché la reliquia, con le parole dello stesso, doveva essere "posta alla pubblica venerazione con la massima pompa ecclesiastica in detta Basilica nella notte e successivo giorno di Natale" (Valadier 1833, p. 27). Mentre la custodia in cristallo fu traslata nel 1864 nella *confessio* sotto l'Altare maggiore, il suo basamento si conserva al museo. La base rettangolare del reliquiario è costituita da un piedistallo ornato, rivestito da quattro bassorilievi in argento. La lastra centrale – unico esempio superstite – rappresenta l'*Adorazione dei Pastori*. La figura del Bambino benedicente, presente anche sul reliquiario seicentesco, i bassorilievi e i quattro cherubini agli angoli sono opera dello scultore romagnolo Luigi Acquisti (1745-1823). Il reliquiario, utilizzabile anche come fercolo di processione, allude all'iconografia dell'Arca dell'Alleanza, custodia dei Comandamenti dell'*Antico Testamento*. La *Sacra Culla*, secondo una tradizionale lettura tipologica, rappresenta così una nuova arca: lo scrigno del nuovo comandamento di Dio, incarnato nella figura del Divin Bambino.

La produzione di preziosi manufatti metallici dall'ambito della bottega di Valadier continuò a Santa Maria Maggiore con l'attività degli argentieri Pietro Paolo Spagna e suo padre Giuseppe Spagna (1765-1839). Quest'ultimo, cognato di Giuseppe Valadier, divenne nel 1827 erede della ormai storica bottega Valadier ed eseguì preziose suppellettili, come l'elegante reliquiario per i Capelli della Vergine Maria in argento e cristallo di rocca ed elaborati calici.

Secondo una tradizione risalente al tempo di Paolo V Borghese (1605-1621), il Comune di Roma offre ogni anno, in occasione della festa della Traslazione della *Salus Populi Romani*, un calice *ex voto* in onore dell'icona, Palladio della città intera. Molti dei calici custoditi al museo, benché risalenti al periodo post-Tolentino, sono entrati a far

of silver- and goldwork in Rome during the first decades of the 19th century. having already been assigned in 1797 by Pius VI (1775-1799) with the responsibility of delivering the tribute to the French Republic demanded by the Treaty of Tolentino, he became the protagonist of the 'renaissance' of goldsmithing in the following period.

In 1802, funded by the Duchess of Villahermosa, María Manuela Pignatelli y Gonzaga, he executed the new reliquary for the *Holy Crib* on the commission of Pius VII. In so doing, the Spanish noblewoman emulated Queen Margarita of Spain, the illustrious patron of the previous reliquary, which had also been melted down. Valadier now conceived a tall reliquary, composed of two parts, because the relic, in his words, was to be "placed for public veneration with the utmost ecclesiastical pomp in the said Basilica on Christmas Eve and the following Christmas Day" (Valadier 1833, p. 27). Although the crystal case was moved to the *confessio* under the High Altar in 1864, its base now resides in the museum. The rectangular base of the reliquary is formed of an ornate pedestal, covered with four silver bas-reliefs. The central plate – the only remaining example – depicts the *Adoration of the Shepherds*. The figure of the Blessing Child, also present on the 17th-century reliquary, the bas-reliefs and four cherubs in the corners are the work of the sculptor from the Romagna Luigi Acquisti (1745-1823). The reliquary, which can also be used as a carriage in procession, alludes to the iconography of the Ark of the Covenant, the vessel of the *Old Testament* Commandments. The *Holy Crib*, according to a traditional typological interpretation, thus represents a new ark: the casket of God's new commandment, embodied in the figure of the Divine Child.

Such production of precious metal artefacts from Valadier's workshop continued at Santa Maria Maggiore with the activity of silversmiths Pietro Paolo Spagna and his father Giuseppe Spagna (1765-1839). The latter, Giuseppe Valadier's brother-in-law, became heir to the now historic Valadier workshop in 1827 and made precious liturgical furnishings, such as the elegant reliquary for the hair of the Virgin Mary in silver and rock crystal, as well as elaborate chalices.

According to a tradition dating back to the time of Paul V Borghese (1605-1621), every year on the feast of the Translation of the *Salus Populi Romani*, the City of Rome offers an *ex voto* chalice in honour of the icon, the Palladium of the entire city. Many of the chalices kept in the museum, although dating back to the

P. 404
Luigi Valadier (1726-1785)
Corredo di Cartagloria
1762, argento, lapislazzuli

P. 406
Giuseppe Valadier (1762-1839) e Luigi Acquisti (1745-1823)
Base per il reliquiario della Sacra Culla
1802, legno, argento cesellato, ottone

P. 407
Giuseppe Spagna (1765-1839)
Reliquiario dei Capelli della Madonna
1800-1825 circa, bronzo dorato, argento, cristallo e lapislazzuli

P. 408
Pietro Paolo Spagna (1793-1861)
Calice
1825, oro

P. 409
Fortunato Pio Castellani (1794-1865)
Calice
1845, oro, diamanti e pietre preziose

P. 404
Luigi Valadier (1726-1785)
Cartagloria
1762, silver, lapis lazuli

P. 406
Giuseppe Valadier (1762-1839) and Luigi Acquisti (1745-1823)
Base for the Reliquary of the Holy Crib
1802, wood, chiselled silver, brass

P. 407
Giuseppe Spagna (1765-1839)
Reliquary of the Hair of the Virgin Mary
1800-1825 ca., gilded bronze, silver, crystal and lapis lazuli

P. 408
Pietro Paolo Spagna (1793-1861)
Chalice
1825, gold

P. 409
Fortunato Pio Castellani (1794-1865)
Chalice
1845, gold, diamonds and precious stones

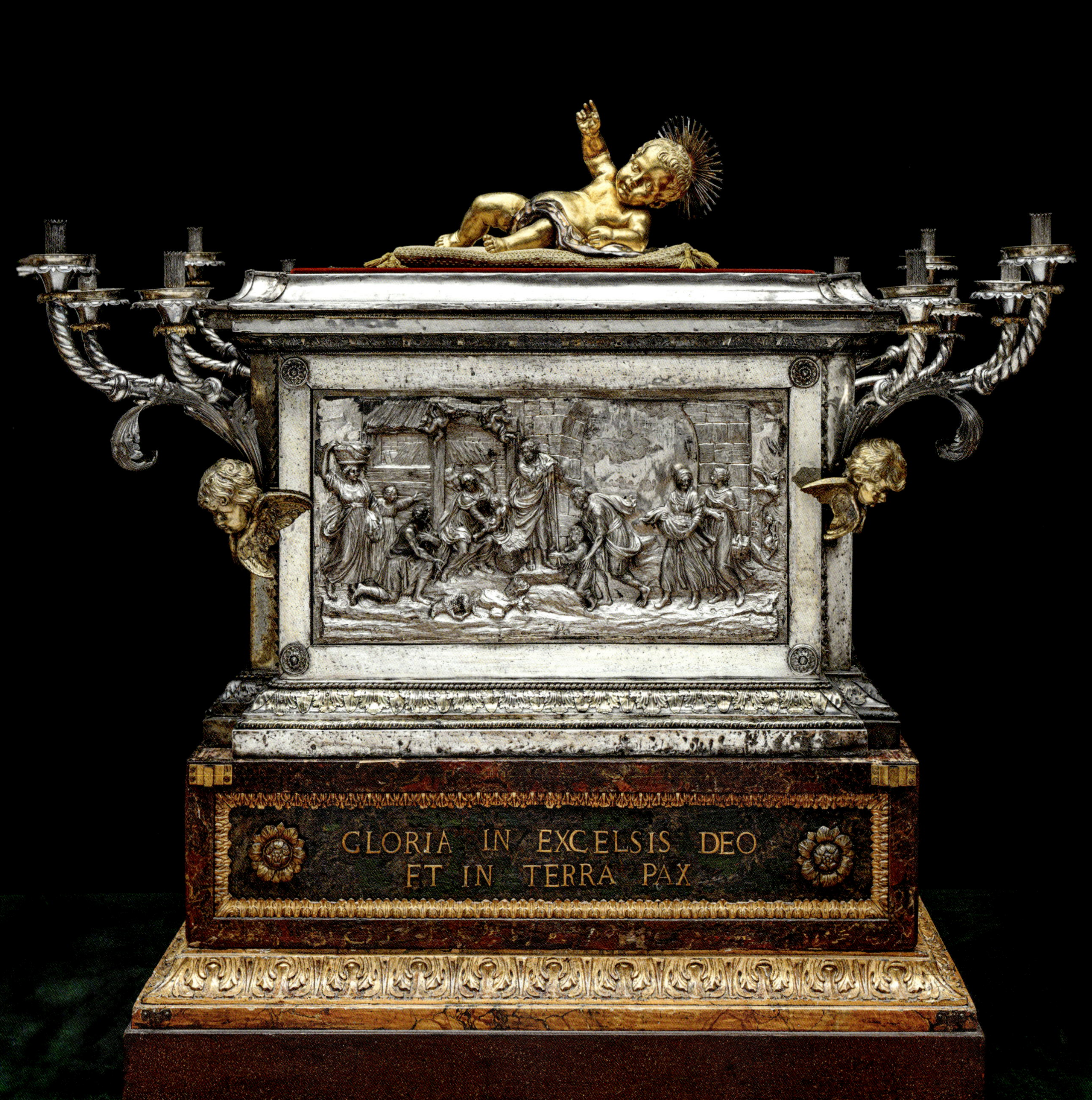
GLORIA IN EXCELSIS DEO
ET IN TERRA PAX

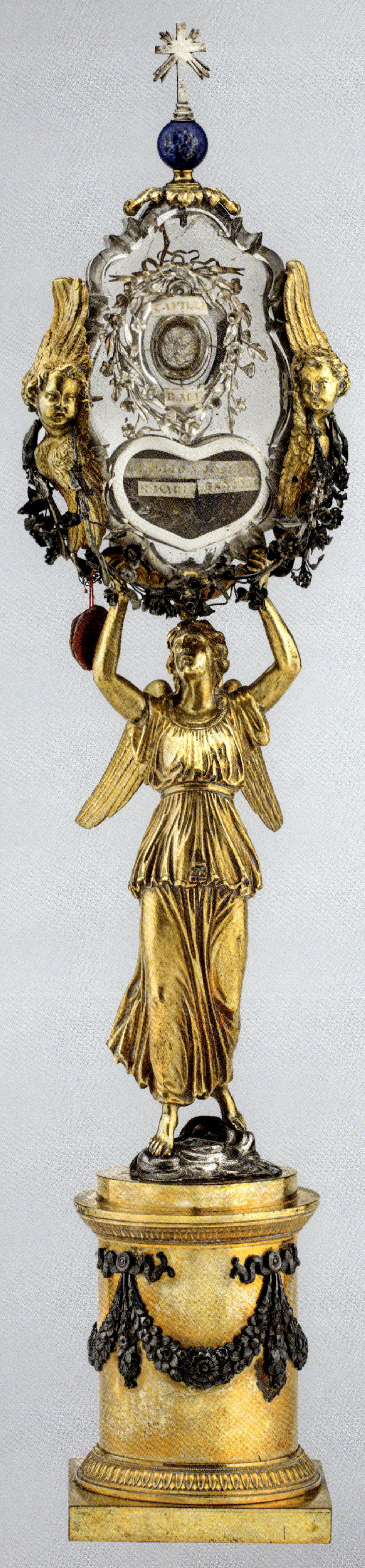

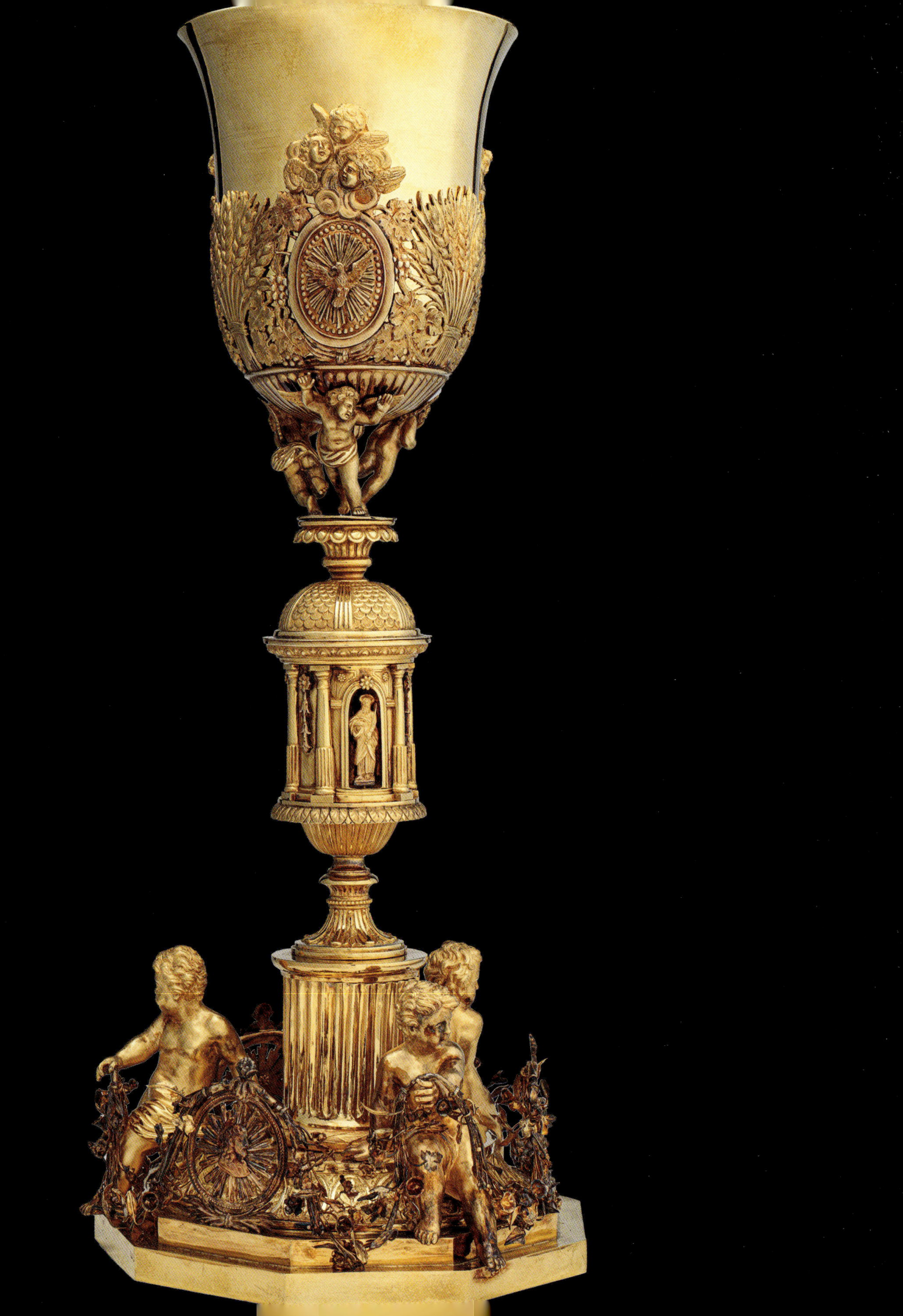

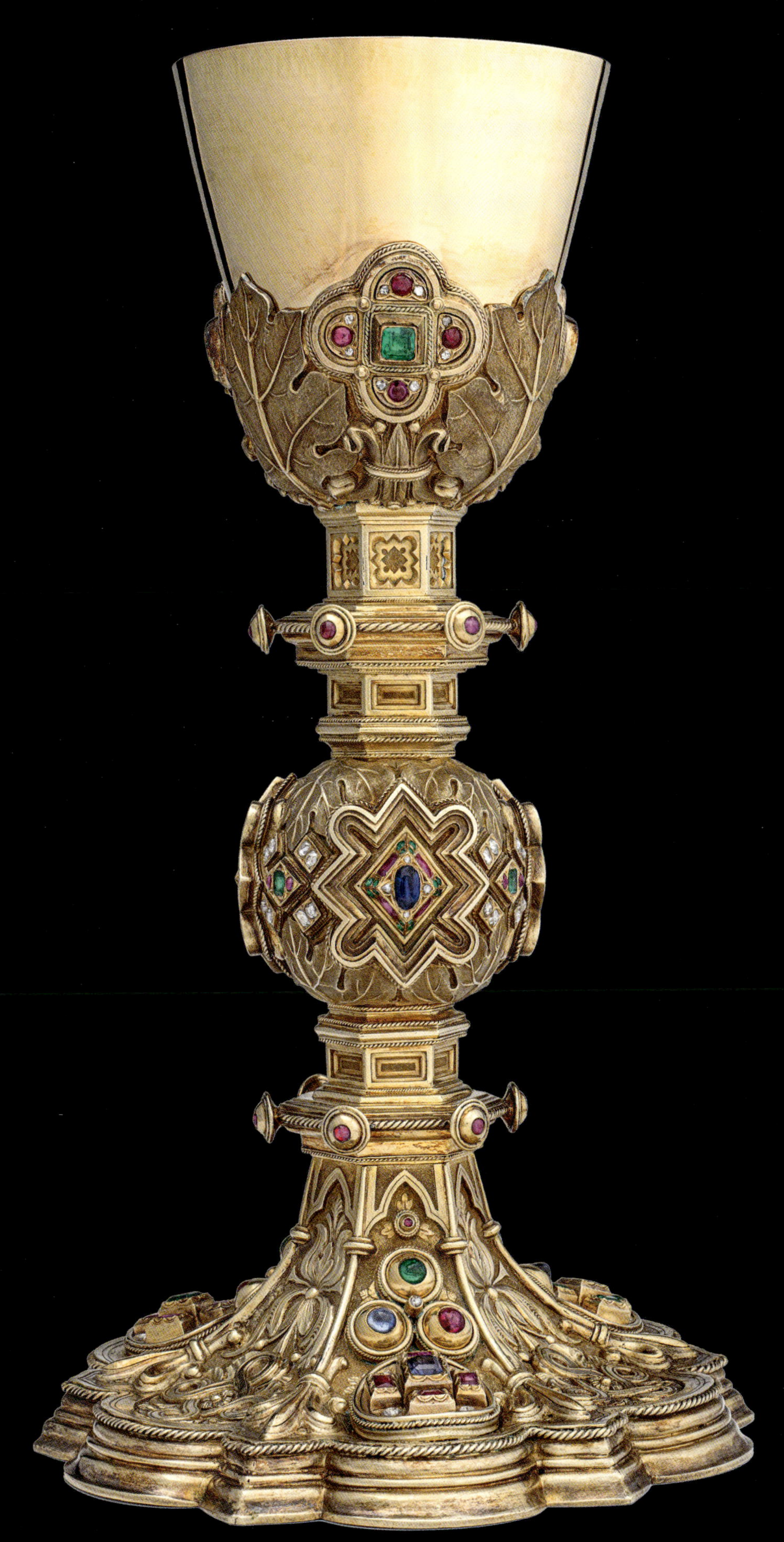

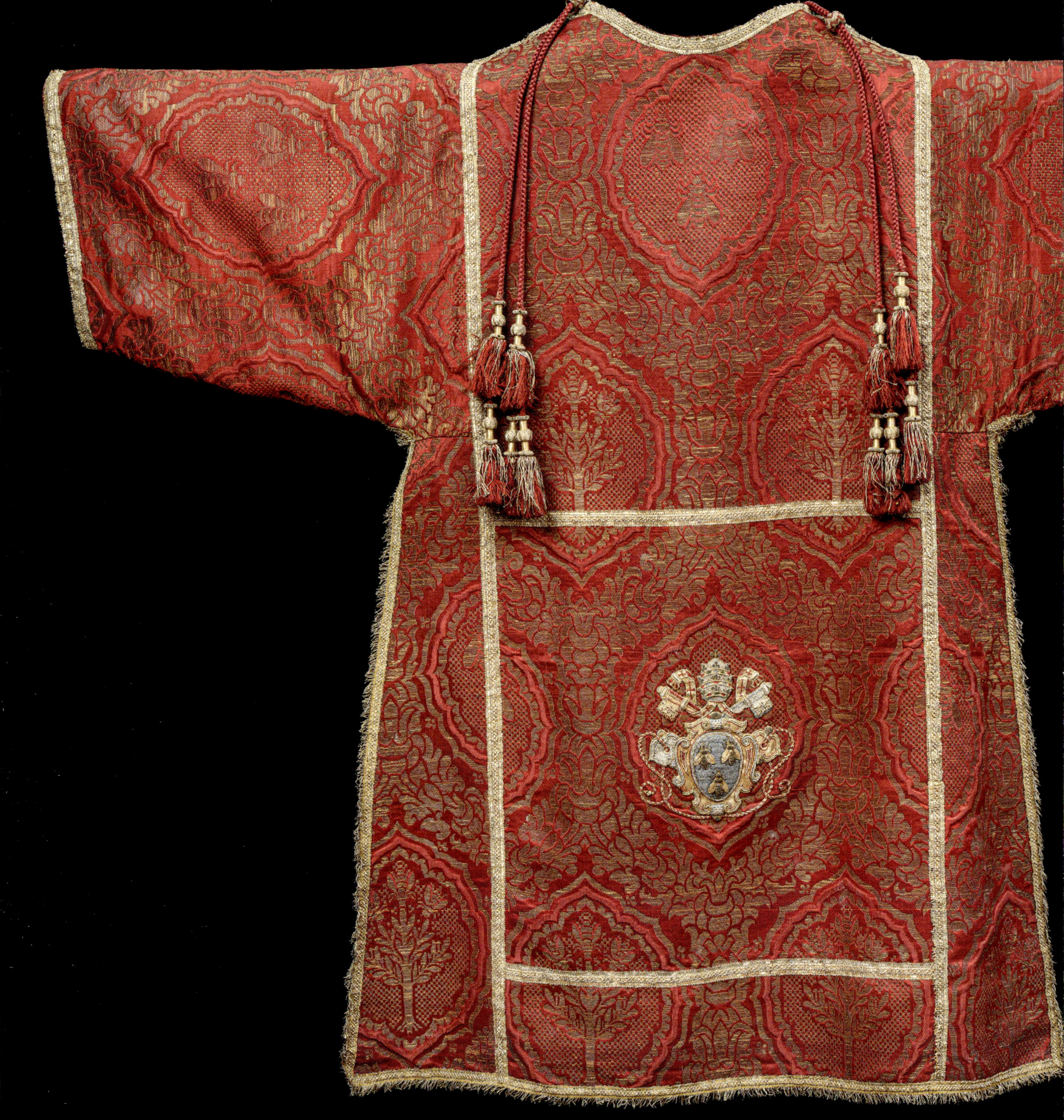

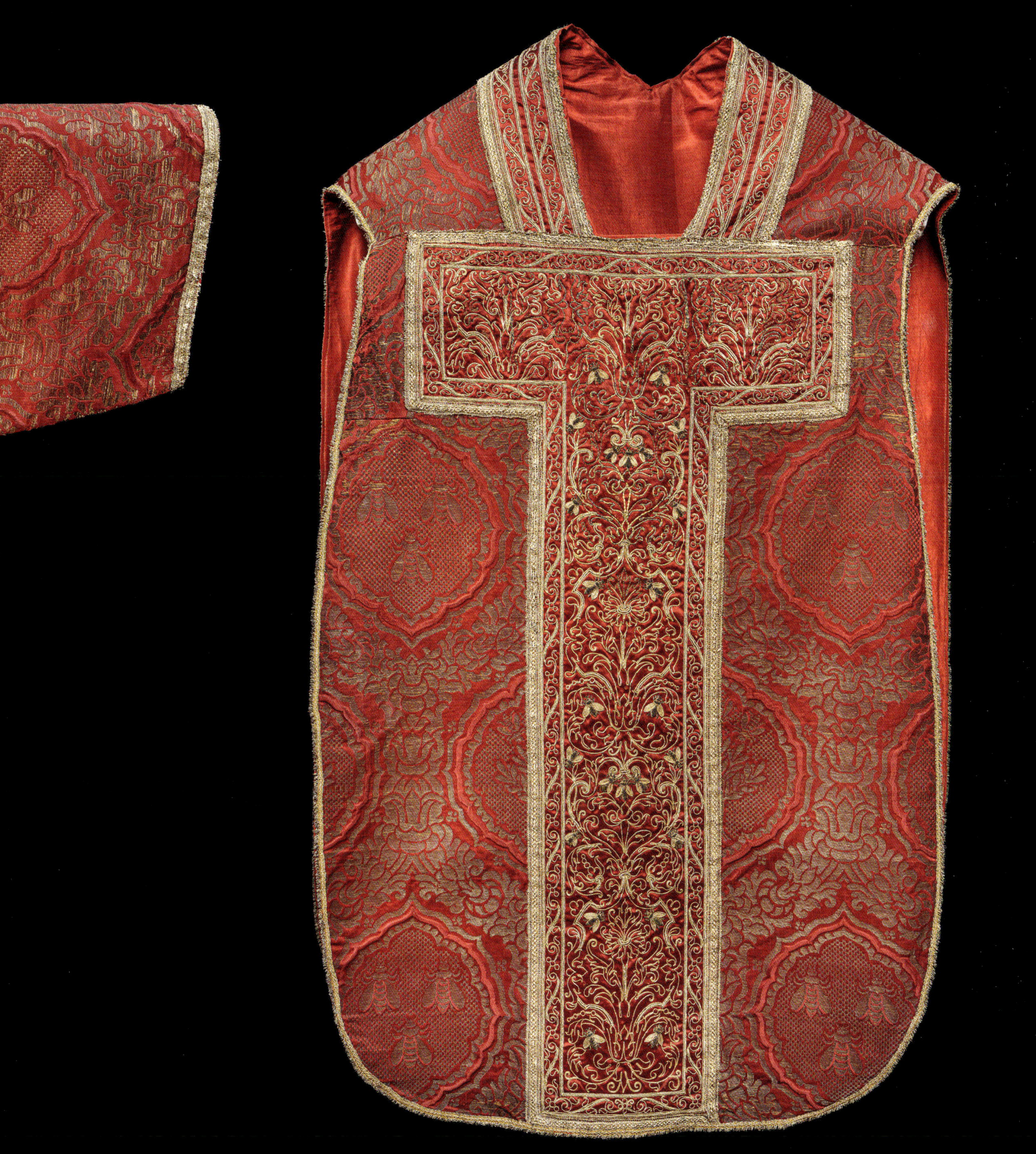

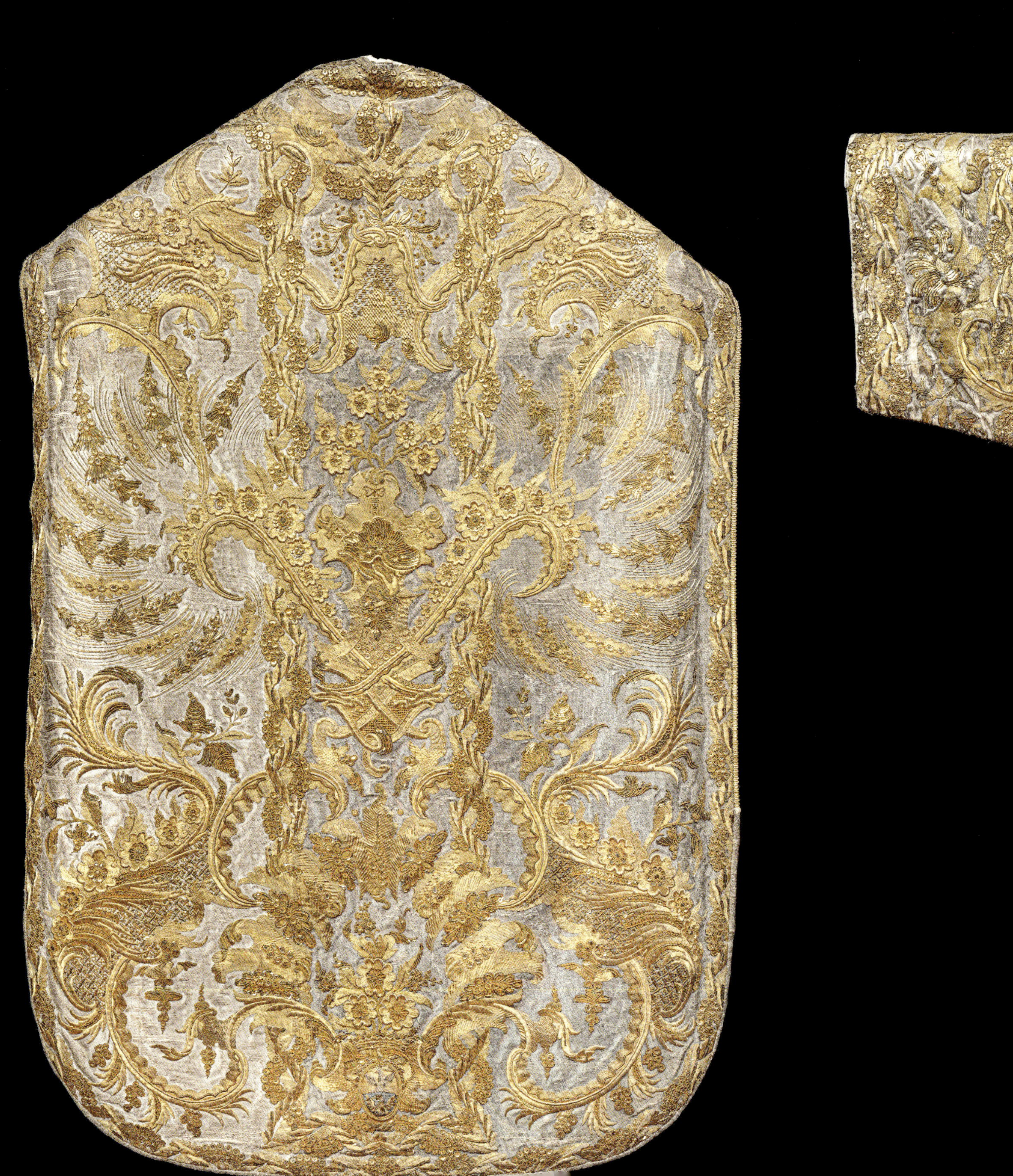

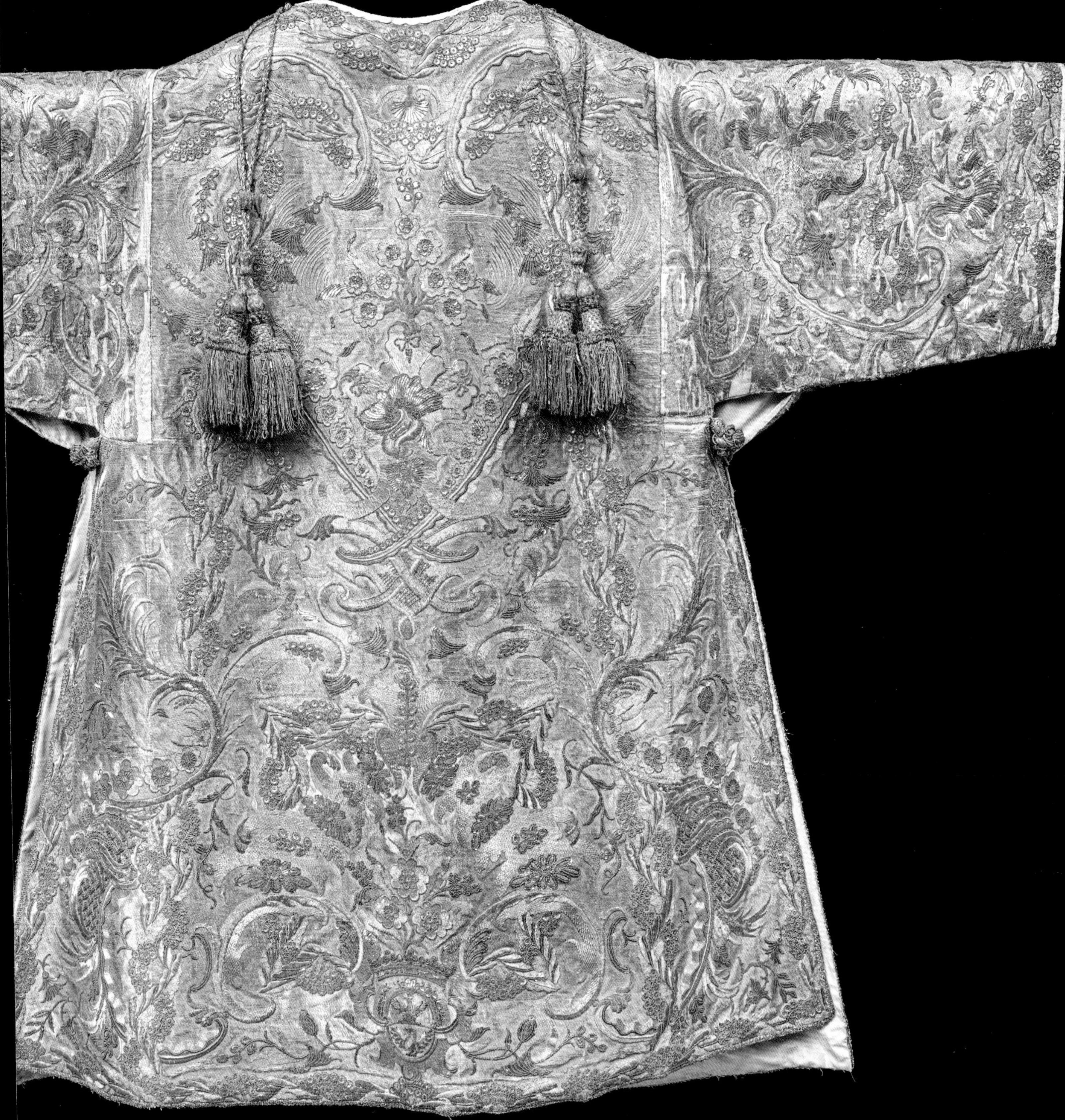

parte del Tesoro della Basilica proprio grazie all'istituzione paolina. Altri, invece, sono frutto del l mecenatismo dei cardinali arcipreti o di altri benefattori.

Il calice in oro di Pietro Paolo Spagna, realizzato per il Giubileo del 1825, è un esempio straordinario della ricerca del talentuoso orafo di sviluppare nuove espressioni artistiche, basandosi su un repertorio figurativo tradizionale. L'opera è caratterizzata da una raffinata composizione verticale, dalle snelle e severe forme neoclassiche e dalla vivacità di tre putti, che ruotano attorno al fusto su un plinto poligonale e recano ghirlande di fiori. Il fusto è diviso da un tempietto circolare, in cui sono rappresentati Santi entro piccole edicole. Tre cherubini innalzano la coppa stessa, ornata da una decorazione di grano e dal simbolo dello Spirito Santo. Il calice fu utilizzato da papa Leone XII (1823-1829) per la Messa del Natale 1826.

L'esemplare più pregevole della raccolta è il calice, offerto dal Comune di Roma a papa Pio IX (1846-1878) e realizzato nel 1845 da Fortunato Pio Castellani (1794-1865), illustre gioielliere nella Roma dell'Ottocento. Il calice in oro spicca non solo per la qualità superba dei materiali utilizzati – zaffiri, rubini e smeraldi – ma anche per l'esecuzione di un disegno stilisticamente del tutto originale. Quest'ultimo deriva da un bozzetto del duca di Sermoneta Michelangelo Caetani, uomo politico, coltissimo d'oreficeria. Il modello di Caetani unisce elementi stilistici della tradizione romanica o addirittura paleocristiana a citazioni gotiche, come il trilobo e il traforo. Il vaso sacro, concepito quasi architettonicamente, si sviluppa con gravità solenne dal largo piede attraverso due nodi geometricamente articolati verso una liscia coppa d'oro. A ravvivare il capolavoro la varietà delle pietre preziose, sfumate in toni caldi e la raffinata decorazione della vite su fondo *sablé*, che cinge la coppa.

Oltre al prestigio di argenteria e oreficeria dell'Ottocento, la collezione di Santa Maria Maggiore contiene una cospicua collezione di paramenti liturgici, che copre il periodo dalla Controriforma al Barocco. Accanto al loro valore artistico, i paramenti donati e utilizzati da San Carlo Borromeo e San Pio V presentano un profondo significato devozionale, poiché appartengono a santi strettamente legati alla Basilica. L'alta qualità delle vesti liturgiche rende la collezione tessile di Santa Maria Maggiore la più importante di Roma.

In occasione dell'Anno Santo 1625 fu donata da Urbano VIII (1623-1644) alla Basilica una splendida pianeta. La veste, probabilmente utilizzata dallo stesso pontefice durante le celebrazioni solenni a Santa Maria Maggiore, è tuttora conservata nel museo assieme a due tunicelle, eseguite nel 1627 dal Capitolo "con tessuto simile". Gli abiti provengono probabilmente da una fabbrica romana e sono realizzati in damasco rosso con fili d'oro e d'argento. Il disegno del broccato è costituito da festoni fogliari che si snodano, attorno dei campi a mandorla che recano tre api, gli emblemi araldici dei Barberini, alternati a un albero di alloro. Gli elementi figurativi sono costituiti da viticci e fiori. Nel 1624 un certo tessitore Berardino Merli venne pagato per la fornitura di tessuti in damasco con fioroni in oro, destinati alle Basiliche di San Giovanni

post-Tolentine period, became part of the Basilica's Treasury thanks to the Pauline institution. Others, instead, arrived thanks to the patronage of cardinal archpriests or other benefactors.

An extraordinary example of the talented goldsmith's quest to develop new artistic expression with an established repertoire, is the gold chalice by Pietro Paolo Spagna, made for the Jubilee of 1825. This work is characterised by a refined vertical composition, with slender neoclassical forms enlivened by three putti, which rotate around the shaft on a polygonal plinth and bear garlands of flowers. The shaft is divided by a small circular temple, in which saints are represented within small aedicules. Three cherubs raise the cup itself, adorned with a decoration of wheat and by the symbol of the Holy Spirit. The chalice was used by Pope Leo XII (1823-1829) for the Christmas Mass of 1826.

By far the most valuable specimen in the collection is the chalice, offered by the City of Rome to Pope Pius IX and made in 1845 by Fortunato Pio Castellani (1794-1865), an illustrious jeweller of 19th century Rome. Not only is the gold chalice outstanding for the superb quality of the materials used – sapphires, rubies and emeralds – but also for the execution of its design, which is stylistically completely original. The latter derives from a sketch by the Duke of Sermoneta, Michelangelo Caetani, a politician and connoisseur of goldsmithery. Caetani's model combines stylistic elements of the Romanesque or even early Christian tradition with quotations from the Gothic, such as the trilobite and the tracery. This sacred vessel, conceived almost architecturally, develops with solemn gravity from the wide foot through two geometrically articulated nodes towards a smooth golden cup. Enlivening the masterpiece is the variety of precious stones, shaded in warm tones, and the refined decoration of the vine on a *sablé* ground, which encircles the cup.

Beyond the prestige silverware and goldsmithing from the 19th century, the collection of Santa Maria Maggiore contains a conspicuous collection of liturgical vestments, covering the period from the Counter-Reformation to the Baroque. In addition to their artistic value, the vestments donated and used by Saint Charles Borromeo and Saint Pius V have devotional significance, as they belonged to saints closely associated with the Basilica. The high quality of these liturgical vestments makes the textile collection of Santa Maria Maggiore the most important in Rome.

On the occasion of the Holy Year of 1625 a splendid chasuble was donated to the Basilica by Urban VIII (1623-1644). This chasuble, probably used by the pontiff himself during solemn celebrations at Santa Maria Maggiore, is still kept in the museum together with two tunicles, made in 1627 by the Chapter "with similar fabric." These robes probably come from a Roman workshop and are made of red damask with gold and silver thread. The brocade design consists of leaf festoons winding around almond-shaped fields bearing three bees, the heraldic emblems of the Barberini family, and alternating with a laurel tree. The figurative elements consist of tendrils and flowers. In 1624 a certain weaver named Berardino Merli was paid for the supply of damask fabrics with gold florins, destined for the Basilicas of San Giovanni in Laterano and Santa

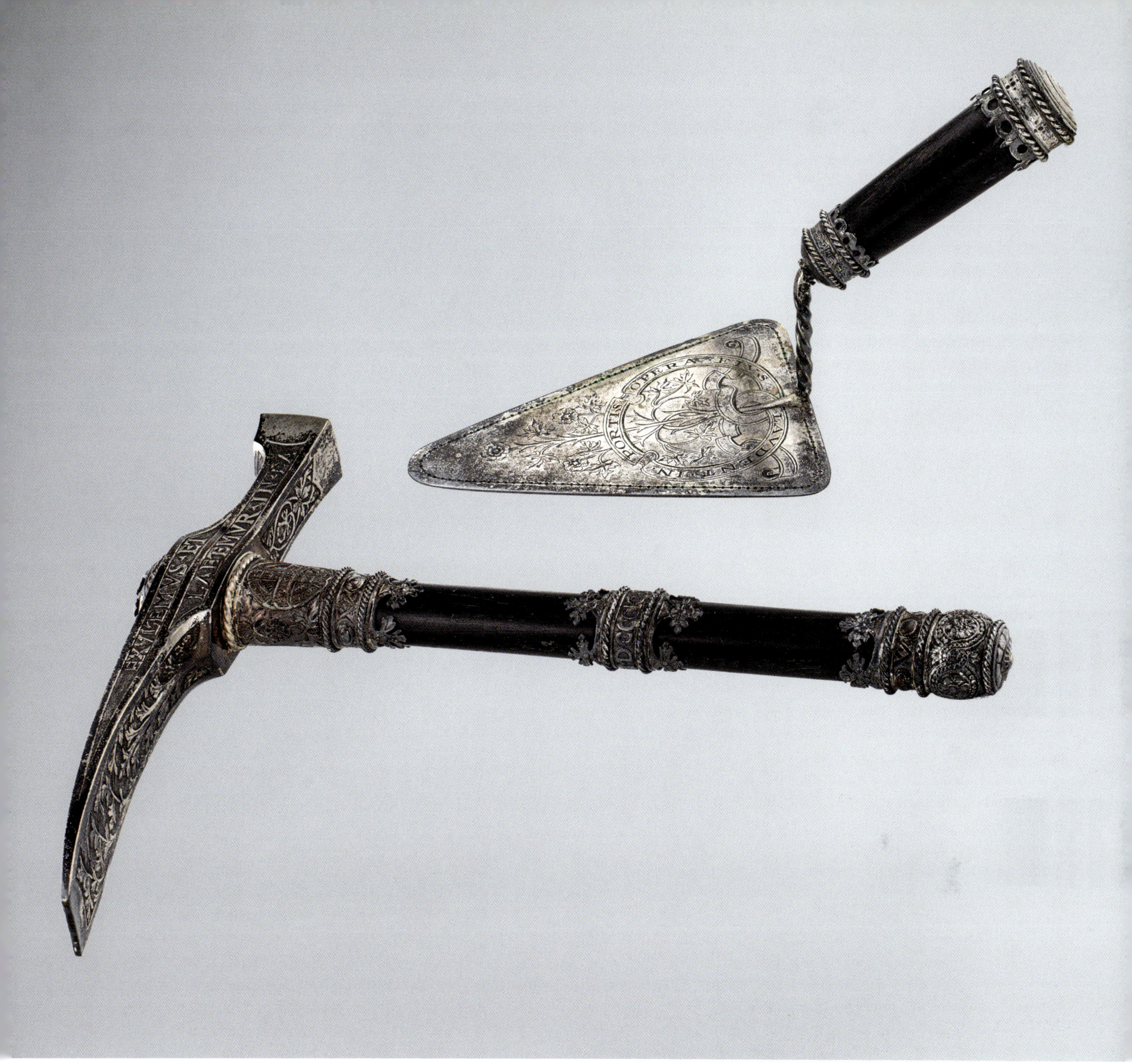

PP. 410-411
Manifattura romana
Parato Barberini (pianeta e tonacella)
1625-1627, damasco rosso, broccato in oro e argento filato, ricami fili d'oro e seta policroma

PP. 412-413
Manifattura romana
Parato Borghese (pianeta e tonacella)
1750 circa, seta avorio, fili d'argento e d'oro

P. 415
Manifattura romana
Martello e cazzuola del Giubileo 1900
1899, argento cesellato ed ebano

PP. 410-411
Roman workshop
Barberini Vestments (Roman Chasuble and Robe)
1625-1627, red damask, brocade with gold and silver thread, gold thread embroidery and polychrome silk

PP. 412-413
Roman workshop
Borghese Vestments (Roman Chasuble and Robe)
c. 1750, ivory silk, silver and gold threads

P. 415
Roman workshop
Hammer and Trowel of the 1900 Jubilee
1899, chiselled silver and ebony

e Santa Maria Maggiore: egli è forse identificabile con l'autore del nostro esemplare.

Probabilmente in occasione dell'Anno Giubilare 1750 fu eseguito il parato in seta bianca, laminata in argento e ricamata in oro. Il disegno del ricamo si dispiega in eleganti festoni, con fini costolature dorate che si ampliano in ampie volute, caratteristiche dello stile *rocaille*, in voga a Roma alla metà del Settecento. L'arioso disegno è ottenuto da fili e dischetti d'oro che includono vasi e tralci floreali intrecciati a brevi volute stilizzate che chiudono campi a tralcio. La presenza dello stemma Borghese, sormontato da una corona, indica la provenienza del parato, dono alla cappella voluta da Paolo V. Con ogni probabilità fa parte del rinnovamento della Cappella Borghese, commissionato dal principe Camillo Borghese. Gli accenni stilistici al rococò saranno ripresi successivamente anche nel disegno della sopracitata cartagloria di Giuseppe Valadier per la stessa cappella.

Il Giubileo è una ricorrenza centrale per la Basilica Papale, poiché molti interventi di restauro e donazioni artistiche sono avvenuti in vista di un Anno Santo. I suoi simboli più eloquenti sono il martello e la cazzuola, strumenti legati alla cerimonia di apertura e chiusura della Porta Santa. A partire da papa Martino V (1417-1431) il rituale dell'apertura e della chiusura della Porta Santa è parte integrante di ogni Anno Santo. Fino al 1975 il rito iniziale e conclusivo si basava sul rituale sviluppato per il Giubileo del 1500 da Johannes Burckardt, Maestro delle Cerimonie Pontificie di papa Alessandro VI (1492-1503). Esso prevedeva l'apertura della Porta Santa, presieduta dal pontefice o dall'arciprete con l'utilizzo del martello per percuotere simbolicamente tre volte il muro dietro la porta. La cazzuola, invece, serviva per spalmare la calce sulla soglia della Porta Santa nel momento della conclusione dell'Anno Giubilare. L'esemplare custodito al museo è uno strumento prezioso in argento cesellato ed ebano, eseguito nel 1899 per papa Leone XIII (1878-1903). Sul lato del ferro del martello si legge la scritta: *HAEC EST PORTA DOMINI EXULTEMUS ET LAETEMUR IN EA*, mentre sulla cazzuola è inciso un arbusto in fiore con il motto: *LAUDENT IN PORTIS OPERA EJUS*; tali parole esaltano il profondo significato simbolico della Porta Santa stessa.

Parte degli oggetti e suppellettili si trova nel Tesoro della Basilica, situato sotto la navata destra della stessa. Questi spazi appartengono al museo, inaugurato l'8 dicembre 2001 da San Giovanni Paolo II (1978-2005). Le massicce volte a botte, costruite nel Sei e Settecento, evocano un'atmosfera di *Schatzkammer*, una tesoreria, per custodire i preziosi qui radunati. In vista del Giubileo del 2025 il percorso museale si è esteso al piano nobile della Canonica Paolina. Si tratta di tre sale presso la Sala Capitolare, che si affacciano sulla sontuosa Colonna marmorea della piazza, unica superstite della Basilica di Massenzio. Due di queste sale, in origine parte dell'abitazione del vicario, sono affrescate nella volta e incorniciate da un'elaborata decorazione in stucco *all'antica*.

Gli affreschi illustrano due momenti chiave per l'identità della Basilica: il *Miracolo della Neve* e la *Processione di San Gregorio*

Maria Maggiore, and he can perhaps be identified with the author of our example.

It was probably for the Jubilee Year of 1750 that a white silk vestment was executed, laminated in silver and embroidered in gold. The embroidery design unfolds in elegant festoons, with fine golden ribs that widen into broad volutes, characteristic of the *rocaille* style, in vogue in Rome in the mid-eighteenth century. The airy design was achieved with threads and small discs of gold that include vases and floral shoots intertwined with short stylised volutes that enclose latticed fields. The presence of the Borghese arms, surmounted by a crown, indicates the provenance of the vestment as a gift to the chapel commissioned by Paul V. In all likelihood it belonged to the renovation of the Borghese Chapel, requested by Prince Camillo Borghese. The stylistic hints of rococo would later also be resumed in the design of the above-mentioned *cartagloria* by Giuseppe Valadier for the same chapel.

The Jubilee is a central anniversary for the Papal Basilica, since many restorations and artistic donations have taken place in preparation for the Holy Year. The most eloquent symbols of the Jubilee are the hammer and trowel, tools associated with the ceremony of opening and closing the Holy Door. Beginning with Pope Martin V (1417-1431) the ritual of opening and closing the Holy Door has been an integral part of every Holy Year, until 1975. This tradition was based on the ritual developed for the 1500 Jubilee by Johannes Burckardt, Master of Papal Ceremonies to Pope Alexander VI (1492-1503). It involved the opening of the Holy Door, presided over by the pontiff or archpriest using the hammer to symbolically strike the wall behind the door three times. The trowel, on the other hand, was used to spread lime on the threshold of the Holy Door at the conclusion of the Jubilee Year. The example preserved in the museum is a precious instrument in chiselled silver and ebony made in 1899 for Pope Leo XIII (1878-1903). On one side of the iron hammer is the inscription: *HAEC EST PORTA DOMINI EXULTEMUR ET LAETEMUS IN EA* (*"This is the Door of the Lord, Let us Exalt and Take Joy in It"*), while on the trowel is engraved a flowering shrub with the motto: *LAUDENT IN PORTIS OPERA EJUS* (*"Let them Praise in His Gates"*); words that exalt the profound symbolic meaning of the Holy Door itself.

A part of the objects and furnishings can be found in the Treasury of the Basilica, located under its right aisle. These spaces are part of the museum, which was opened on 8 December 2001 by Saint John Paul II (1978-2005). The massive barrel vaults, built in the 17th and 18th centuries, evoke the atmosphere of a *Schatzkammer*, a treasury, to guard the valuables gathered here. For the 2025 Jubilee, the museum route has been extended to the main floor of the Pauline Canonry. This includes three rooms near the Chapter House overlooking the sumptuous marble Column in the square, the only one surviving from the Basilica of Maxentius. Two of these rooms, originally part of the vicar's living quarters, have frescoed vaults framed by elaborate *all'antica* stucco decorations.

The frescoes illustrate two key moments for the identity of the Basilica: the *Miracle of the Snow* and the *Procession of Saint*

Magno con la Salus Populi Romani. Autore di questi dipinti murali è il pittore bolognese Baldassare Croce (1558-1628), già attivo a Santa Maria Maggiore nel 1592 per l'esecuzione di alcune scene del ciclo mariano nella navata centrale. Nel 1609 lavorò accanto a Domenico Passignano nella Sagrestia grande e un anno dopo, nel giugno 1610, l'architetto Flaminio Ponzio (1560-1613) e il misuratore Bernardino Valperga stimarono nel "Piano nobile sopra dette sacrestie [...] Li doi quadri depinti a frescho nelle doi volte sopra le camere a levante a detto piano, cioè uno dove è il miracolo della fondazione della chiesa, longo palmi 8 ½, largo palmi 6 e ½, et l'altro contiguo della Processione con l'apparizione dell'angelo, longo palmi 11, largo palmi 5, meritano insieme scudi 80" (Corbo 1968, p. 326).

Il *Miracolo della Neve* illustra il racconto della fondazione di Santa Maria Maggiore, secondo un'iconografia sviluppata a partire dagli esempi di Filippo Rusuti sul mosaico della facciata (c. 1295), Masaccio e Mino da Fiesole. L'ultimo precedente iconografico era rappresentato dalla tavola di Jacopo Zucchi (c. 1542-1592) con il medesimo soggetto, già collocata nell'antico ciborio dell'icona della *Salus Populi Romani*, situato nella navata centrale della Basilica.

Croce segue Zucchi nella collocazione dell'evento su un ampio campo animato da antiche rovine ad arco nello sfondo. Nonostante la concretezza architettonica di questi riferimenti, la rappresentazione dello spazio imbiancato è di carattere simbolico, visto che non corrisponde all'estensione del santuario paleocristiano. Una grande folla si raduna in ambedue le rappresentazioni attorno alla planimetria disegnata. Accanto al pontefice, è presente il clero in tutte le sue gerarchie, mentre sull'altro lato, guidato dal patrizio Giovanni inginocchiato, il popolo di Roma. Il canto del coro, presso la futura abside, ribadisce la sacralità dell'evento e lega il miracolo del 5 agosto all'annuale celebrazione liturgica. La presenza di cavalieri armati nello sfondo di entrambe le scene può essere interpretata come accenno ai tumulti e alle stragi che insanguinarono la Basilica dopo la morte di Liberio nel 366, al tempo di papa Damaso (366-384).

Anche della *Processione di San Gregorio Magno* si custodisce una versione di Zucchi su tela e una ad affresco di Baldassare Croce. Il tema doveva essere particolarmente sentito durante il periodo di esecuzione del dipinto, dato che rappresenta proprio un episodio riguardante il santo patrono dell'allora papa regnante, Gregorio XIII (1572-1585). I due quadri di Jacopo Zucchi furono probabilmente commissionati tra il 1577 e il 1582 per la cappella famigliare dei Patrizi, situata nella navata destra, tra l'abside e la Cappella Sistina. Giovanni Baglione li vedeva nell'antico tabernacolo della *Salus Populi Romani*, ubicato nella navata centrale, circa all'altezza dell'arco che attualmente conduce alla Cappella Paolina. Da una incisione nella pubblicazione di De Angelis si deduce che la *Processione di San Gregorio* era collocata sul lato verso la navata, mentre il *Miracolo della Neve* doveva essere rivolto verso il coro.

L'episodio della *Processione di San Gregorio Magno* rappresenta il miracolo più conosciuto dell'acheropita, chiamato tradizionalmente *Maria Regina Coeli*. Secondo la tradizione, riportata anche da Cesare Baronio, l'Icona sarebbe stata portata per tre giorni in processione

Gregory the Great with the Salus Populi Romani. The author of these murals was the Bolognese painter Baldassare Croce (1558-1628), already active in Santa Maria Maggiore in 1592 executing scenes of the Marian cycle in the nave. By 1609, he was working alongside Domenico Passignano in the Great Sacristy and a year later, in June 1610, the architect Flaminio Ponzio 1560-1613) and surveyor Bernardino Valperga estimated that on the "Piano nobile above the said sacristies [...] the two paintings executed in fresco on the two vaults above the east chambers on the said floor, that is the *miracle of the foundation of the church*, 8 ½ palms long, 6 e ½ palms wide, and the other contiguous of the *Procession with the apparition of the angel*, 11 palms long, 5 palms wide, are worth together 80 scudi" (Corbo 1968, p. 326).

The *Miracle of the Snow* illustrates the story of the foundation of Santa Maria Maggiore following the iconography developed in Filippo Rusuti's mosaic on the façade (ca. 1295), and Masaccio and Mino da Fiesole. The last iconographic precedent was represented by the panel painting by Jacopo Zucchi (ca. 1542-1592) of the same subject, once placed in the ancient ciborium of the icon of the *Salus Populi Romani*, located in the central nave of the Basilica.

Croce follows Zucchi in placing the event in a large, field, enlivened by ancient arched ruins in the background. Despite the architectural concreteness of these references, the depiction of the whitened space is only symbolic as it does not correspond with the true extent of the early Christian basilica. A great crowd gathers in both representations around the plan drawn on the ground. Next to the pontiff, the clergy in all its hierarchies are present, while on the other side, led by the kneeling patrician John, are the people of Rome. The singing choir, near the site of the future apse, reaffirms the sacredness of the event and links the miracle of 5 August with the annual liturgical celebration. In the background of both scenes, the presence of armed horsemen can be interpreted as hinting at the riots and massacres that bloodied the Basilica after the death of Liberius in 366, during the reign of Pope Damasus (366-384).

A version of the *Procession of Saint Gregory the Great* by Zucchi is also preserved on canvas and a fresco by Baldassare Croce. The theme must have been particularly felt during the period when the painting was executed, as it depicts an episode concerning the patron saint of the reigning pope, Gregory XIII (1572-1585). Most likely the two paintings by Jacopo Zucchi were once executed between 1577 and 1582 for the Patrizi Chapel, situated in the right aisles of the Basilica close to the apse. Giovanni Baglione saw them in the ancient tabernacle of the *Salus Populi Romani*, located in the nave, approximately at the height of the arch that currently leads into the Cappella Paolina. According to an engraving in the book by De Angelis, the *Procession of Saint Gregory* was placed on the side facing the nave, while the *Miracle of the Snow* must have faced the choir.

The episode of the *Procession of Saint Gregory the Great* represents the best-known miracle of the acheiropoieton, traditionally called *Maria Regina Coeli*. According to the tradition, also reported by Cesare Baronio, the Icon was carried in procession through the

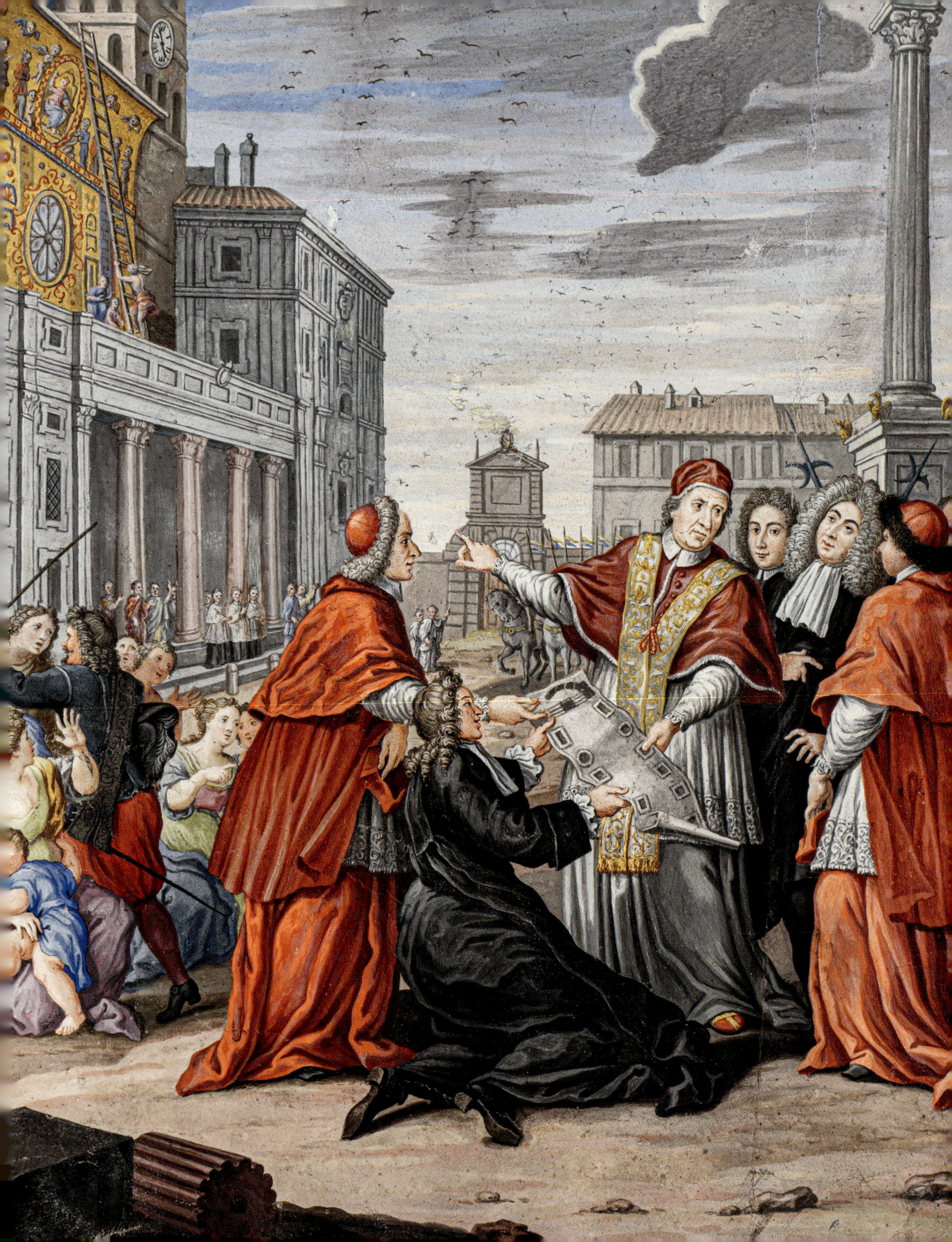

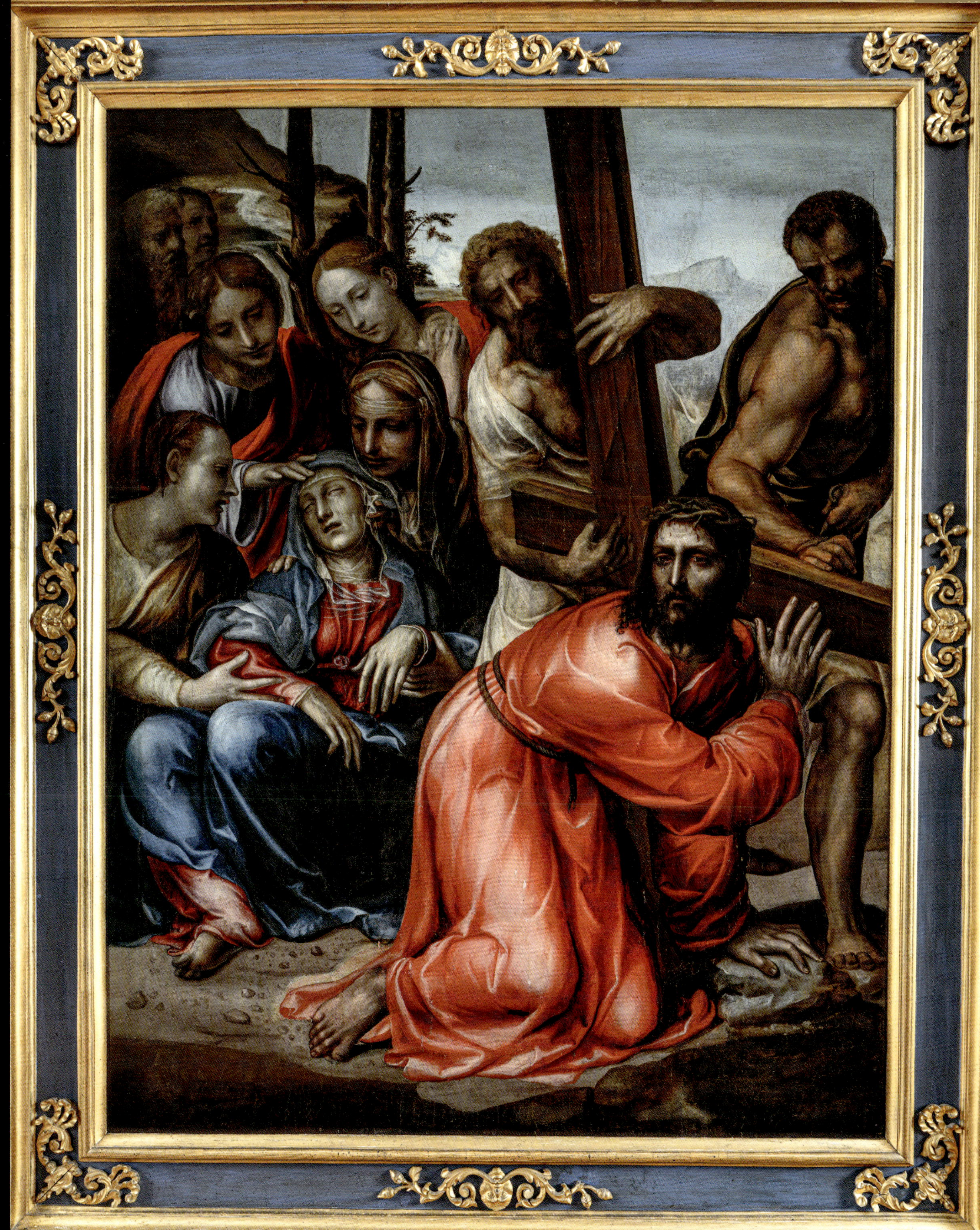

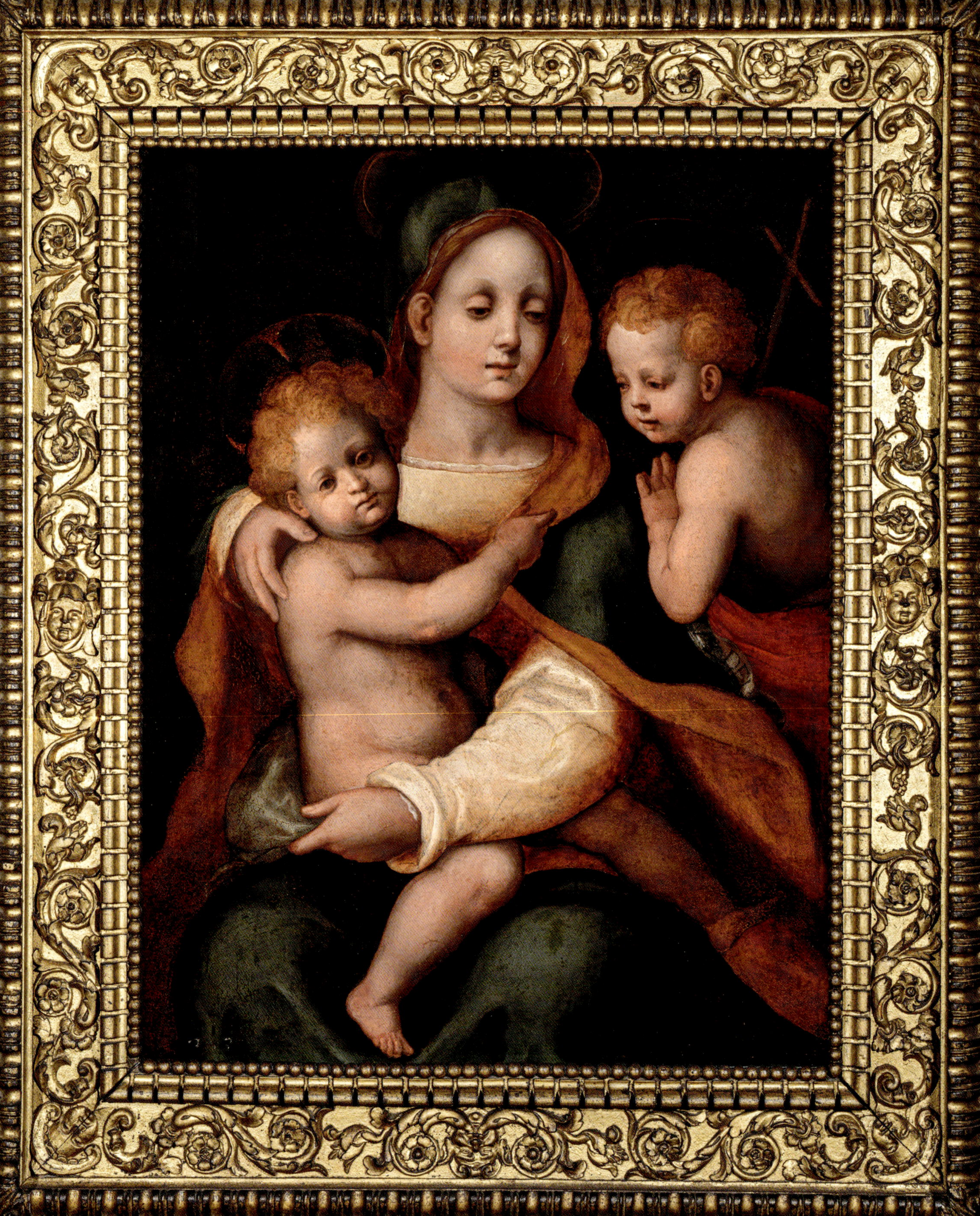

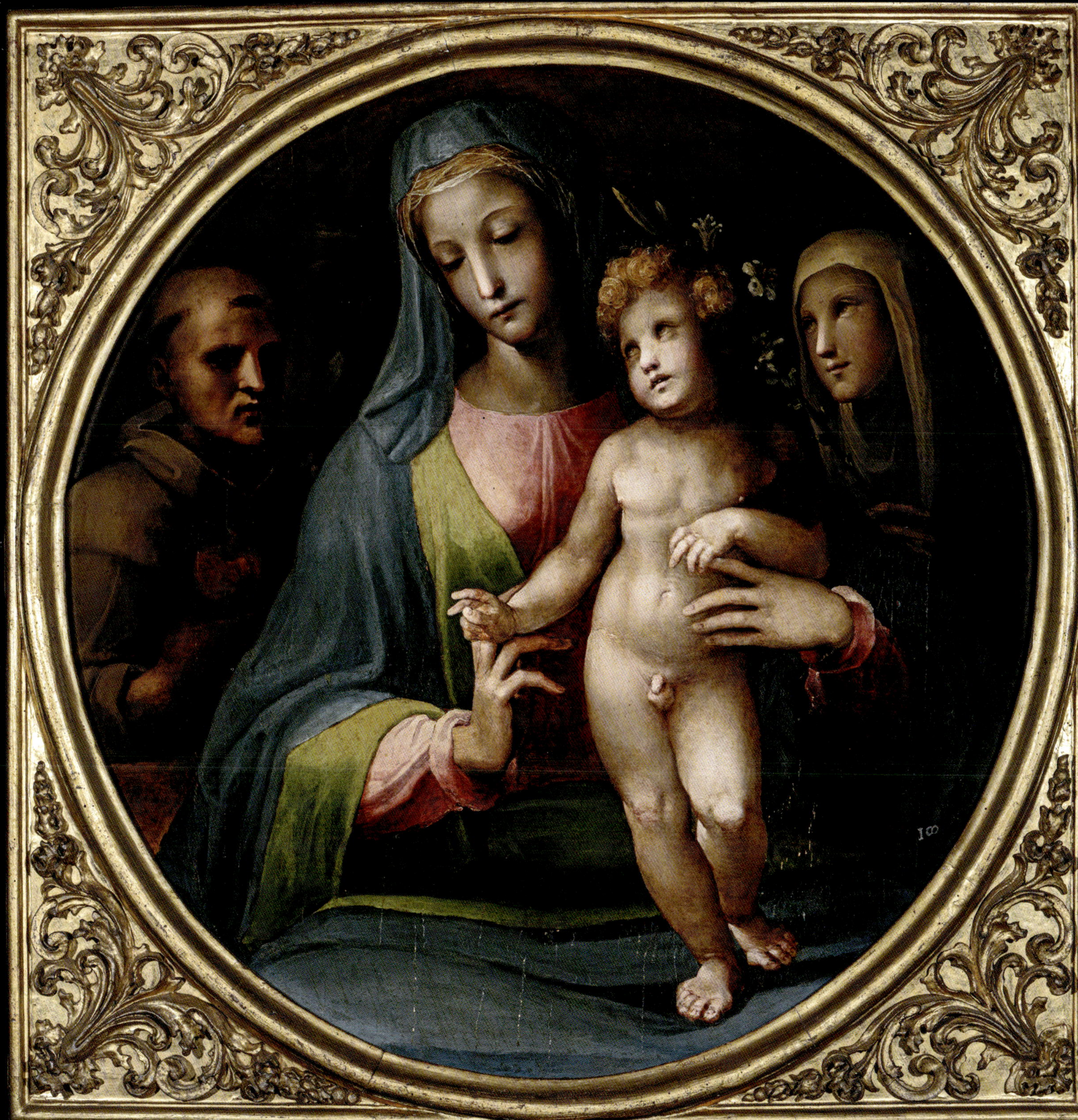

per le vie della città e dinanzi a Lei il pontefice San Gregorio Magno (590-604) avrebbe sostato in preghiera per supplicare la cessazione della pestilenza. Di fronte al mausoleo dell'imperatore Adriano, che in seguito fu rinominato Castel Sant'Angelo, apparve l'arcangelo Michele che dichiarò la fine dell'epidemia. Mentre Zucchi mostra una solenne entrata processionale nella città papale, con festosi palazzi decorati, dove gli angeli cantano già il *Regina Coeli* per annunciare l'intervento salvifico, nell'affresco di Croce viene portata l'attenzione sulla intercessione da parte del pontefice. Il papa supplica la Madre di Dio, che a sua volta intercede presso il Figlio, affinché madri e bimbi, malati e morti, sdraiati per terra, possano trovare soccorso.

La tavola di Giovanni Bazzi, detto il Sodoma (1477-1549), rappresentante Cristo Portacroce, è un esempio commovente della passione di Gesù e di Sua Madre. Ambientato in un paesaggio montuoso e roccioso, il quadro si ispira a stampe tedesche e al famoso Cristo Portacroce di Raffaello, lo *Spasimo di Sicilia*. A differenza di questo esempio illustre, l'opera del Sodoma si concentra specialmente sulla passione di Maria. Cristo viene tirato da un aguzzino, cade sotto il peso della croce e fissa lo spettatore con un'intensa espressione di dolore mentre dagli occhi arrossati dal pianto scendono lacrime. Dietro di lui, sul lato sinistro, rimane sua Madre, sfinita dalla fatica e dall'angoscia. L'azione delle pie donne, che con affetto si prendono cura di Maria e di Simone di Cirene, invita lo spettatore alla compassione per i due protagonisti della tavola, Cristo e Maria. Nonostante fosse nato a Vercelli, in Piemonte, il Sodoma era di formazione senese, città d'origine della famiglia Borghese. Proprio a quest'ultima si deve, con buona probabilità, la donazione dell'opera alla Basilica. Un quadro del pittore di medesimo soggetto era documentato nella cappella del Palazzo del Cardinal Salviati alla Lungara. Visto il passaggio di proprietà di gran parte della collezione Salviati alla famiglia Borghese, verosimilmente l'opera è identificabile con quella che appare in un inventario del 1851 "nella camera presso la Sagrestia Borghese".

L'antica custodia della *Salus Populi Romani*, eseguita in ferro e bronzo dorato, è un documento storico di grande importanza. Si tratta della cornice e della cassaforte della Sacra Effige, trasportata nella sua collocazione definitiva nel tabernacolo-reliquiario della Cappella Paolina durante la festa della Traslazione, domenica 27 gennaio del 1613. Mentre la data celebra il solenne spostamento della Sacra Immagine dall'antico ciborio all'interno del santuario nascente, la cappella stessa fu inaugurata il 7 dicembre 1616. In quell'anno il fonditore romano Gregorio De' Rossi (1573-1643), attivo anche nella realizzazione della cancellata della cappella, ricevette un pagamento per la "cassa di metallo per la Madonna della cappella Paolina". La massiccia cassa di metallo dorato è dotata di uno sportello anteriore in vetro comune (risalente ad un intervento di restauro del 1931) e di voluminose cerniere. La fascia inferiore della cassa, un vero contenitore-reliquiario, reca in due righe l'iscrizione del committente *PAVLVS QVINTVS PONTIFEX MAXIMVS*. Posizionato ai piedi della Vergine, è da intendersi come dedicazione dell'intera impresa artistica, offerta dal pontefice alla Madre di Dio. La cassa è rimasta in cappella fino al 2018, quando, in seguito a un restauro, l'Icona è stata posta in una nuova teca climatizzata. Il disegno della custodia è attribuibile a Pompeo

streets of the city for three days and before Her, Pope Gregory I (590-604) paused in prayer to plead for an end to the plague. In front of Emperor Hadrian's mausoleum, thereafter called the Castel Sant'Angelo, the archangel Michael appeared and declared the end of the epidemic. While Zucchi shows a solemn processional entry into the papal city, with festively decorated palaces, where angels are already singing the *Regina Coeli* to announce the salvific intervention, in Croce's fresco the focus is on intercession by the pontiff. The pope pleads with the Mother of God, who in turn intercedes with her Son, so that mothers and children, sick and dead, lying on the ground, may find succour.

A touching example of the Passion of Jesus and His Mother is the panel painting by Giovanni Bazzi, known as Sodoma (1477-1549). Set in a mountainous and rocky landscape, the painting is inspired by northern prints and by Raphael's famous *Christ Carrying the Cross*, also known as the *Spasimo di Sicilia*. Unlike this illustrious example, Sodoma's work focuses particularly on the passion of Mary. Christ is dragged by a tormentor, falls under the weight of the cross, and stares at the viewer with an intense expression of grief as tears flow from eyes reddened with tears. Behind him, on the left side, remains his Mother, exhausted by fatigue and anguish. The action of the pious women, who affectionately care for Mary, and of Simon of Cyrene incite the viewer's compassion for the two protagonists in the panel, Christ and Mary. Although born in Vercelli, Piedmont, Sodoma was trained in Siena, the city of origin of the Borghese family. It is to the latter that we owe, in all probability, the donation of the work to the Basilica. A painting by the painter of the same subject was documented in the chapel of Cardinal Salviati's palace in the Via della Lungara. Given the transfer of ownership of a large part of the Salviati collection to the Borghese family, it is likely that the work can be identified with the one that appears in an inventory of 1851 "in the room near the Borghese Sacristy."

The ancient iron and gilded bronze case of the *Salus Populi Romani* is a historical document of great importance. It is the frame and safe of the Sacred Image, transported to its final location in the tabernacle-reliquary of the Cappella Paolina on the Feast of the Translation on Sunday, 27 January 1613. While this date celebrates the solemn transfer of the Sacred Image from the ancient ciborium to the interior of the burgeoning sanctuary, the chapel itself was inaugurated on 7 December 1616. In that year, the Roman foundryman Gregorio De' Rossi (1573-1643), who was also active in the making of the chapel's gate, received payment for the "metal case for the Madonna of the Cappella Paolina." The massive gilded metal case is closed by a door in ordinary glass (dating back to a 1931 restoration) and voluminous hinges. The lower band of the case, a true reliquary-box, bears the inscription of the patron *PAVLVS QVINTVS PONTIFEX MAXIMVS* in two lines. Placed at the feet of the Virgin, it is intended as a dedication of the entire artistic enterprise, offered by the pontiff to the Mother of God. The case remained in the chapel until 2018, when, following restoration, the Icon was placed in a new climate-controlled cabinet. Its design can be attributed to Pompeo Targone, the artist of the

Targone, l'ideatore dell'intero tabernacolo-reliquiario. È probabile che Targone avesse progettata anche la preziosa copertura dell'Icona in argento con elementi in bronzo dorato, eseguita dall'argentiere Pietro Gentile, autore del sopracitato *Busto di Santa Bibiana*. Gentili fu pagato nel 1615 per l'esecuzione di una "piastra o cornice d'argento per il quadro della Madonna" (Corbo 1995, p. 110), ovvero una *riza*, oggi uno dei capolavori del museo, la quale ha coperto l'Icona fino al 1931, permettendo solamente la visione della sua parte centrale.

La *riza* riprende il dettato iconografico e compositivo del grande tabernacolo, dove angeli e putti volano da una finestra celeste attorno alla Sacra Immagine. Due angeli in adorazione, posizionati sotto la sagoma assieme ad un vaso a forma di anfora che contiene cinque rose dorate – una possibile allusione alla Rosa d'Oro, donata da Paolo V alla *Salus* –, due angeli volanti e le numerose teste di putti, tutti in argento dorato, adornano l'icona miracolosa. L'ondulazione della lastra, in forma di piccole nuvole, allude al tradizionale titolo dell'Icona, Maria Regina Cieli, creando così un effetto luministico straordinario di fronte alle numerose candele originariamente in uso. Con la commissione della preziosa lastra, Paolo V riprende un'antica tradizione di una sofisticata strategia teatrale che, riducendo la visibilità della venerata Icona attraverso una copertura, la esalta. Esempio più illustre di tale pratica è l'*Acheropita* del Laterano, l'immagine miracolosa del Salvatore, che nella Festa dell'Assunta veniva portata a Santa Maria Maggiore. Salvo la testa, era rivestita con una lastra d'argento, commissionata da Innocenzo III (1198-1218). Inoltre, la copertura fungeva da sostegno di preziosi, come le corone che furono donate da parte di diversi pontefici alla Madonna *Regina Coeli*. Delle corone presenti fino al Trattato di Tolentino, incluse quelle donate da Paolo V, non c'è più traccia. L'antica tradizione venne ripresa nell'Ottocento da Gregorio XVI (1831-1846) e successivamente da Pio XII (1939-1958). Nel museo si conservano una corona grande e una più piccola, donate da Pio XII, per essere applicate direttamente al supporto ligneo della Sacra Immagine. Le corone in argento dorato, con diamanti, pietre preziose e gemme sono state realizzate nel 1954 dallo scultore e orafo Aurelio Mistruzzi (1880-1960). Con la solenne incoronazione dell'effigie nella Basilica di San Pietro, il pontefice attribuì a Maria *Salus Populi Romani* la liberazione di Roma dall'occupazione nazi-fascista. L'incoronazione dell'Icona nel 1954, dieci anni dopo il voto espresso, rappresenta l'altissima venerazione dei pontefici verso l'Icona di Roma, baluardo e soccorso della città.

La Sacra Effige rimanda anche alla rappresentazione di Maria incoronata da suo Figlio nell'abside della Basilica. Qui da ormai milleseicento anni si raduna la *plebs Dei* a cui è affidata la missione di curare, valorizzare e promuovere la vasta eredità artistica legata ai valori di una Chiesa universale.

entire reliquary-tabernacle. It is likely that Targone also designed the precious silver covering of the Icon with elements in gilded bronze, executed by the silversmith Pietro Gentile, the creator of the above-mentioned *Bust of Saint Bibiana*. He was paid in 1615 for the execution of a "plate or frame of silver for the painting of the Madonna"(Corbo 1995, p. 110), or rather a *riza (a metal cover)*, today one of the museum's masterpieces, which covered the Icon until 1931 and made only its central part visible.

In its composition and iconography, the *riza* echoes that of the large tabernacle-reliquary, where angels and cherubs fly through a celestial window gathering around the sacredimage. Two angels in adoration, positioned below the frame together with an amphora-shaped vase containing five golden roses – a possible allusion to the Golden Rose, donated by Paul V to the *Salus* – and two flying angels, and numerous cherubs' heads, all in gilded silver, adorn the miraculous icon. The undulation of the cover, in the form of small clouds, alludes to the traditional title of the Icon, Mary Queen of Heaven, and created extraordinary reflections when the numerous candles in front of it were originally lit. By commissioning this precious cover, Paul V resumed an ancient tradition of sophisticated theatrical strategy that exalted the venerated Icon, by reducing its visibility with the covering. The most illustrious example of this practice is the *Acheropita* of the Lateran, the miraculous image of the Saviour, which was brought to Santa Maria Maggiore on the Feast of the Assumption. Except for the head, it was covered with a striking silver cover, commissioned by Innocent III (1198-1218). Furthermore, the covering was also used to support valuables, such as the crowns that were donated by various pontiffs to the Madonna *Regina Coeli*. Of the crowns present until the Treaty of Tolentino, including those donated by Paul V, there is no longer any trace. The ancient tradition was revived in the 19th century by Gregory XVI (1831-1846) and later by Pius XII (1939-1958). In the museum are preserved a large crown and a smaller one, donated by Pius XII, to be applied directly to the wooden support of the Holy Image. The gilded silver crowns with diamonds, precious stones and gems were made in 1954 by the sculptor and goldsmith Aurelio Mistruzzi (1880-1960). With a solemn coronation of the effigy in Saint Peter's, the pontiff attributed the liberation of Rome from Nazi-fascist occupation to Maria *Salus Populi Romani*. The coronation of the Icon in 1954, ten years after the vow was made, represents the highes veneration by the pontiffs of the Icon of Rome, bulwark and succour of the city.

The Holy Effigy also reminds us of the representation of Mary crowned by her Son in the apse of the Basilica. Here, for the last sixteen hundred years, the *plebs Dei* has gathered, entrusted with the mission of caring for, enhancing, and promoting the vast artistic heritage linked to the values of a universal Church.

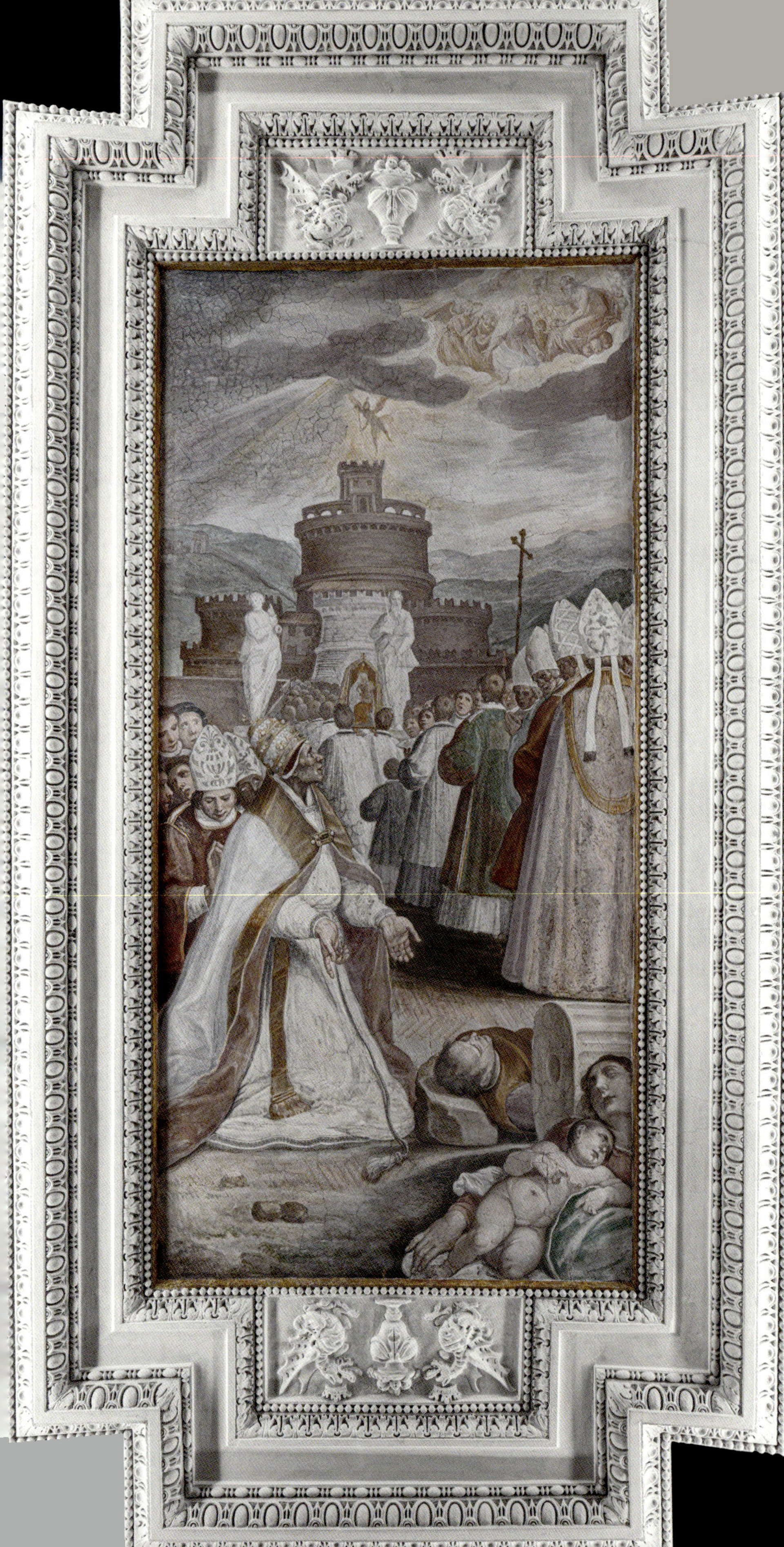

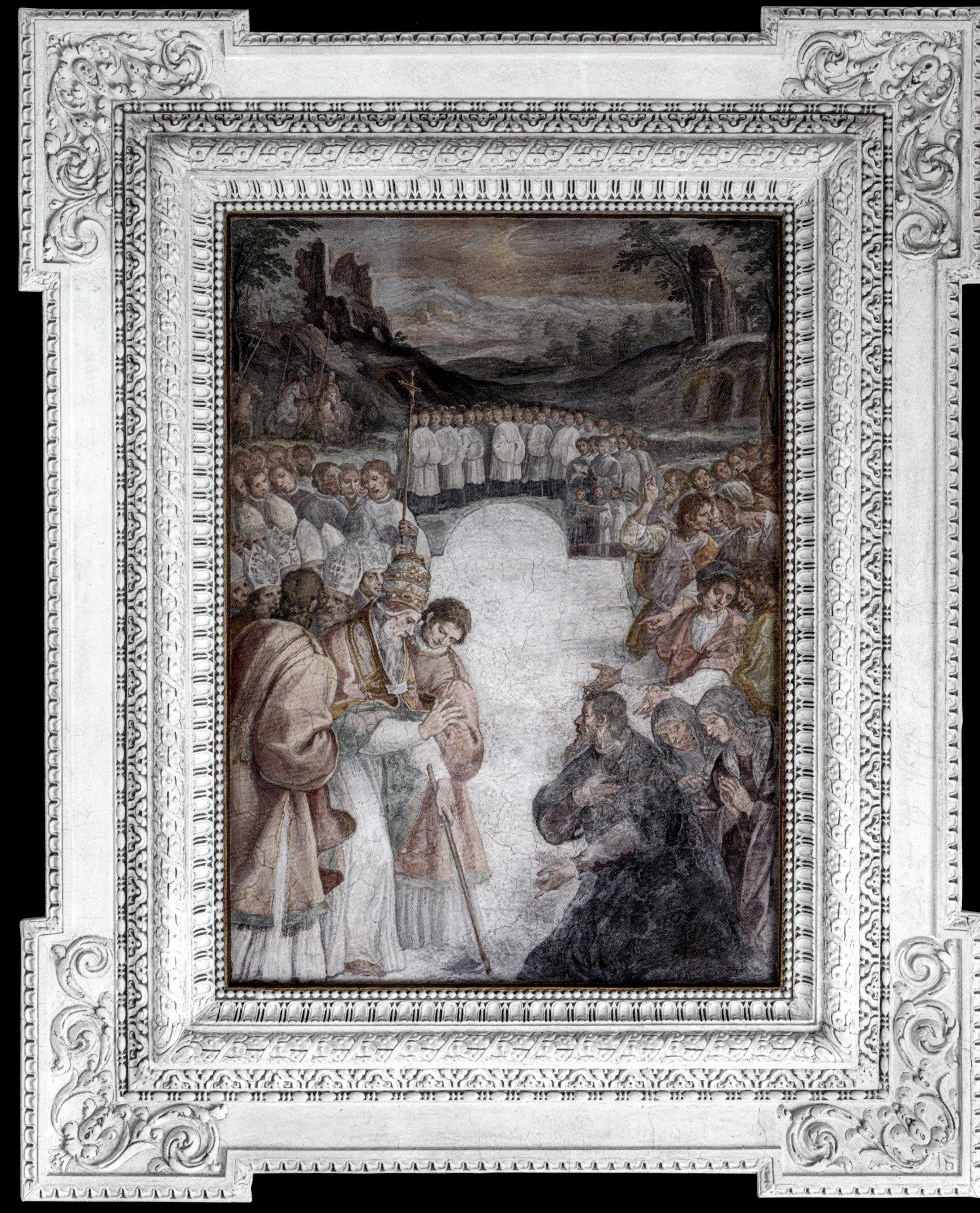

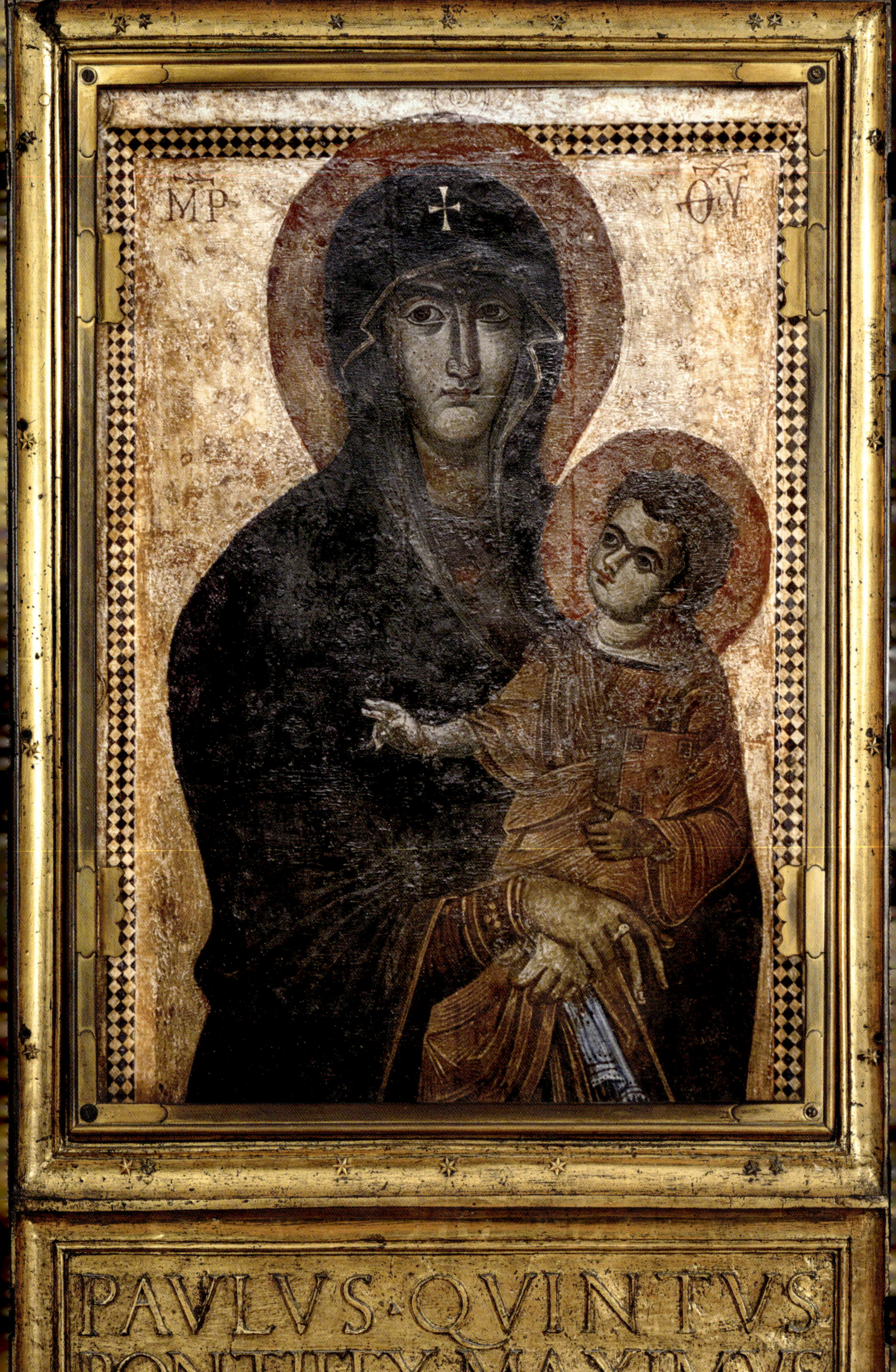
MP ΘV
PAVLVS·QVINTVS
PONTIFEX·MAXIMVS

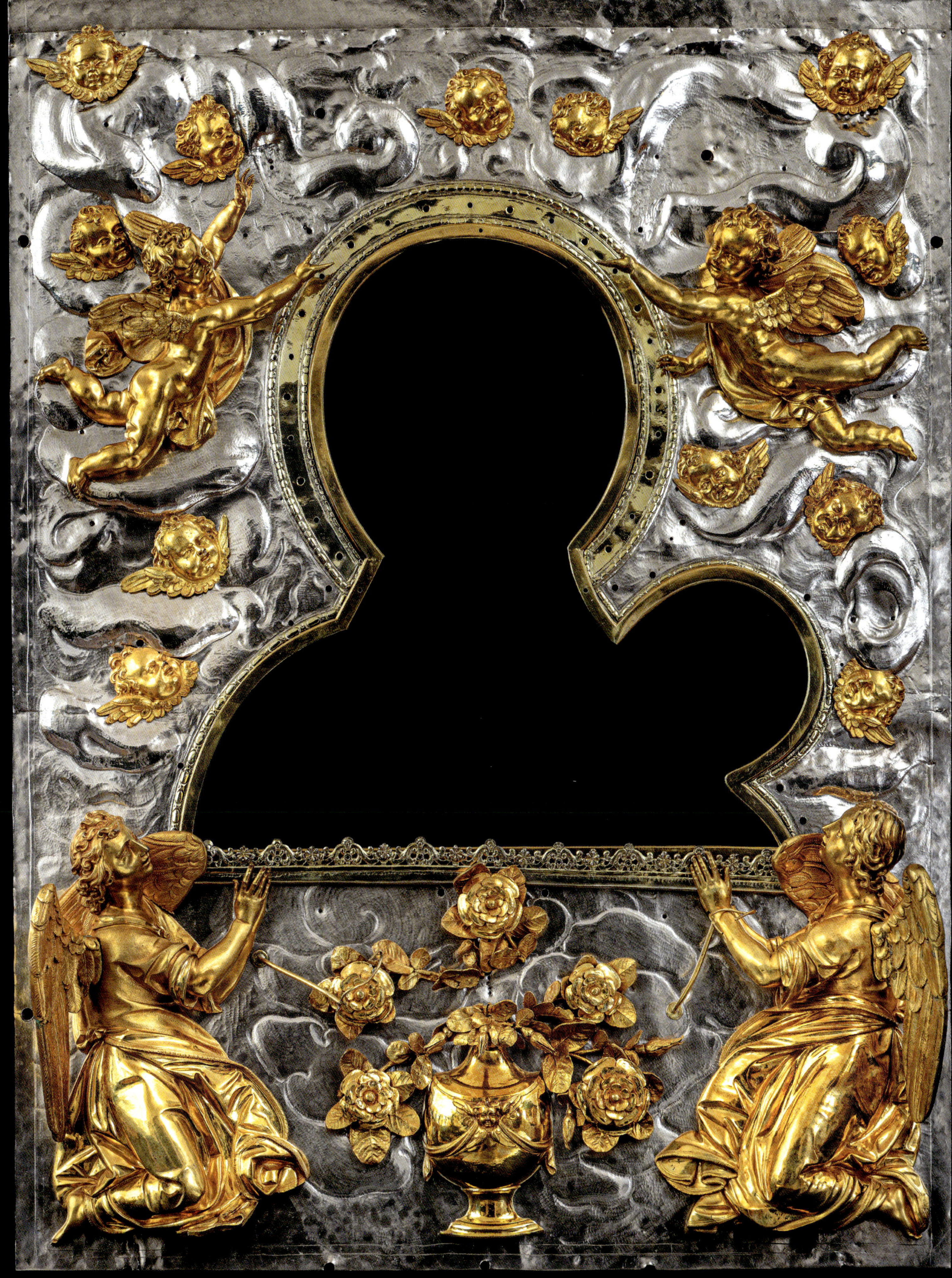

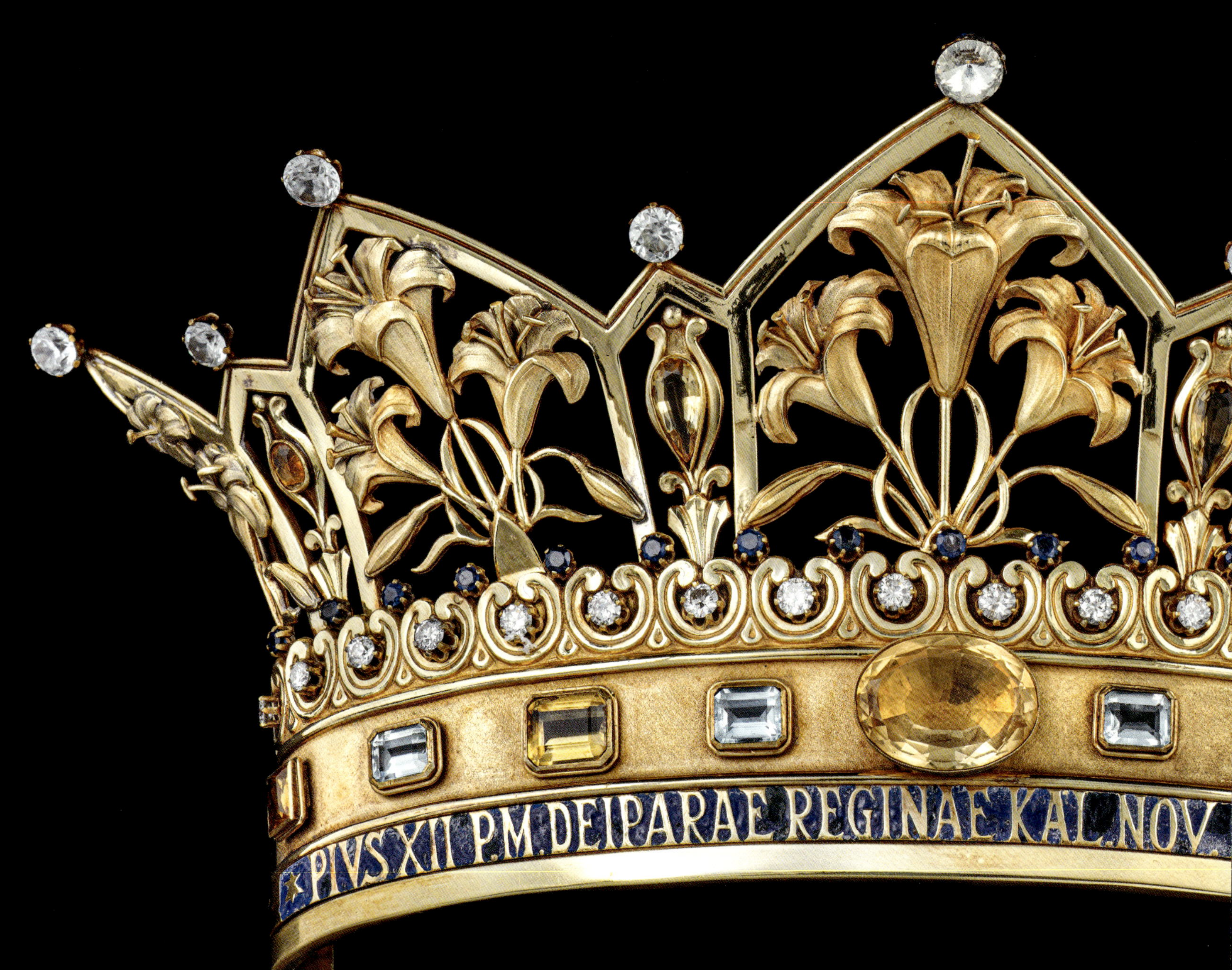
PIVS XII P.M. DEIPARAE REGINAE KAL. NOV.

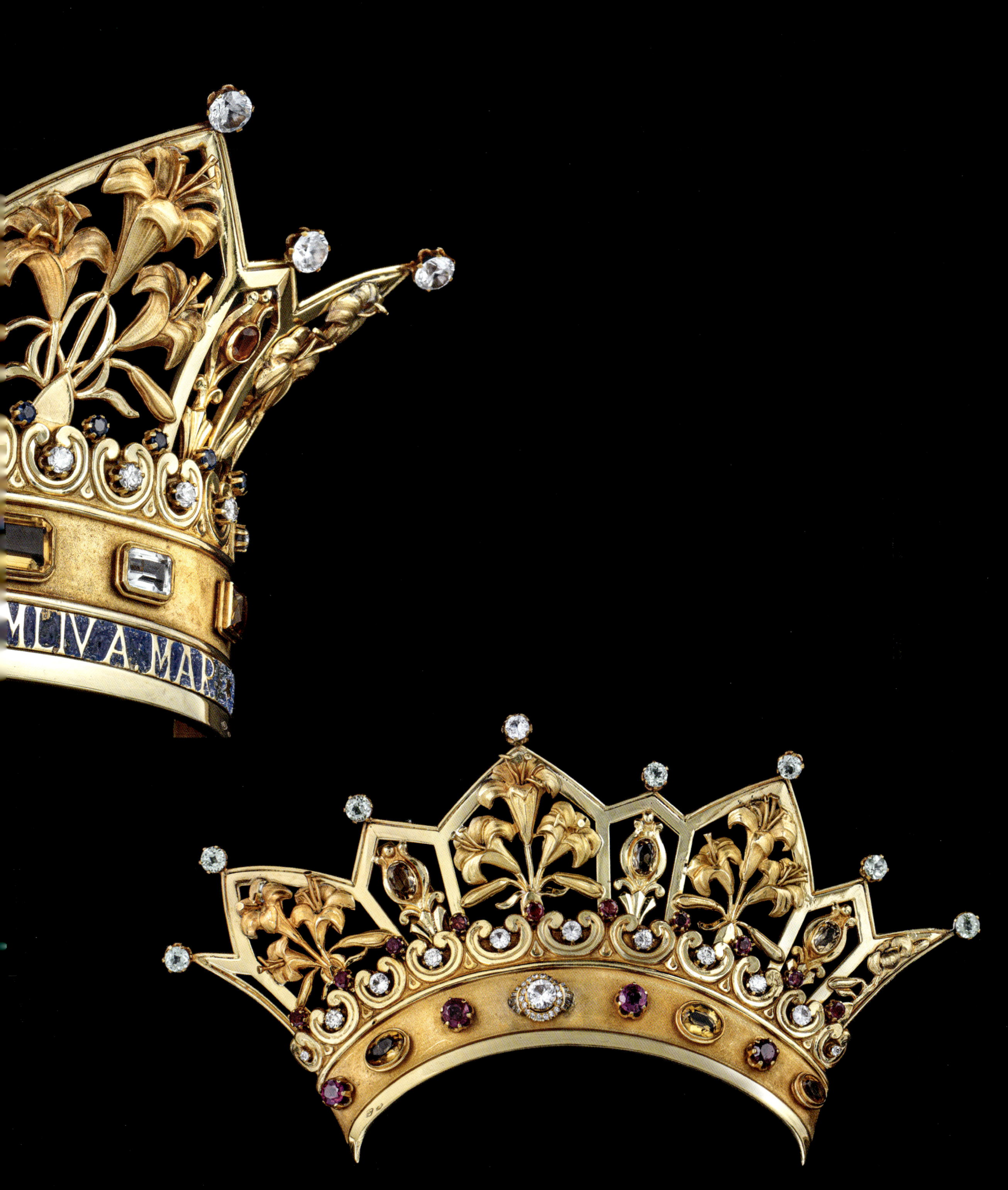

P. 418
Pier Leone Ghezzi (1674-1755)
Clemente XI e il Cardinal Pietro Ottoboni ispezionano il progetto dei lavori di rinnovamento della Basilica
1700-1721, antiporta miniata in tempera, 32x24 cm
Passionale secondo San Luca

P. 419
Giovanni Antonio Bazzi, detto il Sodoma (1477-1549)
Cristo portacroce
1535-1540, olio su tavola, 184 x 148 cm

P. 420
Pittore toscano
Madonna col Bambino e San Giovannino
prima metà del XVI sec., olio su tavola, 121 x 103 cm

P. 421
Domenico Beccafumi (1486-1551)
Maria col Bambino e i Santi Antonio da Padova e Caterina da Siena
1540-1545 circa, olio su tavola, ø 91 cm

P. 424
Baldassarre Croce (1558-1628)
Processione di San Gregorio Magno con la Salus Populi Romani
1609-1610, affresco
Museo presso la Canonica Paolina, volta

P. 425
Baldassarre Croce
Il Miracolo della Neve
1609-1610, affresco
Museo presso la Canonica Paolina, volta

P. 426
Gregorio De' Rossi (1573-1643) e Pompeo Targone (1575-1633)
L'antica custodia della Salus Populi Romani
1616, metallo dorato, 142 x 86 x 35 cm

P. 427
Pietro Gentili (1563-1626)
Riza della Salus Populi Romani
1613, argento cesellato e dorato, 103 x 87 cm

PP. 428-429
Aurelio Mistruzzi (1880-1960), Spartaco Leclerc (notizie XX sec.)
Corone della Salus Populi Romani
1954, argento dorato, diamanti, pietre preziose e gemme

P. 418
Pier Leone Ghezzi (1674-1755)
Clement XI and the Cardinal Pietro Ottoboni inspecting the Basilica Renovation Project
1700-1721, miniature door in tempera, 32 x 24 cm
The Passion according to Saint Luke

P. 419
Giovanni Antonio Bazzi, known as Sodoma (1477-1549)
Christ Carrying the Cross
1535-1540, oil on panel, 184 x 148 cm

P. 420
Tuscan painter
Madonna and Child with Saint John
first half of the 16th century, oil on panel, 121 x 103 cm

P. 421
Domenico Beccafumi (1486-1551)
Maria and Child with Saints Anthony from Padua and Catherine from Siena
1540-1545 ca., oil on panel, ø 91 cm

P. 424
Baldassarre Croce (1558-1628)
Procession of Saint Gregory the Great with the Salus Populi Romani
1609-1610, fresco
Museum at the Pauline Canonry, vault

P. 425
Baldassarre Croce
The Miracle of the Snow
1609-1610, fresco
Museum at the Pauline Canonry, vault

P. 426
Gregorio De' Rossi (1573-1643) and Pompeo Targone (1575-1633)
The Ancient Case of the Salus Populi Romani
1616, gilded metal, 142 x 86 x 35 cm

P. 427
Pietro Gentili (1563-1626)
Riza of the Salus Populi Romani
1613, gilded and chiselled silver, 103 x 87 cm

PP. 428-429
Aurelio Mistruzzi (1880-1960), Spartaco Leclerc (doc. 20th century)
Crowns of the Salus Populi Romani
1954, gilded bronze, diamonds, precious stones and gems

BIBLIOGRAFIA / BIBLIOGRAPHY

"VERGINE MARIA, A TE IO, SISTO". LA BASILICA DI SISTO III (432-440)
"VIRGIN MARY, TO YOU I, SIXTUS." THE BASILICA OF SIXTUS III (432-440)
R. Krautheimer; W. Frankl; S. Corbett, *Corpus Basilicarum Christianarum Romae*, 3, Pontificio Istituto di Archeologia Cristiana, Città del Vaticano 1967, pp. 1-60.
M. A. De La Iglesia Santamaría, *El orden continuado. Las transformaciones arquitectónicas de la Basílica de Santa María la Mayor en Roma*, Ediciones Universidad de Valladolid, Valladolid 2001.
S. De Blaauw, *Richard Krautheimer e la basilica di Santa Maria Maggiore*, in F. Guidobaldi; A. G. Guidobaldi, *Ecclesiae urbis. Atti del congresso internazionale di studi sulle chiese di Roma (IV-X secolo)*, 1, Città del Vaticano 2002, pp. 57-64.
O. Folgerø, *The Sistine mosaics of S. Maria Maggiore in Rome: Christology and Mariology in the interlude between the councils of Ephesus and Chalcedon, Acta ad archaeologiam et artium historiam pertinentia*, N.S. 7 = 21, 2008, pp. 33-64.
H. Brandenburg, *Le prime chiese di Roma. IV-VII secolo*, Jaca Book, Milano 2015.
M. Lidova, *The Imperial Theotokos. Revealing the concept of Early Christian Imagery in Santa Maria Maggiore in Rome*, in *Convivium*, II/2, 2015, pp. 60-81.
G. Steigerwald, *Die Frühchristlichen Mosaiken des Triumphbogens von S. Maria Maggiore in Rom*, Schnell & Steiner, Ratisbona 2016.

LOCUS MIRABILIS. NICCOLÒ IV (1288-1292) A SANTA MARIA MAGGIORE
LOCUS MIRABILIS. NICHOLAS IV (1288-1292) AT SANTA MARIA MAGGIORE
J. Gardner, *Pope Nicholas IV and the decoration of Santa Maria Maggiore*, in *Zeitschrift für Kunstgeschichte*, 36, 1973, pp. 1-50.
A. Tomei, *Iacobus Torriti Pictor. Una vicenda figurativa del tardo Duecento romano*, Argos, Roma 1990.
S. De Blaauw, *Cultus et decor. Liturgia e architettura nella Roma tardoantica e medievale. Basilica Salvatoris, Sanctae Mariae, Sancti Petri*, Biblioteca Apostolica Vaticana, Città del Vaticano 1994.
P. C. Claussen, *Nikolaus IV. als Erneuerer von S. Giovanni in Laterano und S. Maria Maggiore in Rom*, in L. Bosman, M. Verhoeven, *Monuments & Memory*, Turnhout 2016, pp. 53-67.
S. Romano, *Wonderful Rusuti. Nemo propheta in patria*, in *Convivium*, 2, 2016, pp. 106-125.
M. Andaloro; S. Romano, *La pittura medievale a Roma: 312-1431. Corpus. Medieval painting in Rome*, 6, Jaca Books, Milano 2017.
S. Antellini; A. Tomei, *Filippo Rusuti e la Madonna di San Luca in Santa Maria del Popolo a Roma. Il restauro e la nuova attribuzione di un capolavoro medievale*, Cinisello Balsamo, Silvana Editoriale, Milano 2018.
L. Donkin, *Santa Maria Maggiore and the Depiction of Holy Ground Plans in Late Medieval Italy*, in *Gesta*, 57, 2018, pp. 225-255.
P. C. Claussen, *S. Maria Maggiore*, in D. Mondini, C. Jäggi, P. C. Claussen, *Die Kirchen der Stadt Rom im Mittelalter 1050-1300*, 4, V, Stoccarda 2025.

IL PRESEPE DI ARNOLFO DI CAMBIO
THE NATIVITY SCENE BY ARNOLFO DI CAMBIO
A. M. Romanini, *Il presepe di Arnolfo di Cambio*, in C. Pietrangeli, *La basilica romana di Santa Maria Maggiore*, Nardini Editore, Firenze 1987, pp. 171-181.
S. Guido, *Il Presepe della Basilica di Santa Maria Maggiore di Arnolfo di Cambio (1291)*, Città del Vaticano 2005.
F. Pomarici, *Il Presepe di Santa Maria Maggiore. Un riesame*, in V. F. Pardo, *Arnolfo e la sua epoca*, Viella, Roma 2006, pp. 103-116.
L. Cavazzini; C. Conti, *Leonardo Sormani e le due 'Madonne' del 'Presepe' di Santa Maria Maggiore a Roma*, in *Prospettiva* 191, 2025, pp. 3-22.

NEVE, MARMO, ORO. LA TRASFORMAZIONE DELLA BASILICA NEL QUATTROCENTO
SNOW, MARBLE, GOLD. THE TRANSFORMATION OF THE BASILICA I N THE FIFTEENTH CENTURY
R. Krautheimer; W. Frankl; S. Corbett, *Corpus Basilicarum Christianarum Romae*, 3, Pontificio Istituto di Archeologia Cristiana, Città del Vaticano 1967, pp. 1-60.
P. J. Jacks, *Alexander VI's ceiling for S. Maria Maggiore in Rome*, in *Römisches Jahrbuch für Kunstgeschichte* 22, 1985, pp. 63-82.
F. Mancinelli, *La Basilica nel Quattrocento*, in C. Pietrangeli, *La basilica romana di Santa Maria Maggiore*, Nardini Editore, Firenze 1987, pp. 190-213.
F. Caglioti, *Mino da Fiesole, Mino del Reame, Mino da Montemignaio: un caso chiarito di sdoppiamento d'identità artistica*, in *Bollettino d'Arte LXVII*, 1991, pp. 19-86.
C. Brandon Strehlke; C. Frosinini, *The Panel Paintings of Masolino and Masaccio*, 5 Continents Ed., Milano 2002, pp. 110-129, 220-243.
A. Nesselrath, *Martin V. Restaurator Urbis. Konstanz und die Folgen für die Ewige Stadt*, in K.-H. Braun, M. Herweg et al., *Das Konstanzer Konzil. Weltereignis des Mittelalters*, 1414-1418 - Essays, Darmstadt 2013, pp. 219-223.
M. Kühlenthal, *Memoria in Stein. Das römische Wandgrabmal der Frührenaissance*, Hirmer, München 2024, I, pp. 137-147.

LE CAPPELLE CESI E SFORZA
THE SFORZA AND CESI CHAPELS
K. Schwager, *Die architektonische Erneuerung von Santa Maria Maggiore unter Paul V. Bauprogramm, Baugeschichte Baugestalt und ihre Voraussetzungen*, in *Miscellanea Bibliothecae Hertzianae. Römische Forschungen der Bibliotheca Hertziana*, 16, 1961, pp. 324-354.
K. Schwager, *Zur Bautätigkeit Sixtus V. An S. Maria Maggiore in Rom*, in *Miscellanea Bibliothecae Hertzianae. Römische Forschungen der Bibliotheca Hertziana*, 20, 1983, pp. 241-312.
L. Barroero, *La Basilica dal Cinquecento all'Ottocento*, in C. Pietrangeli, *La basilica romana di Santa Maria Maggiore*, Nardini Editore, Firenze 1987, pp. 215-315.
G. Satzinger, *Michelangelo Cappella Sforza*, in *Römisches Jahrbuch der Bibliotheca Hertziana*, 35, 2005, pp. 327-414.
G. Souza Lima, *La cappella Sforza in Santa Maria Maggiore: gli "scarpellini" della prima fase*, in *Palladio*, 17, 2005, pp. 115-120.
H. Schlimme, *Formensprache und Bauausführung, in Italien 15. - 16. Jahrhundert am Beispiel der Cappella Sforza von Michelangelo und dem Bau kassettierter Wölbungen*, Dresda 2010, pp. 51-67.
F. Salatin, *La Cappella Sforza prima della morte di Michelangelo*, in A. Nova; V. Zanchettin, *Michelangelo - arte, materia, lavoro*, Marsilio Editore, Venezia 2019, pp. 55-63.

LA CAPPELLA DI SISTO V (1585-1590). DA SEPOLTURA DI FAMIGLIA A RELIQUIARIO MONUMENTALE
THE CHAPEL OF SIXTUS V (1585-1590). FROM FAMILY MAUSOLEUM TO MONUMENTAL RELIQUARY
H. Badesio, *De sacello Sixti V Pont. Max. in Exquiliis ad Praesepe Domini extructo*, Roma 1588.
P. Ugonio, *Historia delle stationi di Roma*, Roma 1588.
D. Fontana, *Della Trasportatione dell'Obelisco Vaticano et delle Fabriche di Nostro Signore Papa Sisto V*, Roma 1590.
P. De Angelis, *Basilicae Sanctae Mariae Maioris de Urbe a Liberio Papae I usque ad Paulum V Pont. Max.*, Roma 1621.
G. Baglione, *Le Nove Chiese di Roma*, Roma 1639.
G. Baglione, *Le Vite de' pittori, scultori et architetti dal pontificato di Gregorio XIII. del 1572. In fino ai tempi di Papa Urbano VIII nel 1642*, Roma 1642.
K. Schwager, *Zur Bautätigkeit Sixtus' V an S. Maria Maggiore in Rom*, in *Miscellanea Bibliothecae Hertzianae, Römische Forschungen der Bibliotheca Hertziana*, 16, 1961, pp. 324-354.
A. Herz, *The Sixtine and Pauline Tombs Documents of the Counter-Reformation*, in *Storia dell'arte*, 43, 1981, pp. 241-262.

L. Barroero, *La basilica dal Cinquecento all'Ottocento*, in C. Pietrangeli, *La basilica romana di Santa Maria Maggiore*, Roma 1987, pp. 215-315.
S. F. Ostrow, *The Sistine Chapel at Santa Maria Maggiore: Sixtus V and the Art of the Counter-Reformation*, Ph. D. Diss., Princeton 1987.
A. Zuccari, *I pittori di Sisto V*, Fratelli Palombi Editori, Roma 1992.
J. Montagu, *Gold, silver and bronze: metal sculpture of the Roman Baroque*, Princeton University Press, New Haven 1996.
S. F. Ostrow, *Art and Spirituality in Counter-Reformation Rome: The Sistine and Pauline Chapels in S. Maria Maggiore*, Cambridge University Press, Cambridge 1996.
Y. Loskoutoff, *Le décor héraldique de la Chapelle Sixtine à Sainte-Marie-Majeure*, in *Mélanges de l'École Française de Rome. Italie et Méditerranée*, 120, 2008, 1, pp. 109-132.
S. F. Ostrow, *The* 'confessio' *in post-Tridentine Rome*, in *Arte e committenza nel Lazio nell'età di Cesare Baronio*, in *Atti del Convegno Internazionale di Studi (Frosinone-Sora, 16-18 maggio 2007)*, Roma 2009, pp. 19-32.
T. Farina, *Il monumento funebre di Sisto V in Santa Maria Maggiore e l'esordio romano di Giovanni Antonio Paracca, detto il Valsoldino*, in *Bollettino d'arte*, 103, 39-40, 2018, pp. 95-118.
M. F. Nicoletti, *Un cantiere nel cantiere: Domenico Fontana e la costruzione "con non piccola difficultà" della cappella di Sisto V in Santa Maria Maggiore*, in M. F. Nicoletti; P. C. Verde, *Pratiche architettoniche a confronto nei cantieri italiani della seconda metà del Cinquecento*, Milano 2019, pp. 161-197.
S. Guido, *Domenico Fontana, Lodovico del Duca e Bastiano Torrigiani: "il tabernacolo di metallo dorato a fuoco per il Santissimo Sacramento" per la cappella Sistina in Santa Maria Maggiore*, in *Le invenzioni di tante opere. Domenico Fontana (1543-1607) e i suoi cantieri*, Roma 2022, pp. 170-187.
P. Tosini, *Progettualità e modelli per la pittura nei cantieri di Domenico Fontana: nuove acquisizioni*, in *Le invenzioni di tante opere. Domenico Fontana (1543-1607) e i suoi cantieri*, Roma 2022, pp. 48-70.

LA CAPPELLA DI PAOLO V (1605-1621). SALA DEL TRONO DELLA VERGINE E PORTA DEL PARADISO

THE CHAPEL OF PAUL V (1605-1621). THRONE ROOM OF THE VIRGIN AND GATEWAY TO HEAVEN

A. Vittorelli, *Gloriose Memorie della Beatissima Vergine Madre di Dio*, Guglielmo Facciotto, Roma 1616.
P. De Angelis, *Basilicae Sanctae Mariae Maioris de Urbe a Liberio Papae I usque ad Paulum V Pont. Max.*, Roma 1621.
A. Herz, *The Sixtine and Pauline Tombs. Documents of the Counter-Reformation*, in *Storia dell'arte*, 43, 1981, pp. 241-262.
K. Schwager, *Die architektonische Erneuerung von S. Maria Maggiore unter Paul V. Bauprogramm, Baugeschichte, Baugestalt und ihre Voraussetzungen*, in *Römisches Jahrbuch für Kunstgeschichte*, 20, 1983, pp. 243-312.
P. Morel, *Morfologia delle cupole dipinte da Correggio a Lanfranco*, in *Bollettino d'Arte*, 79, 23, 1984, pp. 1-36.
G. Wolf, *Salus Populi Romani: die Geschichte römischer Kultbilder im Mittelalter*, VCH Acta Humaniora, Weinheim 1991.
G. Wolf, *Regina Coeli, Facies Lunae, 'et in Terra Pax'. Aspekte der Ausstattung der Cappella Paolina in S. Maria Maggiore*, in *Römisches Jahrbuch für Kunstgeschichte*, 27-28, 1993, pp. 283-336.
S. F. Ostrow, *Cigoli's Immacolata and Galileo's Moon: Astronomy and the Virgin in Early Seicento Rome*, in *Art Bulletin*, 78, 2, 1996, pp. 218-235.
S. F. Ostrow, *Art and Spirituality in Counter-Reformation Rome: The Sistine and Pauline Chapels in S. Maria Maggiore*, Cambridge University Press, Cambridge 1996.
S. F. Ostrow, *Playing with the Paragone: The Reliefs of Pietro Bernini, Zeitschrift für Kunstgeschichte*, 67, 3, 2004, pp. 329-364.
S. Guido; G. Mantella, *Pietro Bernini e l'Assunzione della Beata Vergine nella Basilica di Santa Maria Maggiore. Note di tecnica artistica e restauro*, in *Figure, liturgia e culto, arte. Ricerche dall'archivio della Basilica papale di Santa Maria Maggiore*, Studia Liberiana, 10, 2015, pp. 297-319.
S. Guido, *Marmi policromi, lapislazzuli e pietre dure: appunti di restauro dalla Cappella Cornaro a Santa Maria della Vittoria e dalla Cappella Paolina nella Basilica papale di Santa Maria Maggiore*, in *I colori del marmo*, 2019, pp. 97-120.
A. Russo, *Girolamo Rainaldi, Pompeo Targone, e l'allestimento della* Salus Populi Romani *nella Cappella Paolina in Santa Maria Maggiore*, in *Quaderni dell'Istituto di Storia dell'Architettura*, 63, 2014/2015, pp. 45-54.
F. Barry, *L'altare della* Salus Populi *nella Cappella Paolina a Santa Maria Maggiore*, in *Meraviglia senza tempo. Gli studi dopo la mostra*, Firenze 2024, pp. 141-156.

BENEDETTO XIV (1740-1758). "TUTTO RIUSCITO FELICISSIMAMENTE"

BENEDICT XIV (1740-1758). "A MOST FELICITOUS OUTCOME"

G. Matthiae, *Ferdinando Fuga e la sua opera romana*, Fratelli Palombi Editori, Roma 1952.
A. Anselmi, *La decorazione scultorea della facciata di S. Maria Maggiore a Roma. Un inedito manoscritto con memoria del programma iconografico settecentesco*, in *Ricerche di storia dell'arte*, 40, 1990/1991, pp. 61-80.
S. Ostrow, *Gianlorenzo Bernini, Girolamo Lucenti, and the Statue of Philipp IV in Santa Maria Maggiore*, in *Art Bulletin*, vol. LXXIII, 1991, n. 1, pp. 89-118.
F. Bellini, *L' interno della basilica liberiana nel rifacimento di Ferdinando Fuga*, in *Palladio*, N.S. 8, 1995, pp. 15, 49-62.
H. Schlimme, *La facciata d'ingresso di Santa Maria Maggiore da Gregorio XIII a Ferdinando Fuga*, in *Quaderni dell'Istituto di Storia dell'Architettura*, N.S. 34/39, 1999/2002(2002), pp. 483-488.
G. Calò, *La facciata di S. Maria Maggiore ad opera di Ferdinando Fuga: il cantiere e le maestranze*, in *Figure, liturgia e culto, arte*, Studia Liberiana, 8, 2011, pp. 237-254.
G. Greco, *Nova et Vetera: Il cantiere settecentesco di Santa Maria Maggiore nella documentazione vaticana e vallicelliana tra conservazione e progetto*, Università degli studi G. D'Annunzio, Chieti-Pescara, Dottorato di ricerca in architettura, ciclo XXVIII, Anni Accademici 2013/2015.
A. Roca De Amicis, *La Basilica di S. Maria Maggiore nel tempo. Migrazioni di statue e rinnovamenti architettonici*, in *Materiali e strutture*, Nuova serie, 5, n. 9, 2016, pp. 9-18, 127-128.
F. Bilancia, *I contratti per la costruzione del portico settecentesco della basilica romana di Santa Maria Maggiore*, in *Temi e ricerche sulla cultura artistica*, I, Roma 2017, pp. 229-252 (Studi sul Settecento romano, 33).
A. Spila, *Ferdinando Fuga's proposals for displaying relics in S. Maria Maggiore, Rome*, in *The Burlington Magazine*, vol. 160, n. 1385, 2018, pp. 646-653.
A. M. Convertini, *Il palazzo nella basilica. Il fronte meridionale di Santa Maria Maggiore dal progetto di Paolo V Borghese all'intervento di Ferdinando Fuga*, in *Palladio*, Nuova serie, 34, n. 67, 2021, pp. 25-48.

LA BASILICA TRA IL XIX E IL XXI SECOLO

THE BASILICA FROM THE NINETEENTH TO TWENTY-FIRST CENTURIES

L. Barroero, *La Basilica dal Cinquecento all'Ottocento*, in C. Pietrangeli, *La basilica romana di Santa Maria Maggiore* , Nardini Editore, Firenze 1987, pp. 215-259, in particolare | particularly pp. 252-259.
C. Barucci, *Virgilio Vespignani. Architetto tra Stato Pontificio e Regno d'Italia*, Argos Edizioni, Roma 2006, pp. 151-154.
S. Guido, *L'ultimo Valadier: il fonte battesimale della Basilica di Santa Maria Maggiore e anno-*

tazioni sulla «Custodia della Sacra Culla», in *OADI*, n. 21, 2020, pp. 139-158.
S. Guido, *Domenico Fontana, Lodovico del duca e Bastiano Torrigiani: il "Tabernacolo di metallo dorato a fuoco per il Santissimo Sacramento" per la cappella Sistina in Santa Maria Maggiore*, in N. Navone; L. Tedeschi; P. Tosini, *Le «invenzioni di tante opere». Domenico Fontana e i suoi cantieri*, Officina Libraria, Roma 2022, pp. 171-187.
S. Guido, *Pietro Bracci, Filippo Tofani, André e Luigi Valadier: appunti sul ciborio della basilica papale di Santa Maria Maggiore*, in corso di stampa | in press.

L'AREA ARCHEOLOGICA
THE ARCHAEOLOGICAL AREA

F. Magi, *Il calendario dipinto sotto S. Maria Maggiore*, in *Atti della Pontificia Accademia Romana di Archeologia. Memorie XI, 1*, Città del Vaticano 1971.
P. Crostarosa, *Inventario dei sigilli impressi sulle tegole del tetto di S. Maria Maggiore*, in *Nuovo bollettino di archeologia cristiana*, 2, 1896, pp. 52-89.
S. De Blaauw, *Deambulatori e transetti: i casi di S. Maria Maggiore e del Laterano*, in *Atti della Pontificia Accademia Romana di Archeologia. Rendiconti*, 1986-1987, pp. 93-110.
P. Liverani, *L'ambiente nell'antichità*, in C. Pietrangeli, *La basilica romana di Santa Maria Maggiore*, Nardini Editore, Firenze 1987, pp. 45-53.
S. Mols, E. M. Moormann, *L'edificio romano sotto S. Maria Maggiore e le sue pitture: proposta per una nuova lettura*, in *Mitteilungen des Deutschen Archäologischen Instituts. Römische Abteilung*, 116, 2010, pp. 469-506.
P. Liverani, *Osservazioni sulla domus sotto S. Maria Maggiore a Roma e sulla sua relazione con la basilica*, in *Mitteilungen des Deutschen Archäologischen Instituts. Römische Abteilung*, 116, 2010, pp. 459-467.
P. Liverani, *Alarico in Laterano e sull'Esquilino: Due casi e qualche riflessione*, in J. Lipps; C. Machado; P. von Rummel, *The Sack of Rome in 410 AD*, Wiesbaden 2013, pp. 277-292.

IL MOSAICO DELLA FACCIATA
THE FAÇADE MOSAICS

Si veda bibliografia di *Locus mirabilis. Niccolò IV (1288-1292) a Santa Maria Maggiore* | See bibliography of *Locus mirabilis. Nicholas IV (1288-1292) at Santa Maria Maggiore.*

LA SALA CAPITOLARE E IL MUSEO
THE CHAPTER HOUSE AND THE MUSEUM

G. Severano, *Memorie sacre delle Sette Chiese di Roma. Parte prima*, Roma 1630.
A. Fascina, *Memorie de' benefattori antichi, e moderni della Basilica di S. Maria Maggiore di Roma / raccolte da Agostino Fascina*, Roma 1634.
A. M. Santarelli, *Memorie notabili della Basilica di Santa Maria Maggiore e di alcuni suoi canonici nelli pontificato di Clemente VIII. Leone XI. Paolo V. e Gregorio XV. SS. em.*, Roma 1647.
A. M. Corbo, *I pittori della sagrestia nuova di Santa Maria Maggiore a Roma*, in *Commentari*, 19, 1968, pp. 320-326.
S. V. Rocca, *Gli argenti di S. Maria Maggiore: reliquiari di Pietro Gentili, Benedetto Cacciatore, Santi Lotti e della bottega di Vincenzo I Belli*, in *Storia dell'arte*, 47/49, 1983, pp. 117-125.
C. Pietrangeli, *La basilica romana di Santa Maria Maggiore*, Nardini Editore, Firenze 1987.
A. M. Corbo; Massimo Pomponi, *Fonti per la storia artistica romana al tempo di Paolo V*, Istituto Poligrafico e Zecca dello Stato, Roma 1995.
R. Luciani, *Santa Maria Maggiore e Roma*, Fratelli Palombi Editori, Roma 1996.
D. Bodart, *Domenico Maria Muratori's last painting*, in *The Burlington magazine*, 142, 2000, pp. 108-111.
S. Weber Soros, S. Walker, *Castellani and Italian Archaeological Jewelry*, Yale University Press, New Haven 2004.
A. Parente, *Oklad der Ikone Salus Populi Romani*, in J. Frings et al., *Barock im Vatikan 1572-1676*, Lipsia 2005, p. 244.
M. Jagosz, *Il Museo della Basilica Papale di Santa Maria Maggiore. Luogo della memoria dell'incontro*, in *Humanis divina iunguntur – un percorso museale della Basilica Liberiana*, Studia Liberiana, 3, 2011, pp. 17-49.
S. Guido, *Il calice Castellani nel museo della Basilica Papale di Santa Maria Maggiore*, in *Figure, liturgia e culto, arte*, Studia Liberiana, 4, 2011, pp. 265-281.
M. Jagosz, *Arcipreti della Basilica di Santa Maria Maggiore fino al 1800*, in *Humanis divina iunguntur – un percorso museale della Basilica Liberiana*, Studia Liberiana, 6, 2012.
M. Minozzi, *Luigi Valadier. Muta di tre cartaglorie*, in G. Leardi, *Valadier. Splendore nella Roma del Settecento*, Roma 2020, pp. 186-187.
S. Guido, *L'ultimo Valadier. Il fonte battesimale della Basilica di Santa Maria Maggiore e annotazioni sulla "Custodia della Sacra Culla"*, in *OADI*, 21, 2020.
S. Guido, *Tra rifacimento e musealizzazione: i reliquiari della Sacra Culla, del Velo della Veronica e della Santa Lancia a Roma e in Vaticano, e altri casi di studio*, in A. Ricco, *Reliquie e sacre custodie in chiese e musei*, Roma 2022, pp. 221-232.
B. Jatta, *Salus Populi Romani, Il restauro dell'antica icona della Basilica Papale di Santa Maria Maggiore*, Edizioni Musei Vaticani, Città del Vaticano 2022.
D. Pullins, *Juan de Pareja, Afro-Hispanic Painter in the Age of Velázquez*, Metropolitan Museum of Art New York, Yale University Press, New York 2023.

INDICE / CONTENTS

Stampato in Europa | *Printed in Europe*